suhrkamp taschenbuch 3082

Mit Fremdwörtern läßt sich leicht umgehen, man kann sie nachschlagen. Wie aber hilft man sich bei Wörtern, die gar nicht so fremd klingen, die in aller Munde sind und dennoch nicht verraten, was genau damit gemeint ist? Es passiert bei fast jeder Zeitungslektüre, daß wir von Stichwort zu Stichwort eilen und diese Frage uns verfolgt.
Das vorliegende Buch versteht sich als ein Nachschlagewerk, wenn Not an Bedeutung ist und schnell geholfen werden soll. Das Feld der Stichwörter fällt zumindest mit dem Horizont in eins, das kluge politische Leitartikel eröffnen.
Das kleine Staatslexikon will das Gedächtnis auffrischen und Klarheit schaffen, wo Unsicherheit residiert. Sein Autor hält die Kürze der Definition in Ehren. Durch prägnante Formulierungen bringt er über 5.500 Begriffe aus dem Wortfeld des politischen Bürgers leserfreundlich auf den Punkt.
Rudolf Weber-Fas studierte Rechts- und Staatswissenschaft an den Universitäten Bonn, Köln, Hamburg, Berlin, Princeton und Harvard. Praxis in Anwaltschaft, Verwaltung, Diplomatie und Justiz; zuletzt Richter an einem obersten Bundesgericht. Universitäts-Professor für Öffentliches Recht und Staatslehre in Mannheim. Mehrere Buchveröffentlichungen über Verfassungsrecht, Völkerrecht und Staatstheorie.

Rudolf Weber-Fas

Das kleine Staatslexikon

Politik, Geschichte, Diplomatie, Recht

Suhrkamp

Umschlagfoto:
Deutsche Presseagentur, Frankfurt am Main

suhrkamp taschenbuch 3082
Erste Auflage 2000
Lizenzausgabe mit freundlicher Genehmigung des
Verlags Klett-Cotta

Druck: Nomos Verlagsgesellschaft, Baden-Baden
Printed in Germany
Umschlag nach Entwürfen von
Willy Fleckhaus und Rolf Staudt

1 2 3 4 5 6 – 05 04 03 02 01 00

Dem Andenken meiner Eltern

„In Kunst und Wissenschaft
sowie im Tun und Handeln
kommt alles darauf an,
daß die Objekte rein aufgefaßt
und ihrer Natur gemäß
behandelt werden.“

Goethe

Vorwort

„Das kleine Staatslexikon" informiert in bündiger Kürze über eine Fülle wichtiger Institutionen, Begriffe, Personen und Ereignisse aus Politik, Geschichte, Diplomatie und Recht.

Zu Themen der Staatsverfassung verweist der Band jeweils auf nähere Darlegungen in meinem „Wörterbuch zum Grundgesetz". So etwa bei Stichwörtern wie Allgemeiner Gleichheitssatz, Asylrecht, Berufsfreiheit, Bundeskanzler, Bundespräsident, Bundesrat, Bundesstaat, Bundestag, Bundesverfassungsgericht, Kunstfreiheit, Pressefreiheit, Rechtsstaat, Sozialstaat, Verfassungsauslegung.

Im übrigen behandelt „Das kleine Staatslexikon" vorwiegend Fragen der Politik, Geschichte und Diplomatie. Über 5500 Stichwörter erklären knapp, verständlich und fundiert den enzyklopädischen Stoff. Weiterführende Verweise erleichtern den Zugang und machen Zusammenhänge deutlich. Das Werk will den interessierten Leser rasch und präzise unterrichten. Es soll ein griffiges Kompendium sein für Studium und Praxis, für Menschen in Politik und Medien, in Staatsdienst, Wirtschaft und Kultur.

Möge das Buch zur besseren Orientierung beitragen in einer Welt, die immer unübersichtlicher wird.

Rudolf Weber-Fas

Abkürzungen

AA	Auswärtiges Amt
Abg.	Abgeordneter
Art.	Artikel
BRD	Bundesrepublik Deutschland
d. Gr.	der Große
EMK	Europäische Menschenrechtskonvention
engl.	englisch
franz.	französisch
GG	Grundgesetz für die Bundesrepublik Deutschland
GOBT	Geschäftsordnung des Deutschen Bundestags
HLKO	Haager Landkriegsordnung
ICJ	International Court of Justice
i. d. R.	in der Regel
i. e. S.	im engeren Sinn
n. Chr.	nach Christi Geburt
v. Chr.	vor Christi Geburt
vs.	versus (gegen)

A

Abberufbarkeit gewählter Inhaber eines öffentlichen → Amtes vor Ende ihrer Wahlperiode ist kennzeichnend für → rätedemokratische Herrschaftsformen. Die vorzeitige Abwahl (recall) von Mitgliedern des → Parlamentes widerspricht dem verfassungsstaatlichen Prinzip des → freien Mandats, wie es namentlich im → Grundgesetz verankert ist.

Abberufung eines diplomatischen Vertreters (rappel) durch den vertretenen Staat – sei es aus Routinegründen (Versetzung, Pensionierung usw.), sei es wegen außenpolitischer Kursänderung oder als Ausdruck eines diplomatischen Protests – berührt den Fortbestand der → diplomatischen Beziehungen zwischen Entsendestaat und Empfangsstaat grundsätzlich nicht.

Abbruch der diplomatischen Beziehungen, eine verschärfte Reaktion bei eskalierenden zwischenstaatlichen Konflikten, ist nicht gleichbedeutend mit dem Widerruf der → Anerkennung eines Staates oder Regimes. Die Wiederaufnahme diplomatischer Kontakte und die zwischenzeitliche konsularische Betreuung von → Staatsangehörigen erfolgt womöglich über einen Drittstaat (Schutzmacht).

ABC-Waffen, Kurzformel für atomare, biologische (bakteriologische) und chemische Kampfmittel im Unterschied zu konventionellen Waffen. Unbeschadet etlicher bilateraler und multilateraler Verzichtsabkommen fehlt es bisher noch an einer einschlägigen völkerrechtlichen Gesamtkontrolle.

Abdankung, persönlicher Thronverzicht eines → Monarchen, vergleichbar etwa dem Rücktritt des → Staatsoberhaupts einer → Republik. Die Thronfolge bestimmt sich nach → dynastischen Regeln, nicht nach dem Willen der abdankenden Person.

Abdikation → Abdankung

Abendländische Staatenwelt, zeitliche und räumliche Begrenzung des Forschungsgegenstandes der → allgemeinen Staatslehre. Zwar haben frühe morgenländische Kulturen auf Hellas und Rom eingewirkt, doch sind uns altorientalische Staatsformen nur höchst bruchstückhaft bekannt.

Abgaben → Öffentliche Abgaben

Abgeordnete in freiheitlichen → Demokratien sind vom → Staatsvolk gewählte Mitglieder des → Parlaments. Durch ihre weisungsfreie Rechtsstellung als Repräsentanten des ganzen Volkes (→ Bundestagsabgeordnete) unterscheiden sich die modernen Volksvertreter von den Mitgliedern älterer ständischer Versammlungen, die an ein → imperatives Mandat gebunden waren.

Abhörkontrolle, Kurzformel für die nichtgerichtliche Nachprüfung einer grundgesetzlich zugelassenen Einschränkung insbesondere des Fernmeldegeheimnisses. Näheres zur Problematik im → Wörterbuch zum Grundgesetz.

Abkommen mit auswärtigen Staaten (→ völkerrechtliche Verträge) unterscheiden sich von formloseren internationalen Regelungen wie → Agreements, → Accords und Arrangements. Innerstaatliche → Verwaltungsabkommen werden im → Bundesstaat sowohl zwischen Gliedstaaten als auch zwischen Bund und Ländern abgeschlossen.

Ablaß → Indulgenz

ABM-Vertrag, ein zwischen den USA und der UdSSR im Jahre 1972 geschlossenes → Abkommen über die beiderseitige Begrenzung von Raketenabwehrsystemen (ABM = Anti-Ballistic-Missiles).

Abolition ist die Niederschlagung anhängiger Strafverfahren im Zuge einer → Amnestie.

Abrüstung, der freiwillige oder erzwungene, vollständige oder teilweise Verzicht eines → Staates auf sein militärisches Potential (→ Nachrüstung).

Abschiebung, die zwangsweise → Ausweisung unerwünschter → Ausländer aus dem → Staatsgebiet. Der polizeiliche Vollzug der A. ist nach deutschem Recht zulässig, wenn die freiwillige Ausreise des Ausgewiesenen nicht gesichert oder aus Gründen der öffentlichen Sicherheit und Ordnung eine Überwachung der Ausreise erforderlich erscheint. Gegen A. schützt ggf. das → Asylrecht des Grundgesetzes.

Abschlußfreiheit ist ein Teil der → Vertragsfreiheit.

Abschlußzwang als Rechtspflicht, mit anderen Verträge zu schließen, besteht abweichend vom Grundsatz der → Vertragsfreiheit kraft gesetzlicher Anordnung z. B. für Inhaber eines → Monopols lebenswichtiger Güter.

Abschöpfungen sind zollähnliche → Abgaben insbesondere bei der Einfuhr von Agrarprodukten zum Schutz der inländischen Wirtschaft. Ihre Erhebung nach bestimmten Sätzen dient dem Ausgleich des Unterschieds zwischen Auslands- und Inlandspreisen. Nach Verwirklichung des → Gemeinsamen Marktes bleiben A. im Verhältnis zu Drittländern relevant.

Abschreckung, ein strategisches Verteidigungskonzept namentlich der → NATO. Das eigene militärische Potential mitsamt einem atomaren Gegenschlag soll im Interesse der Friedenssicherung so stark gehalten werden, daß kein möglicher Angreifer einen Krieg riskiert. Im → Strafrecht kommt die A. als Strafzweck in Betracht (→ Straftheorien).

Absetzung im Sinne einer Amtsenthebung gegen den Willen des Amtsinhabers ist je nach Staatsform und Verfassung an bestimmte Verfahren gebunden. In der → Monarchie kann das → Staatsoberhaupt allenfalls indirekt abgesetzt werden durch → Revolution oder erzwungene → Abdankung. Ein republikanisches Staatsoberhaupt wie der deutsche → Bundespräsident kann nur vom → Bundesverfassungsgericht seines Amtes für verlustig erklärt werden, wenn er sich z. B. einer vorsätzlichen Verletzung des → Grundgesetzes schuldig gemacht hat. Gegen die Absetzung von → Richtern im → Rechtsstaat schützt das Verfassungsprinzip der → richterlichen Unabhängigkeit.

Absichtserklärungen in zwischenstaatlichen → Abkommen sind zu unterscheiden von rechtsverbindlichen Willenserklärungen eines → völkerrechtlichen Vertrags.

Absolute Mehrheit → Mehrheiten

Absolute Monarchie → Monarchie

Absolutes Veto → Veto

Absolutismus im verfassungsgeschichtlichen Sinne ist eine Erscheinungsform der → Monarchie, die den Herrscher als unbeschränkten Inhaber der ungeteilten Staatsgewalt sowohl von der Mitwirkung anderer Organe (Ständevertretungen) als auch von der Gesetzesbindung freistellt (Princeps legibus solutus). Die von Staatsgebilden des Mittelalters grundlegend verschiedene absolutistische Königsherrschaft war die Antwort auf die konfessionellen Bürgerkriege des 16. Jahrhunderts (→ Hochabsolutismus).

Abstammungsprinzip, ein vor allem in Kontinentaleuropa vorherrschendes Kriterium, nach dem sich die → Staatsangehörigkeit bestimmt.

Absterben des Staates ist nach marxistisch-leninistischer Lehre die notwendige Konsequenz der Diktatur des Proletariats als Frucht der sozialistischen Revolution mit dem Endziel der klassenlosen Gesellschaft.

Abstimmungen dienen, im Unterschied zu → Wahlen, der Herbeiführung von Sachentscheidungen über Beschlußvorlagen in → Parlamenten, → Kabinetten, → internationalen Organisationen und anderen politischen Einrichtungen. Die zur Beschlußfassung erforderlichen → Mehrheiten sind innerstaatlich durch → Verfassung, → Gesetz und

→ Geschäftsordnungen festgelegt. Je nach rechtlicher Ausgestaltung einer → Demokratie kann auch das Volk unmittelbar über alternative Sachfragen abstimmen (→ Plebiszit).

Abstrakte Normenkontrolle, die verfassungsgerichtliche Prüfung der Gültigkeit einer → Rechtsnorm losgelöst von einem anderweit schwebenden Rechtsstreit. Näheres hierzu im → Wörterbuch zum Grundgesetz.

Abt, der auf Lebenszeit gewählte Mönch an der Spitze eines selbständigen Klosters der benediktinischen Ordensform (z. B. Benediktiner, Zisterzienser, Trappisten).

Abtreibung → Schwangerschaftsabbruch

Abtretung von Staatsgebiet ist – im Unterschied zur nichteinvernehmlichen → Annexion oder → Okkupation – die freiwillige oder (z. B. vom Sieger nach einem Krieg) erzwungene territoriale Verzichtleistung durch → völkerrechtlichen Vertrag.

Abwehrbereite Demokratie → Streitbare Demokratie

Abwehrrechte → Grundrechte

Abweisung, die aus der → Souveränität eines → Staates folgende Befugnis, unerwünschten → Ausländern die Einreise ins → Staatsgebiet zu verwehren (→ Abschiebung).

Abwertung ist, im System fester Wechselkurse, die hoheitliche Herabsetzung des Außenwertes einer → Währung. Hiervon zu unterscheiden ist das marktmäßige Absinken von Währungsparitäten.

Abzugsrecht, eine frühe Erscheinungsform der → Auswanderungsfreiheit: Nach dem Augsburger Religionsfrieden von 1555 waren Untertanen, die der Religionsentscheidung ihres Landesherrn nicht folgen wollten, zum Verlassen des Territoriums nach Verkauf von Hab und Gut befugt.

Accord, im diplomatischen Sprachgebrauch etwa gleichbedeutend mit → Agreement.

Achsenmächte, schlagwortartige Zusammenfassung der im 2. Weltkrieg verbündeten Mächte Deutschland, Italien und Japan (Achse Berlin–Rom–Tokio).

Acht, im Mittelalter eine Form der Friedloslegung bestimmter Delinquenten durch gerichtliche Ausstoßung aus der Rechtsgemeinschaft mit der Folge, daß der für vogelfrei geltende Geächtete von jedermann straflos getötet werden konnte. Ein Gegenstück der weltlichen Acht war der kirchliche Bann (‚Acht und Bann'). Die dem Kaiser vorbehaltene Reichsacht bedurfte seit dem frühen 18. Jahrhundert der Zustimmung des Reichstags.

Ächtung → Acht

Act of Parliament, im angelsächsischen Rechtskreis namentlich das geschriebene Recht der gesetzgebenden Körperschaften (Statute Law) im Unterschied zum Gewohnheits- und Präjudizienrecht (Common Law).

Act of Settlement, ein altes britisches Gesetz, Grundlage insbesondere der → richterlichen Unabhängigkeit und der Thronfolge des Hauses Hannover.

Act of State, eine gerichtsfreie Entscheidung der Regierung nach angelsächsischer Doktrin. Beispiele: Kriegserklärung, Kommandogewalt, Friedensschluß, Begnadigung, königliches Vetorecht.

Acte de gouvernement, entspricht im französisch-romanischen Rechtskreis etwa der → Act of State-Doktrin.

Acte peu amical, im zwischenstaatlichen Verkehr ein unfreundlicher Akt, der zwar nicht gegen die Normen des → Völkerrechts verstößt, aber vom Betroffenen als diplomatischer Affront empfunden wird, was mit einer → Retorsion beantwortet werden kann.

Action directe, unmittelbare Gewalt von Individuen oder Gruppen (A. Sorel) im Widerspruch zum Friedensgebot und Selbsthilfeverbot im modernen Staat, dessen Gewaltmonopol durch die → rechtsstaatliche Ordnung gemäßigt ist.

Action française, eine antiparlamentarische, nationalistische Bewegung in Frankreich, die nach der deutschen Besetzung das → Vichy-Regime unterstützte.

Acton, J. E. E., Lord, britischer Historiker (1834–1902), prägte die vielzitierte Formel: „Power tends to corrupt and absolute power tends to corrupt absolutely."

Adam gilt manchen Staatstheoretikern (z. B. Locke) als personifizierter Beginn der Menschheitsgeschichte, die zur Bildung politischer Gemeinwesen führte, deren Rechtfertigung auf den Konsens der Adamssöhne gestützt wird.

Adel im verfassungsgeschichtlichen Sinn ist der zur Führung im Staat berufene, mit politischen und gesellschaftlichen Vorrechten ausgestattete Stand (→ Aristokratie). Bei dem Übergang von der → Monarchie zur → Republik wurden die Adelsprivilegien in Deutschland aufgehoben (Art. 109 III WRV). Fortan durften Adelsbezeichnungen nicht mehr verliehen werden, die vorher erworbenen wurden zu bloßen Namensbestandteilen.

Adjudikation, die Zuerkennung der → Gebietshoheit durch internationale → Schiedsgerichtsbarkeit.

Administration → Verwaltung → Exekutive → Öffentliche Gewalt

Advokat, in Deutschland die frühere Bezeichnung (bis 1879) für → Rechtsanwalt.

Agent → Diplomatischer Agent → Politischer Agent

Agent provocateur, im politischen Bereich ein Lockspitzel, der das Vertrauen von Personen des gegnerischen Lagers erschleicht, um sie durch Anstiftung zu unerlaubten Angriffs- oder Verteidigungsmaßnahmen bloßzustellen und dadurch unschädlich zu machen.

Aggression im Sinne des → Völkerrechts ist der Angriff eines → Staates auf einen anderen. Aggressionshandlungen sind z.B. bewaffnete Angriffe auf fremde Gebietsteile, Schiffe, Flugzeuge, ferner auch Seeblockaden und Unterstützung bewaffneter Banden auf fremdem → Staatsgebiet. Seit dem Kellogg-Pakt (1928) sind Angriffskriege als Mittel der Politik geächtet, Verteidigungskriege weiterhin völkerrechtlich erlaubt. Die Feststellung des Aggressors bei kriegerischen Konflikten sowie die Anordnung von Sanktionen und Hilfsmaßnahmen obliegt dem → UNO-Sicherheitsrat.

Agitprop, Abkürzung für Agitation und Propaganda, mittels deren nach marxistisch-leninistischer Parteidoktrin den Massen ein sozialistisches Bewußtsein nachhaltig eingeprägt werden soll.

Agrarkommunismus, die Form der Landwirtschaft nach Überführung des privaten Grundeigentums und anderer Produktionsmittel in Gemeineigentum durch die → kommunistische Revolution.

Agrarpolitik umfaßt außer der Landwirtschaft auch die Forst- und Fischereiwirtschaft sowie den Wein- und Gartenbau. Ziel der einschlägigen Maßnahmen ist u.a. die Sicherung der Volksversorgung mit guten und erschwinglichen Nahrungsmitteln, die Gewährleistung angemessener Einkommen der ‚Agrarier‘, ein völkerrechtskonformer Schutz der inländischen Produktion vor ausländischer Konkurrenz, die Förderung der Ausfuhr von Agrarprodukten. Durch den → Gemeinsamen Markt hat die frühere nationalstaatliche Agrarpolitik eine grundlegend neue Dimension gewonnen.

Agrarstaaten unterscheiden sich von → Industriestaaten durch den überwiegenden Anteil agrarischer Erzeugnisse am → Sozialprodukt. Beispiele: die → Entwicklungsländer Afrikas, Asiens und Lateinamerikas.

Agreement, eine im Vergleich zu zwischenstaatlichen → Abkommen weniger formelle → völkerrechtsverbindliche Absprache, die insbesondere keiner → Ratifikation bedarf und womöglich geheim bleiben soll.

Agreement of the people, Volksvertrag aufgrund der Zustimmung aller Bürger, gedacht als Legitimationsbasis der Staatsverfassung (so z. B. in einer konstitutionellen Bewegung des 17. Jahrhunderts in England).

Agrément, die vor Entsendung eines → Missionschefs eingeholte Zustimmung des Empfangsstaats (→ Persona grata).

Aide-mémoire, ein dem diplomatischen Gesprächspartner zugestelltes formloses Schriftstück, das einzelne Verhandlungspunkte festhalten oder erläutern soll.

Akademie, in der Antike, ausgehend von Platon und seinen Schülern, gleichbedeutend mit Philosophenschule. Heute eine frei verwendbare Bezeichnung für Einrichtungen unterschiedlichster Art. So gibt es z. B. Akademien der Wissenschaft, Kunst, Kirchen, Gewerkschaften, politischer Parteien, Fachberufe usf.

Akademische Grade sind öffentliche Würden, die aufgrund wissenschaftlicher Qualifikation in einem besonderen Verfahren von Universitäten und Hochschulen verliehen werden (z. B. Magister, Diplom-Ingenieur, Doktor jur.). Für besondere Verdienste kann der Doktor- und Professortitel auch ehrenhalber verliehen werden.

Akademische Selbstverwaltung → Hochschulselbstverwaltung

Akklamation, formlose Kundgabe der Zustimmung (durch Beifall, Zurufe usw.) bei → Abstimmungen und → Wahlen.

Akte, diplomatisches Dokument, das die Ergebnisse einer Konferenz zusammenfaßt.

Akten, verfahrensbezogene Schriftstücke, die bei → Gerichten und → Verwaltungsbehörden nach bestimmten Regeln gesammelt werden.

Akteneinsicht, eine Form der Gewährung → rechtlichen Gehörs.

Aktivbürgerschaft, Gesamtheit der → Staatsbürger, die nach der → Verfassung und den einschlägigen Gesetzen an der politischen Willensbildung durch → Wahlen und → Abstimmungen mitwirken können.

Aktuelle Stunde dient der Wahrnehmung des parlamentarischen → Interpellationsrechts. Näheres im → Wörterbuch zum Grundgesetz.

Akzeptanz, die freiwillige Bereitschaft der Rechtsgenossen, sich rechtmäßig zu verhalten, ist eine Bedingung der faktischen Geltung von → Rechtsnormen. Diese müssen möglichst vielen als „gerecht" erscheinen, um akzeptiert zu werden.

Akzession, Beitritt eines → Staates zu einem → völkerrechtlichen Vertrag aufgrund entsprechender Abkommensklauseln.

Akzisen, bestimmte Verbrauchsabgaben (z. B. auf Wein und Bier), die erstmals in den Territorialstaaten des → Heiligen Römischen Reiches Deutscher Nation erhoben wurden.

Albertus Magnus, Graf von Bollstädt (1200–1280), „Doctor universalis", Kirchenlehrer und Staatstheoretiker.

Alimentationsprinzip, in Deutschland ein hergebrachter Grundsatz des → Berufsbeamtentums, wonach der Staat dem Amtsträger eine angemessene Besoldung und Versorgung schuldet. Näheres im → Wörterbuch zum Grundgesetz.

Alleinherrschaft vollzieht sich namentlich in den klassischen Formen der → Monarchie und der → Diktatur.

Allgegenwart, eine Eigenschaft des modernen → Staates, die ihn von allen früheren hoheitlichen Gebilden unterscheidet. Die Verwirklichung der A. ist faktisch abhängig von einer funktionsfähigen → Exekutive und → Judikative.

Allgemeine Gesetze sind Schranken bestimmter → Grundrechte der deutschen Verfassung. Näheres im → Wörterbuch zum Grundgesetz.

Allgemeine Handlungsfreiheit, das → Grundrecht auf freie Entfaltung der Persönlichkeit unter Beachtung der Rechte anderer, der verfassungsmäßigen Ordnung und des Sittengesetzes. Näheres im → Wörterbuch zum Grundgesetz.

Allgemeine Staatslehre, eines der traditionsreichsten Forschungsgebiete im Fächerkanon der Jurisprudenz. Das Denken über den → Staat kreist um fundamentale Fragen der menschlichen Existenz. Beginnend mit der politischen Philosophie der griechischen Antike haben einschlägige Erkenntnisbemühungen eine unerschöpflich reiche Literatur hervorgebracht. In der Gegenwart hat die Allgemeine Staatslehre nicht zuletzt auch die Funktion einer Grundlagenwissenschaft für ein vertieftes Verständnis des positiven → Staatsrechts.

Allgemeiner Gleichheitssatz, ein wichtiges Element des grundgesetzlichen → Rechtsstaatsprinzips. Danach hat jeder Mensch nicht nur einen Anspruch auf Gleichbehandlung vor dem Gesetz, sondern auch durch die Gesetzgebung. Näheres im → Wörterbuch zum Grundgesetz.

Allgemeines Landrecht → Preußisches Allgemeines Landrecht

Allgemeines Persönlichkeitsrecht, ein grundgesetzlich gewährleisteter Bereich der Privatsphäre gegenüber jeder Einwirkung der → öffentlichen Gewalt. Näheres im → Wörterbuch zum Grundgesetz.

Allgemeines Staatsrecht, eine vornehmlich juristische, insbesondere naturrechtliche Behandlung der → Allgemeinen Staatslehre im ausgehenden 18. Jahrhundert, so z. B. bei *Pütter* („Institutiones juris publici Germanici"). Der deutsche Terminus findet sich etwa gleichzeitig bei *Schlözer* („Allgemeines Staatsrecht und Staatsverfassungslehre").

Allgemeines Wahlrecht, in der → Demokratie eine Art Sicherheitsventil gegen blutige → Revolution. Man zählt die Köpfe, damit sie sich nicht gegenseitig einschlagen (→ Wahlrechtsgrundsätze).

Allgemeines Zoll- und Handelsabkommen → GATT

Allgemeinwohl → Gemeinwohl

Allianzen, bilaterale oder multilaterale → Abkommen, die insbesondere eine militärpolitische zwischenstaatliche Zusammenarbeit begründen.

Alliierte, die an einer → Allianz beteiligten Staaten allgemein, besonders die im 1. und 2. Weltkrieg gegen Deutschland verbündeten Mächte.

Alliierte Hohe Kommission, oberstes gemeinsames Kontrollorgan der drei Westalliierten für die → Bundesrepublik Deutschland während der Geltung des → Besatzungsstatuts (1949–1955). Sie bestand aus je einem Hohen Kommissar Frankreichs, Großbritanniens und der USA.

Alliierter Kontrollrat, die von den vier Siegermächten des 2. Weltkriegs gebildete oberste Kontrollbehörde für Deutschland als Ganzes. Ihre auf dem Einstimmigkeitsprinzip beruhende Tätigkeit endete mit dem Rückzug des sowjetischen Militärbefehlshabers (1948).

Allmende, was allen gemeinsam ist: Seit dem Mittelalter jener Teil der Gemeindeflur, der Gemeineigentum der Dorfgenossen war.

Allparteienregierung, eine → Regierungskoalition, die alle relevanten Kräfte des → Parlaments umfaßt, so daß für eine nennenswerte → Opposition kein Raum mehr bleibt. Das → parlamentarische Regierungssystem verträgt eine A. eigentlich nur als zeitlich begrenzte Notstandskoalition zur Überwindung einer außerordentlichen Krisensituation. Beispiel: Großbritannien im 2. Weltkrieg.

Alma mater, die nährende Mutter: Ursprünglich Beiname der Göttin Ceres, später der Universität.

ALR → Preußisches Allgemeines Landrecht

Alternativbewegung, Sammelbezeichnung für alternative Bewegungen unterschiedlichster Art, die sich seit den 70er Jahren besonders in der westlichen Welt bemerkbar gemacht haben mit dem Ziel, vom Herkömmlichen abweichende Inhalte und Formen u. a. auf den Gebieten der Politik, Wirtschaft, Kultur und der persönlichen Lebensgestaltung durchzusetzen. Hierzu gehören z. B. Bürgerinitiativen, Ökologische Bewegung, Anti-

Atomkraft-Bewegung, Frauenbewegung, Friedensbewegung, Dritte-Welt-Bewegung sowie Alternativen religiöser und spiritueller Art.

Altersgrenzen, z. B. ein bestimmtes Mindestalter als Voraussetzung der Wahlrechtsfähigkeit, verletzen nicht den demokratischen Grundsatz der → Allgemeinheit der Wahl.

Alterspräsident, das an Lebensjahren älteste Mitglied eines → Parlaments. Es führt im deutschen → Bundestag u. a. den Vorsitz beim ersten Zusammentritt bis zur Amtsübernahme des gewählten Präsidenten oder eines seiner Stellvertreter.

Altertum → Mittelalter → Neuzeit

Ältestenrat, ein nicht ans Lebensalter gebundenes parlamentarisches Gremium, bestehend aus dem gewählten Präsidium und Vertretern der → Fraktionen. Typische Aufgabe dieses Seniorenkonvents ist die Abstimmung über Arbeitspläne, Sitzungen und Redezeitverteilung des Parlaments sowie über Zahl und Zusammensetzung seiner Ausschüsse.

Althusius, Johannes (1557–1638), Staatstheoretiker, der die politische Gemeinschaft aus Trieb und Bedürfnis des Volkes erklärt, dessen Souveränität die Regierung zu achten habe.

Altorientalischer Staat, ein früher Typus politischer Integration, der – wie in anderer Weise die hellenischen, römischen und mittelalterlichen Herrschaftsformen – wesenhaft verschieden erscheint gegenüber dem → modernen Staat. Despotie und Theokratie – schlagwortartige, mit Vorsicht zu verwendende Bezeichnungen jener versunkenen morgenländischen Reiche. Unbeschadet der sehr lückenhaften Überlieferung wird angenommen, daß auch die altorientalischen Herrscher bis zu einem gewissen Grade durch Grundsätze des ägyptischen, assyrischen, indischen und persischen Rechts beschränkt waren.

Amendment, im US-amerikanischen Recht besonders die Änderung der Verfassung durch Hinzufügung einer Bestimmung ohne Veränderung des ursprünglichen Verfassungstextes. Die Bundesverfassung der Vereinigten Staaten verzeichnet seit ihrem Inkrafttreten (1788) nicht mehr als 26 Amendments.

Amerikanische Revolution, die Unabhängigkeitserklärung der britischen Kolonien Nordamerikas (1776).

Amicabilis compositio, gütlicher Vergleich, freundschaftliche Einigung bei etwaigen Meinungsverschiedenheiten: eine herkömmliche Klausel in → Abkommen, → Konkordaten und → Kirchenverträgen.

Amnestie, ein durch Gesetz ausgesprochener Gnadenerweis für nach allgemeinen Merkmalen bestimmte Gruppen von Straftätern. Näheres zum deutschen Verfassungsrecht im → Wörterbuch zum Grundgesetz.

Amnesty International, eine mit dem Friedensnobelpreis ausgezeichnete internationale Vereinigung, die sich weltweit um die Freilassung von Gefangenen bemüht, die aus politischen, weltanschaulichen, rassischen und anderen menschenrechtswidrigen Gründen inhaftiert sind.

Ämter → Öffentliche Ämter

Ämterpatronage → Parteipatronage

Amtsenthebung → Absetzung

Amtsgeheimnis, die strafrechtlich geschützte Verpflichtung von Amtsträgern, dienstliche Interna nicht unbefugt zu offenbaren. Auch nach Beendigung des Beamtenverhältnisses besteht die Verschwiegenheitspflicht fort, von der gegenüber Gerichten und Behörden nur der Dienstvorgesetzte durch Aussagegenehmigung entbinden kann.

Amtshaftung → Staatshaftung

Amtshilfe, die wechselseitige Beistandspflicht von Verwaltungsbehörden. Näheres zum deutschen Verfassungsrecht im → Wörterbuch zum Grundgesetz.

Amtsträger, mit der Ausübung → öffentlicher Ämter betraute Personen. In der → Demokratie werden Staatsorgane entweder durch → Wahlen unmittelbar bestellt oder indirekt durch Staatsorgane mit demokratischer Legitimation.

Anarchie, Herrschaftslosigkeit, Gesellschaftszustand ohne Staatsgewalt.

Anarchismus, Sammelbezeichnung für verschiedene politische Theorien und Bewegungen, die das freie Individuum absolut setzen und folglich jede hoheitliche Macht über Menschen verwerfen. Dahinter steht die utopische Vorstellung, daß die unendlichen Widersprüche individueller Bestrebungen sich in einer staatsfreien Gesellschaft zwanglos und friedlich versöhnen. Anarchistische Gedanken und Ziele gab es bereits bei den Kynikern des alten Griechenlands. In neuerer Zeit wurde dergleichen, mehr oder weniger gewaltsam, von so unterschiedlichen Geistern wie → Stirner, → Proudhon und → Bakunin verfochten (→ ‚Politismus‘).

Ancien Régime, die alte Herrschaftsform überhaupt, namentlich die → absolutistische Monarchie vor der → Französischen Revolution.

Anciennitätsprinzip, Grundsatz der Seniorität, wonach dem Dienstälteren der Vorrang gebührt. Die Anwendung dieser Regel kann dem → Leistungsprinzip widersprechen, wirkt andererseits aber friedenserhaltend, da die maßgebenden Daten nicht bestreitbar sind. Das A. gilt z. B. auch für die → diplomatische Rangordnung innerhalb derselben Klasse.

Anerkennung als Staat dient der Beseitigung von Zweifeln über den Anspruch eines Machtgebildes auf Teilnahme am zwischenstaatlichen Verkehr. Die Anerkennungserklärung begründet noch nicht die → Staatsqualität, sondern besagt lediglich, daß der anerkennende Staat mit dem anerkannten Regime → diplomatische Beziehungen pflegen will. Hiervon zu unterscheiden ist die Anerkennung von Regierungen, die nur ausnahmsweise in Betracht kommen, wenn z. B. ein Revolutionsregime als ‚de facto-Regierung‘ bestätigt werden soll.

Anfragen, parlamentarische Auskunftsersuchen an die Regierung, sind Gegenstand des herkömmlichen Rechts auf → Interpellation (→ Fragerecht).

Angeklagter im → Strafprozeß ist der → Angeschuldigte, gegen den das → Gericht die Eröffnung des Hauptverfahrens beschlossen hat.

Angeschuldigter ist der Beschuldigte, gegen den die → Staatsanwaltschaft öffentliche Klage erhoben hat.

Angestelltenversicherung, ein Bereich der öffentlich-rechtlichen → Rentenversicherung.

Anglo-amerikanisch, eine im 2. Weltkrieg üblich gewordene Bezeichnung für die englisch sprechenden → Alliierten.

Angriffskriege sind völkerrechtlich geächtet (→ Aggression), nach deutschem Verfassungsrecht verboten. Näheres im → Wörterbuch zum Grundgesetz.

Anhörung von Sachverständigen im Parlament → Hearing. Anhörungsrecht der Regierungs- und Bundesratsmitglieder im deutschen Bundestag. Näheres im → Wörterbuch zum Grundgesetz.

Animal social, geselliges Lebewesen → Zoon politikon

Annexion, eine Weise der Inbesitznahme von → Staatsgebiet, und zwar in einseitiger, nichtvertraglicher, mehr oder weniger gewaltsamer Form. Während in früheren Epochen dem militärischen Sieger gegenüber dem unterlegenen Kriegsgegner eine Art Annexionsrecht zuerkannt wurde, folgt aus dem → Aggressionsverbot des modernen Völkerrechts zugleich die Unzulässigkeit jeder Annexion.

Annexkompetenzen → Implied powers

Anonyme Strafanzeigen → Strafanzeigen

Anstalten des öffentlichen Rechts sind – organisatorisch oder rechtlich – verselbständigte Verwaltungsgebilde zur Erfüllung besonderer öffentlicher Aufgaben. Das Verhältnis zu den Benutzern wird durch Anstaltsordnung geregelt. Näheres über die Schaffung bundesunmittelbarer Anstalten im → Wörterbuch zum Grundgesetz.

Anti-Atomkraft-Bewegung, ein zunächst von örtlichen Bürgerinitiativen in den 70er Jahren ausgegangener Protest gegen den Bau von Kernkraftwerken als Mittel der Energieversorgung (→ Alternativbewegung).

Antifaschismus, Sammelbezeichnung für unterschiedliche Formen individuellen und kollektiven Widerstands gegen den italienischen → Faschismus und den deutschen → Nationalsozialismus. Nach dem 2. Weltkrieg wurde der A. vielfach zum Alibi für kommunistische Diktaturmaßnahmen in den Staaten des → Ostblocks.

Antikominternpakt, deutsch-japanisches → Abkommen von 1936, dem später u. a. auch Finnland, Italien, Kroatien, Rumänien, Spanien und Ungarn beitraten. Zweck des Paktes war die Bekämpfung der → Kommunistischen Internationale (Komintern).

Antikommunismus, mehr oder minder militante Gegenbewegungen zu marxistisch-leninistischen Ideologien und Machtgebilden. Besonders ausgeprägt war die Gegnerschaft zum → Kommunismus nicht nur in der Epoche des → Faschismus und → Nationalsozialismus, sondern auch zur Zeit des → Kalten Krieges in der Innen- und Außenpolitik westlicher Staaten.

Antimachiavell, jugendliche Streitschrift → Friedrichs des Großen, gerichtet gegen „Machiavellis Fürstenspiegel", den der kronprinzliche Autor „für eines der gefährlichsten Werke angesehen (hat), die auf Erden verbreitet sind". Friedrich bezeichnet den Monarchen als obersten Diener („le premier domestique") des unter seiner Herrschaft stehenden Volkes.

Antinomie, einander widersprechende Bestimmungen oder Rechtsgedanken im selben Gesetz, die möglichst durch Auslegung oder Güterabwägung in Einklang zu bringen sind. Beispiel: → Grundrechtskollisionen.

Antisemitismus, eine Wortprägung des ausgehenden 19. Jahrhunderts, bezeichnete damals Haltungen, welche die im deutschen Kaiserreich vollzogene rechtliche Gleichstellung der → Juden politisch ablehnten. Eine religiös, rassisch oder sonstwie motivierte Judenfeindschaft, nach heutigem Sprachgebrauch ebenfalls als A. begriffen, hat nicht nur in Europa eine traurige Tradition, die bis in die vorchristliche Antike zurückreicht. Nach den blutigen Judenverfolgungen des Mittelalters führte der rassistische A. zu entsetzlichsten Verbrechen während des 2. Weltkriegs (→ Holocaust).

Anwalt → Rechtsanwälte

Anwaltsnotar, ein Rechtsanwalt, der zugleich als → Notar amtiert, was in bestimmten Teilen Deutschlands herkömmlicherweise zulässig ist.

Anwesenheitslisten dienen dem Nachweis pflichtgemäßer parlamentarischer Mitarbeit der → Abgeordneten, einer Voraussetzung ihres Anspruchs auf → Diäten.

Apanage, in der → Monarchie wiederkehrende Bezüge zwecks standesgemäßen Unterhalts nichtregierender Mitglieder der → Dynastie. Die Rente entstammt dem fürstlichen Hausvermögen oder staatlicher Bewilligung (→ Zivilliste).

Apartheid, Trennung zwischen weißer und farbiger Bevölkerung, wie sie – politisch, sozial, kulturell, geographisch – in der Republik Südafrika jahrzehntelang auf fragwürdiger gesetzlicher Grundlage praktiziert wurde, was wiederholt zu schweren inneren Unruhen führte. Dieses System der Rassentrennung wurde von den → Vereinten Nationen mehrfach als menschenrechtswidrige Diskriminierung der Mehrheit durch die Minderheit verurteilt. In neuerer Zeit bemühen sich beide Seiten mit wechselndem Erfolg um Entspannung und Überwindung der Apartheid.

APO → Außerparlamentarische Opposition

Apostolische Administratur, ein der → Diözese ähnlicher, von einem Beauftragten des → Papstes geleiteter kirchlicher Amtsbezirk, der politischen Sonderlagen Rechnung tragen soll (wie z. B. die Verwaltung von Teilen bundesdeutscher Bistümer im Hoheitsgebiet der früheren → DDR).

Apostolische Majestät, ein päpstlicher Ehrentitel der Könige von Ungarn, verliehen an → Maria Theresia und ihre Nachfolger.

Apostolischer Nuntius → Nuntius

Apostolischer Stuhl, die päpstliche Regierung (→ Römische Kurie) im Unterschied zum → Heiligen Stuhl.

Apparatschik, abwertende Bezeichnung besonders für Parteifunktionäre in totalitären Staaten des ehem. → Sowjetblocks.

Appeasement, Beschwichtigungspolitik überhaupt, namentlich die nachgiebige Haltung Englands gegenüber → Hitler vor dem 2. Weltkrieg (→ Münchner Abkommen).

Appellation, Anrufung eines höheren Gerichts innerhalb desselben → Territoriums zur Überprüfung einer erstinstanzlichen Entscheidung.

Approbation, staatliche Zulassung (Bestallung) als Arzt, Zahnarzt, Tierarzt oder Apotheker.

Après nous le déluge → Sintflut

Aquinat → Thomas von Aquin

Äquidistanz, gleicher Abstand eines Richters, Schiedsrichters oder Vermittlers zu den Beteiligten eines Konflikts.

Arabische Liga, nach dem 2. Weltkrieg gegründete internationale Organisation der arabischen Staaten mit dem Ziel einer verstärkten Zusammenarbeit auf diplomatischem, militärischem, wirtschaftlichem und kulturellem Gebiet.

Arbeit, insbesondere körperliche Anstrengung zur Sicherung des Lebensunterhalts, galt in der Antike als „unfrei", war Sache der Sklaven, wohingegen die - nicht als A. angesehenen - wissenschaftlichen, politischen, militärischen und kultischen Betätigungen den Freien vorbehalten blieben. Diese negative Bewertung der A. wandelte sich grundlegend seit dem Mittelalter. (Beispiel: ‚Ora et labora', bete und arbeite, der benediktinische Imperativ.) In der Neuzeit gewinnt die A., unbeschadet ihrer Mühseligkeit und Enttäuschung im Einzelfall, einen vorwiegend positiven Akzent als Form der Selbstverwirklichung und sozialen Leistung zur Humanisierung des Daseinsdrucks.

Arbeiterbewegung, seit Anfang des 19. Jahrhunderts infolge der ungeordneten Industrialisierung entstandene Zusammenschlüsse der handarbeitenden Schichten zur gemeinsamen Wahrnehmung ihrer politischen, wirtschaftlichen und sozialen Belange. In Deutschland wurden diese Ziele später von der → Sozialdemokratischen Partei und den → Gewerkschaften übernommen.

Arbeiter- und Soldatenräte, revolutionäre Ausschüsse, die nach ihrem Selbstverständnis einer direkten → Demokratie dienen. Beispiel: die Ansätze zu einer → Rätedemokratie in Deutschland nach dem Zusammenbruch des Kaiserreichs im Herbst 1918. Vorbild waren die russischen Räte (→ Sowjets) der Revolutionen von 1905 und 1917.

Arbeitgeberverbände, privatrechtliche Zusammenschlüsse von Unternehmen mit fachlichen und regionalen Untergliederungen; sie stehen den Gewerkschaften als Arbeitnehmervereinigungen gegenüber (→ Koalitionsfreiheit → Gewerkschaften → Tarifautonomie).

Arbeitnehmerverbände → Gewerkschaften

Arbeitsgerichtsbarkeit, ein mehrstufig gegliederter Zweig der → rechtsprechenden Gewalt zur Entscheidung → arbeitsrechtlicher Streitigkeiten.

Arbeitskämpfe, kollektive Maßnahmen in Wahrnehmung der → Koalitionsfreiheit, typischerweise mittels → Streiks oder → Aussperrung.

Arbeitslosengeld, eine an bestimmte Anspruchsvoraussetzungen geknüpfte wiederkehrende Geldleistung der → Sozialversicherung (Arbeitslosenversicherung). Höhe und Dauer des A. richten sich nach dem maßgebenden Arbeitsverdienst und Beschäftigungszeitraum.

Arbeitslosenhilfe kann nach näherer gesetzlicher Bestimmung ein bedürftiger Arbeitsloser beanspruchen, der kein Recht auf Arbeitslosengeld hat.

Arbeitslosigkeit im Sinne einer Erwerbslosigkeit beschäftigungswilliger Arbeitnehmer kann in der Markwirtschaft u. a. auf strukturellen, konjunkturellen und saisonalen Gründen beruhen. Die Gewährleistung von Vollbeschäftigung im Rahmen des Möglichen bzw. die Milderung mißlicher Folgen der A. ist eine politische Aufgabe des → Sozialstaats.

Arbeitsplatz → Berufsfreiheit

Arbeitsrecht, ein aus dem allgemeinen Dienstvertragsrecht insbesondere durch die Rechtsprechung entwickeltes, zunehmend verselbständigtes Spezialgebiet, das mit seinen Ausformungen – Individualarbeitsrecht, Kollektivarbeitsrecht, Arbeitsschutzrecht – teils dem → Privatrecht, teils dem → Öffentlichen Recht angehört.

Arbeitsteilung, die personelle und räumliche Zerlegung einheitlicher Herstellungsvorgänge in spezialisierte Teilverrichtungen mit dem Vorteil höherer Arbeitsproduktivität unter Inkaufnahme beruflicher Monotonie und Entfremdung des Menschen im modernen Produktionsprozeß.

Arbeitszwang → Zwangsarbeit

Arcana imperii, Geheimnisse der Herrschaft; eine Maxime der ‚Staatsklugheitslehre', wonach z. B. politische Vorhaben verborgen bleiben müssen, wenn sie Erfolg haben sollen.

ARD, Arbeitsgemeinschaft der öffentlich-rechtlichen Rundfunkanstalten der Bundesrepublik Deutschland, die sich zur Ausstrahlung eines gemeinsamen Fernsehprogramms vertraglich zusammengeschlossen haben (Erstes Deutsches Fernsehen).

Aristokratie, eine Staatsform, die – im Unterschied zur → Monarchie und → Demokratie – die Herrschaftsgewalt nicht einem Einzelnen oder allen Bürgern, sondern den Besten des Volkes zuordnet. Das auf die Antike zurückgehende Ideal einer Herrschaft der Besten, die ihre Vorrechte zum Wohle der Gesamtheit ausüben, wurde historisch-politisch jeweils nur unvollkommen in Gestalt der Privilegierung bestimmter Stände verwirklicht (→ Adel → Feudalismus → Nobilität → Patriziat).

Aristoteles (384–322 v. Chr.), Schüler → Platons, Lehrer Alexanders des Großen, begründete in Athen die ‚Peripatetische' Philosophenschule. Auf nüchtern-empirischer Grundlage befaßte er sich schöpferisch mit allen damaligen Wissenschaften, insbesondere auch mit Problemen der Politik. Bis in die Gegenwart nachwirkend u. a. seine Einteilung der → Staatsformen.

Arkanpolitik, eine auf Geheimhaltung von Zielen, Daten und Methoden gerichtete Politik, die mit dem Informationsanspruch der Öffentlichkeit im demokratischen Staat grundsätzlich unvereinbar ist (→ Arcana imperii).

Armee, gleichbedeutend mit Heer: Gesamtheit der Streitkräfte eines Staates.

Armenpflege, eine frühe Form öffentlicher Fürsorge, heute aufgegangen in dem umfassenden → Sozialstaatsprinzip.

Armenrecht → Prozeßkostenhilfe

Arrangement → Abkommen

Assemblée Nationale, Nationalversammlung; die heutige Bezeichnung des französischen Parlaments geht zurück auf die gleichnamige Volksvertretung im Zuge der → Französischen Revolution.

Assessor, Beisitzer. Ursprünglich Titel der Rechtsberater des spätrömischen Kaisers, seit dem Mittelalter u. a. auch der rechtsprechenden Mitglieder hoher Reichs- und Territorialbehörden. In neuerer Zeit Amtsbezeichnung namentlich der volljuristischen Nachwuchskräfte in Gerichtsbarkeit und Verwaltung (Gerichtsassessor, Regierungsassessor).

Assimilation, Angleichung und allmähliches Verschmelzen ursprünglich abgesonderter Bevölkerungselemente, namentlich von kulturell, rassisch und sozial ungleichartigen Einwanderergruppen mit den Gegebenheiten des Aufnahmelandes.

Assoziierung, völkervertragsrechtliche Beteiligung eines Staates z. B. an einem → Bündnis oder einer → internationalen Organisation ohne Erwerb der Vollmitgliedschaft.

Asylrecht bedeutet auf der Ebene des → Völkerrechts lediglich, daß ein Staat einem politisch verfolgten Ausländer Schutz gewähren darf, ohne dazu verpflichtet zu sein. Über den internationalen Standard weit hinausgehend räumt die deutsche Staatsverfassung jedem politisch Verfolgten einen einklagbaren individuellen Grundrechtsanspruch auf Asylgewährung ein. Näheres hierzu im → Wörterbuch zum Grundgesetz.

Atlantik-Charta, gemeinsame Erklärung → Churchills und → Roosevelts, 1941 an Bord eines Kriegsschiffs im Atlantik verkündet, über die militärischen und politischen Ziele der → Alliierten. Zu dem 8-Punkte-Programm gehörte u. a. Verzicht auf → Annexion, Gewährleistung des → Selbstbestimmungsrechts der Völker, Schutz aller Menschen vor Furcht und Not, Errichtung eines umfassenden internationalen Sicherheitssystems. Auf dieses Dokument sollte sich freilich das besiegte Deutschland, nach einer Erklärung Churchills von 1944, nicht berufen können.

Atlantik-Pakt → Nordatlantik-Pakt

Atomares Patt, „Gleichgewicht des Schreckens" zwischen den atomar gerüsteten Supermächten USA und Sowjetunion während des → Kalten Kriegs: Jede Seite vermochte einen atomaren Schlag mit einem entsprechenden Gegenschlag zu beantworten.

Atommächte, d. h. Staaten im Besitz von Atomwaffen (Kernwaffen, Nuklearwaffen) sind außer den USA (1945), der früheren UdSSR (1949), Großbritannien (1952) und Frankreich (1960) auch Rotchina und Indien. Hinzu kommt eine etwa gleich große Zahl sog. Schwellenmächte, die technisch und wirtschaftlich zur Kernwaffenproduktion kurzfristig in der Lage sind.

Atomteststopp-Vertrag, ein → Abkommen von 1963, in dem sich mehrere → Atommächte (USA, UdSSR und Großbritannien) verpflichten, Kernwaffenversuche in der Erdatmosphäre, unter Wasser und im Weltraum zu unterlassen.

Atomwaffenfreie Zonen, d. h. Räume, in denen keine Kernwaffen produziert, gelagert oder eingesetzt werden dürfen, sind aufgrund internationaler → Abkommen z. B. der Meeresgrund, die Antarktis und der Weltraum.

Atomwaffensperr-Vertrag, ein 1970 in Kraft getretenes, weder von allen → Atommächten noch von den wichtigen → Schwellenländern unterzeichnetes → Abkommen über die Nichtverbreitung von Kernwaffen an dritte Staaten (Nonproliferation). Hiervon unberührt bleibt die friedliche Nutzung der Kernenergie.

Attaché ist, je nach Zusammenhang, entweder ein → Diplomat im Vorbereitungsdienst oder ein Spezialist, der einer → diplomatischen Mission angehört (Kultur-Attaché, Militär-Attaché usw.).

Attentat, politisch motivierter Anschlag auf das Leben einer repräsentativen Persönlichkeit. Historische Beispiele von Attentatsopfern: Caesar (44 v. Chr.), Lincoln (1865), Erzherzog Franz-Ferdinand (1914), Gandhi (1948), J. F. Kennedy (1963).

Attentismus, abwartende Haltung im Hinblick auf ungeklärte Machtlagen in der Politik.

Auctoritas et potestas, geistige Autorität und politische Herrschaftsgewalt: eine auf das antike Rom zurückgehende Unterscheidung, die von Papst Gelasius (492–496) auf das Verhältnis von Kirche und Staat übertragen wurde.

Audiatur et altera pars, gehört werde auch die andere Partei. Ein im altrömischen Rechtsdenken wurzelnder Verfahrensgrundsatz, wonach insbesondere vor richterlichen Entscheidungen auch die Gegenseite anzuhören ist.

Audienz, förmlicher Empfang bei hohen und höchsten Würdenträgern (Papst, Kaiser, König, Staatspräsident usw.).

Auditor, Vernehmender: eine Art Untersuchungsrichter z. B. in der kirchlichen Gerichtsbarkeit.

„Aufgeklärter Absolutismus“, Herrschaftsstil nach der Periode des → Hochabsolutismus.

Aufklärung bezeichnet, je nach Zusammenhang, eine bestimmte Epoche abendländischer Geistesgeschichte oder ein kulturpolitisches Anliegen der Gegenwart. Beiden Begriffsinhalten gemeinsam ist der Appell an den mündigen Menschen und den kritischen Gebrauch seiner Vernunft gegenüber tradierten Glaubenswahrheiten, Rechtsgrundsätzen und sozialen Gebräuchen. Historischer Höhepunkt der A. ist das 18. Jahrhundert, ausgehend von England („age of enlightenment“) und Frankreich („siècle des lumières“).

Auflösung des Parlaments → Parlamentsauflösung

Aufopferungsansprüche gründen sich auf individuelle Sonderopfer zugunsten des → Allgemeinwohls. Näheres nach deutschem Staatsrecht im → Wörterbuch zum Grundgesetz.

Aufruhr, öffentliche Zusammenrottung mit gemeinschaftlichem Widerstand gegen die Staatsgewalt (→ Landfriedensbruch).

Aufrüstung, planmäßige Verstärkung der Streitkräfte eines Staates oder Militärbündnisses, sei es zu Angriffs- oder Verteidigungszwecken. Jede A. erhöht die internationale Spannung, belastet den Volkswohlstand, eskaliert womöglich in Wettrüsten und heißem Krieg (→ Abrüstung).

Aufstand, die über den zeitlich und lokal begrenzten → Aufruhr hinausgehende, gewaltsame, nachhaltige Auflehnung eines Volksteils gegen die Gebietsherrschaft.

Aug' um Auge → Talion

Augsburger Religionsfriede, ein 1555 auf dem Augsburger Reichstag verkündetes Verfassungsgesetz. Es begründete die gleichrangige Behandlung der religiösen Bekenntnisse, das friedliche Nebeneinander der konfessionellen Machtblöcke und die Religionsfreiheit der weltlichen Reichsstände, die zugleich für ihre Untertanen entschieden (→ Cuius regio, eius religio).

Augustinus (354–430), Kirchenlehrer und Staatsphilosoph. In seinem Werk über den Gottesstaat (De civitate Dei) stellt er die Menschheitsgeschichte als Kampf zweier Reiche dar: des Reichs der irdisch Gesinnten (civitas terrena) und des Reichs Gottes (civitas Dei), wobei er das Gottesreich nicht ohne weiteres mit der römischen Kirche gleichsetzt.

Ausbildungsstätte → Berufsfreiheit

Ausbürgerung (Expatriation) ist die – nach deutschem Verfassungsrecht unzulässige – Entziehung der → Staatsangehörigkeit. Näheres im → Wörterbuch zum Grundgesetz.

Ausfertigung eines Gesetzes ist die meist dem → Staatsoberhaupt zustehende Festlegung des Gesetzeswortlauts in urkundlicher Form. Näheres nach deutschem Verfassungsrecht im → Wörterbuch zum Grundgesetz.

Ausführung der Gesetze, d.h. ihr administrativer Vollzug, ist im → Bundesstaat zwischen Behörden des Zentralstaats und der Gliedstaaten aufgeteilt. Näheres nach deutschem Verfassungsrecht im → Wörterbuch zum Grundgesetz.

Ausland ist das nicht zum eigenen Staatsgebiet gehörige Territorium.

Ausländer im weiteren Sinne sind Personen mit fremder → Staatsangehörigkeit oder → Staatenlose. Ihre Rechtsstellung ist gegenüber Inländern herkömmlicherweise mannigfach eingeschränkt, z.B. durch Bestimmungen über Einreise, Aufenthalt und → Abschiebung (→ Asylrecht → Fremdenrecht → Menschenrechte).

Ausländische Titel dürfen im Inland von Deutschen nur mit behördlicher Genehmigung geführt werden (→ Akademische Grade).

Auslegung von Rechtsnormen ist die methodische Ermittlung ihres maßgebenden Sinns. Bei der Interpretation eines Rechtssatzes (→ Verfassung → Gesetz → Verordnung → Satzung) lassen sich grammatische, logische, systematische, komparative, genetische und teleologische Auslegungsschritte unterscheiden.

Auslese der Besten zur Führung im Staat ist ein Grundproblem jeder Herrschaftsform, nicht nur der → Aristokratie.

Auslieferung, die Überstellung eines Straftäters an einen anderen Staat zum Zwecke der Strafverfolgung oder -verbüßung. Kein Deutscher darf an das Ausland ausgeliefert werden. Näheres im → Wörterbuch zum Grundgesetz.

Ausnahmegerichte, d.h. Spruchkörper, die abweichend von den allgemeinen Zuständigkeitsregelungen ad hoc zur Entscheidung bestimmter Fälle gebildet werden, sind nach deutschem Verfassungsrecht unzulässig. Näheres im → Wörterbuch zum Grundgesetz.

Ausnahmezustand (Belagerungszustand, Kriegszustand): die zeitweilige Suspendierung grundlegender Verfassungsgarantien in Fällen eines äußeren oder inneren Staatsnotstandes. Näheres zu den Ausnahmekompetenzen nach früherem und geltendem deutschen Verfassungsrecht im → Wörterbuch zum Grundgesetz.

Ausreisefreiheit genießt grundrechtlichen Schutz als Teil der → Allgemeinen Handlungsfreiheit.

Aussagegenehmigung → Amtsgeheimnis

Aussageverweigerungsrechte bei grundsätzlich bestehender Aussagepflicht können, wenn das Beweisthema einen grundrechtlich geschützten Bereich berührt, ausnahmsweise unmittelbar aus der Verfassung folgen. Näheres im → Wörterbuch zum Grundgesetz.

Ausschließliche Gesetzgebung des Bundes, eine Form der Abgrenzung legislativer Befugnisse zwischen Gesamtstaat und Gliedstaaten im → Bundesstaat. Näheres nach deutschem Verfassungsrecht im → Wörterbuch zum Grundgesetz.

Ausschüsse → Parlamentsausschüsse

Außenhandelspolitik als staatliche Einwirkung auf Import und Export wird herkömmlicherweise u.a. mittels Ausfuhrförderungsmaßnahmen oder Einfuhrerschwernissen (Zölle, Kontingentierungen) betrieben.

Außenminister → Bundesaußenminister

Außenpolitik, Gesamtheit der auswärtigen Aktivitäten einer Regierung, bis Ende des 19. Jahrhunderts mit Schwerpunkt innerhalb des europäischen Staatensystems. Heute hat die A. weltweite Dimensionen nicht nur gegenüber fremden → Staaten, sondern auch im Verhältnis zu → internationalen und → supranationalen Organisationen (→ EG → NATO → UNO).

Außerparlamentarische Opposition in engerem Sinne (APO) bezeichnet die Protestbewegung mit z. T. gewalttätigen Exzessen zur Zeit der → Großen Koalition in der Bundesrepublik Deutschland. Die aus der Studentenbewegung hervorgegangene APO richtete sich u. a. gegen das verfaßte → parlamentarische Regierungssystem, die Verabschiedung der → Notstandsverfassung und die Manipulation der öffentlichen Meinung durch Pressekonzentration.

Aussperrung, ein Gegenstück zum → Streik; beide sind als Mittel des Arbeitskampfes von der → Koalitionsfreiheit geschützt. Bei der A. lehnt die Arbeitgeberseite die angebotene Arbeitsleistung einer Gruppe von Arbeitnehmern legitimerweise ab, sofern die Grundsätze der Kampfparität und der Verhältnismäßigkeit beachtet werden.

Ausstand → Streik

Austerity, Kargheit der materiellen Lebensbedingungen, insbesondere aufgrund wirtschaftspolitischer Sparmaßnahmen während des 2. Weltkriegs und danach.

Austromarxismus, eine von der österreichischen Sozialdemokratie nach dem Zusammenbruch der Habsburger Monarchie ideologisch vertretene und nach dem 2. Weltkrieg politisch verwirklichte Übergangsform zur Diktatur des Proletariats, wobei einstweilen alle Klassen in einer großen Regierungskoalition die Staatsmacht teilen.

Auswanderungsfreiheit, nach deutschem Verfassungsrecht eine Erscheinungsform der → Allgemeinen Handlungsfreiheit. Näheres im → Wörterbuch zum Grundgesetz.

Auswärtige Angelegenheiten, insbesondere die Pflege der zwischenstaatlichen Beziehungen (→ Außenpolitik), unterfallen im → Bundesstaat grundsätzlich der Zuständigkeit des Gesamtstaats. Näheres nach deutschem Verfassungsrecht im → Wörterbuch zum Grundgesetz.

Auswärtige Gewalt, Inbegriff der hoheitlichen Kompetenzen eines → Staates im Verhältnis zu anderen Staaten. Hierzu gehören u. a. Entscheidung über Krieg und Frieden, Schutz eigener Staatsangehöriger im Ausland, → Anerkennung fremder Staaten, Abschluß → völkerrechtlicher Verträge, Teilnahme an → internationalen Organisationen, Pflege der → diplomatischen und konsularischen Beziehungen.

Auswärtiges Amt, traditioneller Name des deutschen Außenministeriums, vergleichbar dem britischen Foreign Office und dem amerikanischen State Department.

Ausweisung (Expulsion), die nach → Völkerrecht bei Beachtung gewisser Mindeststandards grundsätzlich zulässige Entfernung von → Ausländern aus dem inländischen Staatsgebiet durch Entzug der Aufenthaltserlaubnis, erforderlichenfalls auch durch → Abschiebung.

Auszeichnungen → Akademische Grade → Orden

Autarkie, Selbstgenügsamkeit, Unabhängigkeit von Menschen und Dingen, ein Lebensideal der antiken Philosophie. In der Außenpolitik vor allem die wirtschaftliche Unabhängigkeit eines → Staates von ausländischen Importen. Dieses Ziel kontrastiert mit der auf internationalen Leistungsaustausch angelegten modernen Weltwirtschaft.

Autokratie, Selbstherrschaft dergestalt, daß die unumschränkte Staatsgewalt von ein und derselben Person sowohl getragen als auch ausgeübt wird. Historische Beispiele autokratischer Herrschaftsformen sind u. a. der römische Cäsarismus, die orientalische Despotie, die absolute Monarchie und der faschistische Führerstaat.

Autonome Rechte, die Befugnisse gesetzgebender Körperschaften, ihre inneren Angelegenheiten selbst zu regeln. Näheres nach deutschem Verfassungsrecht im → Wörterbuch zum Grundgesetz.

Autonomie, das Recht der Selbstgesetzgebung im eigenen Wirkungskreis, kommt bestimmten → Körperschaften und → Anstalten in unterschiedlichem Umfang zu, so z. B. den → Kirchen, den → Gemeinden und den → Universitäten.

Autonomie nationaler Minderheiten dient dem Schutz der kulturellen Eigenart bestimmter Volksteile im Staat durch Garantien der → Verfassung oder des → Völkerrechts. So bestimmte z. B. Art. 113 WRV: „Die fremdsprachigen Volksteile des Reichs dürfen durch die Gesetzgebung und Verwaltung nicht in ihrer freien, volkstümlichen Entwicklung, besonders nicht im Gebrauch ihrer Muttersprache beim Unterricht, sowie bei der inneren Verwaltung und der Rechtspflege beeinträchtigt werden."

Autopsie, Augenschein, insbesondere bei der Leichenschau im Strafprozeß.

Autoritäres Regime, eine zwischen rechtsstaatlicher Demokratie und totalitärer Diktatur schillernde Herrschaftsform, gekennzeichnet u. a. durch unzulängliche individuelle und politische Freiheitsgarantien einerseits und fehlendem ideologischen Absolutheitsanspruch andererseits.

Autorität, geistig-moralische Überzeugungs- und Führungskraft einer hervorragenden Persönlichkeit, die freiwillige Gefolgschaft bewirkt (→ Auctoritas et potestas).

Avantgarde, kämpferische Vorhut für neue Formen in Kunst und Politik. Nach marxistisch-leninistischer Theorie ist die → kommunistische Partei als bewußtester Teil des → Proletariats die avantgardistische Führungskraft zur Revolution (→ Absterben des Staates).

Axiom, Grundsatz der Logik, der weder beweisbar noch beweisbedürftig ist. Aus axiomatischen Annahmen, die auch für gewisse Rechtsprinzipien gelten, können andere Sätze und Begriffe logisch abgeleitet werden.

B

Babeuf, François (1760–1797), revolutionärer Vorläufer des → Kommunismus. B. forderte außer allgemeiner Rechtsgleichheit auch materielle Gleichstellung („égalité du fait") durch Wohlstand für alle.

Bacon, Francis (1561–1626), Jurist und Staatsmann; als Philosoph Begründer des englischen Empirismus. In seiner Staatsutopie „Nova Atlantis" entwirft er einen technisch perfekten Zukunftsstaat.

Baden, Prinz Max von (1867–1929), deutscher Reichskanzler (1918) vor Abdankung des Kaisers und Ausbruch der → Novemberrevolution.

Baden-Württemberg, ein aus dem Zusammenschluß der früheren Länder Baden, Württemberg-Baden und Württemberg-Hohenzollern entstandenes → Bundesland.

Bähr, Otto (1817–1895), Jurist, zuletzt Reichsgerichtsrat. Bedeutsam für die Entwicklung der Verwaltungsgerichtsbarkeit in Deutschland wurde seine Schrift „Der Rechtsstaat" (1864).

Bakunin, Michail A. (1814–1876), russischer Revolutionär, Studium insbesondere der deutschen Philosophie (Fichte, Hegel); in Paris nähere Verbindung mit → Marx und → Proudhon. Theoretiker („Dieu et l'état") des → Anarchismus.

Balance of Power, Machtgleichgewicht. Innerstaatlich gewährleistet der → Rechtsstaat durch → Gewaltenteilung und → Grundrechtsgarantien dem Einzelnen Schutz vor obrigkeitlicher Überwältigung. Außenpolitisch ist B. ein bestimmendes Prinzip besonders im europäischen Staatensystem des 19. Jahrhunderts. Zur Zeit des → Kalten Krieges nach dem 2. Weltkrieg wurde B. zu einem „Gleichgewicht des Schreckens“ zwischen den atomar gerüsteten Supermächten (→ Atomares Patt).

Balkanisierung, im politischen Sprachgebrauch seit der Auflösung des → Osmanischen Reiches etwa gleichbedeutend mit Zerstückelung größerer Staaten in kleinere, sich feindselig gegenüberstehende politische Gebilde.

Ballhausplatz, Wiener Amtssitz des Außenministers, Kurzbezeichnung für die österreichische Außenpolitik.

Ballotage kann zweierlei bedeuten: Entweder eine (in USA und Großbritannien herkömmliche) Form geheimer → Abstimmung durch verdeckte Abgabe weißer/schwarzer (ja/nein) Kugeln. Oder (in Frankreich) die Stichwahl zwischen den nach dem ersten Wahlgang führenden Amtsbewerbern.

Bambergische Halsgerichtsordnung von 1507 (Bambergensis), Vorbild späterer Strafgerichtsordnungen, besonders der → Constitutio Criminalis Carolina.

Bankenaufsicht → Bundesaufsichtsamt

Bankgeheimnis, privatrechtliche Pflicht der Kreditinstitute, insbesondere alle finanziellen Daten ihrer Kunden geheimzuhalten. Eine Auskunftspflicht z. B. gegenüber Steuerbehörden kann sich aus Vorschriften des → öffentlichen Rechts ergeben.

Banknoten, von der → Notenbank als gesetzliche Zahlungsmittel ausgegebenes Papiergeld.

Bann, rechtsgeschichtlich allgemein das zwingende Gebot, bestimmte Personen oder Orte zu meiden. Im katholischen Kirchenrecht die Befugnis zur → Exkommunikation (→ Acht).

Bannmeile (Bannkreis), ein gegen Störungen von außen rechtlich besonders geschützter Bezirk am Sitz oberster Staatsorgane, z. B. des deutschen → Bundestags, des → Bundesrats und des → Bundesverfassungsgerichts.

Barbaren, im antiken Griechenland ursprünglich alle Ausländer, später mit dem Nebensinn rohen Benehmens und niedriger Denkungsart; bei den alten Römern Bezeichnung für Völker und Einzelne ohne griechisch-römische Kultur.

Barbarossa → Friedrich I.

Barone → Freiherren

Bartholomäusnacht (Pariser Bluthochzeit), politischer Massenmord, dem in der Nacht zum Bartholomäustag (24. 8. 1572) in Frankreich etwa 22 000 Hugenotten zum Opfer fielen. Hintergrund dieses Verbrechens der katholischen Bürgerkriegspartei war u. a. die Ermordung ihres Führers durch einen fanatischen Hugenotten.

Basisdemokratie, ein Modell → direkter Demokratie; danach soll die politische Willensbildung des Volkes von bestimmten Basisgruppen (Betriebs-, Wohn- usw. Einheiten) ausgehen.

Bauernbefreiung, Agrarreformen des 18. und 19. Jahrhunderts mit dem Ziel der Loslösung des Bauernstandes aus guts- und grundherrlichen Abhängigkeiten. Dazu gehörte u. a. die Befreiung aus Leibeigenschaft und Erbuntertänigkeit, die Aufhebung der Patrimonialgerichtsbarkeit und die Ablösung des Zehnten.

Bauernkriege, Krisensymptom der spätmittelalterlichen → Feudalordnung vor dem Hintergrund sozialrevolutionärer Bewegungen nicht nur in Deutschland; hier vor allem → Aufstände der schwäbischen und fränkischen Bauern für mehr Gleichheit und Freiheit. Militärisch war der deutsche Bauernkrieg gegen die Territorialherren (1524/25), den Luther mißbilligte, ein Fehlschlag.

Baufreiheit, die in der → Eigentumsgarantie wurzelnde Befugnis, unter Berücksichtigung öffentlich-rechtlicher und privat-rechtlicher Einschränkungen ein Grundstück zu bebauen.

Bauleitplan, von der → Gemeinde in Gestalt des Flächennutzungsplans oder Bebauungsplans erlassene verbindliche Richtlinie für die bauliche Entwicklung ihres Gebiets.

Bayern, ein → Land der → Bundesrepublik Deutschland. Neben dem Landtag als praktisch bedeutsamstem Gesetzgebungsorgan besteht als zweite Kammer ein Senat, zusammengesetzt aus berufenen Vertretern sozialer, wirtschaftlicher, kultureller usw. Gruppen (z. B. Bauern, Gewerkschaften, Universitäten).

Beamte im engeren Sinne sind Personen, die unter Aushändigung einer Urkunde in ein öffentlich-rechtliches Dienst- und Treueverhältnis berufen worden sind, sei es auf Probe, auf Widerruf, auf Zeit oder auf Lebenszeit (→ Berufsbeamtentum → Politische Beamte).

Bebauungsplan → Bauleitplan

Bebel, August (1840–1913), Mitgründer und bald Führer der sozialdemokratischen Arbeiterpartei.

Bede, auf Bitte des vorabsolutistischen Fürsten entrichtete Abgabe, später einseitig auferlegt kraft landesherrlichen → Besteuerungsrechts.

Bedürfnisprüfung als Kriterium behördlicher Beschränkung der Aufnahme eines bestimmten Berufs widerspricht dem Grundrecht der → Berufsfreiheit ausnahmsweise nicht, wenn dies zur Abwehr schwerer Gefahren für ein überragend wichtiges Gemeinschaftsgut erforderlich ist.

Befähigung zum Richteramt wird in Deutschland durch das Bestehen zweier Staatsprüfungen erworben: der ersten (Referendarexamen) nach einem Studium der Rechtswissenschaft und der zweiten (Assessorexamen) nach einem Vorbereitungsdienst besonders in Justiz, Anwaltschaft und Verwaltung.

Befangenheit im Sinne fehlender Unvoreingenommenheit und Neutralität ist ein Hindernis sachlicher Amtsausübung. Deshalb kann z. B. ein Richter wegen Besorgnis der Befangenheit abgelehnt werden. Dabei braucht er nicht befangen zu sein, schon der begründete Anschein einer Befangenheit genügt.

Befehl und Zwang bilden nach positivistischer Auffassung den Kern der Staatsgewalt: Die Befolgung hoheitlicher Gebote und Verbote wird notfalls mit physischer Gewalt erzwungen.

Befehls- und Kommandogewalt, etwa gleichbedeutend mit dem Oberbefehl über die Streitkräfte, steht nach deutschem Verfassungsrecht im Normalfall dem Bundesverteidigungsminister zu. Näheres im → Wörterbuch zum Grundgesetz.

Befreiungsbewegungen, Sammelbezeichnung insbesondere für → Aufstände von Völkern gegen Kolonialmächte mit dem Ziel, politische Freiheit und Eigenstaatlichkeit zu erringen. Beispiele aus neuerer Zeit: die Erhebung Indiens gegen Großbritannien und Tunesiens gegen Frankreich.

Befriedung, Zustand äußerer Ruhe, bewirkt durch Zwang und Gewalt.

Beglaubigungsschreiben (Lettre de créance), Urkunde des Entsendestaats eines → Gesandten, die der neuernannte Missionschef bei seiner Antrittsaudienz dem Staatsoberhaupt des Empfangsstaats überreicht (→ Agrément).

Begnadigungsrecht, herkömmliche Befugnis des → Staatsoberhauptes, im Einzelfall Gnade vor Recht ergehen zu lassen, worauf der Verurteilte keinen Anspruch hat. Näheres nach deutschem Verfassungsrecht im → Wörterbuch zum Grundgesetz.

Begriffsjurisprudenz, eine wissenschaftliche Schule, wonach die Rechtsordnung ein begrifflich geschlossenes System bildet, so daß sich die Entscheidung eines Rechtsproblems aus logischen Deduktionen zwingend ergibt. Wegen der Gefahr formaler Erstarrung des Rechtsdenkens zu Lasten einer sinnvollen richterlichen Rechtsfortbildung wird die B. heute kaum noch vertreten.

Begründungspflicht für belastende → Verwaltungsakte folgt aus dem → Rechtsstaatsprinzip.

Behörden, nach außen handelnde Organe des → Staates oder sonstiger → juristischer Personen des öffentlichen Rechts. Auf den verschiedenen Ebenen der hierarchisch gegliederten Behördenorganisation sind → Amtsträger mit bestimmten Dienstposten betraut.

Beichtgeheimnis (Beichtsiegel, Sigillum confessionis), die durch schwerste kirchliche Strafsanktionen gesicherte Verpflichtung des Beichtvaters, Verschwiegenheit über das Gehörte zu wahren. Im staatlichen Strafprozeß hat der Geistliche ein Aussageverweigerungsrecht über Dinge, die ihm in Ausübung der Seelsorge anvertraut worden sind.

Beigeordnete, gemeindliche Wahlbeamte für bestimmte Sachgebiete, in einzelnen Bundesländern als Stadträte bezeichnet.

Beiräte, Sachverständigengremien insbesondere bei Bundesministerien, mit beratender Funktion z. B. für Gesetzgebungsvorhaben.

Beiträge, Kategorie → öffentlicher Abgaben, die von der Verwaltung als Entgelt für einen mittelbaren Vorteil des Pflichtigen erhoben werden. (Beispiel: Beiträge zur baurechtlichen Erschließung). Rechtlich anders einzuordnen sind → Sozialversicherungsbeiträge und → Sonderabgaben.

Bekenntnisfreiheit, eine besondere Ausgestaltung der → Gewissensfreiheit im religiösen Bereich, schützt als → Grundrecht einen Kernbezirk geistiger Entfaltung der Persönlichkeit. Näheres nach deutschem Verfassungsrecht im → Wörterbuch zum Grundgesetz.

Belagerungszustand → Ausnahmezustand

Bellum iustum, gerechter Krieg. Die in der römischen Antike wurzelnde, von → Augustinus und → Thomas von Aquin entfaltete moralphilosophische Lehre hält einen Krieg für gerecht, wenn er von einer legitimen Regierung geführt wird (legitima potestas), durch zureichenden Rechtsbruch der Gegenseite begründet ist (causa iusta), auf Wiederherstellung des Friedens zielt (pax) und die Verhältnismäßigkeit von Angriffs- und Verteidigungsmitteln beachtet (debitus modus). Namentlich letzteres Kriterium wird durch die modernen Massenvernichtungsmittel und die Tendenz zum totalen Krieg weithin obsolet.

Bellum omnium contra omnes, Krieg aller gegen alle: der Naturzustand ohne → Recht und → Staat (→ Anarchie → Anarchismus).

Beneficium → Lehen

Benelux-Staaten, Kurzbezeichnung für Belgien, Niederlande und Luxemburg, schon seit 1944 miteinander verbunden durch ein → Abkommen über Wirtschafts- und Zollunion.

Bentham, Jeremy (1748–1832), englischer Philosoph, Begründer einer utilitaristischen Lehre von Gesetzgebung und Moral als einer Kunst, das größtmögliche Glück der größtmöglichen Zahl hervorzubringen („the greatest possible quantity of happiness").

Beobachter, im diplomatischen Sprachgebrauch der Regierungsvertreter eines Staates, der an den jeweiligen internationalen Verhandlungen nicht unmittelbar beteiligt ist.

Beraterverträge, die → Abgeordnete mit Unternehmen, Verbänden usw. abschließen, verletzen die Pflichten des Parlamentariers als unabhängigen Vertreter des ganzen Volkes, wenn das Honorar nur deshalb gezahlt wird, weil vom „Berater" erwartet wird, daß er die Interessen des „Beratenen" im Parlament durchzusetzen versuchen wird.

Berechenbarkeit des Rechts ist ein Gebot des → Rechtsstaats. Der Bürger soll kalkulieren können, welche Rechtsfolge ihn trifft, wenn er bestimmte Dinge tut oder unterläßt.

Bergregal, das früher ausschließlich dem Landesherrn zustehende Recht an den Bodenschätzen seines Territoriums.

Berichterstatter, Mitglieder eines Parlaments oder Kollegialgerichts, die bestimmte Sachen durch Bericht zur Beratung und Entscheidung vorbereiten.

Berichterstattungsfreiheit, ein grundrechtlich geschützter Kernbereich insbesondere der → Rundfunkfreiheit und der → Filmfreiheit. Näheres nach deutschem Verfassungsrecht im → Wörterbuch zum Grundgesetz.

Berlin, Hauptstadt und → Land der → Bundesrepublik Deutschland; frühere Hauptstadt des deutschen Reiches. Bis zur → Wiedervereinigung war die Stadt durch → Eisernen Vorhang und Todesmauer in West-Berlin und Ost-Berlin geteilt.

Berlin-Blockade, militärische Sperre (1948/49) der Verbindungswege zwischen West-Berlin und West-Deutschland durch die → UdSSR mit dem Ziel, ganz Berlin in die sowjetische Besatzungszone einzugliedern. Das Vorhaben scheiterte an der von den USA und Großbritannien eingerichteten sog. Luftbrücke, der die Weiterversorgung West-Berlins zu verdanken war.

Berlin-Vorbehalt der Westmächte zum → Grundgesetz: Danach durfte während der Zeit der → deutschen Teilung West-Berlin nicht durch den → Bund regiert werden, insbesondere durfte es keine abstimmungsberechtigten Mitglieder in den → Bundestag und → Bundesrat entsenden.

Berner Konvention, eine erstmals 1886 abgeschlossene, inzwischen mehrfach modernisierte zwischenstaatliche Übereinkunft zum Schutz des Urheberrechts an Werken der Literatur und Kunst.

Beruf im Sinne der grundrechtlich geschützten → Berufsfreiheit ist jede sittlich erlaubte, auf Dauer angelegte, der Erzielung von Einnahmen dienende Tätigkeit.

Berufsbeamtentum, eine in Deutschland traditionelle, von der Verfassung besonders geschützte Institution. Näheres im → Wörterbuch zum Grundgesetz.

Berufsfreiheit, das → Grundrecht aller → Deutschen, → Beruf, Arbeitsplatz und Ausbildungsstätte frei zu wählen. Näheres zur Regelungsbefugnis des Gesetzgebers im → Wörterbuch zum Grundgesetz.

Berufsgeheimnis, die strafrechtlich geschützte Verpflichtung bestimmter Berufsangehöriger (z. B. Ärzte, Rechtsanwälte, Notare, Steuerberater), private und geschäftliche Dinge, die ihnen kraft ihres Berufes bekanntgeworden sind, geheim zu halten (→ Beichtgeheimnis).

Berufspolitiker, im Unterschied zum früheren Honoratioren-Politiker eine Person, die nicht nur für die Politik, sondern auch von ihr lebt.

Berufsstände, durch Gemeinsamkeit der Funktion abgegrenzte Gruppen innerhalb der Gesellschaft, z. B. Lehr-, Wehr- und Nährstand. Ein anderes Kriterium galt u. a. für die → Landstände.

Berufsverbot, unter bestimmten gesetzlichen Voraussetzungen zulässige strafgerichtliche oder ehrengerichtliche Untersagung der Berufsausübung auf Zeit oder für immer, insbesondere zum Schutz der Allgemeinheit.

Berufsvereinigungen → Koalitionsfreiheit

Berufung, im Gerichtsverfahren ein → Rechtsmittel gegen Entscheidungen der ersten Instanz. Im Hochschulbereich die Neubesetzung eines Lehrstuhls: Nach vorherigem Berufungsvorschlag der Fakultät erteilt der Minister den Ruf (→ Ernennung).

Besatzungsgewalt, die vom → Völkerrecht begrenzte Herrschaft einer fremden Macht über Gebiet und Bewohner des besetzten Staates.

Besatzungsrecht, die aufgrund der → Besatzungsgewalt von der Besatzungsmacht unmittelbar oder mittelbar erlassenen Rechtsvorschriften für das besetzte Gebiet. Die → Bundesrepublik Deutschland wurde durch den Überleitungsvertrag von 1952 ermächtigt, Besatzungsrecht zu ändern oder aufzuheben.

Besatzungsregime in Deutschland nach dem → Zweiten Weltkrieg: In der ersten Phase, der Zeit des → Alliierten Kontrollrats, ergingen zahlreiche Proklamationen und Befehle insbesondere zur Entmilitarisierung und Entnazifizierung. Eine grundlegende Änderung in den Westzonen brachte das Jahr 1949 mit dem Inkrafttreten des → Grundgesetzes und des → Besatzungsstatuts.

Besatzungsstatut, das im Herbst 1949 in Kraft getretene, später vom → Deutschlandvertrag abgelöste Gesetz der westlichen Siegermächte. Es übertrug – unter Vorbehalt bestimmter Rechte der Besatzungsmächte – der → Bundesrepublik Deutschland die gesetzgebende, vollziehende und rechtsprechende Gewalt.

Beschlagnahmen im Sinne hoheitlich verfügter Sicherstellung von Gegenständen sind im Parlamentsbereich an besondere Kautelen geknüpft; im übrigen ist stets der rechtsstaatliche → Verhältnismäßigkeitsgrundsatz zu beachten. Näheres nach deutschem Verfassungsrecht im → Wörterbuch zum Grundgesetz.

Beschluß, im Unterschied zum → Urteil eine Gerichtsentscheidung in Sachen von geringerem Gewicht.

Beschlußfähigkeit einer Körperschaft erfordert die Präsenz einer Mindestzahl von Abstimmungsberechtigten. Beim deutschen → Bundestag z. B. muß grundsätzlich mehr als die Hälfte seiner Mitglieder im Sitzungssaal anwesend sein.

Beschlußfassungen des Parlaments bedürfen der Mehrheit der abgegebenen Stimmen, soweit nichts anderes bestimmt ist. Näheres nach deutschem Recht im → Wörterbuch zum Grundgesetz.

Beschränkte Monarchie → Monarchie

Beschwer, eine Zulässigkeitsvoraussetzung für → Rechtsmittel: Die angefochtene Entscheidung muß den Rechtsmittelführer belasten (beschweren).

Beschwerde, im gerichtlichen Verfahren ein → Rechtsbehelf, der zur Überprüfung der angefochtenen Entscheidung durch die nächsthöhere Instanz führt. Eine Besonderheit des deutschen Rechts ist die → Verfassungsbeschwerde.

Besondere Gerichte → Gerichte für besondere Sachgebiete

Besondere Gleichheitssätze, verfassungsrechtliche Vorschriften, die bestimmte Gleichbehandlungen gebieten oder spezielle Ungleichbehandlungen verbieten. Anknüpfungspunkte solcher Rechtsnormen sind z. B. Abstammung, Geschlecht, Glauben, politische Anschauung, Rasse und Sprache einer Person. Näheres nach deutschem Verfassungsrecht im → Wörterbuch zum Grundgesetz.

Bestallung → Approbation

Bestandskraft, Unanfechtbarkeit namentlich von → Verwaltungsakten.

Besteuerungsrecht, im Unterschied zur → Bede die hoheitliche, aus der → Staatsgewalt fließende Befugnis, → Steuern zu erheben.

Bestimmtheit der Rechtsnorm → Berechenbarkeit des Rechts

Bethmann Hollweg, Theobald von (1856–1921), versuchte als Reichskanzler vergeblich eine Reform des → Dreiklassenwahlrechts.

Betriebsrat, gesetzliches Organ zur Wahrnehmung der Arbeitnehmerinteressen in einem nichtöffentlich-rechtlichen Betrieb.

Betriebsverfassung, die rechtliche Grundordnung zwischen Arbeitgebern und Arbeitnehmern im Rahmen eines Betriebs (→ Mitbestimmung).

Beugemittel wie Zwangsgeld und Zwangshaft dienen im Verfahrensrecht der Erzwingung geschuldeter Handlungen einer Person, z. B. einer Zeugenaussage.

Beuterecht, die völkerrechtlich geregelte Befugnis einer kriegführenden Macht, militärisch relevante bewegliche Sachen des besetzten Feindstaates ohne Entschädigung einzuziehen.

Bevölkerungspolitik, staatliche Maßnahmen zur Sicherung einer angemessenen Bevölkerungszahl. Die einschlägige Gesetzgebung hängt insbesondere davon ab, ob es sich um Länder mit anhaltendem Geburtenrückgang (z. B. Westeuropa) oder mit „Bevölkerungsexplosion" handelt (z. B. Indien, Südamerika).

Beweis, im Zivilprozeß das Verfahren, dem Gericht die Überzeugung von der Wahrheit oder Unwahrheit einer entscheidungserheblichen streitigen Tatsache zu verschaffen. Beweismittel sind Augenschein, Urkunden, Zeugen, Sachverständige und Parteivernehmung. Wo der Untersuchungsgrundsatz gilt (z. B. im Strafprozeß), hat das Gericht von sich aus die Wahrheit zu erforschen und die notwendigen Beweise zu erheben.

Beweislast trägt im Zivilprozeß jede Partei für die tatsächlichen Voraussetzungen einer ihr günstigen Rechtsnorm.

Bewirtschaftung, im Unterschied zur → Planwirtschaft die zeitlich oder sektoral begrenzte staatliche Kontrolle der Herstellung und Verteilung von Wirtschaftsgütern, insbesondere bei ökonomischen Engpässen in Kriegs- und Notzeiten.

BGB, Bürgerliches Gesetzbuch. Kodifikation des → Bürgerlichen Rechts für das Deutsche Reich. In Kraft getreten am 1. 1. 1900, inzwischen mehrfach geändert, gegliedert in fünf Bücher (Allgemeiner Teil, Recht der Schuldverhältnisse, Sachenrecht, Familienrecht, Erbrecht).

Bigamie, Doppelehe. Bei noch bestehender Ehe ist eine weitere Eheschließung zivil- und strafrechtlich verboten.

Bilaterale Verträge, zweiseitige → Abkommen im Unterschied zu → multilateralen.

Bildnis → Recht am eigenen Bild

Bildungsplanung vor allem im Bereich der berufsbezogenen Aus- und Weiterbildung ist eine Gemeinschaftsaufgabe von Bund und Ländern. Näheres nach deutschem Verfassungsrecht im → Wörterbuch zum Grundgesetz.

Bill, im anglo-amerikanischen Rechtskreis je nach Zusammenhang eine parlamentarische Gesetzesvorlage oder ein geltendes Gesetz (Act of Parliament).

Bill of Rights, englisches Staatsgrundgesetz von 1689. Es verbriefte u. a. individuelle Freiheitsrechte gegen die Krone, stärkte die Stellung des Parlaments im Regierungssystem und regelte die Thronfolge.

Bill of Rights of Virginia von 1776, erste moderne, für andere Staaten der Union vorbildlich gewordene Erklärung der Menschenrechte, u. a. mit Garantien des Rechts auf Leben, Freiheit, Eigentum, Religionsausübung sowie des Strebens nach Sicherheit und Glück.

„Billige Flaggen", problematischer Wettbewerbsvorteil von Seeschiffen, die von ihren Reedern in einem fremden Staat registriert sind, der in puncto Steuern, Sozialabgaben, Sicherheitskriterien usw. nur geringe Anforderungen stellt.

Billiges Recht (ius aequum), Gesamtheit der → Rechtsnormen, die – im Unterschied zum → strengen Recht – einen wertausfüllungsbedürftigen Tatbestand enthalten oder dem Rechtsanwender einen Ermessensspielraum lassen.

Billigkeit (aequitas) im Sinne von gerechter Milde bei der Fallentscheidung ist nicht nur im Privatrecht (→ Treu und Glauben) von Bedeutung. So können z. B. im öffentlichen Abgabenrecht → Steuern erlassen werden, wenn ihre Erhebung nach Lage des konkreten Falles unbillig wäre.

Biologische Waffen → ABC-Waffen

Bipolarität, im Unterschied zur Multipolarität ein zweipoliger weltpolitischer Gegensatz, insbesondere der um die Supermächte USA und UdSSR zentrierte → Ost-West-Konflikt in den Jahrzehnten nach dem Zweiten Weltkrieg.

Bischof, in der katholischen Kirche als Diözesanbischof der Würdenträger an der Spitze des → Bistums mit umfassender Jurisdiktion unter der Oberhoheit des Papstes. In der evangelischen Kirche als Landesbischof ein gewähltes Organ der Kirchenleitung.

Bismarck, Otto Fürst von (1815–1898), Jurist, Diplomat, Staatsmann. Vertrat als preußischer Ministerpräsident im Verfassungskonflikt die Rechte der Krone gegenüber dem Parlament; bewirkte die deutsche Einigung unter Ausschluß Österreichs; prägte die Reichsverfassung von 1871; war als Reichskanzler nur dem Monarchen verantwortlich; sicherte außenpolitisch den Frieden vor allem durch ein kunstvolles Bündnissystem; verfehlte trotz sozialpolitischer Reformwerke die erstrebte innere Konsolidierung des Reichs (→ Sozialistengesetz → Kulturkampf).

Bistum → Diözese

BIZ, Bank für Internationalen Zahlungsausgleich

Bizone, im Nachkriegsdeutschland der Zusammenschluß von amerikanischer und britischer Besatzungszone zu einem Vereinigten Wirtschaftsgebiet; später durch Anschluß der französischen Zone zur Trizone erweitert.

Blackstone, Sir William („Commentaries on the Laws of England", 1765), vertrat u. a. die Forderung größtmöglicher Schonung der individuellen Freiheit im Staat und entwickelte den Gedanken des → freien Mandats: Der Parlamentarier habe nicht einzelnen Interessen, sondern weisungsfrei dem Wohl der Gesamtheit zu dienen.

Blankettstrafgesetze, d. h. Strafvorschriften, die zur Vervollständigung des Tatbestandes auf andere Rechtsnormen verweisen, genügen dem verfassungsrechtlichen Bestimmtheitsgebot nur unter strengen Voraussetzungen. Näheres im → Wörterbuch zum Grundgesetz.

Blasphemie → Gotteslästerung

Blockade, im zwischenstaatlichen Verhältnis die militärische Abriegelung sämtlicher Warenzufuhr, ursprünglich durch Absperrung gegnerischer Häfen (Seeblockade), später auch durch Unterbindung der Versorgung aus der Luft (→ Berlin-Blockade).

Blockfreie Staaten, Sammelbezeichnung für Staaten der → Dritten Welt, die in der Zeit des → Ost-West-Konflikts gegenüber den militärischen Bündnissystemen (Blöcken) ihre Ungebundenheit und Neutralität zu wahren suchten.

Blockparteien, in sozialistischen Ländern mit Pseudo-Mehrparteiensystem die unter Führung der kommunistischen Partei zusammengeschlossenen nichtkommunistischen Parteien, z. B. in der früheren → DDR die CDU und LDPD unter Führung der → SED.

Bluntschli, J. K. → Nationalstaatsprinzip

„Blut und Boden", ein Programmpunkt des → Nationalsozialismus, der u. a. eine erd- und rasseverbundene Bauern- und Heimatdichtung forderte.

„Blut und Eisen", eine Wortprägung → Bismarcks, nach dessen Auffassung „der gordische Knoten deutscher Zustände sich nicht in Liebe dualistisch lösen, nur militärisch zerhauen ließ".

Blutrache, eine Form erlaubter Selbsthilfe in frühen Rechtsepochen. Tötung, Körper- und Ehrverletzung durften von Sippenangehörigen am Schuldigen oder seinen Verwandten gerächt werden.

Blutschande (Inzest), strafbarer Beischlaf zwischen Eltern und Kindern sowie zwischen Geschwistern.

Bodenreform als Umverteilung des landwirtschaftlichen Großgrundbesitzes ist seit der Antike eine wiederholt in unterschiedlichen Formen vorgebrachte, teilweise auch verwirklichte rechtspolitische bzw. revolutionäre Forderung besonders in agrarisch geprägten Gesellschaften (→ Agrarkommunismus → Agrarstaaten).

Bodin, Jean (1530–1596), französischer Jurist und Staatsdenker, trat während der Hugenottenverfolgung für Toleranz und Glaubensfreiheit ein. Sein Hauptwerk „Les six livres de la république" wurde grundlegend für den Begriff staatlicher → Souveränität.

Bolingbroke, Viscount, Henry (1678–1751), englischer Philosoph, der als politischer Denker – wie insbesondere auch → Locke und → Montesquieu – das für die Entwicklung des → Rechtsstaats wichtige Prinzip der → Gewaltenteilung vertrat.

Bolschewiki (Mehrheitler), ursprünglich Bezeichnung des von → Lenin geführten radikalen Flügels der Sozialdemokraten; seit der → Oktoberrevolution in Rußland die alleinherrschende Partei.

Bolschewismus, ehemals Sammelbegriff für Theorie und Praxis des marxistisch-leninistischen → Kommunismus.

Bonapartismus, auf → Napoleon Bonaparte zurückgehende Bezeichnung für autoritäre Formen eines „régime personnel", das eine demokratische Legitimation zu haben vorgibt.

Bonner Grundgesetz, das von dem in Bonn zusammengetretenen → Parlamentarischen Rat verfaßte und beschlossene → Grundgesetz für die Bundesrepublik Deutschland.

Bonum commune, das Wohl der Gemeinschaft → Gemeinwohl

Bonzen, eigentlich Priester des Buddha, abschätzig für höhere Partei- und Gewerkschaftsfunktionäre.

Botschaft, ständige diplomatische Vertretung eines Staates in einem anderen Staat unter Leitung eines → Botschafters.

Botschafter, ein → Gesandter der höchsten Rangklasse mit besonderen Ehrenrechten als persönlicher Vertreter seines Staatsoberhaupts. Früher wurden B. nur von Großmächten entsandt, später zunehmend auch von mittleren und kleinen Staaten (→ Abberufung → Agrément).

Bourgeoisie, historisch insbesondere die wohlhabende und gebildete Bürgerschaft Frankreichs seit dem 17. Jahrhundert. Die → Französische Revolution setzte dem unpolitischen „bourgeois" den „citoyen" als politisch bewußten Bürger entgegen. → Marx und seine Schüler begreifen die B. als Klasse der Kapitalisten im Gegensatz zum → Proletariat.

Boykott, Sammelbegriff für moderne Formen der → Ächtung, benannt nach dem englischen Güterverwalter Charles B., der von vereinten irischen Pächtern durch Kontaktverweigerung zum Verlassen des Landes gezwungen wurde. Als Kampfmittel können sich die – unter Umständen rechtswidrigen – Boykottmaßnahmen innerstaatlich gegen Einzelne, soziale Gruppen, nationale Minderheiten und organisierte Wirtschaftsinteressen richten oder außenpolitisch gegen bestimmte Staaten.

Brain Trust („Gehirn-Trust"), ursprünglich der Beraterkreis des US-Präsidenten F.D. Roosevelt; heute Bezeichnung für hochqualifizierte Sachverständigen-Gremien, mit denen sich z.B. ein leitender Staatsmann umgibt.

Brandenburg, ein → Land der → Bundesrepublik Deutschland.

Branntweinmonopol, das ausschließlich hoheitliche Recht zur Herstellung und Vermarktung einschlägiger alkoholischer Getränke.

Bremen, Freie Hansestadt, ein → Land der → Bundesrepublik Deutschland.

Bretton-Woods-System, nach dem Tagungsort der einschlägigen UN-Konferenz von 1944 benanntes Währungssystem, wonach – im Unterschied zu freien Wechselkursen – größere Wechselkurskorrekturen der Genehmigung des → IWF bedurften.

Breve, Kurzbrief, päpstlicher Erlaß in Angelegenheiten von minderem Gewicht.

Briand-Kellogg-Pakt, ein von den Außenministern Frankreichs (B.) und der USA (K.) maßgeblich gefördertes, im Jahre 1928 von 15 Staaten unterzeichnetes → Abkommen zur Ächtung des Krieges, dem weitere 48 Staaten vor Ausbruch des Zweiten Weltkriegs beigetreten waren.

Briefadel, ein durch Adelsbrief des Souveräns – im Unterschied zum alten und hohen → Adel – diplomierter Dienstadel.

Briefgeheimnis, klassisches → Grundrecht zum Schutz privater Kommunikation gegenüber der öffentlichen Gewalt. Näheres nach deutschem Verfassungsrecht im → Wörterbuch zum Grundgesetz.

Briefkastenfirma, Pseudo-Unternehmen mit Sitz in einem Niedrigsteuerland.

Briefwahl, im Unterschied zur Urnenwahl, der persönlichen Stimmabgabe im Wahllokal, die gesetzlich geregelte Wahlbeteiligung stimmberechtigter Bürger durch postalischen Wahlbrief.

Brüderlichkeit (Fraternité), neben → Freiheit (Liberté) und → Gleichheit (Egalité) das dritte, gern vergessene Losungswort der → Französischen Revolution.

Brüsseler Vertrag, Fünfmächtepakt von 1948 zwischen Belgien, Frankreich, Großbritannien, Luxemburg und den Niederlanden; später erweitert und umgewandelt zur → Westeuropäischen Union.

Budgetrecht, die Befugnis des Parlaments zur Feststellung des → Haushaltsplans. Das Recht der Volksvertretung, über die Ausgaben der Exekutive zu bestimmen, eröffnet maßgeblichen Einfluß auf Art und Richtung aller staatlichen Aktivitäten.

Bulle, mit einem Siegel (bulla) versehene grundlegende Urkunde des weltlichen (→ Goldene Bulle) und kirchlichen Rechts. Päpstliche Bullen werden nach ihren Eingangsworten zitiert (z. B. „Mater et Magistra", „Unam Sanctam").

Bulletin, amtliche Veröffentlichung, offizielle Verlautbarung über politische Ziele, Vorgänge und Ergebnisse. So erscheinen z. B. laufend Bulletins des Presse- und Informationsamtes der deutschen Bundesregierung.

Bund → Bundesrepublik Deutschland → Bundesstaat → Staatenbund

Bundesakte, die auf dem → Wiener Kongreß von den deutschen Regierungen angenommene Verfassung des → Deutschen Bundes, eines → Staatenbundes der „souveränen Fürsten und freien Städte Deutschlands".

Bundesamt, in der BRD dem zuständigen → Bundesminister nachgeordnete Bundesoberbehörde für besondere Sachgebiete. Beispiele: Bundeskartellamt, Deutsches Patentamt, Bundesamt für Verfassungsschutz, Kraftfahrt-Bundesamt, Bundesaufsichtsamt für Kreditwesen, Umweltbundesamt, Bundeskriminalamt.

Bundesangestelltentarif (BAT), tarifrechtliche Regelung für die Angestellten des öffentlichen Dienstes.

Bundesanstalten, in der BRD → Anstalten des öffentlichen Rechts unter Aufsicht des entsprechenden Ressortministers. Beispiele: Bundesanstalt für Bodenforschung, Bundesversicherungsanstalt für Angestellte, Physikalisch-Technische Bundesanstalt, Bundesanstalt für Arbeit.

Bundesanwaltschaft, in der BRD namentlich die → Staatsanwaltschaft beim → Bundesgerichtshof.

Bundesarbeitsgericht, in der BRD der für das Gebiet der → Arbeitsgerichtsbarkeit errichtete oberste Gerichtshof des Bundes.

Bundesaufsicht, in der BRD die Aufsicht der Bundesregierung über die korrekte Ausführung von Bundesgesetzen durch die Länder. Näheres im → Wörterbuch zum Grundgesetz.

Bundesauftragsverwaltung, in der BRD die Ausführung von Bundesgesetzen durch die Länder im Auftrag des Bundes, wobei der Bundesregierung u. a. eine erweiterte → Bundesaufsicht zusteht. Näheres im → Wörterbuch zum Grundgesetz.

Bundesaußenminister, in der BRD als Ressortchef des → Auswärtigen Amtes zuständig für die Gestaltung der → Außenpolitik im Rahmen der Richtlinienkompetenz des → Bundeskanzlers.

Bundesbank, in der BRD die vom Bund errichtete Währungs- und Notenbank. Näheres zu Aufgaben und Rechtsstatus im → Wörterbuch zum Grundgesetz.

Bundeseigene Verwaltung mit eigenem Verwaltungsunterbau ist in der BRD insbesondere für den Auswärtigen Dienst und die Bundesfinanzverwaltung vorgesehen. Näheres im → Wörterbuch zum Grundgesetz.

Bundesfarben der BRD sind, anknüpfend an alte republikanische Traditionen, die Farben → schwarz-rot-gold.

Bundesfinanzhof, in der BRD der für das Gebiet der → Finanzgerichtsbarkeit errichtete oberste Gerichtshof des Bundes.

Bundesfinanzminister, ein durch Sonderkompetenzen aus dem Kabinettskollegium herausgehobenes Regierungsmitglied. Näheres im → Wörterbuch zum Grundgesetz.

Bundesfreundliches Verhalten → Bundestreue

Bundesgebiet der BRD ist identisch mit den Gebieten der → Bundesländer. Näheres im → Wörterbuch zum Grundgesetz.

Bundesgerichte im Unterschied zu → Landesgerichten sind in der BRD nur für bestimmte Ebenen und Sachgebiete der → rechtsprechenden Gewalt vorgesehen. Näheres im → Wörterbuch zum Grundgesetz.

Bundesgerichtshof, in der BRD der für das Gebiet der → ordentlichen Gerichtsbarkeit errichtete oberste Gerichtshof des Bundes.

Bundesgesetzblatt, das amtliche Publikationsorgan für → Gesetze und → Rechtsverordnungen des Bundes. Näheres im → Wörterbuch zum Grundgesetz.

Bundesgesetzgebung → Ausschließliche Gesetzgebung des Bundes → Konkurrierende Gesetzgebung

Bundesgrenzschutz, in der BRD eine bundeseigene Verwaltung insbesondere zum grenzpolizeilichen Schutz des Bundesgebiets. Näheres im → Wörterbuch zum Grundgesetz.

Bundeshauptstadt der BRD ist Berlin. Näheres im → Wörterbuch zum Grundgesetz.

Bundeshaushalt → Haushaltsgesetz → Haushaltsgrundsätze → Haushaltsplan

Bundesintervention, ein verfassungsrechtliches Instrument, das, neben → Bundesaufsicht und → Bundeszwang, dem Bund bestimmte Einwirkungen auf die Länder ermöglicht. Näheres im → Wörterbuch zum Grundgesetz.

Bundeskabinett → Bundesregierung → Kabinettsprinzip

Bundeskanzler, in der BRD der Chef der Bundesregierung. Näheres zu Berufung, Rechtsstellung und Sturz im → Wörterbuch zum Grundgesetz.

Bundeskartellamt, in der BRD eine beim Bundeswirtschaftsminister ressortierende Bundesoberbehörde, die den marktwirtschaftlichen Wettbewerb sichern soll.

Bundeskompetenzen, die Zuständigkeiten des Bundes namentlich auf den Gebieten der → Gesetzgebung, der → Vollziehung und der → Rechtsprechung. Näheres zur Gewichtsverteilung zwischen Bund und Ländern im → Wörterbuch zum Grundgesetz.

Bundeskriminalamt, in der BRD eine dem Bundesinnenminister unterstehende Bundesoberbehörde insbesondere mit der Aufgabe länderübergreifender Verbrechensbekämpfung.

Bundesländer der BRD sind folgende Gliedstaaten: Baden-Württemberg, Bayern, Berlin, Brandenburg, Bremen, Hamburg, Hessen, Mecklenburg-Vorpommern, Niedersachsen, Nordrhein-Westfalen, Rheinland-Pfalz, Saarland, Sachsen, Sachsen-Anhalt, Schleswig-Holstein und Thüringen. Näheres über das Zusammenwirken von Bund und Ländern im → Wörterbuch zum Grundgesetz.

Bundesminister, Mitglieder der → Bundesregierung und eigenverantwortliche Leiter ihrer Ressorts vorbehaltlich der Richtlinienkompetenz des → Bundeskanzlers. Näheres nach deutschem Verfassungsrecht im → Wörterbuch zum Grundgesetz.

Bundesnachrichtendienst, in der BRD ein dem Regierungschef unmittelbar unterstehender, vom Parlament besonders kontrollierter Geheimdienst mit der Aufgabe, sicherheitsrelevante Informationen aus dem Ausland zu beschaffen und auszuwerten.

Bundespatentgericht, in der BRD ein oberes → Bundesgericht für Angelegenheiten des gewerblichen Rechtsschutzes. Oberste Instanz ist der → Bundesgerichtshof.

Bundespräsident, das Staatsoberhaupt der BRD. Näheres zu seiner verfassungsrechtlichen und politischen Stellung im → Wörterbuch zum Grundgesetz.

Bundesrat, in der BRD jenes Verfassungsorgan, durch das die → Bundesländer bei der → Gesetzgebung und → Verwaltung des Bundes mitwirken. Näheres im → Wörterbuch zum Grundgesetz.

Bundesratspräsident, zugleich Vertreter des → Bundespräsidenten. Näheres zu seiner Rechtsstellung im → Wörterbuch zum Grundgesetz.

Bundesratssystem → Länderkammer

Bundesrechnungshof, in der BRD eine oberste Bundesbehörde, deren Mitglieder → richterliche Unabhängigkeit genießen. Näheres im → Wörterbuch zum Grundgesetz.

Bundesrecht, die vom Gesamtstaat erlassenen Rechtsvorschriften, denen im → Bundesstaat das Recht der Gliedstaaten gegenübersteht. Für die BRD gilt der Verfassungssatz: Bundesrecht bricht Landesrecht. Näheres im → Wörterbuch zum Grundgesetz.

Bundesregierung, allgemein die Regierung eines → Bundesstaats. In der BRD das Kabinettskollegium, bestehend aus dem → Bundeskanzler und den → Bundesministern. Näheres im → Wörterbuch zum Grundgesetz.

Bundesrepublik Deutschland, offizielle Bezeichnung des vom → Grundgesetz verfaßten und durch den Beitritt der ehemaligen → DDR gebietlich erweiterten deutschen Staates. Näheres im → Wörterbuch zum Grundgesetz.

Bundesrichter, in der BRD vor allem die Mitglieder oberster Gerichtshöfe des Bundes. Näheres im → Wörterbuch zum Grundgesetz.

Bundessozialgericht, in der BRD der für das Gebiet der → Sozialgerichtsbarkeit errichtete oberste Gerichtshof des Bundes.

Bundesstaat, im Unterschied zum → Einheitsstaat und → Staatenbund ein Staatstypus mit zwei aufeinander bezogenen Ebenen der Staatlichkeit: der Gliedstaaten (Länder, Kantone) und des Gesamtstaats (Bund). Beispiele bundesstaatlich verfaßter Republiken: USA, Schweiz, Österreich, BRD. Näheres zum geltenden deutschen Bundesstaatsrecht im → Wörterbuch zum Grundgesetz.

Bundestag, in der BRD das Parlament des Gesamtstaates mit den Hauptaufgaben der → Gesetzgebung und Kontrolle der Regierung. Näheres zu den Kompetenzen der Volksvertretung im → Wörterbuch zum Grundgesetz.

Bundestagsabgeordnete, die gewählten Mitglieder des → Bundestags, ausgestattet mit einem → freien Mandat. Näheres zu ihren Rechten und Pflichten im → Wörterbuch zum Grundgesetz.

Bundestagsauflösung mit der Folge vorzeitiger Neuwahl ist in der BRD an erschwerte Voraussetzungen geknüpft. Näheres im → Wörterbuch zum Grundgesetz.

Bundestagsausschüsse bereiten die Plenarbeschlüsse vor und üben bestimmte Kontrollfunktionen aus. Näheres im → Wörterbuch zum Grundgesetz.

Bundestagspräsident, in der BRD das vom Plenum gewählte Organ an der Spitze des Parlaments. Näheres zu Rechten und Pflichten im → Wörterbuch zum Grundgesetz.

Bundestreue, im Bundesstaat die wechselseitige Pflicht von Gliedstaaten und Gesamtstaat zu bundesfreundlichem Verhalten. Näheres nach deutschem Verfassungsrecht im → Wörterbuch zum Grundgesetz.

Bundesverfassung der BRD ist das → Grundgesetz.

Bundesverfassungsgericht, eine in der deutschen Staatsrechtsgeschichte neuartige, vom → Grundgesetz eingeführte Institution, die den Vorrang der Verfassung gegenüber allen Akten der Staatsgewalt sichern soll. Näheres über personelle Zusammensetzung, Kompetenzen und Bindungswirkung der Entscheidungen des Gerichtshofs im → Wörterbuch zum Grundgesetz.

Bundesversammlung, in der BRD die eigens zur Wahl des → Bundespräsidenten bestimmte Körperschaft. Näheres im → Wörterbuch zum Grundgesetz.

Bundesverteidigungsminister, Kabinettsmitglied mit besonderem verfassungsrechtlichen Status. Näheres im → Wörterbuch zum Grundgesetz.

Bundesverwaltung, im Bundesstaat die vollziehende Gewalt des Gesamtstaates im Unterschied zu der den Gliedstaaten vorbehaltenen Verwaltung. Näheres nach deutschem Verfassungsrecht im → Wörterbuch zum Grundgesetz.

Bundesverwaltungsgericht, in der BRD der für das Gebiet der → Verwaltungsgerichtsbarkeit eingerichtete oberste Gerichtshof des Bundes.

Bundeswehr, die Gesamtheit der Streitkräfte, welche die BRD zur Verteidigung aufstellt. Näheres über Verfassungsgrundlage, zahlenmäßige Stärke und Einsatzmöglichkeiten im → Wörterbuch zum Grundgesetz.

Bundeszentrale für politische Bildung, eine dem Bundesinnenminister unterstehende Behörde zur Förderung der staatsbürgerlichen Erziehung in der BRD.

Bundeszuständigkeiten → Bundeskompetenzen

Bundeszwang, im → Bundesstaat eine Exekutivbefugnis des Gesamtstaats gegenüber den Gliedstaaten zur Sicherung ihrer → Bundestreue. Näheres nach deutschem Verfassungsrecht im → Wörterbuch zum Grundgesetz.

Bündnis, auf völkerrechtlichem Vertrag beruhende Verbindung von Staaten zur Verfolgung gleichgerichteter außenpolitischer Zwecke (→ Allianzen).

Bürger, ursprünglich insbesondere die freien, vollberechtigten, zwischen → Adel und Bauern stehenden Stadtbewohner. Seit Anfang des 19. Jahrhunderts die Angehörigen politischer Gemeinwesen, vor allem die → Staatsbürger.

Bürgerinitiativen, Zusammenschlüsse von Einzelnen oder Gruppen zur Durchsetzung bestimmter Anliegen nicht nur auf dem Gebiet der Kommunalpolitik. In einer → repräsentativen Demokratie eigentlich systemfremd, besteht bei solch unmittelbaren Aktionen auch die Gefahr, daß sich partikulare Interessen übermäßig zur Geltung bringen.

Bürgerkrieg, bewaffneter Kampf um die politische Macht innerhalb eines Staates, typischerweise zwischen Aufständischen und Regierungstruppen oder zwischen rivalisierenden Regierungen oder zwischen verfeindeten Volksgruppen.

Bürgerliche Ehrenrechte, herkömmliche Bezeichnung für die einem Staatsbürger zustehenden Rechte, z. B. das aktive und passive Wahlrecht oder die Fähigkeit, öffentliche Ämter und Ehrenämter zu bekleiden.

Bürgerliches Gesetzbuch → BGB

Bürgerliches Recht, der im → BGB geregelte Teil des → Privatrechts.

Bürgermeisterverfassung, im Unterschied zur → Magistratsverfassung eine Gestaltung der Gemeindeverfassung, wonach der Bürgermeister zugleich Vorsitzender der Gemeindevertretung und Chef der Gemeindeverwaltung ist (Beispiele: Rheinland-Pfalz, Saarland).

Bürgerrechte im Unterschied zu → Menschenrechten sind jene → Grundrechte, die nur → Deutschen zustehen. Näheres hierzu im → Wörterbuch zum Grundgesetz.

Bürgerrechtsbewegung, in den USA die um Gleichberechtigung vor allem der schwarzen Bevölkerung seit Beginn des 20. Jahrhunderts mit Erfolg bemühte Bewegung (Civil Rights Movement).

Bürgerschaft, Gesamtheit der Angehörigen eines Gemeinwesens; in Stadtstaaten (Hamburg, Bremen) auch Bezeichnung des Landesparlaments.

Bürgertum, Sammelbegriff für eine seit der → Französischen Revolution zu politischer Entfaltung gelangte, durch Besitz und Bildung ausgewiesene, in neuerer Zeit zunehmend nivellierte europäische Mittelschicht, die ihren ursprünglichen Standescharakter verloren hat (→ Bürger → Bourgeoisie).

Burgfrieden, im Mittelalter der strafbewehrte Schutz ummauerter Siedlungen (Burgen, Städte) gegen Angriffe auf Sicherheit und Ruhe des Burggebiets.

Burke, Edmund (1729–1797), englischer Staatsmann. Als politischer Publizist verfocht er, in scharfem Gegensatz zur → Französischen Revolution, das Prinzip einer umsturzfreien Evolution des Staats- und Gesellschaftslebens.

Bürokratie, in der öffentlichen → Verwaltung die Gesamtheit des hierarchisch gegliederten, durch Fachlichkeit, Sachlichkeit und Normgebundenheit bestimmten Apparats von Ämtern und Amtsinhabern.

Bürokratismus, übertrieben kleinliche, wirklichkeitsfremde, allzu formalistische Verwaltung vom ‚grünen Tisch'.

Burschenschaft, seit den → Freiheitskriegen eine rasch wachsende, sich z. T. radikalisierende, durch die → Karlsbader Beschlüsse verbotene, gleichwohl weiterwirkende studentische Bewegung, gerichtet insbesondere auf politische Einigung der Einzelstaaten Deutschlands.

Buße, im germanischen Recht die vom Schuldigen als Ersatz für blutige Rache zu leistende Entschädigung.

Bußgeld kann, im Unterschied zu → Geldstrafen, bei → Ordnungswidrigkeiten von der Verwaltungsbehörde auferlegt werden.

Byzanz → Oströmisches Reich

C

Caesarismus, auf die Dikatur Caesars (100–44 v. Chr.) zurückgehende Bezeichnung für monokratische Herrschaftsformen, die sich als volksgewollt zu legitimieren suchen.

Caesaropapismus, im Unterschied zur → Hierokratie die Vereinigung kirchlicher und weltlicher Gewalt beim Staat.

Campanella, Thomas (1568–1639), italienischer Philosoph und Staatsutopist. In seiner Schrift über den ‚Sonnenstaat' (‚Città del Sole') entwirft er ein christliches Gemeinwesen ohne Privateigentum, das unter päpstlicher Oberherrschaft von Priestern autoritär geleitet wird, wobei alles, einschließlich Arbeitszeit und Fortpflanzung, hoheitlich festgesetzt wird.

Canon → Kanon

Canossa, frühere oberitalienische Burg, auf der König Heinrich IV. im Jahre 1077 nach mehrtägigem Warten im Büßergewand von Papst Gregor VII. die Aufhebung des → Banns erlangte. Der Gang nach Canossa wurde zum Symbol der Demütigung einer Macht durch die andere.

Capitol, in der Hauptstadt der USA das Gebäude des → Congress.

Caracter indelebilis, unauslöschliches Merkmal, das eine Person im kirchlichen oder weltlichen Bereich in einen anderen Menschen verwandelt, z. B. infolge Weihe (Priester) oder Salbung (Monarch).

Carolina → Constitutio Criminalis Carolina

Case law, auf Präjudizien sich gründendes konkretes Fall-Recht des anglo-amerikanischen Rechtskreises im Unterschied zu dem vom Römischen Recht geprägten abstrakt-systematischen Gesetzesrecht.

Casus belli, „Kriegsfall": nach klassischem → Völkerrecht ein staatliches Verhalten, das dem betroffenen anderen Staat ein Recht zur Kriegführung gibt.

Casus foederis, „Bündnisfall": die Partner eines → Bündnisses sind beim Eintritt vertraglich bestimmter Ereignisse zum wechselseitigen Beistand verpflichtet.

Catch-all-party, Typus einer ideologiefreien Volkspartei, die überall Wähler zu gewinnen sucht, um den Wahlerfolg zu sichern.

Caucus, amerikanische Bezeichnung für maßgebliche Clubs und Zirkel, in denen vor demokratischen Wahlen die Kandidaten ausgewählt werden.

Caudillo, spanische Bezeichnung für militärische oder politische Führer mit diktatorischen Vollmachten.

Cause célèbre, berühmter (berüchtigter) Rechtsfall.

CC → Konsularisches Korps

CD → Diplomatisches Korps

CDU, Christlich-Demokratische Union. Im Jahre 1945 gegründete interkonfessionelle Volkspartei, die Koalitionsregierungen auf Bundesebene anführte unter den Kanzlern Adenauer (1949–63), Erhard (1963–66), Kiesinger (1966–69) und Kohl (seit 1982).

Chamberlain, Houston Stewart (1855–1927), englischer, später in Deutschland naturalisierter Schriftsteller, der den Vorrang und Herrschaftsauftrag der nordisch-arischen Rasse vertrat, weshalb er als ein geistiger Wegbereiter des Nationalsozialismus gilt.

Chancengleichheit, demokratisch-sozialstaatliche Forderung gleicher Startbedingungen und Teilhabemöglichkeiten im politischen und gesellschaftlichen Prozeß. Näheres nach deutschem Verfassungsrecht im → Wörterbuch zum Grundgesetz.

Chargé d'affaires, diplomatischer Geschäftsträger, sei es als Vertreter eines → Gesandten oder als Leiter einer Sondermission (→ Wiener Übereinkommen).

Charisma („Gnadengabe"), auf das Alte Testament (Richter, Könige, Propheten) zurückgehende Bezeichnung für die geheimnisvolle Ausstrahlung eines Führers, die ihm eine gleichsam gläubige Gefolgschaft sichert.

Charta, Urkunde, Satzung, grundlegendes außenpolitisches Dokument (→ Magna Charta Libertatum → UNO-Charta → Atlantik-Charta).

Charte constitutionelle, die von konstitutionellen Monarchen des 19. Jahrhunderts, besonders in Frankreich, ohne Mitwirkung einer Volksvertretung erlassene Verfassung.

Chauvinismus, von einer französischen Lustspielfigur abgeleitete Bezeichnung für lächerlich übersteigerten Patriotismus bei wertblinder Aggressivität gegen andere Nationen.

Checks and Balances, Kontrollen und Gleichgewichte. Auf diesem Prinzip wechselseitiger Machtbeschränkung beruht die freiheitssichernde → Gewaltenteilung im → Rechtsstaat.

Chef de l'Etat, je nach Staatsverfassung namentlich ein Kaiser, König oder Präsident (→ Staatsoberhaupt).

Chemische Waffen → ABC-Waffen

Chiliasmus, ursprünglich religiöse Erwartung eines 1000jährigen Reiches göttlichen Friedens, errichtet von Christus mit den auferweckten Gerechten. In verweltlichter Form die Prophezeiung eines am Ende der Geschichte kommenden Reiches allgemeiner irdischer Glückseligkeit.

Christlich-Demokratische Union → CDU

Christlich-Soziale Union → CSU

Churchill, Sir Winston Leonard Spencer (1874–1965), britischer Staatsmann und Schriftsteller. Erste Amtszeit als Premierminister im Zweiten Weltkrieg; verkündete mit dem US-Präsidenten Roosevelt die → Atlantik-Charta. Maßgebliche Mitwirkung an der Gründung von → UNO, → NATO und → Europarat. Nobelpreis für Literatur (1953).

CIA, Central Intelligence Agency, geheimer Nachrichtendienst des US-Präsidenten.

CIC → Codex Iuris Canonici

Cicero, Marcus Tullius (106–43 v. Chr.), römischer Jurist, Politiker und Schriftsteller. Bedeutender Einfluß auf das abendländische Staatsdenken.

Città del Vaticano → Vatikanstadt

Civil Disobedience → Ziviler Ungehorsam → Gandhi

Civis Romanus, römischer Bürger: ursprünglich nur, wer mit vollem Bürgerrecht in die Stadtgemeinde Rom aufgenommen war.

Civitas, Stadt, Staat, Bürgerschaft; auch Inbegriff der Rechte des römischen Bürgers (→ Civis Romanus).

Civitas Dei, Staat Gottes: er wird von → Augustinus dem sündhaften irdischen und Teufelsstaat (Civitas diaboli) gegenübergestellt.

Civitas maxima, der → „Weltstaat" im Sinne einer bestimmten Vorstellung der → Völkerrechtsgemeinschaft.

Clausula rebus sic stantibus, Vorbehalt gleichbleibender Umstände. Im → Vertragsvölkerrecht an enge Voraussetzungen geknüpfter Hinfälligkeitsgrund bei wesentlicher Wandlung der Geschäftsgrundlage. Näheres nach deutschem Verfassungsrecht im → Wörterbuch zum Grundgesetz.

Closed shop, geschlossener Betrieb für Nichtgewerkschaftsmitglieder. Die einschlägige Benachteiligung von Arbeitnehmern in den USA und in Großbritannien wurde inzwischen gesetzlich eingeschränkt.

Club of Rome, eine 1968 in Rom entstandene internationale Vereinigung von Wissenschaftlern und Wirtschaftsführern, die mit vielbeachteten Untersuchungsberichten über existentielle Fragen der Menschheit hervorgetreten ist („The limit of growth", „Mankind at the turning point" u. a.).

Code civil (Code Napoléon), französisches Zivilgesetzbuch von 1804. Gilt bis heute in Frankreich; galt in den ehemals okkupierten linksrheinischen Gebieten Deutschlands bis zum Inkrafttreten des → BGB; hatte mit seinen Grundgedanken großen Einfluß auf das bürgerliche Recht kontinentaleuropäischer Staaten.

Code Napoléon → Code civil

Codex, Gesetzbuch, Gesetzessammlung, besonders im römischen Recht.

Codex Hammurabi, nach dem König von Babylon (1728–1686 v. Chr.) benannte Gesetzessammlung in Keilschrift; Anfang des 20. Jahrhunderts entdeckt, heute im Louvre.

Codex Iuris Canonici (CIC), Gesetzbuch des → kanonischen Rechts, 1918 in Kraft getreten, später mehrfach ergänzt, nach dem 2. Vatikanischen Konzil in 7 Büchern gegliedert, neugefaßt und 1983 von Papst Johannes Paul II. verkündet (→ Corpus Iuris Canonici).

Codex Iustinianus, von Kaiser Justinian (527–565 n. Chr.), dem Begründer des Byzantinischen Reiches, veranlaßte Sammlung → Römischen Rechts.

Cohabitation bezeichnet im französischen Regierungssystem der V. Republik die Zusammenarbeit z. B. zwischen einem sozialistischen Staatschef und einem konservativen Ministerpräsidenten.

COMECON, Council for Mutual Economic Assistance, 1949 unter Führung der Sowjetunion gegründeter Rat für gegenseitige Wirtschaftshilfe zwischen Ostblockstaaten; 1991 aufgelöst.

Common Law, Gemeines Recht in England, insbesondere das seit dem 12. Jahrhundert von Richtern fallweise entwickelte Recht im Unterschied zum Gesetzesrecht (Statute Law). Unter C. L. versteht man auch das anglo-amerikanische Rechtssystem überhaupt im Unterschied zu den auf → Römischem Recht beruhenden Rechtsordnungen Kontinentaleuropas und Lateinamerikas (Civil Law).

Common sense, sensus communis, allgemeiner Menschenverstand: idealtypische Vorstellung von vernünftiger Sachlichkeit und Besonnenheit der Staatsbürger, die indessen sehr verschieden sind je nach Geistesgaben, Charakter, Leidenschaften und Selbstdisziplin.

Commonwealth, Gemeinwesen, Staat, Staatenbund: historisch insbesondere das ‚British Commonwealth of Nations', bestehend aus unabhängigen, dem englischen Monarchen rechtlich oder symbolisch zugeordneten Staaten einerseits (u. a. Australien, Indien, Kanada, Neuseeland) oder den von Großbritannien abhängigen Condominien, Kolonien und Schutzstaaten.

Communiqué, Regierungsverlautbarung, namentlich über den Stand zwischenstaatlicher Verhandlungen.

Communis opinio, allgemeine Meinung, herrschende Auffassung (→ Common sense).

Comte, Auguste (1798–1857), französischer Philosoph und Sozialwissenschaftler, positivistischer Gegner jeder Metaphysik. Die Erforschung gesellschaftlicher Tatsachen nannte er erstmals ‚Soziologie'.

Condominium, gemeinsame Gebietshoheit mehrerer Staaten über dasselbe Territorium.

Confoederatio cum principibus ecclesiasticis, grundlegendes kaiserliches Bündnis mit den Kirchenfürsten, das im Jahre 1220 bedeutende Hoheitsrechte auf die geistlichen Landesherren übertrug und die Entwicklung zum fürstlichen Territorialstaat einleitete.

Confoederation, Staatenverbindung, Staatenbund.

Congress of the United States, Parlament der USA, bestehend aus den beiden Kammern → Repräsentantenhaus und → Senat.

Conseil d'Etat → Staatsrat

Constant, Benjamin (1767–1830), französischer Politiker und Schriftsteller, der sich insbesondere für einen konstitutionell-monarchischen Staat nach englischem Vorbild einsetzte.

Constituante, verfassungsgebende Versammlung (→ Verfassungsgebung).

Constitutio Criminalis Carolina (CCC), peinliche Halsgerichtsordnung Karls V. von 1532; erstes Reichsstrafgesetzbuch, grundlegend für das neuzeitliche Strafrecht in Deutschland.

Contempt of Court, Mißachtung des Gerichts. Diesem Begriff unterfallen im anglo-amerikanischen Rechtskreis verschiedene, z. T. strafbewehrte Verhaltensweisen, die eine ungestörte Rechtspflege oder die Würde des Gerichts berühren.

Contrat social, Gesellschaftsvertrag. Französischer Originaltitel: „Du contrat social ou principes du droit politique“. Ein Hauptwerk von → Rousseau, das die Staatsgewalt aus freier Vereinbarung der Bürger zu legitimieren sucht. In solcher Idealvorstellung einer unmittelbaren Demokratie fallen Regierte und Regierende in eins. Das Problem der überstimmten Minderheit löst sich nur scheinbar, indem die Stimmenmehrheit mit dem Gemeinwillen („volonté générale“) gleichgesetzt wird.

Copyright, Urheberrecht namentlich im anglo-amerikanischen Rechtskreis. Nähere Einzelheiten für Ausländer regelt u. a. das Welturheberrechtsabkommen.

Cordon sanitaire, außenpolitisch eine Art Staatenkette, gedacht als Schutz gegen das ideologische oder militärische Vordringen eines anderen Staats. Ursprünglich (1815) ein Schlagwort der Grenzstaaten Frankreichs, die ein Wiederaufleben des Bonapartismus befürchteten. Nach dem 1. Weltkrieg kennzeichnend für den Staatengürtel von Finnland bis Rumänien gegenüber der von Osten drohenden kommunistischen Gefahr.

Corps Consulaire (CC) → Konsularisches Korps

Corps Diplomatique (CD) → Diplomatisches Korps

Corpus Catholicorum, Gesamtheit der katholischen Reichsstände auf dem Regensburger Reichstag nach dem Westfälischen Frieden von 1648.

Corpus Christianum, Inbegriff der Christenheit im Mittelalter, mit Papst und Kaiser an der Spitze.

Corpus Evangelicorum, Gesamtheit der evangelischen Reichsstände nach dem Westfälischen Frieden von 1648 auf dem Reichstag zu Regensburg.

Corpus Iuris, Rechtskodifikation, Gesetzessammlung.

Corpus Iuris Canonici, Sammlung des kirchlichen Rechts, seit dem 12. Jahrhundert nach und nach entstanden, vom → Codex Iuris Canonici abgelöst.

Corpus Iuris Civilis, Kodifikation des → römischen Rechts unter Kaiser Justinian (527–565), von nachhaltigem Einfluß auf die Entwicklung des deutschen Rechts.

Coudenhove-Kalergi, Richard Graf von (1894–1972), Historiker und politischer Schriftsteller, gründete die Paneuropa-Bewegung; trat unermüdlich für die „Vereinigten Staaten von Europa" ein.

Coup d'Etat → Staatsstreich

Courtoisie, Höflichkeit, Völkersitte. Die einschlägigen Regeln und Bräuche (z. B. das diplomatische Zeremoniell oder das Grüßen von Schiffen auf hoher See) gelten im zwischenstaatlichen Verkehr ohne die verpflichtende Kraft des → Völkerrechts.

Cromwell, Oliver (1599–1658), englischer Staatsmann und Feldherr. Sein „Instrument of Government" von 1654 ist die erste, wenn auch nur kurzlebige geschriebene Verfassung eines modernen Staats.

CSU, Christlich-Soziale Union. Eine 1945 in Bayern gegründete, mit der → CDU im → Bundestag durch Fraktionsgemeinschaft verbundene Partei, die u. a. das föderalistische Prinzip besonders betont.

Cuius regio, eius religio: Wessen das Land, dessen die Religion. Kurzformel für die nach dem → Augsburger Religionsfrieden den Landesherren zustehende Befugnis, das Bekenntnis ihrer Untertanen zu bestimmen, denen im Konfliktfall ein Auswanderungsrecht blieb.

Cursus honorum, Ämterlaufbahn für den angehenden Staatsmann im antiken Rom.

Cusanus, Nikolaus von Kues (1401–1464), universalgelehrter Theologe, Philosoph, Kardinal. Trat früh hervor mit der Reformschrift für Kaiser und Reich („De concordantia catholica"). Als Staatstheoretiker leitet er erstmals die Volkssouveränität aus dem Naturrecht ab und sieht im Herrscher nur ein vom Volk berufenes Organ.

D

Dante Alighieri (1265–1321), Dichter, Politiker, Philosoph. In seiner Schrift „De Monarchia" entwickelt er die Idee eines Weltreichs und Weltkaisertums in der Tradition des römischen Imperiums.

Danton, Georges (1759–1794), französischer Jurist und Revolutionär. Leitete die blutige Schreckensherrschaft ein, der er dann selbst zum Opfer fiel.

Darwinismus, aus der Abstammungslehre des englischen Naturforschers Charles Darwin (1809–1882) entwickelte Anschauung vom Kampf ums Dasein („struggle for life") mit der Folge einer ständigen Selektion: Die Tüchtigen („the fittest") überleben, die Schwächeren gehen unter. Dieses biologische Prinzip wurde, z. T. in vulgarisierter Form, als eine Art Naturgesetz auch der gesellschaftlichen Entwicklung aufgefaßt (Sozialdarwinismus).

Daseinsvorsorge, vorausschauende Sicherung der lebensnotwendigen Güter und Einrichtungen, ursprünglich eine Obliegenheit des Einzelnen und kleiner Gruppen, ist in der modernen Industriegesellschaft mehr und mehr eine Hauptaufgabe der sozialstaatlichen Leistungsverwaltung geworden. Näheres nach deutschem Verfassungsrecht im → Wörterbuch zum Grundgesetz.

Datenschutz im Sinne einer rechtlichen Abschirmung des Bürgers vor mißbräuchlicher Verwendung seiner bei → Behörden usw. gespeicherten persönlichen Daten gründet sich nach deutschem Verfassungsrecht auf die → Menschenwürde, die → allgemeine Handlungsfreiheit und das → Rechtsstaatsprinzip. Näheres im → Wörterbuch zum Grundgesetz.

Dawes-Plan, ein nach dem Entwurf des amerikanischen Politikers C. G. Dawes (1865–1951) im Jahre 1924 abgeschlossenes internationales → Abkommen zur Regelung der deutschen Reparationen nach dem 1. Weltkrieg; später durch den → Young-Plan abgelöst.

DDR, Deutsche Demokratische Republik. Dieses im Zeichen der deutschen Teilung nach dem 2. Weltkrieg zu eigener Staatlichkeit erstarkte Gemeinwesen auf dem Gebiet der ehemaligen sowjetischen Besatzungszone trat gemäß Volkskammerbeschluß von 1990 der → Bundesrepublik Deutschland bei, wozu das → Grundgesetz in seiner damals geltenden Fassung (Art. 23) eine Möglichkeit bot.

Debellation, die militärische Unterwerfung eines feindlichen Staates, bewirkt für sich allein nicht dessen völkerrechtlichen Untergang.

Déclaration des Droits de l'Homme et du Citoyen, Erklärung der Menschen- und Bürgerrechte durch die französische Nationalversammlung von 1789. In Geist und Text stark beeinflußt von den vorangegangenen Unabhängigkeits- und Rechtserklärungen der Neuen Welt. Nachhaltige Einwirkung auf die Verfassungen anderer europäischer Staaten.

Declaration of Independence, amerikanische Unabhängigkeitserklärung von 1776. Sie statuierte nicht nur den Abfall vom Mutterland, sondern proklamierte zugleich Menschen- und Bürgerrechte britischer Tradition.

Declaration of Rights, Beschluß des englischen Parlaments von 1689 über bestimmte Verfassungsgrundentscheidungen (→ Bill of Rights).

Declaration of Rights von 1776 → Bill of Rights of Virginia

De facto-Anerkennung → Anerkennung als Staat

Defätismus, ursprünglich eine in Frankreich aufgekommene Bezeichnung für Zweifel am schließlichen Sieg der → Alliierten des 1. Weltkriegs. Später in totalitären Staaten ein Ausdruck der Mißbilligung skeptischer Haltung gegenüber Entscheidungen der alleinherrschenden Partei.

Déformation professionelle, berufsbedingte Mißbildung im Sinne einer durch Spezialisierung verengten und verzerrten Wahrnehmung von Welt, Leben, Wissenschaft und Kunst.

Dekalog, die Zehn Gebote. Sie beschränken als göttliches Recht die Macht des weltlichen Herrschers nach der grundlegenden Souveränitätslehre von → Bodin.

Dekan → Fakultät

Dekolonisierung, Umwandlung der früheren → Kolonien zu unabhängigen Staaten, vom → Völkerbund schon gefordert und von der → UNO nachhaltig gefördert. Der nach dem 2. Weltkrieg dynamisch in Gang gekommene Prozeß vollzog sich teils durch → Befreiungsbewegungen, teils auf dem Verhandlungsweg.

Dekonzentration bezeichnet im Unterschied zur → Dezentralisierung ein Organisationsprinzip, innerhalb desselben Verwaltungsträgers die Aufgaben verschiedenen Behörden zu übertragen, sei es horizontal oder vertikal.

Delegat, päpstlicher Gesandter in rein kirchlicher Mission.

Delegation, in der Diplomatie eine Abordnung von Fachbeamten, die Vertragsverhandlungen mit ausländischen Regierungsvertretern führt. In der inneren Verwaltung die Übertragung von Kompetenzen auf andere Stellen gemäß gesetzlicher Ermächtigung.

De lege ferenda, nach zu erlassendem (zu reformierendem) Gesetz.

De lege lata, nach geltendem Gesetz.

Delikt, im Strafrecht ein Verbrechen oder Vergehen; im Zivilrecht eine unerlaubte Handlung, die zum Schadensersatz verpflichtet.

Demagogen, Volksführer im antiken Athen, die durch → Charisma und rhetorisches Geschick auf demokratische Entscheidungen einwirkten. Die ‚Demagogen-Verfolgung' aufgrund der → Karlsbader Beschlüsse richtete sich gegen liberale und nationale Bestrebungen besonders in Professoren- und Studentenkreisen.

Demagogie, heute abwertende Bezeichnung für politische Machenschaften der Volksverführung oder Volksaufwiegelung.

Démarche, diplomatischer Schritt einer Regierung gegenüber einem anderen Staat.

Dementi, Abstreiten, Widerrufen oder Richtigstellen behaupteter Vorgänge in Diplomatie oder Politik.

Demission, Amtsverzicht (Rücktritt) eines Regierungsmitglieds oder hohen Staatsbeamten.

Demobilisierung, Abwicklung der → Mobilmachung nach Ende einer Spannungslage oder eines Krieges.

Democratic Party, neben der Republican Party eine der beiden großen, traditionsreichen politischen Parteien der USA, die abwechselnd den Staatspräsidenten gestellt haben.

Demographie, Erforschung und Beschreibung der zahlenmäßigen Größe und Zusammensetzung eines Staatsvolks.

Demokratie bezeichnet im Unterschied zu → Monarchie und → Aristokratie eine Staatsform, in der die Staatsgewalt vom Volke ausgeht. Dies bedeutet freilich weder eine – faktisch unmögliche – Selbstregierung des Volkes im Sinne unvermittelter Identität von Regierten und Regierenden noch die Ausschaltung politischer Herrschaft selbst im freiheitlichsten → Rechtsstaat. Die Demokratie der Bundesrepublik Deutschland ist, wie diejenige anderer westlicher Staaten dem Prinzip nach auch → repräsentativ verfaßt. Näheres zur verfassungsrechtlichen Ausgestaltung im → Wörterbuch zum Grundgesetz.

Demokratisierung, Sammelbegriff für neuere politische Bestrebungen, das auf dem Mehrheitsprinzip beruhende Staatsformkonzept der → Demokratie auch in der Gesellschaft (Wirtschaft, Wissenschaft, Kirche, Medien usw.) zu verwirklichen. Wegen der grundverschiedenen Struktur von Staat und Gesellschaft würde eine undifferenzierte Übertragung demokratischer Entscheidungsformen der Allgemeinheit mehr Schaden als Nutzen bringen.

Demokrit (460–371 v. Chr.), griechischer Philosoph. Als politischer Denker lehrt er u. a. die Abhängigkeit des Einzelglücks vom staatlichen und die Notwendigkeit einer Art Rechtsstaat zur Sicherung individueller Freiheitssphären.

Demonstrationsfreiheit, eine grundrechtliche Erscheinungsform namentlich der → Versammlungsfreiheit. Sie schützt zugleich gewaltfreie öffentliche Aufzüge zwecks kollektiver Meinungskundgabe, wobei freilich die Rechte anderer zu beachten sind. Näheres nach deutschem Verfassungsrecht im → Wörterbuch zum Grundgesetz.

Demontage, der von einer Siegermacht dem besiegten Kriegsgegner aufgezwungene Abbau seiner Wirtschaftskapazität. Insbesondere der von den → Alliierten im besetzten Deutschland nach dem 2. Weltkrieg zur Befriedigung von Reparationsansprüchen durchgeführte Abbruch von Anlagen u. a. der Eisen-, Stahl-, Maschinen-, Schiffs- und chemischen Industrie.

Demoskopie → Meinungsforschung

Demosthenes (384–322 v. Chr.), griechischer Redner großen Stils. Seine These, der Mensch müsse dem Gesetz gehorchen, da es von Gott gegeben sei, ging in die → Digesten ein.

Depesche, im früheren diplomatischen Sprachgebrauch eine besonders eilige, durch Kurier oder telegraphisch übermittelte außenpolitische Instruktion an einen → Gesandten (→ Emser Depesche).

Deportation, Verbannung oder Verschleppung von Einzelnen oder ganzer Menschengruppen aus ihrer Heimat. Derartige völkerrechtswidrige Maßnahmen wurden von totalitären Regimen des 20. Jahrhunderts (NS-Diktatur, Sowjetunion usw.) in erschreckender Weise verübt.

Depossedierung, gewaltsame → Absetzung oder → Enteignung.

Deputation, bevöllmächtigter Ausschuß einer politischen Körperschaft auf staatlicher oder kommunaler Ebene. Im alten → deutschen Reich hatte der → Reichstag zur Erfüllung bestimmter Aufgaben beschlußfähige Deputationen eingesetzt (→ Reichsdeputationshauptschluß).

Deregulierung, Abbau hoheitlicher Ordnungen eines gesellschaftlichen oder Wirtschaftsbereichs zum Zwecke freierer Konkurrenz.

Derogation, Aufhebung von Rechtsnormen. Nach den einschlägigen Grundsätzen verdrängt die höherrangige (z. B. Verfassung) die unterrangige Rechtsnorm (z.B. Gesetz). Bei ranggleichen Rechtsnormen geht die spätere bzw. speziellere der früheren bzw. allgemeineren vor (→ Normenhierarchie).

Desertion, Fahnenflucht. Ein früher mit der Todesstrafe bedrohtes Delikt, das ein Soldat begeht, der eigenmächtig seine Truppe verläßt, um sich besonders bei bewaffneten Einsätzen dem Wehrdienst zu entziehen.

Designation, Bestimmung eines künftigen Amtsinhabers vor der rechtsförmlichen Berufung.

Désintéressement, im diplomatischen Sprachgebrauch eine Haltung der Gleichgültigkeit gegenüber Streitfragen zwischen anderen Staaten.

Despotie, Willkürherrschaft ohne Beschränkung durch Gesetz und Recht.

Détente, Spannungsabbau bei außenpolitischen Krisen und Konflikten.

Determinismus, Lehre von der Vorherbestimmtheit des Weltgeschehens und menschlicher Lebensläufe durch Gott, Naturgesetz oder Geschichtsprozeß, so daß kein Raum bleibt für freien Willen und persönliche Verantwortung. Gegenposition: Indeterminismus.

Deutsche im Sinne der Verfassung sind nicht nur Personen, welche die deutsche → Staatsangehörigkeit besitzen. Näheres im → Wörterbuch zum Grundgesetz.

Deutsche Bundesakte → Bundesakte

Deutsche Bundesbank → Bundesbank

Deutsche Demokratische Republik → DDR

Deutsche Einheit → Wiedervereinigung

Deutsche Frage im neueren geschichtlichen Sinn bezeichnet die Probleme der territorialen und staatsrechtlichen Ordnung Deutschlands nach dessen → Debellation im 2. Weltkrieg sowie die Wiedergewinnung der staatlichen Einheit nach der deutschen Teilung.

Deutsche Ostgebiete, die im → Potsdamer Abkommen vorbehaltlich friedensvertraglicher Regelung unter sowjetische bzw. polnische Verwaltung gestellten Teile des früheren deutschen Reichsgebiets östlich der Oder-Neiße-Linie. Dazu gehörten insbesondere Ostpreußen, fast ganz Schlesien sowie erhebliche Teile Pommerns und Brandenburgs. Die deutsche Bevölkerung wurde dort größtenteils vertrieben.

Deutscher Bund, ein durch die → Bundesakte konstituierter völkerrechtlicher Zusammenschluß von 39 souveränen deutschen Staaten unter Führung Österreichs. Diesem Staatenbund (1815–1866) wurde in Gestalt der Bundesexekution gemäß der Wiener Schlußakte von 1820 ein föderales Element eingefügt, desgleichen durch die kurz danach geschaffene Bundeskriegsverfassung. Die Gründung eines gemeinsamen Bundesgerichts scheiterte am Widerstand Bayerns.

Deutscher Kaiser, Titel des Königs von Preußen im zweiten Deutschen Reich (1871–1918). Dabei war weder an eine Wiederaufnahme des 1806 erloschenen römischen Kaisertums gedacht noch, mit Rücksicht auf das Eigenstaatsbewußtsein der deutschen Länder, an einen Kaiser von Deutschland als Reichsmonarch.

Deutscher Krieg, die bewaffnete Auseinandersetzung zwischen Preußen und Österreich (1866), entschieden durch den Sieg der Preußen in der Schlacht bei Königgrätz (z.T. nach dem ostböhmischen Ort Sadowa benannt). Damit war der Weg frei für die Gründung des → Norddeutschen Bundes.

Deutscher Orden, ursprünglich ein von hansestädtischen Kaufherren im Kontext der → Kreuzzüge gegründeter Krankenpflege-Orden (Deutschherren-, Deutschritter-, Kreuzritterorden). Mit einem auf Lebenszeit gewählten reichszugehörigen Hochmeister an der Spitze, hat er sich besonders um das osteuropäische Ordensland religiös, wirtschaftlich und kulturell verdient gemacht. Nach wechselvoller Geschichte im alten deutschen Reich schließlich von Napoleon aufgelöst.

Deutscher Zollverein, ein im Jahre 1834 in Kraft getretenes, die wirtschaftliche und politische Union deutscher Staaten einleitendes multilaterales → Abkommen. Zunächst abgeschlossen u. a. zwischen Preußen, Bayern, Kurhessen, Sachsen und Württemberg. Spätere Beitrittsländer u. a. Braunschweig, Hannover und Luxemburg.

Deutsches Reich, je nach Zusammenhang entweder das alte (911–1806) → Heilige Römische Reich Deutscher Nation oder das zweite (1871–1933) → Kaiserreich und die → Weimarer Republik oder das → Dritte Reich (→ Regnum Teutonicum).

Deutsches Volk, Träger der → verfassungsgebenden Gewalt und Ausgangspunkt aller → Staatsgewalt in der Bundesrepublik Deutschland. Näheres zur Abgrenzung des Personenkreises im → Wörterbuch zum Grundgesetz.

Deutschherrenorden → Deutscher Orden

Deutschland, je nach Zusammenhang Bezeichnung für → Deutsches Reich oder → Bundesrepublik Deutschland.

Deutschlandlied, die dritte Strophe des zur Nationalhymne für das vereinte deutsche Volk bestimmten „Lieds der Deutschen" von Hoffmann v. Fallersleben („Einigkeit und Recht und Freiheit...").

Deutschlandpolitik, insbesondere die politischen Bestrebungen zur Lösung der → deutschen Frage mit dem Ziel einer Wiedervereinigung des geteilten Deutschlands.

Deutschlandvertrag, das 1955 in Kraft getretene → Abkommen zwischen der Bundesrepublik Deutschland, Frankreich, Großbritannien und den USA zur Beendigung des → Besatzungsstatuts.

Deutschritterorden → Deutscher Orden

Dezentralisation, ein Organisationsmodell, wonach administrative Aufgaben nicht in unmittelbarer Staatsverwaltung (Zentralisation) wahrgenommen, sondern auf selbständige Verwaltungsträger (→ Gemeinden → Kreise, öffentlich-rechtliche → Anstalten usw.) verteilt werden (→ Dekonzentration).

Dezisionismus, philosophisch ein die Bedeutung menschlicher Entscheidung hervorhebender Ansatz. In der Verfassungslehre namentlich → Carl Schmitts, die Relativierung der rechtlichen Normativität des Verfassungsgesetzes angesichts der vorausliegenden politischen Entscheidung des Verfassungsgebers.

D'Hondtsches Höchstzahlverfahren, eine von dem belgischen Mathematiker Victor d'Hondt entwickelte Methode zur Berechnung der Mandate in einem Parlament, das ganz oder teilweise nach dem → Verhältniswahlrecht gewählt wird. Für die Wahlen zum deutschen → Bundestag abgelöst durch das (kleineren Parteien günstigere) → Hare-Niemeyersche Sitzverteilungsverfahren.

Diadem → Insignien

Diadochen, Nachfolger Alexanders d. Gr. (356–323 v. Chr.), dessen Feldherren sein Weltreich untereinander aufteilten.

Diadochenkämpfe, heute Bezeichnung für Streitigkeiten um die Nachfolge in ein machtvolles Amt.

Dialektik, ursprünglich ein von → Sokrates und → Platon entwickeltes Verfahren philosophischer Wahrheitsfindung durch Überwindung von Widersprüchen im Dialog.

Dialektischer Materialismus, marxistische Fortbildung des Hegelschen Grundgedankens, daß jede Setzung (These) notwendig ihren Gegensatz (Antithese) aus sich erzeugt und daß sich beide in einer höheren Einheit (Synthese) aufheben. → Marx deutete diese Dialektik materialistisch als Bewegungsgesetz der ökonomisch-sozialen Welt.

Diäten, staatliche Geldleistungen an die Mitglieder des Parlaments. Näheres nach deutschem Verfassungsrecht im → Wörterbuch zum Grundgesetz.

Dictatus papae, mittelalterliche Bestimmung der päpstlichen Oberhoheit, wonach der Papst zugleich Herr der Universalkirche und des weltlichen Bereichs ist, so daß er den Kaiser absetzen und die Untertanen vom Treueid entbinden kann.

Dienstadel, ursprünglich aus Herrendienst hervorgegangener Stand (→ Adel → Briefadel).

Dienstgeheimnis → Amtsgeheimnis

Dienstleistungsfreiheit ist innerhalb der → EWG gewährleistet zu vorübergehender selbständiger Erwerbstätigkeit außerhalb des Heimatstaates; sie richtet sich – wie die Niederlassungsfreiheit und die Freizügigkeit von Arbeitnehmern – auf Gleichstellung mit Inländern.

Dienstleistungsgesellschaft → Nachindustrielle Gesellschaft

Dienstleistungspflichten, z. B. die Verpflichtung zu Deichhilfe und Feuerwehrdienst, bilden eine Ausnahme vom verfassungsrechtlich unzulässigen Arbeitszwang. Näheres im → Wörterbuch zum Grundgesetz.

Dienst- und Treueverhältnis → Berufsbeamtentum

Differenzierungsverbote → Besondere Gleichheitssätze

Digesten, Teil der im → Corpus Iuris Civilis kodifizierten Texte: Auszüge aus Schriften klassischer Autoren des → römischen Rechts (Pandekten).

Ding → Thing

Diktatur, in der römischen Antike die befristete Übertragung unbeschränkter Hoheitsgewalt auf einen Machthaber zur Überwindung des akuten Staatsnotstands. Heute auch Bezeichnung für ideologisch begründete, auf Dauer angelegte totalitäre Herrschaftsformen (→ Faschismus → Kommunismus → Nationalsozialismus).

Diktatur des Proletariats, die von Karl → Marx als notwendig angenommene Alleinherrschaft der besitzlosen Arbeiterklasse im revolutionären Übergang von der herrschenden Ausbeuterklasse zur klassenlosen Gesellschaft.

Diogenes von Sinope (412–323 v. Chr.), griechischer Philosoph kynischer Richtung, forderte eine anarchistisch-kommunistische Gesellschaft ohne Staats- und Sittengesetz. Dazu gehörte u. a. auch Weiber- und Kindergemeinschaft bei extremer persönlicher Bedürfnislosigkeit.

Diözese, ursprünglich Verwaltungsbezirk im antiken Römischen Reich; später Hoheitsgebiet eines christlichen Bischofs.

Diplomat, höherer Beamter, betraut mit der Interessenvertretung seines Staates bei einem auswärtigen Staat oder einer internationalen bzw. supranationalen Organisation (→ Agrément → Beglaubigungsschreiben → Gesandte).

Diplomatie → Reisediplomatie

Diplomatische Beziehungen → Abbruch diplomatischer Beziehungen

Diplomatische Immunität → Exterritorialität

Diplomatische Mission → Missionschef

Diplomatische Rangordnung → Anciennitätsprinzip → Wiener Règlement

Diplomatischer Agent, in diplomatischem Auftrag handelnde Person (agent diplomatique).

Diplomatischer Schutz, die auswärtige Unterstützung Einzelner durch ihren Heimatstaat. International ist dies ein Recht des souveränen Staats gegenüber anderen Völkerrechtssubjekten, innerstaatlich eine Pflicht gegenüber den Staatsangehörigen.

Diplomatisches Korps (CD), Gesamtheit der → Missionschefs und → Diplomaten (→ Doyen).

Direkte Aktion, politische Initiative unmittelbarer Art außerhalb der Regeln des parlamentarischen Regierungssystems (→ Action directe).

Direkte Demokratie, unmittelbare Volksherrschaft im Unterschied zur → repräsentativen Demokratie (→ Basisdemokratie).

Direkte Steuern sind → öffentliche Abgaben, bei denen Steuerzahler und Steuerträger zusammenfallen (z. B. bei der Einkommensteuer). Indirekte Steuern (z. B. die Umsatzsteuer) werden als überwälzbar betrachtet.

Direkte Wahl des Parlaments: Bei diesem Wahlsystem bezeichnet der Wahlberechtigte unmittelbar den zu wählenden Abgeordneten. Indirekt ist eine Wahl, wenn zunächst Wahlmänner bestimmt werden, die ihrerseits die Parlamentsmitglieder wählen. Entsprechendes gilt für die Wahl anderer Staatsorgane.

Direktmandate erhalten die → Bundestagsabgeordneten, die im Wahlkreis die meisten Erststimmen auf sich vereinigt haben (→ Wahlsystem → Überhangmandate).

Dirigismus, Wirtschaftslenkung durch staatliche Eingriffe in den freien Markt, z. B. durch Devisenbewirtschaftung oder Lohn- und Preisstopp (→ Bewirtschaftung).

Diskontinuität der Legislaturperioden bei Zusammentritt des neugewählten Parlaments hat zur Folge, daß unerledigte Gesetzesvorlagen wieder eingebracht werden müssen. Näheres nach deutschem Verfassungsrecht im → Wörterbuch zum Grundgesetz.

Diskriminierung, unterschiedliche Behandlung, insbesondere willkürliche Benachteiligung.

Diskriminierungsverbote können sich aus innerstaatlichen, völkerrechtlichen und gemeinschaftsrechtlichen Gleichbehandlungsgeboten ergeben. Näheres nach deutschem Verfassungsrecht im → Wörterbuch zum Grundgesetz.

Diskussion aller Aspekte einer Sache in freier parlamentarischer Debatte soll, nach frühliberaler Auffassung, zur vernünftigsten Entscheidung führen.

Dismembration, Staatsuntergang durch Auflösung der effektiven Herrschaft eines Völkerrechtssubjekts infolge der Spaltung in mehrere voneinander unabhängige Gebiets- und Personalhoheiten. Beispiele: Auflösung der → Habsburger Donaumonarchie (1918) und des → Osmanischen Reiches (1918).

Dispens, die Befreiung in Ausnahmefällen von gesetzlichen Pflichten oder Sanktionen, ist im → Rechtsstaat nur unter bestimmten Voraussetzungen zulässig.

Displaced Persons, verschleppte Personen, insbesondere die zur Zwangsarbeit aus ihren Heimatländern weggeführten Ausländer, die sich am Ende des 2. Weltkriegs im deutschen Reichsgebiet aufhielten.

Dissenting opinion, von der Mehrheitsentscheidung eines (obersten) Kollegialgerichts abweichende Meinung eines Gerichtsmitglieds. Nach alter Tradition in England und den USA braucht der überstimmte Richter seine Gegenargumente öffentlich nicht zu verschweigen (→ Sondervotum).

Dissidenten, ursprünglich Personen, die sich von der katholischen Kirche abgesondert hatten. Im → Ostblock Bezeichnung für kritische Oppositionelle, die von der alleinherrschenden kommunistischen Partei z. T. grausam verfolgt wurden.

Do, ut des: Ich gebe, damit du gibst. Allgemeines Tauschprinzip, gültig besonders in Politik und Diplomatie.

Doctor (Dr.), ursprünglich Bezeichnung für Universitätslehrer; als höchster akademischer Grad erstmals um 1230 zu Paris verliehen. Die Dr.-Promotion setzt heute das Bestehen einer schriftlichen (Dissertation) und mündlichen (Rigorosum) wissenschaftlichen Prüfung voraus. Seit dem Mittelalter genossen Doctoren verschiedene adlige Vorrechte; der Dr. iuris galt als ritterbürtig.

Dogmen, oberste Lehrsätze philosophischer oder religiöser Art.

Dogmatismus, autoritäres Beharren insbesondere auf politischen Aussagen und Forderungen, die einer kritischen Überprüfung entzogen sind.

Doktorgrad → Doctor

Doktrin, je nach Zusammenhang: wissenschaftliche Lehrmeinung oder politischer Programmsatz (Parteidoktrin, Staatsdoktrin).

Dolchstoßlegende, Formel für die – gegen die → Weimarer Republik gerichteten – nationalistischen Kampfparolen, wonach Deutschland im 1. Weltkrieg „im Felde unbesiegt" geblieben, aber durch Defätismus, Sabotage usw. im eigenen Land „von hinten erdolcht" worden sei.

Dollar-Diplomatie, ursprünglich Bezeichnung der amerikanischen China-Politik unter Präsident Taft (1909–13), der im Gegensatz zur früheren Kanonenboot-Diplomatie erklärt hatte, er wolle „Kugeln durch Dollars" ersetzen, d. h. durch Hilfsgelder, Anleihen und Direktinvestitionen.

Domänen, Herrschaftsgüter, namentlich die land- und forstwirtschaftlichen Güter in der Hand des Königs, später der Landesherren. Sie bildeten in vorindustrieller Zeit die Haupteinnahmequelle der öffentlichen Finanzwirtschaft.

Dominat → Prinzipat

Dominions, im britischen → Commonwealth vor 1945 bestimmte überseeische Reichsteile mit umfassender Selbstregierung bei gleichzeitigem Treueverhältnis zur Krone des Mutterlandes.

Dominium directum, Obereigentum des mittelalterlichen Lehensherrn.

Domkapitel, an katholischen Bischofskirchen eine Art Kabinett von Klerikern (Kanoniker, Kapitulare, Domherren), die den → Bischof bei der Leitung der → Diözese unterstützen, wobei dem Dompropst und dem Domdekan eine herausgehobene Würde zukommen.

Donaumonarchie → Habsburger Donaumonarchie

Doppelbesteuerungsabkommen, Staatsverträge zur Ausschaltung der internationalen Mehrfachbesteuerung. Eine solche liegt vor, wenn mehrere Staaten denselben Steuerpflichtigen mit demselben Steuergegenstand für denselben Steuerzeitraum zu derselben (oder einer gleichen) Steuer heranziehen.

Doppelbestrafungsverbot („ne bis in idem"), ein rechtsstaatliches Prinzip, kraft dessen niemand wegen derselben Tat aufgrund der allgemeinen Strafgesetze mehrmals bestraft werden darf. Näheres nach deutschem Verfassungsrecht im → Wörterbuch zum Grundgesetz.

Doppelkaisertum, die fast gleichzeitige, kurzlebige, mit der Idee des alten Reichsrechts unvereinbare Proklamierung Napoleons zum Kaiser der Franzosen und Franz II. zum Kaiser von Österreich (1804).

Doppelmoral, politisch die Freistellung der → Staatsräson von individualethischen Geboten und Verboten; in der Sexualethik die Anwendung verschiedener Maßstäbe für Mann und Frau.

Doppelname, aus zwei Namen zusammengesetzter – echter oder unechter – Familienname. Unechte D. aufgrund reformierten Rechts entstehen vielfach, wenn der Ehegatte, dessen Name nicht Ehename wird, seinen Geburtsnamen dem Ehenamen voranstellt.

Doppelstaater (sujet mixte), eine Person, die mindestens zwei → Staatsangehörigkeiten besitzt. Ebenso wie → Staatenlosigkeit ist Doppelstaatigkeit traditionell unerwünscht, letztere, weil sie die Betroffenen in Loyalitäts- und Pflichtenkonflikte bringen kann.

Downing Street, Londoner Straße in Westminster, wo u. a. der Premierminister (Nr. 10) und das → Auswärtige Amt residieren. Daher auch Kurzformel für die britische Außenpolitik.

Doyen, eine Art Ehrenvorsitzender und Sprecher des → diplomatischen Korps in einem Empfangsstaat. Je nach nationalem Brauch gebührt diese Würde dem päpstlichen → Nuntius oder dem rangältesten → Missionschef.

Dozent → Privatdozent

Drei-Elemente-Lehre. Nach dieser klassischen Doktrin müssen die drei Elemente → Staatsgebiet, → Staatsvolk und → Staatsgewalt zusammenkommen, damit ein Machtgebilde als → Staat gelten kann.

Dreiklassenwahlrecht, ein für das preußische Abgeordnetenhaus jahrzehntelang (1849–1918) geltendes, verfassungspolitisch sehr umstrittenes indirektes Wahlsystem. Dabei waren die Urwähler je nach ihrer Beteiligung am → direkten Steueraufkommen in drei Gruppen eingeteilt, deren jede die gleiche Anzahl von Wahlmännern wählen konnte (→ Bethmann Hollweg).

Dreimächtepakt, ein 1940 zwischen den → Achsenmächten geschlossenes → Abkommen mit dem Ziel einer „neuen Ordnung in Europa und im großasiatischen Raum".

Dreimeilenzone, die drei Seemeilen breite, international seit langem dem Hoheitsgebiet eines Küstenstaates zugeordnete Seezone (Territorialgewässer). Einzelne Staaten (USA, UdSSR) beanspruchten in neuerer Zeit eine Zwölfmeilenzone als ihr Küstenmeer.

Dreißigjähriger Krieg (1618–1648), entstanden aus verschärfter konfessioneller Spannung in Deutschland und politischem Aufbegehren der Reichsstände gegen die habsburgische Herrschaft. Europäisch ausgeweitet durch das Eingreifen außerdeutscher Mächte. Beendet durch die Verträge von Münster und Osnabrück (→ Westfälischer Friede), nachdem Deutschland in einem beispiellosen Zusammenbruch fast die Hälfte der Bevölkerung und des Volksvermögens verloren hatte.

Dreiteilung der Gewalten → Gewaltenteilung

Dreyfuß-Affäre, eine die französische Gesellschaft jahrelang (1894–1906) erregende innenpolitische Krise, ausgelöst durch den Strafprozeß gegen den jüdischen Hauptmann D. wegen angeblichen Landesverrats. Der zu lebenslänglicher Verbannung auf die Teufelsinsel Verurteilte wurde nach Wiederaufnahmeverfahren, publizistisch unterstützt von → Zola („J'accuse"), schließlich freigesprochen und rehabilitiert.

Dritte Gewalt, gleichbedeutend mit → rechtsprechender Gewalt.

Dritte Welt, neuere Sammelbezeichnung für die → Entwicklungsländer insbesondere Afrikas, Asiens und Lateinamerikas.

Dritter Stand (tiers état), gleichbedeutend mit dem → Bürgertum, das in der → Französischen Revolution die politische Gleichberechtigung mit den beiden ersten Ständen – Adel und Klerus – erkämpfte.

Dritter Weg, in der Gesellschafts- und Wirtschaftspolitik die auf A. Rüstow und W. Röpke zurückgehende Bezeichnung für eine Art → sozialer Marktwirtschaft, die weder schrankenlose Konkurrenzwirtschaft noch kollektivistische → Planwirtschaft ist.

Drittes Reich, ursprünglich ein geschichtstheologischer, später ein u. a. von Schelling philosophisch abgewandelter Begriff, der nach dem 1. Weltkrieg politisch-agitatorisch mißbraucht und schließlich von → Hitler als Bezeichnung des totalitären Führerstaats übernommen wurde.

Droit des gens → Völkerrecht

Duell → Zweikampf

Dumping, in der Außenwirtschaft regelwidriges Unterbieten der inländischen Marktpreise durch ausländische Anbieter zur Verdrängung der Konkurrenz.

Dunkelziffer, die von Delikt zu Delikt verschieden große, kriminalpolitisch zu berücksichtigende Zahl der Straftaten, die den Verfolgungsbehörden nicht bekannt werden.

Durchsuchung einer Wohnung als Maßnahme polizeilicher Gefahrenabwehr oder strafprozessualer Ermittlung berührt das Grundrecht der → Unverletzlichkeit der Wohnung und darf deshalb in der Regel nur durch den → Richter angeordnet werden. Näheres nach deutschem Verfassungsrecht im → Wörterbuch zum Grundgesetz.

Durkheim, Emile (1858–1917), französischer Sozialwissenschaftler, der insbesondere den Zwangscharakter der sozialen Verbundenheit des Menschen in der modernen Gesellschaft darlegt, desgleichen die zwingende Wirkung des (Pflichten und Sanktionen erzeugenden) Kollektivbewußtseins.

Dyarchie, Bezeichnung insbesondere für die Doppelherrschaft durch Verbindung der Kompetenzen des deutschen Kaisers mit der Krone Preußens unter der Reichsverfassung von 1871 (→ Deutscher Kaiser).

Dynastie, Herrschergeschlecht, dem nach den Rechtsregeln der Thronfolge die erbliche Stellung des → Monarchen zusteht (→ Abdankung → Apanage).

E

Ebenbürtigkeit, im Mittelalter die Gleichheit des Geburtsstandes mit mannigfachen Auswirkungen auf lehens-, ehe-, familien-, erb- und prozeßrechtlichem Gebiet. Nach der Verfassung des → Deutschen Bundes die besondere Gleichstellung der mediatisierten früheren Territorialherren (Standesherren) mit dem noch regierenden hohen Adel.

Ebert, Friedrich (1871–1925), sozialdemokratischer Politiker, erster Reichspräsident (1919–1925) der → Weimarer Republik.

École Nationale d'Administration, französische Elite-Hochschule, aus deren Absolventen sich die hohe Beamtenschaft rekrutiert) (→ Verwaltungselite).

ECU, European Currency Unit → Europäische Währungseinheit

Edelfreie, freie Herren (liberi barones). Sie stehen nach der Adelshierarchie des → Sachsenspiegels unter den geistlichen und weltlichen Reichsfürsten, doch über den → Ministerialen.

Edictum, Ausspruch, Verordnung. Aus spätrömischer Terminologie übernommene Bezeichnung für königliche Rechtsetzungsakte im fränkischen Reich.

Edikt von Nantes, durch König Heinrich IV. erlassen (1598), garantierte es den → Hugenotten freie Religionsausübung. In der Folgezeit vielfach verletzt, schließlich von Ludwig XIV. aufgehoben (1685).

EFTA, European Free Trade Association. Die Europäische Freihandelszone, 1960 gegründet in Reaktion auf die → Europäische Wirtschaftsgemeinschaft, hat durch den Beitritt der Mitgliedstaaten England, Dänemark und Portugal zur → EWG an Bedeutung verloren.

EG → Europäische Gemeinschaften

Egalitarismus, Bezeichnung für eine Politik der → Gleichmacherei ohne Rücksicht auf individuelle Unterschiede der Menschen.

Égalité, Gleichheit aller vor dem Gesetz: eine Hauptforderung der → Französischen Revolution (→ Liberté → Fraternité).

EGKS, Europäische Gemeinschaft für Kohle und Stahl. Die 1951 auf französische Initiative gegründete Montanunion war ein Vorläufer der umfassenderen → Europäischen Wirtschaftsgemeinschaft.

Egoismus → Solipsismus

Ehe und Familie stehen nach deutschem Verfassungsrecht unter dem besonderen Schutz der staatlichen Ordnung. Näheres hierzu im → Wörterbuch zum Grundgesetz.

Eheschließungsfreiheit → Zölibatsklauseln

Ehre im Rechtssinne ist der auf dem Persönlichkeitswert gründende Achtungsanspruch eines Menschen, seine Würde und Geltung in der Gesellschaft. Näheres zum verfassungsrechtlichen Ehrenschutz im → Wörterbuch zum Grundgesetz.

Ehrenämter, öffentliche → Ämter, die ohne Dienstbezüge neben dem Hauptberuf versehen werden und deren Übernahme (z. B. als Schöffe oder Vormund) auf gesetzlicher Verpflichtung beruhen kann. Nicht jeder Inhaber eines Ehrenamtes ist auch → Ehrenbeamter.

Ehrenbeamte fungieren insbesondere in der Kommunalverwaltung (z. B. als Bürgermeister oder Beigeordnete). Sie erhalten eine Ernennungsurkunde zur Wahrnehmung eines hoheitlichen Amtes ohne Dienst- und Versorgungsbezüge.

Ehrenbürgerschaft, eine nicht mit Rechten oder Pflichten verknüpfte Auszeichnung für eine Person, die sich um eine Gemeinde besonders verdient gemacht hat.

Ehrendoktor (Dr. h. c.), Grad eines → Doctor, ehrenhalber verliehen (ohne Dissertation und Rigorosum) aufgrund besonderer Leistungen in einer Wissenschaft.

Ehrengerichte entscheiden in Standesangelegenheiten bestimmter freier Berufe (z. B. Anwälte, Ärzte, Steuerberater, Wirtschaftsprüfer).

Ehrenrechte → Bürgerliche Ehrenrechte

Ehrenschutz → Ehre

Ehrenzeichen → Orden und Ehrenzeichen

Ehrfurcht gegenüber geistig, sittlich oder religiös höheren Werten und Persönlichkeiten entspricht kaum noch der Haltung des modernen Menschen, vorgebildet bereits von → Bacon in seiner Kritik antiker Weisheit als einer kindischen Wissenschaft.

Ehrgeiz in seiner Erscheinungsform als Wille zur Macht ist eine elementare Kraft der Politik, im → Verfassungsstaat gemäßigt durch Grundsätze des Rechts und lauteren Wettbewerbs.

Eid, ursprünglich die feierliche Anrufung einer höheren Macht zum Zeugen für die Wahrheit einer Aussage (Prozeßeid) oder die Ehrlichkeit einer Zusage (Amtseid). Vorsätzlich falsches Schwören vor Gericht oder vor einer anderen zur Abnahme von Eiden zuständigen Stelle wird als Meineid strafrechtlich streng geahndet.

Eidesformel: Sie lautet grundsätzlich wahlweise „ich schwöre es, so wahr mir Gott helfe“ (religiöse Beteuerung) oder „ich schwöre es“.

Eidesstattliche Versicherung, eine gegenüber dem → Eid schwächere Form der Beteuerung der Richtigkeit einer Erklärung. Sie ist z. B. zur Erlangung einer → einstweiligen Verfügung im Zivilprozeß als Mittel der Glaubhaftmachung eines Parteivortrags zugelassen.

Eidesverweigerung mit der Begründung, Christus habe jedes Schwören untersagt, kann durch das Grundrecht der → Glaubensfreiheit geschützt sein. Näheres nach deutschem Verfassungsrecht im → Wörterbuch zum Grundgesetz.

Eidgenossenschaft, Schwurbund: „Schweizerische Eidgenossenschaft" (Confoederatio Helvetica, CH) als offizielle Bezeichnung des helvetischen Bundesstaats geht zurück auf den legendären Rütlischwur (1291) der Eidgenossen aus Uri, Schwyz und Nidwalden.

Eigenstaatlichkeit der Länder ist ein Wesensmerkmal des deutschen Bundesstaats. Näheres hierzu im → Wörterbuch zum Grundgesetz.

Eigentumsgarantie, grundrechtliche Gewährleistung des privaten Eigentums als Voraussetzung freier Lebensgestaltung. Näheres über Eigentumsbegriff und Eigentumsschutz nach deutschem Verfassungsrecht im → Wörterbuch zum Grundgesetz.

Einbürgerung, staatlicher Hoheitsakt, durch den ein Ausländer die inländische → Staatsangehörigkeit erhält. Die Voraussetzungen der Einbürgerung, auf die grundsätzlich kein Rechtsanspruch besteht, regeln die Aufnahmestaaten je nach ihrem öffentlichen Interesse.

Einehe → Monogamie

Einfache Mehrheit → Mehrheiten

„Einfacher Mann", als soziale Erscheinung verwandt mit dem „kleinen Mann", der im Zeitalter der → Demokratie zunehmend das Gesicht von Politik und Staat bestimmt.

„Einfaches Recht", Gesamtheit der Rechtsnormen unterhalb des → Verfassungsrechts, der höchstrangigen Stufe in der Normenhierarchie.

Eingriffsverwaltung bezeichnet, im Unterschied zur → Leistungsverwaltung, das unter dem → Vorbehalt des Gesetzes stehende hoheitliche Verwaltungshandeln, das belastend auf die Rechts- und Freiheitssphäre des Bürgers einwirkt (Beispiele: Polizei, Steuerverwaltung).

Einheit und Freiheit Deutschlands, die friedliche Wiedergewinnung der staatlichen Einheit nach der deutschen Teilung, vollzog sich durch Beitritt der → DDR zur Bundesrepublik Deutschland und Abschluß des → Einigungsvertrags.

Einheitsgewerkschaften verstehen sich, im Unterschied zu Richtungsgewerkschaften, als parteipolitisch, konfessionell usw. neutrale Arbeitnehmerorganisationen.

Einheitspartei → Staatspartei

Einheitsstaat, ein von der Struktur des → Bundesstaats grundverschiedener Staatstypus mit einheitlicher, zentral ausgeübter → Staatsgewalt, was weder rechtsstaatliche → Gewaltenteilung noch → Selbstverwaltung ausschließt.

Einherrschaft → Monarchie

Einigungsvertrag, das völkerrechtliche → Abkommen zwischen der → Bundesrepublik Deutschland und der → Deutschen Demokratischen Republik über die Herstellung der Einheit Deutschlands. Näheres im → Wörterbuch zum Grundgesetz.

Einkammersystem, demokratische Repräsentation durch eine einzige, einheitlich gewählte Volksvertretung im Unterschied zum → Zweikammersystem.

Einkommensteuer, eine → direkte Steuer, die ohne Rücksicht auf → Staatsangehörigkeit und Geschäftsfähigkeit natürlicher Personen deren Nettoeinkünfte aus bestimmten Einkunftsarten erfaßt. Näheres über unbeschränkte und beschränkte Steuerpflicht, Einkommensermittlung, Steuertarif usw. regelt das Einkommensteuergesetz.

Einparteiensystem, im Unterschied zum freiheitlich-demokratischen → Mehrparteiensystem die für totalitäre Staaten bezeichnende Zulassung nur einer einzigen politischen → Partei, z. B. der kommunistischen Partei in der ehem. Sowjetunion.

Einpeitscher (Whipper, Whip), im britischen und US-amerikanischen Parlament ausgewählte Abgeordnete, die z. T. Aufgaben der Fraktionsgeschäftsführung wahrnehmen, z. T. für → Fraktionsdisziplin bei Plenardebatten und Abstimmungen sorgen.

Einspruchsgesetze sind im Sprachgebrauch des deutschen Verfassungsrechts solche Bundesgesetze, bei denen sich der → Bundestag über den durch Einspruch ausgedrückten Widerstand des → Bundesrats mittels einer erneuten Beschlußfassung hinwegsetzen kann. Näheres im → Wörterbuch zum Grundgesetz.

Einstimmigkeitsprinzip mit der Folge, daß eine einzige Gegenstimme positive Beschlüsse unmöglich macht, kommt aus praktischen Gründen in modern verfaßten Staaten kaum noch vor, wohl aber bei Beschlußfassungen internationaler Organisationen, z. B. im Sicherheitsrat der → UNO.

Einstweilige Anordnung, gerichtliche Maßnahme des vorläufigen Rechtsschutzes außerhalb des Hauptsacheverfahrens. Näheres nach deutschem Verfassungsprozeßrecht im → Wörterbuch zum Grundgesetz.

Einstweilige Verfügung im Zivilprozeß dient der vorläufigen Regelung eines Zustandes zwecks Sicherung eines geltend gemachten Rechts.

Einverleibung, einseitige Ausdehnung des räumlichen Herrschaftsbereichs eines Staates auf fremdes Gebiet (→ Annexion).

Einvernehmen als öffentlich-rechtlicher Begriff erfordert Zustimmung eines anderen Staatsorgans zum Erlaß eines Gesetzgebungs- oder Verwaltungsakts, also mehr als bloßes „Benehmen“ im Sinne vorheriger Fühlungnahme zwischen den Beteiligten.

Einwanderung, auf dauernden Aufenthalt im Inland gerichteter Zuzug von → Ausländern, unterliegt nach allgemeinem → Völkerrecht der Gestaltungsfreiheit des inländischen Gesetzgebers, der die Immigration aus sachlichen Gründen begrenzen oder ganz verbieten darf. Besondere Grundsätze gelten in Staaten, deren Verfassung ein → Asylrecht gewährt.

Einwohner im Unterschied zu → Staatsangehörigen sind Personen, die sich nicht nur vorübergehend im → Staatsgebiet aufhalten. Sie unterliegen der inländischen → Staatsgewalt, ohne → Bürgerrechte zu genießen.

Einzelfallgerechtigkeit kann dem gleichermaßen rechtsstaatlichen Grundsatz der → Rechtssicherheit widerstreiten. Dann hat der Gesetzgeber zu entscheiden, welchem der beiden Prinzipien er den Vorzug geben will.

Einzelfallgesetze die lediglich bestimmte Personen oder Personengruppen belasten, sind nach deutschem Verfassungsrecht teils ausdrücklich verboten, teils nur unter Beachtung des → Gleichheitssatzes zulässig. Näheres im → Wörterbuch zum Grundgesetz.

Eiserner Vorhang, auf ein Wort → Churchills zurückgehende Bezeichnung für die militärisch gesicherte Abriegelung des → Ostblocks gegenüber dem Westen; seit 1961 extrem verstärkt z. B. durch die Grenzmauer zwischen Ost- und Westberlin mit Gräben, Minen, Selbstschußanlagen usw.

EKD → Evangelische Kirche in Deutschland

Elektoren → Wahlmännersystem

Elektronische Datenverarbeitung mit ihren Mißbrauchsgefahren erfordert einen wirksamen verfassungsrechtlichen → Datenschutz.

Elemente des Staates → Drei-Elemente-Lehre

Elite, ausgewählte Führungsschicht in Staat und Gesellschaft. Grundsätzlich anerkannt ist die Notwendigkeit einer Auslese der Besten, Begabtesten, Tüchtigsten, Tapfersten, Klügsten, Besonnensten usw. Sehr verschieden sind Auswahlkriterien und -verfahren je nach Zeit, Raum, Sachbereich und Geist der Epoche (→ Aristokratie → Oberschicht).

Elsaß-Lothringen, in der Zeit des alten Reiches ein uneinheitliches Gebilde von Territorien und kleinen Herrschaften; drei Departements seit der → Französischen Revolution; nach der Rückgewinnung 1871 ein

Reichsland – kein Bundesstaat – im deutschen → Kaiserreich; durch den → Versailler Vertrag an Frankreich abgetreten.

Elternrecht schützt gegen unzulässige Eingriffe des Staates in die den Eltern vorbehaltene Erziehung und Pflege ihrer Kinder. Näheres nach deutschem Verfassungsrecht im → Wörterbuch zum Grundgesetz.

Élysée-Palast, Amtssitz des französischen Staatspräsidenten; Kurzformel für die von dort ausgehende Politik.

Emanzipation, im römischen Recht die Freilassung eines Familienmitglieds aus der väterlichen Gewalt (patria potestas). Seit dem 19. Jahrhundert ein politisches Schlagwort für gleichberechtigende Befreiung benachteiligter Gruppen aus ihren Abhängigkeitsverhältnissen (Arbeiter, Juden, Frauen, Farbige usw.).

Embargo, Hinderung. Früher das – meist kriegsbedingte – Festhalten fremder Handelsschiffe in den → Territorialgewässern eines Staates. Heute die Ausübung außenwirtschaftlichen Drucks, um einen anderen Staat z. B. durch Exportsperren bei militärisch wichtigen Gütern zu diplomatischem Nachgeben zu zwingen.

Emigration, Verlassen eines Staatsgebiets, freiwillig oder erzwungen, besonders aus Gründen politischer, religiöser, weltanschaulicher, rassischer Art. Ein seit der griechischen Antike bekanntes, vom Standpunkt der Betroffenen oft höchst betrübliches Phänomen. Massenemigrationen im 20. Jahrhundert vor allem aufgrund der russischen → Oktoberrevolution und der NS-Machtergreifung im → Dritten Reich (→ Auswanderungsfreiheit).

Empfangsstaat → Agrément

Empire, frühere Bezeichnung des von Großbritannien seit dem 17. Jahrhundert erworbenen kolonialen Weltreiches, dessen entwickeltere Teile in neuerer Zeit als → Dominions das Recht der Selbstverwaltung erhielten (z. B. Kanada, Australien, Südafrika). Durch das Westminsterstatut von 1931 Umbenennung des E. in → Commonwealth.

Emser Depesche, telegraphischer Bericht an → Bismarck aus Bad Ems im Auftrag des dort zur Kur weilenden preußischen Königs, der vom französischen Botschafter um eine bestimmte Erklärung in der spanischen Thronfolgefrage ersucht worden war. Bismarck gab die Depesche in stark redigierter Form an die auswärtigen Gesandtschaften und die Presse weiter. Frankreich fühlte sich herausgefordert und erklärte Preußen den Krieg (1870).

ENA → École Nationale d'Administration

Ende des Staates → Absterben des Staates → Staatsuntergang

Endlösung der Judenfrage, auf Befehl → Hitlers bei der → Wannseekonferenz beschlossene Richtlinien mit dem Ziel, das vom → Dritten Reich beherrschte Europa zu „entjuden" durch → Deportation in östliche Arbeitslager oder durch Ausrottung in Vernichtungslagern (→ Holocaust).

Energiepolitik, Inbegriff staatlicher Einwirkungen besonders auf die Gewinnung von Primärenergie (Kohle, Erdöl, Uranerz usw.) und deren Umwandlung in Sekundärenergie (Strom, Gas, Benzin usw.).

Engels, Friedrich (1820–1895), Kaufmann, Politiker, Schriftsteller. Persönlicher Freund, Mäzen und Mitarbeiter von Karl → Marx. Mitverfasser des → Kommunistischen Manifests. „Ein wahres Universallexikon, arbeitsfähig zu jeder Stunde des Tages und der Nacht, voll oder nüchtern, quick im Schreiben" (Marx).

Englisches Parlament → Oberhaus → Unterhaus

Enklave, von eigenem Staatsgebiet vollständig umgebener Gebietsteil eines auswärtigen Staates; aus der Sicht des anderen Staates handelt es sich um eine Exklave.

Enquête, parlamentarische Untersuchung eines politisch relevanten Sachverhaltes.

Enquête-Kommissionen kann das Parlament, auch unter Hinzuziehung von sachverständigen Nichtparlamentariern, zur Vorbereitung schwieriger Entscheidungen einsetzen.

Enqête-Recht, die Befugnis des Parlaments, zur Nachprüfung bestimmter Vorgänge, insbesondere zur Kontrolle der Regierung, einen → Untersuchungsausschuß einzusetzen.

Enteignung, die Entziehung oder Schmälerung eines vermögenswerten Rechtes durch die öffentliche Gewalt, ist mit Rücksicht auf die → Eigentumsgarantie nur zum Wohle der Allgemeinheit und gegen Entschädigung zulässig. Näheres nach deutschem Verfassungsrecht im → Wörterbuch zum Grundgesetz.

Enteignungsgleiche Eingriffe, die für den Betroffenen wie eine Enteignung wirken, können Grundlage eines → Aufopferungsanspruchs sein.

Entelechie, innere Kraft eines Lebewesens, die zur Selbstentwicklung und Vollendung drängt. Die altgriechische Vorstellung einer E. wird von → Aristoteles auf den Bereich des Politischen übertragen: Erst im Staat (Polis) findet das menschliche Zusammenleben sein „Ziel und Bestes".

Entente, zwischenstaatliche Übereinstimmung in der Außenpolitik.

Entente cordiale, herzliches Einvernehmen: Bezeichnung namentlich für die guten Beziehungen zwischen Frankreich und Großbritannien seit ihrer kolonialpolitischen Verständigung Anfang des 20. Jahrhunderts.

Entfaltungsfreiheit → Freie Entfaltung der Persönlichkeit

Entflechtung, nach dem 2. Weltkrieg die von den westlichen Siegermächten verfügte Auflösung von Zusammenschlüssen deutscher Großunternehmen durch Verselbständigung ihrer Teile (→ Demontage).

Entfremdung, ein auf → Hegel zurückgehender, von → Marx politisch-ökonomisch abgewandelter Begriff für die Einengung und Selbstentäußerung des arbeitenden Menschen infolge seiner Versklavung durch die Produktionsverhältnisse.

Entideologisierung, das von → Ideologien sich kritisch absetzende Denken; ferner auch die Verdeutlichung der erkenntnisleitenden Interessen bei einer vorgeblich objektiven Theorie.

Entkolonisierung → Dekolonisierung

Entlastung der Regierung durch das Parlament im Hinblick auf das Finanzgebaren der Exekutive ist hauptsächlich ein politisch bedeutsamer Akt.

Entmilitarisierung, insbesondere die dem Verlierer eines Krieges von der Siegermacht aufgezwungene → Abrüstung, so z. B. das im → Versailler Vertrag dem deutschen Reich auferlegte Truppenstationierungsverbot im Rheinland.

Entmündigung des Menschen durch ein Übermaß von Reglementierungen mittels Gesetzen, Verordnungen usw. ist eine dem modernen → Sozialstaat innewohnende Gefahr.

Entnazifizierung, ein von den → Alliierten im → Potsdamer Abkommen festgelegtes Ziel der Besatzungspolitik gegenüber dem besiegten Deutschland. Zu dessen „Befreiung vom Nationalsozialismus" wurden Spruchkammern eingerichtet, die je nach dem festgestellten Grad der NS-Belastung auf ‚Sühnemaßnahmen' erkannten (u. a. auf Gefängnis, Amtsverlust, Berufsverbot, Vermögenseinziehung, Geldbußen).

Entschädigung, im Unterschied zum privatrechtlichen Schadensersatz ein nicht von Verschulden abhängiger Ausgleich für Einbußen, die der Betroffene durch hoheitliches Handeln erlitten hat (→ Enteignung → Enteignungsgleiche Eingriffe).

Entscheidung, in der Politik die an bestimmten Wert- und Zielvorstellungen orientierte Festlegung für die Zukunft (→ Dezisionismus).

Entschließungen des Parlaments haben, anders als Beschlußfassungen im Gesetzgebungsverfahren, regelmäßig keine rechtliche Außenwirkung.

Entsendestaat, im diplomatischen Verkehr die Entsprechung zum Empfangsstaat (→ Agrément).

Entspannungspolitik, im Zeichen des → Ost-West-Konflikts vor allem die Bemühungen der Supermächte USA und UdSSR, die Konfrontation durch Beschwörungen friedlicher Koexistenz und durch Sicherheitsverträge über beiderseitige → Abrüstung zu mildern.

Entthronte Herrscher und entmachtete Präsidenten haben vom Standpunkt des positiven Rechts keinerlei Anspruch gegenüber der im Widerstreit zu ihren Legitimitätsinteressen neuentstandenen staatlichen Ordnung.

Entwicklungshilfe, Gesamtheit der den → Entwicklungsländern von den Industriestaaten und internationalen Organisationen gewährten Förderung, u. a. mittels finanzieller Unterstützung, Handelserleichterungen und technischer Hilfe.

Entwicklungsländer, Sammelbezeichnung für Staaten, deren wirtschaftliche Entwicklung, etwa gemessen am Pro-Kopf-Einkommen, erheblich unter dem Standard der Industrieländer liegt. Hierzu zählen in unterschiedlichem Grade die meisten Länder Afrikas, Asiens, Mittel- und Südamerikas (→ Dritte Welt).

Enzyklika, päpstliches Rundschreiben ohne unfehlbare Lehrautorität. Gerichtet an die Gesamtkirche oder nur an bestimmte Bischöfe, ist der authentische Text meist lateinisch gefaßt und wird nach seinen Eingangsworten zitiert (→ Bulle).

Enzyklopädie, Gesamtdarstellung einzelner Gebiete der Wissenschaft und Kunst, meist in lexikalischer Form. Große Bedeutung für die Verbreitung des Ideenguts der Aufklärung besonders in Frankreich gewann die von Diderot und d'Alembert herausgegebene „Encyclopédie ou dictionnaire raisonné des sciences, des arts et des métiers" (1751–1772).

Enzyklopädisten, Bezeichnung für die Herausgeber und Mitarbeiter (u. a. Montesquieu, Rousseau, Voltaire) der Diderotschen → Enzyklopädie.

Epiktet, griechischer Philosoph (ca. 50–138), für dessen politisches Denken „die Welt gleichsam ein Staat" ist (→ Stoa).

Epikur, griechischer Philosoph (342–271 v. Chr.), der dem Weisen empfiehlt, öffentliches Wirken, besonders in der Politik, tunlichst zu meiden. Lebe im Verborgenen!, lautet der Rat.

Epikureer, eigentlich nichts weniger als → Hedonisten, einem seit der Antike fortlebenden Vorurteil zum Trotz. → Epikur lehrt mitnichten Sinnengenuß als Lebenssinn, vielmehr vergeistigte Freuden, Unerschütterlichkeit der Seele und Leidenschaftslosigkeit (Ataraxie).

Episkopat, die Würde eines → Bischofs oder das Kollegium der Bischöfe.

Erasmus von Rotterdam, eigentlich: Gerhard Gerhards (1466–1536). Humanist, Kultur- und Kirchenkritiker. „Was ich maßvoll und für bestimmte Fälle gesagt habe, hat Luther maßlos verallgemeinert." Von ihm angeregt, veröffentlichte sein Freund Thomas → Morus die Schrift „Utopia".

Erbcharisma, ein schon dem germanischen → Adel zuerkanntes erbliches → Charisma.

Erbmonarchie vs. Wahlmonarchie: Hier wird der Thron von Fall zu Fall durch besondere Wahlorgane besetzt, während dort der Herrscher nach feststehender Thronfolgeordnung aus einer bestimmten → Dynastie hervorgeht.

Erbprinz → Prinz

Erbrecht, die Befugnis des Eigentümers zu freier letztwilliger Verfügung über sein Vermögen. Näheres über die verfassungsrechtliche Gewährleistung im → Wörterbuch zum Grundgesetz.

Erbschaftssteuer, eine → Steuer auf unentgeltliche Vermögenszugänge durch Erwerb von Todes wegen oder durch Schenkungen unter Lebenden.

Erbuntertänigkeit, bäuerliches Abhängigkeitsverhältnis, das die Betroffenen zu Gutsuntertanen machte, die nur mittelbar über den Gutsherrn auch Staatsuntertanen waren. Im Zuge der → Bauernbefreiung durch preußisches Edikt von 1807 abgeschafft.

Erdatmosphäre → Atomteststopp-Vertrag

Erfolgsethik vs. Gesinnungsethik: Diese bewertet menschliches Verhalten nach den subjektiven Gründen und Absichten des Handelnden, jene hebt auf die gute oder schlechte Wirkung des Handelns ab.

Erfolgswert → Zählwert

Erfüllungspolitiker, Schmähwort der Weimarer Rechtsparteien, gerichtet zunächst gegen → Rathenau, der dafür eintrat, die extremen Reparationsforderungen aus dem → Versailler Vertrag bis zur Evidenz ihrer Unerfüllbarkeit zu befriedigen und so eine Vertragsrevision zu erreichen.

Erklärung der Menschenrechte → Menschenrechtserklärung

Erlaß oberster Verwaltungsinstanzen (Ministerialerlaß) enthält Anordnungen, die nur für nachgeordnete Behörden verbindlich sind.

Ermächtigungsgesetz vom 24.3.1933, die ‚legale' Grundlage des von → Hitler errichteten totalitären Führerstaats. Durch dieses „Gesetz zur Behebung der Not von Volk und Reich" wurde die Regierung zum Erlaß von Reichsgesetzen ermächtigt, womit die → Weimarer Reichsverfassung de facto ihre Geltung verlor.

Ermessen, behördliche Entscheidungsfreiheit in gesetzlich bestimmtem, gerichtlich überprüfbarem Rahmen.

Ernennung, die förmliche Einsetzung in ein bestimmtes öffentliches Amt, ist ein dem Staatsoberhaupt vorbehaltenes delegierbares Recht.

Eroberungskriege waren bereits nach vormodernem Völkerrecht verboten. Weitergehend die → UNO-Satzung, wonach nicht nur Angriffskriege, sondern auch bloße Gewaltandrohungen außerhalb des

Rechts zur Selbstverteidigung unzulässig sind (→ Aggression → Annexion → Bellum iustum).

ERP, European Recovery Program, Europäisches Wiederaufbauprogramm. Ein nach dem 2. Weltkrieg auf Initiative des Außenministers G. C. Marshall von den USA entwickeltes Wirtschaftshilfeprogramm für Westeuropa (Marshall-Plan).

ERP-Sondervermögen, in Deutschland ein vom Bund verwalteter, zweckgebundener Fonds aus Mitteln des Marshall-Plans.

Ersatzdienst, waffenloser Dienst für Kriegsdienstverweigerer. Näheres nach deutschem Verfassungsrecht im → Wörterbuch zum Grundgesetz.

„Ersatzkaiser" sollte der → Reichspräsident der → Weimarer Republik sein; so dachten weite, noch in monarchistischen Vorstellungen befangene Bevölkerungskreise.

Erschöpfung des Rechtswegs gegen eine behauptete Grundrechtsverletzung ist, von Ausnahmefällen abgesehen, Zulässigkeitsvoraussetzung der → Verfassungsbeschwerde.

Erststimmen → Direktmandate

Ertragshoheit im → Bundesstaat: die von der → Finanzverfassung zwischen Gliedstaaten und Gesamtstaat aufgeteilte Berechtigung am nationalen Steueraufkommen.

Erwählter römischer Kaiser und König von Deutschland (electus Romanorum imperator semper augustus Germaniae rex): traditioneller Titel des höchsten Lehensherrn im → Heiligen Römischen Reich deutscher Nation.

Erzämter, im → Hl. Römischen Reich von → Kurfürsten bekleidete, im Laufe der Zeit bloß zeremoniell gewordene Ämter: Reichserzkanzler (Erzbischof von Mainz), Erzkanzler durch Gallien (Erzbischof von Trier), Erzkanzler durch Italien (Erzbischof von Köln), Erzmarschall (Kurfürst von Sachsen), Erzkämmerer (Kurfürst von Brandenburg), usw.

Erzberger, Matthias (1875–1921). Trat als linker Zentrums-Politiker für die Annahme des → Versailler Vertrags ein. Setzte als Reichsfinanzminister eine grundlegende Steuerreform durch, u. a. mit Reichsfinanzverwaltung und → Ertragshoheit des Reiches bei → Einkommen, → Körperschafts- und → Umsatzsteuer. Opfer eines Attentats rechtsradikaler Offiziere (→ Erfüllungspolitiker).

Erzbischof (Archiepiscopus), regierender → Bischof einer Erzdiözese oder persönlicher päpstlicher Ehrentitel (→ Erzämter).

Erzherzog (Archidux), althergebrachtes Prädikat der Prinzen des Habsburger Herrschergeschlechts.

Erziehung → Elternrecht

Erzkämmerer → Erzämter

Erzkanzler → Erzämter

Erzmarschall → Erzämter

Eskalation, stufenweise Steigerung einer Spannung, insbesondere eines außenpolitischen Konflikts (→ Entpannungspolitik).

Essentialien, die wesentlichen Punkte eines → Abkommens.

Establishment, die in Staat und Gesellschaft führende Schicht, kritisiert oder bekämpft von den jeweils Zu-kurz-Gekommenen (→ Elite).

Etat, Staatshaushalt (→ Budgetrecht → Haushaltsplan).

L'Etat c'est moi, Der Staat bin ich: eine → Ludwig XIV. zugeschriebene Formel, die den Staat mit der Person des Herrschers gleichsetzt.

Etat Français → Vichy-Regime

Etatismus, Politik des Vorrangs gesamtstaatlicher Interessen gegenüber eigenständigen Bereichen in Gesellschaft, Wirtschaft und den Ländern im → Bundesstaat.

Ethik, das von → Aristoteles begründete philosophische Fragen nach dem sittlich Guten (→ Doppelmoral → Erfolgsethik → Scheler).

Ethische Indikation, ein Argument für zulässige Abtreibung, wenn die Schwangerschaft z. B. auf Vergewaltigung beruht.

Ethische Rechtfertigung des Staates → Staatsrechtfertigung

Ethisches Minimum im Zusammenleben der Menschen zu sichern, ist eine Aufgabe der Rechtsordnung.

Ethnien, Bevölkerungsgruppen, die nach ihrem Selbstverständnis und Zusammengehörigkeitsgefühl eine durch Sprache, Rasse, kulturelle Tradition usw. abgegrenzte Gemeinschaft bilden (→ Rassenfrage).

Ethnisches Prinzip, ein für das friedliche Zusammenleben nicht ungefährlicher politischer Grundsatz, wonach ethnische Gemeinschaften, insbesondere Nationen, Anspruch auf einen eigenen Staat haben bzw. fremde Ethnien im eigenen Staatsvolk unerwünscht sind.

Etikette, Gesamtheit der gesellschaftlichen Umgangsformen, besonders der feinen Sitte an einem Fürstenhof (→ Courtoisie).

EU → Europäische Union

Eudämonismus, eine Auffassung, die das Glück (Eudämonie), namentlich das größtmögliche Glück der größtmöglichen Zahl, als Ziel allen staatlichen Handelns statuiert. Doch was Glückseligkeit sei, individuell oder sozial, entzieht sich von alters her einer allgemeingültigen Definition (→ Bentham).

Eugenische Indikation, Argument für straffreien Schwangerschaftsabbruch zur Verhütung erbkranken, der Mutter nicht zumutbaren Nachwuchses.

Euratom → Europäische Atomgemeinschaft

Eurocontrol, internationale Organisation westeuropäischer Staaten im Dienste der Flugsicherung.

Eurokommunismus, eine seit den 70er Jahren sich gegen den kommunistischen → Ostblock abgrenzende Richtung westeuropäischer kommunistischer Parteien, die insbesondere eine liberalere sozialistische Gesellschaftsordnung forderte.

Europa, politisch-historisch etwa gleichbedeutend mit der → abendländischen Staatenwelt, geographisch im Osten begrenzt durch den Ural.

Europabewegung, eine von → Coudenhove-Kalergi mit dem Ziel der Föderation aller europäischen Staaten initiierte Bewegung.

Europäische Atomgemeinschaft → Europäische Gemeinschaften

Europäische Einigung, Inbegriff der politischen Bestrebungen, unter Überwindung des Nationalstaatsgedankens einen Zusammenschluß der europäischen Staaten zu verwirklichen, vor allem im räumlichen Bereich der → Europäischen Gemeinschaften. Noch offen ist die endgültige Form dieser sich schrittweise vollziehenden Integration, insbesondere die Tauglichkeit des klassischen Bundesstaatsmodells.

Europäische Freihandelszone → EFTA

Europäische Gemeinschaft für Kohle und Stahl → Europäische Gemeinschaften

Europäische Gemeinschaften (EG), Zusammenschluß der ursprünglich selbständigen Europäischen Gemeinschaft für Kohle und Stahl (Montanunion), der Europäischen Atomgemeinschaft (Euratom) und der Europäischen Wirtschaftsgemeinschaft (EWG) durch Fusionsvertrag von 1967. Näheres zu Struktur, Entstehungsgeschichte und einschlägigem deutschen Verfassungsrecht im → Wörterbuch zum Grundgesetz.

Europäische Integration → Europäische Einigung → Europäische Union

Europäische Menschenrechtskonvention, ein völkerrechtliches → Abkommen von 1950, das bestimmte Grundfreiheiten verbürgt, gegen deren Verletzung jedermann nach Erschöpfung des innerstaatlichen → Rechtswegs in letzter Instanz den → Europäischen Gerichtshof für Menschenrechte anrufen kann.

Europäische Union (EU), begründet von den Mitgliedstaaten der → EG durch den Anfang 1992 in Maastricht unterzeichneten → EU-Vertrag. Grundlage der EU sind die drei bestehenden EG. Nach ihrem Selbstverständnis ist die EU ein auf dynamische Entwicklung angelegter Verbund demokratischer Staaten Europas. Die Wahrnehmung von Hoheitsgewalt durch diesen Staatenverbund gründet sich auf Ermächtigungen der souverän bleibenden Mitgliedstaaten. Kompetenzen und Befugnisse der EU entsprechen im wesentlichen den Funktionen einer Wirtschaftsgemeinschaft (Zollunion, Freiheit des Warenverkehrs, Rechtsangleichung, Koordinierung der Wirtschaftspolitik usw.).

Europäische Union-Vertrag (EUV, Maastrichter Vertrag), Grundlage der → Europäischen Union als eines von den Mitgliedstaaten getragenen, deren nationale Identität achtenden Staatenverbunds. Vertragsgegenstand ist die Mitgliedschaft Deutschlands in einer supranationalen Organisation, dagegen nicht die Zugehörigkeit zu einem europäischen Staat. Durch das Inkrafttreten des EUV erreichte der mit der Gründung der → EG eingeleitete Prozeß der → europäischen Integration eine neue Stufe. Nach dem Vertrag setzt sich die EU insbesondere die Ziele, einen Wirtschafts- und Sozialraum ohne Binnengrenzen zu schaffen; die Unionsbürgerschaft einzuführen; eine Wirtschafts- und Währungsunion zu errichten; eine gemeinsame Außen-, Sicherheits- und Verteidigungspolitik anzustreben.

Europäische Verteidigungsgemeinschaft, eine nach dem 2. Weltkrieg geplante, staatsvertraglich bereits abgemachte supranationale militärische Gemeinschaft westeuropäischer Staaten, die wegen der vorgesehenen deutschen Beteiligung vom französischen Parlament verworfen wurde.

Europäische Währungseinheit (ECU), Verrechnungseinheit des → Europäischen Währungssystems und Abrechnungseinheit des EG-Haushalts.

Europäische Wirtschaftsgemeinschaft (EWG), die für Menschen und Unternehmen bedeutsamste der drei → Europäischen Gemeinschaften. Der bezweckte gemeinsame Markt soll im Gebiet der Mitgliedstaaten berufliche Freizügigkeit sowie freien Waren-, Kapital- und Dienstleistungsverkehr gewährleisten. Näheres über Organe und Kompetenzen der EWG im → Wörterbuch zum Grundgesetz.

Europäischer Gerichtshof, zuständig für die verbindliche Auslegung und Anwendung des → Europäischen Gemeinschaftsrechts. Näheres über Berufung der Richter, Klagearten und Vorabentscheidungen im → Wörterbuch zum Grundgesetz.

Europäischer Gerichtshof für Menschenrechte, eingerichtet zur abschließenden Entscheidung über die Anwendung der → Europäischen Menschenrechtskonvention.

Europäischer Rat, Spitzengremium der → Europäischen Union, gebildet aus den Staats- und Regierungschefs der Mitgliedstaaten nebst Kommissionspräsident. Er hat die Aufgabe, die allgemeinen politischen Zielvorstellungen für die Entwicklung der EU festzulegen.

Europäisches Gemeinschaftsrecht, eine neuartige Rechtsmaterie, die weder nationales noch → internationales, vielmehr supranationales Recht ist. Näheres zur Rechtsetzungsbefugnis, Allgemeinverbindlichkeit usw. im → Wörterbuch zum Grundgesetz.

Europäisches Währungssystem (EWS), beruht auf einer EG-Verordnung zur Sicherung der Währungsstabilität nebst einer Vereinbarung der Zentralbanken der EG-Mitgliedstaaten. Der technischen Durchführung dient die → ECU.

Europarat, eine auf Initiative von → Coudenhove-Kalergi 1949 in Straßburg geschaffene Einrichtung zur Förderung des sozialen und wirtschaftlichen Fortschritts der (ursprünglich nur westeuropäischen) Mitgliedsländer. Der „Conseil de l'Europe" hat nur beratende Funktion.

Europarecht → Europäisches Gemeinschaftsrecht

European Free Trade Association → EFTA

Euthanasie, nach dem altgriechischen Wortsinn: die gute Art zu sterben. Der Begriff ist belastet durch das Euthanasieprogramm des NS-Regimes, in dessen Vollzug es zur massenhaften Tötung mißgebildeter Kinder und geisteskranker Erwachsener kam.

Evakuierung, Räumung von Wohnungen, Gemeinden oder ganzen Gebieten zum Schutz der Bevölkerung vor Kriegseinwirkungen, Naturkatastrophen usw.

Evangelische Kirche in Deutschland (EKD), Gemeinschaft der Gliedkirchen (Landeskirchen) der deutschen Christenheit reformatorischen Ursprungs. Leitung und Vertretung nach außen obliegen dem Rat der EKD, die laufenden Geschäfte führt nach dessen Weisungen die Kirchenkanzlei.

EVG → Europäische Verteidigungsgemeinschaft

Evolution, allmähliche Entwicklung und Verbesserung der Verhältnisse in Staat und Gesellschaft (u. a. durch Reformen) im Gegensatz zur → Revolution.

EWG → Europäische Wirtschaftsgemeinschaft

Ewiger Bund, ein gegen Habsburg gerichtetes Bündnis, aus dem die schweizerische → Eidgenossenschaft hervorging.

Ewiger Landfrieden, der – im Unterschied zu früheren befristeten einschlägigen Gesetzen – auf unbegrenzte Zeit vom Reichstag zu Worms 1495 beschlossene → Landfrieden.

Ewigkeitsklausel des deutschen → Grundgesetzes enthält Unantastbarkeitsgarantien für fundamentale Verfassungsentscheidungen, die jeder Verfassungsänderung entzogen sind (z. B. die Grundrechtsbindung aller Staatsgewalt, das Rechtsstaatsprinzip, die freiheitliche Demokratie). Näheres im → Wörterbuch zum Grundgesetz.

EWS → Europäisches Währungssystem

Exekutive, im Rahmen der → Gewaltenteilung die → vollziehende Staatsgewalt.

Exemtion, die völkerrechtlich geregelte → Exterritorialität insbesondere der → Diplomaten.

Exequatur, die dem diplomatischen → Agrément entsprechende Zustimmung des Empfangsstaats zur Amtsausübung eines → Konsuls.

Exil, Verbannung unerwünschter Inländer ins Ausland (→ Emigration).

Exilregierungen, die durch Krieg oder Bürgerkrieg aus dem eigenen Staatsgebiet vertrieben sind, behalten ihren Rechtsstatus, es sei denn, eine neue Regierung hat sich effektiv, auf Dauer und unter internationaler Anerkennung durchgesetzt (→ Anerkennung als Staat).

Existenzminimum, der erforderliche Lebensbedarf eines Menschen; es soll von → direkten Steuern befreit sein.

Exklave, Gegenstück zur → Enklave.

Exklusivprivilegien, Instrumente einer absolutistischen Wirtschaftspolitik, konnte der Landesherr zur Förderung bestimmter Unternehmen erteilen.

Exkommunikation, eine Kirchenstrafe, die zum Ausschluß der betroffenen Person aus der aktiven Gemeinschaft der Gläubigen führt (→ Bann).

Expansion, Erweiterung des staatlichen Machtbereichs, direkt durch Gebietserwerb, indirekt durch Vergrößerung der Einflußsphäre (→ Annexion).

Expatriation → Ausbürgerung

Expedition, Feldzug, begrenzte Militäraktion („Expeditionskorps").

Expertokratie, Sachverständigenherrschaft, Übergewicht der Fachspezialisten im politischen Prozeß.

Exportsperren → Embargo

Expropriation → Enteignung

Expropriation der Expropriateure, ein marxistisches Motto.

Expulsion → Ausweisung

Exterritorialität, durch → Abkommen und → Völkergewohnheitsrecht gewährleistete Freistellung ausländischer Gesandtschaftsgebäude und → Diplomaten insbesondere von der Gerichtsbarkeit und → direkten Besteuerung des Empfangsstaats. Exterritoriale Vorrechte genießen u.a. auch fremde Staatsoberhäupter, Mitglieder internationaler Gerichtshöfe und supranationaler Organisationen.

Extrakonstitutionelle Faktoren, Sammelbezeichnung für elementare politische Vorgänge außerhalb verfassungskonformer Verfahren, z.B. wilde Streiks, spontane Demonstrationen, plötzliche Zusammenrottungen, private Volksabstimmungen.

Extremismus, in der Politik eine übersteigert → radikale Einstellung und Handlungsbereitschaft, die bestimmte Ziele kompromißlos bis zum Äußersten verficht.

Extremistische Parteien gleich welcher Couleur können in Deutschland durch verfassungsgerichtliches Verbot aus dem politischen Leben eliminiert werden. Näheres im → Wörterbuch zum Grundgesetz.

Exzellenz, ein bis in die Antike zurückreichender Ehrentitel für Würdenträger im weltlichen und kirchlichen Bereich, z.B. für Bischöfe, hohe Richter und Beamte, Minister und Generäle. In Deutschland wird der Titel, ebenso wie → Adelsprädikate, seit dem Ende der Monarchie nicht mehr verliehen. Als Anrede von → Botschaftern im Empfangsstaat weiterhin diplomatischer Brauch.

F

Fabian Society, eine nach dem römischen Feldherrn Fabius Cunctator benannte, 1884 gegründete Vereinigung britischer Intellektueller (G. B. Shaw, H. G. Wells u. a.), deren antiliberale und antimarxistische Ideen im Sinne einer sozialistischen Politik allmählicher → Evolution die → Arbeiterbewegung und das Programm der Labour Party nachhaltig beeinflußten.

Fachanwalt, → Rechtsanwalt mit speziellen Kenntnissen und Erfahrungen in einem bestimmten Bereich, z. B. im Arbeitsrecht, Sozialrecht oder Steuerrecht.

Fachhochschulen, relativ neuartige, aus höheren Fachschulen hervorgegangene Bildungseinrichtungen, die durch praxisbezogene Lehre ihre Absolventen zu gehobener Berufstätigkeit befähigen, z. B. in Verwaltung, Wirtschaft, Technik, Sozialwesen. Das Abschlußdiplom (FH) berechtigt zu bestimmten Studiengängen an der Universität.

Fahndung, die unter Leitung der → Staatsanwaltschaft hauptsächlich der → Kriminalpolizei obliegende Verfolgung von Tatverdächtigen.

Fahnenflucht → Desertion

Fahrende Leute, historisch die den → unehrlichen Gewerben zugerechneten nichtseßhaften Personen, z. B. Hausierer, Landstreicher, Wahrsager, Zauberer, Kunstreiter, Kesselflicker, Marktschreier, Scherenschleifer, Gaukler, Akrobaten.

Fair deal, gerechter Anteil. Ein Grundsatz der → Atlantik-Charta, wonach alle Völker an den globalen Rohstoff- und Energiequellen sowie am Welthandel angemessen zu beteiligen sind.

Faires Verfahren, ein besonders für den Strafprozeß geltendes Gebot. Näheres nach deutschem Verfassungsrecht im → Wörterbuch zum Grundgesetz.

Fait accompli, vollendete Tatsache. Im Sprachgebrauch der Diplomatie das von einem Staat einseitig geschaffene, nicht mehr rückgängig zu machende Faktum, das von den betroffenen Staaten nolens volens hingenommen wird (→ Acte peu amical).

Faktion, Bezeichnung für eine radikale Partei oder kompromißlose Splittergruppe.

Faktisches → Normativität des Faktischen

Fakultät, mit Selbstverwaltungsrechten ausgestattete universitäre Gliedkörperschaft, die verwandte wissenschaftliche Disziplinen (z. B. Theologie, Jurisprudenz, Medizin) zur freien Wahrnehmung von Forschung und Lehre unter dem Vorsitz eines gewählten Dekans organisatorisch zusammenfaßt.

Falange, spanische Einheitspartei faschistischen Typs während des → Franco-Regimes.

Fallgerechtigkeit → Einzelfallgerechtigkeit

Fallrecht → Case Law

Familie im engeren Sinn (Kernfamilie): die Lebensgemeinschaft der Eltern und ihrer Kinder (→ Ehe und Familie → Elternrecht).

Familiengericht, amtsgerichtliche Instanz zur Entscheidung in Familiensachen, besonders in Ehescheidungs- und Folgeverfahren wie z. B. über elterliche Sorge, Unterhalt und Versorgungsausgleich.

Familienlastenausgleich, Inbegriff öffentlicher Förderungsmaßnahmen (z. B. durch Gewährung von Kindergeld oder Steuerfreibeträgen) zum Ausgleich der materiellen Lasten, die der Familie durch die Sorge für ihre Angehörigen erwachsen.

Familienrecht, die im 4. Buch des → BGB zusammengefaßten Bestimmungen u. a. über Ehe, Eltern-Kind-Verhältnis und Verwandtschaft.

Fanatismus, kompromißloses, blindwütig-aggressives Verfolgen bestimmter politischer Ziele ohne Rücksicht auf Rechte anderer und Gebote der Moral.

FAO, Food and Agriculture Organisation: UNO-Sonderorganisation für Ernährung und Landwirtschaft.

Faschismus, Sammelbezeichnung für – nach dem 1. Weltkrieg zuerst in Italien unter → Mussolini hervorgetretene – autoritäre rechtsgerichtete Bewegungen. Von Land zu Land verschieden ausgeprägt, sind u. a. folgende gemeinsame Merkmale mehr oder minder erkennbar: Nationalismus, Tendenz zum totalen Staat, Verabsolutierung der Volksgemeinschaft, Mißachtung der Menschen- und Bürgerrechte, Unterdrükkung von Minderheiten, Mythisierung der eigenen Geschichte, Führerprinzip, Recht des Stärkeren, Bereitschaft zu kriegerischer Gewalt (→ Antifaschismus → Antikommunismus → Autokratie → Diktatur).

FDP (F. D. P.) → Freie Demokratische Partei

Februarrevolution von 1848 in Paris führte zum Sturz des Königtums, zur Errichtung der 2. Republik und wirkte wie eine Initialzündung der revolutionären Unruhen in Deutschland.

Federalist Papers, in der Auseinandersetzung um die US-Bundesverfassung von Hamilton, Jay und Madison 1787 pseudonym veröffentlichte Thesen zugunsten einer starken Bundesgewalt.

Feedback, Rückkoppelung: in demokratischen Systemen z. B. die Rücksicht der Herrschenden auf öffentliche Meinung und berechtigte Interessen der Wähler.

Fehde, eine im → Ewigen Landfrieden verbotene, früher u. U. rechtmäßige Form der Selbsthilfe insbesondere zur Wiederherstellung verletzter Sippenehre (→ Blutrache).

Feind → Freund-Feind-Formel

Feindstaatenklausel, eine Bestimmung der → UNO-Charta, wonach Mächte, die im 2. Weltkrieg Feinde der → Alliierten waren, von der → UNO ausgeschlossen sein sollten und sich auch nicht auf die Charta sollten berufen können. Für Deutschland durch Aufnahme in die UNO gegenstandslos geworden.

Felonie, Treuebruch, Verrat. Historisch: Bruch der Lehenstreue durch den Vasallen.

Fememord, politisch motivierter Mord, verübt insbesondere durch radikale Gruppen im Untergrund.

Feminismus, Sonderform der → Frauenbewegung, deren Gefolgschaft sich militant, mit oft männerfeindlichen Akzenten, für weibliche Gleichberechtigung engagiert.

Fernmeldegeheimnis, grundrechtlicher Schutz des einschlägigen privaten und geschäftlichen Bereichs, der außer dem Fernsprech-, Telegramm- und Fernschreibverkehr auch die neueren Techniken der Telekommunikation erfaßt. Näheres nach deutschem Verfassungsrecht im → Wörterbuch zum Grundgesetz.

Fernsehfreiheit → Rundfunkfreiheit

Festlandsockel, völkerrechtlich durch → Abkommen festgelegter Bereich des Meeresgrunds und -untergrunds außerhalb der → Territorialgewässer, innerhalb dessen dem Küstenstaat bestimmte Hoheitsrechte zustehen, so z. B. die Ausbeutung von Erdölvorkommen.

Festnahmen → Freiheit der Person → Freiheitsentziehung → Immunität

Festung, militärisches Bollwerk an strategisch wichtigem Punkt.

Festungshaft, im früheren deutschen Strafrecht eine den Verurteilten nicht entehrende Freiheitsentziehung, z. B. bei bestimmten politischen Taten.

Feudaladel, der herrschende Stand im → Feudalsystem (→ Adel → Aristokratie → Ebenbürtigkeit).

Feudalismus → Feudalsystem

Feudalstaat → Feudalsystem

Feudalsystem, sogenannter Feudalstaat, auch Lehensmonarchie genannt. Eine pyramidenförmig gegliederte Herrschaftsorganisation in der Epoche zwischen Mittelalter und monarchischem → Absolutismus: an der Spitze der Monarch als oberster Lehensherr (Obereigentümer allen Grund und Bodens), darunter die Fürsten als höchste Lehensträger, darunter die sonstigen adligen Lehensmänner mit ihren jeweiligen politischen und gesellschaftlichen Privilegien (→ Heerschildordnung).

Feuerbach, P.J. Anselm Ritter von (1775–1833), Rechtslehrer und Richter. Begründer der modernen deutschen Strafrechtswissenschaft. Er prägte die rechtsstaatliche Formel → ‚Nulla poena sine lege'.

Feuerbestattung, in neuerer Zeit – vorbehaltlich behördlicher Genehmigung zur Sicherung der Rechtspflege – der Erdbestattung grundsätzlich gleichgestellt.

Feuerwehrdienst → Dienstleistungspflichten

Fichte, Johann Gottlieb (1762–1814), Philosoph. Als politischer Autor, z. B. in seinem „Geschlossenen Handelsstaat", vertritt er sozialistische Ideen wie das Recht auf Eigentum und Arbeit für alle sowie die Beteiligung der Bürger an den Erträgnissen der Staatswirtschaft.

Fideikommiß, ein im römischen Erbrecht wurzelndes, früher in Deutschland gültiges Rechtsinstitut. Danach konnte eine Vermögensmasse – meist ging es um adligen Großgrundbesitz – durch Verfügung des Berechtigten als unveräußerlich und unteilbar an eine bestimmte Linie in der Familie gebunden werden.

Filibuster, parlamentarische Verschleppungstaktik besonders in den USA, z. B. die Verhinderung einer Abstimmung über Mehrheitsanträge durch endlose Reden oppositioneller Abgeordneter.

Filmfreiheit, grundrechtlicher Schutz von Filmen (Produktion, Verleih und Vorführung) gegen hoheitliche Eingriffe. Näheres nach deutschem Verfassungsrecht im → Wörterbuch zum Grundgesetz.

„Finaler Rettungsschuß", gezielter polizeilicher Todesschuß auf einen Verbrecher als äußerstes Mittel zur Abwehr einer gegenwärtigen Lebensgefahr des Opfers.

Finanzausgleich umfaßt im → Bundesstaat besonders die Transferleistungen zwischen finanzstarken und finanzschwachen Gliedstaaten. Näheres nach deutschem Verfassungsrecht im → Wörterbuch zum Grundgesetz.

Finanzbehörden im → Bundesstaat sind teils Bundesfinanzbehörden, teils Landesfinanzbehörden als Instanzen vornehmlich der → Steuerverwaltung. Zuständigkeitsverteilung, Behördenorganisation usw. legt die Bundesverfassung fest.

Finanzgerichtsbarkeit, die → rechtsprechende Gewalt vor allem auf dem Gebiet des Steuerrechts. Näheres nach deutschem Verfassungsrecht im → Wörterbuch zum Grundgesetz.

Finanzhoheit → Finanzverfassung

Finanzminister → Bundesfinanzminister

Finanzmonopol, ausschließliche Befugnis des Staates, bestimmte Waren oder Leistungen auf den Markt zu bringen, und zwar hauptsächlich zur Einnahmeerzielung. Einschlägige Vorrechte sind in Deutschland teils abgeschafft, teils finanziell bedeutungslos geworden.

Finanzplanung unter Berücksichtigung der mutmaßlichen gesamtwirtschaftlichen Entwicklung ist eine Bedingung moderner Wirtschafts- und Finanzpolitik. Näheres nach deutschem Staatsrecht im → Wörterbuch zum Grundgesetz.

Finanzpolitik, Inbegriff aller Einflußmaßnahmen auf die öffentliche → Finanzwirtschaft.

Finanzrecht umfaßt außer dem → Steuerrecht und sonstigem Abgabenrecht auch das Haushaltsrecht sowie das öffentliche Vermögens- und Schuldenrecht.

Finanzverfassung, Gesamtheit der Verfassungsnormen, die das finanzwirksame Staatshandeln bestimmen. Hierzu gehört im → Bundesstaat nicht zuletzt auch die Regelung der Steueraufkommensverteilung und des → Finanzausgleichs. Näheres nach deutschem Verfassungsrecht im → Wörterbuch zum Grundgesetz.

Finanzverwaltung → Finanzbehörden

Finanzwirtschaft von Bund, Ländern, Gemeinden und anderen Körperschaften des öffentlichen Rechts umfaßt deren gesamte Einnahmen- und Ausgabengebarung sowie die Vermögens- und Schuldenverwaltung nach Maßgabe des jeweiligen → Haushaltsplans.

„Finger Gottes" nennt → Adam Smith ein im freien Wettbewerb wirksames Gesetz, so daß aus unzähligen eigennützigen Einzelakten ein für die Allgemeinheit optimales Gesamtergebnis entsteht. Jeder glaube, nur sein eigenes Interesse zu verfolgen, doch fördere er, gelenkt von einer „unsichtbaren Hand", das gemeine Beste.

Fiscal policy, im Unterschied zur herkömmlichen, auf Einnahmeerzielung zwecks Deckung des Staatsbedarfs ausgerichteten Fiskalpolitik (Fiskalismus) eine von J. M. Keynes theoretisch begründete Finanzpolitik, die sich an gesamtwirtschaftlichen Zielen orientiert (→ Gesamtwirtschaftliches Gleichgewicht).

Fischereiwirtschaft → Agrarpolitik

Fiskalgeltung der Grundrechte betrifft die Frage, ob der Staat auch dann grundrechtsgebunden ist, wenn er nicht hoheitlich handelt, sondern als → Fiskus am Privatrechtsverkehr teilnimmt. Näheres nach deutschem Verfassungsrecht im → Wörterbuch zum Grundgesetz.

Fiskalismus, Gegenbegriff zur → Fiscal policy.

Fiskus, Bezeichnung für den Staat als Vermögensträger und gleichgeordneten Vertragspartner im Unterschied zum Staat als übergeordnetem Träger hoheitlicher Befugnisse.

Flagge, ein herausgehobenes → Staatssymbol. Die deutsche Bundesflagge ist schwarz-rot-gold, bestimmt das → Grundgesetz (→ „Billige Flaggen").

Flexible Response, abgestufte Reaktion auf militärische Angriffe. Strategisches Konzept der → NATO im Unterschied zur früheren Abschreckungsdoktrin einer „massiven Vergeltung".

Flottendemonstration, militärische Drohgebärde durch Entsendung von Kriegsschiffen in ein Krisengebiet.

Fluchtgefahr → Haftbefehl

Flüchtlinge (Réfugiés), Menschen, die ihre Heimatländer infolge von Krieg oder politischer Bedrückung verlassen haben. Ihre Rechtsstellung ist durch neuere internationale → Abkommen geschützt (→ Displaced persons → Emigration → Exil → Hochkommissar).

Föderalismus, ein grundlegendes Organisationsprinzip für staatliche, gesellschaftliche und internationale Wirkungseinheiten. Von dem lateinischen ‚foedus' (Bund, Bündnis, Vertrag) herkommend, steht der föderalistische Gedanke für Vielgestaltigkeit innerhalb eines übergreifenden Ganzen, für Sicherung kultureller Eigenarten und individueller Freiheiten, für vertikale → Gewaltenteilung u. a. m. In der Tradition des deutschen → Bundesstaats vertritt der politische F. (abweichend vom amerikanischen ‚federalism') eine Stärkung der gliedstaatlichen Position gegenüber dem Gesamtstaat (→ ‚Weltföderation').

Föderation, im Unterschied zur → Conföderation der vorübergehende Zusammenschluß souveräner Staaten zu einem begrenzten Zweck (→ Allianz → Bündnis).

Folgenbeseitigungsanspruch ergibt sich aus dem rechtsstaatlichen Grundsatz der → Gesetzmäßigkeit der Verwaltung. Näheres nach deutschem Verfassungsrecht im → Wörterbuch zum Grundgesetz.

Folter, die Zufügung physischer Qualen zur Erzwingung eines Geständnisses bei erheblichem Tatverdacht. Folterwerkzeuge im Strafprozeß des Mittelalters waren u. a. Daumen- und Beinschraube, Folterleiter und Spanischer Bock. Dergleichen grausame Praktiken sind in Deutschland seit den Rechtsreformen der Aufklärungszeit abgeschafft. Die Anwendung moderner Foltermethoden ist durch internationale Abkommen ausdrücklich verboten (→ Europäische Menschenrechtskonvention).

Force de frappe, Bezeichnung der französischen Atomstreitkräfte.

Foreign Office, das Ende des 18. Jahrhunderts geschaffene → Auswärtige Amt Großbritanniens.

Forensisch, gerichtlich (→ Forum).

Forschung und Lehre → Fakultät

Forschungsfreiheit → Wissenschaftsfreiheit

Forstwirtschaft → Agrarpolitk

Fortschritt als geschichtsphilosophisches Theorem und Leitgedanke der Aufklärung setzte seit dem 18. Jahrhundert auf die Kraft der menschlichen Vernunft, die Gegenmächte intellektueller, moralischer und technischer Rückständigkeit schrittweise zu überwinden, so daß die Entwicklung der Menschheit schließlich zu einem politisch, sozial und kulturell vollkommenen Zustand gelange. Die frühere Fortschrittsgläubigkeit weicht heute zunehmender Skepsis angesichts der ‚Selbstverwirklichung' von Naturwissenschaft und Technik, der Bedrohung von Umwelt und Humanität, der fortwährenden Rückfälle in kriegerische Aggression und andere Ausbrüche der Barbarei.

‚Fortschrittliche' (‚Progressive') Parteien bildeten sich im 19. Jahrhundert zur Änderung der von ‚konservativen' und ‚reaktionären' Gruppierungen vertretenen Positionen in Politik, Gesellschaft, Wirtschaft und Kultur. Auch der → Kommunismus verstand sich als ‚fortschrittliche' Kraft.

Forum, im antiken Rom das Zentrum des politischen und Rechtslebens; später gleichbedeutend mit Gericht, Gerichtsstand, Richterstuhl (→ forensisch).

Forum internum, der innere Bezirk, die Ebene des Denkens bei der → Glaubens- und Gewissensfreiheit.

Fragerecht, ein „Kronenrecht des Parlaments", ergibt sich nach dem → Grundgesetz aus der Befugnis des → Bundestags und seiner Ausschüsse, die Anwesenheit jedes Mitglieds der → Bundesregierung zu verlangen. Das von diesem Zitierungsrecht umfaßte allgemeine Fragerecht ist in der GOBT näher spezifiziert (→ Große Anfrage → Kleine Anfrage → Mündliche Anfrage).

Fragestunden, die im deutschen → Bundestag regelmäßig stattfinden, dienen der Beantwortung → mündlicher Anfragen.

Fraktion → Parlamentsfraktion

Fraktionsdisziplin soll, frei von → Fraktionszwang, ein möglichst geschlossenes Verhalten der Fraktionsmitglieder bei parlamentarischen Debatten und Abstimmungen gewährleisten (→ Einpeitscher).

Fraktionszwang steht im Widerspruch zum Prinzip des → freien Mandats. Näheres nach deutschem Verfassungsrecht im → Wörterbuch zum Grundgesetz.

Franco, F. (1892–1975), General und Führer (Caudillo) der nationalspanischen Bewegung im Bürgerkrieg; Chef der → Falange; nach seinem Sieg (1939) diktatorische Unterdrückung insbesondere der republikanischen Kräfte; Wiederherstellung der Monarchie durch das Nachfolgegesetz 1947/69.

Francs-tireurs (‚Freischützen') → Freischärler, → Partisanen. Ursprünglich (1870/71) Bezeichnung für bewaffnete französische Zivilisten, die hinter der Front gegen deutsche Truppen kämpften.

Franken, germanischer Stamm, entwickelte sich zur bestimmenden politischen Kraft des frühen Mittelalters mit den Dynastien der Merowinger, danach der Karolinger. Das fränkische Reich (Regnum Francorum) wurde zum Vorläufer des → Heiligen Römischen Reiches Deutscher Nation.

Frankfurter Nationalversammlung, die zu Frankfurt am Main im Jahre 1848 eröffnete „deutsche verfassungsgebende Nationalversammlung", deren Mitglieder – unter Führung namhafter Gelehrter und Schriftsteller – sich als berufene Repräsentanten des deutschen Volkes fühlten. Dieses aus allgemeinen und gleichen Wahlen hervorgegangene Parlament verhandelte vor allem die Grundrechte (→ Frankfurter Reichsverfassung) und die zu schaffende Staatsorganisation, wobei die kleindeutsche Richtung einen Bundesstaat unter Ausschluß Österreichs verfocht. Die in der Paulskirche tagende Nationalversammlung scheiterte mit ihren Beschlüssen nach dem Zusammenbruch der sie tragenden → Märzrevolution.

Frankfurter Reichsverfassung (Paulskirchenverfassung), die von der → Frankfurter Nationalversammlung 1849 verabschiedete, sehr liberale, durch Bundesbeschluß 1851 wieder aufgehobene Verfassungsurkunde. Die dort formulierten „Grundrechte des deutschen Volkes" bilden den fortwirkenden ideengeschichtlichen Hintergrund späterer deutscher Verfassungen, vor allem auch des → Grundgesetzes.

Fränkisches Reich → Franken

Französische Revolution (1789–1799), eine entscheidende Zäsur nicht nur in der Geschichte Frankreichs, führte zur gewaltsamen Beseitigung des → Ancien Régime nach dem Sieg des → Dritten Standes, der sich – bei den Beratungen der Generalstände über den Staatsbankrott u. a. infolge der Steuerfreiheit von Adel und Geistlichkeit – allein als ‚Nationalversammlung' konstituiert hatte. Ungeachtet der bald um sich greifenden blutigen Unruhen und zunehmender Ausschreitungen des großstädtischen Pöbels schuf jene Versammlung eine Verfassung, an deren Spitze klassisch gewordene Menschen- und Bürgerrechte standen (→ Déclaration des Droits de l'Homme et du Citoyen). Die revolutionären Vorgänge brachten in der Folge verschiedene Regime hervor: Zunächst eine konstitutionelle Monarchie (1789–1792), sodann die Konventsherrschaft mit der Diktatur des Wohlfahrtsausschusses („La Terreur") unter Robespierre (1792–1794), schließlich die bürgerliche Republik unter einem Direktorium (1794–1799), beendet durch den Staatsstreich → Napoleon Bonapartes.

Fraternité, Brüderlichkeit. Das am wenigsten befolgte der drei Losungsworte der → Französischen Revolution (→ Liberté → Égalité).

Frauen → Gleichberechtigung von Mann und Frau

Frauenbewegung, seit Ende des 18. Jahrhunderts zunehmend auftretende Bestrebungen zur Verbesserung der gesellschaftlichen und politischen Stellung der Frau, insbesondere durch gleiche Teilhabe an Erziehung, Bildung, höheren Studien, Berufsarbeit und öffentlichem Leben (→ Alternativbewegung → Feminismus).

Frauenhandel (Mädchenhandel), das Anwerben, Verschleppen oder Entführen von Frauen und Mädchen zu unzüchtigen Zwecken mittels Täuschung, Drohung oder Gewalt. Diese Tatbestände sind auf der Grundlage internationaler Abkommen seit langem in allen Kulturstaaten unter Strafe gestellt.

Frauenwahlrecht im Sinne der Befugnis, als Wählerin oder Wahlbewerberin aktiv oder passiv unter gleichen Bedingungen wie ein Mann an demokratischen Wahlen mitzuwirken, ergibt sich aus den Grundsätzen der → Gleichberechtigung und des → allgemeinen Wahlrechts.

Freibeuter → Piraterie

Freidenker, ein aus England kommender Begriff (freethinker), bezeichnete ursprünglich – wie ‚Freigeist' – einen Menschen, der frei von religiösen Dogmen denkt. Späterer Bedeutungwandel mit atheistischen, materialistischen und antikirchlichen Akzenten.

Freie (Gemeinfreie), in germanischer und fränkischer Zeit eine Art breiter Mittelstand, aus dem die Edelinge hervorgingen.

Freie Berufe, von Gewerbebetrieben abgegrenzte, selbständig und persönlich ausgeübte qualifizierte Tätigkeiten, meist aufgrund wissenschaftlicher oder künstlerischer Ausbildung (→ Beruf → Berufsfreiheit → Berufsgeheimnis).

Freie Demokratische Partei (FDP, F. D. P.), eine 1948 gegründete, teils national-, teils linksliberal ausgerichtete Partei, die auf Bundesebene regelmäßig eine erhebliche Regierungsbeteiligung gewann und mit Theodor Heuss den ersten → Bundespräsidenten stellte (1949–1959).

Freie Entfaltung der Persönlichkeit → Allgemeine Handlungsfreiheit

Freie Herren → Edelfreie → Heerschildordnung

Freie Künste (Artes liberales), nach antiker Vorstellung die eines freien Mannes würdigen Kenntnisse und Fertigkeiten im Unterschied zu den niederen Beschäftigungen der Sklaven (Artes illiberales). Das mittelalterliche Bildungssystem teilte die F. K. in drei sprachliche und vier mathematische Fächer (Grammatik, Rhetorik und Dialektik einerseits, Arithmetik, Geometrie, Musik und Astronomie andererseits).

Freie Meinungsäußerung → Meinungsfreiheit

Freie Rechtsschule, eine gegen Ende des 19. Jahrhunderts aufgekommene Theorie (Freirechtslehre), wonach jeder Richterspruch nicht nur Rechtsanwendung durch logische Deduktion, sondern auch rechtsschöpferische Leistung sei. Dieser grundsätzlich sinnvolle Ansatz wurde später teils polemisch, teils voluntaristisch verzerrt.

Freie Städte → Freistadt

Freie Wahlen, Freiheit der Wahl → Wahlrechtsgrundsätze

Freie Welt, im politischen Sprachgebrauch der Zeit des → Ost-West-Gegensatzes (ungenaue) Bezeichnung für die nichtkommunistische Staatenwelt.

Freie Wohlfahrtspflege, Sammelbezeichnung für die nichtstaatlichen und nichtkommunalen Wohlfahrtseinrichtungen in Deutschland. Diese für die Gesellschaft bedeutsamen freien Träger (z. B. Caritasverband, Diakonisches Werk, Arbeiterwohlfahrt, Rotes Kreuz) leisten u. a. Sozial-, Jugend- und Gesundheitshilfe durch den Betrieb von Krankenhäusern, Kindergärten, Privatschulen, Alten- und Pflegeheimen.

Freier Wille → Willensfreiheit

Freies Ermessen → Ermessen

Freies Geleit, im Völkerrecht ein auswärtigen Personen zugesicherter Schutz gegen Angriffe beim Passieren fremden Staatsgebiets. Im Strafprozeß die gerichtliche Zusage, ein abwesender Beschuldigter werde wegen einer bestimmten Straftat nicht in Untersuchungshaft genommen (Sicheres Geleit).

Freies Mandat, ein tragendes Prinzip der → repräsentativen Demokratie. Demgemäß sind die Parlamentsmitglieder Vertreter des ganzen Volkes, an Aufträge und Weisungen nicht gebunden und nur ihrem Gewissen unterworfen. Näheres nach deutschem Verfassungsrecht im → Wörterbuch zum Grundgesetz.

Freigeist → Freidenker

Freigelassene, in der römischen Antike frühere Sklaven, die mit der persönlichen Unabhängigkeit ein beschränktes Bürgerrecht erhielten.

Freihafen, als Zollausland geltender Teil eines inländischen Hafens, in den – zur Erleichterung des Überseehandels – Waren zollfrei ein- und ausgeführt werden dürfen.

Freihandel, der von staatlichen Interventionen, namentlich von Zöllen und mengenmäßigen Beschränkungen freie internationale Leistungsaustausch, wovon sich die liberale Theorie (A. Smith, J. St. Mill u. a.) eine Optimierung der einzelnen Volkswirtschaften verspricht.

Freiheit von obrigkeitlicher Willkür, ein mit der → Menschenwürde eng verbundenes → rechtsstaatliches Prinzip, wird durch die → Freiheitsgrundrechte garantiert. Näheres nach deutschem Verfassungsrecht im → Wörterbuch zum Grundgesetz.

Freiheit Deutschlands → Einheit und Freiheit Deutschlands

Freiheit der Meere, ein von Hugo → Grotius begründetes, seit dem 17. Jahrhundert geltendes Prinzip des internationalen Seerechts. Danach unterliegt die hohe See keiner einzelstaatlichen Gewalt, vielmehr kann sie von allen durch Schiffahrt, Fischfang, Ausbeutung des Meeresgrunds usw. frei genutzt werden (→ Dreimeilenzone → Festlandsockel).

Freiheit der Person ist das → Grundrecht auf körperliche Bewegungsfreiheit als Voraussetzung menschlicher Entfaltungsmöglichkeiten. Näheres nach deutschem Verfassungsrecht im → Wörterbuch zum Grundgesetz.

Freiheit der Wahl → Wahlrechtsgrundsätze

Freiheit, Gleichheit, Brüderlichkeit: die drei Losungsworte der → Französischen Revolution (→ Liberté → Égalité → Fraternité).

Freiheit und Eigentum sind traditionell geschützt durch den rechtsstaatlichen → Vorbehalt des Gesetzes.

Freiheit und Gleichheit stehen, als politische Postulate wie als Rechtsverbürgungen, in einem fundamentalen Spannungsverhältnis. „Gesetzgeber oder Revolutionärs, die Gleichsein und Freiheit zugleich versprechen, sind Phantasten oder Charlatans“ (Goethe).

Freiheiten → Europäische Wirtschaftsgemeinschaft → Handelsfreiheit

Freiheitliche demokratische Grundordnung, Inbegriff der besonders geschützten Strukturelemente rechtsstaatlicher Demokratie in Deutschland (z. B. Grundrechtsgarantien, Volkssouveränität, Gewaltenteilung, richterliche Unabhängigkeit, Gesetzmäßigkeit der Verwaltung, Mehrparteienprinzip, Recht auf Opposition). Näheres nach deutschem Verfassungsrecht im → Wörterbuch zum Grundgesetz.

Freiheitsbeschränkung → Freiheit der Person → Vorbehalt des Gesetzes

Freiheitsbriefe verbürgten den Ständen bestimmte Freiheitsrechte gegenüber der königlichen Gewalt. Klassisches Beispiel: → Magna Charta Libertatum.

Freiheitsentziehung, d. h. der obrigkeitliche Eingriff in die körperliche Bewegungsfreiheit durch Festhalten einer Person an einem eng umgrenzten Ort, ist im → Rechtsstaat nur zulässig aufgrund eines förmlichen Gesetzes und unter Beachtung der darin vorgeschriebenen Formen. Näheres nach deutschem Verfassungsrecht im → Wörterbuch zum Grundgesetz.

Freiheitsgrundrechte schützen bestimmte Sphären menschlicher Freiheit, die nach geschichtlicher Erfahrung besonders gefährdet sind. Näheres nach deutschem Verfassungsrecht im → Wörterbuch zum Grundgesetz.

Freiheitskriege, Kriege zur Befreiung eines Volkes von Fremdherrschaft, namentlich die Befreiungskriege (1813–1815), die Deutschland von der napoleonischen Herrschaft erlösten und im 2. Pariser Frieden die Wiederherstellung des bourbonischen Königtums bewirkten.

Freiheitsrechte → Freiheitsgrundrechte → Déclaration des Droits → Bill of Rights → Freiheitsbriefe

Freiheitsstrafe, die zeitweilige oder lebenslängliche → Freiheitsentziehung aufgrund strafgerichtlicher Verurteilung. Näheres nach deutschem Verfassungsrecht im → Wörterbuch zum Grundgesetz.

Freiherren (Barone), ursprünglich Angehörige des Standes der → Freien Herren, später eine Stufe des → Briefadels im Rang nach den Grafen.

Freikirchen, christliche Sondergemeinschaften, hauptsächlich durch Trennung von Staats- und Volkskirchen entstanden, z. B. Altkatholische Kirche, Lutherische Freikirchen, Baptisten und Quäker.

Freikorps, insbesondere Truppen, die von persönlichen Anführern mit Genehmigung des Kriegsherrn für begrenzte Zwecke aufgebracht werden. In den → Freiheitskriegen z. B. das Lützowsche Freikorps, dem u. a. J. v. Eichendorff und Th. Körner angehörten („Lützows wilde, verwegene Jagd").

Freimaurer-Logen, Anfang des 18. Jahrhunderts in England aus Vereinigungen freier, d. h. nicht zunftgebundener Bauhandwerker entstandene internationale Bewegung zur Verwirklichung der Ideale von Humanität, Liberalität, Toleranz und Solidarität. Große, inzwischen erheblich gesunkene gesellschaftliche und politische Bedeutung der Freimaurerei im Zeitalter der Aufklärung und kurz danach. Logenmitglieder während jener Blütezeit waren u. a. viele gekrönte Häupter und führende Vertreter des Geisteslebens.

Freirechtslehre → Freie Rechtsschule

Freischärler, Angehörige bewaffneter Freischaren, die sich im Krieg ohne Ermächtigung des Kriegsherrn zusammentun. Unter bestimmten Voraussetzungen (z. B. verantwortliche Führung, erkennbare Abzeichen, offenes Waffentragen) sind F. nach Kriegsvölkerrecht den regulären Streitkräften gleichgestellt (→ Freikorps → Francs-tireurs).

Freistaat, gleichbedeutend mit → Republik. Die Weimarer Reichsverfassung bestimmte, jedes Land müsse eine „freistaatliche" Verfassung haben (Art. 17 I 1), so daß auch die Gliedstaaten nicht mehr monarchisch verfaßt sein durften. In der Weimarer Republik bezeichneten sich denn auch die meisten deutschen Länder als Freistaaten, unter dem Grundgesetz nur noch Bayern und Sachsen.

Freistadt, Freie Stadt. Historischer Begriff mit wechselndem Inhalt. Im ausgehenden Mittelalter Bezeichnung für ehem. Bischofsstädte, die sich der geistlichen Herrschaft entledigt hatten (z. B. Augsburg, Basel, Köln, Straßburg), später auch Freie Reichsstädte genannt. Mitglieder des → Deutschen Bundes waren insbesondere die Freien Städte Bremen, Hamburg und Lübeck, die in der Folge Gliedstaaten des → Norddeutschen Bundes und des → Kaiserreichs wurden.

Freiwilligenarmee → Wehrpflicht

Freizügigkeit, die grundrechtlich geschützte Befugnis der Bürger, ihren Aufenthaltsort innerhalb des Staatsgebiets frei zu wählen (freier Zug). Näheres nach deutschem Verfassungsrecht und europäischem Gemeinschaftsrecht im → Wörterbuch zum Grundgesetz.

Fremdarbeiter → Gastarbeiter

Fremde → Ausländer

Fremdenrecht, Inbegriff der für → Ausländer im Inland geltenden völkerrechtlichen und staatsrechtlichen Regeln. Dem frühen Altertum galt der Fremde als Feind, folglich war er recht- und schutzlos gestellt. Seit dem aufgeklärten Absolutismus hat sich der Rechtsstatus des Ausländers zunehmend verbessert, freilich verlangt auch der moderne Mindeststandard keine völlige Gleichbehandlung mit inländischen Staatsbürgern. Näheres nach deutschem Verfassungsrecht im → Wörterbuch zum Grundgesetz.

Fremdherrschaft → Freiheitskriege

Freund-Feind-Formel, von Carl → Schmitt zur Erklärung der Kategorie des Politischen verwandt. Danach ist die der Politik gemäße Grundunterscheidung diejenige von Freund und Feind, vergleichbar dem Gegensatzpaar von Gut und Böse im Bereich der Moral. Zum Feindbild „gehört die reale Eventualität eines Kampfes“ auf Leben und Tod und zum bekämpften Feind wird, wer „existentiell etwas anderes und Fremdes ist“.

Freundschaftsvertrag, im Völkerrecht ein herkömmlicher → Abkommenstyp (Freundschafts-, Handels- und Schiffahrtsvertrag).

Frieden, rechtlich gesicherter, durch Krieg und Gewalt gegenwärtig nicht gefährdeter Zustand guter Ordnung innerstaatlich und international. Schon in der griechischen Antike als Höchstwert aller Politik betrachtet, bietet die Menschheitsgeschichte bis heute ein Bild grauenvoller, fast unaufhörlicher Friedlosigkeit.

Friedensbewegung → Pazifismus → Alternativbewegung

Friedensforschung, neuere sozialwissenschaftliche Richtung, die ausgehend von der Brüchigkeit bestehender Friedenszustände über die Ursachen von Konflikten und Kriegen aufzuklären sucht. Die weitergehenden Erwartungen, durch Einwirkung auf die politische Praxis einer friedlichen Welt den Weg zu bereiten, wurden einstweilen nicht erfüllt.

Friedenskorps → Peace Corps

Friedensnobelpreis → Amnesty International → Quäker → Nobelpreis

Friedenspflicht im Sinne eines Verzichts auf → Arbeitskämpfe obliegt den Parteien während eines bestehenden → Tarifvertrags.

Friedensrecht, Bezeichnung für die nicht zum → Kriegsrecht gehörenden Materien des → Völkerrechts.

Friedensrichter (Justice of the Peace), im angelsächsichen Rechtskreis ein angesehener Nichtjurist, dem die Entscheidung von Straf- und Zivilsachen geringeren Gewichts übertragen ist.

Friedenssicherung, eine primäre Aufgabe des → Völkerbunds und der → Vereinten Nationen.

Friedensvertrag, völkerrechtliches → Abkommen, das nicht nur die Kampfhandlungen (Waffenstillstand), sondern auch den Kriegszustand zwischen den beteiligten Staaten beendet. Vertragsgegenstand sind u. a. Regelungen über Abrüstung, Entschädigungsleistungen, politische und territoriale Struktur des unterlegenen Kriegsgegners. Je nach Machtlage resultiert ein Verständigungsfrieden oder ein Friedensdiktat.

Friedenswahrung → Kollektive Sicherheit

Friedhof, Ort der Totenbestattung (Gottesacker, Kirchhof); ursprünglich das umfriedete Gebiet bei einer Kirche, wo Asylsuchende Zuflucht fanden (→ Feuerbestattung).

Friedliche Ordnung in Europa und zwischen den Völkern der Welt ist ein Ziel, um dessentwillen das → Grundgesetz den Bund ermächtigt hat, sich einem System gegenseitiger → kollektiver Sicherheit einzuordnen und dabei in Beschränkungen seiner Hoheitsrechte einzuwilligen.

Friedliche Streitbeilegung im zwischenstaatlichen Verhältnis folgt aus dem völkerrechtlichen Kriegsverbot und der allgemeinen internationalen Friedenspflicht. Als gewaltfreie Mittel zur Lösung von Konflikten kommen neben schiedsgerichtlichen und gerichtlichen Verfahren u. a. Verhandlungen, Untersuchungen, Vermittlungen und Vergleiche in Betracht.

Friedliche Versammlung → Versammlungsfreiheit → Demonstrationsfreiheit

Friedliches Zusammenleben der Völker ist Schutzgut des verfassungs- und völkerrechtlichen Verbots von → Angriffskriegen.

Friedlosigkeit → Acht

Friedrich I., Barbarossa (ca. 1122–1190), Herzog von Schwaben, deutscher König und römischer Kaiser. Sein Hauptziel, die Größe des römischen Kaisertums wiederherzustellen (reformatio imperii), führte zu Spannungen mit dem Papsttum und den Stadtrepubliken der Lombardei. Die Kyffhäuser-Sage vom schlafenden und einst wiederkehrenden Kaiser übertrug sich später auf Barbarossa (Rotbart). Er galt seiner Epoche als Erneuerer des Reiches und Inbegriff höfisch-ritterlicher Kultur. Als Kreuzfahrer beim Baden in Kleinasien ertrunken, wurde er in neuerer Zeit neben → Karl dem Großen zum volkstümlichsten deutschen Kaiser des Mittelalters.

Friedrich II., der Große (1712–1786), machte Preußen als König (1740–1786) zur europäischen Großmacht. Aufgeklärt-absolutistischer Regierungsstil mit straffem, persönlich gelenktem Staats- und Heeresapparat. Verfestigung der ständischen Ordnung durch Adelsprivileg für höhere Offiziers- und Beamtenstellen. Als Kriegsherr in Widerspruch zu seinen früheren Humanitäts-, Vernunft- und Rechtsideen (z. B. Annexion Schlesiens, Ausbeutung Sachsens). Trotz seiner Beheimatung in französischer Sprache, Literatur und Philosophie wurde der ‚Alte Fritz', ein komponierender Musensohn, sarkastischer Machtmensch und Verfechter der Staatsräson, im eigenen Lande sehr populär (→ Antimachiavell).

Fron (Fronden, Fronen), Bezeichnung für unentgeltliche Dienste, die vor der → Bauernbefreiung einem Grundherrn zu leisten waren (z. B. Pflügen, Säen, Ernten und Dreschen).

Fronde, historisch die während der Minderjährigkeit → Ludwigs XIV. gegen die absolute Monarchie gerichtete Erhebung des französischen Hochadels und der hohen Gerichtshöfe (Parlamente). Dieser vergebliche Aufstand (1648–1653) zugunsten einer ständisch beschränkten Königsherrschaft führte zur Flucht des Hofes und zu Barrikadenkämpfen in Paris.

Frondeure, heute Bezeichnung für politisch Unzufriedene, insbesondere für streitbare Regierungsgegner außerhalb der regulären Opposition.

Frühkonstitutionalismus, die mit der Kultur des Biedermeier einhergehende Epoche der ersten Jahrzehnte des 19. Jahrhunderts (→ Konstitutionalismus → Konstitutionelle Monarchie → Verfassungsbewegung).

Frühsozialisten, Sammelbezeichnung für Publizisten unterschiedlicher Herkunft und Ausrichtung (z. B. → Saint-Simon, R. Owen), die sich zu Beginn der → industriellen Revolution vor allem gegen Theorien wandten, wonach auch die menschliche Arbeitskraft volkswirtschaftlich bloß als Ware zu behandeln sei.

Führer (ital. ‚Duce', span. ‚Caudillo'), Inhaber der höchsten Macht ohne → Gewaltenteilung und Gesetzesbindung, besonders in Herrschaftssystemen des → Faschismus und → Nationalsozialismus.

Führer und Reichskanzler nannte sich → Hitler, der sich nach dem Tod des → Reichspräsidenten Hindenburg zum → Staatsoberhaupt gemacht hatte. Diese Ämterkonzentration umfaßte auch den Oberbefehl über die Wehrmacht und die völkerrechtliche Vertretung des Deutschen Reiches.

Führerbefehl, im → Dritten Reich die souveräne Willensbekundung des → Führers mit Vorrang auch vor entgegenstehendem Recht.

Führerprinzip, ein Staatstheorem, wonach der → Führer als Verkörperung des Volkswillens alleiniger Träger und Vollstrecker der souveränen Staatsgewalt ist.

Führerstaat, eine Erscheinungsform der → Autokratie.

Führungskunst ist u. a. Voraussetzung einer weitblickenden Regierungspraxis gegenüber einer bloß reagierenden, einfallslosen Tagespolitik.

Führungsschicht → Elite

Fundamental Law (Lex fundamentalis), im Sinne eines → Grundgesetzes, das höherrangig ist als andere Gesetze und selbst den König bindet, wird in England bereits von Jakob I. (1603–1625) als ‚iure divino' (göttlichen Rechts) ohne weitere Erklärung zitiert.

Fundamentale Verfassungsgrundsätze der → Bundesrepublik Deutschland: → Wörterbuch zum Grundgesetz.

Fundamentalgesetz → Lex fundamentalis

Fundamentalismus, in der Politik ein radikales, kompromißloses Verfechten für wahr gehaltener ‚Grundsätze'.

Fundamentalopposition, eine meist → außerparlamentarische Richtung, die nicht nur die jeweilige Regierungspolitik, sondern auch die → Verfassung des Staates bekämpft.

Fünfprozentklausel → Sperrklauseln

„Fünf Weise“ → Sachverständigenrat

Fünfte Kolonne, während des spanischen Bürgerkriegs (1936–1939) die → Franco unterstützenden Gruppen im republikanischen Lager. Seither Bezeichnung für Kräfte in einem kriegführenden Land, die durch Widerstand, Verrat usw. dem Gegner helfen.

Fünfte Republik, die seit 1958 bestehende französische → Republik.

Funktionäre, berufsmäßig oder ehrenamtlich tätige Personen, die in politischen Parteien, Gewerkschaften, Verbänden usw. bestimmte Aufgaben wahrnehmen.

Fürsorge → Sozialhilfe

Fürsorgeerziehung aufgrund gerichtlicher Anordnung kommt als letztes und schärfstes Mittel der öffentlichen Jugendhilfe bei Minderjährigen in Betracht, die verwahrlost sind oder zu verwahrlosen drohen.

Fürsorgepflichten obliegen dem Arbeitgeber nach → Arbeitsrecht, dem öffentlich-rechtlichen Dienstherrn nach → Beamtenrecht.

Fürsprecher, schweizerische Bezeichnung für Rechtsanwalt.

Fürst (althochdeutsch ‚furisto‘), lat. ‚princeps‘ (der Erste). Im → fränkischen Reich hießen ‚princeps‘ zunächst nur König und Kaiser. Nachdem diese als ‚rex‘ und ‚imperator‘ herrschten, wurden die Großen des Reiches ‚principes‘ genannt. Im Mittelalter entwickelte sich der Reichsfürstenstand als Führungsschicht des Hochadels mit den → Kurfürsten an der Spitze. Die Fürsten wurden Herren über weltliche und geistliche Territorien (Herzogtümer, Markgrafschaften, Bistümer, Abteien usw.). Der Fürstentitel als bloßes Adelsprädikat im Range zwischen Herzog und Graf wurde seit dem 17. Jahrhundert vom Kaiser verliehen, nach dem Ende des alten Reiches auch von den souverän gewordenen → Landesherren (→ Adel → Feudalsystem).

Fürstenspiegel, politisch-literarische Gattung, die das Idealbild eines Herrschers zeichnet oder in realistischer Form die Gesetze des Machterhalts erforscht (Beispiele: Xenophons „Kyropädie“; Machiavellis „Il principe“).

Fürstentümer, reichsunmittelbare Territorien im alten→ Deutschen Reich, mit dessen Ende die geistlichen F. aufgelöst und weltliche → mediatisiert wurden (→ Ebenbürtigkeit).

Fürstprimas, Titel des früheren Kurfürsten von Mainz in seiner Eigenschaft als Vorsitzender des (nie zusammengetretenen) Bundestags des → Rheinbundes.

Fusion, im Völkerrecht die Vereinigung vorher selbständiger Staaten zu einem neuen Staat oder der Beitritt eines Staates zu einem fortbestehenden Staat.

Fusionskontrolle, Inbegriff bestimmter gesetzgeberischer und administrativer Maßnahmen zur Unterbindung wirtschaftspolitisch unerwünschter Unternehmenskonzentration.

Futurologie, Zukunftsforschung, insbesondere auf den Gebieten → Umweltschutz, Bevölkerungsentwicklung, Rohstoff-, Energie- und Nahrungsmittelversorgung, → Friedensforschung. Verwendete Methoden sind u. a. Prognosen, Trendanalysen, Planungen aufgrund von Statistik, Kybernetik usf.

G

Galeerenstrafe, Zwangsarbeit als Ruderer auf Linien- und Kriegsschiffen im vortechnischen Zeitalter. Dazu wurden Schwerverbrecher u.a. in Frankreich, Spanien und Venedig verurteilt.

Gandhi, M.K., gen. Mahatma ‚Große Seele' (1869–1948), Jurist und Politiker, Führer der indischen Unabhängigkeitsbewegung gegen die britische Herrschaft. Entwickelte religiös begründete Methoden des gewaltlosen Kampfes, u.a. in Form von administrativer Nichtbeteiligung (Non-Cooperation) und bürgerlichem Ungehorsam (Civil Disobedience).

Garde du corps, Leibwache: Elitetruppe zum persönlichen Schutz des → Fürsten.

Garibaldi, Giuseppe (1807–1882), republikanischer Freiheitskämpfer für die nationale Einigung Italiens.

Gaskrieg, geächtet durch internationale → Abkommen, nach dem Einsatz giftiger Gase im 1. Weltkrieg (→ ABC-Waffen).

Gastarbeiter, Fremdarbeiter, ausländische Arbeitnehmer im Inland (→ Ausländer → Fremdenrecht → Menschenrechte).

Gastfreundschaft, uralter Brauch, → Fremde freundlich aufzunehmen, gastlich zu bewirten und mit Geschenken zur Weiterfahrt zu verabschieden; wird als Tugend der → Germanen von Tacitus gerühmt.

Gastrecht, allgemein der dem → Fremden im Inland gewährte Rechtsschutz; völkerrechtlich insbesondere auch die befristete Aufenthaltserlaubnis für fremde Kriegsschiffe in neutralen Häfen.

GATT, General Agreement on Tariffs and Trade, Allgemeines Zoll- und Handelsabkommen. Im Jahre 1947 als Sonderorganisation der → UNO zur Neuordnung der internationalen Wirtschaftsbeziehungen von 23 Staaten begründet, hat sich seither die Zahl der Vertragspartner um ein Vielfaches vermehrt. Der für die Entwicklung der Weltwirtschaft wichtige Abbau von Handelshemmnissen durch rechtsverbindliche multilaterale Zusammenarbeit wurde durch große Verhandlungsrunden stufenweise angestrebt (z. B. Dillon-Runde, Kennedy-Runde, Tokio-Runde, Uruguay-Runde).

Gaudium et spes, Freude und Hoffnung. Anfangsworte der vom 2. Vatikanischen Konzil verabschiedeten Konstitution, einer Zusammenfassung der katholischen Soziallehre u. a. zu den Themen Menschenwürde, Ehe und Familie, Wirtschaft, Gesellschaft, Kultur.

Gaullismus, nach dem französischen Staatsmann Charles de Gaulle (1890–1970) benannte politische Richtung, die insbesondere für eine starke Staatsgewalt und einen machtvollen, durch direkte Volkswahl legitimierten Staatspräsidenten eintritt.

Gebiet → Bundesgebiet → Staatsgebiet → Abweisung → Abschiebung

Gebietsänderungen durch völkervertragsrechtliche Verschiebung der deutschen Außengrenzen sind an bestimmte innerstaatliche Verfahren gebunden. Näheres dazu im → Wörterbuch zum Grundgesetz (→ Abtretung von Staatsgebiet → Annexion).

Gebietshoheit, die dem → Staat und anderen → Gebietskörperschaften zustehende Herrschaftsmacht innerhalb bestimmter territorialer Grenzen.

Gebietskörperschaften sind, im Unterschied zu → Personalkörperschaften, → juristische Personen des öffentlichen Rechts mit hoheitlichen Machtbefugnissen in einem räumlich abgegrenzten Bereich. Beispiele: Bund, Länder, Gemeinden.

Geblütsrecht, die Thronanwartschaft der Mitglieder einer → Dynastie nach dem Vorrang der Geburt.

Gebote und Verbote → Befehl und Zwang

Gebühren sind → öffentliche Abgaben, die – im Unterschied zu → Beiträgen und → Steuern – als Entgelt für eine besondere Leistung der Verwaltung oder Justiz vom Pflichtigen erhoben werden.

Gebührenpflichtige Verwarnung, administrative Ahndung bei geringfügigen → Ordnungswidrigkeiten.

Gebundenes Mandat → Imperatives Mandat

Geburtsadel (Geblütsadel), ursprüngliche Form des → Adels namentlich der → Franken im Unterschied zum späteren → Dienstadel.

Gedankenfreiheit, allgemeine Denk- und Geistesfreiheit, durch besondere → Grundrechte geschützt, z. B. → Bekenntnisfreiheit, → Gewissensfreiheit, → Glaubensfreiheit, → Meinungsfreiheit, → Pressefreiheit.

Gefährdungshaftung, im Unterschied zur Verschuldenshaftung die gesetzliche Verpflichtung zum Schadensersatz bei bestimmten, mit Gefährdung anderer verbundenen Handlungen, z. B. die Haftung der Kraftfahrzeughalter, Tierhalter und Eisenbahnunternehmen.

Gefahrenabwehr → Polizei → Innere Sicherheit

Gefangene → Freiheitsentziehung → Haft → Kriegsgefangene

Gefängnis, eine Form der Strafhaft in der BRD vor Einführung der einheitlichen → Freiheitsstrafe.

Gefolgschaft, germanische Vorstufe des mittelalterlichen → Lehenswesens: Vereinigung von → Freien um einen Anführer (Gefolgsherrn) zu gemeinsamen, meist kriegerischen Unternehmen.

Gegendarstellungsrecht, ein aus dem → allgemeinen Persönlichkeitsrecht abgeleiteter Anspruch des Betroffenen, sich gegen Verletzungen seiner Individualsphäre in öffentlichen Medien mittels eigener Darstellung an gleicher Stelle zu wehren. Näheres nach deutschem Verfassungsrecht im → Wörterbuch zum Grundgesetz.

Gegenreformation, auf staatlicher Ebene die dem Zeitalter der → Reformation folgende politische Bewegung der katholischen Reichsfürsten gegen die protestantischen Herrschaftsgebiete. Die Spannungen entluden sich schließlich im → Dreißigjährigen Krieg.

Gegenseitigkeitsprinzip, in Diplomatie und Völkerrecht ein althergebrachter Grundsatz des Interessenausgleichs durch wechselseitige Leistungen, z. B. auch bei der inländischen Gleichstellung ausländischer Personen und Rechtsakte (→ Talion).

Gegenvorstellung (Remonstration), ein weder form- noch fristgebundener Rechtsbehelf, adressiert an die Behörde, die einen → Verwaltungsakt erlassen hat.

Gegenzeichnung (Kontrasignatur), die staatsrechtlich vorgeschriebene Mitunterzeichnung einer Urkunde des Staatsoberhaupts durch ein parlamentarisch verantwortliches Regierungsmitglied. Nach deutschem Verfassungsrecht bedürfen nicht nur schriftliche, sondern alle politisch bedeutsamen Akte des → Bundespräsidenten der Billigung des → Bundeskanzlers oder des Ressortministers. Näheres im → Wörterbuch zum Grundgesetz.

Geheimagent → Politischer Agent

Geheimbereich → Intimsphäre

Geheimbünde, ‚geschlossene' Vereinigungen mit geheimen Erkennungszeichen der Mitglieder, deren Zusammenkünfte und Ziele, die u. a. auch politisch motiviert sein können, vor der Umwelt geheimgehalten werden sollen.

Geheimbündelei → Terroristische Vereinigungen

Geheimdienst, mit Spionage und Gegenspionage arbeitende staatliche Stellen, die in Krieg und Frieden durch Informationsbeschaffung und -auswertung über gegnerische Mächte der außenpolitischen, innenpolitischen und militärischen Gefahrenabwehr dienen. Beispiele: der deutsche → Bundesnachrichtendienst (BND), der amerikanische → CIA, der britische → Secret Service.

Geheimdiplomatie, althergebrachte Gepflogenheit, bestimmte Kontakte, Verhandlungen und Verträge zumindest einstweilen vor der Öffentlichkeit zu verbergen. Publizität gehört zwar grundsätzlich zum parlamentarischen Repräsentativsystem, doch können auch hier berufene Vertreter ausnahmsweise unter Ausschluß der Öffentlichkeit handeln.

Geheime Staatspolizei (Gestapo), im → Dritten Reich eine mit unumschränkter Macht ausgestattete Organisation der politischen Polizei, deren Aufgabe es insbesondere war, Gegner des → Nationalsozialismus aufzuspüren und unschädlich zu machen. Die angewandten Methoden (u. a. Freiheitsentziehung ohne richterliche Nachprüfung, Folterungen, Morde) bedeuteten einen Rückfall in vorrechtsstaatliche Barbarei.

Geheime Wahl → Wahlrechtsgrundsätze

Geheimer Rat (Geheimer Conseil), staatsleitendes Kollegium in den deutschen Territorien des 17. und 18. Jahrhunderts.

Geheimfonds, staatliche Haushaltsmittel, die der allgemeinen parlamentarischen Kontrolle (→ Budgetrecht) nicht unterliegen.

Geheimjustiz widerspricht dem rechtsstaatlichen Grundsatz der Öffentlichkeit des Verfahrens, wovon es nur eng begrenzte Ausnahmen gibt (z. B. Strafverfahren gegen Jugendliche, Schutz der Intimsphäre von Prozeßbeteiligten).

Geheimnis → Briefgeheimnis → Fernmeldegeheimnis → Postgeheimnis

Geheimnisverrat → Landesverrat

Geheimpolizei → Politische Polizei → Geheime Staatspolizei

Geheimrat, ursprünglich ein Mitglied des → Geheimen Rats. Später, bis zum Untergang der deutschen Monarchie, Ehrentitel für verdiente Persönlichkeiten besonders in Regierung, Wissenschaft und Justiz (mit der Steigerungsstufe ‚Wirklicher Geheimer Rat').

Geheimsphäre → Allgemeines Persönlichkeitsrecht → Aussageverweigerungsrechte

Geheimverträge, völkerrechtliche → Abkommen, die nach dem Willen der Vertragsschließenden ganz oder teilweise nicht bekannt werden sollen, z. B. das geheime Zusatzprotokoll zum →Hitler-Stalin-Pakt 1939 (→ Geheimdiplomatie).

Gehirnwäsche (Brainwashing), Sammelbegriff für menschenrechtswidrige Methoden psychophysischer ‚Bearbeitung' politischer Häftlinge oder Kriegsgefangener mit dem Ziel, die weltanschaulichen Einstellungen der Betroffenen ‚umzudrehen' und ihnen eine neue Ideologie einzuflößen (u. a. durch ununterbrochene Verhöre, Drohungen, Versprechungen, Drogen, grelles Licht, akustischen Terror, Schlafentzug).

Gehör → Anhörung → Rechtliches Gehör

Gehorsamspflichten entbinden den Beamten nicht von der Verantwortlichkeit hinsichtlich der Rechtmäßigkeit seines Handelns.

Geiselnahme, das gewaltsame Ergreifen, Festhalten und Bedrohen einer Person, um dadurch bestimmte Forderungen gegenüber öffentlichen oder privaten Adressaten durchzusetzen. Als Kriegsbrauch zur Aufrechterhaltung der Ordnung oder zum Schutz der Truppe in besetzten Gebieten früher als rechtmäßig betrachtet, wurde dergleichen durch das → Genfer Abkommen von 1949 ausnahmslos für völkerrechtswidrig erklärt (→ Terrorismus).

Geistesfreiheit → Gedankenfreiheit

Geistiges Eigentum ist Schutzgut des → Urheberrechts und → Patentrechts.

Geistliche (Priester, Pfarrer, Kleriker) haben bestimmte Aussageverweigerungsrechte im staatlichen Bereich (→ Beichtgeheimnis).

Geistliche Territorien → Fürst → Fürstentümer

Geistlichkeit → Klerus → Französische Revolution

Geld → Nervus rerum

Geldbußen können, je nach der Schwere des Verstoßes, Sanktionen für → Straftaten oder bloße → Bußgelder bei → Ordnungswidrigkeiten sein.

Geldentwertung zu verhindern, ist eine Aufgabe der deutschen → Stabilitätspolitik, die freilich gewisse weltwirtschaftliche, technologische, konjunkturelle usw. Abläufe nicht zu kontrollieren vermag.

Geldleistungspflichten → Öffentliche Abgaben

Geldpolitik, insbesondere die Regelung des Geldumlaufs und der Kreditversorgung der Wirtschaft, ist Aufgabe der Währungs- und Notenbank (→ Bundesbank).

Geldstrafe, für → Vergehen vorgesehene, in Tagessätzen zuzumessende Strafsanktion.

‚Geldwäsche', Einschmuggeln von Geld aus illegalen Geschäften (z. B. Drogengeld) in den legalen Geldumlauf.

Geleit → Freies Geleit

Geltung des Rechts → Rechtsgeltung

Gemeinden (Kommunen), → Gebietskörperschaften mit weitgehender → Autonomie. Nach deutschem Verfassungsrecht muß auch in den G. das Volk eine Vertretung haben, die aus allgemeinen, unmittelbaren, freien, gleichen und geheimen Wahlen hervorgegangen ist. Näheres zur Garantie der gemeindlichen Selbstverwaltung im → Wörterbuch zum Grundgesetz.

Gemeindeabgaben können → Beiträge, → Gebühren und Steuern sein (→ Gemeindesteuern).

Gemeindeautonomie, kommunale Selbstverwaltung: ein Mittel freiheitssichernder vertikaler Machtverteilung im Staat (→ Gemeinden).

Gemeindebeamte, mittelbare Staatsbeamte, deren Rechte und Pflichten insbesondere durch → Gemeindeordnungen geregelt sind.

Gemeindeordnungen, in der BRD landesrechtliche Regelungen, welche die vom GG gewährleistete Kommunalverfassung und sonstige Rechtsverhältnisse der Gemeinden näher ausgestalten.

Gemeinderat (Stadtrat), die vom → Grundgesetz für die Kommunen vorgeschriebene Volksvertretung und deren Mitglieder (→ Gemeinden → Gemeindeordnung).

Gemeindesteuern sind nach deutschem Verfassungsrecht namentlich die → Gemeinschaftssteuern, die → Realsteuern und die örtlichen → Verbrauch- und Aufwandsteuern.

Gemeindeverbände, insbesondere → Gebietskörperschaften, die räumlich den Bereich einer Kommune überschreiten, z. B. Verbandsgemeinden, Ämter, Landkreise. Näheres nach deutschem Verfassungsrecht im → Wörterbuch zum Grundgesetz.

Gemeindeverfassungsrecht unter dem GG ist offen für verschiedene Systeme, u. a. für die süddeutsche und norddeutsche Ratsverfassung, die unechte Magistratsverfassung, die echte und unechte Bürgermeisterverfassung.

Gemeiner Mann (einfaches Volk), historisch insbesondere die bäuerliche Bevölkerung, deren Untertanenstatus zum Kaiser im alten deutschen Reich durch Landeshoheit und feudale Hierarchie vielfältig mediatisiert war.

Gemeiner Pfennig, eine vom alten Reichstag erstmals 1422 beschlossene Steuer, deren Erhebung bei den ritterlichen Reichsvasallen auf Widerstand stieß.

Gemeines Recht, im Unterschied zu partikularen Rechtsordnungen das für ein Hoheitsgebiet als Ganzes geltende Recht. Historisch das neben den Landesrechten rezipierte, mit germanischen und kanonischen Grundsätzen angereicherte römische Recht, das in Deutschland bis an die Schwelle des 20. Jahrhunderts allgemein galt (→ Common Law).

Gemeinfreie → Freie

Gemeingebrauch, die allgemeine Befugnis, ohne besondere Erlaubnis eine der Öffentlichkeit gewidmete Sache (z. B. eine Straße) zu nutzen.

Gemeingefährlichkeit, qualifizierendes Merkmal bestimmter Delikte, deren Begehung insbesondere Gefahren für Leib und Leben einer unbestimmten Anzahl von Personen mit sich bringt (z. B. Brandstiftung, Gefährdung des Eisenbahn-, Luft- und Straßenverkehrs).

Gemeinnützigkeit, ein das Wohl der Allgemeinheit förderndes Verhalten im Unterschied zum üblichen Eigennutz. Einschlägige selbstlose Aktivitäten werden steuerlich begünstigt.

Gemeinsamer Ausschuß, eine Art Notparlament der BRD. Näheres im → Wörterbuch zum Grundgesetz.

Gemeinsamer Markt → Europäische Wirtschaftsgemeinschaft

Gemeinsamer Senat der obersten Gerichtshöfe des Bundes: ein vom GG zur Wahrung der Einheitlichkeit höchstrichterlicher Rechtsprechung vorgesehener Spruchkörper.

Gemeinschaftsaufgaben sind nach deutschem Verfassungsrecht bestimmte Staatsaufgaben der Länder, bei deren Erfüllung der Bund mitwirkt, wenn diese Aufgaben für die Gesamtheit bedeutsam sind und die Mitwirkung des Bundes zur Verbesserung der Lebensverhältnisse erforderlich ist (z. B. beim Ausbau und Neubau von Hochschulen). Näheres zu dieser Form bundesstaatlicher Kooperation im → Wörterbuch zum Grundgesetz.

Gemeinschaftsrecht → Europäisches Gemeinschaftsrecht

Gemeinschaftsschule, im Unterschied zur Bekenntnisschule eine Schulform, die Schüler verschiedener Bekenntnisse vereinigt.

Gemeinschaftssteuern sind nach deutschem Finanzverfassungsrecht Steuern, deren Ertrag dem Bund und den Ländern gemeinsam zusteht (Einkommensteuer, Körperschaftssteuer, Umsatzsteuer). Näheres im → Wörterbuch zum Grundgesetz.

Gemeinwille → Contrat social

Gemeinwirtschaft, im Unterschied zur gewinnorientierten Erwerbswirtschaft eine auf bloße Kostendeckung ausgerichtete Wirtschaftsform.

Gemeinwohl, das öffentliche Interesse der Gesamtheit im Unterschied zum Privatinteresse einer Person. Der unbestimmte Verfassungsbegriff des Allgemeinwohls (Wohl der Allgemeinheit) bedarf im Einzelfall näherer Konkretisierung (→ Eigentumsgarantie → Enteignung → Salus publica).

Gemischte Verfassung, eine schon dem antiken Staatsdenken vertraute Vorstellung, den Mängeln und Entartungsmöglichkeiten der reinen Staatsformen – Monarchie, Aristokratie, Demokratie – durch sinnvolle Mischung von Strukturelementen verschiedener Herrschaftstypen entgegenzuwirken. Demgemäß soll in einem wohlverfaßten Staat die politische Macht weder ausschließlich bei einem noch bei mehreren noch bei allen konzentriert sein. Vielmehr soll sie, um Machtmißbrauch und Tyrannei zu verhindern, auf verschiedene Organe teils monokratischer, teils aristokratischer und teils demokratischer Art verteilt werden. Eine kluge Kombination von Fürsten-, Adels- und Volksherrschaft im selben Staat sichere Freiheit, Vielfalt und Stabilität.

General, Angehöriger der obersten militärischen Rangklasse (Generalität).

General Agreement on Tariffs and Trade → GATT

Generalanwalt beim → Europäischen Gerichtshof: ein unabhängiges Organ mit richterähnlichem Status, das durch begründete Schlußanträge den Gerichtshof bei der Erfüllung seiner Aufgaben unterstützt.

Generalbundesanwalt, Chef der → Bundesanwaltschaft

Generalfeldmarschall, oberster, regelmäßig nur im Krieg verliehener Rang eines → Generals.

Generalinspekteur, ranghöchster Soldat der → Bundeswehr.

Generalissimus, oberster Heerführer; auch Titel von Diktatoren wie → Franco und → Stalin.

Generalklauseln in Gesetzen stellen nur allgemeine Grundsätze auf, deren einzelfallbezogene Konkretisierung dem Richter überlassen ist. Privatrechtliche Beispiele: „Treu und Glauben“ und „Gute Sitten“ als normative Maßstäbe.

Generalkonsul, höherrangiger → Konsul; Leiter eines Generalkonsulats, dem Konsulate unterstehen.

Generalprävention bezeichnet – im Unterschied zur → Spezialprävention – eine strafrechtliche Theorie, die in der Verbrechensverhütung durch abschreckende Einwirkung auf die Allgemeinheit den Zweck des Strafens erblickt.

Generalsekretär, Titel der Hauptgeschäftsführer u. a. von politischen Parteien, nationalen Verbänden und internationalen Organisationen (→ NATO → UNO).

Generalstaatsanwalt, Chef der → Staatsanwaltschaft bei einem Oberlandesgericht.

Generalstab, militärische Einrichtung zur Unterstützung höherer Truppenführer u. a. durch Planung und Vorbereitung von Führungsentscheidungen.

Generalstände (États généraux), im vorrevolutionären Frankreich eine vom König nach Gutdünken einberufene Vertretungskörperschaft des Adels, der Geistlichkeit und des → Dritten Standes (→ Französische Revolution).

Generalstreik, ein → Streik in sämtlichen Betrieben eines Landes.

Generalsuperintendent, herkömmlicher Titel leitender geistlicher Amtsträger der Mittelstufe in der evangelischen Kirche. Ranggleiche landeskirchliche Amtsbezeichnungen sind u. a. Landessuperintendent, Propst, Prälat, Kreisdekan.

Generalvikar, Stellvertreter eines katholischen → Bischofs in der allgemeinen Verwaltung der → Diözese.

Generationenkonflikt, auf Unterschieden der Lebenserfahrung, Bildung, Wertorientierung, Weltkenntnis usw. beruhendes Spannungsverhältnis zwischen den Gliedern einer Geschlechterfolge.

Generationenvertrag, Finanzierungsmodell der → Sozialversicherung, wonach die Renten der nicht mehr arbeitenden Generation gedeckt werden von den Versicherungsbeiträgen der noch aktiven Generation.

Genfer Konventionen (Rotkreuz-Konventionen), insbesondere die nach dem 2. Weltkrieg abgeschlossenen, von nahezu allen Staaten ratifizierten → Abkommen und Zusatzprotokolle zur Anpassung des Völkerrechts an die veränderten Formen der Kriegführung. Vertragsgegenstände sind u. a. die Behandlung von Verwundeten, Kranken und Gefangenen der Streitkräfte sowie der Schutz von Zivilpersonen während des Kriegs (→ Geiselnahme).

Genie, im Unterschied zum bloßen Talent ein schöpferisch begabter Mensch. Geniale Leistungen gibt es nicht nur in Kunst und Wissenschaft, sondern auch im unternehmerischen, technischen, administrativen, militärischen usw. Bereich.

Genius, schöpferische Kraft, Schutzgeist eines Menschen; auch geistiges Fluidum eines Ortes (Genius loci).

Genozid → Völkermord

Gen-Recht, Inbegriff moderner, noch in Entwicklung befindlicher, insbesondere am Grundrecht der → Menschenwürde zu messender Rechtsgrundsätze zur Gentechnologie (Genetic engineering). Hierzu gehört z. B. die künstliche Veränderung des Erbguts von Zellen durch Übertragung fremder genetischer Information.

Gentilhomme, im alten Frankreich ein Mensch von kultivierter Lebensart.

Gentleman, ursprünglich wappenberechtigtes Mitglied der → Gentry. Später Kurzformel für das Erziehungsideal der guten Gesellschaft Großbritanniens: ein Mann von Ehre, Anstand und Ritterlichkeit.

Gentlemen's Agreement, in der Diplomatie eine formlose Absprache, deren Einhaltung zu den ungeschriebenen Pflichten eines → Gentleman gehört (→ Agreement).

Gentry, herkömmlicher britischer Sammelbegriff für den niederen Adel (Baronets, Esquires, Knights) und die grundbesitzende ländliche Oberschicht (Country gentlemen).

Geopolitik, wissenschaftliche Richtung in der Gemengelage von Geographie, Außenpolitik, Geschichte und Soziologie. Die Erforschung der Zusammenhänge zwischen geographischen Gegebenheiten und machtpolitischen Tendenzen wurde vom → Nationalsozialismus agitatorisch mißbraucht („Volk ohne Raum" usw.).

Gerechter Krieg → Bellum iustum → Angriffskriege → Eroberungskriege

Gerechter Lohn, nach christlicher Soziallehre (Enzyklika „Quadragesimo anno") ein Arbeitsentgelt, das – unter Berücksichtigung der betrieblichen und gesamtwirtschaftlichen Leistungsfähigkeit – den Lebensbedarf des Arbeiters und seiner Familie deckt.

Gerechter Preis (iustum pretium), ein schon von → Albertus Magnus und → Thomas von Aquin gründlich bedachtes Problem. Danach darf der für ein Handelsgut geforderte Preis außer dem Gegenwert für Arbeitsaufwand und Sachkosten des Produzenten (labores et expensae) auch einen angemessenen Unternehmerlohn enthalten.

Gerechtigkeit, im → Rechtsstaat ein ideales Ziel namentlich der → gesetzgebenden und → rechtsprechenden Gewalt. Da die Idee der Gerechtigkeit nicht unmittelbar zu verwirklichen und inhaltlich für unterschiedlichste Postulate offen ist, kann der Gerechtigkeitsgehalt staatlicher Akte nur am Maßstab grundlegender Verfassungsnormen überprüft werden. Im Geltungsbereich des → Grundgesetzes kommt dabei den Leitprinzipien der → Menschenwürde sowie den → Freiheits- und → Gleichheitsgrundrechten entscheidende Bedeutung zu (→ Steuergerechtigkeit).

Gerichte sind von → Legislative und → Exekutive getrennte, mit unabhängigen Mitgliedern besetzte Staatsorgane zur Ausübung der → rechtsprechenden Gewalt. Näheres nach deutschem Verfassungsrecht im → Wörterbuch zum Grundgesetz.

Gerichte für besondere Sachgebiete, z. B. → Arbeitsgerichte, → Finanzgerichte, → Sozialgerichte und → Verwaltungsgerichte, sind zu unterscheiden von verfassungsrechtlich unzulässigen → Ausnahmegerichten.

Gerichtlicher Rechtsschutz → Rechtsweggarantie → Gesetzlicher Richter → Justizielle Grundrechte → Rechtliches Gehör

Gerichtsbarkeit → Rechtsprechende Gewalt → Rechtsprechung → Richter

Gerichtsfreie Hoheitsakte herkömmlicher Art kennt das → Grundgesetz nicht (→ Rechtsweggarantie). Gleichwohl können z. B. außenpolitische Regierungsakte einer richterlichen Kontrolle deshalb entzogen sein, weil sie individuelle Rechte nicht beeinträchtigen (→ Act of State → Acte de gouvernement).

Gerichtsherr, eine in der früheren Militärstrafgerichtsbarkeit gebräuchliche, dem rechtsstaatlichen Strafrecht fremde Bezeichnung.

Gerichtshof der Europäischen Gemeinschaften → Europäischer Gerichtshof

Gerichtshöfe → Oberste Gerichtshöfe des Bundes → Internationale Gerichtsbarkeit

Gerichtshoheit, die rechtsprechende Gewalt als Teil der staatlichen Gebietshoheit.

Gerichtsstand, das örtlich zuständige Gericht, im Strafprozeß z. B. das Gericht, in dessen Bezirk die Tat begangen wurde. Im Zivilprozeß über vermögensrechtliche Streitigkeiten können die Parteien den G. frei vereinbaren.

Gerichtsverfassung, Gesamtheit der in Staatsverfassung und einschlägigen Gesetzen enthaltenen Rechtsvorschriften insbesondere über organisatorischen Aufbau, Funktion und Zuständigkeit der Gerichte.

Gerichtsvollzieher, ein mit Zustellungen, Ladungen und Zwangsvollstreckungen betrauter Beamter, der unter gerichtlicher Dienstaufsicht in seinem Bezirk selbständig tätig ist und zu festen Bezügen auch Gebühren erhält.

Germanen, Teil der indogermanischen Stämme, ursprünglich angesiedelt im heutigen Norddeutschland und Südskandinavien. Die zusammenfassende Bezeichnung G. wurde besonders von dem römischen Feldherrn und Staatsmann Caesar (100–44 v. Chr.) bekanntgemacht. Aus germanischen Volksstämmen, deren von Augustus (63 v. Chr.–14 n. Chr.) angestrebte Einbeziehung ins Römische Reich rechts des Rheines nicht gelang, gingen in der Folge die → Deutschen hervor (→ Gastfreundschaft).

Germanen → Tacitus

Germanische Freiheitsidee, Inbegriff eines Freiseins von Herrschaft überhaupt im Unterschied zur klassisch-antiken Freiheitsvorstellung im Sinne einer selbstbestimmten Mitwirkung des Bürgers an der politischen Willensbildung im Staat.

Gerontokratie, Altenherrschaft. Historisch die Herrschaft der Ältesten in den dorisch-griechischen Staaten, namentlich der Rat der Alten in Sparta (Gerusia).

Gesamthochschule, ein neueres deutsches Hochschulmodell, das früher selbständige Institutionen der nachgymnasialen Bildung (Universität, Technische Hochschule, Fachhochschule usw.) bei differenzierten Studiengängen organisatorisch zusammenfaßt.

Gesamtinteresse → Gemeinwohl

Gesamtschule, ein in der Bildungspolitik deutscher Länder umstrittener Schultyp, der überkommene Schularten (Hauptschule, Realschule, Gymnasium) zusammenführen soll.

Gesamtstaat, im → Bundesstaat die staatliche Einheit, bestehend aus den Gliedstaaten (Ländern) und dem „Zentralstaat“ (Bund).

Gesamtwille, theoretische Annahme eines den unterschiedlichen individuellen Willen der Bürger übergeordneten, demokratisch durch die Mehrheit repräsentierten Willens des im Staat integrierten Volkes.

Gesamtwirtschaftliches Gleichgewicht, ein von der deutschen Verfassung vorgegebenes Ziel, auf das Bund und Länder ihre Haushaltswirtschaft auszurichten haben. Näheres im → Wörterbuch zum Grundgesetz (→ Fiscal policy).

Gesandter (Legatus), im Völkerrecht ein bevollmächtigter → Diplomat, akkreditiert bei einem auswärtigen Staat, einer internationalen oder supranationalen Organisation. Neben ständigen diplomatischen Vertretern gibt es zu besonderen Missionen entsandte Experten, z. B. zu zwischenstaatlichen Abkommensverhandlungen oder internationalen Konferenzen. G. im engeren protokollarischen Sinn bezeichnet seit dem → Wiener Règlement eine Rangstufe unterhalb der → Botschafter, der päpstlichen → Legaten und → Nuntien, doch oberhalb der → Geschäftsträger (→ Anciennitätsprinzip → Diplomatisches Korps → Exterritorialität → Missionschef → Wiener Übereinkommen).

Gesandtschaft im weiteren Sinne: jede Regierungsdelegation, die mit zwischenstaatlichen Verhandlungen betraut ist.

Gesandtschaftsrecht, einer der ältesten Zweige des → Völkerrechts: Gesamtheit aller für den diplomatischen Verkehr geltenden Rechtsregeln. In subjektiver Hinsicht bedeutet G. die aktive und passive Befugnis von → Völkerrechtssubjekten, diplomatische Vertreter zu entsenden und zu empfangen.

Geschäftsführende Regierung, kommissarische Weiterführung der Regierungsgeschäfte z. B. nach Rücktritt oder Sturz des Regierungschefs bis zur Ernennung eines Nachfolgers, wozu der bisherige Amtsinhaber nach deutschem Verfassungsrecht auf Ersuchen des Staatsoberhauptes verpflichtet ist.

Geschäftsgeheimnisse (Betriebsgeheimnisse) zu schützen, kann ausnahmsweise eine Abweichung von dem parlamentarischen Grundsatz rechtfertigen, wonach der → Bundestag öffentlich verhandelt. Näheres im → Wörterbuch zum Grundgesetz.

Geschäftsordnungen gesetzgebender Körperschaften regeln u. a. den förmlichen Geschäftsgang bei Erledigung der verfassungsmäßigen Aufgaben. Sie fußen auf dem → autonomen Recht zur Ordnung innerer Angelegenheiten.

Geschäftsregierung → Unpolitische Geschäftsregierung

Geschäftsträger → Chargé d'affaires

Geschichtsphilosophie fragt insbesondere nach Sinn, Gesetzmäßigkeit und Ziel der Weltgeschichte. Aus der Vielzahl unterschiedlicher (nichttheologischer) Deutungsmodelle zwei Beispiele: Einer idealistischen Betrachtung (→ Hegel) erscheint die Menschheitsgeschichte als dialektisch sich vollziehender „Fortschritt des Geistes im Bewußtsein der Freiheit". In materialistischer Umkehrung dieses Denkens (→ Marx) ist es der revolutionäre Klassenkampf, der die Geschichte an ihr Endziel, die klassenlose Gesellschaft bringt. Solchen theoretischen Systemen gegenüber artikulieren sich in neuerer Zeit zunehmend mannigfache Formen von Fortschrittsskepsis und Geschichtspessimismus.

Geschlecht → Besondere Gleichheitssätze → Gleichberechtigungsgrundsatz

Geschworene, frühere Bezeichnung der ehrenamtlichen Richter beim → Schwurgericht (→ Schöffen → Jury).

Geselligkeitstrieb, Gesellschaftstrieb, der als „Staatstrieb" nach einer Lehre, die sich auf → Aristoteles beruft, der Entstehung des Staates zugrunde liegen soll.

Gesellschaft in der Gegenüberstellung zum → Staat ist das vielgestaltige System menschlichen Zusammenlebens. Als gesellschaftliches Wesen ist der Mensch Mitglied verschiedener Gruppen (Familien, Kirchen, Berufe, Stände, Vereine, Parteien usw.). In der pluralistischen Industriegesellschaft der Gegenwart haben sich die überkommenen sozialen Strukturen weitgehend aufgelöst. Der ständisch gestuften Gesellschaftsordnung des Mittelalters folgte die von Ideen der → Aufklärung vorbereitete bürgerliche Gesellschaft, die nach marxistischer Deutung wesenhaft von wirtschaftlichen Klassengegensätzen bestimmt wird (→ Staat und Gesellschaft).

Gesellschaftskritik befaßt sich mit den Unzulänglichkeiten bestehender Gesellschaftsordnungen. Je nach politischer Ausrichtung sollen die mangelhaften Verhältnisse durch → Evolution oder → Revolution verändert werden.

Gesellschaftspolitik im weiteren Sinn umfaßt alle, in freiheitlichen Demokratien durch → Grundrechte beschränkten staatlichen Einwirkungen auf die Lebensverhältnisse der Gesamtheit oder einzelner Gruppen der → Gesellschaft. Beispiele: Bildungs-, Gesundheits-, Sozial-, Steuer-, Wirtschaftspolitik.

Gesellschaftsvertrag → Contrat social → Hume → Locke → Herrschaftsvertrag

Gesetz im formellen Sinn ist jeder im verfassungsmäßigen Gesetzgebungsverfahren zustande gekommene Willensakt des Parlaments, der im → Bundesstaat als Bundesgesetz oder Landesgesetz wirksam wird. Demgegenüber ist Gesetz im materiellen Sinn jede Rechtsnorm, d. h. jede hoheitlich garantierte, an abstrakte Tatbestände geknüpfte Festlegung von Rechtsfolgen für eine unbestimmte Zahl von Fällen. Diesem weiten Gesetzesbegriff unterfallen nicht nur die meisten formellen Gesetze, sondern insbesondere auch → Rechtsverordnungen, → Satzungen, → Gewohnheitsrecht (→ Allgemeine Gesetze → Einspruchsgesetze → Einzelfallgesetze).

Gesetzblätter dienen der allgemeinen, jedermann zugänglichen Verkündung von Gesetzestexten (→ Bundesgesetzblatt).

Gesetzesbefehl → Gesetzesbeschluß

Gesetzesbeschluß, die Beschlußfassung des Parlaments über eine Gesetzesvorlage; er enthält neben der Festlegung des Gesetzestextes auch den Gesetzesbefehl.

Gesetzesinitiative bezeichnet die Befugnis, Gesetzesvorlagen mit der Wirkung einzubringen, daß die gesetzgebende Versammlung darüber beraten und beschließen muß. Näheres nach deutschem Verfassungsrecht im → Wörterbuch zum Grundgesetz.

Gesetzeskraft → Inkrafttreten von Rechtsnormen

Gesetzespositivismus, rechtstheoretische Richtung, wonach die Fallentscheidung ohne eigene Wertung des Rechtsanwenders ausschließlich dem Gesetzestext zu entnehmen ist. Eine Gegenposition vertritt u. a. die → freie Rechtsschule.

Gesetzesvorbehalt, die verfassungsrechtliche Ermächtigung des Gesetzgebers zur → Grundrechtsbeschränkung (→ Vorbehalt des Gesetzes).

Gesetzesvorlagen, Gesetzentwürfe: meist mit Begründung versehene Textvorschläge in Wahrnehmung der → Gesetzesinitiative.

Gesetzgebende Gewalt, Legislative: die verfassungsmäßige Befugnis zum Erlaß von → Gesetzen. In gewaltenteilig verfaßten repräsentativen Demokratien das Vorrecht des Parlaments, wobei ein weiteres Verfassungsorgan (Bundesrat, Senat) beteiligt sein kann. Im mittelalterlichen Ständestaat lag die Legislative beim Landesherrn mit Zustimmung der Stände; im Absolutismus beim Fürsten allein; im konstitutionellen Staat beim Monarchen gemeinsam mit dem Parlament.

Gesetzgebende Körperschaften des Bundes sind nach dem GG der → Bundestag und der → Bundesrat.

Gesetzgebung, die Ausübung der → gesetzgebenden Gewalt, ist an die → verfassungsmäßige Ordnung gebunden. Näheres nach deutschem Recht im → Wörterbuch zum Grundgesetz.

Gesetzgebungskompetenzen im Verhältnis von Bund und Ländern der BRD sind von der Bundesverfassung abgegrenzt. Das legislative Schwergewicht liegt beim Bund; Reservate der Landesgesetzgebung sind insbesondere das Schul-, Gemeinde- und Polizeirecht. Näheres im → Wörterbuch zum Grundgesetz.

Gesetzgebungsnotstand, im Unterschied zum → Staatsnotstand der Inbegriff grundgesetzlicher Sonderregeln zur Überwindung von Krisen im normalen Zusammenwirken bestimmter Verfassungsorgane (Verfassungsstörung). Nach der Erklärung des G. – er ist auf Minderheitskabinette mit negativer Parlamentsmehrheit zugeschnitten – ändert sich das reguläre Gesetzgebungsverfahren. Näheres im → Wörterbuch zum Grundgesetz.

Gesetzgebungsstaat, eine der vielen kritischen Etikettierungen des modernen Staats, der andererseits z. B. auch als Verwaltungsstaat und Rechtsprechungsstaat bezeichnet wird. Gemeinsam ist solchen Formeln der skeptische Hinweis auf die außerordentliche Steigerung der Staatstätigkeit in neuerer Zeit.

Gesetzgebungsverfahren, Gesamtheit der Bestimmungen über → Zustandekommen, → Ausfertigung, → Verkündigung und → Inkrafttreten eines → Gesetzes. Näheres nach deutschem Verfassungsrecht im → Wörterbuch zum Grundgesetz.

Gesetzlicher Richter, ein mit dem Anspruch auf → rechtliches Gehör und dem Verbot von → Ausnahmegerichten in engem Zusammenhang stehender Verfassungsbegriff. Nach dem GG darf niemand seinem gesetzlichen Richter entzogen werden. Dies bedeutet, daß der zur Entscheidung eines konkreten Falles berufene → Richter oder richterliche Spruchkörper in abstrakt-genereller Weise vorbestimmt sein muß, sei es durch Gesetz oder gerichtlichen Geschäftsverteilungsplan. Näheres nach deutschem Verfassungsrecht im → Wörterbuch zum Grundgesetz.

Gesetzmäßigkeit der Exekutive, ein wesentliches Element der vom GG verfaßten → Rechtsstaatlichkeit, äußert sich namentlich in den Grundsätzen des → Vorrangs des Gesetzes und des → Vorbehalts des Gesetzes. Näheres über die Gesetzesbindung der vollziehenden Gewalt im → Wörterbuch zum Grundgesetz.

Gesinde, Sammelbezeichnung für die einst in adeliger, bürgerlicher oder bäuerlicher Haus- und Landwirtschaft beschäftigten Dienstboten.

Gesinnungsethik, philosophische Anschauung, die den sittlichen Wert einer Handlung ohne Rücksicht auf ihre Auswirkungen nur nach der Intention des Handelnden beurteilt (→ Erfolgsethik).

Gestaltungsfreiheit des Gesetzgebers im Rahmen der verfassungsmäßigen Ordnung ist eine Schranke für die → Verfassungsgerichtsbarkeit, die nicht zu prüfen hat, ob die Entscheidung des Gesetzgebers die gerechteste oder zweckmäßigste war. Näheres im → Wörterbuch zum Grundgesetz.

Gestapo → Geheime Staatspolizei

Gesundheit ist, nach einer (für die politische Praxis zu weit gehenden) Definition der World Health Organization, ein „Zustand des völligen körperlichen, geistigen und sozialen Wohlbefindens und nicht nur das Freisein von Krankheit".

Gesundheitspolitik, Gesamtheit der staatlichen und sonstigen öffentlichen Maßnahmen zu Schutz, Verbesserung oder Wiederherstellung der Volksgesundheit sowie zur sozialen Sicherung im Krankheitsfall.

Gewährleistungen → Institutionelle Garantien

Gewalt im hoheitlichen Sinn (potestas) ist zu unterscheiden von verbotener Gewaltsamkeit (violentia).

Gewalten → Verfassungsgebende Gewalt → Staatsgewalt → Gesetzgebende Gewalt → Vollziehende Gewalt → Rechtsprechende Gewalt → Öffentliche Gewalt

Gewaltenkonzentration, die für totalitäre Herrschaftssysteme bezeichnende Zusammenballung aller Staatsgewalt bei nur einem Staatsorgan, einem → Führer oder der alleinherrschenden Partei.

Gewaltenteilung, ein Grundprinzip des demokratischen → Rechtsstaats. Danach wird die vom Volke ausgehende → Staatsgewalt durch besondere Organe der → Gesetzgebung, der → vollziehenden Gewalt und der → Rechtsprechung ausgeübt. Zweck dieser Teilung und Trennung ist die Sicherung individueller und politischer Freiheit, indem die gesonderten Gewalten sich wechselseitig kontrollieren, balancieren und in Schranken halten. Näheres nach deutschem Verfassungsrecht im → Wörterbuch zum Grundgesetz.

Gewaltherrschaft steht in krassem Gegensatz zu → rechtsstaatlich gemäßigter Staatsmacht.

Gewaltloser Widerstand (non-violent resistance), eine besonders von → Gandhi im Kampf gegen die britische Kolonialherrschaft entwickelte Strategie als Alternative zu gewaltsamer Rebellion.

Gewaltmonopol des Staates bedeutet, daß er allein – freilich durch rechtsstaatliche Verbürgungen beschränkt – zur Anwendung physischen Zwanges befugt ist, um Gesetz und Recht, Frieden und Freiheit in der Gesellschaft zu gewährleisten.

Gewaltverbot, ein oberstes Prinzip des heutigen → Völkerrechts. Die → UNO-Satzung statuiert: „Alle Mitglieder unterlassen in ihren internationalen Beziehungen jede gegen die territoriale Unversehrtheit oder die politische Unabhängigkeit eines Staates gerichtete oder sonst mit den Zielen der Vereinten Nationen unvereinbare Androhung oder Anwendung von Gewalt." Dieses Gewaltverbot als allgemeine Völkerrechtsregel geht über das schon früher gültige Kriegsverbot hinaus. Indessen ist es unter den Bedingungen des technisch-wissenschaftlichen Zeitalters schwierig, „Gewalt" zu definieren, vor allem die Abgrenzung von noch rechtmäßigen Mitteln der Machtausübung und Intervention (→ Aggression → Angriffskriege → Eroberungskriege).

Gewerbefreiheit, Freiheitsverbürgung insbesondere für gewerbliche Unternehmer und Arbeitnehmer, ist grundrechtlich durch die → Berufsfreiheit geschützt (→ Zünfte).

Gewerbesteuer, eine von gewerblichen Betrieben auf der Grundlage von Ertrag und Kapital erhobene → Realsteuer, deren Aufkommen den → Gemeinden zusteht.

Gewerblicher Rechtsschutz, zusammenfassende Bezeichnung für bestimmte Schutzrechte im Bereich gewerblicher Betätigung. Einschlägige Materien sind vor allem: Patentrecht, Warenzeichenrecht, Wettbewerbsrecht, Gebrauchsmuster- und Geschmacksmusterrecht.

Gewerkschaften, aufgrund der → Koalitionsfreiheit tätige Vereinigungen von Arbeitnehmern zur Wahrung ihrer wirtschaftlichen und sozialen Belange vor allem gegenüber den Arbeitgebern. Die ursprünglich in Berufs-, später in Industrieverbände gegliederten Einzelgewerkschaften haben sich oft national zu Bünden, z. B. zum Deutschen Gewerkschaftsbund zusammengeschlossen. Abweichend von den früher weltanschaulich-parteipolitisch getrennten Richtungsgewerkschaften führte die neuere Entwicklung auch in Deutschland zur → Einheitsgewerkschaft.

Gewissen, nach → Kant „die sich selbst richtende moralische Urteilskraft", der innere Gerichtshof mit Ankläger, Angeklagtem und Richter in einer Person. Allgemein das individuelle Bewußtsein (conscientia) vom sittlichen Wert oder Unwert des eigenen Tuns, subjektiv als Sollen oder Versagen erlebt.

Gewissensfreiheit, eine Verfassungsgarantie, die mit den Grundrechten der → Glaubensfreiheit, der → Bekenntnisfreiheit, der → Religionsfreiheit und der → Weltanschauungsfreiheit eng zusammenhängt. Die Gewährleistung der G. sichert nicht nur die freie Gewissensbildung (forum internum), sondern auch die freie Gewissensbetätigung. Näheres nach deutschem Verfassungsrecht im → Wörterbuch zum Grundgesetz.

Gewohnheitsrecht, eine nicht auf frühe Kulturstufen beschränkte Kategorie des → Rechts. G. entsteht durch langdauernde Übung, verbunden mit der allgemeinen Überzeugung, nicht bloß einem Brauch, vielmehr einer Rechtsregel zu folgen. Innerstaatlich kann es Gesetzesrecht ergänzen oder aufheben, jedoch aus rechtsstaatlichen Gründen keine neuen Straftatbestände schaffen. Besondere Bedeutung hatte das G. in der Entwicklung des → Völkerrechts.

Gewohnheitsverbrecher, ein (als Grundlage erhöhter Strafbarkeit und der Sicherungsverwahrung) neuerdings nicht mehr verwendeter Begriff.

„Geworfenheit“ des Menschen: das schicksalhafte „In-der-Welt-sein“ (→ Heidegger) des Einzelnen, der sich existentiell in einer Welt vorfindet, die von ihm nicht hervorgebracht ist.

Gezielter Todesschuß → „Finaler Rettungsschuß“

Ghetto, ursprünglich eine den Juden in Venedig als Aufenthaltsort zwangsweise zugewiesene Insel. Später Bezeichnung für räumlich abgegrenzte Wohnbezirke rassischer, religiöser und anderer Minderheiten.

Gierke, Otto von (1841–1921), deutscher Rechtswissenschaftler. Er betrachtete das „soziale Ganze gleich dem Einzelorganismus als ein Lebendiges“. Den menschlichen Verbänden und somit auch dem Staat sei es gegeben, einen realen überindividuellen Willen (Volkswillen) hervorzubringen.

Gießkannenprinzip, Formel für undifferenzierte Verteilung staatlicher Finanzhilfen, Fördermittel usw. ohne Prüfung der konkreten Bedürftigkeit oder Würdigkeit des Empfängerkreises.

Gilden, im Mittelalter genossenschaftliche Vereinigungen von Kaufleuten einer Stadt, ursprünglich hauptsächlich zu gegenseitigem Schutz, später zur Sicherung von Handelsprivilegien.

Glasnost, Offenlegung, Öffentlichkeit: neuerer russischer Begriff im Zusammenhang mit der von M. Gorbatschow eingeleiteten inneren Umgestaltung (Perestrojka) der Sowjetunion, insbesondere durch politische und wirtschaftliche Liberalisierung.

Glaube, im religiösen Bereich eine Gewißheit des Göttlichen, die in jeder Religion verschieden ausgeprägt sein kann.

Glaubensfreiheit als Grundrecht schützt nicht nur positive religiöse Überzeugungen, sondern auch irreligiöse und antireligiöse Anschauungen. Zur G. gehört insbesondere der Anspruch jedes Menschen, von staatlichen Zwängen im Glaubensbereich unbehelligt zu bleiben. Näheres nach deutschem Verfassungsrecht im → Wörterbuch zum Grundgesetz.

Glaubenskriege → Religionskriege

Gleichbehandlungsgebote → Diskriminierungsverbote

Gleichbehandlungsgrundsatz → Allgemeiner Gleichheitssatz

Gleichberechtigung von Mann und Frau, eine Konkretisierung des → allgemeinen Gleichheitssatzes, wird im deutschen Verfassungsrecht selbständig verbürgt. Danach ist es auch dem Gesetzgeber grundsätzlich verboten, den Geschlechtsunterschied als Grund für differenzierende Regelungen zu wählen. Näheres im → Wörterbuch zum Grundgesetz.

Gleiches Wahlrecht → Wahlrechtsgrundsätze → Zählwert

Gleichgewicht → Gesamtwirtschaftliches Gleichgewicht

Gleichgewicht des Schreckens → Atomares Patt

Gleichgewichtspolitik im internationalen Bereich zielt auf Herstellung und Erhaltung ausgewogener militärisch-ökonomischer Kräfteverhältnisse, so daß kein Staat oder Bündnissystem eine bedrohliche Übermacht gewinnt. Klassisches Beispiel seit dem 18. Jahrhundert: die englische Außenpolitik mit Rücksicht auf das Machtgleichgewicht (balance of power) der kontinentaleuropäischen Staaten.

Gleichheit und Freiheit → Freiheit und Gleichheit

Gleichheit vor dem Gesetz bedeutet, daß die gesetzgebende, vollziehende und rechtsprechende Gewalt unter dem Verfassungsgebot stehen, Gleiches gleich und Ungleiches seiner Eigenart gemäß verschieden zu behandeln. Dabei bleibt es dem Gesetzgeber vorbehalten, in willkürfreier Weise selbst zu entscheiden, welche Lebenstatbestände als gleich oder ungleich anzusehen sind (→ Égalité → Allgemeiner Gleichheitssatz → Besondere Gleichheitssätze → Chancengleichheit → Wahlrechtsgrundsätze).

Gleichheitsgrundrechte schützen den Einzelnen oder Gruppen von Einzelnen gegen Benachteiligungen oder Bevorzugungen durch die Staatsgewalt (→ Allgemeiner Gleichheitssatz → Besondere Gleichheitssätze)

Gleichmacherei (Egalitarismus), Schlagwort für Bestrebungen, außer der formalen Gleichheit (→ Gleichheit vor dem Gesetz) auch materiale Gleichheit herbeizuführen, erforderlichenfalls durch revolutionäre Abschaffung sämtlicher individuellen, sozialen und wirtschaftlichen Unterschiede.

Gleichschaltung, im Führerstaat des → Dritten Reiches die totalitäre Ausrichtung aller Staatsorgane, Behördenapparate, Körperschaften, Vereinigungen usw. auf Ideologie und Direktiven der alleinherrschenden Partei.

Gliedstaaten → Bundesstaat

Globalsteuerung, politische Einwirkung auf ökonomische Globalgrößen (Volkseinkommen, Investitionen, Konsum usw.) im Interesse eines → Gesamtwirtschaftlichen Gleichgewichts, besonders der Balance zwischen hohem Beschäftigungsstand, stabilem Preisniveau und angemessenem Wachstum.

Glorious Revolution von 1688 führte zum Sturz des englischen Königs Jakob II., nicht zuletzt wegen dessen Übergriffe in die Rechte von Unterhaus und Oberhaus. „Glorreich" heißt diese Revolution, weil sie sich ohne Blutvergießen vollzog.

Glossatoren, italienische Juristen des Mittelalters, die römische und kirchliche Rechtssammlungen durch Randbemerkungen (Glossen) verständlich machten.

Glück → Eudämonismus → Bentham

Gnadenakt → Begnadigungsrecht

Gneist, Rudolf von (1816–1895), Rechtswissenschaftler, Richter und Politiker. Vorkämpfer einer rechtsstaatlichen Kontrolle der vollziehenden Gewalt durch → Verwaltungsgerichtsbarkeit.

Godesberger Programm, ein 1959 in Bad Godesberg beschlossenes Grundsatzprogramm der → SPD. Es soll, in Abgrenzung zu überkommenen marxistischen Positionen (Klassenkampf, Planwirtschaft usw.), die Partei durch Betonung von Freiheit, Gerechtigkeit und Solidarität für weite Wählerschichten öffnen.

Gobineau, Joseph Arthur, Comte de (1816–1882), französischer Diplomat und Schriftsteller. Im Zusammenhang der Lehre, daß die konkrete Ausgestaltung eines Staates durch Stammes- und Rasseneigenart bedingt sei, kommt seinem Werk („Essai sur l'inégalité des races humaines") besondere Bedeutung zu. Es unterstreicht die Überlegenheit der arischen Rasse und hat u. a. auch → Chamberlain beeinflußt.

Goebbels, Joseph (1897–1945), im → Dritten Reich einer der einflußreichsten Mitarbeiter → Hitlers, der ihn kurz vor Ende des 2. Weltkriegs zu seinem Nachfolger als Reichskanzler ernannte. Propagandaminister seit 1933, bewirkte G. vor allem die → Gleichschaltung von Presse, Rundfunk und Film sowie von Wissenschaft und Kunst.

Goldene Bulle (Bulla aurea) von 1356, das wichtigste Verfassungsgesetz des → Heiligen Römischen Reiches. Es regelte insbesondere die Rechtsstellung der → Kurfürsten als Königswähler und die Unteilbarkeit der Kurlande (→ Bulle).

Goldene Regel, eine ethische Ausprägung des → Gegenseitigkeitsprinzips, lautet in negativer Form: „Was du nicht willst, das man dir tu', das füg' auch keinem andern zu!"

Goldenes Zeitalter, Epoche paradiesischer Herrschaftsfreiheit und allgemeiner Glückseligkeit, die nach den Mythen vieler Völker der frühesten Menschheit beschieden war (→ Weltalter).

Goethe, Johann Wolfgang von (1749–1832), Dichter, Jurist und Staatsmann. Sein politisches Denken gründet auf konkreten Erfahrungen und praktischer Vernunft. Dem revolutionären Freiheitstaumel der Zeit hält er entgegen: „Freiheit ist ... das laute Feldgeschrei der öffentlich Umwälzenden, ja das Losungswort der Despotie selbst. Wie man denn niemals mehr von Freiheit reden hört, als wenn eine Partei die andere unterjochen will und es auf weiter nichts abgesehen ist, als daß Gewalt, Einfluß und Vermögen aus einer Hand in die andere gehen sollen."

Gottesfriede (pax Dei), im Mittelalter ein durch kirchenrechtliche Sanktionen gesichertes Friedensgebot zum Schutz bestimmter Personengruppen (z. B. Frauen, Pilger, Geistliche) oder räumlicher Bezirke (z. B. Gotteshäuser, Klöster) vor → Fehden und anderen Feindseligkeiten.

Gottesgnadentum der Staatsgewalt: eine Herrschaftsidee im Gegensatz zur heutigen demokratischen Legitimität. Seit der Karolingerzeit wurde dem Königstitel die Formel „Dei gratia" (von Gottes Gnaden) beigefügt. Sie drückte das göttliche Mandat des Herrschers aus und seine Unabhängigkeit von jeder irdischen Macht.

Gotteslästerung (Blasphemie) ist als solche im neueren deutschen Strafrecht kein → Religionsdelikt mehr.

Gottesstaat (civitas Dei), ein von → Augustinus aufgestelltes Staatsideal der Herrschaft Gottes auf Erden, was nicht gleichbedeutend ist mit → Hierokratie oder → Theokratie. Indessen stützten die Päpste des Mittelalters die von ihnen beanspruchte Oberhoheit über das weltliche Regiment auf jene Staatsphilosophie (→ Investiturstreit → Zweischwerterlehre).

Gottesurteil, im mittelalterlichen Prozeß die Entscheidung über Schuld und Unschuld durch ein himmlisches Zeichen bei Fehlen irdischer Beweismittel. Grundlage dieses Verfahrens (durch Feuerprobe, Wasserprobe usw.) war der Glaube, ein Unschuldiger werde von Gott beschützt.

Göttinger Sieben, Professoren der Universität Göttingen, darunter F. C. Dahlmann und die Brüder Grimm. Sie hatten gegen die Aufhebung des liberalen Staatsgrundgesetzes von 1833 durch König Ernst August protestiert, was dieser mit der Entlassung der G. S. beantwortete.

Göttliches Recht → Ius divinum

Grade → Akademische Grade → Doctor

Graf, im Reich der → Franken eine Art Statthalter des Königs mit Hoheitsbefugnissen in einem bestimmten Bereich. Spätere Umwandlung des Grafenamtes in ein → Lehen, aus dem sich → Landesherrschaft entwickeln konnte. Im übrigen ist G. seit dem ausgehenden Mittelalter nur noch ein (vom Kaiser, König oder Landesherrn verliehener) Adelstitel, seit 1918 in Deutschland bloßer Namensbestandteil (→ Adel → Feudalsystem).

Grafschaft, ursprünglich Gerichts- und Verwaltungsbezirk eines → Grafen im fränkischen Reich.

Grande Nation (Große Nation), von → Napoleon geprägte Benennung Frankreichs.

Graue Eminenz, ursprünglich Beiname des Père Joseph, eines engen Beraters Richelieus (1585–1642). Heute Bezeichnung für eine Person, die ohne formelle Verantwortlichkeit großen öffentlichen Einfluß ausübt (→ Zugang zum Machthaber).

Gravamen, Beschwer: im Prozeßrecht eine Zulässigkeitsvoraussetzung für → Rechtsmittel.

Gravamina, verfassungsgeschichtlich insbesondere die Beschwerdeliste der evangelischen Reichsstände auf dem Augsburger Reichstag von 1559.

„Great Society“, Große Gesellschaft: ein auf US-Präsident J. F. Kennedy (1917–1963) zurückgehender gesellschaftspolitischer Reformplan unter besonderer Berücksichtigung des Rassenproblems.

Greenpeace, internationale Umweltschutzorganisation mit mehreren Millionen Mitgliedern und Vertretungen in zahlreichen Staaten. Durch gewaltlose, wagemutige, oft spektakuläre Unternehmen wird auf umweltpolitischen Handlungsbedarf hingewiesen.

Grenzgänger, im Grenzgebiet eines Staates ansässige Arbeitnehmer, die im Nachbarstaat beschäftigt sind. Die daraus erwachsenen Probleme z. B. der Besteuerung sind Gegenstand einschlägiger → Abkommen.

Grenzschutz → Bundesgrenzschutz

Grenzzölle, im Unterschied zu Binnenzöllen die an der Staatsgrenze erhobenen → Zölle; die entsprechende Verlagerung der Zollgrenzen vollzog sich auf dem Kontinent erst im 19. Jahrhundert.

Gretchenfrage, in der Politik eine Frage, die ungern oder ausweichend beantwortet wird. Ursprünglich Gretchens Frage in Goethes Drama: „Nun sag: Wie hast dus mit der Religion?“ Worauf Faust erwidert: „Laß das, mein Kind! Du fühlst, ich bin dir gut.“

Griechentum, Inbegriff früher abendländischer Reflexion über Mensch und Staat (→ Aristoteles, → Platon).

Großbritannien (Great Britain): England, Schottland und Wales; das Vereinigte Königreich schließt Nordirland mit ein (United Kingdom of Great Britain and Northern Ireland). Eigenartige Staatsform mit Zügen einer → gemischten Verfassung. An der Spitze des parlamentarisch-demokratischen Königreichs steht die → Dynastie Sachsen-Coburg-Gotha, seit dem 1. Weltkrieg Windsor genannt.

Großbürgertum, Oberschicht des → Bürgertums.

Großdeutsche Richtung, politische Gruppierung in der → Frankfurter Nationalversammlung, die im Gegensatz zur kleindeutschen Lösung einen Nationalstaat aller Deutschen mit Einschluß Deutschösterreichs forderte. Nach dem 1. Weltkrieg wurde die Vereinigung Österreichs mit Deutschland von den Siegermächten friedensvertraglich verboten.

Großdeutsches Reich, offizielle Bezeichnung des → Dritten Reiches seit Beginn des 2. Weltkriegs.

Große Anfrage, von der GOBT näher ausgestaltete Form des parlamentarischen → Fragerechts. Sie ist schriftlich mit Begründung einzubringen und von Parlamentsmitgliedern in Fraktionsstärke zu unterzeichnen. Als wichtiges Instrument der → Opposition dient sie der Auseinandersetzung über Grundfragen der Regierungspolitik.

Große des Reichs → Fürst

Große Koalition, eine → Regierungskoalition, die von einer relativ breiten parlamentarischen Mehrheit gestützt wird. So z. B. die deutsche Koalitionsregierung 1966–1969, gebildet aus CDU/CSU und SPD, den beiden größten Fraktionen des → Bundestags (→ APO).

Großer Kurfürst, Friedrich Wilhelm, Markgraf von Brandenburg (1620–1688), Begründer der späteren preußischen Großmacht.

Großer Senat, ein bei → obersten Gerichtshöfen des Bundes vorgesehener Spruchkörper, der divergierende Entscheidungen einzelner Senate im Interesse einheitlicher Rechtsprechung vermeiden soll.

Großer Vaterländischer Krieg, sowjetische Bezeichnung für den deutsch-russischen Krieg 1941–1945, anknüpfend an den „vaterländischen Krieg“ gegen den Eroberer Napoleon.

Großfürst, seit dem Mittelalter insbesondere ein russisch-ukrainischer Hochadelstitel, später vor allem in der Zaren-Dynastie geführt.

Großgebietiger, oberster Hoheitsträger zur Unterstützung eines Hochmeisters des → Deutschen Ordens.

Großherzog, Adelstitel im Range zwischen König und Herzog, zunächst im 16. Jahrhundert vom Papst dem Herzog der Toskana verliehen. Besonders nach dem → Wiener Kongreß erhielten etliche deutsche Fürsten dies Prädikat. Heute noch Bezeichnung des luxemburgischen Staatsoberhauptes (Grand-Duc de Luxembourg).

Großinquisitor, General-Untersuchungsrichter der spanischen → Inquisition des 15. Jahrhunderts.

Großmächte, Staaten von hervorragender politisch-militärischer Macht. Im 18. Jahrhundert besonders Frankreich, Großbritannien, Österreich, Preußen und Rußland; später traten Italien, Japan und die USA hinzu. Der 2. Weltkrieg führte zu einer neuen Konstellation (→ Supermächte).

Großwesir, im osmanischen Reich lange der Stellvertreter des Sultans, danach Titel des türkischen Ministerpräsidenten.

Grotius, Hugo (1583–1645), niederländischer Jurist, Politiker und Diplomat. Begründer des modernen Völkerrechts. Besonders sein Werk „Vom Recht des Krieges und des Friedens“ (De jure belli ac pacis) hat sich bis in die Gegenwart als grundlegend behauptet (→ Freiheit der Meere).

Grundbedürfnisse wie ausreichende Ernährung, Kleidung, Wohnung usw. befriedigen zu helfen ist ein Anliegen der staatlichen Sozialpolitik und der internationalen → Entwicklungshilfe.

Gründerjahre, die Zeit nach Errichtung des Deutschen Reiches (1871), besonders die ersten Jahre, als es infolge der französischen Kriegsentschädigung zu außerordentlichen Spekulationen und fieberhaften Firmengründungen kam.

Grundfreiheiten → UNO-Charta

Grundgesetz (→ Lex fundamentalis), historische Bezeichnung für wichtige Verfassungsurkunden des alten Deutschen Reiches (911–1806), z. B. die → Goldene Bulle und der → Ewige Landfrieden. G. im weiteren Sinne waren u. a. auch der → Westfälische Frieden und der → Reichsdeputationshauptschluß.

Grundgesetz von 1949, die Staatsverfassung der → Bundesrepublik Deutschland. Als republikanische, demokratische, rechtsstaatliche und soziale Bundesverfassung galt das G. zunächst nur in dem westlichen Gebiet des zweigeteilten Deutschland. Nach dem Beitritt der ehemaligen → DDR ist es die Verfassung des vereinigten Deutschland. Näheres im → Wörterbuch zum Grundgesetz.

Grundherrschaft, das seit spätrömischer Zeit bis zur → Bauernbefreiung in wechselnden Formen ausgeprägte Herreneigentum an Grund und Boden, oft mit hoheitlichen Befugnissen (Gerichts- und Gefolgsherrschaft) über die dienstbaren Leute (→ Fron).

Grundordnung → Freiheitliche demokratische Grundordnung

Grundpflichten im Sinne allgemeiner Menschen- und Bürgerpflichten, gewissermaßen als Gegenstück zum Katalog der → Grundrechte, kennt das → Grundgesetz nicht. Indessen gibt es für bestimmte Personengruppen besondere verfassungsrechtliche Schuldigkeiten, z. B. die → Wehrpflicht oder die Pflicht zur → Verfassungstreue.

Grundrechte, verfassungsgarantierte fundamentale Rechte insbesondere des Einzelnen zum Schutz von → Menschenwürde, → Freiheit und → Gleichheit. Entwicklungsgeschichtliche Dokumente der Grundrechtsidee im Widerstreit zur absolutistischen Staatsgewalt sind vor allem die → Bill of Rights (1686), die → Bill of Rights of Virginia (1776) und die → Déclaration des Droits de l'Homme et du Citoyen (1789).

Näheres zur deutschen Verfassungsgeschichte und zum normativen Höchstrang der geltenden Grundrechtsordnung im → Wörterbuch zum Grundgesetz.

Grundrechtsbeschränkungen ergeben sich nur aus der Verfassung selbst (Verfassungsvorbehalt) oder aus verfassungsnormierter Ermächtigung des Gesetzgebers (→ Gesetzesvorbehalt). Näheres nach deutschem Verfassungsrecht im → Wörterbuch zum Grundgesetz.

Grundrechtsfähig können außer natürlichen Personen auch inländische → juristische Personen sein, soweit ein Grundrecht seinem Wesen nach auf diese anwendbar ist. Näheres im → Wörterbuch zum Grundgesetz.

Grundrechtskollisionen verschiedener Personen (z. B. Kunstfreiheit vs. Persönlichkeitsrecht) sind im Streitfall durch gerichtliche Güterabwägung auszugleichen.

Grundrechtsverwirkung kann eintreten, wenn bestimmte Grundrechte (z. B. Meinungsfreiheit, Versammlungsfreiheit, Asylrecht) zum Kampf gegen die → freiheitliche demokratische Grundordnung mißbraucht werden. Näheres nach deutschem Verfassungsrecht im → Wörterbuch zum Grundgesetz.

Grundschule → Volksschule

Grundsteuer, eine → Realsteuer, die auf Grundstücke und grundstücksgleiche Rechte (z. B. Wohneigentum) erhoben wird (→ Gemeindesteuern).

Grundvertrag, der 1973 in Kraft getretene Vertrag über die Grundlagen der Beziehungen zwischen der Bundesrepublik Deutschland und der → DDR. Seine Regelungen sind durch den deutschen → Einigungsvertrag überholt.

Grundwerte in Staat und Gesellschaft sind sittliche Prinzipien, die als Fundamente der Rechtsordnung, Politik und zwischenmenschlichen Moral unbedingte Geltung beanspruchen. In der abendländischen Kultur gehören hierzu insbesondere die Achtung vor Leben, Würde und Freiheit der Person. Im → Rechtsstaat sind bestimmte Grundwerte als → Grundrechte garantiert (→ Menschenrechte).

Grüne, Name einer dem → Umweltschutz besonders verpflichteten, aus der → Alternativbewegung hervorgegangenen breiteren Bürgerinitiative, die sich in der Folge als politische Partei auf Bundes- und Landesebene bei Wahlen durchsetzen konnte.

Gruppenegoismus, die organisierte Selbstsucht in der modernen Gruppengesellschaft, bedarf nicht weniger der Mäßigung durch Recht und Staat als die rücksichtslose Durchsetzung von Einzelinteressen.

Guelfen und Ghibellinen, im späten Mittelalter die großen italienischen Parteien, die sich als Anhänger des Papsttums (Guelfen) oder des Kaisertums (Ghibellinen) feindlich gegenüberstanden.

Guerilla (kleiner Krieg), ursprünglich Bezeichnung für bewaffnete Aufstände in Spanien gegen die napoleonische Besetzung. Später ein Sammelbegriff für irreguläre Kriegführung unterschiedlichster Art und Zielsetzung: von Erhebungen gegen Fremdherrschaft bis hin zu innerstaatlichen revolutionären Gewaltakten. Im Rahmen eines zwischenstaatlichen Kriegs werden Guerilleros als Kombattanten vom herkömmlichen Völkerrecht bedingt geschützt. Voraussetzung ist insbesondere, daß sie ihre Waffen nebst Kampfabzeichen offen tragen und einem verantwortlichen Führer unterstehen (→ Francs-tireurs → Freikorps → Freischärler).

Guillotine, eine nach dem Arzt Guillotin benannte Köpfmaschine (Fallbeil), als Hinrichtungsgerät im Zuge der → Französischen Revolution massenhaft gebraucht.

Gute Dienste (good offices), im völkerrechtlichen Verkehr die Einschaltung eines unbeteiligten Staates zwecks diplomatischer Hilfe bei zwischenstaatlichen Konflikten. Als Mittel der → friedlichen Streitbeilegung besteht diese „wohlwollende Intervention“ etwa darin, daß der Drittstaat Verhandlungen zwischen den Konfliktparteien anregt und fördert, u. a. auch durch Bereitstellung eines Konferenzorts mit dem nötigen Apparat.

Gute Sitten, im Rechtssinne jene Verhaltensregeln, die das Anstandsgefühl aller billig und gerecht Denkenden verlangt. Die Verletzung solcher Gebote zwischenmenschlicher Loyalität (Sittenwidrigkeit) bewirkt im Privatrecht die Nichtigkeit von Rechtsgeschäften und deliktische Schadensersatzpflicht (→ Generalklauseln).

Guter Glaube (bona fides) schützt den redlichen Geschäftspartner in seinem Vertrauen auf den äußeren Rechtsschein, z. B. beim Eigentumserwerb vom Nichtberechtigten.

Güterabwägung, ethische oder (verfassungs-)juristische Entscheidung, die notwendig wird, wenn ein sittlich oder rechtlich wertvolles Gut nur auf Kosten eines anderen Wertes gewahrt werden kann (→ Grundrechtskollisionen).

Gütergemeinschaft → Platon

Güteverhandlung, in verschiedenen Prozeßordnungen vorgesehenes Instrument, um einen Rechtsstreit gütlich beizulegen.

Gütliche Vereinbarung, friedliche Erledigung privatrechtlicher Streitigkeiten zwischen souveränen Staaten.

Gutsherrschaft, im Unterschied zur → Grundherrschaft die frühneuzeitliche Rechtsgestalt eines räumlich geschlossenen Großgrundbesitzes in Ostmitteleuropa, wobei der Gutsherr meist auch als lokale Obrigkeit fungierte.

Gutsuntertanen → Erbuntertänigkeit

H

Haager Friedenskonferenzen, die auf Initiative von Zar Nikolaus II. in Den Haag 1899 und 1907 unter Beteiligung von zuletzt 44 Staaten abgehaltenen Konferenzen. Ohne ihr Ziel einer umfassenden Abrüstung zu erreichen, zeitigten sie eine Reihe bedeutsamer völkerrechtlicher Konventionen und Einrichtungen (→ Haager Landkriegsordnung → Haager Schiedshof).

Haager Konventionen, insbesondere die auf den → Haager Friedenskonferenzen beruhenden → Abkommen über Landkriegs-, Seekriegs- und Neutralitätsrecht, ferner über → friedliche Streiterledigung und zwischenstaatliche Schiedsgerichtsbarkeit.

Haager Landkriegsordnung (HLKO), das auf der 2. → Haager Friedenskonferenz beschlossene Abkommen über Gesetze und Gebräuche des Krieges zu Lande. Unbeschadet der vertragsrechtlichen Geltung nur zwischen den beteiligten Staaten werden die Regeln der HLKO weitgehend als → Völkergewohnheitsrecht angesehen. Die Präambel verweist auf die Grundsätze, die sich entwickelt haben aus den unter gesitteten Staaten geltenden Gebräuchen, den Gesetzen der Menschlichkeit und den Forderungen des öffentlichen Gewissens. Die durch → Genfer Konventionen ergänzte HLKO enthält u. a. Bestimmungen über die bewaffnete Macht (→ Kombattanten), verbotene Kampfmittel (z. B. Giftgas), Behandlung von Kriegsgefangenen, Rechte und Pflichten der Besatzungsmacht gegenüber der Zivilbevölkerung.

Haager Schiedshof, Ständiger Schiedsgerichtshof (Cour Permanente d'Arbitrage), mit Geschäftsstelle in Den Haag, errichtet aufgrund der → Haager Konvention zur friedlichen Beilegung internationaler Streitfälle. Das Schiedsgericht wird von Fall zu Fall gebildet.

Habeas corpus (lat.): du habest den Körper!

Habeas-Corpus-Act von 1679, englisches Grundgesetz zum Schutz der leiblichen Freiheit königlicher Untertanen, die vordem unter willkürlichen Verhaftungen zu leiden hatten. Von nun an durfte niemand mehr ohne Anhörung und Billigung durch den Lordkanzler oder einen Richter in Haft genommen werden. Der Gedanke dieser Freiheitsverbürgung wirkt in allen rechtsstaatlichen Verfassungen fort.

Habeas-Corpus-Garantien des deutschen Grundgesetzes → Freiheit der Person → Freiheitsentziehung

Habemus Papam (lat.): wir haben einen Papst. Verkündungsformel der Neuwahl eines Papstes; Bekanntgabe durch den zuständigen Kardinal von der Loggia des Petersdoms.

Habilitation → Venia legendi

Habsburger, nach der Schweizer Stammburg benannte, seit König Rudolf I. (1273–1291) in Österreich verwurzelte → Dynastie. Von der frühen Neuzeit an standen die H., mit nur kurzer Unterbrechung, an der Spitze des alten Deutschen Reichs bis an dessen Ende (1806).

Habsburger Donaumonarchie, die aus dem Kaisertum Österreich (gegr. 1804) unter Franz Joseph I. (1848–1916) nach Verlust der Vorherrschaft in Deutschland (1866) geschaffene Doppelmonarchie Österreich-Ungarn (bis 1918).

Hackordnung, Rang- und Machtabstufungen im Tierreich, besonders bei Vögeln, wo der stärkere den schwächeren durch Hacken beherrscht. Metapher für die Binnenstruktur menschlicher Gruppen.

Haft, hoheitlicher Entzug der Bewegungsfreiheit einer Person, vor allem in Form der → Untersuchungshaft und → Freiheitsstrafe.

Haftbefehl, im Strafverfahren die schriftliche Anordnung des Richters, einen Beschuldigten in → Haft zu nehmen. Zulässigkeitsvoraussetzungen sind außer dringendem Tatverdacht bestimmte Haftgründe, insbesondere Flucht, Fluchtgefahr oder Verdunkelungsgefahr.

Haftprüfung, die der Untersuchungshäftling jederzeit beantragen kann, dient der richterlichen Kontrolle, ob der → Haftbefehl aufzuheben oder abzumildern ist.

Haftung des Staates → Staatshaftung

Hakenkreuz, ein in verschiedenen alten, u. a. auch asiatischen Kulturen bekanntes Symbol. Seit der Übernahme als Kampfabzeichen der → NSDAP weithin diskreditiert.

Halbwelt (demi-monde), die nach bürgerlichen Wertmaßstäben als zwielichtig geltende Lebewelt.

Halsgericht, Kriminalgericht im späten Mittelalter, zuständig für schwere Verbrechen.

Halsgerichtsordnung → Bambergische Halsgerichtsordnung → Constitutio Criminalis Carolina

Hambacher Fest, mehrtägige Großkundgebung mit Volksfestcharakter auf dem pfälzischen Schloß Hambach im Mai 1832. Ausdruck der Einheits- und Verfassungsbewegung mit dem Ziel eines republikanischen, freiheitlichen, einigen, demokratischen Deutschland.

Hamburg, Freie und Hansestadt, ein Land der → Bundesrepublik Deutschland.

Hammelsprung, parlamentarisches Abstimmungsverfahren für den Fall, daß Handzeichen oder Aufstehen kein eindeutiges Ergebnis bringen. Beim H. verlassen die Abgeordneten den Sitzungssaal, um ihn durch drei verschiedene Türen (für Ja, Nein und Enthaltungen) wieder zu betreten, wobei sie gezählt werden.

Hammer und Sichel, Staatssymbol der → UdSSR, Zeichen des kommunistischen Bündnisses der Arbeiter und Bauern.

Handelsabkommen → Handelsverträge → GATT

Handelsbeschränkungen im zwischenstaatlichen Verhältnis gibt es besonders in Form von Zöllen, Ein- und Ausfuhrabgaben, staatlichen Ein- und Ausfuhrmonopolen, internen Steuerbelastungen und mengenmäßigen Restriktionen des Warenaustauschs. Der Abbau von H. ist Gegenstand bilateraler, multilateraler (→ GATT) und supranationaler (→ EWG) Regelungen.

Handelsbilanz, Teil der außenwirtschaftlichen → Zahlungsbilanz.

Handelsdelegationen gelten nicht als diplomatische Missionen im engeren Sinn (→ Gesandter).

Handelsflagge, die nationale Flagge der Kauffahrteischiffe, kann von der jeweiligen Staatsflagge farblich verschieden sein. So bestimmte z. B. die WRV (als Kompromiß der Verfassungsberatungen): „Die Reichsfarben sind schwarz-rot-gold. Die Handelsflagge ist schwarz-weiß-rot mit den Reichsfarben in der oberen inneren Ecke" (Art. 3).

Handelsflotte, nach herkömmlichem Begriff die Gesamtheit der Kauffahrteischiffe eines Staates, d. h. der zum Erwerb durch die Seefahrt bestimmten Schiffe (→ „Billige Flaggen").

Handelsfreiheit → Gewerbefreiheit → Freihandel → GATT → EWG

Handelshemmnisse → Handelsbeschränkungen

Handelskompanien, seit dem 16. Jahrhundert staatlich privilegierte europäische Unternehmen, meist mit Schwerpunkt im überseeischen Geschäft und z. T. im Besitz kolonialer Hoheitsmacht. Hauptbeispiele: die englische bzw. niederländische Ostindische Kompanie.

Handelskrieg → Blockade → Embargo

Handelsmissionen (→ Handelsdelegationen) können der Aufnahme diplomatischer Beziehungen vorangehen.

Handelspolitik → Außenhandelspolitik

Handelsrichter, ehrenamtliche, kaufmännisch erfahrene Beisitzer der → Kammern für Handelssachen.

Handelssperre → Embargo

Handelsstaat, eine wirtschaftsbezogene Kategorie gemäß der Einteilung in Ackerbau-, Handels- und Industriestaaten. Zum „Geschlossenen Handelsstaat": → Fichte.

Handelsverträge, zweiseitige oder mehrseitige → Abkommen zur Förderung der zwischenstaatlichen Wirtschaftsbeziehungen, z. B. durch Abbau von → Handelsbeschränkungen oder zur Sicherung des gegenseitigen Niederlassungsrechts in den Vertragsstaaten (→ Freundschaftsvertrag → GATT).

Handlungsfähigkeit ist juristisch, im Unterschied zur → Rechtsfähigkeit, das Vermögen einer Person, durch eigenes Tun bestimmte Rechtsfolgen zu bewirken, z. B. durch → Rechtsgeschäft sich zu verpflichten oder für → unerlaubte Handlungen einstehen zu müssen.

Handlungsfreiheit → Allgemeine Handlungsfreiheit

Hand- und Spanndienste, in früheren Epochen eine Form der → Fron; heute eine verfassungsrechtlich nur bedingt zulässige → Dienstleistungspflicht.

Handwerkskammer, → Körperschaft des öffentlichen Rechts zur Wahrung u. a. der Interessen des selbständigen Handwerks in einem Bezirk.

Hanse (Hansa), seit dem hohen Mittelalter eine Art Genossenschaft namentlich norddeutscher Kaufherren, später ein Bund von Kaufmannsstädten mit besonderen Privilegien im Außenhandel (Universitas mercatorum Romani imperii).

Hansestädte, historisch die Mitglieder der → Hanse, deutscherseits u. a. Lübeck, Bremen, Hamburg, Köln, Dortmund, Braunschweig, Breslau. Heute noch traditioneller Namensbestandteil der Bundesländer → Bremen und → Hamburg (→ Freistadt).

Harakiri (Bauchaufschneiden), in Japan eine ritualisierte Form des → Selbstmords, der nach alter Kriegertradition in gewissen Grenzsituationen vom Ehrenkodex geboten war.

Häresie (Ketzerei), Irrlehre im Widerspruch zu kirchlichen Dogmen; nach katholischem Kirchenrecht ein Glaubensdelikt.

Hare/Niemeyersches Verfahren für die Verteilung der Parlamentssitze nach Bundestagswahlen, benannt nach dem englischen Juristen H. und dem deutschen Mathematiker N., löste das früher angewandte d'Hondtsche Verfahren ab.

Harmonisierungsrichtlinien der → EG dienen der Angleichung des nationalen Rechts im Rahmen der → Europäischen Integration.

Harzburger Front, nach dem Tagungsort Bad Harzburg (1931) benannter Zusammenschluß einer „Nationalen Opposition", unter führender Beteiligung der → NSDAP und der Deutschnationalen Volkspartei, gerichtet gegen die Regierung Brüning.

Hauptfreiheitsrecht, die → allgemeine Handlungsfreiheit als ‚Auffanggrundrecht', das freiheitsschützend eingreift, wo kein spezielles Freiheitsrecht gilt.

Hauptstadt, nach allgemeinem Verständnis die Stadt, in der Parlament und Regierung eines demokratischen Staates ihren Sitz haben (→ Bundeshauptstadt).

Hauptsünden sind nach alter christlicher Tradition: Habsucht, Hoffart, Neid, Trägheit, Unmäßigkeit, Unkeuschheit und Zorn.

Hauptverhandlung, im Strafprozeß die über Schuld und Strafe des Angeklagten entscheidende öffentliche Verhandlung, die in ununterbrochener Gegenwart der Richter und Schöffen durchzuführen ist.

Haupt- und Staatsaktionen, polemische Bezeichnung für eine Gattung trivialer Schauerdramen aus der höfisch-politischen Welt, einst Zugstücke von Wanderbühnen.

Hausfriede, das durch Strafsanktion (Hausfriedensbruch) geschützte Recht auf Ungestörtheit besonders in der eigenen Wohnung (→ Unverletzlichkeit der Wohnung).

Hausgesetze (Hausverträge), autonome Sonderregelungen u. a. der Erbfolge in hochadeligen Familien.

Haushaltsgesetz, der den → Haushaltsplan förmlich feststellende Parlamentsbeschluß, der für alle finanzwirksamen politischen Entscheidungen des Etatzeitraums verbindlich ist (→ Budgetrecht). Näheres nach deutschem Verfassungsrecht im → Wörterbuch zum Grundgesetz.

Haushaltsplan (Budget, Etat), die nach bestimmten Vorschriften aufgestellte Gesamtübersicht aller voraussichtlichen Einnahmen und vorgesehenen Ausgaben einer Finanzperiode des Staates oder anderer Körperschaften des öffentlichen Rechts. Näheres nach deutschem Verfassungsrecht im → Wörterbuch zum Grundgesetz.

Haushaltswirtschaft von Bund und Ländern soll, so bestimmt es das Grundgesetz, den Erfordernissen des → gesamtwirtschaftlichen Gleichgewichts Rechnung tragen (→ Globalsteuerung).

Hausmachtpolitik, ursprünglich das Bestreben der Könige des hohen Mittelalters, die schwindende Reichsgewalt durch Mehrung des erblichen Vermögens (Hausgut) ihrer Dynastie auszugleichen. In der weiteren Entwicklung wurde die H. (vor allem bei den → Habsburgern) zur Grundlage der → Landesherrschaft.

Hausmeier (Major domus), zunächst Inhaber eines leitenden Hofamtes im → Frankenreich; später ein vom König unabhängiges Reichsamt (Majordomat) mit zeitweiliger Regierungsgewalt.

Hausrecht, die Befugnis einer Person, allein zu bestimmen, wer sich in einem umfriedeten Raum aufhalten darf (→ Hausfrieden).

Haussuchung → Durchsuchung

Hearing im engeren Sinn: öffentliche Befragung unabhängiger Sachverständiger zu komplexen Gegenständen parlamentarischer Arbeit (→ Anhörung).

Hedonismus, in der griechischen Antike wurzelnde Lebensphilosophie, wonach das individuelle Lust- und Glücksstreben, sei es sinnlicher oder geistiger Art, das menschliche Dasein bestimmt (→ Bentham → Eudämonismus).

Heer → Armee

Heerbann (Aufgebot zum Heer), die königliche Militärhoheit im → Frankenreich.

Heerfolge, im Mittelalter die Rechtspflicht der Vasallen, dem → Heerbann zu gehorchen.

Heerschildordnung, die vom → Sachsenspiegel festgehaltene, ursprünglich militärische Rangordnung der Lehensträger mit sieben Stufen: 1. König, 2. Geistliche Fürsten, 3. Weltliche Fürsten, 4. Grafen und Freie Herren, 5. Schöffenbarfreie und Ministerialen, 6. Mittelfreie, 7. die übrigen ritterbürtigen Leute.

Hegel, Georg Wilhelm Friedrich (1770–1831), Philosoph mit nachhaltigem Einfluß auf das politische und staatstheoretische Denken bis zur Gegenwart. Über den Staaten steht nach dieser Lehre nur noch der aus dem dialektischen Kampf der Volksgeister hervorgegangene Weltgeist. Die Weltgeschichte wird als Prozeß der Selbstbewußtwerdung des Weltgeistes gedacht und zugleich als „Fortschritt im Bewußtsein der Freiheit“. Hegels idealistische Überhöhung des Staates als „der erscheinende Gott“ und als „Wirklichkeit der sittlichen Idee“ wurde vielfach mißverstanden und leider auch zur Rechtfertigung einer totalitären Staatspraxis mißbraucht (→ Geschichtsphilosophie → Linkshegelianer).

Hegemonialer Bundesstaat, → Bundesstaat mit Vormachtstellung eines Gliedstaates, wie z. B. Preußen im Bismarckschen Kaiserreich.

Hegemonie als politische Erscheinung bezeichnet den rechtlichen oder tatsächlichen Vorrang eines Staates innerhalb einer Verbindung formal gleichgestellter Staaten. Beispiele: Athen im attischen Seebund; Österreich im → Deutschen Bund; UdSSR innerhalb des → Ostblocks.

Heidegger, Martin (1889–1976), Philosoph. Deutung der menschlichen Existenz als Grunderfahrung insbesondere der → „Geworfenheit", der „Angst", der „Sorge" und des „Seins zum Tode". Stark beeinflußt von H. ist u. a. der frühe → Sartre.

Heilige Allianz, Abkommen von 1815 zwischen Rußland, Österreich und Preußen nach dem Sieg über Napoleon. Erklärtes Ziel war die Gewährleistung von Religion, Gerechtigkeit und Frieden, die Wahrung der Fürstenlegitimität und die Bekämpfung revolutionärer Ideen. Das Bündnis, dem andere Mächte beitraten, zerbrach schon bald am russisch-österreichischen Gegensatz im griechischen Freiheitskrieg (1821 ff.).

Heilige Kriege, Bezeichnung für bewaffnete Auseinandersetzungen aus religiösen Gründen, im christlichen Abendland z. B. die → Hugenottenkriege und die → Kreuzzüge.

Heiliger Stuhl, der → Papst als Oberhaupt der katholischen Kirche. Trotz fehlender Staatsqualität ein seit langem anerkanntes → Völkerrechtssubjekt eigener Art, das mit zahlreichen Staaten diplomatische Beziehungen unterhält, völkerrechtliche Verträge schließt und an der Entwicklung des internationalen Rechts u. a. durch Kodifikationen besonderen Anteil nimmt. Vom Hl. Stuhl zu unterscheiden ist die Vatikanstadt, die ungeachtet ihrer territorialen Kleinheit ein souveräner Staat ist und als solcher ebenfalls Völkerrechtssubjekt.

Heiliges Römisches Reich Deutscher Nation (Sacrum Romanum Imperium Nationis Germanicae), letztgültige Bezeichnung des ersten → Deutschen Reiches (911–1806). Es nannte sich zunächst Romanum Imperium, danach Sacrum Imperium, sodann Sacrum Romanum Imperium, und schließlich, seit dem 15. Jahrhundert bis zu seinem Ende, HRRDN. Entstanden in der Tradition des alten Römischen Reiches, betonte es als ‚Sacrum Imperium' seine sakrale Würde gegenüber der Kirche und erinnerte mit dem Zusatz ‚Deutscher Nation' u. a.

an den deutschen Anspruch auf das Kaisertum. Der von den → Kurfürsten zum Kaiser gewählte König (→ Habsburger) zog ursprünglich nach Rom, um vom Papst gekrönt zu werden; Karl V. (1519–1556) war der letzte Kaiser, der seine Krone aus den Händen des Papstes empfing (→ Erwählter römischer Kaiser → Erzämter → Franken → Goldene Bulle).

Heiligkeit der Verträge, völkerrechtlicher Grundsatz der Verbindlichkeit der Verträge (→ Pacta sunt servanda).

Heiligkeit des Monarchen, eine in → konstitutionellen Verfassungen ausgedrückte, von überholten theokratischen Auffassungen geprägte, rechtlich bedeutungslos gewordene Qualifikation der Person des Herrschers.

Heimat und Herkunft sind nach deutschem Verfassungsrecht Merkmale, derentwegen niemand benachteiligt oder bevorzugt werden darf. Näheres darüber im → Wörterbuch zum Grundgesetz.

Heimatlose → Displaced Persons

Heimatrecht (Recht auf Heimat), der besonders aufgrund der Massendeportationen im Zuge des 2. Weltkriegs und danach aktuell gewordene Anspruch von Einzelnen und Gruppen, aus der durch Geburt oder Ansässigkeit erworbenen Heimat nicht vertrieben zu werden bzw. dorthin wieder zurückkehren zu können. Das Recht auf Heimat, das nicht zum Bestand der klassischen Menschenrechte gehört, wird natur-, staats- und völkerrechtlich begründet bzw. postuliert.

Heimtücke-Gesetz, eine kurz nach der NS-Machtergreifung erlassene Notverordnung des Reichspräsidenten „zur Abwehr heimtückischer Angriffe gegen die Regierung der nationalen Erhebung" und der sie stützenden Organisationen. Danach wurden regimekritische Meinungsäußerungen mit empfindlichen Freiheitsstrafen bedroht.

Heißer Draht, direkte Fernschreibverbindung zwischen Weißem Haus und Kreml (seit 1963), um in der Epoche des → Ost-West-Konflikts die beiden Supermächte vor verhängnisvollen Mißverständnissen ihrer Aktivitäten zu schützen.

Heraklit (ca. 550–480 v. Chr.), griechischer Philosoph und Politiker. Er sieht im Krieg den Vater aller Dinge, der die einen als Götter, die andern als Menschen erweist, die einen als Sklaven, die anderen als Freie.

Herdentrieb, der instinktive Drang vieler Tierarten, in mehr oder minder strukturierten Scharen, Schwärmen, Horden, Rudeln, Verbänden usw. dauernd zusammenzusein. Kulturkritisch bezeichnet die Metapher H. ein menschliches Fehlverhalten, das sich, zu schwach für Einsamkeit und Freiheit, durch soziale Anpassung und Flucht in Kollektive bemerkbar macht.

Hergebrachte Grundsätze des → Berufsbeamtentums sind vom Gesetzgeber kraft grundgesetzlichen Verfassungsauftrags zu berücksichtigen. Hierzu gehören z. B. die Anstellung auf Lebenszeit, das → Alimentationsprinzip, wechselseitige Treuepflicht, Unparteilichkeit der Amtsausübung, Ernennung und Beförderung nur nach sachlicher Qualifikation.

Herkommen, alter Brauch; begründet für sich allein noch kein → Gewohnheitsrecht.

Herkunft → Heimat und Herkunft

Hermeneutik, Sinnermittlung und Verstehen von Texten (→ Auslegung von Rechtsnormen).

Herodot (ca. 490–420 v. Chr.), griechischer Historiker, „Vater der Geschichtsschreibung". Seine Darstellung der Perserkriege enthält u. a. auch eine Staatsformenlehre.

Herostrat, griechischer Brandstifter, der aus pathologischer Ruhmsucht den Artemis-Tempel bei Ephesus anzündete (356 v. Chr.). „Herostratentum" in mancherlei Form hat die Antike leider überlebt.

Herr, historisch eine Standesbezeichnung für → Edelfreie, heute Anrede für jeden erwachsenen Mann.

Herrenchiemsee → Verfassungskonvent

Herrenhaus, in der → konstitutionellen Monarchie, bei Zwei-Kammer-Gliederung des Parlaments, typischerweise das nicht vom Volk gewählte Unterhaus (Abgeordnetenhaus), sondern das mehr oder minder direkt vom Monarchen bestimmte Oberhaus (Pairskammer).

Herrenmoral steht nach → Nietzsche im Gegensatz zur Sklavenmoral (Herdenmoral). Diese ist, mit den christlichen Werten der Demut und des Mitleids, dem Ressentiment der Schwachen und Unterdrückten gemäß. Jene entspricht dem ‚Übermenschen' mit seinem Machtbewußtsein und Pathos der Distanz.

„Herrenvolk" nordisch-germanischer Menschen aus dem „deutschen Volkskörper" zu züchten und so das → Dritte Reich zur „Herrin des Erdballs" zu machen, war eine → Hitler beherrschende Wahnidee.

Herrschaft im hoheitlichen Sinn ist Machtausübung durch Befehl und Zwang. Die Gehorsamsbereitschaft der Betroffenen beruht nach Max → Weber idealtypischerweise auf drei Arten von Gründen: rationalen (Glaube an die Legitimität der Obrigkeit), traditionalen (Glaube an die Unantastbarkeit der hergebrachten Ordnung) oder charismatischen (Glaube an das → Charisma des Herrschenden).

Herrschaftsformen lassen sich nach verschiedenen Kriterien unterscheiden, so z. B. schon seit der Antike (→ Aristoteles) nach der Zahl der an der Herrschaft beteiligten Personen: Monarchie/Tyrannis, Aristokratie/Oligarchie, Demokratie/Ochlokratie (→ Staatsformen).

Herrschaftslosigkeit → Anarchie → Anarchismus

Herrschaftsvertrag, eine nicht mit der historischen Staatsentstehung zu verwechselnde Theorie der Rechtfertigung hoheitlicher Gewalt. Hiernach beruht deren Legitimität auf einer Art Vertrag zwischen Herrschenden und Beherrschten (→ Agreement of the people → Contrat social).

Herrscher → Fürst

Herrschergeschlecht → Dynastie

Herrschergewalt (Imperium), die prinzipiell unwiderstehliche → Staatsgewalt; sie ist im → Rechtsstaat mannigfach gemäßigt, insbesondere durch → Grundrechte und → Gewaltenteilung.

Herrscherkult, seit der Antike (Ägypten, Griechenland, Rom) vor allem die Verehrung von Königen und Kaisern, denen als Gottgesandten oder gar als Göttern gehuldigt wurde. Spätere Wandlung vom Typus des Gottkaisers zum Herrscher von Gottes Gnaden (→ Gottesgnadentum).

Herzog, ursprünglich hochadeliger germanischer Heerführer mit befristetem Mandat. Später entwickelten sich ständige herzogliche Ämter, danach erbliche → Stammesherzogtümer und zuletzt Territorialherzogtümer. Es gab im alten Reich auch geistliche Fürsten mit Herzogwürde sowie Titular-Herzöge, die persönlich dem Reichsfürstenstand angehörten (→ Fürst → Großherzog).

Hessen, ein → Land der → Bundesrepublik Deutschland.

Hetären (Genossinnen), bei den alten Griechen z. T. auch politisch einflußreiche, feingebildete Frauen freieren Verkehrs, z. B. Aspasia (Perikles), Thais (Alexander d. Gr.) und Phryne (Praxiteles).

Heteronomie (Fremdgesetzlichkeit), alle Rechtsnormen außerhalb des Bereichs der → Autonomie und → autonomen Rechte.

Hierarchie (Heilige Rangordnung), im weiteren Sinn jede pyramidenförmig gestufte Organisation kirchlicher und weltlicher Sozialgebilde durch ein System der Unter- und Überordnung, so daß Status, Entscheidungsbefugnisse usw. von oben nach unten abnehmen. → Feudalsystem, → Klerus, → Militär, → Staatsverwaltung, aber auch → politische Parteien, Wirtschaftsunternehmen und → Verbände sind Beispiele hierarchisch gegliederter Wirkungseinheiten.

Hierokratie (Heilige Herrschaft), Ausübung weltlicher Macht oder maßgebenden Einflusses durch kirchliche Würdenträger.

High Society, die nach Ansehen, Vermögen, Bildung usw. herausgehobene Oberschicht der Gesellschaft.

Hindenburg, Paul von Beneckendorff und H. (1847–1934), Generalfeldmarschall, volkstümlicher Heerführer im 1. Weltkrieg. Nach dem Tode → Eberts (1925) zweiter und letzter → Reichspräsident der → Weimarer Republik. Nach anfänglicher Weigerung berief er → Hitler zum Reichskanzler (1933) und unterzeichnete u. a. das → Ermächtigungsgesetz.

Hinterbänkler, eine dem britischen Sprachgebrauch (back-bencher) entlehnte Metapher für Abgeordnete, die im Plenum kaum hervortreten, was nicht unbedingt einen Rückschluß auf geringe parlamentarische Wirksamkeit erlaubt.

Hintersassen, Sammelbezeichnung für die von einem → Grundherrn abhängigen Bauern, die, je nach Art und Grad der Dienstbarkeiten, persönlich frei, halbfrei oder unfrei sein konnten (→ Erbuntertänigkeit → Fron → Bauernbefreiung).

Hippies, „Blumenkinder", Angehörige einer amerikanischen Jugendbewegung insbesondere der Mittel- und Oberschicht, die seit den 60er Jahren gegen das herrschende Gesellschaftssystem meist friedlich rebellierte. Zum angestrebten neuen Leben gehörten u. a. Ablehnung der Leistungs-, Wohlstands- und Wettbewerbsmentalität, Bejahung bürgerlicher Bindungslosigkeit, tabufreier Sexualität (‚Love-generation'), fröhlicher Naturverbundenheit und Daseinssteigerung durch Rauschmittelgenuß.

Historische Auslegung, Berücksichtigung der Vorgeschichte und legislativen Entstehung eines Rechtssatzes (→ Auslegung von Rechtsnormen → Verfassungsauslegung).

Historische Rechtsschule, eine von F. C. v. Savigny (1779–1861) begründete wissenschaftliche Lehre, die das Recht als eine Erscheinung des Volksgeistes versteht, der sich in lebendigen Institutionen ausprägt. Diese Deutung der Rechtsentstehung „durch innere, stillwirkende Kräfte" gerät in Widerspruch zur Dynamik des heutigen → Gesetzgebungsstaats.

Historischer Kompromiß, Selbstbezeichnung einer Strategie der italienischen Kommunisten (1973 ff.), durch Zurückstellung ideologischer Grundgegensätze koalitions- und regierungsfähig zu werden („compromesso storico").

Historischer Materialismus → Marxismus → Materialistische Geschichtsauffassung

Historischer Staatsbegriff, typisierende Erfassung hoheitlicher Gebilde gemäß ihren epochenspezifischen Eigenarten.

Historismus, z. T. kritisch-polemisch verwandte Sammelbezeichnung für die seit Beginn des 19. Jahrhunderts besonders in Deutschland aufgekommene Betrachtung aller kulturellen Erscheinungen in ihrer geschichtlichen Bedingtheit und Wandelbarkeit. Wichtig wurde der H. namentlich für die Bereiche der Philosophie, Theologie, Rechtswissenschaft, Staats- und Gesellschaftstheorie.

Hitler, Adolf (1889–1945), deutscher Diktator aus Österreich. Begann als Vorsitzender der → NSDAP (1921); Bestsellerautor mit „Mein Kampf" (1925); während der → Weltwirtschaftskrise wachsende agitatorische Wirkung auf breite Schichten; erwarb die deutsche Staatsangehörigkeit durch Ernennung zum Regierungsrat in Braunschweig (1932); Reichskanzler des „Kabinetts der nationalen Konzentration" (30. 1. 1933); errichtete Schlag auf Schlag einen totalitären Führerstaat, zunächst auf formal-legalem Weg; machte sich nach → Hindenburgs Tod in Personalunion zum Partei-, Regierungs- und Staatschef, später auch zum militärischen Oberbefehlshaber (1941) und obersten Gerichtsherrn (1942); zunehmende Verschärfung der politisch und rassisch motivierten Unterdrückungs- und Ausrottungsmaßnahmen während des 2. Weltkriegs; nach weitausgreifenden Eroberungsfeldzügen in Europa und Nordafrika entscheidende Wende seit dem Debakel von Stalingrad (1943); erfolgloses Attentat gegen H. im ostpreußischen Führerhauptquartier (20. 7. 1944); gegen Kriegsende wahnhafte Durchhaltebefehle an das ausgeblutete Heer und die von alliierten Bombardements verwüstete „Heimatfront"; Selbstmord im Bunker der Berliner Reichskanzlei (30. 4. 1945) kurz vor sowjetischer Einnahme der Stadt (→ Machtergreifung → Ermächtigungsgesetz → Drittes Reich → Führer und Reichskanzler → Harzburger Front → Gleichschaltung → Münchner Abkommen → Großdeutsches Reich → Geheime Staatspolizei → SA → SS → Röhmputsch → Rassengesetze → Konzentrationslager → Euthanasie → Endlösung der Judenfrage → Achsenmächte → Kommissarbefehl).

Hitlerprozeß, Hochverratsverfahren gegen → Hitler und andere wegen des → Hitlerputsches. H., dem als einschlägig verurteilten Ausländer die Ausweisung drohte, erhielt nur die Mindeststrafe von 5 Jahren Festungshaft mit Bewährung nach 6monatiger Verbüßung. Die Haft in Landsberg/Lech nutzte er zur Niederschrift von „Mein Kampf".

Hitlerputsch, gescheiterter Versuch → Hitlers, mit erpreßter Hilfe der bayerischen Regierung von München aus eine Diktatur im Reich zu errichten (1923). Bei einer Bierkeller-Versammlung hatte er die „nationale Revolution" ausgerufen, zugleich das bayerische und Reichskabinett nebst Reichspräsidenten für abgesetzt erklärt. Reichswehr und Polizei schlugen den Putsch nieder; eine von H. angeführte Demonstration wurde an der Feldherrnhalle blutig aufgelöst (→ Hitlerprozeß).

Hitler-Stalin-Pakt, deutsch-sowjetischer Nichtangriffspakt (1939) mit geheimem, erst nach Kriegsende bekannt gewordenem Zusatzprotokoll. Letzteres grenzte „für den Fall einer territorialpolitischen Umgestaltung" die beiderseitigen Interessensphären in Ost- und Südosteuropa ab. Die Vertragspartner vereinbarten u. a. Neutralität bei kriegerischen Verwicklungen einer Seite und Nichtbeteiligung an gegnerischen Allianzen. Nach → Hitlers „Blitzkrieg" gegen Polen kam es zu einem deutsch-sowjetischen Grenz- und Freundschaftsabkommen mit weiteren geheimen Zusatzprotokollen.

Hobbes, Thomas (1588–1679), englischer Philosoph, grundlegend für die Staatstheorie des → Absolutismus. Unter dem Eindruck der Schrekken des → Dreißigjährigen Krieges und der englischen Bürgerkriege schrieb er, als politischer Emigrant in Paris lebend, seine von anthropologischem Pessimismus geprägten einschlägigen Werke. Danach herrscht im Naturzustand ein Krieg aller gegen alle (→ Bellum omnium contra omnes), der Mensch ist des Menschen Wolf (Homo homini lupus). Um Recht und Frieden in einer sonst selbstzerstörerischen Gesellschaft zu sichern, bedarf es einer überragenden Macht: der

Staatsgewalt. In ihr vereinigt sich der Wille aller zu allseitigem Schutz. Der so von den Herrschaftsunterworfenen hervorgebrachte souveräne Staat ist der große „Leviathan".

Hochabsolutismus, das dem „aufgeklärten Absolutismus" vorangehende Zeitalter der → Monarchie. In jener Epoche anerkannte der Fürst noch keine selbstauferlegten Pflichten gegenüber dem Volk, betrachtete er sich noch nicht als „ersten Diener des Staates", wie → Friedrich der Große es ausgedrückt hat.

Hochadel → Fürst

Hochgerichtsbarkeit, eine seit der Karolingerzeit übliche Bezeichnung für besonders wichtige Justizsachen im Unterschied zur Niedergerichtsbarkeit (→ Halsgericht).

Hochkommissar der Vereinten Nationen für Flüchtlinge (United Nations High Commissioner for Refugees), Sonderorganisation der → UNO zum Schutz von → Flüchtlingen und Staatenlosen.

Hochmeister → Deutscher Orden

Hochrechnung, ein Verfahren, das – im Unterschied zu Wahlprognosen aufgrund von Umfragen – nach Auszählung der Wahlergebnisse in repräsentativen Teilbereichen einen Rückschluß auf das voraussichtliche Gesamtergebnis politischer Wahlen erlaubt.

Hochschulen dienen der Pflege und Entwicklung der Wissenschaften und Künste durch Forschung, Lehre und Studium. Als → Körperschaften des öffentlichen Rechts haben sie im Rahmen der Gesetze das Recht der Selbstverwaltung. Zu den H. gehören insbesondere die Universitäten, Theologischen Hochschulen, Kunsthochschulen, Pädagogischen Hochschulen und Fachhochschulen.

Hochschulgrade → Akademische Grade

Hochschullehrer im traditionellen Sinne sind akademische Forscher und Lehrer, die aufgrund der Habilitation oder eines gleichwertigen Qualifikationsbeweises mit der selbständigen Vertretung eines wissenschaftlichen Faches in Forschung und Lehre betraut sind. Hierzu zählen in Deutschland namentlich die → Professoren, → Honorarprofessoren und → Privatdozenten, nicht dagegen die Lehrbeauftragten (→ Forschungsfreiheit → Lehrfreiheit).

Hochschulpolitik gehört nach deutschem Verfassungsrecht zur → Kulturhoheit der Länder, jedoch ist der Bund zur → Rahmengesetzgebung befugt und an der → Gemeinschaftsaufgabe des Aus- und Neubaus von Hochschulen beteiligt.

Hochschulselbstverwaltung bei der Organisation von Forschung und Lehre umfaßt insbesondere die Zusammensetzung des Lehrkörpers, Abhaltung der Lehrveranstaltungen, Durchführung von Prüfungen, Verleihung akademischer Grade, Anstellung wissenschaftlicher Mitarbeiter und nichtwissenschaftlicher Dienstkräfte (→ Fakultät).

Hochstift, seit dem Mittelalter Bezeichnung für → Bistum, → Domkapitel und zugehöriges Territorium. Als reichsunmittelbare Fürstentümer besaßen die H. Landeshoheit bis zum Ende des → Heiligen Römischen Reiches.

Höchste Gewalt, der oberste, von keiner anderen Instanz abgeleitete hoheitliche Wille. Je nach Staatsform ist dies z. B. der Wille des Monarchen oder des demokratischen Souveräns (→ Gewalt → Staatsgewalt → Verfassungsgebende Gewalt).

Höchstzahlverfahren, eine von dem belgischen Mathematiker V. d'Hondt entwickelte Methode zur Verteilung der Parlamentssitze auf die einzelnen Parteien im Falle der → Verhältniswahl (→ Hare/Niemeyersches Verfahren).

Hochverrat ist, im Unterschied zum → Landesverrat, das strafbare Unternehmen, mit Gewalt oder durch Drohung mit Gewalt den Bestand oder die verfassungsmäßige Ordnung des Staates zu ändern. Beispiele: Abtretung von Staatsgebiet; Umgestaltung eines Bundesstaats in einen Staatenbund; Sturz der Regierung mit dem Ziel, dieses Verfassungsorgan zu beseitigen oder völlig umzufunktionieren.

Hof, ursprünglich Bezeichnung für den Haushalt eines → Fürsten, später für die Gesamtheit der Hofämter und deren Inhaber.

Hofämter, hervorgegangen aus der persönlichen Bedienung des → Lehensherrn, wurden vor allem von Kämmerer, Marschall, Schenk und Truchseß versehen. Im Laufe der Zeit erweiterten und institutionalisierten sich die Zuständigkeiten. So wurde z. B. der Marschall, zunächst nur Pferdebetreuer des Fürsten, zum Führer der berittenen Streitkräfte oder gar zum Chef der gesamten Armee.

Hofgericht, eine Art → Appellationsinstanz am Königs- oder Fürstenhof.

Hofkanzlei, österreichische Spitzenbehörde, leitete bis zur Reform → Maria Theresias außer den inneren und Justizsachen auch die kaiserlichen und auswärtigen Angelegenheiten; letztere waren seither einem Staatskanzler übertragen.

Hofrat, in deutschen Territorien ursprünglich Berater des Landesherrn, der von Fall zu Fall konsultiert wurde („Rat von Hause aus"). Später Kollegialbehörde mit wachsendem Gewicht der im römischen Recht ausgebildeten Juristen. Zuletzt persönlicher Titel, der z. B. in Österreich die Zeit der Monarchie überlebt hat (→ Geheimrat).

Hofstaat, Gesamtheit der in Rangklassen gegliederten Bediensteten an einem Hof.

Hoftag, seit dem → Frankenreich die vom König einberufene Tagung der Großen; Vorstufe des Reichstags im → Heiligen Römischen Reich.

Hohe Kommission → Alliierte Hohe Kommission

Hohe See, der an das Küstenmeer und die Wirtschaftszone des Küstenstaats seeeinwärts anschließende Teil des Meeres, dessen Naturschätze einschließlich des Meeresgrundes nach Völkerrecht von allen Staaten ausgebeutet werden dürfen (→ Freiheit der Meere → Dreimeilenzone → Festlandsockel).

Hoheit, traditionelle Anrede fürstlicher Personen, z. B. Königliche Hoheit bei Großherzögen und Prinzen königlichen Geblüts; Kaiserliche Hoheit bei österreichischen Erzherzögen und deutschen Kronprinzen.

Hoheiten, in der älteren Staatstheorie etwa gleichbedeutend mit Majestätsrechten, Regalien und Regierungsrechten hinsichtlich der fünf Bereiche staatlicher Tätigkeit: Auswärtige Angelegenheiten, Innere Verwaltung, Finanzen, Justiz und Kriegswesen.

Hoheitliche Gewalt, die einheitliche, nicht mehr wie früher als Bündel von Hoheitsrechten aufgefaßte → Staatsgewalt (→ Landeshoheit).

Hoheitliches Handeln des Staates und anderer juristischer Personen des öffentlichen Rechts ist – im Unterschied zur privatrechtlichen Tätigkeit der Verwaltung (→ Fiskus) – gekennzeichnet durch einseitige Maßnahmen kraft öffentlich-rechtlicher Überordnung, z. B. bei Erlaß eines Verwaltungsaktes (→ Öffentliche Gewalt → Rechtsweggarantie).

Hoheitsakte → Gerichtsfreie Hoheitsakte

Hoheitsgebiet → Staatsgebiet

Hoheitsgewalt → Hoheitliche Gewalt → Europäische Union

Hoheitsgewässer → Dreimeilenzone → Küstengewässer

Hoheitsrechte, die auf der einheitlichen → hoheitlichen Gewalt des Staates beruhenden Befugnisse insbesondere der Gesetzgebung, Vollziehung und Rechtsprechung.

Hoheitsrechtsbeschränkung zugunsten → kollektiver Sicherheitssysteme sieht das → Grundgesetz vor.

Hoheitsrechtsübertragung an → zwischenstaatliche Einrichtungen steht besonders im Dienste der → europäischen Einigung.

Hoheitsverwaltung, Inbegriff des Verwaltungshandelns in den Formen des → öffentlichen Rechts. Hierzu gehört vor allem die → Eingriffsverwaltung, aber auch der schlicht-hoheitliche Teil der → Leistungsverwaltung (→ Daseinsvorsorge).

Hoheitszeichen wie z. B. Wappen, Flaggen und Siegel symbolisieren die hoheitliche Gewalt des Staates (→ Bundesfarben).

Hohenzollern, deutsches Fürstengeschlecht, das mit der brandenburgischen Linie 1701 die preußische Königskrone und 1871 die deutsche Kaiserwürde erlangte.

Höhere Gewalt im Sinne eines nicht vorhersehbaren außergewöhnlichen Ereignisses, dessen Eintritt auch durch äußerste Sorgfalt nicht zu verhindern war, stellt den Schuldner von der Haftung frei.

Hoher Kommissar → Alliierte Hohe Kommission

Holocaust, auf alttestamentarische Begriffe zurückgehende englische Bezeichnung für Massenvernichtung, insbesondere für den → Genozid an den Juden im → Dritten Reich (→ Antisemitismus → Hitler).

Home Office, das britische Innenministerium (→ Foreign Office).

Home Rule, Selbstregierung innerhalb des britischen Weltreichs; Kurzformel namentlich für die lange unerfüllte Forderung der irischen Nationalisten (→ Dominions).

Homo faber, der Mensch als tätiges Wesen, das die äußere Welt durch Werkzeuge, Technik und Industrie verändert.

Homo homini lupus, der Mensch ist des Menschen Wolf: eine pessimistische Voraussetzung der Staatstheorie von → Hobbes.

Homo ludens, im Gegensatz zum → Homo faber ein Menschentypus, der dem Dasein spielerisch-kontemplativ schaffend gegenübersteht.

Homo-mensura-Satz → Protagoras

Homo novus, „neuer Mann“, seit → Cicero im abschätzigen Sinn gleich Emporkömmling.

Homo oeconomicus, der Mensch als von Eigennutz geleitetes Wirtschaftssubjekt.

Homo politicus → Zoon politicon

Homo sapiens, der vernunftbegabte Mensch im Unterschied zum Tier.

Homogenität der Verfassungen von Gesamtstaat und Gliedstaaten ist eine Voraussetzung der Funktionsfähigkeit des → Bundesstaats. Näheres nach deutschem Recht im → Wörterbuch zum Grundgesetz.

Honnête homme, Mann von Ehre und Welt: klassisches französisches Bildungsideal, entsprechend etwa dem englischen des → Gentleman.

Honorarkonsul (Wahlkonsul), im Unterschied zum berufsmäßigen → Konsul, einem auswärtigen Beamten des Entsendestaats, ist der H. ein unbesoldeter konsularischer Vertreter, der die einschlägigen Interessen meist kleinerer Staaten im Inland wahrnimmt. Es kann sich auch um einen ehrenhalber verliehenen Titel ohne Geschäftsbereich handeln.

Honorarprofessor, nebenberuflicher → Hochschullehrer, der aufgrund besonderer wissenschaftlicher Leistungen und meist längerer Tätigkeit als Lehrbeauftragter zum H. ernannt wurde.

Honoratioren, die angeseheneren, durch Bildung, Beruf, Besitz usw. qualifizierten Mitglieder eines Personenverbands.

Honoratiorenparlament, nach der Vorstellung des klassischen Liberalismus eine Volksvertretung, gebildet aus den fähigsten und unabhängigsten Mitgliedern der Gesellschaft.

Honoratiorenpartei, eine vom heutigen – straff organisierten, mit Funktionärsapparaten ausgestatteten – Parteiwesen überholte Form des lockeren Zusammenschlusses politisch gleichgestimmter, ehrenamtlich tätiger → Honoratioren.

d'Hondtsches Verfahren → Hare/Niemeyersches Verfahren → Höchstzahlverfahren

Horden, Bezeichnung für nur schwach strukturierte Zusammenschlüsse am Anfang der gesellschaftlich-kulturellen Entwicklung („Ur-Horde").

Hörfunk → Berichterstattungsfreiheit

Hörigkeit im rechtsgeschichtlichen Sinn: eine vielfältig ausgeformte, durch die → Bauernbefreiung aufgehobene Abhängigkeit im Zeichen der → Grundherrschaft.

Horizontaler Finanzausgleich → Finanzausgleich

Hosenbandorden (The Most Noble Order of the Garter), höchster Orden → Großbritanniens, gestiftet im 14. Jahrhundert. Das blausamtene ‚Hosenband', das von Damen am linken Oberarm getragen wird, hat die goldene Inschrift: „Honi soit qui mal y pense" (Ein Schuft sei, wer Schlechtes dabei denkt).

Hospitant, parteiloser oder fraktionsloser Abgeordneter, der sich einer → Parlamentsfraktion als Gast anschließt.

House of Commons, Unterhaus: neben dem → House of Lords eine der beiden Kammern des britischen Parlaments, das im 13. Jahrhundert entstanden ist. Nach verschiedenen Parlaments- und Wahlrechtsreformen wurde das Unterhaus – ursprünglich eine Repräsentanz des niederen Landadels und gehobenen Bürgertums – zu einer modernen Volksvertretung, der die entscheidenden politischen Kompetenzen (Gesetzgebung, Wahl der Regierung, Budgetrecht usw.) nach der Verfassung zustehen.

House of Lords, Oberhaus: die erste Kammer des britischen Parlaments, zusammengesetzt aus erblichen, gewählten und ernannten Peers. Dazu gehören Mitglieder des Hochadels und hohen Klerus, geadelte Bürger und hohe Richter (Law Lords). Letzteren obliegt auch die Wahrnehmung der höchstrichterlichen Kompetenzen (Supreme Court of Appeal) des Oberhauses, dessen Präsident, der Lord-Chancellor, zugleich Parlamentarier, Richter und Kabinettsmitglied ist. Ungeachtet seiner fast bedeutungslos gewordenen legislativen Befugnisse – gegen ein vom Unterhaus beschlossenes Gesetz gibt es kein endgültiges Veto mehr – hat das Oberhaus nach wie vor ein besonderes Prestige, das bei großen Kontroversen und politischen Krisen hilfreich sein kann.

Hugenotten („Eidgenossen"), historische Bezeichnung der französischen Protestanten, insbesondere der Calvinisten. Die zunehmenden Spannungen zwischen dieser Religionsgemeinschaft und dem katholischen Königtum führten schließlich zu den → Hugenottenkriegen.

Hugenottenkriege, eine Reihe konfessioneller Bürgerkriege, zuletzt auch eine bewaffnete Auseinandersetzung um dynastische Ansprüche auf den französischen Thron (1562–1598). Das → Edikt von Nantes, das den inneren Frieden wiederhergestellt hatte (1598), wurde von Ludwig XIV. aufgehoben (1685). Dies veranlaßte viele Hugenotten zur Auswanderung in benachbarte Staaten (u.a. auch nach Brandenburg-Preußen), wo sie einen wesentlichen Beitrag zur Entwicklung der bürgerlichen Wirtschaft und Kultur geleistet haben (→ Bartholomäusnacht → Heilige Kriege).

Huldigung, ursprünglich der lehensrechtliche Treueid (Hulde, fidelitas), später der Treueid der Untertanen bzw. der Stände gegenüber dem Landesherrn.

Human relations, Gesamtheit der (nicht zu vernachlässigenden) zwischenmenschlichen Beziehungen in gesellschaftlichen Vereinigungen, wirtschaftlichen Unternehmen und öffentlichen Verwaltungen.

Humanismus in einem nicht epochenspezifischen Sinn ist die Aneignung der geistigen Errungenschaften der Antike, zugleich ein auf umfassende Entfaltung des Individuums zu Freiheit und menschlicher Würde gerichtetes Bildungsideal. Im engeren historischen Sinn wird mit H. die beginnende Neuzeit um die Wende vom 15. zum 16. Jahrhundert bezeichnet. Damals wurden in der christlichen Welt insbesondere auch antike Staatstheorien wirksam, z.B. der Gedanke der Einheit des Staates und seiner hoheitlichen Gewalt (suprema potestas).

Humanitäres Völkerrecht, Inbegriff der Normen des → Kriegsvölkerrechts, die den Prinzipien der Menschlichkeit im Kriege verpflichtet sind. Einschlägige Rechtsquellen sind insbesondere die → Genfer Rotkreuz-Konventionen und die → Haager Landkriegsordnung.

Humanität, Menschlichkeit: ein in der griechischen (Euripides, Sophokles) und römischen Antike (Cicero, Seneca) wurzelndes, von → Humanismus und deutscher Klassik (Lessing, Goethe, Schiller) fortentwickeltes Ideal menschenwürdigen Zusammenlebens in der Gesellschaft.

Humboldt, Wilhelm von (1767–1835), Diplomat und Bildungsreformer. Wichtiger Vertreter des → Humanismus. Als liberaler Denker begrenzte er – um der freien Entfaltung des Individuums willen – die Aufgaben des Staates auf die Gewährleistung innerer und äußerer Sicherheit.

Hume, David (1711–1776), englischer Philosoph und Historiker, der insbesondere die von → Locke vertretene Theorie eines → Gesellschaftsvertrags mit empirischen und logischen Gründen zu widerlegen sucht. Für H. beruht der Staat nicht auf einer ausdrücklichen oder stillschweigenden Vereinbarung seiner Angehörigen. Daß die Bürger der staatlichen Autorität gehorchen, ergibt sich für ihn vielmehr aus ihrem Interesse an friedlichem und sicherem Zusammenleben. Demnach beruht die Loyalität gegenüber dem Herrscher hauptsächlich auf Motiven der Nützlichkeit, ergänzt durch Gewohnheit und Tradition.

Hundertjähriger Krieg (1339–1453), eine Folge oft lang unterbrochener Kämpfe in Frankreich um den französischen Thron, den die englischen Könige nach dem Aussterben der Kapetinger-Dynastie für sich beanspruchten, freilich ohne endgültigen Erfolg.

„Hüter der Verfassung" der → Bundesrepublik Deutschland ist das → Bundesverfassungsgericht.

Hymne → Nationalhymne

I

IAO, Internationale Arbeitsorganisation (ILO: International Labour Organization), Sonderorganisation der → UNO zur Förderung der Arbeitsbedingungen und der sozialen Gerechtigkeit in den Mitgliedsländern.

Ideal, vollkommene Verwirklichung einer → Idee im Leben bzw. deren Vision.

Idealismus in der Praxis: das durch Ideale (Uneigennützigkeit, Hilfsbereitschaft, Mitleid usw.) bestimmte Denken und Handeln. Als philosophische Lehre insbesondere die Anschauung, daß alles Sein aus → Ideen ableitbar und letzter Seinsgrund ein ideelles Prinzip ist.

„Idealpolitik", kompromißloses Verfechten einer → Ideologie im Unterschied zur verständigungsbereiten „Realpolitik".

Idealstaaten (→ Staatsutopien) wurden in mannigfacher Form von spekulativen Theoretikern den historisch-empirischen Staaten gegenübergestellt.

Idealtypus, eine gedankliche Reduktion auf Hauptmerkmale zu dem Zwecke, die unendliche reale Vielfalt politischer Erscheinungen zu begreifen und vergleichbar zu machen. So läßt sich etwa am idealtypischen Beispiel des liberalen vs. totalitären Staates die freiheitliche Verfassungswirklichkeit eines bestimmten Staates annähernd erkennen.

Idee im ursprünglichen philosophischen Sinn: das Urbild und Wesen einer Erscheinung, wie wenig übereinstimmend auch immer mit ihrer materiellen Gestalt. Diese von → Platon ausgehende Lehre erfährt eine neue Deutung bei → Aristoteles: für ihn ist I. gleichbedeutend mit dem in den Dingen liegenden Entwicklungsprinzip, mit ihrer → Entelechie.

Ideengeschichte (Geistesgeschichte), eine Richtung der Geschichtswissenschaft, deren Gegenstand die geistigen Kräfte sind, von denen die politischen, sozialen und wirtschaftlichen Vorgänge bewegt werden.

Identitäre Demokratie im Unterschied zur → repräsentativen Demokratie: eine Form unmittelbarer Volksherrschaft mit Identität von Regierenden und Regierten. Die auf → Rousseau zurückgehende Theorie ist in der politischen Praxis hochkomplexer moderner Staaten nicht zu verwirklichen.

Ideologie, ein heute zwischen Erkenntnistheorie und Schimpfwort schillernder Begriff. Ursprünglich die Wissenschaft von den → Ideen; später das Denksystem einer politischen Bewegung, so z. B. die liberale, soziale oder kommunistische Ideologie.

Ideologiekritik, allgemein die rationale Anstrengung, bestimmte Theorien als Folge eines interessenbedingten, die Wahrheit bewußt oder unbewußt verfehlenden falschen Bewußtseins zu durchschauen.

Ideologisierung, im Unterschied zur unvoreingenommenen, sachbezogenen Erkenntnis- und Handlungsweise das einer → Ideologie verpflichtete, für Kritik unzugängliche Verfechten bestimmter Positionen in Theorie und Praxis (→ Entideologisierung).

Idol: Götzenbild, Trugbild, falsches Ideal auch in der Politik; von → Bacon als erkenntnishinderndes Vorurteil qualifiziert.

IGH → Internationaler Gerichtshof

Ignoramus et ignorabimus, wir wissen es nicht und werden es nicht wissen: Formel für die Unerkennbarkeit des wahren Seins und der Wirklichkeit überhaupt (Agnostizismus).

Illegalität, Ungesetzlichkeit (→ Gesetz → Legalität).

ILO → IAO

Immanente Grundrechtsschranken, die den → Grundrechten von Verfassung wegen innewohnenden Grenzen individueller Freiheit. Eine sozusagen absolutistische Grundrechtsausübung ohne Rücksicht auf die Rechte anderer oder Erfordernisse des Gemeinwohls würde die Rechtsgemeinschaft letztlich in ein Chaos verwandeln (→ Grundrechtsbeschränkungen).

Immaterialgüterrechte beziehen sich auf unkörperliche, geistige Gegenstände, wie z. B. Urheberrechte und Patentrechte.

Immediatsachen, die unmittelbar beim Staatsoberhaupt, Regierungschef oder anderen obersten Instanzen vorgebrachten Angelegenheiten.

Immediatstände, im → Heiligen Römischen Reich die dem Kaiser reichsunmittelbar (ohne Zwischenlehensherrn) verbundenen Stände.

Immerwährender Reichstag, der in Permanenz zu Regensburg tagende Kongreß der Territorialherren (Inhaber der Reichsstandschaft), die sich durch Gesandte vertreten lassen konnten. Ursprünglich sollte diese Versammlung, so hatte es der → Westfälische Friede bestimmt, nur einberufen werden, „wenn es das öffentliche Wohl oder die Not erforderlich macht".

Immigration → Einwanderung

Immissionen im Sinne des Umweltschutzes sind Einwirkungen unkörperlicher Art auf ein fremdes Grundstück, z. B. durch Geräusche, Gerüche, Dämpfe, Gase, Erschütterungen, Licht, Wärme, Rauch.

Immissionsschutz → Umweltschutz

Immunität: Befreitsein, Vorrecht, Vergünstigung. Zu unterscheiden ist die völkerrechtliche (→ Diplomatische I.) von der staatsrechtlichen I. Letztere schützt – was historische, heute fragwürdig gewordene Gründe hat – ein Parlamentsmitglied für die Dauer des Mandats vor Strafverfolgung und anderen Beeinträchtigungen seiner persönlichen Freiheit. Näheres nach deutschem Verfassungsrecht im → Wörterbuch zum Grundgesetz.

Impeachment, öffentliche Anklage. In den USA eine Art Verfassungsprozeß zur Amtsenthebung vornehmlich des Staatspräsidenten wegen Landesverrats oder anderer schwerwiegender Verfehlungen. Ankläger ist das → Repräsentantenhaus, Spruchkörper der → Senat unter Vorsitz des obersten Bundesrichters. Das selten eingeleitete I. drohte zuletzt dem US-Präsidenten R. Nixon, der durch Rücktritt (1974) weiteren Ermittlungen zuvorkam (→ Watergate-Affäre).

Imperatives Mandat im Sinne einer Bindung des Abgeordneten an Aufträge und Weisungen, sei es der Wählerschaft oder seiner Partei, verstößt gegen den repräsentativen Grundsatz des → freien Mandats.

Imperator, Gebieter, Herr. Seit Caesar (→ Caesarismus) Titel der römischen Herrscher, z. B. Caesar Augustus (→ Fürst).

Imperialismus, allgemein Streben nach Vorherrschaft und Unterwerfung. Seit dem ausgehenden 19. Jahrhundert insbesondere die Machtpolitik westeuropäischer, nordamerikanischer (USA) und ostasiatischer (Japan) Staaten, die darauf abzielte, sich weniger entwickelte Länder der Erde u. a. mit ideologischen, wirtschaftlichen und militärischen Mitteln botmäßig zu machen (→ Befreiungsbewegungen → Dekolonisierung).

Imperium, Herrschaft, Hoheitsgewalt, Reich (→ Heiliges Römisches Reich Deutscher Nation).

Imperium vs. Dominium, öffentlich-rechtliche Herrschaft im Gegensatz zum privatrechtlichen Eigentum des → Fürsten. Diese Unterscheidung macht sich in der Staatstheorie des 18. Jahrhunderts zunehmend geltend.

Impermeabilität, Undurchdringlichkeit der territorialen Staatsgewalt im Sinne einer geschlossenen Abgrenzung nach außen. Die Doktrin ist eng verknüpft mit der Entfaltung des monarchischen → Absolutismus.

„Implied powers“, stillschweigend mit inbegriffene Gewalten: betrifft im US-amerikanischen Recht die Frage ungeschriebener Bundeszuständigkeiten vor allem legislativer Art. Näheres nach deutschem Verfassungsrecht im → Wörterbuch zum Grundgesetz.

Import, Wareneinfuhr aus dem → Ausland (→ Europäische Union).

Inauguration, feierliche Einsetzung in ein Amt.

Incentives, staatliche Anreize besonders in der Wirtschafts- und Finanzpolitik, z. B. durch Steuervergünstigungen.

Indemnität, im Unterschied zur → Immunität die Freistellung des Abgeordneten von strafrechtlicher und sonstiger Verantwortlichkeit hinsichtlich seiner parlamentarischen Handlungen, ausgenommen verleumderische Beleidigungen. Näheres nach deutschem Verfassungsrecht im → Wörterbuch zum Grundgesetz.

Indeterminismus, im Gegensatz zum → Determinismus die Lehre von der (relativen) Freiheit des menschlichen Willens.

Index librorum prohibitorum, Verzeichnis der verbotenen Bücher: nach früherem katholischen Kirchenrecht eine Art Bücherzensur, die seit 1966 abgeschafft ist.

Indigenat (Eingeboren-sein), Heimatrecht eines Menschen in einer Gebietskörperschaft. Ursprünglich auch Zugehörigkeit zu den privilegierten Ständen, später gleichbedeutend mit Staatsangehörigkeit. In Deutschland besteht seit Gründung des → Norddeutschen Bundes ein gemeinsames I. aller Staatsangehörigen der Gliedstaaten. Dem entspricht die grundgesetzliche Bestimmung (Art. 33 I), daß jeder Deutsche in jedem Lande die gleichen staatsbürgerlichen Rechte und Pflichten hat.

Indikation, im strafrechtlichen Sprachgebrauch die Anerkennung besonderer Gründe, ausnahmsweise von Sanktionen abzusehen.

Indirekte Steuern, eine Kategorie öffentlicher Abgaben im Unterschied zu den → direkten Steuern.

Indirekte Wahl, Gegenbegriff zur → direkten Wahl.

Individualgesetze → Einzelfallgesetze

Individualismus, Inbegriff staatstheoretischer, sozialethischer, verfassungsrechtlicher und anderer Lehren, die im Unterschied zum → Kollektivismus den Vorrang des → Individuums, seiner Würde und freien Entfaltung betonen. Politisch dem → Liberalismus nahestehend, führt der extreme I. zum → Anarchismus.

Individualrechtsschutz → Rechtsweggarantie → Verfassungsbeschwerde

Individuelle Freiheit → Freiheitsgrundrechte → Rechtsstaat

Individuum (unteilbares Einzelwesen), in Recht und Politik der einzelne Mensch gegenüber → Gesellschaft und → Staat.

Indizienbeweis, im Strafprozeß ein → Beweis aufgrund von tatsächlichen Anzeichen, die nur indirekt auf den zu beweisenden Vorgang schließen lassen.

In dubio pro reo, im Zweifel für den Angeklagten. Ein vom römischen Recht herkommendes ungeschriebenes Prinzip, wonach Freispruch zu erfolgen hat, wenn das Gericht von der Schuld des Angeklagten nicht vollkommen überzeugt ist. Da im Strafprozeß die Unschuldsvermutung gilt, hat der Ankläger die Schuld, nicht dagegen der Angeklagte seine Unschuld zu beweisen.

Indulgenz, Nachsicht, Straferlaß, Lossprechung vom → Bann. Im katholischen Kirchenrecht auch Ablaß im Sinne von Nachlaß bestimmter Sündenstrafen.

Industrielle Revolution, ein auf → Engels zurückgehender Begriff für die umwälzenden gesellschaftlichen Veränderungen durch die Industrialisierung der Güterherstellung im Gefolge moderner Naturwissenschaft und Technologie. Dieser Prozeß begann in der 2. Hälfte des 18. Jahrhunderts mit der Einführung von Maschinen im englischen Textilgewerbe, griff später über auf Kontinentaleuropa, Nordamerika und Japan. Das Aufkommen von Automatisierung und Mikroprozessoren im 20. Jahrhundert hat zu Bezeichnungen wie „zweite" und „dritte" I. R. geführt (→ Frühsozialisten).

Industriegesellschaft, im Unterschied zur vorangegangenen – durch statische, traditionale und ständische Strukturen geprägten – Agrargesellschaft ein mit der Industrialisierung entstandenes hochkomplexes System neuer Sozialgebilde, Wertorientierungen, Lebens- und Arbeitsbedingungen. Kennzeichnend für die I. sind u. a. zunehmende → Arbeitsteilung, horizontale und vertikale Mobilität der Bevölkerung, großstädtische Ballungen, kapitalintensive Produktion, Massenfabrikation, Unternehmenskonzentration, Bürokratisierung, internationale Verflechtung, Selbstrealisation von Naturwissenschaft und Technik, Anfälligkeit für konjunkturelle und strukturelle Krisen (→ Daseinsvorsorge).

Industriestaaten, Bezeichnung für Geberländer im Kontext der → Entwicklungshilfe an → Agrarstaaten.

Infallibilität, → Unfehlbarkeit, Irrtumslosigkeit des Papstes bei Glaubensentscheidungen, wenn er (was ganz selten vorkommt) eine Lehre ex cathedra als bindend für die Gesamtkirche verkündet.

Infamie, historisch die Unehrbarkeit bestimmter Berufe (z. B. Schauspieler) und Erwerbszweige (z. B. Wucher), bekannt schon im altrömischen Recht (→ Fahrende Leute).

Inflation (Aufblähung), Kaufkraftverlust einer Währung, bedingt durch unterschiedliche Ursachen. Die Geldentwertung kann sich mehr oder weniger offen oder verdeckt, schleichend oder galoppierend vollziehen (→ Währungsreform).

Informationelle Selbstbestimmung, ein besonders schutzwürdiges Interesse des Individuums unter den Bedingungen heutiger automatischer Datenverarbeitung. Der grundrechtliche Anspruch auf I. S. ergibt sich aus dem → allgemeinen Persönlichkeitsrecht. Näheres nach deutschem Verfassungsrecht im → Wörterbuch zum Grundgesetz.

Informationsfreiheit, ein mit der → Meinungsfreiheit korrelierendes, jedermann zustehendes Grundrecht, sich aus allgemein zugänglichen Quellen ungehindert zu unterrichten. Näheres nach deutschem Verfassungsrecht im → Wörterbuch zum Grundgesetz.

Infrastruktur (Unterbau), Gesamtheit der materiellen und institutionellen Vorrichtungen eines Gebietes, deren Standard für den Erfolg politischer, wirtschaftlicher und anderer Aktivitäten wesentlich ist. Zur I. gehören u. a. Verkehrserschließung, Transportsystem, Energieversorgung, Nachrichtennetze, Verwaltungsapparate, Gerichtsbarkeit, Bildungseinrichtungen und Gesundheitswesen.

Initiativrecht → Gesetzesinitiative

Inkompatibilität (Unvereinbarkeit), Unzulässigkeit der Vereinigung mehrerer Ämter in derselben Hand. Das Verbot dient teils der → Gewaltenteilung, teils der integren Amtsausübung. Näheres nach deutschem Verfassungsrecht im → Wörterbuch zum Grundgesetz.

Inkorporation, einseitige oder beiderseits gewollte Übernahme von Staatsgebiet durch einen anderen Staat (→ Annexion).

Inkrafttreten von Rechtsnormen: zeitlicher Beginn der Geltung als Recht, regelmäßig vom Normgeber festgelegt. Näheres nach deutschem Verfassungsrecht im → Wörterbuch zum Grundgesetz.

Inland, im Gegensatz zum → Ausland das Gebiet innerhalb der Staatsgrenzen (→ Enklave).

Inländer → Ausländer → Staatsangehörigkeit

Inländische juristische Personen, d. h. solche, die im Inland ihren effektiven Verwaltungsmittelpunkt haben, können Träger von → Grundrechten sein, soweit diese ihrem Wesen nach auf sie anwendbar sind. Näheres nach deutschem Verfassungsrecht im → Wörterbuch zum Grundgesetz.

Innenpolitik im weiteren Sinne: die Gesamtheit politischer Prinzipien, Pläne und Maßnahmen, die sich vor allem auf die Gestaltung der Rechts-, Gesellschafts- und Wirtschaftsordnung eines Staates beziehen. Hiervon zu unterscheiden ist die Ressortzuständigkeit des Innenministers namentlich für die innere Verwaltung und Polizei.

Innere Emigration, Bezeichnung für die nicht emigrierten Gegner des → Nationalsozialismus (→ Emigration).

Innere Führung, ein neuartiges Konzept der → Bundeswehr, das den Soldaten als „Staatsbürger in Uniform" der freiheitlichen Verfassungsordnung einfügt und den Primat der politischen vor der militärischen Führung betont.

Innere Sicherheit als Aufgabe der → Innenpolitik umfaßt besonders den Schutz der Rechts- und Sozialordnung des Staates sowie die Abwehr von Gefahren für Leib und Leben, Freiheit und Eigentum der Bürger. Dabei sind Zielkonflikte möglich zwischen der Durchsetzung des staatlichen Gewaltmonopols und liberaler Beschränkung der Staatsgewalt.

Innerer Notstand, im Unterschied zum äußeren Notstand (→ Verteidigungsfall) bezeichnet der I. N. so verschiedenartige Tatbestände wie Naturkatastrophen und besonders schwere Unglücksfälle einerseits und drohende Gefahren für den Bestand oder die freiheitliche Grundordnung des Staates andererseits. Zur Abhilfe in diesen Fällen sind Sonderbefugnisse der Exekutive vorgesehen. Näheres nach deutschem Verfassungsrecht im → Wörterbuch zum Grundgesetz.

Innerparteiliche Demokratie, abweichend von der allgemeinen Vereinsautonomie ein grundgesetzliches Gebot für die innere Ordnung politischer Parteien, die demokratischen Grundsätzen entsprechen muß. Dies bedeutet vor allem, daß die Willensbildung vom Parteivolk zur Führungsspitze hin zu erfolgen und daß sich die Parteiführung wiederkehrenden Wahlen zu stellen hat.

Innovation durch Vorgabe neuer Ideen, Ziele und Modelle im Rahmen der Verfassungsordnung ist eine Hauptaufgabe intuitiver Staatskunst.

Innungen, Vereinigungen selbständiger Handwerker zur Förderung gemeinsamer Interessen; gewissermaßen Nachfolgeeinrichtungen der im 19. Jahrhundert aufgrund der Gewerbefreiheit aufgelösten → Zünfte.

Input-output-Analyse, aus der Volkswirtschaft (input: Mitteleinsatz/ output: Produktionsausstoß) in abgewandelter Form auf das politische System übertragener Erkenntnisansatz.

Inquisition (Untersuchung), kirchenrechtsgeschichtlich ein seit dem späten Mittelalter von Kaiser und Papst gebilligtes, auch in England und Frankreich praktiziertes Gerichtsverfahren zur Ermittlung und Aburteilung von Ketzern. Dabei konnte die → Folter angewandt und u. a. auf Vermögens-, Freiheits- und Feuertodesstrafe erkannt werden (→ Großinquisitor).

Inquisitionsmaxime (Untersuchungsgrundsatz), geltendes Prinzip insbesondere des Straf- und Verwaltungsprozeßrechts. Hiernach hat – im Unterschied zum Zivilprozeß, der regelmäßig vom sog. Verhandlungsgrundsatz beherrscht wird – das Gericht von Amts wegen die entscheidungserheblichen Tatsachen zu erforschen, ohne an das Vorbringen der Verfahrensbeteiligten gebunden zu sein.

Insignien, Kennzeichen hoheitlicher Würde und Macht, seit der Antike z. B. Diadem, Krone, Stab und Thron.

Inspekteur, der dem → Generalinspekteur unterstehende Leiter insbesondere eines Führungsstabes von Heer, Luftwaffe und Marine.

Instanz, die zur Entscheidung einer Sache zuständige Stelle der vollziehenden oder rechtsprechenden Gewalt.

Instanzenzug (Rechtszug), im gerichtlichen Verfahren die Stufen eines Rechtsstreits von der ersten Instanz über die Rechtsmittelinstanz bis zur obersten Instanz (→ Oberste Gerichtshöfe des Bundes).

Institution im allgemeinen staatstheoretischen Sinn ist jede Einrichtung (Idee, Verhaltensmuster, Werkzeug), die eine Gesellschaft zu ihrer Selbsterhaltung und Lebenssteigerung hervorgebracht hat. In dieser Sicht erscheint der Staat als die übergreifende I. eines politisch verfaßten Volkes.

Institutionelle Garantien sind im deutschen Verfassungsrecht z. B. die Gewährleistungen des → Berufsbeamtentums und der → kommunalen Selbstverwaltung.

Institutioneller Flächenstaat als verfassungsgeschichtlicher Begriff kennzeichnet den Wandel vom personenbezogenen Herrschaftsverband zur territorial abgegrenzten Hoheitsgewalt. Zur sprachlichen Entsprechung heißt es im → Contrat social: die antiken Herrscher „nannten sich nur Könige der Perser, der Skythen, der Macedonier; sie schienen sich mehr für Gebieter der Menschen zu halten als für Herren des Landes. Die heutigen Monarchen nennen sich viel geschickter Könige von Frankreich, von Spanien, von England..."

Institutionen, rechtsgeschichtlich ein Teil (offizielles Lehrbuch) des → Corpus Iuris Civilis (→ Digesten).

Institutsgarantien, verfassungskräftige Gewährleistungen bestimmter privatrechtlicher Einrichtungen, z. B. des → Eigentums und → Erbrechts.

Instrument, grundlegende Urkunde im juristischen Sprachgebrauch des Mittelalters und danach.

Instrument of government → Cromwell

Instrumentum Pacis Osnabrucense, der im Jahre 1648 zu Osnabrück ausgehandelte, im Rathaus zu Münster unterzeichnete kaiserlich-schwedische Friedensvertrag (→ Westfälischer Friede).

Insurgenten, Aufständische, besonders gegen Fremdherrschaft.

Integration, Bildung einer staatlichen oder überstaatlichen Gemeinschaft durch Zusammenschluß politischer, wirtschaftlicher, kultureller usw. Wirkungselemente (→ Europäische Integration → Europäische Union).

Integrationslehre, eine von Rudolf Smend (1882–1975) begründete Theorie. Danach ist der „Staat nicht ein ruhendes Ganzes, das einzelne Lebensäußerungen, Gesetze, diplomatische Akte, Urteile, Verwaltungshandlungen von sich ausgehen läßt. Sondern er ist überhaupt nur vorhanden in diesen einzelnen Lebensäußerungen, sofern sie Betätigungen eines geistigen Gesamtzusammenhanges sind."

Integrität, Unantastbarkeit des Staatsgebiets. Völkerrechtliches Verbot, fremde Territorialhoheit zu verletzen (→ Aggression → Annexion).

Intellektuelle, dem Wortsinn nach geistige, vernunftgeleitete, gebildete Menschen. Sodann Bezeichnung für Skeptiker, die jeden politischen, kulturellen, gesellschaftlichen usw. Vorgang kritisch betrachten. Nicht selten auch abschätzig gebraucht für lebensfremde, gemütsarme, erfahrungslose Theoretiker.

Intelligentsia, russischer Begriff seit dem ausgehenden 19. Jahrhundert für eine gehobene Schicht, die sich durch Geistesbildung und Lebensstil vom einfachen Volk unterschied. Ab der → Oktoberrevolution war der radikale Teil der I. eine Stütze des neuen sozialistischen Programms.

Interaktionen, wechselwirksame Handlungen, gegenseitige Beeinflussungen im staatlichen und gesellschaftlichen System.

Interdependenz, wechselseitige Abhängigkeit im modernen zwischenstaatlichen und außenwirtschaftlichen Bereich.

Interdikt, eine Art → einstweiliger Verfügung im altrömischen Recht; später Bezeichnung für kirchenrechtliche Sanktion, die – lokal oder personal – vom Gottesdienst ausschließt (→ Bann).

Interesse: Vorteil, Nutzen, Neigung.

Interesse der Allgemeinheit → Gemeinwohl → Öffentliches Interesse

Interessenausgleich in Konfliktsfällen (z. B. zwischen freier Entfaltung und sozialer Bindung) ist eine Staatsaufgabe besonders der Gesetzgebung und Rechtsprechung.

Interessengruppen → Interessenverbände

Interessenjurisprudenz, im Unterschied zur → Begriffsjurisprudenz eine Lehre, die von der Lückenhaftigkeit der Rechtsordnung ausgeht. Demgemäß hat der Richter konkrete Interessenkonflikte abwägend so zu entscheiden, wie der schweigende Gesetzgeber mutmaßlich entschieden hätte.

Interessenparteien unterscheiden sich in der pluralistischen Gesellschaft insbesondere von → Weltanschauungsparteien.

Interessenpolitik, Begriff des 19. Jahrhunderts (→ Bismarck) für eine nicht von Gefühlen oder Machtstreben, sondern von wohlverstandenen „Interessen des Vaterlandes" bestimmte Politik.

Interessensphäre, außenpolitisches Einflußgebiet eines Staates.

Interessenverbände (organisierte Interessen), freiwillige Zusammenschlüsse von Personen oder Vereinigungen zwecks nachhaltiger Wahrnehmung gemeinsamer wirtschaftlicher, politischer, kultureller usw. Interessen. Dabei geht es um Einwirkung auf andere I. und die Öffentlichkeit, aber auch auf Parteien, Regierung und Parlament.

Intermediäre Gewalten, zwischen staatlicher und privater Sphäre angesiedelte „soziale Gewalten", die als gesellschaftliche Machtgebilde auch den politischen Prozeß zu beeinflussen vermögen, z. B. Gewerkschaften, Arbeitgebervereinigungen, Großkonzerne, Presseunternehmen, Rundfunkanstalten (→ Pouvoirs intermédiaires).

Internationale → Komintern

Internationale Arbeitsorganisation → IAO

Internationale Bank für Wiederaufbau und Entwicklung → Weltbank

Internationale Beziehungen zwischen Staaten, internationalen Organisationen usw. sind Sache der → Außenpolitik und Regelungsgegenstand des → Völkerrechts.

Internationale Gerichtsbarkeit, aufgrund völkerrechtlicher Verträge errichtete Instanzen zur Entscheidung bestimmter, nicht nur zwischenstaatlicher Rechtsstreitigkeiten (→ Europäischer Gerichtshof → Europäischer Gerichtshof für Menschenrechte → Internationaler Gerichtshof → Haager Schiedshof).

Internationale Organisationen, durch → Abkommen geschaffene zwischenstaatliche Einrichtungen mit mehr oder weniger ausgeprägter eigener Hoheitsmacht. Erste umfassende I. O. war der → Völkerbund. Herausragende Bedeutung nach dem 2. Weltkrieg gewannen insbesondere die → UNO mit zahlreichen Sonderorganisationen, die → EG und die → NATO (→ Supranationale Organisationen).

Internationale Politik im weiteren Sinn umfaßt die → Außenpolitiken aller Staaten der Welt.

Internationale Schiedsgerichtsbarkeit im Dienste → friedlicher Streitbeilegung wird auf der Grundlage zwischenstaatlicher Schiedsverträge bzw. Schiedsklauseln von Schiedskommissionen oder Schiedsgerichten ausgeübt (→ Haager Schiedshof). Für die BRD besteht eine verfassungsrechtliche Verpflichtung, Vereinbarungen über eine allgemeine, umfassende, obligatorische I.S. beizutreten. Näheres im → Wörterbuch zum Grundgesetz.

Internationale Sicherheit → Friedenssicherung → Gleichgewichtspolitik → Kollektive Sicherheitssysteme → UNO-Sicherheitsrat

Internationale Verträge → Völkerrechtliche Verträge

Internationale Zusammenarbeit → UNO-Charta

Internationaler Gerichtshof (IGH), International Court of Justice (I.C.J.), die aufgrund der → UNO-Satzung mit Sitz in Den Haag errichtete Rechtsprechungsinstanz. Sie entscheidet außerhalb des Gutachtenverfahrens über völkerrechtliche Streitigkeiten der beteiligten Staaten. Deren UNO-Mitgliedschaft eröffnet den Zugang zum IGH, bedeutet aber nicht die obligatorische Unterwerfung unter dessen Gerichtsbarkeit. Die Richter des IGH werden von Generalversammlung und Sicherheitsrat der UNO für 9 Jahre gewählt.

Internationaler Schiedsgerichtshof → Haager Schiedshof

Internationaler Währungsfonds (IWF), UNO-Sonderorganisation u. a. mit der Aufgabe, den Welthandel durch ein multilaterales Zahlungssystem bei stabilen, konvertiblen Währungen zu erleichtern (→ Bretton-Woods) und den Mitgliedstaaten bei vorübergehenden Zahlungsbilanzschwierigkeiten mit Krediten zu helfen.

Internationales Recht → Völkerrecht

Internationales Rotes Kreuz (IRK), bestehend aus dem 1864 in Genf gegründeten Internationalen Komitee vom Roten Kreuz (IKRK), den nationalen Rot-Kreuz-Gesellschaften und deren internationaler Liga. Aufgaben des IRK sind u. a. Hilfe in Katastrophenfällen, Milderung der Leiden des Krieges, Betreuung von Kriegsgefangenen und Internierten, Auskunftserteilung, Hilfe beim Gefangenenaustausch (→ Genfer Konventionen).

Internationalisierung, völkervertragsrechtliche Unterstellung eines umstrittenen Gebiets unter zwischenstaatliche Kontrolle bzw. die Öffnung international-verkehrswichtiger Flüsse, Meerengen usw. für die Schiffahrt anderer Staaten.

Internationalismus, im Gegensatz zum → Isolationalismus eine der zwischenstaatlichen Zusammenarbeit und anderen auswärtigen Aktivitäten zugewandte Politik.

Internierung, völkerrechtlich geregelte Festnahme und zwangsweise Unterbringung namentlich ausländischer Zivilpersonen durch eine kriegführende Macht. Von Internierungslagern zu unterscheiden sind sog. → Konzentrationslager.

Internuntius, ein im Range unter dem → Nuntius stehender Gesandter des → Heiligen Stuhls, besonders bei weniger wichtigen Staaten.

Interorgan-Kontrollen vollziehen sich im Verfassungsstaat zwischen bestimmten Machtträgern, z. B. zwischen Regierung und Parlament (→ Gewaltenteilung).

Interpellation ist vor allem der durch → Geschäftsordnung geregelte Anspruch des Parlaments, von der Regierung über bestimmte Sachverhalte informiert zu werden (→ Anfragen → Fragerecht).

Interpol, Abkürzung für die – nicht mit eigenen Hoheitsbefugnissen ausgestattete – internationale kriminalpolizeiliche Organisation zur ländergrenzenübergreifenden (nichtpolitischen) Verbrechensbekämpfung.

Interpretation → Auslegung von Rechtsnormen

Interregnum (Zwischenherrschaft). Ursprünglich das altrömische Rechtsinstitut, wonach bei Wegfall der → Konsuln die Regierungsmacht an den → Senat überging. Im alten deutschen Reich besonders die königlose Zeit bis zur Wahl Rudolf von Habsburgs (1273). Die → Goldene Bulle regelte das Problem durch Bestimmung eines Reichsverwesers.

Intervenieren, sich einmischen, eingreifen.

Interventionismus, Sammelbezeichnung für innenpolitische Maßnahmen zur Beeinflussung der gesamtwirtschaftlichen Entwicklung, z. B. durch → Globalsteuerung und → Incentives.

Interventionsverbot, völkerrechtliche Unzulässigkeit vor allem der gewaltsamen Einmischung eines Staates in die inneren Angelegenheiten eines anderen Staates. Auch nichtmilitärische Gewalt ist unerlaubt, z. B. die Anwendung diplomatischer und ökonomischer Druckmittel (→ Gewaltverbot → Gute Dienste → Selbstbestimmungsrecht).

Inthronisation, Erhebung auf den Thron, besonders die feierliche Besitzergreifung des päpstlichen oder bischöflichen Stuhls.

Intifada (Aufstand), Befreiungsbewegung in dem von Israel besetzten Westjordanland und Gazastreifen mit dem Ziel, einen palästinensischen Staat zu erkämpfen.

Intimsphäre, der innerste private Bereich eines Menschen, verfassungsrechtlich geschützt durch das → allgemeine Persönlichkeitsrecht.

Intoleranz, Unduldsamkeit namentlich gegenüber bestimmten religiösen Entfaltungen der Persönlichkeit, ist dem Staat kraft der grundrechtlichen → Bekenntnisfreiheit untersagt.

Intra-Organkontrollen, verfassungsstaatliche Machtbeschränkungen innerhalb desselben Staatsorgans, z. B. zwischen zwei Kammern eines Parlaments (→ Inter-Organkontrollen).

Intuition mit Blick auf die Fakten ist eine Grundvoraussetzung politischer Kunst und Staatstheorie (→ Innovation).

Invasion, großangelegter militärischer Einfall in feindliches Gebiet, namentlich die Landung der westlichen → Alliierten 1944 in dem von der deutschen Wehrmacht besetzten Nordfrankreich.

Investitionslenkung, eine Form des staatlichen → Interventionismus.

Investitur (‚Bekleidung'), lehensrechtlich die Einweisung des Lehensträgers in den Lehensbesitz. Im mittelalterlichen Kirchenrecht die Einsetzung besonders der Bischöfe in die weltlichen und geistlichen Befugnisse ihres Amtes durch den König unter Übergabe von Stab und Ring bei Entgegennahme des Treueids.

Investiturstreit, rechtsgeschichtlich der Machtkampf zwischen Papst und König um das Recht zur → Investitur der Bischöfe und Äbte. Gregor VII. hatte 1078 die → Laieninvestitur durch den Landesherrn allgemein bei Strafe der → Exkommunikation verboten. Der Streit wurde schließlich durch → Konkordate beigelegt. Danach war die Verleihung des geistlichen Amtes (Spiritualia) der Kirche vorbehalten, während dem König die Übertragung der weltlichen Herrschaft (Temporalia) zustand.

Inzest → Blutschande

IRA, Irish Republican Army, ursprünglich (gegr. 1919) eine für die Unabhängigkeit Irlands von Großbritannien kämpfende Streitmacht. Später Untergrundbewegung, die durch Terrorakte die Angliederung Nordirlands (brit.) an die Republik Irland zu erzwingen sucht.

Irrationalismus, dem → Rationalismus entgegengesetzte philosophische Grundposition. Danach wird das Seiende, die Welt usw. nicht vom Verstand bestimmt, sondern z. B. vom „Willen“ (Schopenhauer) oder vom „élan vital“ (Bergson).

Irredenta (unerlöst), Bezeichnung der nationalen Bewegung, die nach der Einigung Italiens den Anschluß der italienischsprachigen Gebiete Österreichs forderte (Triest, Trient/Südtirol, Dalmatien usw.).

Irredentismus, allgemein das Bestreben nationaler Minderheiten nach Eingliederung in einen stammverwandten Nachbarstaat.

Islam → Kalifen → Scharia

Isolation → Splendid isolation

Isolationismus, Selbstbeschränkung eines Staates gegenüber der internationalen Politik. Insbesondere die auf der → Monroe-Doktrin beruhende, bis 1917 maßgebende, nach dem 1. Weltkrieg wiederaufgelebte US-amerikanische Politik, sich aus europäischen Verwicklungen herauszuhalten (→ Splendid isolation).

Isolierung als Ziel der Außenpolitik ist darauf gerichtet, eine gegnerische Macht aller Verbündeten zu entblößen.

Isonomie, Gleichheitsstaat nach → Herodot im Unterschied zu Oligarchie und Monarchie. Bezeichnung für gleichen politischen Anteil aller Staatsbürger, insbesondere → Gleichheit vor dem Gesetz.

Iudex: Richter

Iudex a quo: Richter, von dem die angefochtene Entscheidung kommt.

Iudex ad quem: Richter, zu dem die angefochtene Entscheidung gelangt.

Iudex inhabilis: Richter, der kraft Gesetzes ausgeschlossen ist (z. B. wegen Verwandtschaft mit Verfahrensbeteiligten).

Iudex suspectus: Richter, der wegen Besorgnis der Befangenheit abgelehnt ist.

Iudicium: richterliche Entscheidung, Gerichtshof.

Iudicium parium: Richterbank gleichen Standes, Pairsgericht.

Iura: die Rechte, Rechtsordnung, Rechtswissenschaft.

Iura novit curia: das Gericht kennt das Recht; nach dieser Maxime brauchen die Parteien nur Tatsachen, nicht Rechtsätze darzulegen.

Ius: Recht, Rechtsordnung, Berechtigung.

Ius ad bellum: Recht zum Kriege; nach modernem Völkerrecht obsolet geworden (→ Gewaltverbot).

Ius aequum: billiges Recht; Rechtsnormen, die einen wertausfüllungsbedürftigen Tatbestand enthalten, so daß die besonderen Umstände des Einzelfalls bei der Entscheidung berücksichtigt werden können (→ Generalklauseln).

Ius canonicum: Kanonisches Recht, Römisch-katholisches Kirchenrecht (→ Codex Iuris Canonici).

Ius civile → Zivilrecht → Bürgerliches Recht

Ius cogens: zwingendes Recht; es kann von den Beteiligten nicht ausgeschlossen oder abgeändert werden (z. B. gesetzliche Formvorschriften).

Ius commune: gemeines, allgemein geltendes Recht; insbesondere das in der Neuzeit fortgebildete römische und kanonische Recht.

Ius dispositivum: nachgiebiges Gesetzesrecht für den Fall, daß die Vertragsparteien nichts anderes vereinbart haben.

Ius divinum: göttliches Recht, auf göttlichem Willen beruhendes Kirchenrecht.

Ius eminens → Staatsnotrecht

Ius faciendi foedera: Befugnis, Bündnisse abzuschließen.

Ius gentium: Völkerrecht; ursprünglich Bezeichnung für das Vertragsrecht zwischen römischen Bürgern und Fremden.

Ius humanum: menschliches Recht im Gegensatz zu göttlichem Recht (→ ius divinum), namentlich das durch kirchliche Gesetzgebung geschaffene Recht.

Ius in bello: Recht im Kriege (→ Genfer Konventionen → Haager Landkriegsordnung).

Ius naturale: Naturrecht.

Ius politiae: Recht der „Polizei" des absolutistischen Landesherrn im Sinne des Anspruchs, die gesamten inneren Verhältnisse auf seinem Territorium nach eigenem Gutdünken zu regeln.

Ius primae noctis: Anspruch auf die erste Nacht; gebietsweise mittelalterliche Berechtigung des → Grundherrn auf die Brautnacht einer → Hörigen.

Ius privatum: Privatrecht.

Ius publicum: Öffentliches Recht, Staatsrecht.

Ius publicum europaeum: europäisches öffentliches Recht; historisch gleichbedeutend mit dem (bis ins 20. Jahrhundert fortwirkenden) „klassischen Völkerrecht", das im europäischen Kulturkreis verwurzelt ist.

Ius reformandi: Recht der landesherrlichen Gewalt, in ihrem Gebiet die Religionsverhältnisse zu regeln (→ Augsburger Religionsfrieden).

Ius sanguinis: Recht des Blutes, Abstammungsprinzip (das Kind erwirbt die → Staatsangehörigkeit der Eltern).

Ius soli: Recht des Erdbodens, Territorialprinzip (das Kind erwirbt die → Staatsangehörigkeit des Landes seiner Geburt).

Ius strictum: strenges Recht; hierzu gehören alle Rechtssätze, die – ohne Rücksicht auf Besonderheiten des Einzelfalls (→ ius aequum) – an bestimmte Tatbestände bestimmte Rechtsfolgen knüpfen.

Ius supremae inspectionis: „oberaufsehende Gewalt", ein hoheitliches Vorrecht nach der Staatslehre des 18. und 19. Jahrhunderts.

Ius territoriale: Territorialherrschaft der Reichsstände gemäß dem → Instrumentum Pacis Osnabrucense.

Ius theutonicum: deutsches Siedlungsrecht im Kontext der Ostkolonisation besonders im 13. und 14. Jahrhundert, gefördert u. a. von den brandenburgischen und pommerschen Fürsten.

Iustitia: Gerechtigkeit.

Iustitia commutativa: ausgleichende Gerechtigkeit im Verkehr zwischen Einzelnen.

Iustitia distributiva: austeilende Gerechtigkeit, besonders bei der Lastenverteilung im Verhältnis des Einzelnen zum Staat.

Iustum pretium → Gerechter Preis

IWF → Internationaler Währungsfonds

J

Jagdhoheit, königliches Vorrecht im Mittelalter, später übergegangen auf die Territorialherren.

Jägervölker können zwar persönliche Machtverbände bilden, doch mangels festen Territoriums keinen Staat im modernen Sinn.

Jakobinerclub, höchst einflußreiche politische Vereinigung der → Französischen Revolution, benannt nach ihrem Versammlungsort, dem Kloster Saint-Jacques zu Paris. Bei der Gründung (1789) als „Gesellschaft der Verfassungsfreunde" (Société des amis de la constitution) umfaßte der Club zunächst alle „Patrioten", danach nur noch Republikaner, zuletzt ausschließlich radikaldemokratische Kräfte, deren Führer Robespierre die Schreckensherrschaft („La Terreur") heraufbeschwor.

Jakobinisten, ursprünglich Sammelbegriff für Anhänger der → Französischen Revolution. Später Bezeichnung für schwärmerische Radikaldemokraten bzw. Eiferer mit totalitärer Tendenz.

Jalta-Konferenz, Gipfeltreffen der → Alliierten (→ Churchill → Roosevelt → Stalin) Anfang Februar 1945 in Jalta/Krim. Man verständigte sich dabei insbesondere über abschließende militärische Operationen gegen die → Achsenmächte und eine gemeinsame Nachkriegspolitik gegenüber Deutschland (u. a. Entmilitarisierung, Entnazifizierung, Reparationen, Abtretung deutscher Ostgebiete, Festlegung der Besatzungszonen).

Jaspers, Karl (1883–1969), Philosoph der „Existenzerhellung“ aus einer Erfahrung der Unzulänglichkeit wissenschaftlicher Welterklärung. Warnung vor „Wissenschaftsaberglauben“ und pseudowissenschaftlichen Systemen wie Marxismus und Psychoanalyse.

Jeanne d'Arc (ca. 1411–1431), französische Nationalheldin. Fühlte sich berufen zur Befreiung Frankreichs von den Engländern im → Hundertjährigen Krieg. Wurde vom König empfangen und führte das französische Heer zum kriegsentscheidenden Sieg gegen die Belagerer von Orleans. In englische Gefangenschaft geraten, wurde sie von der → Inquisition wegen Zauberei und Hexerei verurteilt. Tod auf dem Scheiterhaufen. Rehabilitation 1456, Heiligsprechung 1920.

„Jedem das Seine“ zu gewähren, fordert die → Gerechtigkeit nach einem Satz der → Sieben Weisen. Offen bleibt dabei, was jeder als das Seine substantiell verlangen kann.

„Jeder nach seinen Fähigkeiten, jedem nach seinen Bedürfnissen“, Verheißung für den vollendeten Zustand der kommunistischen Gesellschaft: Arbeit wird dann zu lustvoller Selbstverwirklichung, und der herrschende Überfluß läßt kein Bedürfnis mehr ungestillt.

Jefferson, Thomas (1743–1826), amerikanischer Jurist, Diplomat und Staatsmann, 3. Präsident der USA. Verfasser der → Unabhängigkeitserklärung.

Jellinek, Georg (1851–1911), deutscher Rechtswissenschaftler und Staatstheoretiker. In seiner „Allgemeinen Staatslehre“ hat er u. a. die bis in die Gegenwart fortwirkende → Drei-Elemente-Lehre dargelegt.

Jesuitengesetz, im → Kulturkampf erlassenes, bis 1917 geltendes deutsches Gesetz, das den → Jesuitenorden auflöste und alle Ordensaktivitäten im Reichsgebiet verbot.

Jesuitenorden, Societas Jesu (SJ), gegründet 1534 zur Verbreitung des katholischen Glaubens, insbesondere durch Mission, Erziehung, Bildung, wissenschaftliches und schriftstellerisches Wirken. Tätigkeitsfelder weltweit. Wichtige Rolle in der → Gegenreformation. Politische Konflikte führten zur vorübergehenden Aufhebung des Ordens im 18. Jahrhundert.

Jhering, Rudolf von (1818–1892), Professor für römisches Recht u. a. in Basel, Wien und Göttingen. Ausgehend von → Begriffsjurisprudenz und → historischer Rechtsschule methodisch weiterführende Untersuchungen über den „Zweck im Recht".

Johann ohne Land (1167–1216), englischer König. Er verlor den größten Teil der Kronländer in Frankreich; bewilligte die → Magna Charta Libertatum.

Joseph II. (1741–1790), römisch-deutscher Kaiser. In den habsburgischen Erblanden Mitregent Maria Theresias. Nach deren Tod bewirkte er Reformen im Geist des aufgeklärten Absolutismus (u. a. Aufhebung der Leibeigenschaft, Abschaffung der Folter).

Josephinismus im engeren Sinn bezeichnet vor allem die von → Joseph II. in Österreich eingeleiteten religionspolitischen Reformen rationalistischer Art mit dem Ziel einer staatlichen Oberhoheit über die Kirche.

Josephus Flavius (ca. 38–100 n. Chr.), jüdischer Geschichtsschreiber. Außer einer allgemeinen Geschichte der Juden seit der Urzeit („Antiquitates Judaicae") verfaßte er eine Darstellung des römisch-jüdischen Krieges („Bellum Judaicum") bis zum Fall der Bergfestung Massada (73 n. Chr.).

Juden, ursprünglich Bezeichnung für die Angehörigen des Volksstammes Juda, sodann für alle Mitglieder der jüdischen Glaubensgemeinschaft. Spätere Definitionen schwanken, doch treten rassisch-biologische Merkmale gegenüber historisch-kulturellen zurück (→ Antisemitismus).

Judenfrage → Endlösung der Judenfrage → Nürnberger Gesetze

„Judenstaat", eine zunächst als utopisch geltende, unter dem Eindruck der → Dreyfuß-Affäre vorgebrachte Idee des Schriftstellers Theodor Herzl (1860–1904), die sich in Gestalt des Staates Israel bis zu einem gewissen Grade verwirklicht hat.

Judenverfolgung im → Dritten Reich: → Antisemitismus → Endlösung der Judenfrage.

„Judicial self-restraint“, richterliche Selbstbeschränkung, eine von der deutschen Rechtsprechung übernommene Formel des US-Supreme Court. Näheres nach deutschem Verfassungsrecht im → Wörterbuch zum Grundgesetz.

Judikat, richterliche Entscheidung.

Judikative → Rechtsprechende Gewalt

Judikatur, Rechtsprechung.

Jugendbewegung, eine gegen Ende des 19. Jahrhunderts entstandene, in der deutschen Jugend besonders wirksame geistig-soziale Erneuerungsbewegung mit dem romantischen Ziel, durch Hinwendung zu Natur, Heimat, Tradition, Gemeinschaftserleben usw. den Zwängen der Industriegesellschaft zu entrinnen. Einschlägige Gruppenbildungen u. a. Wandervogel, Quickborn und Arbeiterjugend.

Jugendhilfe → Fürsorgeerziehung → Jugendpolitik

Jugendgerichte, mit der Jugendstrafrechtspflege betraute Instanzen, zählen zum Kreis der → Gerichte für besondere Sachgebiete.

Jugendkultur, Sammelbezeichnung für jugendtypische Anschauungen, Werthaltungen, Lebensstile, Manieren usw. im Unterschied zur Erwachsenenwelt.

Jugendpolitik, Inbegriff sämtlicher außerschulischen öffentlichen Maßnahmen zur Förderung heranwachsender Menschen z. B. durch Einrichtungen der Jugendwohlfahrt (Jugendhilfe), des sittlichen Jugendschutzes und des Jugendarbeitsschutzes.

Jugendschutzbestimmungen des Gesetzgebers (z. B. Verbote von sittlich gefährdenden Schriften, Ton- und Bilderzeugnissen, die Gewalttätigkeit verherrlichen, zum Rassenhaß aufreizen oder sexuelle Vorgänge grob schamverletzend darstellen) bilden eine Grundrechtsschranke u. a. für die → Meinungs-, → Presse- und → Filmfreiheit. Näheres nach deutschem Verfassungsrecht im → Wörterbuch zum Grundgesetz.

Julirevolution, die Pariser Revolution von Ende Juli 1830, ausgelöst durch den Staatsstreich (u. a. Auflösung der Kammer, Wahlrechtsänderung) des legitimistisch gesinnten konstitutionellen Monarchen Karl X., der abdanken mußte. Sein Nachfolger, der liberale ‚Bürgerkönig' Louis-Philippe, vereinbarte mit dem Parlament eine neue Verfassung. Er bezeichnete sich nicht länger als König von Gottes Gnaden, auch nicht mehr als König von Frankreich, sondern nur noch als König der Franzosen.

Juliusturm, ursprünglich der Spandauer Festungsturm, in dem die Goldbestände aus der französischen Kriegsentschädigung nach 1871 lagerten. Im übertragenen Sinn Bezeichnung für große Geldreserven der öffentlichen Hand.

Junges Deutschland, politisch-literarische Bewegung der Zeit nach der →Julirevolution. Die Schriften jener Autoren (allen voran Heinrich Heine) wurden im Deutschen Bund verboten. Das J. D. bekämpfte insbesondere Feudalismus, Absolutismus und Orthodoxie. Gefordert wurde Geistesfreiheit, Verfassung und Emanzipation.

Jungfrau von Orleans → Jeanne d'Arc

Junghegelianer → Linkshegelianer

Jüngstes Gericht, das göttliche Gericht, von dem nach christlicher Vorstellung am letzten (jüngsten) Tag der Geschichte alle Menschen durch Christus als Weltenrichter in Gerechte und Ungerechte geschieden werden.

Jungtürken, ursprünglich eine prowestliche Fortschrittsbewegung im Osmanischen Reich des ausgehenden 19. Jahrhunderts. Später übertragen auf die jeweils junge Generation, die besonders in der Politik Reformen verlangt.

Junker (Jungherr), Landedelmann, Angehöriger der adeligen Landstände.

Junkertum, im 19. Jahrhundert polemische Bezeichnung namentlich für die Schicht der ostelbischen preußischen Gutsbesitzer, aber auch für die Tendenz des Adels überhaupt, frühere Vorrechte in Staat und Gesellschaft weiter geltend zu machen.

Junktim, unabdingbare Koppelung z. B. mehrerer Gesetzesvorlagen, Abkommensvorschläge, Gesetze oder völkerrechtlicher Verträge.

Junktimklausel, die Bestimmung des deutschen Verfassungsrechts, daß ein Gesetz, durch das oder aufgrund dessen eine → Enteignung erfolgt, zugleich Art und Ausmaß der Entschädigung regeln muß. Näheres im → Wörterbuch zum Grundgesetz.

Junta (Vereinigung), historisch der spanische Städtebund gegen Krone und Adel; heute Bezeichnung für Entscheidungsgremien der Exekutive, besonders für Regierungsausschüsse eines revolutionären Militärregimes.

Jura → Iura

Jurisdiktion, Rechtsprechung, Gerichtsbarkeit, Justizhoheit.

Jurisprudenz, Rechtswissenschaft.

Jurist im engeren Sinn deutscher Tradition ist nur der „Volljurist", d. h. ein Rechtskundiger, der nach wissenschaftlichem Studium, Referendarexamen und Vorbereitungsdienst durch Ablegen des Assessorexamens die Befähigung zum Richteramt erworben hat.

Juristische Personen sind im Unterschied zu natürlichen Personen (Menschen) bestimmte Vereinigungen, Zusammenschlüsse oder Zweckvermögen, denen, losgelöst von ihrem Mitgliederbestand, eine eigene → Rechtsfähigkeit zuerkannt ist.

Juristische Personen des Privatrechts sind z. B. Aktiengesellschaften, rechtsfähige Vereine und Gesellschaften mit beschränkter Haftung (GmbH).

Juristische Personen des öffentlichen Rechts, Oberbegriff für → Körperschaften, → Anstalten und → Stiftungen des öffentlichen Rechts.

Juristischer Staatsbegriff, Definition des Staates als der mit ursprünglicher Hoheitsgewalt ausgestatteten Gebietskörperschaft eines Volkes.

Jury, Spruchkörper der Geschworenen im angloamerikanischen Strafprozeß mit der Aufgabe, regelmäßig nur über Schuld oder Unschuld des Angeklagten, nicht über das Strafmaß zu entscheiden.

Jus → Ius

Juste-milieu (richtige Mitte), französische Formel für den liberalmonarchischen Regierungsstil nach der → Julirevolution.

Justice of the peace → Friedensrichter

Justinian (482–565), byzantinischer Kaiser mit besonderen Verdiensten um die abendländische Jurisprudenz dank seiner Kodifikation des römischen Rechts (→ Corpus Iuris Civilis → Digesten → Institutionen).

Justiz im weiteren Sinn umfaßt die gesamte staatliche Rechtspflege nebst zugehöriger Verwaltung, im engeren Sinn nur die → Judikative.

Justizfreie Hoheitsakte dergestalt, daß bestimmte Maßnahmen der Exekutive trotz individueller Beschwer von gerichtlicher Nachprüfung freigestellt sind, gibt es nach geltendem deutschen Verfassungsrecht nicht mehr. Näheres im → Wörterbuch zum Grundgesetz (→ Act of State → Acte de gouvernement).

Justizgewährungsanspruch, insbesondere das Recht des Betroffenen, bei Streitigkeiten mit der öffentlichen Gewalt ein unabhängiges Gericht anrufen zu können (→ Rechtsweggarantie).

Justizhoheit, gleichbedeutend mit → Gerichtshoheit.

Justiziabel, richterlich überprüfbar (→ Justizfreie Hoheitsakte).

Justizielle Grundrechte, Verfassungsgarantien einer gerichtsförmigen Sicherung der Freiheits- und Gleichheitsgrundrechte. Näheres im → Wörterbuch zum Grundgesetz.

Justizirrtum, Fehlurteil infolge falscher Sachverhaltsfeststellung oder unrichtiger Rechtsanwendung.

„Justizmord", Hinrichtung eines Unschuldigen aufgrund eines → Justizirrtums oder einer → Rechtsbeugung.

Justizrat, herkömmlicher Titel für verdiente Rechtsanwälte und Notare.

Justizstaat (Richterstaat), heute meist polemisch gebrauchte Bezeichnung für ein Übergewicht der Gerichtsbarkeit, wodurch sich Entscheidungen, die eigentlich der → Legislative oder → Exekutive zustehen, auf die → Judikative verlagern.

Justizverwaltung mit dem Justizminister an der Spitze hat im → Rechtsstaat insbesondere die Aufgabe, den äußeren Betrieb der Rechtspflege zu gewährleisten (z. B. Unterhaltung der Gerichtsgebäude, Dienstaufsicht über das Justizpersonal, Beschaffung notwendiger Sachmittel). Dagegen ist ihr von Verfassungs wegen jede Einwirkung auf Gerichtsentscheidungen versagt (→ Richterliche Unabhängigkeit).

Justizverweigerung, etwa durch bewußte Nichterledigung einer anhängigen Sache, verstößt nach deutschem Verfassungsrecht gegen die Bestimmung, daß niemand seinem → gesetzlichen Richter entzogen werden darf.

Justizvollzugsanstalten dienen der strafrechtlichen Vollstreckung des anstaltsgebundenen Freiheitsentzugs (→ Freiheitsstrafe, Jugendstrafe) sowie der Sicherungsverwahrung.

K

‚Kabale‘ (‚cabal‘), historische Bezeichnung für die vom Parlament mißbilligte Cliquen- und Intrigenwirtschaft im geheimen Kabinett (‚Cabinet Council‘) der britischen Monarchie vor der Revolution von 1688 (→ Glorious Revolution).

Kabinett, heute gleichbedeutend mit → Regierung als Kollegium der Minister und des Regierungschefs. Früher, seit dem aufkommenden → Absolutismus, Bezeichnung für das Arbeitszimmer des Fürsten (‚cabinet‘) nebst seinem persönlichen Beraterkreis.

‚Kabinett der Barone‘, die seiner Zeit so bezeichnete Reichsregierung v. Papen (1932), der besonders viele Minister mit Adelsnamen angehörten.

Kabinettsbildung im Sinne der personellen Hervorbringung, Umgestaltung und Beendigung der Regierung ist nach deutschem Verfassungsrecht primär Sache des → Bundeskanzlers. Näheres im → Wörterbuch zum Grundgesetz.

Kabinettsjustiz, ein vom rechtsstaatlichen Grundsatz der → richterlichen Unabhängigkeit überholter, schon durch die → Aufklärung bekämpfter absolutistischer Brauch, insbesondere Strafrechtssachen zur Entscheidung ins landesherrliche Kabinett zu ziehen bzw. nach Weisung der Krone entscheiden zu lassen.

Kabinettsministerium → Zivilkabinett

Kabinettspolitik, im → Absolutismus besonders eine → Außenpolitik ohne Rücksicht auf die Belange des Volkes.

Kabinettsprinzip (Kollegialprinzip), im Unterschied zum → Kanzlerprinzip und → Ressortprinzip ein Strukturelement der deutschen Bundesregierung, wonach bestimmte Kompetenzen dem Kabinettskollegium als solchem zustehen. Näheres im → Wörterbuch zum Grundgesetz.

Kabinettsrang von Staatssekretären hängt von der jeweiligen Landesverfassung ab.

Kabinettsräte → Zugang zum Machthaber

Kabinettsvorlagen sind insbesondere die von der Regierung beim Parlament eingebrachten Gesetzgebungsvorschläge (→ Gesetzesinitiative).

Kader (‚cadre'), beim Militär die besonders ausgebildete Kerntruppe. Nach kommunistischem Sprachgebrauch das ideologisch zuverlässige Führungspersonal in Partei, Staat, Kultur, Wirtschaft und Gesellschaft.

Kaderpartei, von politischen → Kadern zentral gelenkte Massenpartei ohne nennenswerten Einfluß der Mitglieder außerhalb der Funktionärsklasse. Das auf → Lenin zurückgehende Organisationsmodell der K. wurde u. a. auch von → Hitler übernommen.

Kaderpolitik, ein personalpolitischer Leitbegriff in der Geschichte der Sowjetunion und anderer sowjetsozialistischer Staaten.

Kadi, Richter in arabischen Staten.

Kaiser, deutsches Lehnwort (von lat. Caesar), ursprünglich Bezeichnung für den Herrscher des Römischen Reiches als Träger höchster weltlicher Gewalt. Karl d. Gr. verknüpfte die mittelalterliche Kaiserwürde mit der altrömischen Tradition, die sich im → Heiligen Römischen Reich deutscher Nation fortgesetzt hat. Der Titel wandelte sich von „Serenissimus Augustus, magnus imperator" zu „Von Gottes Gnaden Römischer Kaiser, allzeit Mehrer des Reiches". Seit der Erneuerung des abendländischen Kaisertums durch Otto I. (962) besaß der deutsche König die Anwartschaft auf die römische Kaiserwürde und Krönung durch den Papst. Die rechtlichen Kompetenzen des Königs veränderten sich durch den Kaiserstatus kaum, doch erlangte er im alten Reich einen Höchstrang an Hoheit (dignitas). Nachdem Franz II. den Titel eines K. von Österreich angenommen hatte, legte er 1806 die deutsche Kaiserkrone nieder (→ Erwählter römischer Kaiser → Fürst → Herrscherkult → Imperator).

Kaiserliche Hoheit → Hoheit

Kaiserreich (Bismarckreich), das Deutsche Reich von 1871 bis 1918. Hervorgegangen unter preußischer Hegemonie aus dem → Norddeutschen Bund nach dem siegreichen deutsch-französischen Krieg durch Beitritt der süddeutschen Staaten. Wilhelm I., im Versailler Spiegelsaal förmlich zum Kaiser proklamiert, empfing die Krone von den deutschen Fürsten, nicht vom Volk. Die auf → Bismarck zurückgehende Verfassung bestimmte (Art. 11): „Das Präsidium des Bundes steht dem Könige von Preußen zu, welcher den Namen ‚Deutscher Kaiser' führt." Das neue Deutsche Reich verstand sich nicht als partielle Wiedererrichtung des 1806 untergegangenen römischen Kaisertums deutscher Nation. Zum bundesstaatlich verfaßten Bismarckreich gehörten 22 monarchische und 3 republikanische Gliedstaaten sowie das Reichsland Elsaß-Lothringen (→ Deutsches Reich).

Kaisertum und Papsttum standen sich im Mittelalter als die beiden christlichen Universalmächte gegenüber. Nach der schon früh von Rom formulierten → Zwei-Gewalten-Lehre wird die Welt durch zwei aufeinander bezogene Hoheiten regiert: durch die geistliche des römischen Bischofs und die irdische des Kaisers. In dem auf Harmonie angelegten Verhältnis gebühre dem Papst bei Konflikten der Vorrang, der Kaiser habe die Kirche zu schützen (→ Heiliges Römisches Reich deutscher Nation → Investiturstreit).

Kalifen (‚Nachfolger'), ursprünglich gewählte, später dynastische Oberhäupter des Islam in der Nachfolge Mohammeds, zuletzt mit Sitz in Bagdad. Das von den türkischen Sultanen übernommene Kalifat ging mit dem → osmanischen Reich unter.

Kalter Krieg, Bezeichnung für die nach dem 2. Weltkrieg entstandene feindselige Konfrontation unterhalb der Schwelle einer militärischen Auseinandersetzung zwischen den zuvor gegen die → Achsenmächte verbündeten West- und Ostmächten. Mittel des K. K. waren u. a. Aufrüstung, Spionage, Sabotage, Propaganda, Infiltration und wirtschaftliche Pressionen (→ Atomares Patt → Balance of Power → Berlin-Blockade → Entspannungspolitik → Heißer Draht → Ost-West-Konflikt).

Kamarilla (‚Kämmerlein'), höfische Ratgeber, die den Herrscher gegen das verantwortliche Ministerium beeinflussen (→ Graue Eminenz → Küchenkabinett → Zugang zum Machthaber).

Kameralistik (Kameralien), die ältere Finanz- und Verwaltungswissenschaft. Kameralistische Politik erstrebte, unter besonderer Berücksichtigung der fürstlichen Kammer, eine Steigerung der Staatseinkünfte vor allem durch Förderung von Manufakturen und Landwirtschaft.

Kammer, je nach Zusammenhang insbesondere ein parlamentarisches Staatsorgan (→ House of Commons), ein Kollegialgericht (z. B. Strafkammer) oder eine berufsständische Körperschaft (z. B. Rechtsanwaltskammer).

Kämmerer, heute Bezeichnung für den Ressortchef der gemeindlichen Finanzen (→ Hofämter).

Kammergericht, fürstliches Obergericht im Mittelalter. Später das Oberlandesgericht Berlin, dessen Name zurückgeht auf das Gericht des (Reichskämmerers) Markgrafen von Brandenburg (→ Reichskammergericht).

Kampf ums Dasein, im Sinne → Darwins das Gesetz der Existenzerhaltung und -steigerung alles Lebendigen (→ Hobbes).

Kampfparität → Aussperrung

Kampfzölle → Zollkrieg

Kandidatenaufstellung → Wahlbewerber

Kanon (Richtschnur), Vorschrift des katholischen Kirchenrechts (→ Codex Iuris Canonici).

Kanonenboot-Diplomatie → Dollar-Diplomatie

Kanoniker, Mitglied eines → Domkapitels.

Kanonisation, Aufnahme in den Kanon der Heiligen (Heiligsprechung) nach kirchenrechtlichem Prozeß mit Letztentscheidung des Papstes.

Kanonisches Recht, Gesamtheit der Rechtsnormen der katholischen (lateinischen) Kirche, zusammengefaßt im → Codex Iuris Canonici.

Kant, Immanuel (1724–1804), Philosoph. Besonderes Interesse für Fragen der Staats- und Rechtstheorie. Seine Schrift „Zum ewigen Frieden" enthält bereits die Idee eines umfassenden Völkerbundes. Ausgehend von der Gewaltenteilungslehre → Montesquieus und von → Rousseaus Sicht des → Gesellschaftsvertrags wird K. zum geistigen Vorkämpfer der → Rechtsstaatlichkeit und → republikanischen Verfassung.

Kantone, die Gliedstaaten der schweizerischen → Eidgenossenschaft.

Kanzelparagraph, im → Kulturkampf eingeführter, 1953 aufgehobener Straftatbestand, gerichtet gegen Geistliche, die unter Mißbrauch ihres Amtes sich mit Staatsangelegenheiten in einer den öffentlichen Frieden gefährdenden Weise befaßten.

Kanzler, bei den Karolingern der Leiter der königlichen Kanzlei. Auf politischer Ebene später Amtsbezeichnung des leitenden Staatsmanns, z. B. Staatskanzler/Preußen, Hof- und Staatskanzler/Österreich, Reichskanzler/Deutschland (→ Bundeskanzler → Schatzkanzler).

Kanzlerdemokratie, publizistische Wortprägung angesichts der überragenden Persönlichkeit des ersten Bundeskanzlers Adenauer und der starken verfassungsrechtlichen Stellung des Regierungschefs unter dem Grundgesetz.

Kanzlerprinzip (Premierministerprinzip), Kabinettsmodell mit Vorrang des Regierungschefs vor den anderen Kabinettsmitgliedern. Näheres nach deutschem Verfassungsrecht im → Wörterbuch zum Grundgesetz.

Kanzlersturz ist nach deutschem Verfassungsrecht erheblich erschwert durch die Einführung des → konstruktiven Mißtrauensvotums. Näheres im → Wörterbuch zum Grundgesetz.

Kanzlerwahl ist, abgesehen vom → Verteidigungsfall, nach deutschem Verfassungsrecht ausschließlich Sache des → Bundestages. Näheres im → Wörterbuch zum Grundgesetz.

Kapetinger, französische Dynastie (987–1328), benannt nach König Hugo Capet (→ Hundertjähriger Krieg).

Kapitalflucht, Verlagerung von Geldvermögen ins Ausland wegen ungünstiger allgemeinpolitischer, währungspolitischer, steuerlicher usw. Verhältnisse im Inland.

Kapitalismus, spätneuzeitliche liberale Wirtschaftsform, gekennzeichnet u. a. durch Privateigentum, Marktwirtschaft, Wettbewerb, Kapitalinvestition, industrielle Herstellung, Unternehmerrisiko, Maschinentechnik und ständige Innovation. In marxistischer Sicht ist der K. ein profitorientiertes, durch Revolution zu überwindendes Herrschaftssystem der Bourgeoisie, das zur Verelendung der ausgebeuteten Arbeiterklasse führt.

Kapitalverkehr → Europäische Wirtschaftsgemeinschaft

Kapitol, in Washington das Gebäude des US-Kongresses; auch Kurzbezeichnung für die von dort ausgehende Politik.

Kapitular → Domkapitel

Kapitulation, militärisch die vereinbarte, bedingte oder unbedingte Unterwerfung der Streitkräfte unter den überlegenen Gegner (→ Friedensvertrag → Wahlkapitulation → Unconditional surrender).

Kapp-Putsch, nach dem 1. Weltkrieg ein gescheiterter Umsturzversuch rechtsradikaler Politiker und von Teilen der Armee, die das Berliner Regierungsviertel besetzt und W. Kapp zum Reichskanzler ausgerufen hatten (1920).

Kardinal, Titel der ranghöchsten Würdenträger nach dem Papst, den sie in der obersten Kirchenleitung unterstützen. Vornehmstes und ausschließliches Recht des Kardinalskollegiums ist die Papstwahl.

Kardinaltugenden, Haupttüchtigkeiten. Für → Platon waren dies: Weisheit, Tapferkeit, Besonnenheit und Gerechtigkeit.

Karl I., der Große, Carolus Magnus (747–814), König der Franken, römischer Kaiser (800). Nachhaltiger Einfluß auf die Geschichte des Abendlandes durch Vereinigung antiker, germanischer und christlicher Gedanken in Politik und Kultur. Schon zu Lebzeiten als „der Große" bezeichnet, galt er dem Mittelalter als Idealgestalt des christlichen Herrschers (→ Franken → Heiliges Römisches Reich Deutscher Nation → Kaiser).

Karlsbader Beschlüsse, die 1819 in Karlsbad vor allem von Regierungsvertretern Österreichs und Preußens beschlossenen, vom → Deutschen Bund ratifizierten, bis 1848 in Kraft befindlichen Ermächtigungen der Exekutive gegen „demagogische Umtriebe". Die K. B. waren ausgelöst durch die Ermordung des Schriftstellers Kotzebue durch den Studenten Sand (→ Burschenschaft → Demagogen).

Karolinger, nach → Karl d. Gr. benanntes Herrschergeschlecht der → Franken, später mit drei regierenden Linien in Deutschland, Frankreich und Italien.

Kartell, vertraglicher Zusammenschluß selbständig bleibender Unternehmen zum Zwecke der Beschränkung des Wettbewerbs, insbesondere durch einvernehmliche Festlegung von Preisen, Konditionen, Kontingenten und regionaler Marktaufteilung.

Kartellrecht dient vornehmlich dem Schutz freien Wettbewerbs auf wirtschaftlichem Gebiet, in Deutschland kraft grundsätzlichen Kartellverbots nach dem Gesetz gegen Wettbewerbsbeschränkungen. Die auch in Österreich und der Schweiz gebräuchliche Bezeichnung K. heißt in anderen Staaten z. B. „Antitrust“ (USA) oder „Droit des ententes“ (Frankreich).

Kassandra, Königstochter der altgriechischen Mythologie. Sie hatte von Apollon (dessen Liebe sie nicht erwiderte), die Gabe wahrer, aber unglaubwürdiger Weissagung erhalten, so z. B. mit ihrer vergeblichen Warnung vor dem → Trojanischen Pferd.

Kassation, Aufhebung eines Gerichtsurteils durch die höhere Instanz.

Kastell, in römischer Zeit befestigter Platz oder Brückenkopf, später auch Bezeichnung für eine Burg.

Kasten, hierarchisch gegliederte, auf strenge Distanz nach unten ausgerichtete Gesellschaftsklassen, mit Ursprung im alten Indien, Persien und Ägypten.

Kasuistik, juristisch eine Methode der Gesetzgebung und Rechtsprechung, die sich vornehmlich an Einzelfällen orientiert. Hiervon zu unterscheiden ist das System des Fall- oder Präjudizienrechts (→ Case Law).

Kategorischer Imperativ, sittlicher Grundsatz eines unbedingten Sollens, von → Kant folgendermaßen formuliert: „Handle so, daß die Maxime deines Willens jederzeit zugleich als Prinzip einer allgemeinen Gesetzgebung gelten könne.“

Katharina II., die Große (1729–1796), russische Kaiserin aus deutschem Geschlecht (Anhalt-Zerbst). Hochgebildet und zu Beginn ihrer Regierung reformfreundlich, versagte sie vor großen innenpolitischen Aufgaben (z. B. Abschaffung der Leibeigenschaft). Die ihr zuerkannte Größe gründet sich außenpolitisch im wesentlichen auf militärische Erfolge und territoriale Expansion.

Kathedersozialismus, abfällige Bezeichnung für die s. Z. sozialstaatlichen, im Grunde keineswegs sozialistischen Forderungen des „Verein für Socialpolitik“ (gegr. 1872), in dem mehrere Universitätsprofessoren maßgeblich mitwirkten, besonders L. v. Brentano, G. Schmoller und A. Wagner.

Kathedra, Lehrstuhl, Bischofsstuhl. Cathedra Petri: im übertragenen Sinn das oberste Lehramt des Papstes.

Katholische Kirche, als sichtbare Gemeinschaft aller getauften Gläubigen die weltumspannende, hierarchisch verfaßte, territorial gegliederte Körperschaft mit dem → Papst an der Spitze (→ Heiliger Stuhl → Bischof → Diözese → Kanonisches Recht → Kardinal → Konzil → Kurie → Nuntius).

Katholische Soziallehre, aus christlichem Glauben und wissenschaftlicher Erkenntnis abgeleiteter Gesamtentwurf einer guten Ordnung der Gesellschaft. Im 19. Jahrhundert geprägt von der Auseinandersetzung mit liberalistischen und sozialistischen Gedanken, legt die K. S. besonderen Wert u. a. auf → Menschenwürde, → Familie, → Privateigentum, → Solidarität und → Subsidiarität (→ Gaudium et spes).

Katholizismus, im weiteren Sinne die Gesamtheit der in den Lehren der Katholischen Kirche wurzelnden philosophischen, politischen, kulturellen, sozialen usw. Anschauungen und Bestrebungen.

Kauffahrteischiffe → Handelsflotte

Kaufleute → Gilden

Kautel (‚Schutzmittel'), vertragliche Vorkehrung.

Kautelarjurisprudenz, im Unterschied zur → forensischen Tätigkeit die vorausschauende juristische Gestaltung von Vertragsbedingungen (Kautelen) zwecks Vermeidung künftigen Streits zwischen den Beteiligten.

Kelloggpakt, ein von dem amerikanischen Außenminister F. Kellogg vorgeschlagener, 1928 abgeschlossener multilateraler völkerrechtlicher Vertrag, der die Signatarstaaten verpflichtet, auf den Krieg als Mittel nationaler Politik zu verzichten. Zu den Gründungsmitgliedern des K. gehörten u. a. Deutschland, Frankreich, Großbritannien, Italien, Japan und die USA (→ Aggression).

Kelsen, Hans (1881–1973), österreichischer Rechtswissenschaftler und Staatstheoretiker, der u. a. in Köln und Harvard lehrte. Er begreift den Staat als „reine", d. h. von politischen, sozialen, kulturellen usw. Tatsachen und Vorgängen freies Normensystem. Demgemäß wird die staatliche Gemeinschaft durch die gemeinsame Rechtsordnung als geistige Wirklichkeit konstituiert.

Kernenergie darf zu friedlichen Zwecken genutzt werden. Näheres nach deutschem Verfassungsrecht im → Wörterbuch zum Grundgesetz.

Kernkraftwerke → Anti-Atomkraft-Bewegung

Kernwaffen → Atommächte → Atomteststopp-Vertrag

Ketzer im engeren Sinn: ein von den Dogmen der katholischen Kirche abweichender Irrlehrer (→ Inquisition).

Ketzerei → Häresie

Keynesianismus, Bezeichnung einer nach dem englischen Nationalökonom J. M. Keynes (1883–1946) benannten Richtung der Wirtschafts- und Sozialpolitik. Danach soll die durch privatwirtschaftliche Nachfragelücken entstandene Arbeitslosigkeit durch gezielte staatliche Nachfrage, auch wenn dies zu Haushaltsdefiziten führt (‚deficit spending'), überwunden werden (→ Fiscal policy).

KGB, russ. Abkürzung für den sowjetischen → Geheimdienst, der auch für ‚Staatssicherheit' gegenüber Regimekritikern, Oppositionellen usw. zu sorgen hatte.

Kibbuz (‚Sammlung'), demokratisch-sozialistisch verfaßtes landwirtschaftliches Siedlungskollektiv in Israel.

Kidnapping, Kindesentziehung bzw. Menschenraub durch List, Drohung oder Gewalt, womöglich zwecks Nötigung oder Erpressung.

Kinder → Elternrecht → Jugendschutzbestimmungen

Kindergemeinschaft → Platon

Kirche und Staat → Staatskirchenrecht → Schule und Kirche

Kirchen im engeren Sinn des deutschen Verfassungsrechts sind Religionsgesellschaften, die bereits vor Inkrafttreten der → Weimarer Reichsverfassung als → Körperschaften des öffentlichen Rechts bestanden, wobei in erster Linie an die → katholische Kirche und die evangelischen Landeskirchen gedacht ist. Der Staat erkennt die Kirchen als eigenständige, von ihm unabhängige Institutionen an, die ihre Gewalt nicht von ihm herleiten und das Recht haben, ihre inneren Verhältnisse autonom zu regeln (→ Freikirchen).

Kirchenaustritt, die rechtsförmliche Lossagung eines Mitglieds von seiner Kirche, bedarf in den meisten deutschen Bundesländern einer Erklärung vor dem Amtsgericht. Mit der Austrittserklärung, die nach Landesrecht an keine Bedingungen oder Vorbehalte geknüpft sein darf, entfällt z. B. die staatlich normierte Kirchensteuerpflicht.

Kirchenbann → Exkommunikation

Kirchengemeinde, im Unterschied zur Zivilgemeinde die untere örtliche Einheit in der kirchlichen Verwaltungshierarchie.

Kirchengerichtsbarkeit, in der → Katholischen Kirche die mehrstufige, von bischöflichen zu päpstlichen Instanzen aufsteigende Jurisdiktion gegenüber Kirchenmitgliedern in Anwendung des → Kirchenrechts.

Kirchengewalt, im Unterschied zur → Staatsgewalt die innerkirchliche Hoheitsmacht, namentlich die hierarchisch geordnete Leitungs- und Weihegewalt der → Katholischen Kirche.

Kirchenkampf, im engeren zeitgeschichtlichen Sinn der Kampf des → Hitler-Regimes gegen die christlichen Kirchen unter Mißachtung des → Reichskonkordats. Mittel des K. waren u. a. Kanzelüberwachung, Unterdrückung der Kirchenpresse, Auflösung der kirchlichen Verbände, Verbot von Bekenntnisschulen, Diskriminierung kirchentreuer Staatsbeamter, Aufforderung zum Kirchenaustritt.

Kirchenlehrer (Doctor ecclesiae), ein vom Papst oder Konzil verliehener Titel für maßgebende kirchliche Autoren. Zu den wichtigsten K. gehören → Augustinus und → Thomas von Aquin.

Kirchenrecht, Inbegriff der Rechtsnormen, die den gesamten Binnenbereich der → Kirchen regeln (→ Staatskirchenrecht → Kanonisches Recht).

Kirchenregiment, die frühere Oberhoheit des Monarchen über die evangelischen Landeskirchen.

Kirchenstaat, das 1870 im Königreich Italien aufgegangene Territorium, das bis dahin dem Papst als souveränem Herrscher unterstand. Erst durch die → Lateranverträge von 1929 erhielt der Papst wieder ein eigenes Hoheitsgebiet in Rom (→ Vatikanstadt).

Kirchensteuern, Abgaben der Kirchenmitglieder, die von bestimmten Religionsgesellschaften nach Maßgabe staatlicher Gesetze erhoben werden dürfen. Näheres nach deutschem Verfassungsrecht im → Wörterbuch zum Grundgesetz.

Kirchenvertrag, Abkommen zwischen dem Staat und der evangelischen Kirche (→ Konkordat).

Klassen, im Unterschied zu den früheren → Ständen bestimmte soziale Schichten der → Industriegesellschaft, gekennzeichnet u.a. durch Gleichheit von wirtschaftlichem Status, Bildungsgrad und Gruppenbewußtsein.

Klassenkampf, nach marxistischer Auffassung der klassenbedingte, unversöhnliche Konflikt zwischen der kapitalbesitzenden → Bourgeoisie und dem ausgebeuteten → Proletariat. Die Austragung des K. soll über die → Diktatur des Proletariats zuletzt die klassenlose kommunistische Gesellschaft herbeiführen (→ Absterben des Staates).

Klassenpartei, eine politische Partei, die im Unterschied zur Volkspartei hauptsächlich die Interessen einer bestimmten → Klasse verficht, so z.B. die Arbeiterpartei alter Art.

Klassenwahlrecht, im Gegensatz zur → Wahlgleichheit ein Wahlsystem mit unterschiedlichem Stimmgewicht der Wahlberechtigten je nach ihrer Klassenzugehörigkeit (→ Dreiklassenwahlrecht).

Klassische Ministerien im Sinne liberaler Staatstradition sind das Außen-, Innen-, Justiz-, Finanz- und Kriegs-(bzw. Verteidigungs)ministerium.

Klassisches Völkerrecht, Bezeichnung für das traditionelle, im abendländischen Kulturkreis wurzelnde, hauptsächlich für die europäische Völkergemeinschaft geltende internationale Recht, das im 20. Jahrhundert weltumspannend erweitert wurde (→ Ius publicum europaeum).

Kleiderordnungen, hoheitliche Erlasse über Art und Zahl angemessener Kleidungsstücke, waren vom Mittelalter bis zum → Aufklärungszeitalter für die verschiedenen Stände in Geltung.

Kleinbürger, ursprünglich Bezeichnung einer frühindustriellen Bevölkerungsschicht, die nur wenig Besitz und Bildung, daher nur geringes politisches Gewicht besaß (z. B. kleine bis mittlere Beamte und Angestellte sowie der gewerbliche Mittelstand). Heute meist abschätzig für Leute mit – gemessen an ihren Ansprüchen – unzulänglichen materiellen und geistigen Mitteln (→ Bürger → Spießbürger).

Kleindeutsche, im Verständnis der Zeit die Befürworter einer Lösung der deutschen Frage unter Ausschluß Österreichs mit Hegemonie Preußens (→ Frankfurter Nationalversammlung → Großdeutsche Richtung).

Kleine Anfrage, ein parlamentarisches Minderheitenrecht, das → Bundestagsabgeordnete in Fraktionsstärke befugt, von der → Bundesregierung schriftliche Auskünfte über bestimmte Sachverhalte zu fordern (→ Fragerecht).

Klerikalismus bezeichnet den – mit dem heutigen Verhältnis von Staat und Kirche unvereinbaren – Anspruch der Geistlichkeit, über den religiösen Bereich hinaus das politische, kulturelle und soziale Leben des Volkes mit verbindlichen Richtlinien zu leiten.

Klerus, Gesamtheit der katholischen Geistlichen im Unterschied zu den Laien. Je nach Weihestufe gliedern sich die Kleriker in Diakone, Priester und Bischöfe. Zu ihren besonderen Pflichten zählen Gehorsam gegen die kirchlichen Oberen, Dienstbereitschaft, untadelige Lebensführung, Stundengebet und Zölibat (→ Dritter Stand → Geistliche → Hierokratie → Hierarchie).

Klientelismus, Bezeichnung für faktische politische Abhängigkeitsverhältnisse zwischen einem mächtigen Patron und seinen Klienten (Schützlingen), wobei zu wechselseitigem Nutzen z. B. Gefolgschaft (Wählerstimmen) gegen materielle Vergünstigungen ausgetauscht werden.

Kloster (‚claustrum'), von der Außenwelt abgeschlossene Anlage zum gemeinsamen Leben von Ordensangehörigen. Besondere kulturelle und wirtschaftliche Bedeutung erlangten die Klöster vor allem im Mittelalter und Barock (→ Abt → Säkularisation).

KMK, Ständige Konferenz der Kultusminister der Länder, eine Einrichtung zur Koordinierung des Schulwesens in Deutschland.

Knesseth (‚Versammlung'), das Parlament des Staates Israel.

Koadjutor, nach → kanonischem Recht namentlich ein dem → Bischof beigeordneter Kleriker mit dem Recht der Nachfolge.

Koalition, je nach Zusammenhang entweder eine außenpolitische → Allianz (z. B. die Anti-Hitler-Koalition der Alliierten) oder eine innenpolitische Verbindung mehrerer Parteien (→ Koalitionsregierung) oder ein wirtschaftsrechtlicher Zusammenschluß insbesondere von Arbeitnehmern bzw. Arbeitgebern.

Koalitionsfreiheit, das Grundrecht, zur Wahrung und Förderung der Arbeits- und Wirtschaftsbedingungen Vereinigungen zu bilden. Besonders bedeutsam ist diese Freiheitsgarantie für die Zusammenschlüsse von Arbeitnehmern und Arbeitgebern zwecks gemeinschaftlicher Wahrnehmung ihrer Interessen. Näheres nach deutschem Verfassungsrecht im → Wörterbuch zum Grundgesetz (→ Gewerkschaften → Arbeitgeberverbände).

Koalitionsregierung, ein aus mehreren Parteien gebildetes Kabinett. Grund dafür ist meist, daß keine Partei allein im Parlament eine regierungsfähige Mehrheit hat. Regierungskoalitionen sind bedenklich, wenn sie dem Wählerwillen widersprechen oder dem unentbehrlichen kleinen Partner ein übermäßiges politisches Gewicht geben.

Koalitionsvereinbarungen, regelmäßig geheim gehaltene Absprachen über Sachprogramme und personelle Fragen zwischen den Parteispitzen einer → Koalitionsregierung. Näheres zur Rechtsnatur im → Wörterbuch zum Grundgesetz.

Kodex → Codex

Kodifikation, verbindliche Aufzeichnung geltenden Rechts. Beispiele: → Bürgerliches Gesetzbuch → Codex Iuris Canonici → Haager Landkriegsordnung.

Koexistenz, Nebeneinanderbestehen von Gegensätzen, insbesondere von gegensätzlichen politischen Systemen. Friedliche K. mit begrenzter internationaler Zusammenarbeit war im Zeichen des → Ost-West-Konflikts eine Devise der sowjetischen Außenpolitik, die dabei das alte Ziel der Weltrevolution weiter im Auge behielt.

Kognition, Erkenntnis, insbesondere die richterliche Rechtsfindung.

Kohlhaas, Michael, Kleistsche Novellengestalt, die aus gekränktem Rechtsgefühl zum „Racheengel" wird. Sprichwörtlich für einen Menschentyp, der mit maßlosen Mitteln um Wiedergutmachung kämpft und dabei seinen Untergang in Kauf nimmt.

Kollaboration, Zusammenarbeit, speziell von Staatsangehörigen eines besetzen Landes mit dem Kriegsgegner. Gegen deutschfreundliche (wirkliche oder vermeintliche) Kollaborateure des 2. Weltkriegs ging man besonders im befreiten Frankreich haßerfüllt vor.

Kollegialorgane, im Unterschied zu monokratisch handelnden Staatsorganen (z. B. Verwaltungsbehörden) jene Institutionen, die nur durch Zusammenwirken mehrerer Personen entscheiden, wie etwa Parlamente oder rechtsprechende Kammern und Senate.

Kollegialprinzip → Kabinettsprinzip

Kollektiv, Menschengruppe, deren Mitglieder den gemeinschaftlichen Zwecken gänzlich untergeordnet sind. Grundbegriff des → Marxismus.

Kollektiveigentum → Sozialisierung

Kollektive Sicherheitssysteme im Sinne des deutschen Verfassungsrechts sind defensive Bündnisse, denen sich die Bundesrepublik zur Friedenswahrung einordnen darf (→ NATO).

Kollektivierung, Vergesellschaftung durch Überführung von Privateigentum in Gruppeneigentum. Zwangsweise K. großen Stils besonders der Landwirtschaft wurde auf → Stalins Initiative in der Sowjetunion und ihren Satellitenstaaten durchgeführt.

Kollektivismus, im Unterschied zum → Individualismus eine Gesellschaftstheorie und politische Praxis, die den Vorrang des → Kollektivs gegenüber dem Einzelmenschen verficht (→ Kommunismus → Sozialismus).

Kollektivnoten, diplomatische → Noten gleichen Inhalts, die von mehreren Staaten gemeinsam an einen anderen Staat gerichtet sind.

Kollektivschuld im politischen Sinn folgt aus der – vernünftigen moralischen und rechtsstaatlichen Begriffen widersprechenden – Vorstellung, daß alle Mitglieder einer Gemeinschaft (Familie, Verein, Volk usw.) für die Verfehlungen einzelner ihrer Mitglieder mitzuhaften haben. So wurde z. B. nach dem 2. Weltkrieg von den Siegermächten der unhaltbare Vorwurf erhoben, das ganze deutsche Volk sei für die Untaten des → Hitler-Regimes verantwortlich.

Kollektivvertrag → Multilateraler Vertrag

Kollision, Zusammenstoß, insbesondere der – durch Güterabwägung zu lösende – Widerstreit von Interessen, Pflichten und Rechten (→ Grundrechtskollisionen).

Kollusion, Zusammenspiel, als Rechtsbegriff besonders die sittenwidrige Verständigung von Personen zum Schaden eines Dritten.

Kolonat, die → Hörigkeit von Kleinpächtern auf Großgrundbesitz seit der späten römischen Kaiserzeit.

Kolonen (coloni), zunächst freie, später erblich an die Scholle gebundene, zu Abgaben und Frondiensten verpflichtete Pächter bäuerlicher Betriebe unter der Geltung des → Kolonats, das bis ins → Frankenreich fortbestand.

Kolonialgesellschaften, Vereinigungen zur Förderung der Auswanderung und Niederlassung in überseeischen Gebieten, z. B. die im späten 19. Jahrhundert gegründete Südwestafrika-Gesellschaft oder die Deutsch-Ostafrikanische Gesellschaft (→ Handelskompanien).

Kolonialismus, Gesamtheit der in der frühen Neuzeit einsetzenden Bestrebungen namentlich europäischer Staaten, sich durch Erwerb von → Kolonien vor allem in Amerika, Afrika und Asien neue Siedlungsräume, Rohstoffquellen, Absatzmärkte, Missionsfelder, Machtbasen usw. zu verschaffen. Die Gegenbewegung, die nach dem 2. Weltkrieg ihren Höhepunkt erreichte, begann bereits mit der Unabhängigkeitserklärung (1776) der britischen Kolonien in Nordamerika (→ Dekolonisierung).

Kolonialmächte, sog. Mutterländer von → Kolonien, waren insbesonere Spanien, Portugal, Holland, England und Frankreich, später auch Deutschland, Italien, Belgien und die USA.

Kolonien, in der Antike selbständige Siedlungseinheiten griechischer Stadtstaaten besonders in Kleinasien und Süditalien. Zur Zeit des → Kolonialismus unselbständige überseeische Gebiete mit unterschiedlichen Graden der Abhängigkeit vom jeweiligen Mutterland (→ Empire).

Kombattanten, kämpfende Angehörige kriegführender Streitkräfte, denen nach Kriegsvölkerrecht bestimmte Pflichten und Schutzrechte zukommen. Nur gegen K. darf der Kriegsgegner militärisch vorgehen (→ Haager Landkriegsordnung → Freischärler → Guerilla).

Komintern, Kommunistische Internationale, Zusammenschluß der sozialistischen Arbeiterbewegungen aller Länder, erstmals begründet von → Bakunin und → Marx. Die dritte K. entstand 1919 in Moskau (→ Antikominterpakt).

Komitien, Volksversammlungen zwecks Abstimmungen und Wahlen in der römischen Republik.

Kommandogewalt → Befehls- und Kommandogewalt

Kommandowirtschaft, Gegenmodell zur → Marktwirtschaft (→ Dirigismus → Planwirtschaft).

Kommerzienrat, im → Kaiserreich ein Titel für hervorragende Vertreter der privaten Wirtschaft; als ‚Kommerzialrat' fortbestehend in Österreich.

Kommissar, politischer Sonderbeauftragter des Staates, z. B. der ‚außerordentliche Kommissär' im Reichsland Elsaß-Lothringen oder der Reichskommissar für Osthilfe in der Weimarer Republik (→ Hoher Kommissar).

„Kommissarbefehl", völkerrechtswidriger Befehl → Hitlers (1941), gefangene politische Funktionäre der Sowjetarmee zu erschießen.

Kommission → Hohe Kommission

Kommission der EG, das mit exekutiven und legislativen Befugnissen ausgestattete Hauptorgan der → Europäischen Gemeinschaften. Die Mitglieder der K. werden von den Regierungen der EG-Staaten im gegenseitigen Benehmen für eine bestimmte Amtszeit ernannt und handeln im Rahmen ihrer Zuständigkeit weisungsfrei.

Kommunalabgaben → Gemeindesteuern

Kommunale Finanzhoheit, das Recht der → Gemeinden zu eigenverantwortlicher Einnahmen- und Ausgabenpolitik, ist Teil der kommunalen Selbstverwaltung.

Kommunale Selbstverwaltung, Gemeindeautonomie, die den → Gemeinden und Gemeindeverbänden zustehende Befugnis, alle Angelegenheiten der örtlichen Gemeinschaft im Rahmen der Gesetze in eigener Verantwortung zu regeln. Näheres nach deutschem Verfassungsrecht im → Wörterbuch zum Grundgesetz.

Kommunale Spitzenverbände, die u.a. kommunale Interessen gegenüber Parlament und Regierung vertreten, sind in Deutschland z.B. der Deutsche Städte- und Gemeindebund oder der Deutsche Landkreistag.

Kommunaler Finanzausgleich, eine staatliche Vorsorge angesichts der Tatsache, daß besonders das eigene Steueraufkommen der → Gemeinden oft nicht genügt, um ihren Finanzbedarf zu decken. Näheres nach deutschem Verfassungsrecht im → Wörterbuch zum Grundgesetz.

Kommunalpolitik geht teils von den Gemeinden, teils vom Staate aus. Erstere richtet sich besonders auf die Sicherung der Selbstverwaltung, letztere auf Förderung der kommunalen Gemeinwesen im Rahmen der Gesetze.

Kommunalrecht, Gesamtheit der gemeindebezogenen staatlichen Rechtsnormen (z.B. Gemeindeordnungen) und der gemeindlichen, kraft Selbstverwaltung erlassenen autonomen Vorschriften.

Kommunalverfassung, die rechtliche Grundordnung der → Gemeinden und Gemeindeverbände.

Kommunalwahlen sind an die gleichen Grundsätze gebunden wie staatliche Wahlen. Näheres nach deutschem Verfassungsrecht im → Wörterbuch zum Grundgesetz.

Kommune, je nach Zusammenhang entweder → Gemeinde oder Pariser Revolutionsausschuß 1789ff. (‚Commune') oder sozialistische Revolutionsregierung 1871 (‚Communards') oder abwertend für → Kommunismus.

Kommunikation (communicatio), Mitteilung, zwischenmenschliche Verständigung, Nachrichtenübertragung.

Kommuniqué, regierungsamtliche Verlautbarung, gemeinsame Erklärung am Ende einer diplomatischen Konferenz.

Kommunismus, Sammelbezeichnung für Gesellschaftsentwürfe, politische Theorien und Herrschaftssysteme, gekennzeichnet u. a. durch Abschaffung des Privateigentums, Überführung der Produktionsmittel in Gemeineigentum und angeblich gleichmäßige Befriedigung aller materiellen und kulturellen Bedürfnisse der Menschen. Der relativ junge Begriff K. (von lat. ‚communis': gemeinschaftlich, gleichstellend) wurde zum internationalen Schlagwort durch das → Kommunistische Manifest. Lange vorher finden sich kommunistische Ideen u. a. schon bei → Platon, → Campanella und → Morus (→ Bolschewismus → Diktatur → Klassenkampf → Kollektivismus → Marxismus → Leninismus → Mao Tse-tung).

Kommunistische Internationale → Komintern

Kommunistische Partei Deutschlands (KPD) → Extremistische Parteien

Kommunistisches Manifest, eine von → Marx und → Engels gemeinsam verfaßte, 1848 erschienene, an die „Proletarier aller Länder" gerichtete Programm- und Kampfschrift. Danach ist die gesamte bisherige Sozialgeschichte ein Prozeß von → Klassenkämpfen. Der revolutionäre Kampf des Proletariats gegen den → Kapitalismus soll letztendlich zu einer klassenlosen Gesellschaft führen.

Kompatibilität, Vereinbarkeit von Ämtern (→ Inkompatibilität).

Kompetenz, Zuständigkeit von Staatsorganen.

Kompetenzordnung, im → Bundesstaat vor allem die Verteilung der staatlichen Befugnisse und Aufgaben – besonders im Bereich der Gesetzgebung, Verwaltung und Rechtsprechung – zwischen Gliedstaaten und Gesamtstaat. Näheres nach deutschem Verfassungsrecht im → Wörterbuch zum Grundgesetz.

Komplott, Verschwörung zur Begehung eines Verbrechens.

Kompromiß, Verständigung durch beiderseitigen Verzicht auf Maximalforderungen im Interesse friedlichen Zusammenlebens (→ Friedliche Streitbeilegung).

Komtur, leitender Beamter bei den Ritterorden, Chef einer Komturei (→ Deutscher Orden).

Kondominat → Condominium

Kondominium → Condominium

Konfession, religiöses Bekenntnis (→ Bekenntnisfreiheit).

Konfessionalismus, die Überbetonung einer bestimmten Konfession, verbunden mit dem Bestreben, in ihrem Geiste das gesamte politische und kulturelle Leben zu beeinflussen (→ Klerikalismus).

Konfessionelle Bürgerkriege → Absolutismus

Konfiskation, entschädigungslose Einziehung von Eigentum, sei es des gesamten Vermögens einer Person, sei es einzelner Gegenstände (→ Eigentumsgarantie).

Konflikt, Widerstreit von Interessen, zwischenstaatliche Auseinandersetzung.

Konfliktforschung → Friedensforschung

Konfliktlösung → Friedliche Streitbeilegung

Konfliktparteien → Gute Dienste

Konföderation → Confoederation

Konformismus, Persönlichkeitsschwäche in Gestalt widerstandsloser Anpassung an herrschende Meinungen und Verhaltensmuster einer gesellschaftlichen Gruppe.

Konfrontation, Gegenüberstellung (z. B. vor Gericht zur Sachverhaltsaufklärung); Auseinandersetzung.

Kongreß → Congress of the United States → Wiener Kongreß

König, in der → Monarchie nach dem → Kaiser der höchste Macht- und Würdenträger (→ Fürst → Feudalsystem → Herrscherkult → Gottesgnadentum → Hofgericht).

König von Preußen → Kaiserreich

Königgrätz → Sadova

Königliche Hoheit → Hoheit

Königtum, eine seit der Antike in unterschiedlichen Ausformungen überlieferte Institution. Das deutsche Königtum des alten Reiches blieb bis zu dessen Untergang (1806), anders als die erbliche Monarchie Englands und Frankreichs, rechtlich ein Wahlkönigtum; Königswähler waren die → Kurfürsten. Erst Napoleon machte die Kurfürsten von Bayern, Württemberg und Sachsen zu Königen.

Konjunkturpolitik sucht Schwankungen der Wirtschaftstätigkeit (Prosperität vs. Depression) durch staatliche Maßnahmen zu mildern (→ Haushaltswirtschaft → Globalsteuerung → Fiscal policy).

Konklave (‚Gemach'), von der Außenwelt streng getrennter räumlicher Bezirk im Vatikan, wo die wahlberechtigten → Kardinäle zur Vornahme der → Papstwahl eingeschlossen werden.

Konkludente Handlung, schlüssiges Verhalten, das rechtlich einer ausdrücklichen Willenserklärung gleichkommt.

Konkordanzdemokratie, politische Bezeichnung für einen Typus der Volksherrschaft im Unterschied zur Konkurrenzdemokratie. Während hier die Entscheidungen nach dem Mehrheitsprinzip fallen, werden in der konkordanzdemokratischen Praxis auch die Minderheiten an der Staatswillensbildung beteiligt, z. B. in Form einer Allparteien-Koalition.

Konkordate, völkerrechtliche Verträge des Staates mit dem → Heiligen Stuhl. Regelungsgegenstände sind u. a. die innerstaatliche Rechtsstellung des Klerus, einvernehmliche Besetzung bestimmter kirchlicher Ämter, Religionsunterricht an staatlichen Schulen sowie Finanzbeziehungen (→ Kirchenverträge).

Konkrete Normenkontrolle, im Unterschied zur → abstrakten Normenkontrolle die Prüfung der Verfassungsmäßigkeit eines Gesetzes, auf dessen Gültigkeit es bei der Entscheidung eines anhängigen Gerichtsverfahrens ankommt. Näheres nach deutschem Verfassungsrecht im → Wörterbuch zum Grundgesetz.

Konkreter Staatsbegriff, individualisierende Bestimmung eines Staatstyps (z. B. des altgriechischen Stadtstaats) je nach den besonderen Eigenarten und Ausgestaltungen (z. B. in Athen, Sparta und Theben).

Konkurrenzdemokratie → Konkordanzdemokratie

Konkurrierende Gesetzgebung, im → Bundesstaat die Befugnis der Gliedstaaten zur Gesetzgebung, solange und soweit der Gesamtstaat von seinem Gesetzgebungsrecht keinen Gebrauch macht. Näheres nach deutschem Verfassungsrecht im → Wörterbuch zum Grundgesetz.

Konnivenz (‚Augenzudrücken'), insbesondere das strafbare Geschehenlassen eines Amtsdelikts durch einen Vorgesetzten.

Konquistadoren (‚Eroberer'), Führungskräfte unterschiedlicher Herkunft und Art, die besonders in spanischen Diensten an der Kolonisierung Mittel- und Südamerikas beteiligt waren (→ Kolonialismus).

Konsens, Zustimmung, Übereinstimmung. Ein Minimal-K. über ethische Grundwerte und Verfahren der Konfliktregelung ist Voraussetzung der Stabilität einer Gesellschaft besonders in der freiheitlich-pluralistischen Demokratie, die einen ‚consensus omnium' im Sinne einer Übereinstimmung aller über alles weder kennt noch verlangt.

Konservative Parteien bildeten den Widerpart zu → fortschrittlichen (‚progressiven') Parteien.

Konservativismus, Sammelbegriff für geistig-politische Haltungen grundsätzlich bewahrender Art. Nicht gleichbedeutend mit starrem Festhalten an überkommenen Werten und Ordnungsprinzipien. Vielmehr geschichtsbewußte Offenheit für sinnvolle Neuerungen unter Beibehaltung bewährter Institutionen, deren das Mangelwesen Mensch bedarf. Konservatives Denken betrachtet Kultur und Gesellschaft als historisch gewordene, mannigfach gestufte Erscheinungen, die es gegen Gleichmacherei und fragwürdige Reformen zu schützen gilt (→ Evolution).

Konsistorium (‚Zusammentritt'), Versammlung der → Kardinäle zur Beratung wichtiger Fragen unter Vorsitz des Papstes.

Konskription, im Unterschied zur allgemeinen Wehrpflicht die – durch Freikauf und Stellvertretung ablösbare – Aushebung von Rekruten zum militärischen Dienst. Noch die Rheinbundakte nennt die K. als eines der ‚Rechte der Souveränität'.

Konstantin I., der Große (274–337), römischer Kaiser, zuletzt Alleinherrscher des Römischen Reiches mit Residenz in Byzanz (Konstantinopel). Stellte die Weichen für die Entwicklung des Christentums zur Staatsreligion (u. a. mit Gebietshoheit der Bischöfe).

Konstantinische Schenkung (Donatio Constantini), angebliche Bestätigung der kirchlichen Oberhoheit des Papstes und einer gewissen päpstlichen Territorialherrschaft durch Kaiser → Konstantin anläßlich der Verlegung seiner Residenz von Rom nach Byzanz. Die einschlägige Urkunde wurde von den Humanisten, namentlich von → Cusanus, als Fälschung erkannt.

Konstituante → verfassungsgebende Versammlung (→ Pouvoir constituant)

Konstitution, Staatsverfassung, namentlich eine Verfassungsurkunde im Sinne des Konstitutionalismus.

Konstitutionalismus, aus dem Geist der → Aufklärung entstandene politische Bewegung besonders des 19. Jahrhunderts mit dem Ziel, durch geschriebene Verfassungen (Konstitutionen) die Macht des

Monarchen zu beschränken und der Gesellschaft rechtlich verbürgte Freiräume gegenüber dem Staat zu schaffen.

Konstitutionelle Monarchie, Staatsform einer durch Verfassungsgesetz (Konstitution) beschränkten Fürstenherrschaft, wobei sich monarchische, demokratische und aristokratisch-ständische Prinzipien in unterschiedlichen Ausformungen verbinden. Der Monarch bleibt oberstes Staatsorgan, hat aber bestimmte individuelle Freiheitsrechte und parlamentarische Mitwirkungsbefugnisse zu respektieren.

Konstruktives Mißtrauensvotum, eine vom → Grundgesetz eingeführte Vorkehrung im Dienste der Regierungsstabilität. Im Unterschied zur → WRV kann der Kanzler nicht mehr durch eine bloß negative, nur in seiner Ablehnung einige Parlamentsmehrheit gestürzt werden. Erforderlich ist vielmehr ein K. M. dergestalt, daß der → Bundestag zugleich mit der Mehrheit seiner Mitglieder einen Nachfolger wählt.

Konsul, im Unterschied zum (für die politischen Beziehungen zuständigen) → Gesandten der auswärtige Vertreter einer Regierung, dem insbesondere die Pflege wirtschaftlicher Belange und die Erledigung bestimmter Verwaltungsgeschäfte obliegt. Die berufsmäßigen Leiter konsularischer Vertretungen gliedern sich in vier Klassen: Generalkonsuln, Konsuln, Vizekonsuln und Konsularagenten (→ Exequatur → Honorarkonsul).

Konsularisches Korps (Corps Consulaire, CC), entspricht auf konsularischer Ebene dem → Diplomatischen Korps, freilich ohne dessen Vorrechte und Immunitäten.

Konsultation, gemeinsame Beratung, wechselseitige Information und Anhörung, insbesondere zwischen Partnern internationaler Verträge und Organisationen.

Konsultativstatus, Anhörrecht gemäß der → UNO-Satzung, vorgesehen für bestimmte nichtstaatliche internationale Organisationen.

Konterbande, Gesamtheit der Güter, die Schiffe neutraler Staaten nicht für eine Kriegspartei befördern dürfen.

Konterrevolution, Gegenrevolution; im kommunistischen Sprachgebrauch gleichbedeutend mit Antikommunismus.

Kontinent (‚terra continens'), zusammenhängende Landmasse, insbesondere das europäische Festland.

Kontinentalsperre, die von Napoleon gegen Großbritannien verhängte → Blockade (1806); insgesamt hatte sie für beide Seiten negative wirtschaftliche Folgen.

Kontingenz, geschichtsphilosophische Bezeichnung für die Zufälligkeit der Ereignisse im Gegensatz zur Notwendigkeit.

Kontrasignatur → Gegenzeichnung

Kontributionen (‚Beisteuern'), nach Kriegsvölkerrecht in gewissen Grenzen zulässige Sonderabgaben, die der Bevölkerung eines besetzten Landes von der Besatzungsmacht zur Deckung der Besatzungskosten auferlegt werden.

Kontrolle der Regierung → Gewaltenteilung → Opposition → Parlamentarisches Regierungssystem

Konvenienz (‚Übereinkunft'), historische Bezeichnung für die außenpolitische Verständigung zwischen überlegenen Mächten zu Lasten schwächerer Dritter, deren berechtigte Interessen übergangen werden.

Konvent, offizielle Zusammenkunft, insbesondere der stimmberechtigten Mitglieder einer Volksvertretung (‚Convention Nationale', 1792–95), eines Klosters oder einer Fakultät.

Konventikel, außerkirchliche, oft antikirchliche Zusammenkunft von religiös Interessierten.

Konvention, multilateraler → völkerrechtlicher Vertrag, der Normen für ein bestimmtes Sachgebiet festlegt. Beispiele solcher Kodifikationen: → Haager Landkriegsordnung → Europäische Menschenrechtskonvention → Genfer Flüchtlingskonvention → Wiener Übereinkommen (Diplomatenkonvention).

Konventionalregeln, nichtjuristische Normen, faktische Übungen im Vorfeld des → Gewohnheitsrechts.

Konventionalstrafe, vertraglich festgelegte Geldzahlung an den Gläubiger für den Fall, daß der Schuldner seine Verbindlichkeit nicht oder nicht korrekt erfüllt.

Konventionelle Waffen, herkömmliche Kampfmittel im Unterschied zu den modernen → ABC-Waffen.

Konventsherrschaft → Französische Revolution

Konvertible Währungen sind im offiziellen Devisenverkehr frei austauschbar gegen andere Währungen oder Gold.

Konzentrationslager (KZ), ursprünglich gleichbedeutend mit → Internierungslager für Zivilisten einer gegnerischen Kriegspartei, gemahnt die Bezeichnung K. inzwischen an die Greuel totalitärer Gewaltherrschaften des 20. Jahrhunderts, besonders des → Hitler-Regimes. Dabei wurden u. a. politisch, rassisch oder religiös mißliebige Angehörige des eigenen Volkes willkürlich inhaftiert, unter lebensbedrohenden Bedingungen zur Zwangsarbeit herangezogen oder in Vernichtungslagern planmäßig ermordet (→ Endlösung der Judenfrage).

Konzern, Verbund rechtlich selbständiger Unternehmen unter einheitlicher Leitung.

Konzert (‚Zusammenklang'), politisch-historisch das Zusammengehen der Großmächte bei Streitigkeiten, besonders im Europa des 19. Jahrhunderts.

Konzertierte Aktion, aufeinander abgestimmtes Verhalten, vorgesehen im Stabilitätsgesetz für → Gebietskörperschaften, → Gewerkschaften und → Arbeitgeberverbände im Interesse des → gesamtwirtschaftlichen Gleichgewichts.

Konzil (‚Versammlung'), Forum der → Katholischen Kirche, auf dem die Befugnisse des Bischofskollegiums (Diözesan- und Titularbischöfe) für die Gesamtkirche in feierlicher Weise wahrgenommen werden. Das ökumenische K. ist neben dem Papst das oberste kirchliche Leitungsorgan. Seine Einberufung und Auflösung, der Sitzungsvorsitz und die Bestimmung der Verhandlungsgegenstände sind dem Papst vorbehalten. Konzilsdekrete bedürfen zur Rechtsverbindlichkeit päpstlicher Bestätigung und Promulgation.

Kooperativer Föderalismus → Föderalismus → Bundestreue → Gemeinschaftsaufgaben.

Kooptation (‚Hinzuwahl'), selbständige personelle Ergänzung einer politischen oder akademischen (→ Fakultät) Körperschaft durch Wahlakt ihrer Mitglieder.

Kopernikanische Wende, die von Nikolaus Kopernikus (1473–1543), Jurist, Domkapitular und Astronom begründete, damals revolutionäre Lehre, wonach sich die Erde und die übrigen Planeten um die Sonne drehen („De orbium coelestium revolutionibus").

Kopfsteuer, im Unterschied zur modernen → Einkommensteuer eine schlichte, die persönliche Leistungsfähigkeit nicht berücksichtigende Personensteuer, kraft derer jeder Pflichtige den gleichen Geldbetrag zu zahlen hat.

Körperliche Unversehrtheit → Recht auf körperliche Unversehrtheit

Körperschaften des öffentlichen Rechts sind, im Unterschied zu → Anstalten des öffentlichen Rechts, mitgliedschaftlich organisierte, mit Hoheitsgewalt ausgestattete → juristische Personen, die besondere Aufgaben der öffentlichen Verwaltung wahrzunehmen haben. Näheres nach deutschem Verfassungsrecht im → Wörterbuch zum Grundgesetz.

Körperschaftssteuer, eine Steuer vom Einkommen bestimmter nichtnatürlicher Personen, z. B. von Aktiengesellschaften und Gesellschaften mit beschränkter Haftung (→ Einkommensteuer).

Korporationen (‚Körperschaften'), seit dem Mittelalter u. a. die Zusammenschlüsse von Klerikern (klösterlicher → Konvent, → Domkapitel) und Akademikern (→ Fakultät → Universität). Im frühneuzeitlichen Frankreich gleichbedeutend mit zunftmäßigen Vereinigungen („les corporations").

Korporativismus, politische Bewegung, die einen korporativen Staat auf berufsständischer (statt allgemein-parlamentarischer) Grundlage anstrebt. In der bisherigen Praxis, z. B. im faschistischen Italien und dem Spanien Francos, diente der K. zur Verschleierung einer Diktatur.

Korridor, außenpolitisch-völkerrechtlich ein schmaler Landstreifen, der durch fremdes Staatsgebiet hindurch einen Staat mit seiner → Exklave oder mit dem Meer verbindet.

Korruption, allgemein moralischer Verfall; im engeren Sinne die strafbare Bestechung oder Bestechlichkeit.

Kosaken (‚Freie Krieger'), slawische Reiterverbände, als zarentreue Grenzschützer bewährt insbesondere gegen Polen, Tataren und Türken. Später Gegner der → Bolschewiki.

Kosmopolitismus (‚Weltbürgertum'), geistig-politische Haltung, die, allen nationalen und partikularen Übersteigerungen abhold, Ideen einer weltumspannenden Menschlichkeit und völkerverbindenden Kultur zu verwirklichen sucht.

KPD → Kommunistische Partei Deutschlands

KPdSU, Kommunistische Partei der Sowjetunion.

Krankenhausseelsorge ist nach deutschem Verfassungsrecht durch eine institutionelle Garantie geschützt. Näheres im → Wörterbuch zum Grundgesetz.

Krankenhäuser → Freie Wohlfahrtspflege

Krankheit → Gesundheit

Kreationsorgane sind berufen, andere hoheitliche Organe verfassungsmäßig hervorzubringen, z. B. die Königswähler in einer Wahlmonarchie (→ Kurfürsten → Kardinäle).

Kreditpolitik, eine Form der → Globalsteuerung durch Regelung des volkswirtschaftlichen Kreditvolumens; zu den einschlägigen Mitteln gehören u. a. die Diskont-, Mindestreserven- und Offenmarktpolitik (→ Bundesbank).

Kreis, im administrativen Sinn besonders eine → Gebietskörperschaft, die als Landkreis (vs. Stadtkreis) die → Gemeinden eines Bezirks umfaßt (→ Gemeindeverbände → Kommunale Selbstverwaltung).

Kreisauer Kreis, eine Gruppe der → Widerstandsbewegung gegen das → Hitler-Regime. Mitglieder des K. K. (benannt nach dem niederschlesischen Gut Kreisau, wo man zusammenkam) waren u. a. H.J. Graf v. Moltke, A. Delp, E. Gerstenmaier, J. Leber, P. Graf York v. Wartenburg.

Kreisdekan → Generalsuperintendent

Kreml („Burg"), Regierungssitz in Moskau seit 1918; Kurzbezeichnung für die von dort ausgehende Politik.

Kreuzritterorden → Deutscher Orden

Kreuzverhör, die Vernehmung von Zeugen und Sachverständigen durch Ankläger und Verteidiger, nicht durch den Richter. Herkömmliche Praxis im angloamerikanischen Strafprozeß, dagegen unüblich vor deutschen Gerichten.

Kreuzzüge, im engeren Sinn die von der Kirche geförderten, zwischen dem 11. und 13. Jahrhundert unternommenen Feldzüge der abendländischen Christenheit zur Rückeroberung des Hl. Landes (Palästina). Mit der religiösen Motivation verbanden sich mehr und mehr politische, wirtschaftliche und kulturelle Ziele. Es kam zur Gründung rivalisierender Kreuzfahrerstaaten, zu unverantwortlichen Kinderkreuzzügen, zahlreichen Mißbräuchen und anderen Diskreditierungen der Kreuzzugsidee (→ Heilige Kriege).

Krieg, im Unterschied zum → Bürgerkrieg eine zwischenstaatliche militärische Auseinandersetzung. Während die Antike den K. als eine Art höherer Gewalt, als „gewalttätigen Lehrmeister" (Thukydides) betrachtete, entwickelte sich mit dem Christentum (→ Augustinus) das ethische und völkerrechtliche Kriegsproblem (→ Aggression → Bellum iustum → Kalter Krieg → Kelloggpakt).

Krieg aller gegen alle → Hobbes

Kriegsdienstverweigerung kann als Anwendungsfall der → Gewissensfreiheit schutzwürdig sein. Näheres nach deutschem Verfassungsrecht im → Wörterbuch zum Grundgesetz.

Kriegsgefangene → Genfer Konventionen

Kriegsrecht (Ius in bello), im Unterschied zum → Friedensrecht die Gesamtheit der völkerrechtlichen Bestimmungen, die unbeschadet des grundsätzlichen Kriegsverbots die Pflichten und Rechte der Konfliktparteien im Kriege regeln (→ Haager Landkriegsordnung).

Kriegsverbrecherprozesse, vor allem die nach dem 2. Weltkrieg von einem Militärtribunal der alliierten Siegermächte in Nürnberg durchgeführten Verfahren, deren Rechtsgrundlage nicht zweifelsfrei ist. Im ersten Prozeß gegen führende deutsche Nationalsozialisten (Hauptkriegsverbrecher) wurden 12 Angeklagte zum Tod durch den Strang und 3 zu lebenslänglicher Freiheitsstrafe verurteilt.

Kriegsverbot → Friedliche Streitbeilegung → Gewaltverbot

Kriegszustand → Ausnahmezustand → Friedensvertrag → Verteidigungsfall

Kriminalpolizei, ein mit der Aufklärung und Verfolgung von Straftaten befaßter Teil der Polizei, gehört in Deutschland grundsätzlich zum Kompetenzbereich der Länder (→ Bundeskriminalamt → Fahndung).

Kriminelle Vereinigungen, Zusammenschlüsse zur Begehung von Straftaten, sind nach deutschem Verfassungsrecht ausdrücklich verboten (→ Vereinigungsfreiheit).

Kriminologie, eine strafrechtlich-empirische Grundlagenwissenschaft. Ihr Arbeitsfeld ist die Erforschung von Kriminalität und Kriminellen insbesondere unter soziologischen und psychologischen Gesichtspunkten.

Krisenstab, aus Anlaß schwerer Naturkatastrophen, politischer Gewaltakte (Geiselnahmen o. ä.) und anderer plötzlicher Störungen der staatlichen Normalität vom Regierungschef ad hoc zusammengerufene Expertenrunde, die über die zu ergreifenden Maßnahmen berät.

„Kristallnacht“, von → Goebbels als ‚spontane Kundgebung‘ veranlaßte Pogromnacht (9./10. 11. 1938), wobei NS-Trupps u. a. die Fensterscheiben, Lampen usw. zahlreicher jüdischer Geschäfts- und Wohnhäuser zerstörten.

Krone (‚corona‘), Kranz, Diadem (→ Insignien). Sinnbild der Herrscherwürde von Kaisern, Königen, Herzögen und Fürsten. Der Papst trug die Tiara, eine dreifache Krone (seit Mitte des 20. Jahrhunderts nicht mehr). Als Kürzel bezeichnet K. die gekrönte Person bzw. ihre hoheitliche Macht.

Krone Englands, von alters her ein besonderer Bezugspunkt der britischen Staatsverfassung („King and Country“). Selbst die moderne parlamentarische Opposition heißt „Her Majesty's Opposition“. Elisabeth II. (geb. 1926) figuriert seit ihrer Krönung (1953) als „Königin des Vereinigten Königreichs von Großbritannien und Nordirland und ihrer anderen Königreiche und Territorien, Oberhaupt des Commonwealth und Verteidigerin des Glaubens“.

Kronländer, die habsburgischen Erblande in Österreich-Ungarn (1867–1918).

Kronprinz, Thronfolger eines → Kaisers oder → Königs.

Kronvasall, der Krone unmittelbar verbundener Lehensträger.

Kronzeuge, wichtiger Zeuge auf seiten des öffentlichen Anklägers (der Krone) gegen den Angeklagten. Eine Rechtsfigur des angloamerikanischen Strafverfahrens. Der K. kann als Mittäter oder Beteiligter mit Straflosigkeit oder Strafmilderung rechnen. In Deutschland für terroristische Verbrechen befristet vom Gesetzgeber eingeführt.

Krummstab, Pontifikalinsignium des → Bischofs, beruhend auf altrömischer Tradition.

KSZE, Konferenz über Sicherheit und Zusammenarbeit in Europa. Ursprüngliche Teilnehmer: 33 Staaten Europas (alle außer Albanien), die USA und Kanada. Die Schlußakte von Helsinki (1975) enthält u. a. Grundsätze über friedliche internationale Beziehungen, humanitäre Angelegenheiten, vertrauensbildende Maßnahmen und wirtschaftlich-technische Zusammenarbeit.

k. u. k., Abk. für ‚kaiserlich und königlich' im Namen der Österreich-Ungarn gemeinsamen Einrichtungen (z. B. Armee, auswärtige Missionen). Demgegenüber firmierten die Behörden der österreichischen Reichshälfte nur mit ‚k. k.' (kaiserlich-königlich).

Ku-Klux-Klan, Mitte des 19. Jahrhunderts gegründeter Geheimbund, der in den Südstaaten der USA mit terroristischen Mitteln vor allem gegen die Emanzipation der Neger kämpfte.

Kulaken (‚Großbauern'), eine aus der russischen Bauernbefreiung hervorgegangene Schicht, die von → Stalin im Zuge der Kollektivierung der Landwirtschaft ausgerottet wurde.

Kultur → Zivilisation

Kulturabkommen, völkerrechtliche Verträge im Dienste der auswärtigen → Kulturpolitik.

Kulturattaché → Attaché

Kulturfreiheit → Kunstfreiheit → Wissenschaftsfreiheit

Kulturhoheit, im → Bundesstaat das Recht der Gliedstaaten, die kulturellen Angelegenheiten, insbesondere das Schulwesen, selbständig zu regeln. Näheres nach deutschem Verfassungsrecht im → Wörterbuch zum Grundgesetz.

Kulturkampf, schwerer Konflikt zwischen der → Katholischen Kirche und dem preußischen Staat (1871–1887). Zum Hintergrund gehörten insbesondere das päpstliche Unfehlbarkeitsdogma (1870), die kirchliche Ablehnung liberalistischer Gedanken in Politik und Kultur sowie die Gründung der rasch erstarkenden → Zentrumspartei (1870). Nach

Ausgleichsverhandlungen Preußens mit dem → Heiligen Stuhl wurden die meisten staatlichen Maßnahmen des K. wieder aufgehoben (→ Kanzelparagraph → Jesuitengesetz).

Kulturpolitik, Gesamtheit der öffentlichen Aktivitäten von Staat, Gemeinden, Kirchen, Gewerkschaften usw. sowie von internationalen Organisationen zur Förderung besonders der Erziehung, Bildung, Wissenschaft und Kunst.

Kulturrevolution (‚Große Proletarische Kulturrevolution'), in China (1966–1969) der von → Mao Tse-tung angeführte, zu blutigen Auseinandersetzungen gesteigerte ideologische Kampf gegen noch vorhandene traditionelle bzw. westliche Denk- und Daseinsformen im Volk, Staats- und Parteiapparat.

Kulturstaatlichkeit im Sinne der ständigen Aufgabe, freiheitliches Kunstleben zu erhalten und zu fördern, ist Teil der grundrechtlichen → Kunstfreiheitsgarantie.

Kultus, von lat. ‚cultus' (Pflege, Bildung, Verehrung).

Kultusfreiheit → Bekenntnisfreiheit → Gewissensfreiheit → Glaubensfreiheit

Kultusministerium, herkömmliche Bezeichnung der obersten Landesbehörde für das schulische Erziehungs- und Bildungswesen; früher meist auch zuständig für Universitäten und andere Hochschulen.

Kumulation (‚Anhäufung'), ein in den Kommunalwahlgesetzen bestimmter Bundesländer vorgesehenes Verfahren, bei dem der Wähler mehrere Stimmen hat, die er auf einzelne Wahlbewerber ‚häufeln' kann.

Kunst des Möglichen → Realpolitik

Kunstfreiheit ist grundrechtlich verbürgt. Diese Garantie enthält sowohl eine objektive Wertentscheidung für das Verhältnis von Staat und Kunst als auch ein subjektives Abwehrrecht, das alle im Kunstbereich tätigen Personen vor staatlichen Eingriffen schützt. Näheres nach deutschem Verfassungsrecht im → Wörterbuch zum Grundgesetz.

Kunsthochschulen → Hochschulen

Kurfürsten (‚Electores'), die in der Wahlmonarchie des → Heiligen Römischen Reiches Deutscher Nation zur Königswahl berechtigten → Fürsten. Gemäß dem Reichsgrundgesetz der → Goldenen Bulle war binnen 3 Monaten nach dem Tod des Königs sein Nachfolger in Frankfurt zu küren, und zwar auf Ladung des Erzbischofs von Mainz als Erzkanzler des Reichs. Dem exklusiven Kurfürstenkollegium gehörten an: die Erzbischöfe von Mainz, Köln und Trier; als weltliche Große der König von Böhmen, der Pfalzgraf bei Rhein, der Markgraf von Brandenburg und der Herzog von Sachsen-Wittenberg (→ Erzämter).

Kuriatstimme → Virilstimme

Kurie (Ratskollegium), in der → Katholischen Kirche das zentrale römische Leitungsorgan, durch das der Papst seine Regierungs-, Rechtsprechungs- und Verwaltungsfunktionen wahrnimmt. Die K. ist gegliedert u. a. in Kongregationen, Gerichtshöfe, Offizien und Kommissionen.

Kusanus → Cusanus

Küstenmeer, Küstengewässer: der zum Gebiet des Uferstaates gehörende Teil des Meeres (→ Dreimeilenzone).

Kyffhäuser → Friedrich I., Barbarossa

Kyniker, Name einer von Antisthenes (ca. 444–368 v. Chr.) begründeten griechischen Philosophenschule. Ihre ursprüngliche Lehre bedürfnisloser Selbstgenügsamkeit radikalisierte sich später zu Kulturverachtung und Schamlosigkeit (→ Diogenes → Anarchismus).

Kyropädie → Fürstenspiegel

KZ → Konzentrationslager

L

Laband, Paul (1838–1918), Rechtswissenschaftler. Einflußreicher Vertreter eines staatsrechtlichen Positivismus, dessen strenge Begrifflichkeit sich politischen, historischen, philosophischen, ökonomischen und anderen außerjuristischen Bezügen verschließt.

Labour Party, in Großbritannien die aus der → Arbeiterbewegung hervorgegangene Partei, die sich zur politischen Hauptgegenspielerin der Conservative Party entwickelte (→ Fabian Society).

Laieninvestitur, Vergabe insbesondere von Benefizien (Ausstattungen mit Land) an geistliche Lehensträger durch weltliche Lehensherren (→ Investiturstreit).

Laienrichter, Nichtjuristen als Mitglieder von → Gerichten (→ Jury → Geschworene).

Laissez faire, laissez aller („Laßt machen, laßt laufen‘), ein vom wirtschaftlichen → Liberalismus übernommenes Motto der → Physiokraten. Hiernach soll der Staat dem Unternehmertum freie Hand lassen, denn ohne hoheitliche Regulierung sei für das Gedeihen der Volkswirtschaft und damit für den Wohlstand aller am besten gesorgt.

Laizismus, eine dem → Klerikalismus entgegengesetzte Tendenz, die u. a. eine strikte Trennung von Staat und Kirche verlangt.

Land → Territorium → Staat → Bundesländer

Länderfinanzausgleich → Finanzausgleich

Länderfreundliches Verhalten → Bundestreue

Länderkammer, im → Bundesstaat ein Verfassungsorgan mit der Aufgabe, die Rechte der Gliedstaaten gegenüber dem Gesamtstaat wahrzunehmen. Je nach der Bundesverfassung werden die Ländervertreter entweder durch die Landesparlamente oder – wie in den USA – durch die Landesvölker gewählt (Senatssystem) oder – wie in Deutschland – durch die Landesregierungen entsandt (Bundesratssystem).

Landesbischof, Amtsbezeichnung des leitenden Geistlichen einer Landeskirche (→ Evangelische Kirche).

Landeseigene Verwaltung, im → Bundesstaat die Ausübung der vollziehenden Gewalt als eigene Angelegenheit der Gliedstaaten, auch beim Vollzug von Bundesgesetzen. Näheres nach deutschem Verfassungsrecht im → Wörterbuch zum Grundgesetz.

Landesfürst → Landesherrn

Landesgebiet, das Territorium eines Gliedstaates im → Bundesstaat, ist zugleich Teil des → Bundesgebiets.

Landesgerichte, im Unterschied zu → Bundesgerichten die auf Landesebene tätigen Gerichte. Näheres zu ihrer Zuständigkeit nach deutschem Verfassungrecht im → Wörterbuch zum Grundgesetz.

Landesgesetzgebung ist gegenüber der → Bundesgesetzgebung verfassungsrechtlich abgegrenzt. Näheres im → Wörterbuch zum Grundgesetz.

Landesgrundrechte in gliedstaatlichen Verfassungen schaffen teils parallele Rechtspositionen zu den → Grundrechten der Bundesverfassung, teils erweitern sie eigenständig den grundrechtlichen Schutzbereich.

Landeshauptmann, Amtsbezeichnung des Regierungschefs eines österreichischen Bundeslandes (abgesehen vom Stadtstaat Wien, den ein ‚Bürgermeister' regiert).

Landesherr, auch Landesfürst genannt: Träger der Landesherrlichkeit, die sich seit dem späten Mittelalter zur umfassenden Herrschaftsmacht über ein Territorium entwickelte (→ Statutum in favorem principum).

Landesherrliches Kirchenregiment, in der Geschichte des deutschen Protestantismus die Ausübung besonders der äußeren Kirchengewalt durch den Territorialherrn, was mit dem Ende der Monarchie (1918) hinfällig wurde.

Landeshoheit (Superioritas territorialis), Inbegriff der obrigkeitlichen Befugnisse, die den deutschen Territorialherren in der Epoche nach dem → Westfälischen Frieden zukamen. Die einzelnen Hoheitsrechte (Landesordnungen, Gerichtsbarkeit, Besteuerung usw.) waren Vorstufen der einheitlichen, nach dem Untergang des alten Reiches (1806) souverän gewordenen fürstlichen Staatsgewalt.

Landeskirchen, die gebietlich abgegrenzten, in Deutschland früher dem Landesherrn zugeordneten evangelischen Gliedkirchen (→ Landesbischof).

Landeslisten werden bei der Wahl zum → Bundestag von den Parteien im Hinblick auf die → Zweitstimmen aufgestellt. Gute Plätze auf der L. sollen Wahlbewerber absichern, die mit einem → Direktmandat nicht rechnen können.

Landesparlamente, als Landtag, Abgeordnetenhaus oder Bürgerschaft bezeichnet, haben auf Landesebene ähnliche Funktionen wie im Gesamtstaat der deutsche → Bundestag.

Landesrecht → Bundesrecht

Landesregierungen, in den deutschen Stadtstaaten auch „Senat" genannt, bilden aus dem Kreis ihrer Mitglieder den → Bundesrat.

Landesstaatsgewalt gehört zur → Eigenstaatlichkeit der Länder.

Landessteuergesetze → Steuergesetzgebungskompetenz

Landessuperintendent → Generalsuperintendent

Landesverfassungen im → Bundesstaat dürfen, bei grundsätzlicher Gestaltungsfreiheit der Gliedstaaten, in essentiellen Fragen nicht von den Verfassungsprinzipien des Gesamtstaates abweichen. Näheres nach deutschem Recht im → Wörterbuch zum Grundgesetz.

Landesverrat, die strafbare Gefährdung der äußeren Sicherheit des Staates, insbesondere durch Preisgabe von Staatsgeheimnissen an eine fremde Macht oder deren Mittelsmänner. Als Staatsgeheimnisse gelten vor allem Tatsachen oder Erkenntnisse, die nur einem begrenzten Personenkreis zugänglich sind und die aus Sicherheitsgründen vor einer fremden Macht geheimgehalten werden müssen.

Landesverteidigung, im militärischen Sinn die Gesamtheit der Maßnahmen zur Abwehr feindlicher Angriffe auf das Staatsgebiet (→ Verteidigungsfall → Wehrpflicht → NATO).

Landesvertretungen der deutschen → Bundesländer am Sitz von Bundesparlament und -regierung haben die ständige Aufgabe, die Bundesangelegenheiten der Gliedstaaten wahrzunehmen. Ähnliche Einrichtungen bestanden bereits im Bundesstaat des → Kaiserreichs.

Landesverwaltung → Landeseigene Verwaltung

Landesvolk kann durch plebiszitäre Strukturen einer → Landesverfassung stärker an der politischen Willensbildung im Land beteiligt sein als es auf Bundesebene der Fall ist.

Landeszentralbanken, die der → Bundesbank nachgeordneten Notenbankinstitute auf Landesebene.

Landfrieden, historisch ein strafbewehrtes, vom Kaiser oder König zur Ausschaltung der → Fehde erlassenes Friedensgebot (→ Ewiger Landfrieden).

Landfriedensbruch, eine die öffentliche Sicherheit gefährdende Straftat. Sie liegt vor, wenn z. B. aus einer Menschenmenge mit vereinten Kräften Gewalttätigkeiten gegen Personen oder Sachen begangen werden oder Menschen mit einer Gewalttätigkeit bedroht werden.

Landgerichte stehen im Aufbau der ordentlichen → Gerichtsbarkeit als zweite Instanz über den Amtsgerichten; als erste Instanz sind sie zuständig für Rechtssachen von größerem Gewicht. Die kollegialen Spruchkörper der L. heißen → Kammern.

Landgraf, im alten Deutschen Reich ursprünglich ein königlicher Amtswalter, dem u. a. die Durchsetzung des → Landfriedens oblag. Die Rechte des L. erstarkten in einzelnen Gebieten zur → Landesherrschaft.

Landkreise, Gebietskörperschaften mit Doppelfunktion: als → Gemeindeverbände haben sie einen eigenen Wirkungskreis für Selbstverwaltungsangelegenheiten, im übrigen können sie hoheitlich im Auftrag des Staates handeln.

Landkriegsordnung → Haager Landkriegsordnung

Landnahme, Inbesitznahme von Gebieten zur Besiedelung, Erschließung usw. (→ Kolonialismus).

Landrat, herkömmliche Bezeichnung eines Amtsträgers, dessen Rechtsstellung und Kompetenzen in den einzelnen → Bundesländern unterschiedlich geregelt sind. Zumeist ist der L. Kommunalbeamter und Verwaltungschef des → Landkreises, dessen Volksvertretung ihn auf Zeit gewählt hat.

Landrecht → Preußisches Allgemeines Landrecht

Landsassen, im alten Deutschen Reich die nicht reichsunmittelbaren Adligen unter der Hoheit eines → Landesherrn.

Landschaftsschutz → Umweltschutz

Landschaftsverband, aus → Landkreisen und Städten gebildete Körperschaft zur Erfüllung besonderer Verwaltungsaufgaben.

Landsgemeinde, die Versammlung der stimmfähigen Bürger zur Wahrnehmung ihrer politischen Rechte (z. B. Wahl der Regierung, Verabschiedung von Gesetzen) in bestimmten Kantonen der Schweiz.

Landsknechte, für fremde Interessen kämpfende Söldner. Sie bildeten in den Jahrhunderten zwischen Ende des Lehensaufgebots und Einführung der allgemeinen Wehrpflicht das Rückgrat der Fußtruppen.

Landstände, in der Zeit vorabsolutistischer Landesherrschaft die Vertreter bestimmter Stände (Prälaten, Grafen, freie Herren und Städte) gegenüber dem → Landesherrn. Zu ihren Rechten, die sie auf Landtagen nach dem Vorbild des Reichstags wahrnahmen, gehörten insbesondere Steuerbewilligung, Verordnungsvorschläge und Beschwerden bei Verwaltungsfehlern.

Landständische Verfassung, Gesamtheit der Beschränkungen landesherrlicher Rechte durch Freiheiten und Mitwirkungsbefugnisse von Städten, Geistlichkeit und Ritterschaft („meliorum et maiorum terrae").

Landtag, Name des → Landesparlaments in den meisten Gliedstaaten der → Bundesrepublik Deutschland (→ Landstände).

Landvögte, im alten Deutschen Reich (seit dem späten Mittelalter bis zur Ausbildung der → Landeshoheit) die Verwalter von Landesteilen, die der königlichen Herrschaft direkt unterstanden.

Landwehr, seit Anfang des 19. Jahrhunderts in Preußen eine Art Reserveaufgebot aller wehrfähigen Männer neben dem stehenden Heer.

Landwirtschaftspolitik → Agrarpolitik

Lassalle, Ferdinand (1825–1864), politischer Publizist. Ausgehend von deutscher idealistischer Philosophie (→ Hegel → Fichte), wurde er, wie insbesondere → Engels und → Marx, zu einer Art Klassiker der Gründergeneration des → Sozialismus.

Lastenausgleich, in der → Bundesrepublik Deutschland die Gesamtheit der legislativen und administrativen Maßnahmen zu dem Zwecke, Schäden und Verluste auszugleichen, die infolge des 2. Weltkriegs entstanden waren, insbesondere durch Vertreibung und Zerstörung. Instrumente des L. waren Ausgleichsabgaben einerseits und Ausgleichsleistungen andererseits.

Lastenausgleichsprinzip → Aufopferungsansprüche

Latein, in der historischen Landschaft Latium wurzelnd: ursprünglich die Sprache der antiken Römer. Später die Sprache der Bildungsschicht des europäischen Mittelalters. Weiterwirkend in Theologie, Jurisprudenz, Politik usw. bis in die Gegenwart.

Lateinamerika, Sammelbezeichnung für die einst kolonisierten Länder Mittel- und Südamerikas, in denen eine romanische (lateinische) Sprache gesprochen wird.

Lateinische Kirche, im Unterschied zu den orientalischen Teilkirchen der weltweite, auf dem lateinischen Ritus gründenden Bereich der (römisch-) → katholischen Kirche (→ Kanonisches Recht).

Lateranverträge, die 1929 zur Lösung der sog. römischen Frage zwischen dem → Heiligen Stuhl und dem Königreich Italien im Lateranpalast unterzeichneten Abkommen. Die von der späteren Republik verfassungsmäßig bestätigten L. bilden u. a. die Grundlage für die wechselseitige Anerkennung des → Vatikanstaats und des italienischen Staats mit der Hauptstadt Rom, ferner für die → Exterritorialität verschiedener römischer Basiliken und Paläste sowie der päpstlichen Residenz in Castel Gandolfo (→ Kirchenstaat).

Latifundien, historisch die zunächst von Sklaven bestellten, später aus Sklavenmangel an Teilpächter vergebenen landwirtschaftlichen Großgüter des antiken Römischen Reichs (→ Kolonat).

Laufbahnsystem, eine besonders in staatlichen Bürokratien angewandte Methode, durch Eingangsprüfungen und Beförderungsbeurteilungen die relativ beste Personalauslese für Ämter der verschiedenen Laufbahnstufen zu finden.

Law and Order („Recht und Ordnung') wurde zum politisch-polemischen Schlagwort im Kampf für größere individuelle Freiheiten gegenüber vorherrschenden juristischen oder sozialen Normen.

Law Lords, Bezeichnung für hohe Richter in Großbritannien (→ House of Lords).

Law of Nations → Völkerrecht

Leben → Recht auf Leben

‚Lebensborn', im → Dritten Reich zunächst ein soziales Müttergenesungswerk; später unter den Auspizien der → SS eine Art Zuchtanstalt mit zahlreichen Heimen zur Erzeugung rassisch wertvoller Kinder.

Lebensgemeinschaft → Ehe und Familie

Lebensphilosophie, im weiteren Sinne alle die Lebenspraxis bedenkenden Weisen des Philosophierens (→ Epikur → Stoa). Näherhin eine philosophische Richtung des 19. Jahrhunderts, die das Dynamisch-Schöpferische des individuellen Daseins betont.

Lebensqualität, neuere politische Bezeichnung für eine Anzahl von Faktoren, die jenseits von materiellem Lebensstandard das Wohlbefinden der Menschen im Staat sichern sollen. Vor dem Hintergrund weltweiter Umweltverschmutzung, Überbevölkerung und quantitativer Wachstumsgrenzen verweist die begrifflich unscharfe L. auf ein – humanen und sozialen Zielen verpflichtetes – qualitatives Fortschrittsideal.

Lebensraum, als → geopolitischer Begriff die räumlich-wirtschaftliche Existenzgrundlage eines Volkes. Vom → Faschismus und → Nationalsozialismus als ideologisches Schlagwort übernommen und zur Rechtfertigung raumgreifender Eroberungskriege mißbraucht.

Lebenszeit-Anstellung → Hergebrachte Grundsätze des Berufsbeamtentums

Legal, gesetzmäßig (→ Lex).

Legal realism, eine US-amerikanische Theorie, wonach das Recht nicht aus Gründen höherer Vernunft, vielmehr aus gesellschaftlichen Realitäten entsteht.

Legaldefinition, nähere Bestimmung eines Rechtsbegriffs im Gesetzestext.

Legalität, Gesetzmäßigkeit staatlichen oder privaten Handelns (→ Legitimität).

Legalitätsprinzip, im Unterschied zum → Opportunitätsprinzip der strafverfahrensrechtliche Grundsatz, daß die Staatsanwaltschaft bei zureichendem Verdacht einer Straftat von Amts wegen einzuschreiten hat.

Legat(um), Vermächtnis: Verfügung von Todes wegen zugunsten einer Person, die nicht Erbe ist.

Legat(us), → Gesandter, insbesondere ein diplomatischer Vertreter des Papstes, sei es bei Teilkirchen (→ Delegat) oder bei einem Staat (→ Nuntius).

Leges Germanorum → Volksrechte

Legislative → Gesetzgebende Gewalt

Legislaturperiode, Wahlperiode einer gesetzgebenden Volksvertretung (→ Diskontinuität).

Legitim, rechtmäßig, gerechtfertigt (im Unterschied zu bloß förmlich-legal).

Legitimationskrisen im politischen Sinne entstehen, wenn die Rechtmäßigkeit eines Herrschaftssystems von den Regierten grundsätzlich angezweifelt wird.

Legitimisten, historisch die Anhänger namentlich einer These von → Talleyrand (1815), wonach die Träger des → Ancien Régime ihrer Herrschaftsansprüche durch die Revolution zu Unrecht (illegitim) entkleidet worden seien.

Legitimität als Rechtmäßigkeit in einem höheren Sinne fragt, über bloß formale Gesetzmäßigkeit hinausgehend, nach der Rechtfertigung des Staates und seiner Legalordnung gemessen an grundlegenden Werten und Prinzipien. Die L. der Herrschaftsgewalt beruht auf der Rechtsüberzeugung der Beherrschten, die historisch wandelbar ist (z. B. vom monarchischen zum demokratischen Prinzip).

Lehen (lat. feudum), im → Feudalsystem das ursprünglich geliehene, später erblich gewordene Gut (beneficium) auf der Grundlage eines persönlichen Treueverhältnisses zwischen Lehensherrn (dominus) und Lehensmann (Vasall). Dieser schuldete jenem kraft des Lehenseides Dienst und Gehorsam (Heerfahrt usw.) als Gegenleistung für die ihm überlassene Grundstücksnutzung (→ Grundherrschaft → Investitur → Dominium directum → Immediatstände → Heerschildordnung → Kronvasall → Felonie → Huldigung).

Lehensmonarchie → Feudalsystem

Lehramt → Kathedra

Lehrbeauftragter, einem → Lehrstuhl zugeordnete, hauptberuflich außerhalb der Universität wirkende Persönlichkeit, die von der Fakultät mit der Abhaltung spezieller Lehrveranstaltungen betraut ist (→ Honorarprofessor).

Lehrfreiheit, im verfassungsrechtlichen Sinne das Recht, wissenschaftliche Erkenntnisse ungehindert von staatlicher Einmischung vorzutragen und zu veröffentlichen (→ Wissenschaftsfreiheit).

Lehrstuhl, an einer wissenschaftlichen Hochschule das aufgrund eines → Berufungsverfahrens (→ Kooptation) verliehene, mit Personal- und Sachmitteln ausgestattete Amt eines Professors (→ Kathedra → Ordinarius).

Leibeigenschaft, anders als die dingliche, schollengebundene Abhängigkeit des → Hörigen ein Status persönlicher Unfreiheit und Verknechtung gegenüber einem Herrn. Die verschiedenen Formen der L. verschwanden in Deutschland mit der → Bauernbefreiung.

Leibesstrafen, seit dem Mittelalter bis zur Abschaffung im 19. Jahrhundert verschiedene, teils grausame Formen strafender Vergeltung durch Zufügung körperlicher Übel.

„Leibstandarte Adolf Hitler", eine auf den → Führer persönlich vereidigte, aus der „Stabswache" hervorgegangene Elitetruppe der → SS.

Leistungsfähigkeitsprinzip, in der Finanzwissenschaft ein (konkretisierungsbedürftiger) Grundsatz für die Bemessung der individuellen Steuerlast, besonders bei der → Einkommensteuer.

Leistungsgesellschaft, im Unterschied zur vorindustriell-statischen, durch Geburt und Herkommen bestimmten sozialen Schichtung eine modern-dynamische Gesellschaft, die ihre Statusmerkmale nach persönlichen Fähigkeiten und Erfolgen verleiht.

Leistungsprinzip als Maßstab der Ernennung und Beförderung nur nach fachlicher Qualifikation ist ein hergebrachter Grundsatz des deutschen → Berufsbeamtentums.

Leistungsverwaltung, ein Sektor öffentlichen Verwaltungshandelns, wo – im Unterschied zur → Eingriffsverwaltung – bestimmte Darreichungen aufgrund des → Haushaltsplans erfolgen zur Förderung vornehmlich sozial-, wirtschafts- und kulturpolitischer Anliegen (→ Daseinsvorsorge → Sozialstaat).

Leitbilder, idealhafte Vorstellungen, bestimmen nicht unwesentlich die individuellen und politischen Handlungsantriebe in einer Gesellschaft.

Lenin, eigentlich W. I. Uljanow (1870–1924), Jurist, Revolutionär, politischer Schriftsteller, Gründer des sowjetrussischen Reichs. Wegen politischer Agitation zunächst nach Sibirien verbannt (1897), seit 1900 im Exil (u. a. München und Zürich), wo er seine theoretischen und organisatorischen Vorbereitungen traf. Nach dem Sturz des Zarentums ergriffen die Bolschewiki 1917 unter seiner Führung die Macht (→ Bolschewismus).

Leninismus, Inbegriff der sozialistischen Theorien → Lenins, der politische Freiheit für ein bürgerliches Vorurteil hielt und der die → Diktatur des Proletariats unter Führung der kommunistischen Partei als Mittel zur Überwindung des Weltkapitalismus verfocht (→ Marxismus-Leninismus).

Lenkung → Interventionismus

Leoninischer Vertrag (societas leonina: Löwengesellschaft), ein ungleicher Pakt, der einer Partei den Löwenanteil, der anderen nur Nachteile beschert.

Le roi est mort, vive le roi (Der König ist tot, es lebe der König!), Kurzformel für das → dynastische Prinzip, daß nach dem Tod des Königs die Krone ohne weiteres auf den Thronfolger übergeht.

Lesung, parlamentarische Beratung einer Gesetzesvorlage (→ Gesetzgebungsverfahren).

L'état c'est moi (Der Staat bin ich), ein für den → Absolutismus bezeichnender, → Ludwig XIV. zugeschriebener Satz.

Lettre de cachet (versiegelter Brief), geheimer königlicher Haftbefehl im vorrevolutionären Frankreich, Symbol absolutistischer Willkür.

Lettre de créance → Beglaubigungsschreiben

Lettre de rappel → Abberufungsschreiben eines diplomatischen Vertreters

Lettres persanes (Persische Briefe), Titel eines Werkes von → Montesquieu, in dem er die französische Verfassung am Vorbild der englischen kritisiert (1721).

Letzter Wille, letztwillige Verfügung durch Testament.

Letztes Wort, das Recht des Angeklagten, in der → Hauptverhandlung nach den Schlußvorträgen von Staatsanwalt und Verteidiger als letzter zu sprechen.

Levée en masse, allgemeine Rekrutenaushebung, erstmals vom französischen Nationalkonvent (1793), später von Napoleon durchgeführt (1814).

Lever du roi (Aufstehen des Königs), private Morgenaudienz am französischen Königshof seit dem 17. Jahrhundert.

Leviathan, drachenförmiges dämonisches Ungeheuer in jüdischen und christlichen Mythen; Titel einer staatstheoretischen Schrift (1651) von → Hobbes; Bezeichnung für den souveränen Staat als obersten Herrn der Gesellschaft.

Lex: Gesetz, Satzung, Recht (→ Ius).

Lex aeterna, das ewige Gesetz als Grundlage der ganzen Schöpfung im Sinne des mittelalterlichen Stufenbaus des Rechts (→ Thomas von Aquin).

Lex divina, das göttliche Gesetz, das vor allem für die Christen gilt.

Lex fori, Rechtsordnung des Gerichtsorts, auf die z. B. das internationale Privatrecht verweisen kann.

Lex fundamentalis, Grundgesetz, ein seit dem 16. Jahrhundert vorkommender Begriff. Danach hat die L. f. höheren Rang als andere Gesetze, zumal sie auch für den König gilt (→ Fundamental Law).

Lex generalis, die allgemeine gesetzliche Regelung gegenüber der speziellen (→ Lex specialis).

Lex humana, von Menschen gesetztes Recht im Unterschied zum göttlichen Gesetz (→ Lex divina).

Lex naturalis → Naturrecht

Lex posterior, das spätere Gesetz.

Lex posterior derogat legi priori, das spätere Gesetz hebt das frühere auf.

Lex prior, das frühere Gesetz.

Lex rei sitae, Gesetz der belegenen Sache, z. B. eines Grundstücks; wie die → Lex fori ein möglicher Anknüpfungspunkt im internationalen Privatrecht.

Lex specialis derogat legi generali, die spezielle Gesetzesregelung geht der generellen vor.

Liberal (lat. liberalis), frei, freiheitlich, freisinnig. Der politische Sprachgebrauch ist nicht einheitlich. So gelten z. B. in den USA die Anhänger einer wohlfahrtsstaatlichen Reformpolitik als ‚liberal'.

Liberale Parteien nannten sich seit dem 19. Jahrhundert zahlreiche politische Gruppierungen u. a. in Belgien, Großbritannien, Niederlanden, Österreich, Preußen, Schweden, Schweiz und Spanien.

Liberaler Rechtsstaat, eine vorsozialstaatliche Ausprägung des → Rechtsstaatsprinzips: durch Verfassungsgarantien individueller Freiheitsrechte werden der → monarchischen oder demokratischen → Staatsgewalt bestimmte Schranken gesetzt.

Liberalisierung, Schaffung größerer Freiräume durch Abbau staatlicher Vorschriften besonders in der Wirtschafts- und Gesellschaftspolitik (→ Deregulierung → Freihandel).

Liberalismus, Gesamtheit der politischen Ideen, Bewegungen und Institutionen zugunsten der freien Entfaltung von Einzelnen und Gruppen in Staat, Gesellschaft, Wirtschaft und Kultur. Philosophisch wurzelt der L. vor allem in Gedanken der → Aufklärung, des → Humanismus und der → Renaissance (→ Individualismus → Kapitalismus → Kulturkampf → Laissez faire).

Liberi barones → Edelfreie

Libertas (Freiheit), das Recht auf politische Teilhabe in der altrömischen Republik; später ein Gegenbegriff zur Herrschaftsform des → Prinzipats.

Libertas ecclesiae (Freiheit der Kirche), in der mittelalterlichen Reformbewegung die Forderung der Kirche nach Unabhängigkeit vom Einfluß der Laien (→ Investiturstreit).

Libertät, historisch die Rechte der → Reichsstände gegenüber → Kaiser und Reich. Die L. wurde im → Westfälischen Frieden wesentlich gestärkt, besonders durch Anerkennung der landesherrlichen Staatsgewalt (‚ius territoriale').

Liberté (Freiheit), ein Wahlspruch der → Französischen Revolution in Verbindung mit → Égalité (Gleichheit) und → Fraternité (Brüderlichkeit).

Liberum arbitrium (freies Ermessen), philosophiegeschichtlicher Begriff für die Wahl- und Willensfreiheit des Menschen (→ Indeterminismus).

Liberum veto (freiheitswahrender Einspruch), ein besonders von → Rousseau vertretenes Veto-Prinzip. Danach können z. B. die einstimmig angenommenen Grundentscheidungen einer Staatsverfassung auch nur einstimmig abgeändert werden, während für die laufende Gesetzgebung der Mehrheitsgrundsatz gilt.

Liebknecht, Wilhelm (1826–1900), Politiker. Als Emigrant in London enge Verbindung zu → Marx. Später (1869 ff.) zusammen mit → Bebel eine Art Gründervater der → SPD.

Liga (span. Bund), Bezeichnung für verschiedene historische Fürstenbündnisse. So war z. B. in Deutschland die Katholische L. (1609) gleichsam eine Verteidigungsgemeinschaft der meisten → Reichsstände zur Erhaltung des → Landfriedens und der überlieferten christlichen Konfession.

Limes (Grenze), namentlich die durch Wehrbauten gesicherte Grenzlinie des Römischen Reichs der Kaiserzeit, die u. a. das besetzte germanische Gebiet östlich des Rheins und nördlich der Donau umschloß.

Lingua franca, ursprünglich die (lateinisch-italienisch-arabisch gemischte) Verkehrssprache des Mittelmeerraums; später Bezeichnung für die international vorherrschende Sprache.

‚Linke', im Gegensatz zur ‚Rechten' ursprünglich eine parlamentarische Bezeichnung für → liberale vs. konservative Parteien. Dies entsprach, aus der Sicht des Präsidenten, der Sitzordnung in den französischen Kammern des frühen 19. Jahrhunderts. Später wandelte sich die L. zur Sammelbezeichnung für sozialistisch ausgerichtete Politiken. Der in neuerer Zeit immer unschärfer gewordene Begriff wird im populären Sprachgebrauch auch zur Kennzeichnung von ‚progressiven' Flügeln eher → konservativer Parteien verwandt.

‚Links', in dem Selbstverständnis heutiger politischer Gruppierungen gleichbedeutend u. a. mit fortschrittlich, veränderungsoffen, tolerant, antiautoritär, freizügig, permissiv.

Linksextremismus (Linksradikalismus), ein → Extremismus von ‚links'. Nach dem politischen Sprachgebrauch gehören hierzu insbesondere Ideologien und Strategien, die → Anarchismus, → Kommunismus und → Terrorismus zu verwirklichen suchen (→ Extremismus).

Linkshegelianer (Hegelsche Linke), eine an → Hegel anknüpfende philosophische Richtung, die im Unterschied zu den Rechtshegelianern von den revolutionären Denkansätzen des Meisters ausging und mittels seiner dialektischen Methode den Idealismus ins Materialistische umkehrte (namentlich D. F. Strauß, L. Feuerbach und K. Marx).

Linksparteien → Linke

Linksradikalismus → Linksextremismus

Liquiditätspolitik, auf der Ebene der Geld- und Währungspolitik der Notenbank (→ Bundesbank) die verschiedenen Maßnahmen zur Beeinflussung der Liquidität der Geschäftsbanken.

‚List der Vernunft', ein oft gebrauchtes Argument für das Wettbewerbsprinzip: es setze auf subjektive Schwächen wie Ehrgeiz und Gewinnstreben, doch eine Art objektiver Richtigkeit sei das Resultat.

Listenwahl, parlamentarisches Wahlsystem, das dem Wähler eine von den politischen Parteien aufgestellte Kandidatenliste offeriert (→ Landesliste → Verhältniswahlrecht).

Liszt, Franz von (1851–1919), Straf- und Völkerrechtler. Als Kriminologe grundlegend für eine Strafzwecklehre, die nicht Vergeltung und Sühne, sondern Erziehung, Besserung und Sicherung intendiert.

Lobby, Vorhalle, Wandelgang, insbesondere bei parlamentarischen Körperschaften.

Lobbyismus (Lobbying), nachhaltige Wahrnehmung partikularer Interessen gegenüber Vertretern von Parlament, Regierung und Administration (→ Interessenverbände → Pressure Groups).

Locarno-Pakt, 1925 im schweizerischen L. ausgehandelte multilaterale Verträge zur Entspannung der internationalen Lage (u. a. Garantie der deutschen Westgrenzen, Entmilitarisierung des Rheinlandes); Grundlage für Deutschlands Eintritt in den → Völkerbund.

Locke, John (1632–1704), englischer Philosoph und Staatstheoretiker. Vertrat gegen → Hobbes u. a. das Recht des Menschen auf Leben, Freiheit und Eigentum, den Grundsatz der → Gewaltenteilung, das demokratische Prinzip der → Volkssouveränität und → Repräsentation. Nachhaltiger Einfluß auch auf das kontinentaleuropäische Staatsdenken.

Lockspitzel → Agent provocateur

Lohnpolitik als Gegenstand nichthoheitlicher Verteilung von Volkseinkommen ist Aufgabe der → Tarifvertragsparteien (→ Koalitionsfreiheit).

Lohn-Preis-Spirale, volkswirtschaftliche Metapher für eskalierende Wechselwirkungen zwischen Lohn- und Preissteigerungen.

Lohnsteuer, eine Erhebungsform der → Einkommensteuer für Arbeitnehmer (Lohnsteuerabzugsverfahren).

Lohn- und Arbeitsbedingungen → Koalitionsfreiheit

Lokalstatut, die von der Ortsgemeinde erlassene Satzung (Gemeindegesetz) im Unterschied zum Landesgesetz (→ Kommunale Selbstverwaltung).

Lokaltermin, richterliche Handlung außerhalb des Gerichtsgebäudes, insbesondere zur Sachaufklärung durch Augenschein.

Londoner Schuldenabkommen, ein 1953 in London abgeschlossener multilateraler Vertrag zur Regelung der deutschen (öffentlichen und privaten) Auslandsschulden aus der Zeit bis zum Ende des 2. Weltkriegs.

Lord (Herr), Titel hoher englischer Adeliger (→ Peers), der Richter höherer Gerichtshöfe, ferner anglikanischer Bischöfe als Mitglieder des → House of Lords.

Lord Chancellor, Lordkanzler, ranghöchster britischer Richter, zugleich Kabinettsmitglied und Vorsitzender des → House of Lords.

Lord-Mayor, Amtsbezeichnung der Bürgermeister größerer Städte in England.

Lordsiegelbewahrer (Lord Privy Seal), Minister ohne Portefeuille im britischen Kabinett.

Los, neben Wahl und Ernennung eine Grundform der Berufung hoheitlicher Organe. Im modernen Staat ist das L. nur noch bei der Berufung von Geschworenen üblich. Allenfalls dient es als Notbehelf, wenn z. B. die Kandidaten für ein Wahlamt die gleiche Stimmenzahl erreichen.

Loskauf, historisch der Freikauf eines Sklaven oder sonstwie Unfreien mittels einer bestimmten Geldsumme.

Louis Philippe, König der Franzosen (1830–1848), regierte als ‚Bürgerkönig' im Geiste des → Juste milieu (→ Julirevolution).

Loyalität, ursprünglich die Treue des Vasallen gegenüber dem → Lehensherrn; heute u. a. die Verfassungstreue der Beamten.

Loyalitätskonflikte → Doppelstaater

Ludwig XIV. (1638–1715), König von Frankreich, gen. der ‚Sonnenkönig' (Roi Soleil). In seiner Jugend beeindruckt von den Erschütterungen der Monarchie durch die → Fronde, wurde er als Regent zum Prototyp des → absolutistischen Herrschers (→ L'état c'est moi).

Luftbrücke → Berlin-Blockade

Lufthoheit, im Unterschied zur → Freiheit der Meere das völkerrechtliche Prinzip, wonach jeder Staat im Luftraum über seinem Gebiet die ausschließliche Hoheitsgewalt hat. Internationale Luftfahrtabkommen erleichtern das Überfliegen (Durchfliegen) nationaler Lufträume. Nur der Weltraum ist exterritorial.

Luftkriegsrecht, anders als das Landkriegsrecht (→ Haager Landkriegsordnung) ein noch kaum kodifiziertes Gebiet des Völkerrechts. Kraft internationalen Gewohnheitsrechts gilt jedoch das Verbot militärischer Kriegshandlungen gegen Nichtkombattanten. Daher war z. B. im 2. Weltkrieg die Bombardierung nichtmilitärischer Ziele im gegnerischen Hinterland völkerrechtswidrig. So insbesondere die fortgesetzten Flächenbombardierungen deutscher Städte durch die (west-)alliierte Luftwaffe; als mögliche → Repressalien verstießen sie offensichtlich gegen den → Verhältnismäßigkeitsgrundsatz.

Luftraum → Lufthoheit

Lügendetektor, ein im deutschen Strafprozeß nicht zugelassenes Gerät, das angeblich aus Veränderungen von Blutdruck, Puls, Atmung, Hautfeuchtigkeit usw. Rückschlüsse auf den Wahrheitsgehalt von Aussagen erlaubt.

Lumpenproletariat, marxistische Bezeichnung für eine subproletarische Schicht (asoziale Elemente usw.), die zu proletarischem Klassenbewußtsein unfähig ist.

Lunéviller Frieden zwischen Frankreich und Österreich (1801), galt auch für das alte Reich. Führte u. a. zur Abtretung des linken Rheinufers an Frankreich, wofür die betroffenen deutschen Fürsten im → Reichsdeputationshauptschluß entschädigt wurden.

Lustbarkeitssteuern → Vergnügungssteuern

Luther, Martin (1483–1546), Jurist, Theologe, Kirchenkritiker, Begründer der → Reformation. In die Reichsacht getan, wurde er vom Landesherrn geschützt. Durch sein umfangreiches literarisches Werk grundlegend auch für die Entwicklung einer gemeindeutschen Hochsprache. Seine staatstheoretischen Lehren enthält vor allem die Schrift „Von weltlicher Obrigkeit" (→ Protestanten).

Luxemburg, Rosa → Spartakusbund

Lykurg (ca. 900 v. Chr.), mythischer Verfassungs- und Gesetzgeber des spartanischen Staats.

Lynchjustiz, eigenmächtige Ahndung wirklicher oder vermeintlicher Delikte, insbesondere durch eine erregte Volksmenge.

M

Maastrichter Vertrag → Europäischer Unions-Vertrag

Machiavelli, Niccoló (1469–1527), florentinischer Diplomat und Schriftsteller. Lebte seit 1512 im Exil auf seinem Landgut bei San Casciano. In seinem Werk ‚Il principe‘ (Der Fürst) entwarf er, ausgehend von einem pessimistischen Menschenbild, Grundsätze und Strategien einer absolut-monarchischen Staatsräson (→ Fürstenspiegel → Virtu).

Machiavellismus, Sammelbezeichnung für Theorien und Praktiken einer moralisch skrupellosen Machtpolitik (→ Antimachiavell).

Macht im politischen Sinne neigt zur Maßlosigkeit, sofern sie nicht verfassungsrechtlich begrenzt wird (→ Acton). Anders als physische Gewalt ist M. eine sozialpsychologisch wirkende Kraft, welche die Beherrschten unter einen fremden Willen bringt. Im Unterschied zu → Ehrfurcht und geistiger → Autorität gleicht M. einer ethisch freischwebenden Dämonie; der Machthaber ist zugleich besessen von der Macht (→ Ehrgeiz → Herrschaft).

Macht und Recht sind dialektisch aufeinander bezogen. Die effektive Geltung des Rechts erfordert eine Macht, die z. B. Gerichtsentscheidungen notfalls mit Zwangsgewalt durchsetzt. Andererseits beruht hoheitliche Macht auf dem Recht, jedenfalls im Verfassungsstaat. Dies sagt auch der alte Satz: Lex facit regem (Das Recht macht den Herrscher).

Machtbewußtsein → Herrenmoral

Machtelite (Power élite), Gesamtheit der Inhaber von Schlüsselpositionen in Politik, Wirtschaft, Wissenschaft, Kultur, Administration, Militär usw. Eine Art sozialer Oberschicht mit ähnlicher Bildung, Mentalität und Lebensart.

Machtergreifung, ein faktischer, meist revolutionärer Vorgang der Gewaltnahme durch Diktatoren (z. B. → Franco → Lenin → Mussolini). Die M. → Hitlers war atypisch insofern, als sie sich äußerlich zunächst verfassungskonform vollzog.

Machtgleichgewicht → Gleichgewichtspolitik

Machthaber → Zugang zum Machthaber

Machtkontrolle → Gewaltenteilung → Rechtsstaat → Opposition

Machtmäßigung → Bundesstaat → Rechtsstaat

Machtpolitik, eine das Maß legitimer → Interessenpolitik übersteigende, auf rücksichtslose Durchsetzung eigener Ziele gerichtete Außenpolitik.

Machtsphäre → Interessensphäre

Machtstaat, im Unterschied zum → Rechtsstaat ein Herrschaftssystem, in dem die Staatsgewalt willkürlich ausgeübt wird.

Machttheorien, schon bei den → Sophisten einsetzende Lehren, die besonders die Staatsgewalt als im Naturgesetz begründete Herrschaft des Starken über die Schwachen betrachten.

Mächtegleichgewicht → Gleichgewichtspolitik

MAD → Militärischer Abschirmdienst

Mädchenhandel → Frauenhandel

Made in Germany (Hergestellt in Deutschland), Ende des 19. Jahrhunderts zur Abwehr ausländischer Konkurrenz in England eingeführte Pflichtkennzeichnung, die freilich den deutschen Produkten bald weltweit den Ruf besonderer Qualität verschaffte.

Madison, James (1751–1836), Jurist und Politiker. Führend in der amerikanischen Unabhängigkeits- und Verfassungsbewegung; Mitautor der → Federalist Papers; 4. Präsident der USA.

Mafia, alter sizilianischer Geheimbund. Zunächst eine Art von Selbsthilfeverein angesichts der schwachen Staatsgewalt. Später durch Verbindung mit organisierter Kriminalität, besonders bei den in die USA eingewanderten Mafiosi, immer stärker ins Zwielicht geraten.

Maginot-Linie, ein für unüberwindbar gehaltener französischer → Limes gegen deutsche Invasion, der freilich im 2. Weltkrieg strategisch umgangen wurde. Der weitläufige Schutzwall mit Bunkern, Panzersperren usw. entstand 1929–1932 auf Initiative von Kriegsminister A. Maginot.

Magisches Viereck, Kurzformel für vier der deutschen Wirtschaftspolitik vorgegebene (z. T. einander widersprechende) Ziele: Stabilität des Preisniveaus, Vollbeschäftigung, ausgeglichene Zahlungsbilanz und angemessenes Wirtschaftswachstum (→ Gesamtwirtschaftliches Gleichgewicht).

Magister (Meister, Lehrer), Titel höherer Hofbeamter der römischen Kaiserzeit. Im Mittelalter und neuerdings wieder ein akademischer Grad unter dem → Doctor.

Magistrat (magistratus), Obrigkeit, Behörde. Im alten Rom ein staatliches Ehrenamt. Heute eine Institution des deutschen → Gemeindeverfassungsrechts.

Magistratsverfassung, Gegenbegriff zur → Bürgermeisterverfassung.

Magna Charta Libertatum (Große Freiheitsverbriefung), Urkunde grundlegender Rechtsgarantien, 1215 von König → Johann ohne Land dem englischen Adel und Klerus bewilligt. Sie enthält insbesondere

Sicherungen gegen Übergriffe der Krone in Freiheit und Eigentum sowie die Gewährleistung fairen Gerichtsverfahrens. Verfassungsgeschichtliches Dokument der Idee, daß auch der Herrscher unter dem Rechte steht, dessen Bruch die Untertanen zum Widerstand legitimiert.

Magnaten (Große), ursprünglich Sammelbegriff für Angehörige der Führungsschicht besonders des polnischen und ungarischen Adels. Später Metapher für einflußreiche Männer der Großindustrie und Hochfinanz.

Magnifizenz (Erhabenheit), traditionelle Anrede des Rektors einer Universität, früher auch des Bürgermeisters einer → Hansestadt.

Magnus imperator → Kaiser

Mahatma (Große Seele), indischer Ehrentitel für geistig hochstehende Persönlichkeiten (→ Gandhi).

Maistre, Joseph Comte de (1753–1821), französischer Diplomat und Schriftsteller. Theoretiker einer monarchischen Restauration in Kirche und Staat.

Maître (Meister), Titel französischer Rechtsanwälte und Richter.

Maîtresse en titre, offizielle, mitunter politisch einflußreiche Mätresse eines absolutistischen Fürsten.

Majestät (Hoheit), im alten → Deutschen Reich zuerst Titel des Kaisers, später auch von Königen (→ Apostolische Majestät → Hoheit).

Majestätsrechte, ursprünglich einzelne königliche Hoheitsrechte, die später in der einheitlichen Staatsgewalt aufgegangen sind (→ Hoheiten → Regalien).

Majestätsverbrechen (crimen laesae maiestatis), je nach Geschichtsepoche ein Angriff auf die Würde und Sicherheit der altrömischen Republik oder des Kaisers, des deutschen Königs oder der Kurfürsten. Später jede Verletzung der Ehre eines Regenten.

Majorat, Vorrang des älteren Sohnes bei der Erbfolge im Gegensatz zum Recht des jüngeren (Minorat).

Majordomus → Hausmeier

Majoritätsprinzip → Mehrheitsprinzip

Malteser(ritter)orden (ehem. Johanniterorden), ein im Mittelalter gegründetes, bis Ende des 18. Jahrhunderts über eigenes Staatsgebiet (Malta) verfügendes, nach wie vor anerkanntes → Völkerrechtssubjekt mit Sitz in Rom. Der M. beschränkt sich heute im wesentlichen auf humanitäre Tätigkeit, wofür u. a. eigene Lazarettschiffe und Rettungsflugzeuge zur Verfügung stehen.

Malthusianismus, eine von dem englischen Nationalökonom Th. R. Malthus (1766–1834) begründete Theorie. Danach versinkt die Menschheit ohne sexuelle Enthaltsamkeit zwangsläufig in Hunger und Elend, weil sich die Bevölkerung in geometrischer, die Nahrungsmittelproduktion aber nur in arithmetischer Progression vermehre.

Manchester-Liberalismus, System einer Marktwirtschaft, die sich, ungehindert von staatlichen Interventionen jeder Art, frei entfalten kann (→ Laissez faire → Liberalismus).

Mandarin (Ratgeber), frühere europäische Bezeichnung für hohe staatliche Würdenträger in China.

Mandat (Auftrag). In der → repräsentativen Demokratie führt die Wahl der Abgeordneten nicht zu einem → imperativen, vielmehr zu einem → freien Mandat (→ Direktmandat).

Mandatsgebiete (mandated territories), die einem Staat zur treuhänderischen Verwaltung übertragenen Gebiete. In der Epoche des → Völkerbundes u. a. Teile des ehem. → Osmanischen Reiches (z. B. Irak, Palästina und Transjordanien mit Selbstverwaltung unter Aufsicht des Mandatars Großbritannien).

Manegold von Lauterbach (ca. 1060–1150), deutscher Mönch und politischer Denker. Vertritt erstmals im Mittelalter das Prinzip der → Volkssouveränität. Hiernach gründet die Rechtsstellung des Königs auf einem gegenseitigen Vertrag (pactum) von Treue und Schutz.

Manifest (manifestatio), Offenbarung, Proklamation (→ Kommunistisches Manifest).

Männer → Gleichberechtigung von Mann und Frau

Mantelnote, im diplomatischen Sprachgebrauch eine erläuternde → Note zu mehreren überreichten Dokumenten.

Manteltarifvertrag, eine Art grundlegender → Tarifvertrag, der Bedingungen regelt, die längerfristig gelten sollen (z. B. Arbeitszeit, Urlaub, Kündigungsfristen).

Mao Tse-tung (1893–1976), chinesischer Revolutionär und Schriftsteller. Eigenwilliger Interpret und Vollstrecker der kommunistischen Gesellschaftstheorie (Maoismus). Nach der Proklamation der Volksrepublik China (1949), deren Präsident er wurde, begann M. mit der radikalen Umgestaltung der politischen und sozialen Strukturen. Stilisierte sich als „Großer Vorsitzender und Steuermann" (→ Kulturrevolution).

Maquis (Dickicht), nach 1940 Bezeichnung französischer Widerstandsgruppen gegen die deutsche Besatzungsmacht.

Marc Aurel, Marcus Aurelius (121–180), römischer Kaiser und Philosoph. Durch seine von stoischem Geist geprägten „Selbstbetrachtungen" bis heute berühmt, stand M. A. während seiner Regierungszeit fortgesetzt als Feldherr zur Sicherung der Reichsgrenzen an der Front.

Mare liberum (freies Meer), Kurzformel für das Prinzip → Freiheit der Meere.

Mare nostrum (unser Meer), Bezeichnung des Mittelmeeres schon in vorkaiserlicher Zeit des Römischen Reichs. Als Schlagwort (mare nostro) wiederaufgenommen vom italienischen → Faschismus.

Marginalität, Randposition, geringe Wichtigkeit (→ Minderheiten).

Maria Theresia (1717–1780), Römisch-deutsche Kaiserin, Königin von Ungarn und Böhmen, Erzherzogin von Österreich. Als absolute Regentin setzte sie umfassende innere Reformen durch, besonders in der Justiz (u. a. Abschaffung der Folter) und im Steuerwesen, z. B. durch Einführung der Steuerpflicht auch für Adel und Klerus (→ Apostolische Majestät → Hofkanzlei).

Marine (marinus), Inbegriff der militärischen und zivilen Seeschiffe etc. eines Staates (→ Handelsflotte).

Mark, Bezeichnung für eine Währungseinheit lübisch-hamburgischer Herkunft. Vom deutschen → Kaiserreich mit Feingoldstandard übernommen. Der Inflation nach dem 1. Weltkrieg folgten Rentenmark und Reichsmark; seit der Währungsreform 1948 gibt es die Deutsche Mark (DM).

Mark Brandenburg (‚Mark'), seit dem frühen 15. Jahrhundert Kurfürstentum der → Hohenzollern. Der Aufstieg zur europäischen Großmacht Preußen basiert auf der absolutistischen Außen-, Militär- und Steuerpolitik des „Großen Kurfürsten" Friedrich Wilhelm (1620–1688).

Marken, ursprünglich Bezeichnung für Grenzgebiete des → Frankenreichs, nach außen durch Burgen und Wehrbauern geschützt.

Markgrafen, seit den → Karolingern gehobene → Grafen mit militärischem Oberbefehl in den → Marken. Einigen M. gelang später der Aufstieg zu → Landesherren (→ Fürst).

Marktordnungen als hoheitliche Regulierungen beschränken die wirtschaftliche → Handlungsfreiheit. Näheres über ihre – ausnahmsweise – Zulässigkeit nach deutschem Verfassungsrecht im → Wörterbuch zum Grundgesetz.

Marktregal (Marktrecht) im Sinne der Befugnis, einen Markt abzuhalten, war ursprünglich ein Hoheitsrecht des → Königs, später der → Landesherren. Als Privileg zunächst an die Geistlichkeit, dann an die Städte vergeben.

Marktwirtschaft, im Unterschied zu → Dirigismus und → Planwirtschaft ein System freien ökonomischen Kräftespiels von Angebot und Nachfrage. Verfassungsrechtliche Grundlagen der M. sind besonders die Garantien von Privateigentum, Berufsfreiheit, Gewerbefreiheit und Vertragsfreiheit. Den sozialen Unzuträglichkeiten einer reinen M. sucht das Modell der → sozialen M. zu begegnen (→ Kapitalismus → Liberalismus → Sozialstaat).

'Marsch auf Rom', unternommen 1922 nach einem Parteitag in Neapel von 40 000 Faschisten unter Führung → Mussolinis, der am Ziel vom König die Regierungsmacht erhielt, die sich nach dem Staatsstreich (1925) in eine Diktatur des 'Duce' verwandelte.

Marschall → Hofämter

Marschflugkörper (Cruise missile), von Flugzeugen oder U-Booten zu startende militärische Lenkwaffe.

Marshall-Plan → ERP

Marsilius von Padua (ca. 1280–1343), italienischer Schriftsteller und politischer Philosoph. Vertrat die Idee einer weltlichen, von klerikaler Teilhabe freien Staatsgewalt.

Marx, Karl (1818–1883), revolutionärer Wirtschafts- und Gesellschaftswissenschaftler. Nach humanistischem Abitur in Trier und juristischen, später philosophischen Studien in Bonn und Berlin seit 1844 enge Zusammenarbeit mit → Engels. Aus Frankreich, Belgien und Preußen ausgewiesen, lebte er seit 1849 im Londoner Exil. M. schuf die theoretischen Grundlagen des wissenschaftlichen → Sozialismus; → Lenin und → Stalin haben sich nachdrücklich zu seinen Lehren bekannt. Besonders wirkungsmächtig wurden seine Schriften „Manifest der Kommunistischen Partei" und „Das Kapital" (→ Geschichtsphilosophie → Kommunismus).

Marxismus, Sammelbegriff für alle sich auf → Marx berufenden Analysen und Dogmen sowie praktischen Kampfanleitungen zur Durchsetzung einer sozialistischen Gesellschaft. Der → Bolschewismus betrachtet den M. als Wissenschaft von den Entwicklungsgesetzen der Natur und der Gesellschaft, von der Revolution der unterdrückten und ausgebeuteten Massen, vom Sieg des Sozialismus in allen Ländern, vom Ausbau der kommunistischen Gesellschaft. Marx seinerseits hat einmal bemerkt: „Ich selbst bin kein Marxist" (→ Austromarxismus → Avantgarde → Bourgeoisie → Dialektischer Materialismus → Diktatur des Proletariats → Entfremdung → Kapitalismus → Klassen → Kollektiv).

Marxismus-Leninismus, die auf → Lenins Auslegung und Weiterentwicklung besonders des → dialektischen Materialismus fußenden, von den kommunistischen Parteien des ehem. → Ostblocks mit absolutem Geltungsanspruch vertretenen Lehren und Richtlinien (→ Leninismus → Mao Tse-tung → Stalinismus).

Märzrevolution, die im März 1848 entstandene bürgerlich-revolutionäre Bewegung innerhalb des → Deutschen Bundes mit den Zielen liberaler Reformen, konstitutioneller Gewährleistungen, nationaler Einheit und einer deutschen verfassungsgebenden Versammlung (→ Frankfurter Nationalversammlung → Vormärz).

Maschinenzeitalter → Kapitalismus

Massen, große Menschenmengen mit ähnlichen Stimmungen und Motiven, aber ohne Strukturierung und Organisation. Nach der von Gustave Le Bon (1841–1931) begründeten M.-Psychologie sind Menschen in M.-Situationen u. a. anfällig für M.-Hysterie, M.-Panik und M.-Suggestion.

Massendemokratie, die der modernen Massengesellschaft entsprechende, nicht unbedingt kulturkritisch gemeinte Bezeichnung demokratischer Staatswillensbildung. Verfassungsrechtliches Hauptmerkmal der M. ist das allgemeine und gleiche Wahlrecht der Bürger.

Massenkommunikationsmittel verbreiten Nachrichten und andere Mitteilungen durch technische Medien an eine unbestimmte, räumlich verstreute, untereinander kontaktlose Menge von Empfängern. Typische M. sind u. a. Presse, Rundfunk, Film und Fernsehen.

Massenmedien → Massenkommunikationsmittel

Massenpartei → Volkspartei

Massenvernichtungsmittel, Sammelbezeichnung namentlich für → Kernwaffen und → ABC-Waffen.

Maßnahmegesetz, ursprünglich ein polemischer Gegenbegriff zum klassischen Rechtsgesetz. Das vom → Einzelfallgesetz zu unterscheidende M. ist ein Mittel des modernen Gesetzgebers, insbesondere auf Wirtschaft und Gesellschaft einzuwirken. Näheres nach deutschem Verfassungsrecht im → Wörterbuch zum Grundgesetz.

Maßregeln der Besserung und Sicherung, bestimmte strafgerichtliche Anordnungen, die an Stelle oder neben einer Strafe vorbeugend zum Schutz der Allgemeinheit getroffen werden.

Master (Meister, Lehrer), von angloamerikanischen Universitäten verliehener akademischer Grad über dem Bachelor, z. B. in der Rechtswissenschaft ‚Master of Laws' (LL. M.).

Mater et Magistra (‚Mutter und Lehrerin'), Enzyklika von 1961 zur neueren → katholischen Soziallehre.

Materialismus → Dialektischer Materialismus → Linkshegelianer

Materialistische Geschichtsauffassung, auch historischer Materialismus genannt. Danach ist Anfang und Motor des Geschichtsprozesses die Materie, nicht die Idee. Für → Marx wird der Geist des Menschen von den gesellschaftlichen Produktionsverhältnissen bestimmt: die Materie regiert das Bewußtsein. Folglich erscheint ihm der Staat nebst einschlägigen Philosophien, Religionen und Moralen nur als ein untergangsreifer → Überbau (→ Geschichtsphilosophie).

Matriarchat (Mutterherrschaft), im Unterschied zum → Patriarchat eine Sippen- und Stammesordnung mit Vorrang der Mutter, z. B. beim Namens- und Erbrecht.

Matrikel, Verzeichnis von Personen, Truppen, Einkünften usw. im alten → Deutschen Reich.

Matrikularbeiräge, im → Kaiserreich die Finanzausgleichsleistungen der Gliedstaaten an das Reich nach Maßgabe ihrer Bevölkerung.

Matrosenaufstand, die Meuterei der deutschen Kriegsmarine, als diese angesichts des verlorenen 1. Weltkriegs nochmals zur großen Schlacht befohlen wurde (Oktober 1918). Die revolutionären Unruhen weiteten sich rasch von der Küste auf das Binnenland aus.

Mauer → Eiserner Vorhang

Mayer, Otto (1846–1924), Begründer der modernen deutschen Verwaltungsrechtswissenschaft. Unter Betonung des → Rechtsstaatsprinzips ging es M. um die Erkenntnis „feststehender gleichbleibender Formen für die Erscheinung der öffentlichen Gewalt" in den verschiedenen Sachbereichen der Verwaltung.

MBFR, Mutual Balanced Force Reduction. Bezeichnung der Wiener Konferenz (1973–1989) zwischen Staaten der → NATO und des → Warschauer Paktes über die Kontrolle konventioneller Rüstung durch ‚beiderseitige und ausgewogene Truppenreduzierungen'.

McCarthyismus, antikommunistische Bewegung in den USA, benannt nach Senator J. R. McCarthy, dem Vorsitzenden des einschlägigen Untersuchungsausschusses (1950–1954).

MdB, Mitglied des Bundestags.

MdL, Mitglied des Landtags.

Mecklenburg-Vorpommern, ein → Land der → Bundesrepublik Deutschland.

Mediat (mittelbar) waren im alten → Deutschen Reich die nicht unmittelbar dem Kaiser – wie die → Immediatstände –, sondern einem Zwischenlehensherrn untergeordneten Stände.

Mediatisierung, Entziehung der Reichsunmittelbarkeit. Zu einer M. besonderen Umfangs und Stils kam es mit dem → Reichsdeputationshauptschluß (1803), wodurch alle geistlichen Territorien untergingen (→ Fürstentümer → Ebenbürtigkeit).

Medienpolitik im Sinne einer hoheitlichen Einwirkung besonders auf die → Massenmedien ist durch verschiedene Grundrechte begrenzt (→ Berichterstattungsfreiheit → Pressefreiheit → Rundfunkfreiheit → Filmfreiheit).

Meeresfreiheit → Freiheit der Meere

Meeresgrund → Festlandsockel

Mehrer des Reiches → Kaiser

Mehrfachbestrafung → Doppelbestrafungsverbot

Mehrfachbesteuerung → Doppelbesteuerungsabkommen

Mehrheiten bei → Abstimmungen und → Wahlen sind in verschiedenen Graden denkbar und verfahrensrechtlich vorgesehen. Hinsichtlich der Stimmenquote lassen sich insbesondere relative, absolute und qualifizierte Mehrheit unterscheiden. Die relative Mehrheit gewinnt ein Vorschlag, der mehr Stimmen als die anderen Vorschläge auf sich vereint; die absolute Mehrheit erfordert mehr Stimmen als die Hälfte der maßgebenden Bezugszahl; die qualifizierte Mehrheit verlangt eine bestimmte Stimmenquote über der absoluten Mehrheit. Hinsichtlich der Bezugszahl kann die Verfahrensordnung abstellen z. B. auf die Gesamtzahl der Stimmberechtigten oder auf die Zahl der tatsächlich Abstimmenden.

Mehrheitsprinzip (Majoritätsgrundsatz), im Unterschied namentlich zum → Einstimmigkeitsprinzip (→ Liberum veto) die Rechtsregel, daß bei Wahlen und Abstimmungen der Wille der → Mehrheit entscheidet. Das M. ist typisch für die Staatsform der → Demokratie, doch nicht darauf beschränkt. Aus praktischen Gründen wird es z. B. auch in Gremien monarchisch oder aristokratisch verfaßter Institutionen angewandt.

Mehrheitswahl (Persönlichkeitswahl), anders als die → Verhältniswahl ein → Wahlsystem, bei dem es nur darauf ankommt, welche Person in einem Wahlkreis die → Mehrheit der Stimmen erhält. Als Vorzüge der M. gelten u. a. die Wahrscheinlichkeit klarer Mehrheitsverhältnisse im

Parlament, die Ausschaltung von Splitterparteien und die Konkurrenz profilierter Persönlichkeiten als Wahlbewerber. Zu den Nachteilen der reinen M. zählen jedoch z. B. die verzerrte parlamentarische Widerspiegelung der Mehrheitsverhältnisse im Wahlvolk und der Ausschluß möglicherweise wichtiger (in den Wahlkreisen noch nicht mehrheitsfähiger) Richtungen vom politischen Prozeß.

Mehrparteiensystem, ein Kriterium → freiheitlich demokratischer Grundordnung. Näheres nach deutschem Verfassungsrecht im → Wörterbuch zum Grundgesetz.

Mehrstaater, Menschen mit mehrfacher Staatsangehörigkeit (→ Doppelstaater).

Mehrstimmenwahlrecht, im Gegensatz zum → gleichen Wahlrecht ein System, bei dem bestimmte Personen über mehr Stimmen oder über ein größeres Stimmgewicht verfügen als die übrigen (→ Dreiklassenwahlrecht).

Mehrwert im Sinne der → marxistischen Ausbeutungstheorie ist die – dem Proletarier vom Kapitalisten vorenthaltene – Differenz zwischen dem Tauschwert (Lohn) der Arbeitskraft und dem vom Arbeiter geschaffenen Marktwert der Arbeitsprodukte.

Mehrwertsteuer → Umsatzsteuer

Meineid, vorsätzlich falscher → Eid.

Meinung → Öffentliche Meinung

Meinungsforschung (Demoskopie), Erkundung insbesondere des politischen Meinungsklimas durch Befragung repräsentativer Teile der Bevölkerung.

Meinungsfreiheit, das jedermann zustehende Grundrecht, seine Meinung in Wort, Schrift und Bild frei zu äußern und zu verbreiten bzw. die eigene Meinung für sich zu behalten. Näheres nach deutschem Verfassungsrecht im → Wörterbuch zum Grundgesetz.

Meinungslenkung mit ideologischen und machttechnischen Mitteln ist ein Merkmal namentlich → marxistischer Regime. Diese glauben sich im Besitz wissenschaftlicher Erkenntnisse über Sinn, Weg und Ziel des Geschichtsprozesses, können also die freie Meinungsvielfalt nur als Reich des Irrtums verurteilen und verfolgen.

Meistbegünstigungsklausel (clause de la nation la plus favorisée), eine in zweiseitigen → Handelsverträgen häufige Bestimmung. Danach konzedieren sich die Vertragsstaaten gegenseitig die Rechte und Vorteile, die sie einem dritten Staat eingeräumt haben oder während der Vertragsdauer einräumen werden.

Memorandum (mémoire), im diplomatischen Sprachgebrauch die zusammenfassende formlose Stellungnahme zu einem bestimmten Gegenstand (→ Aide-mémoire → Note).

Menschenbild des GG ist nicht das eines isolierten selbstherrlichen Individuums. Näheres nach deutschem Verfassungsrecht im → Wörterbuch zum Grundgesetz.

Menschenhandel → Frauenhandel

Menschenleben → Recht auf Leben

Menschenraub begeht nach deutschem Strafrecht, wer sich eines Menschen durch List, Drohung oder Gewalt bemächtigt, um ihn in hilfloser Lage auszusetzen oder in Sklaverei, Leibeigenschaft oder in auswärtige Kriegs- oder Schiffsdienste zu bringen (→ Geiselnahme).

Menschenrechte sind die dem Einzelnen kraft seines Menschseins zustehenden, in seiner Menschenwürde wurzelnden unverletzlichen und unveräußerlichen Grundfreiheiten und Achtungsansprüche. Sie haben vor dem geistesgeschichtlichen Hintergrund von → Humanismus und → Aufklärung in nationalen Verfassungen und internationalen Abkommen ihren Niederschlag gefunden. In einem engeren technischen Sinne versteht man unter M. die Verfassungsgarantien eines Staates, die allen Menschen und nicht nur den eigenen Staatsbürgern zugute kommen. Näheres nach deutschem Verfassungsrecht im → Wörterbuch zum Grundgesetz.

Menschenrechtsbewegungen zielen auf die Respektierung der → Menschenrechte durch die öffentliche Gewalt, in jüngerer Zeit vor allem in Staaten ohne freiheitlich-demokratisches Regierungssystem (→ Dritte Welt → Ostblock).

Menschenrechtserklärung, insbesondere die Allgemeine M. von 1948. Sie zählt eine Reihe von → Menschenrechten auf, hat aber, als bloße Empfehlung der UNO-Generalversammlung, keine völkerrechtlich bindende Wirkung (→ Déclaration des Droits de l'Homme et du Citoyen).

Menschenrechtskonvention → Europäische Menschenrechtskonvention

Menschenwürde, verfassungsrechtlicher Höchstwert und Kernsubstanz des → Rechtsstaatsprinzips. Geistig fundiert in christlicher Ethik und idealistischer Philosophie. Näheres nach deutschem Verfassungsrecht im → Wörterbuch zum Grundgesetz.

Menschewiki, die ‚Minderheitler' im Gegensatz zu den → Bolschewiki.

Menschheit → Weltgeschichte

Menschlichkeit, die Verpflichtung des Menschen, sich auch im Kriege so zu verhalten, wie er als sittliches Wesen sein soll (→ Humanität → Humanitäres Völkerrecht → Haager Landkriegsordnung → Verbrechen gegen die Menschlichkeit).

Mentalreservation, gedanklicher (geheimer) Vorbehalt, das Erklärte nicht zu wollen. Dergleichen ist rechtlich unbeachtlich, es sei denn, der Erklärungsempfänger kennt den Vorbehalt.

Meritokratie, ein Aufstiegs- und Herrschaftssystem, das persönlichen Talenten und Verdiensten (Meriten) den Vorrang vor anderen Kriterien einräumt (→ Leistungsgesellschaft → Leistungsprinzip).

Merkantilismus, Name einer bestimmten absolutistischen Wirtschafts- und Finanzpolitik. Kennzeichnend sind u. a. Förderung des Außenhandels, Gründung von Handelskompanien und Manufakturen, Schutzzölle an den Landesgrenzen, Abschaffung von Binnenzöllen (→ Kameralistik).

Merowinger → Franken

Messianismus, im politischen Sinn das übersteigerte Sendungsbewußtsein eines Heilsbringers (Messias), der sich berufen glaubt, seine Doktrinen und Ziele notfalls mit Gewalt durchzusetzen.

Mestizen, Mischlinge zwischen Weißen und Indianern in → Lateinamerika.

Metaphysik, Inbegriff der jenseits physischer Erfahrung liegenden Bereiche des Seienden: des Menschen, der Seele, der Welt. M. als Philosophie fragt insbesondere nach Sein und Nichts, Werden und Vergehen, Freiheit und Materie, Wahrheit und Wert. Für → Marx ist M. nur ‚ideologischer Überbau', für → Nietzsche eine ‚ideale Hinterwelt'.

Metaphysische Staatstheorien im Sinne einer Rechtfertigung des Staates berufen sich auf den Willen Gottes oder anderer metaphysischer Wesenheiten oder sie erhöhen den Staat zur metaphysischen Wesenheit (Staatsvergottung).

Metöken (Mitwohner), in den antiken griechischen Stadtstaaten die gebietsansässigen Fremden; sie waren von politischen und anderen Bürgerrechten ausgeschlossen, wohl aber zu Kriegsdienst- und Steuerleistungen verpflichtet.

Metropole, Mutterstadt (vs. Kolonialstadt) im alten Griechenland; Provinzhauptstadt in römischer Zeit.

Metropolit, in der → katholischen Kirche eine Art erster → Bischof der Kirchenprovinz, jedoch keine Mittelinstanz zwischen Bischöfen und Papst.

Metternich, Klemens Fürst von (1773–1859), österreichischer Staatsmann aus rheinischem Adelsgeschlecht (benannt nach dem Eifeldorf M.). Auf dem → Wiener Kongreß stellte M. die Weichen für eine → Hegemonie Österreichs im → Deutschen Bund. Innenpolitisch auf

Restauration der vorrevolutionären Staats- und Gesellschaftsordnung ausgerichtet, hatte für ihn außenpolitisch das europäische Gleichgewicht der Mächte besondere Priorität. Bei Ausbruch der → Märzrevolution wurde M. gestürzt (→ Karlsbader Beschlüsse).

Meuterei, gemeinschaftliches Sich-Auflehnen von Strafgefangenen oder Soldaten gegen ihre Vorgesetzten (→ Matrosenaufstand).

Michels, Robert (1876–1936), deutsch-italienischer Sozialwissenschaftler mit besonderem Interesse an politischen Massenorganisationen, für die er das „eherne Gesetz der Oligarchie“ formulierte. Die Masse bedürfe der Führung und sei „mit tragischer Notwendigkeit dazu bestimmt, sich der Herrschaft einer kleinen Minderheit zu unterwerfen“.

Migration, Wanderung von Menschengruppen, insbesondere die zwischenstaatliche Ein- und Auswanderung, vor allem aus politischen Gründen (Diskriminierung, Verfolgung, Vertreibung) oder aus wirtschaftlichen Motiven (Not, materielle Anreize).

Mikroprozessoren → Industrielle Revolution

Mikrozensus, im Unterschied zur Volkszählung eine statistische Erhebung über Bevölkerungs- und Arbeitsmarktdaten anhand von Repräsentativbefragungen.

Milchwirtschaft → Agrarpolitik → Marktordnungen

Mildernde Umstände (Strafmilderungsgründe), besondere Gegebenheiten, die sich bei der Strafzumessung zugunsten des Täters auswirken (z. B. Geständnis, Reue, straffreies Vorleben, Milieuschädigung).

Miles gloriosus, der prahlerische Soldat, ein Prototyp schon in der altrömischen Literatur. Freilich kennt das öffentliche Leben noch andere Vertreter der Ruhmredigkeit.

Miles perpetuus, der ständige Soldat, Metapher für das dem modernen Staat gemäße stehende Heer, das auch im Frieden für den Krieg gerüstet ist.

Milieu (Mitte), soziale und kulturelle Umwelt, auch Unterwelt (→ Halbwelt → Juste-milieu).

Militanz, kämpferisch-gewalttätige Sinnesart, besonders bei politischen Interessengruppen.

Militär, Gesamtheit der Streitkräfte eines Staates (→ Befehls- und Kommandogewalt → Bundeswehr → Verteidigungsfall → Wehrverfassung).

Militäraktion → Expedition

Militärattaché → Attaché

Militärbischof (Armeebischof, Feldbischof), ein an der Spitze der → Militärseelsorge stehender → Bischof.

Militärdiktatur, dikatorisch herrschende, oft durch Putsch an die Macht gelangte, aus Militärpersonen gebildete Regierung (→ Junta).

Militärgerichtsbarkeit, für Soldaten zuständige besondere Justiz; in Deutschland sind Wehrstrafgerichte nur für den → Verteidigungsfall vorgesehen.

Militärische Bündnisse → Kollektive Sicherheitssysteme

Militärische Landesverteidigung → Landesverteidigung

Militärischer Abschirmdienst (MAD), ein spezieller → Geheimdienst zum Schutz der → Bundeswehr vor Spionage, Sabotage usw.

Militarismus, Sammelbezeichnung für das Vorherrschen militärischer Werte, Ordnungsgrundsätze und Machtziele auch in außermilitärischen Bereichen von Staat und Gesellschaft. M. erstmals explizit dem französischen Kaiser Napoleon III. (1852–1870) vorgeworfen, danach dem deutschen → Kaiserreich und in besonderem Maße dem → Dritten Reich.

Militärjunta → Junta

Militärkonventionen → Militärische Bündnisse

Militärputsch, Erhebung militärischer Führungskräfte gegen die zivile Gewalt mit dem Ziel der Machtergreifung im Staat. Zur Rechtfertigung eines M., der im Erfolgsfall meist zur Ausrufung des Belagerungszustands, Suspension von Grundrechten, Auflösung des Parlaments usw. führt, beruft man sich regelmäßig (wie z. B. 1964 in Brasilien) auf die Pflicht der Armee zur Verteidigung der Legalität.

Militärregierung, oberstes Leitungsgremium einer Besatzungsmacht zur Wahrnehmung der vollziehenden Gewalt im Staatsgebiet des Kriegsgegners (→ Alliierter Kontrollrat).

Militärregime, je nach Sachzusammenhang eine → Militärdiktatur oder eine → Militärregierung.

Militärseelsorge, in Deutschland die durch → Kirchenvertrag oder → Konkordat rechtlich abgesicherte geistliche Betreuung der Soldaten (→ Militärbischof).

Militärtribunal → Kriegsverbrecherprozesse

Miliz (militia), ursprünglich gleichbedeutend mit → Militär; heute Bezeichnung für nichtständige, nur für den Kriegsfall vorgesehene Streitkräfte im Unterschied zum stehenden Heer.

Mill, John Stuart (1806–1873), englischer Ökonom und Philosoph, dem Erfahrung als ausschließliche Erkenntnisquelle gilt. Moralischer Maßstab besonders auch in der Politik ist für M. die Förderung größtmöglichen Glücks der größtmöglichen Zahl. Vertreter eines sittlichen Utilitarismus und wirtschaftlichen Liberalismus (→ Freihandel).

Minderheiten, je nach öffentlichem Lebensbereich politische, ethnische, kulturelle, religiöse, parlamentarische usw. Gruppen, die den einschlägigen → Mehrheiten zahlenmäßig unterlegen sind.

Minderheitenschutz, eine wichtige Aufgabe des entwickelten Staats- und Völkerrechts. Zum innerstaatlichen M. gehören u. a. der Vorrang der → Grundrechte gegenüber der Staatsgewalt, das Erfordernis qualifizierter Mehrheiten für → Verfassungsänderungen und die parlamentarischen Rechte der → Opposition. Auf internationaler Ebene gab es in der → Völkerbunds-Ära einen (nicht sehr effizienten) M. zugunsten der nationalen, sprachlichen und religiösen Minderheiten. Nach dem 2. Weltkrieg haben sich → UNO und → Europarat der Probleme des M. angenommen, freilich bisher ohne befriedigendes völkervertragsrechtliches Resultat.

Minderheitsregierung, ein Kabinett ohne stetigen Mehrheitsrückhalt im Parlament. Näheres nach deutschem Verfassungsrecht im → Wörterbuch zum Grundgesetz.

Mindestreserven, bestimmte Guthaben, die Kreditinstitute kraft Gesetzes bei der Notenbank zu unterhalten haben (→ Bundesbank → Kreditpolitik).

Mineralölsteuer, eine Abgabe insbesondere auf den Verbrauch von Mineralölen als Treib-, Heiz- oder Schmierstoff.

Minima non curat praetor, Kleinigkeiten kümmern den Richter nicht: eine Maxime des römischen Rechts.

Minister (Diener), als Titel seit dem → Absolutismus aufgewertet vom Fürstendiener zur Amtsbezeichnung oberster Walter der Exekutive (→ Bundesminister).

Ministeranklage → Impeachment → Präsidentenanklage

Ministerialbürokratie, vor allem die Gruppe beamteter Führungskräfte eines Ministeriums, vermag kraft ihrer speziellen Sachkompetenz eine besondere Macht gegenüber Parlament und Regierung zu entfalten, die das traditionelle Gewaltenteilungsprinzip nicht erfaßt.

Ministeriale (Dienstmannen), ursprünglich eine mittelalterliche Schicht unfreier Höflinge. Später ein Stand mit besonderen ritterlichen Dienstaufgaben, allmählich den → Edelfreien angeglichen. Zuletzt im niederen deutschen Adel aufgegangen (→ Heerschildordnung).

Ministerialerlaß → Erlaß

Ministerien, oberste Verwaltungsinstanzen mit einem Regierungsmitglied (Minister) an der Spitze. Außer den → klassischen M. gibt es verschiedene Portefeuilles für Kultus, Wirtschaft, Soziales usw.

Ministerpräsident, Amtsbezeichnung des Chefs einer deutschen → Landesregierung (→ Bundeskanzler).

Ministerrat, je nach Zusammenhang insbesondere ein Kabinettsausschuß von Regierungsmitgliedern oder der M. als zentrales politisches Organ der EG, gebildet aus Ressortministern der Mitgliedstaaten.

Ministerresident, nach der früheren bis zum → Wiener Übereinkommen (1961) geltenden Klassifizierung ein diplomatischer Vertreter im Range unterhalb des → Gesandten, doch oberhalb eines → Geschäftsträgers (→ Wiener Règlement).

Ministerverantwortlichkeit, insbesondere die politische, nach nationalem Verfassungsrecht unterschiedlich geregelte Verantwortung der Regierungsmitglieder gegenüber dem Parlament (→ Gegenzeichnung → Konstruktives Mißtrauensvotum).

Minorat → Majorat

Minorität → Minderheit

Miquel, Johannes von (1828–1901), nationalliberaler Politiker und preußischer Finanzminister. Eine Art von Gründungsvater der modernen deutschen → Einkommensteuer.

Mirabeau, Honoré Gabriel, Graf von (1749–1791), einflußreicher Politiker im Zuge der → Französischen Revolution (u. a. als Präsident der Nationalversammlung). Sein plötzlicher Tod begünstigte radikale Tendenzen anstelle der von ihm angestrebten konstitutionellen Monarchie.

Mißbilligung → Tadelsanträge

Mißbrauch von Grundrechten → Grundrechtsverwirkung

Mißbrauchsgebühren für Fälle mißbräuchlichen Prozessierens sind dem deutschen Gesetzgeber verfassungsrechtlich erlaubt.

Missio canonica (Kirchliche Sendung), geistliche Lehrbefugnis in Predigt oder Religionsunterricht, die nach kath. Kirchenrecht begrenzt auch Laien übertragen werden kann.

Mission, im diplomatischen Sprachgebrauch gleichbedeutend mit → Delegation oder → Gesandtschaft.

Missionschef, vom Entsendestaat bevollmächtigter Leiter einer ständigen Mission im Empfangsstaat. Je nach Rangklasse kann dies z. B. ein → Botschafter, → Nuntius, → Gesandter oder → Geschäftsträger sein.

Mißtrauensvotum, im parlamentarischen Regierungssystem ein Beschluß der Volksvertretung, aus dem sich ergibt, daß der Regierungschef, das ganze Kabinett oder einzelne Minister nicht mehr das Vertrauen der Parlamentsmehrheit genießen. Die juristischen Wirkungen des M. (z. B. Regierungssturz oder Rücktrittspflicht) sind unterschiedlich je nach nationalem Verfassungsrecht (→ Konstruktives Mißtrauensvotum → Vertrauensfrage).

Mitbestimmung, in der Wirtschaft vor allem die Beteiligung der Arbeitnehmerseite an Entscheidungen betrieblicher und überbetrieblicher Art. Die paritätische Besetzung des Aufsichtsrats eines mitbestimmten Unternehmens (gleiche Stärke der Arbeitnehmer- und Anteilseignervertreter) wirft nach deutschem Verfassungsrecht besondere Fragen auf. Näheres im → Wörterbuch zum Grundgesetz.

Mitgliederpartei, im Unterschied zur → Honoratiorenpartei (Wählerpartei) eine Massenpartei mit starkem Mitgliederstamm und ausgebautem Parteiapparat.

Mitmenschlichkeit → Humanität → Humanitäres Völkerrecht

Mitte, politische Bezeichnung für einen Standort zwischen → Links und → Rechts, auch innerhalb großer Parteien mit ihren linken und rechten Flügeln.

Mittelalter (medium aevum), eine von → Humanismus und → Aufklärung nicht ganz fair als „finster“ bezeichnete Epoche zwischen griechisch-römischem Altertum (Antike) und der → Neuzeit. Politisch-historisch eine von der → Romantik als Gipfel verklärte Kultur aus römischen, germanischen und christlichen Komponenten, gegliedert in eine von Papst und Kaiser geführte ständische Hierarchie. Eine ungefähre Periodisierung unterscheidet zwischen frühem (ca. 500–950 n. Chr.), hohem (ca. 950–1250) und spätem Mittelalter (ca. 1250–1500).

Mittelbare Demokratie, Gegenbegriff zur → direkten Demokratie.

Mittelbare Wahl vs. → direkte Wahl

Mittelbehörden, bei dreistufigem Verwaltungsaufbau die mittlere Ebene zwischen Unter- und Oberbehörden, z. B. Oberfinanzdirektionen in der Steuerverwaltung oder Bezirksregierungen in der inneren Verwaltung.

Mittelfreie → Heerschildordnung

Mittelmächte, im 19. Jahrhundert Bezeichnung für mittelgroße Staaten im Unterschied zu Großmächten; während des 1. Weltkriegs geographisch abgewandelt auf Deutschland und Österreich-Ungarn nebst Verbündeten.

Mittelschicht, neuere Bezeichnung für → Mittelstand.

Mittelstaaten → Mittelmächte

Mittelstand, Gesamtheit der sozialen Gruppen zwischen Oberschicht und Unterschicht. Unbeschadet fließender Übergänge zählen zum alten M. insbesondere die Inhaber mittlerer freiberuflicher, landwirtschaftlicher und gewerblicher Unternehmen sowie die Angehörigen mittlerer Beamtenränge. Zum neuen M. der → Industriegesellschaft rechnet man u. a. die mittleren Angestellten und gehobenen Facharbeiter.

Mittelstandspolitik, gezielte Maßnahmen der öffentlichen Hand zur Förderung des → Mittelstands als politischen Stabilitätsfaktors in einer sich wandelnden Welt.

Mob (mobile vulgus), englisches Lehnwort für gefährliche Pöbelhaufen (→ Lynchjustiz → Masse).

Mobilität → Industriegesellschaft

Mobilmachung, Aktivierung der Streitkräfte im → Krieg (→ Demobilisierung).

Moderner Staat, im Unterschied zu vorneuzeitlichen Hoheitsverbänden die aus der Überwindung gegensätzlicher Mächte hervorgegangene einheitliche Herrschaft über Land und Leute. Damit wurde insbesondere der fürstlich-ständische Dualismus gegenstandslos. Eine erste umfassende Verwirklichung fand die Idee des M. St. in der → absolut gewordenen Monarchie.

Modus procedendi, Art des Vorgehens: Verfahrensweise in Gerichtsprozessen oder Diplomatie.

Modus vivendi, Art des Zusammenlebens: Bezeichnung für provisorische Verständigungen im Vorfeld bzw. anstelle von → Abkommen oder → Konkordaten.

Mohammed → Kalifen → Scharia

Mohl, Robert von (1798–1875), Rechtswissenschaftler und Politiker. Grundlegende Arbeiten zum modernen Staatsrecht unter Berücksichtigung des Rechtsstaatsprinzips. Als Mitglied der → Frankfurter Nationalversammlung zum Reichsjustizminister bestimmt.

Mommsen, Theodor (1817–1903), Jurist, Historiker und Politiker. Quellenkritischer Geschichtsschreiber großen Stils („Römische Geschichte"). Entschiedener parlamentarischer Gegner der Politik → Bismarcks. M. erhielt als erster Deutscher den Nobelpreis für Literatur (1902).

Monarch, Alleinherrscher (→ Unverletzlichkeit des Monarchen).

Monarchie, im Unterschied zu → Aristokratie und → Demokratie eine Herrschaftsform, bei der ein Einzelner die gesamte Hoheitsgewalt verkörpert und als höchste Instanz innehat. In der deutschen Geschichte lassen sich mehrere Ausprägungen der M. unterscheiden: nach der → Lehensmonarchie vor allem die → absolutistische und die → konstitutionelle Königsherrschaft (→ Dynastie → Erbmonarchie → Feudalsystem → Gottesgnadentum → König → Wahlkönigtum).

Monarchisches Prinzip, im Gegensatz zum parlamentarischen Prinzip der Grundsatz, daß, wie es die Wiener Schlußakte von 1820 ausdrückt, „die gesamte Staatsgewalt in dem (monarchischen) Oberhaupte des Staates vereinigt bleiben" muß.

Monarchisten, mehr oder weniger militante Anhänger der → Monarchie überhaupt, während Royalisten für eine bestimmte → Dynastie eintreten.

Monarchomachen (Monarchen-Widersacher), historische Bezeichnung vor allem für die gegen den → Absolutismus streitenden Autoren, die mit religiösen und demokratischen Argumenten ein Widerstandsrecht, notfalls auch den Tyrannenmord rechtfertigten.

Monetarismus, eine Richtung der Nationalökonomie, die im Gegensatz zum → Keynesianismus die staatliche Wirtschafts- und Finanzpolitik auf bloße geld(mengen)politische Maßnahmen beschränken will.

Monismus, im Unterschied zu Dualismus und Pluralismus die philosophische Annahme eines einzigen Grundprinzips (Geist, Materie, Willen u. a.) für die Vielgestaltigkeit des Seienden. Als juristischer Begriff spielt der M. eine Rolle bei der Bestimmung des Verhältnisses von → Völkerrecht und innerstaatlichem Recht. So ist z. B. nach der monistischen Lehre mit Primat des Völkerrechts dieses die ursprünglich-alleinige Normenordnung, aus der sich das innerstaatliche Recht ableitet.

Monogamie (Einehe), Gegensatz zur Polygamie (Vielehe). Dies bedeutet rechtlich, daß jemand zur selben Zeit nur mit einer einzigen Person verheiratet sein kann. Indessen gibt es die sukzessive Polygamie durch Scheidungsgesetz.

Monokratie (Einherrschaft), Sammelbegriff für Machtsysteme, bei denen die gesamte Gewalt in der Hand einer einzelnen Person liegt. Hierzu zählen außer der klassischen → Monarchie auch Herrschaftsformen wie → Autokratie, → Diktatur und → Tyrannis.

Monokratische Staatsorgane sind solche, bei denen nicht ein Kollegium (z. B. ein Parlament, Kabinett oder Kollegialgericht) entscheidet. Vielmehr wird einer einzelnen Person, z. B. einem Behördenchef, jede einschlägige Entscheidung zugerechnet, auch wenn ein Beauftragter für ihn gehandelt hat.

Monopol (Alleinverkauf), im engeren Sinne die – öffentlichen Körperschaften oder privaten Personen vorbehaltene – ausschließliche Befugnis zur Herstellung und Vermarktung bestimmter Produkte (z. B. Salz, Tabak, Zündhölzer, Branntwein). Im weiteren Sinn das exklusive Verfügungsrecht über wichtige Potentiale (z. B. das → Gewaltmonopol des Staates).

Monroe-Doktrin, die von dem US-Präsidenten James M. (1758–1831) verkündete, bis ins 20. Jahrhundert wirksame außenpolitische Leitlinie. Danach mischen sich die USA namentlich nicht in europäische Querelen ein, verbitten sich aber andererseits jede Intervention fremder Mächte in Amerika (→ Isolationalismus).

Monseigneur (gnädiger Herr), traditionelle Anrede hoher Adeliger und Kleriker in Frankreich.

Monsignore, Titel der päpstlichen Hausprälaten (Ehrenprälaten).

Montanunion → Europäische Gemeinschaften

Montesquieu, Charles de Secondat, Baron de la Brède et de M. (1689–1755), französischer Jurist und Staatstheoretiker. Sein Hauptwerk „Vom Geist der Gesetze" (De l'esprit des lois) beruht auf langjährigen Forschungen und ausgedehnten Reisen in Kontinentaleuropa und England. M.s Lehre von der Dreiteilung der Gewalten in Gesetzgebung, Vollziehung und Rechtsprechung hat das europäische und amerikanische Verfassungsleben fortwirkend beeinflußt (→ Gewaltenteilung → Kant → Lettres Persanes).

Moral (moralis), Gesamtheit der sittlichen Werte und Verhaltensnormen (→ Ethik).

Moral suasion (gutes Zureden), eine Art von Seelenmassage als Mittel staatlicher Konjunkturpolitik.

Moral und Recht, zwei Normensysteme mit unterschiedlichem Wesen, Geltungsgrund und Anwendungsbereich.

Moralische Aufrüstung, Bezeichnung einer – vor dem 2. Weltkrieg von Oxford ausgegangenen – christlichen Bewegung zur Überwindung von Nationalismus, Rassismus und Klassenhaß.

Mord unterscheidet sich von anderen Fällen vorsätzlicher Tötung (Totschlag) durch besonders verwerfliche Motive oder Tatumstände. Nach deutschem Strafrecht ist Mörder, wer einen Menschen tötet aus Mordlust, zur Befriedigung des Geschlechtstriebs, aus Habgier oder sonst aus niedrigen Beweggründen; oder heimtückisch oder grausam oder mit gemeingefährlichen Mitteln; oder um eine Straftat zu ermöglichen oder zu verdecken.

Morganatische Ehe, standesungleiche Heirat zur linken Hand (→ Ebenbürtigkeit).

Morgenthau-Plan, eine Denkschrift des US-Finanzministers Henry M., die nach 1945 die Besatzungspolitik der → Alliierten anfangs beeinflußte. Danach sollte Deutschland u. a. durch → Demontage seiner Industrieanlagen und Kohlengruben auf die Stufe eines Agrarlandes herabgedrückt werden.

Morus, Sir Thomas (1478–1535), englischer Jurist, Staatsmann und Humanist. Als Autor besonders hervorgetreten durch die Schilderung eines Idealstaats in seinem lateinisch geschriebenen Werk „Utopia" (De optimo statu rei publicae deque nova insula Utopia). Der → Lordkanzler M. wurde wegen Hochverrats hingerichtet, nachdem er sich geweigert hatte, die Ehescheidung Heinrichs VIII. und die Loslösung von der römischen Kirche anzuerkennen.

Mosca, Gaetano (1858–1941), italienischer Staatsrechtler und Soziologe mit besonderem Forschungsinteresse an der herrschenden politischen Klasse, die er in jedem Sozialsystem, auch in der demokratischen Gleichheitsgesellschaft wirksam sieht. Die Herrschaft von Minderheiten über Mehrheiten sei eine Art Naturgesetz der Politik. Hohle Rechtfertigungsformeln sind danach Begriffe wie Gottesgnadentum, Volkssouveränität, Führerprinzip oder Diktatur des Proletariats.

Mosel → Salier

Moskauer Prozesse, von → Stalin inszenierte Pseudostrafverfahren (1936–1938) zur Beseitigung aller oppositionellen Kräfte in Partei, Armee und Staat. Es kam zu zahlreichen Todesurteilen und Hinrichtungen aufgrund dubioser Geständnisse.

Moskauer Vertrag (Zwei-plus-Vier-Vertrag), das 1990 abgeschlossene → Abkommen zwischen den (s. Z. noch) zwei deutschen Staaten und den vier Siegermächten des 2. Weltkriegs. Grundlage der Wiederherstellung der vollen deutschen Souveränität. Näheres im → Wörterbuch zum Grundgesetz.

Motion (Bewegung), parlamentarisches Ersuchen an den → frühkonstitutionellen Monarchen in Deutschland.

Motuproprio (aus eigenem Antrieb), ein päpstliches Gesetz, das im Unterschied zu feierlich verkündeten apostolischen Konstitutionen in einfacher Briefform ausgefertigt wird.

Mufti, islamischer Rechtsgelehrter, insbesondere als Berater des → Kadi. Im → Osmanischen Reich war der Großmufti die oberste Autorität in Fragen des religiösen Rechts (→ Großwesir).

Müller, Adam (1779–1829), Diplomat und politischer Schriftsteller („Elemente der Staatskunst"). Gegen Rationalismus und Liberalismus vertrat er eine romantische Staatstheorie im Sinne eines organischen, universellen, von mittelalterlichen Ideen geprägten Ständestaats.

Müller-Arnold-Prozeß, historisches Beispiel für den Unterschied von Theorie und Praxis im → aufgeklärten Absolutismus. Zwar hatte → Friedrich d. Gr. wiederholt verkündet: „In den Gerichtshöfen sollen die Gesetze sprechen, und der Herrscher soll schweigen." Doch als ihm die Entscheidung im M. A. P. nicht gefiel, sperrte er die Richter kurzerhand in die Festung Spandau ein.

Multikulturalität, Vielheit kultureller Werte, Traditionen und Bestrebungen. Hierzu stellt die UNO-Generalversammlung in ihrer „Friendly Relations Declaration" von 1970 fest, daß jeder Staat das Recht hat, seine kulturelle Eigenart zu schützen und zu bewahren. Nach dieser Leitlinie für die internationale Gemeinschaft ist ein Staat auch befugt, sich gegen unerwünschte M. zu wenden, z. B. durch Maßnahmen der Einwanderungspolitik.

Multilateraler Vertrag (Kolletivvertrag), völkerrechtliches Abkommen zwischen mehr als zwei Partnern. Durch den Beitritt dritter Staaten zu einem ursprünglich → bilateralen Vertrag wird dieser zu einem M. V.

Münchener Abkommen, der im Herbst 1938 zwischen Deutschland, England, Frankreich und Italien geschlossene Vertrag angesichts der drohenden Haltung → Hitlers. Aufgrund des M. A., mit dem die → alliierten Partner den Frieden in Europa zu sichern glaubten (→ Appeasement), sah sich der Nichtvertragspartner Tschechoslowakei gezwungen, die deutschbesiedelten Gebiete Böhmens und Mährens an das Reich abzutreten.

Mündliche Anfrage, eine Form des parlamentarischen → Fragerechts. Die M. A. muß kurz gefaßt sein und eine kurze Beantwortung durch die Regierung in der → Fragestunde ermöglichen.

Mundschenk → Hofämter

Munt bezeichnet im germanisch-deutschen Recht ein Schutz- und Gewaltverhältnis insbesondere des Hausvaters über Ehefrau, Kinder und Gesinde.

Münzregal, ein das Währungswesen betreffendes, später in der einheitlichen Staatsgewalt aufgegangenes → Hoheitsrecht.

Muße, grundverschieden von Müßiggang, gibt dem von Berufs- und Geschäftszwängen freien Menschen die Möglichkeit zu tieferer Besinnung und schöpferischer Existenz. M. ist ein Höchstwert abendländischer Humanität, der eigentliche Ertrag aller Arbeitsfron. „Wir sind unmüßig, um Muße zu haben" (Aristoteles).

Mussolini, Benito (1883–1945), italienischer Diktator und Führer (‚Duce') des → Faschismus. Verbündeter → Hitlers im 2. Weltkrieg. Vom Faschistischen Großrat 1943 gestürzt (→ Marsch auf Rom).

Musterprozeß, Gerichtsverfahren zur Herbeiführung einer vorzugsweise höchstrichterlichen Entscheidung, die für eine Vielzahl gleicher Rechtsstreitigkeiten maßgebend sein soll.

Mutterländer → Kolonialmächte

Mutterrecht → Matriarchat

Mutual Balanced Force Reduction → MBFR

N

Nabob (Naib), Stellvertreter islamischer Fürsten im frühneuzeitlichen Indien, später bloßer Ehrentitel hochgestellter Personen. Seit dem 18. Jahrhundert Bezeichnung für in Indien schnell reich gewordene Engländer.

Nachfolgestaaten (Sukzessionsstaaten) der österreichisch-ungarischen Monarchie waren Österreich, Jugoslawien, Polen, Rumänien, Tschechoslowakei und Ungarn (→ Habsburger Donaumonarchie).

Nachgiebiges Recht →Ius dispositivum

Nachindustrielle Gesellschaft, je nach Zusammenhang die Utopie einer von materiellen Zwängen befreiten Menschheit oder die Prognose einer kommenden, von der → Industriegesellschaft verschiedenen Dienstleistungsgesellschaft.

Nachkonstitutionelle Gesetze im Sinne der → konkreten Normenkontrolle sind förmliche Parlamentsgesetze, die nach Inkrafttreten des → Grundgesetzes verkündet wurden.

Nachrichtendienst, neueres Synonym für → Geheimdienst (→ Bundesnachrichtendienst → Militärischer Abschirmdienst → Verfassungsschutz).

Nachrichtenverkehr → Fernmeldegeheimnis

Nachtragshaushalt, Änderungsentwurf zum → Haushaltsgesetz. Näheres nach deutschem Verfassungsrecht im → Wörterbuch zum Grundgesetz.

Nachtwächterstaat, ein → Lassalle zugeschriebenes Spottwort zur Kennzeichnung liberalistischer Forderungen, wonach der Staat sich auf Personen- und Eigentumsschutz zu beschränken habe, so daß ihm vor allem soziale Aufgaben verschlossen blieben.

Nachwahlen, ein dem deutschen → Wahlsystem fremdes Verfahren, typisch insbesondere für die britische Mehrheitswahl. N. sind außerhalb der allgemeinen Parlamentswahlen vorgesehen für den Fall, daß Abgeordnete z. B. durch Tod oder Rücktritt ausscheiden.

Nachzensur → Zensurverbot

Nahost (Vorderer Orient), Sammelbezeichnung für Gebiete etwa des früheren → Osmanischen Reiches (u. a. Türkei, Palästina, östliches Nordafrika). Seit langem ein besonderes politisches Spannungsgebiet.

Nahost-Konflikt, Inbegriff der Spannungen und blutigen Auseinandersetzungen um die politische Neuordnung des ehemaligen britischen → Mandatsgebiets Palästina. Frontverlauf zwischen Israel einerseits, der → PLO und arabischen Staaten andererseits (Ägypten, Irak, Jordanien, Libanon, Libyen, Saudi-Arabien, Syrien).

Nahrungsmittel → Agrarpolitik

Namensrecht als Recht am eigenen Namen ist Teil des → allgemeinen Persönlichkeitsrechts.

Napoleon I. (1769–1821), Kaiser der Franzosen. Geboren als Napoleone Buonaparte auf Korsika; zunächst Artillerieoffizier; bereits 1796 Befehlshaber der Italienarmee; von dort Aufstieg zur politischen Macht. Er stürzte das revolutionäre Direktorium durch Staatsstreich, schuf eine zentralistische Staatsorganisation, machte sich zum Konsul auf Lebenszeit (1802) und krönte sich selbst zum erblichen Kaiser (1804). Die → Freiheitskriege erzwangen N.'s militärischen Rückzug nach Frankreich und seine schließliche Abdankung (1814). Ein erneuter

Griff nach der Macht führte zu seiner Niederlage bei Waterloo und zu lebenslänglicher Verbannung auf die Insel St. Helena (→ Bonapartismus → Französische Revolution → Heilige Allianz → Levée en masse).

Napoleonische Kriege, die im Anschluß an die Kriege des revolutionären Frankreich (1792–1802) von → Napoleon I. geführten Kriege, insbesondere gegen Großbritannien (1803), Österreich und Rußland (1805), Preußen (1806), Spanien (1808), Österreich (1809), Rußland (1812) und gegen die antinapoleonische Koalition (1813–1815).

Nation (natio), nach der lat. Wortbedeutung: Geburt, Herkunft, Volksstamm, Art. Die N. hat in der politischen Geschichte seit alters eine besondere Rolle gespielt, doch fehlt es bis heute an einem allgemein anerkannten eindeutigen Begriff. Als ‚natio' galt der Antike die durch gemeinsame Abstammung verbundene Bevölkerung einer Landschaft oder Stadt. Nach neueren Maßstäben wird eine entsprechend große Menschengruppe zur Nation vor allem durch das Bewußtsein ihrer (politischen, kulturellen, geschichtlichen usw.) Eigenart und Zusammengehörigkeit (→ Ethnien).

Nationalbewegungen erstreben vor allem die politische Selbstorganisation von → Nationen im eigenen Staat, so z. B. die europäischen N. des 19. und 20. Jahrhunderts (→Befreiungsbewegungen).

Nationalbewußtsein, im Unterschied zum mehr affektiven Nationalgefühl die eher rational und willensmäßig gestützte Überzeugung politisch-kultureller Zusammengehörigkeit u. a. aufgrund gleicher Abstammung, Sprache und Geschichte.

Nationale Befreiungsfronten → Befreiungsbewegungen

Nationale Einheit → Einheit und Freiheit Deutschlands

‚Nationale Erhebung', eine im → Dritten Reich verwendete Formel zur Rechtfertigung der → Machtergreifung.

Nationale Minderheiten → Irredentismus → Minderheitenschutz

Nationalfeiertage sind z. B. in Deutschland der 3. Oktober (Tag der deutschen Einheit), in Frankreich der 14. Juli (Sturm auf die Bastille) und in den USA der 4. Juli (Unabhängigkeitserklärung).

Nationalflagge, gebildet aus Nationalfarben und Staatswappen, wird u. a. von Handelsschiffen und Kriegsschiffen geführt (→ Bundesfarben).

Nationalgarde, historische Bezeichnung für Bürgerwehren in Frankreich (Garde nationale) und den USA (National Guard).

Nationalgefühl → Nationalbewußtsein

Nationalhymne, musikalisches Staatssymbol, besonders im internationalen Verkehr von Politik und Sport (→ Deutschlandlied).

Nationalisierung, Verstaatlichung von Privateigentum (→ Enteignung → Kollektivierung).

Nationalismus, eine das friedliche Zusammenleben der → Nationen und die Entwicklung der internationalen Gemeinschaft empfindlich störende Übersteigerung des → Nationalgefühls. In seiner ideologisch-militanten Zuspitzung nach innen und außen sucht der N. Prinzipien und Postulate der eigenen Nation ohne Rücksicht auf fremdnationale oder übernationale Werte durchzusetzen (→ Faschismus → Nationalsozialismus → Moralische Aufrüstung).

Nationalität, je nach Zusammenhang Bezeichnung für Zugehörigkeit zu einer → Nation oder Synonym für Staatsangehörigkeit (nationalité).

Nationalitätenpolitik, in multinationalen Staaten wie z. B. der früheren Sowjetunion die Innenpolitik gegenüber → nationalen Minderheiten.

Nationalitätenprinzip → Ethnisches Prinzip

Nationalitätenstaat, Bezeichnung für einen Staatsverband mit mehreren größeren nationalen Gruppen ohne Vorherrschaft einer gegenüber den anderen.

Nationalitätsprinzip, im Unterschied zum Territorialitätsprinzip der Grundsatz, daß das Recht eines Staates nur für seine eigenen Staatsangehörigen gilt.

Nationalkonvent (Convention nationale), die revolutionäre französische Volksvertretung 1792–1795.

Nationalliberale Partei, entstanden 1867 in Preußen; gewann großen Einfluß bei der Gründung des Bismarck'schen → Kaiserreichs und seiner Verfassungs- und Außenpolitik.

Nationalökonomie → Volkswirtschaft

Nationalprodukt → Sozialprodukt

Nationalrat, Bezeichnung des Bundesparlaments in Österreich und der Schweiz.

Nationalsozialismus (NS), eine dem → Faschismus verwandte, im → Dritten Reich zur Herrschaft gelangte nationalrevolutionäre Bewegung unter Führung → Hitlers. Ihre extremistische Mischideologie war geprägt u. a. von Elementen völkischer, antisemitischer, antikirchlicher, antimarxistischer, geopolitischer, imperialistischer, antiparlamentarischer und führerstaatlicher Natur. Die NS-Machtergreifung 1933 führte rasch zur Außerkraftsetzung der freiheitlichen Verfassungsstrukturen und zur Gleichschaltung aller politischen Faktoren mit der alleinherrschenden Partei (→ Diktatur → Führer → Geheime Staatspolizei → Innere Emigration → Lebensraum → Entnazifizierung).

Nationalsozialistische Deutsche Arbeiterpartei (NSDAP), hervorgegangen aus der 1919 gegründeten unbedeutenden ‚Deutschen Arbeiterpartei'; nach Umgründung als NSDAP von → Hitler neu aufgebaut und straff organisiert; in der Endphase der → Weimarer Repubik große Wahlerfolge; Motor des → Nationalsozialismus; nach der → Machtergreifung und dem Verbot aller anderen Parteien die einzige ‚Staatspartei'.

Nationalsozialistische Staatsauffassung, nach → Hitler in ‚Mein Kampf': Sinn eines Staates ist „die Organisation einer Gemeinschaft physisch und seelisch gleicher Lebewesen zur besseren Ermöglichung der Forterhaltung ihrer Art sowie der Erreichung des von der Vorsehung vorgezeichneten Zieles ihres Daseins... Der höchste Zweck des völkischen Staates (ist) die Sorge um die Erhaltung derjenigen rassischen Urelemente, die, als kulturspendend, die Schönheit und Würde eines höheren Menschentums schaffen. Wir, als Arier, vermögen unter einem Staat uns also nur den lebendigen Organismus eines Volkstums vorzustellen."

Nationalstaat, Ziel der → Nationalbewegungen. Im Unterschied zum → Nationalitätenstaat gelangt der idealtypische N. zur Einheit von Staatsvolk und → Nation (→ Ethnisches Prinzip → Großdeutsche Richtung).

Nationalstaatsprinzip, besonders prägnant ausgedrückt von dem Schweizer Staatstheoretiker J. K. Bluntschli (1808–1881): „Jede Nation ist berufen und berechtigt, einen Staat zu bilden. Wie die Menschheit in eine Anzahl von Nationen geteilt ist, so soll die Welt in ebenso viele Staaten zerlegt werden. Jede Nation Ein Staat. Jeder Staat Ein nationales Wesen."

Nationalsymbole → Staatssymbole

Nationalversammlung, historische Bezeichnung vor allem für eine zur Verfassungsgebung berufene Volksvertretung. Beispiele: Die N. der → Französischen Revolution, die → Frankfurter N. und die → Weimarer N.

Nationen → Vereinte Nationen

Native Law (einheimisches Recht), ungeschriebenes Stammesrecht in der afro-asiatischen Staatenwelt.

NATO, North Atlantic Treaty Organization, Nordatlantik-Pakt. Zweck dieses 1949 gegründeten kollektiven Verteidigungsbündnisses ist es einerseits, internationale Streitfälle im Einklang mit der → UNO-Satzung friedlich beizulegen. Andererseits bestimmt der Vertrag, daß N.-Partner jeden bewaffneten Angriff gegen einen von ihnen in Europa oder Nordamerika als Angriff gegen alle N.-Partner werten und dem Angegriffenen unverzüglich Beistand leisten, erforderlichenfalls mit militärischer Gewalt (Bündnisfall). Gründungsmitglieder der N. waren Belgien, Dänemark, Frankreich, Großbritannien, Island, Italien, Kanada, Luxemburg, Niederlande, Norwegen, Portugal und die USA. Später beigetreten sind Griechenland und Türkei (1951), die Bundesrepublik Deutschland (1955) und Spanien (→ Abschreckung → Flexible Response → Kollektive Sicherheitssysteme → Landesverteidigung → Ost-West-Konflikt).

NATO-Doppelbeschluß, die von den NATO-Staaten 1979 getroffene, innerstaatlich z. T. sehr umstrittene Entscheidung, angesichts der Aufstellung neuer sowjetischer Raketen in Osteuropa zweifach vorzugehen: dem → Warschauer Pakt Abrüstungsverhandlungen anzubieten, doch für den Fall des Mißerfolgs mit entsprechenden Waffensystemen nachzurüsten, welch letzteres auch geschah.

Natur der Sache, die den Dingen innewohnende Ordnung, ein aus den gegebenen Sachstrukturen abzuleitender Maßstab richtigen Rechts.

Natur des Menschen, Anknüpfungspunkt bereits des antiken und mittelalterlichen Naturrechts. Problematisch wie der Hinweis auf die → Natur der Sache, da man grundsätzlich aus Seiendem nicht auf Sein-Sollendes schließen kann.

Natur des Staates als Grundlage für „gewisse, der höchsten Gewalt ... zukommende Rechte" war ein Argument im Allgemeinen Staatsrecht des ausgehenden 18. Jahrhunderts, so vor allem bei J. S. Pütter (Institutiones juris publici Germanici).

Naturalisation, Naturalisierung: Bezeichnung für die → Einbürgerung eines Ausländers.

Naturalleistungspflichten im Unterschied zu öffentlichen Geldleistungspflichten (Abgaben) sind nach deutschem Verfassungsrecht nur begrenzt zulässig. Näheres im → Wörterbuch zum Grundgesetz.

Naturalrestitution, Naturalherstellung: Rechtsprinzip des Schadenersatzes. Danach hat der zum Ersatz Verpflichtete den früheren Zustand in wirtschaftlich gleichwertiger Weise wiederherzustellen.

Naturalwirtschaft, im Unterschied zur modernen Geldwirtschaft eine ökonomische Vorstufe, auf der die Wirtschaftsgüter in natura getauscht werden.

Naturkatastrophe, ein Tatbestand des → Inneren Notstands.

Naturlehren des Staates, wie sie im 19. Jahrhundert auftreten, betrachten ihren Gegenstand naturgesetzlich nur in einem übertragenen Sinn (z. B. die „Vorschule zur Physiologie der Staaten" von K. Frantz).

Natürliche Person, im Unterschied zur → Juristischen Person ein Mensch; er kommt als Träger von → Grundrechten vor allem in Betracht.

Naturrecht (ius naturale), das nach einer bis ins klassische Altertum zurückreichenden Denktradition dem positiven Gesetzesrecht gegenübergestellte, im Konfliktfall übergeordnete, als von Zeit und Ort unabhängig vorgestellte Recht. Tatsächlich wurden, je nach dem historischen Bilde von der ‚Natur' des Menschen und des Staates, mit Naturrechtslehren so unterschiedliche Prinzipien gerechtfertigt wie Recht des Stärkeren, Zulässigkeit der Sklaverei, göttliche Schöpfungsordnung, Gesellschaftsvertrag, Staatssouveränität, Absolutismus, Widerstandsrecht, Menschenrechte, Jedem das Seine und Gleichheit aller Menschen (→ Natur des Menschen).

Naturschätze → Sozialisierung

Naturschutz als Staatsaufgabe umfaßt alle geeigneten Maßnahmen zur Erhaltung, Pflege und Gestaltung der natürlichen Umwelt des Menschen.

Naturvölker, Sammelbegriff für schriftlose, traditionsgeleitete, ihrer natürlichen Umwelt besonders verhaftete, gleichwohl nicht kulturlose Stämme; früher weniger freundlich als Primitive oder Wilde bezeichnet (→ Barbaren).

Naturzustand im Sinne bestimmter Staatstheorien ist der vorstaatlich-herrschaftsfreie Raum, in dem jeder seine Interessen eigenmächtig verficht, was zur Gefährdung aller durch alle führt (→ Bellum omnium contra omnes → Hobbes).

Ne bis in idem, nicht zweimal in derselben Sache! (→ Doppelbestrafungsverbot).

Ne ultra petita, nicht über das Begehrte hinaus! Verfahrensrechtliches Gebot für den Richter, einer Partei nicht mehr zuzusprechen, als sie beantragt hat.

Negative Koalitionsfreiheit, ein Beispiel für die → negative Komponente grundrechtlicher Freiheiten. Bestandteil der → Koalitionsfreiheit ist auch das Recht des einzelnen, entsprechenden Vereinigungen fernzubleiben bzw. nach Beitritt wieder auszuscheiden. Niemand darf vom Staat oder von Koalitionen zum Beitritt gezwungen oder wegen Nichtbeitritts benachteiligt werden.

Negative Komponente, wesentliches Strukturelement aller einschlägigen Grundrechte. Zur Freiheit, sich im rechtlich geschützten Bereich aktiv zu verhalten, gehört auch die Befugnis, von der einschlägigen Möglichkeit keinen Gebrauch zu machen.

Neger (lat. niger), ein der negriden Rasse angehöriger, ursprünglich südlich der Sahara (Schwarzafrika) beheimateter dunkelhäutiger Mensch.

Negerfrage, namentlich das innerstaatliche Problem der USA, ihre Bewohner afrikanischer Abstammung – nach der Sklavenbefreiung im Zuge des Bürgerkrieges (1861–65) – politisch und gesellschaftlich zu integrieren (→ Ku-Klux-Klan).

Negus (Herrscher), hohe abessinische Adelsbezeichnung.

Negus Negesti (König der Könige), herkömmlicher Titel des Kaisers von Abessinien (Äthiopien).

Neo... (Neu)

Neoabsolutismus, polemische Bezeichnung für den verfassungspolitischen Rückschlag besonders im Österreich der Ära → Metternich.

Neofaschismus, Sammelbegriff für verschiedene Wiederbelebungsversuche des im 2. Weltkrieg untergegangenen → Faschismus und → Nationalsozialismus.

Neohumanismus im Sinne weiterentwickelter Ideen des → Humanismus ist nach gewissen Theorien die Grundlage der → Menschenrechte.

Neokolonialismus wird als verschleierte Form des → Kolonialismus gegenüber der → Dritten Welt insbesondere der Außenwirtschaftspolitik westlicher Industriestaaten von Vertretern des → Marxismus vorgeworfen.

Neokonservativismus, seit den 70er Jahren in Deutschland eine Art Gegenbewegung zur marxistischen Gesellschaftstheorie und zur politischen Praxis der → Linken.

Neoliberalismus als kritische Rückbesinnung auf den ökonomischen → Liberalismus wendet sich vor allem gegen hoheitliche Interventionen in die → Marktwirtschaft, desgleichen gegen interne Vermachtung der Wirtschaft zu Lasten freier Konkurrenz. Der Staat hat daher die Aufgabe, für wettbewerbliche Ordnung zu sorgen, insbesondere durch Verhinderung von Kartellen und Unternehmenskonzentration.

Neomarxismus, Wiederaufnahme und Weiterentwicklung von Ansätzen des → Marxismus, zuletzt vor allem seitens der → Neuen Linken und der Kritischen Theorie (Adorno, Habermas, Horkheimer, Marcuse u. a.).

Neonazismus → Neofaschismus

Nepot (nepos), Nachkomme, Neffe, Verwandter.

Nepotismus, eine Form der → Patronage durch Bevorzugung von (Bluts- oder Geistes-)Verwandten bei der Vergabe weltlicher und kirchlicher Ämter.

Nervus rerum (Triebfeder der Taten), schon im Altertum ein Synonym für Geld.

Neue Armut, im sozialpolitischen Sprachgebrauch die durch massenhafte → Arbeitslosigkeit erzeugte Armut, wenn die Betroffenen weder → Arbeitslosengeld noch → Arbeitslosenhilfe beanspruchen können.

Neue Linke, Sammelbezeichnung für die in den 60er Jahren zu steigender Wirksamkeit gelangten, von der traditionellen → Linken sich abhebenden, durch die Kritische Theorie z. T. gestützten, das System des → Kapitalismus bekämpfenden Bewegungen (→ Neomarxismus).

Neue Mittelschicht → Mittelstand

Neue Rechte, der → Neuen Linken entgegengesetzte, mit → Neofaschismus nicht zu verwechselnde politische Einstellungen und Gruppierungen (→ Neokonservativismus).

Neue soziale Frage bezeichnet Probleme, die sich vor allem aus der Benachteiligung nichtorganisierter gegenüber organisierten Interessen ergeben. So sind z. B. Arbeitslose, Mütter mit Kindern und alte Menschen der Klientel von Interessenverbänden im Verteilungskampf regelmäßig unterlegen.

Neue Welt, ursprünglich Bezeichnung für den von Kolumbus entdeckten Kontinent, heute auch für die ganze westliche Hemisphäre.

Neue Weltwirtschaftsordnung, politische Forderung der → Entwicklungsländer mit dem Ziel einer grundlegenden Reform ihrer aus der Epoche des → Kolonialismus überkommenen wirtschaftlichen Abhängigkeit von den Industrieländern. Die N. W. soll eine gerechtere internationale Arbeitsteilung zwischen den Beteiligten herbeiführen, so daß den Rohstoffländern ein größerer Anteil am Welthandel und an der Industrieproduktion gesichert wird (Nord-Süd-Konflikt).

Neugliederung des Bundesgebiets ist von der deutschen Verfassung besonders vorgesehen. Näheres im → Wörterbuch zum Grundgesetz.

Neuhumanismus → Neohumanismus

Neutrale Gewalt (pouvoir neutre) im Verhältnis der innerstaatlichen Gewalten: Vorstellung und Institution einer auf Ausgleich der Gegensätze, Wahrnehmung des Gesamtwohls und Repräsentation des Ganzen angelegten überparteilichen Instanz, die dem politischen Streit entzogen ist. N. G. auf höchster Ebene ist z. B. die Krone in der Monarchie und der Staatspräsident einer Republik.

Neutralisierung im engeren Sinne ist die auf Druck überlegener Staaten zustandegekommene → Neutralität besonderer Art eines Staates oder Gebietsteils, namentlich auch die → Entmilitarisierung.

Neutralität bedeutet völkerrechtlich die Nichtbeteiligung eines Staates an bewaffneten Auseinandersetzungen zwischen anderen Staaten. Kraft dessen ist es dem neutralen Staat z. B. verboten, einer Kriegspartei den Durchmarsch durch sein Gebiet zu gestatten oder ihr sonstwie zu helfen. Von der internationalen N. zu unterscheiden ist die N. des Staates im Inneren; sie gilt vor allem für den weltanschaulich-religiösen Bereich. Näheres nach deutschem Verfassungsrecht im → Wörterbuch zum Grundgesetz.

Neutralitätserklärung der Schweiz wurde als immerwährende von den Großmächten des → Wiener Kongresses anerkannt und garantiert; im → Versailler Vertrag bestätigt.

Neutralitätszeichen sind gemäß → Genfer Konvention insbesondere das rote Kreuz, der rote Halbmond und der rote Davidstern.

Neuwahlen aufgrund vorzeitiger Parlamentsauflösung läßt das deutsche Verfassungsrecht nur für zwei Sondersituationen unter erschwerten Voraussetzungen zu. Näheres im → Wörterbuch zum Grundgesetz.

Neuzeit, ein im 19. Jahrhundert aufgekommener Epochenbegriff zur Bezeichnung des dritten Abschnitts der Weltgeschichte nach Altertum und → Mittelalter. Nach herkömmlicher Einteilung beginnt die N. etwa ab 1500, bestimmt u. a. durch → Renaissance, → Reformation und Entdeckung der → Neuen Welt. Die Periode seit der → Französischen Revolution wird auch als Neueste Zeit bezeichnet.

New Deal (Neuverteilung), Name des breit angelegten, z. T. sozialistischen Reformprogramms von US-Präsident F. D. Roosevelt (1882–1945) zur Überwindung der großen Wirtschaftsdepression (1933–1938). Dazu gehörten u. a. Regulierungen der Industrie, Sozialversicherung für Arbeiter, Anerkennung der Gewerkschaften als Tarifpartner und Subventionen für die Landwirtschaft. Freilich verschwand die Massenarbeitslosigkeit erst im Übergang zur Kriegswirtschaft.

New Frontier (Neue Grenze), von US-Präsident J. F. Kennedy (1917–1963) geprägtes Schlagwort zur Kennzeichnung seines Regierungsprogramms (1961). Ein Appell an den Pioniergeist der Amerikaner und eine gewisse Parallele zum → New Deal.

Nibelungentreue, politische Metapher für unverbrüchliche, eigene Interessen nicht achtende Bündnistreue. Eine Formulierung von Reichskanzler v. Bülow, im Jahre 1909 gemünzt auf das Bündnis zwischen Deutschland und Österreich-Ungarn.

Nichtanerkennung eines Staates liegt, wie die → Anerkennung, im freien Ermessen jedes Staates; sie kann dazu dienen, den Betroffenen zu isolieren oder politischen Druck auszuüben.

Nichtangriffspakt, ein zur Zeit des → Völkerbundes verbreiteter, von totalitären Staaten mißbrauchter internationaler Vertragstyp (→ Hitler-Stalin-Pakt).

Nichtdiskriminierung → Diskriminierungsverbote → Besondere Gleichheitssätze

Nichteinmischung als völkerrechtliches Gebot folgt aus dem → Interventionsverbot. Für die → UNO gelten bestimmte Ausnahmen, insbesondere bei Friedensbedrohung oder Friedensbruch.

Nichtidentifikation des freiheitlichen Staates mit einer bestimmten Religion, Weltanschauung usw. ergibt sich aus der verfassungsrechtlichen Pflicht zur → Neutralität.

Nichtigerklärung einer Rechtsnorm durch das → Bundesverfassungsgericht wirkt allgemeinverbindlich und hat Gesetzeskraft. Näheres über die Problematik im → Wörterbuch zum Grundgesetz.

Nichtintervention → Nichteinmischung

Nichtseßhafte, Land- und Stadtstreicher nach administrativem Sprachgebrauch.

Nichtsouveräne Staaten waren z. B. die reichsuntertänigen Landesherrschaften im alten → Deutschen Reich (→ Souveränität).

Nichtverbreitungsvertrag (Non-Proliferation) → Atomwaffensperr-Vertrag

Nichtvermögenswerte Rechte, wie z. B. Leben, Freiheit und Gesundheit, können Grundlage von → Aufopferungsansprüchen sein.

Niedergerichtsbarkeit → Hochgerichtsbarkeit

Niederlassungsfreiheit im Inland folgt für alle → Deutschen aus den Grundrechten der → Berufsfreiheit und der → Freizügigkeit.

Niederlassungsrecht als berufliche Freizügigkeit im Gebiet der → Europäischen Wirtschaftsgemeinschaft ist für die Bürger der Mitgliedstaaten durch die Gründungs- und Beitrittsverträge gewährleistet.

Niederlassungsvertrag, völkerrechtlicher Abkommenstyp, der im Verhältnis der Vertragsstaaten weithin zur einschlägigen Gleichstellung der Ausländer mit den Inländern führt, während ansonsten nur der völkerrechtliche Mindeststandard gilt (→ Handelsverträge).

Niedersachsen, ein → Land der → Bundesrepublik Deutschland.

Nietzsche, Friedrich (1844–1900), Philosoph. Anfänglich beeinflußt von → Schopenhauer und → Darwin, wollte N. als politischer Denker auf die ‚Umwertung aller Werte' und den ‚Übermenschen' hinaus. Am Christentum kritisierte er lebensfeindliche Mitleidsethik und Sklavenmoral, am Bürgertum Ängstlichkeit und Verlogenheit, am Pöbel den

Haß gegen jede Vornehmheit. Zu Lebzeiten kaum bekannt, gelangte N. postum zu weltweiter Wirkung in Philosophie und Literatur. Vom → Nationalsozialismus wurde er mißverstanden bzw. mißbraucht (→ Herrenmoral → Lebensphilosophie → Metaphysik).

Nihil obstat (Nichts steht im Wege), konkordatsrechtliche Formel für die Zustimmung des Ortsbischofs zur Berufung eines Lehrers katholischer Theologie an einer staatlichen Hochschule.

Nihilismus als politische Philosophie: die Anschauung, daß alle – bestehenden, früheren und für die Zukunft vorstellbaren – Institutionen, Prinzipien, Werte und Ziele sinnlos, nichtig, nichts (nihil) seien. Als N. wurde teilweise (z. B. im Rußland des 19. Jahrhunderts) auch der → Anarchismus bezeichnet.

Nikolaus von Kues → Cusanus

Nikomachische Ethik, Hauptwerk des → Aristoteles zur → Ethik (postum von seinem Sohn Nikomachos veröffentlicht).

Nil admirari, sich über nichts wundern: ein Wort von Horaz (65–8 v. Chr.), tröstlich für den Betrachter der Politik in Vergangenheit und Gegenwart.

Nivellierung, Einebnung, Gleichmachen. Abbau sozialer Unterschiede in der modernen Massengesellschaft (→ Egalitarismus).

Nobelgarde, rein repräsentative Leibwache, insbesondere die traditionelle päpstliche Ehrengarde.

Nobelpreis, ein von dem schwedischen Sprengstoff-Großindustriellen Alfred Nobel (1833–1896) testamentarisch gestifteter Preis für Personen oder Institutionen, die „im vergangenen Jahr der Menschheit den größten Nutzen gebracht haben“, und zwar auf den Gebieten der Chemie, der Physik, der Medizin, der Literatur und des Völkerfriedens. Der N. für Wirtschaftswissenschaft wurde nachträglich von der schwedischen Reichsbank in Verbindung mit der Nobelstiftung begründet (1968).

Nobilität (nobilitas), in der römischen Republik seit dem 4. Jh. v. Chr. die führende Adelsschicht, aus der die höchsten Amtsträger berufen wurden.

Nobility, im Unterschied zur → Gentry die Gesamtheit des höheren und hohen britischen Adels (Baron, Viscount, Earl, Marquess und Duke).

Noblesse im politisch-historischen Sinn: der französische Adelsstand.

Noblesse de robe, seit dem 16. Jahrhundert in Frankreich Bezeichnung für den Amtsadel, insbesondere für die Mitglieder höherer Gerichtshöfe (Parlamente).

Nomadenstämme, nichtseßhafte Jäger- und Hirtenvölker. Sie können personenbezogene Herrschaftsverbände begründen, jedoch mangels eines festen Gebiets keinen → Staat.

Nomenklatura (Namensverzeichnis). Im kommunistischen → Ostblock die von der alleinherrschenden Partei geführte Liste linientreuer Kandidaten für Leitungsaufgaben in Staat, Wirtschaft und Gesellschaft. Auch Bezeichnung für die Machtelite („neue Klasse") in jenen Ländern.

Nominaleinkommen, das Geldeinkommen ohne Berücksichtigung der die Kaufkraft z. B. durch Preiserhöhungen beeinflussenden Faktoren (Realeinkommen).

Nomokratie, Herrschaft des Gesetzes im Unterschied zur → Autokratie.

Nomos, altgriechisches Wort für Gesetz, Grundsatz, Recht (→ Isonomie).

Non liquet (es ist ungeklärt), lateinische Formel für den Fall, daß eine entscheidungserhebliche Tatsache unbewiesen bleibt. Dies führt im Zivilprozeß zur Gerichtsentscheidung gegen die beweisführungspflichtige Partei. Im Strafprozeß wird der Angeklagte bei nicht erwiesener Schuld freigesprochen (→ In dubio pro reo).

Non olet (es stinkt nicht), gemeint ist das Geld. Antwort des römischen Kaisers Vespasian (9–79 n. Chr.) an seinen Sohn Titus, der es unfein fand, daß der Fiskus einträgliche Geschäfte machte, indem er Urin aus öffentlichen Bedürfnisanstalten an Gerber und Tuchmacher verkaufte.

Non-alignment (Nichtanschließung), außenpolitische Doktrin eines Staates, militärischen Bündnissystemen nicht beizutreten (→ Blockfreie Staaten).

Nonkonformismus, betontes Abweichen von herrschenden Anschauungen oder Verhaltensweisen in Politik, Kultur und Gesellschaft (→ Konformismus).

Non-Proliferation → Nichtverbreitungsvertrag

Nordatlantikpakt → NATO

Norddeutscher Bund, der von → Bismarck 1866/67 geschaffene → Bundesstaat, gebildet aus der Hegemonialmacht Preußen und 21 norddeutschen Gliedstaaten. Der N. D. war Vorläufer des → Deutschen Reiches, das durch Beitritt der süddeutschen Staaten entstand (→ Deutscher Krieg → Kaiserreich → Indigenat).

Nordrhein-Westfalen, ein → Land der → Bundesrepublik Deutschland.

Nord-Süd-Konflikt, Kurzformel für den komplexen Gegensatz zwischen reichen Industriestaaten und armen Entwicklungsländern, dem ein geographisches Nord-Süd-Gefälle entspricht. Zahlreiche internationale Organisationen, u. a. die → UNO und die → EWG, sind um die Lösung der Probleme bemüht (→ Neue Weltwirtschaftsordnung).

Norm (norma), Richtschnur, Maßstab, Regel. Im Bereich der → Ethik ein sittliches Sollen; auf juristischer Ebene das aus Tatbestand und Rechtsfolge bestehende Gebot oder Verbot, das im Streitfall gerichtlich festgestellt und durchgesetzt wird.

Normative Kraft des Faktischen, ein von → Jellinek näher dargelegtes Theorem, wonach Menschen dazu neigen, das in ihrer sozialen Umwelt ständig Praktizierte als das Normale und folglich normativ Verbindliche anzuerkennen. Alles Recht hat somit seinen Ursprung in faktischer Übung.

Normativität des Staates, eine Richtung, die den Staat wesentlich als ein System von Rechtsnormen begreift, so vor allem → Kelsen.

Normenhierarchie, eine Art Rangpyramide der Rechtsnormen. An der Spitze steht das → Verfassungsrecht, darunter das förmliche → Gesetz, gefolgt von → Satzung und → Rechtsverordnung. Innerhalb der N. gilt das Derogationsprinzip: eine unterrangige Rechtsnorm ist nichtig, wenn sie einer höherrangigen widerspricht.

Normenkonflikte → Grundrechtskollisionen

Normenkontrolle → Abstrakte Normenkontrolle → Konkrete Normenkontrolle → Verfassungsbeschwerde → Richterliches Prüfungsrecht

Normenverifikation, ein besonderes Verfahren zur Feststellung, ob eine Regel des → Völkerrechts Bestandteil des → Bundesrechts ist. Näheres nach deutschem Verfassungsrecht im → Wörterbuch zum Grundgesetz.

North Atlantic Treaty Organization → NATO

Nostrifikation, innerstaatliche Anerkennung eines ausländischen → akademischen Grades; gelegentlich auch Synonym für → Naturalisation.

Not → Sozialhilfe

Notabeln, Personen von Rang, Vermögen und Bildung.

Notabelnversammlung (Assemblée des notables) wurde in Frankreich seit dem 15. Jahrhundert neben den → Generalständen vom König einberufen, zuletzt – nach über 160jähriger Unterbrechung – kurz vor Ausbruch der → Französischen Revolution.

Notare sind im Unterschied zu Rechtsanwälten nicht juristische Vertreter von Parteien, sondern Inhaber eines öffentlichen Amtes mit der Hauptaufgabe, wichtige Rechtsvorgänge zu beurkunden.

Notbewilligungsrecht, Ausnahmebefugnis des Finanzministers für dringende Sondersituationen, in denen ein Nachtragshaushalt zu spät käme. Näheres nach deutschem Verfassungsrecht im → Wörterbuch zum Grundgesetz.

Note, im diplomatischen Verkehr die formelle schriftliche Mitteilung eines Staates an einen anderen. Die N. kann von einem Bevollmächtigten unterzeichnet sein (note signée) oder unsigniert mündliche Verhandlungen zusammenfassen (Verbalnote). Konsens durch Notenwechsel führt zu einem → völkerrechtlichen Vertrag (→ Aide-mémoire → Kollektivnote → Mantelnote → Memorandum).

Notenbank, die u. a. zur Ausgabe von → Banknoten befugte Zentralbank eines Staates (→ Bundesbank → Geldpolitik → Liquiditätspolitik).

Nothaushaltsrecht, spezielle Ermächtigung der Regierung für den Fall, daß der → Haushaltsplan vom Parlament nicht rechtzeitig festgestellt ist. Näheres nach deutschem Verfassungsrecht im →Wörterbuch zum Grundgesetz.

Nothilfe als Tatbestand des → inneren Notstandes ist zwischen Bundesländern oder zwischen Bund und Ländern vom Grundgesetz vorgesehen.

Notifikation, die auf diplomatischem Wege zugestellte Mitteilung einer völkerrechtsrelevanten Tatsache, z. B. des Protests eines Staates gegen den Anspruch eines anderen Staates.

Notorische Tatsachen bedürfen, da allgemein- oder gerichtsbekannt, keines Beweises.

Notparlament → Gemeinsamer Ausschuß

Notstand im staatsrechtlichen Sinne: → Ausnahmezustand → Innerer Notstand → Verteidigungsfall → Spannungsfall → Gesetzgebungsnotstand.

Notstandskoalition → Allparteienregierung

Notstandsverfassung, Gesamtheit der für die Fälle des inneren oder äußeren Staatsnotstandes geltenden Bestimmungen. Näheres nach deutschem Verfassungsrecht im → Wörterbuch zum Grundgesetz.

Notverordnungsrecht, Befugnis des Staatsoberhauptes, im Notstandsfall gesetzesvertretende Rechtsvorschriften zu erlassen. Das → Grundgesetz kennt kein N. angesichts der schlimmen Erfahrungen mit diesem Verfassungsinstitut unter der → WRV. Durch exzessiven Gebrauch des N. hatte der Reichspräsident den Weg zum Absturz in die → NS-Diktatur bereitet.

Novelle (lex novella), ein neues Gesetz, das einzelne gesetzliche Bestimmungen ändert oder ergänzt. Bei der grundlegenden Novellierung eines größeren Rechtsgebietes spricht man von → Reform.

Novemberrevolution, Kurzbezeichnung für die revolutionären Vorgänge gegen Ende des 1. Weltkriegs im November 1918. Aus den politischen Aufständen und Massendemonstrationen ging schließlich, nach Abdankung des deutschen Kaisers und Thronverzicht der übrigen Fürsten, die → Weimarer Republik hervor (→ Arbeiter- und Soldatenräte → Matrosenaufstand).

Novemberverträge, die im November 1870 geschlossenen Abkommen zwischen dem → Norddeutschen Bund und den süddeutschen Staaten zur Gründung eines neuen Bundesstaats (→ Kaiserreich).

NS → Nationalsozialismus, nationalsozialistisch

NSDAP → Nationalsozialistische Deutsche Arbeiterpartei

NS-Machtergreifung → Machtergreifung → Heimtücke-Gesetz

NS-Staat → Führerbefehl → Führerprinzip → Hitler

NS-Verbrechen → Endlösung der Judenfrage → Nürnberger Prozesse

Nuklearmächte → Atommächte

Nulla poena sine culpa (Keine Strafe ohne Schuld), ein rechtsstaatliches Gebot, daß die Strafe in einem gerechten Verhältnis zum Verschulden des Täters stehen muß. Näheres nach deutschem Verfassungsrecht im → Wörterbuch zum Grundgesetz.

Nulla poena sine lege (Keine Strafe ohne Gesetz), grundlegendes Prinzip der Strafjustiz. Danach kann eine Tat nur bestraft werden, wenn die Strafbarkeit gesetzlich bestimmt war, bevor die Tat begangen wurde. Verboten ist also insbesondere die rückwirkende oder analoge Begründung der Strafbarkeit oder Strafverschärfung von Taten. Zugleich erfordert das N.p.s.l.-Prinzip Straftatbestände geschriebenen Rechts, und zwar durch hinreichend bestimmtes Gesetz. Näheres nach deutschem Verfassungsrecht im → Wörterbuch zum Grundgesetz.

Numerus clausus (Geschlossene Zahl), insbesondere die zahlenmäßige Beschränkung des Zugangs zum Hochschulstudium. Die Zulässigkeit einer gesetzlichen Begrenzung des Grundrechts aller Deutschen, die Ausbildungsstätte frei zu wählen, bestimmt sich nach ähnlich strengen Kriterien, wie sie für die Einschränkung der freien Berufswahl gelten. Näheres nach deutschem Verfassungsrecht im → Wörterbuch zum Grundgesetz.

Nuntius (Bote), ständiger diplomatischer Vertreter des Papstes: im Range eines → Botschafters international, eines Titularerzbischofs in der kirchlichen Hierarchie (→ Doyen → Missionschef → Internuntius → Gesandter → Delegat → Legat).

Nürnberger Gesetze, judenfeindliche Rassengesetze im → Dritten Reich, basierend auf dem NS-Reichsparteitag 1935 zu Nürnberg. Nach den N.G. konnten Juden weder Reichs- noch Gemeindebürger sein. Auch war ihnen die Eheschließung mit Angehörigen „deutschen oder artverwandten Blutes“ verboten; der außereheliche Geschlechtsverkehr mit Nichtariern wurde als „Rassenschande“ bestraft (→ Endlösung der Judenfrage).

Nürnberger Prozesse → Kriegsverbrecherprozesse → Menschlichkeit

O

OAS, Organization of American States, die 1948 gegründete Organisation Amerikanischer Staaten mit dem Ziel, unter Wahrung der Souveränität und Integrität ihrer Mitglieder dem Frieden und der wechselseitigen Zusammenarbeit zu dienen. Die Charta der OAS wurde von 21 Republiken Nord- und Südamerikas unterzeichnet. Zur Förderung der wirtschaftlichen und sozialen Entwicklung in Lateinamerika beschlossen die OAS-Staaten eine „Allianz für den Fortschritt" (1967).

OAU, Organization of African Unity. Diese 1963 gegründete Organisation für die Afrikanische Einheit, deren Charta alle afrikanischen Staaten außer Südafrika unterzeichnet haben, soll die Einheit Afrikas und umfassende Kooperation fördern unbeschadet etwaiger Spannungen infolge politischer, sozialer und kultureller Gegensätze.

Oberbefehl bedeutete zur Zeit der Monarchie und auch noch in der Weimarer Republik erheblich mehr an militärischen Kompetenzen als die → Befehls- und Kommandogewalt unter dem Grundgesetz.

Oberbundesanwalt, der Vertreter des → öffentlichen Interesses beim → Bundesverwaltungsgericht.

Oberbürgermeister, Amtsbezeichnung des Gemeindeoberhaupts einer kreisfreien oder kreisangehörigen größeren Stadt. Rechtsstellung und Aufgaben des O. sind in den Gemeindeordnungen der Bundesländer unterschiedlich geregelt (→ Bürgermeisterverfassung).

Obereigentümer → Feudalsystem

Obere Zehntausend (Upper ten), Metapher für die angesehensten Kreise der Gesellschaft (→ Oberschicht).

Oberfinanzdirektion → Mittelbehörden

Oberhaus → Herrenhaus → House of Lords

Oberhof, Bezeichnung für die ‚Mutterstadt', die innerhalb einer mittelalterlichen → Stadtrechtsfamilie von einer ‚Tochterstadt' um Rechtsbelehrung durch Schöffenspruch ersucht werden konnte.

Oberkommando der Wehrmacht (OKW), im → Dritten Reich die → Hitler als dem Oberbefehlshaber direkt unterstellte militärische Behörde (→ Oberbefehl).

Oberlandesgerichte stehen im Instanzenzug der → ordentlichen Gerichtsbarkeit unter dem → Bundesgerichtshof über den → Landgerichten (→ Kammergericht).

Oberpräsident, Amtsbezeichnung des Chefs einer preußischen Provinz (seit 1815).

Oberschicht im soziologischen Sinn umfaßt vor allem die Personenkreise, die gesamtgesellschaftlich bedeutsame Institutionen, Strukturen und Prozesse maßgeblich prägen. Hierzu gehören z. B. führende Politiker in Parlament und Regierung, hohe Richter, Kirchenmänner und Militärs, prominente Kulturschaffende, Spitzenfunktionäre in Parteien und Verbänden (→ Machtelite).

Oberste Gerichtshöfe des Bundes anstelle eines einzigen obersten Bundesgerichts hat das Grundgesetz für die verschiedenen Gebiete der Gerichtsbarkeit vorgesehen, und zwar den Bundesgerichtshof, das Bundesverwaltungsgericht, den Bundesfinanzhof, das Bundesarbeitsgericht und das Bundessozialgericht. Näheres im → Wörterbuch zum Grundgesetz.

Obertribunal, in Preußen seit Mitte des 18. Jahrhunderts das zentrale oberste Landesgericht.

Obiter dictum (Beiläufig Gesagtes), Bemerkung in einer Gerichtsentscheidung außerhalb der sie tragenden Gründe.

Objektiver Geist, nach → Hegel der Bestand geistiger Mächte, die vor allem in Recht, Moral und Staatsgestalt ihren Niederschlag finden.

Objektivität als richterliche Haltung: die Fähigkeit, einen Streitfall frei von subjektiven Voreingenommenheiten streng sachlich nach Gesetz und Recht zu entscheiden.

Objektsteuern (Sachsteuern, Realsteuern) erfassen im Unterschied zu Personensteuern bestimmte Gegenstände ohne Berücksichtigung der subjektiven Verhältnisse des Steuerpflichtigen. Beispiele: → Gewerbesteuer → Grundsteuer.

Obligation, Schuldverhältnis. Die Forderung des Gläubigers gegen den Verpflichteten kann durch Vertrag (ex contractu), durch unerlaubte Handlung (ex delicto) oder kraft Gesetzes (ex lege) entstehen.

Obligatorisch, verbindlich vs. fakultativ.

Obrigkeit, historische Bezeichnung der hoheitlichen Gewalt in → Ständestaat und fürstlichem → Absolutismus.

Obrigkeitsstaat, heute meist polemisch verwendeter Gegenbegriff zur → Demokratie, die allerdings, selbst in ihrer freiheitlichsten Form, einer funktionsfähigen → Staatsgewalt bedarf.

Observanz im juristischen Sinn: lokales → Gewohnheitsrecht, besonders auf dem Gebiet kommunaler Lastenverteilung.

Observation, Beobachtung bestimmter Personen aus kriminalistischen oder nachrichtendienstlichen Gründen.

Obstruktion (Versperrung) bezeichnet im parlamentarischen Sprachgebrauch den Versuch oppositioneller Minderheiten, eine Beschlußfassung des Plenums mit allen Mitteln zu verhindern, u. a. durch exzessive Wahrnehmung von Geschäftsordnungsrechten, Dauerreden, endloses Antragstellen und Sitzungsboykott (→ Filibuster).

Ochlokratie, Pöbelherrschaft, nach → Aristoteles eine Entartungsform der → Demokratie (→ Herrschaftsformen).

Ockham (Occam), Wilhelm von (ca. 1285–1349), scholastischer Theologe und Philosoph. Wirkte in Oxford und München, wo er bei Ludwig dem Bayern vor einer päpstlichen Anklage Zuflucht fand. Staatstheoretiker im Stil mittelalterlicher Begriffsjurisprudenz. Bewundert ob seiner dialektischen Kunst, galt er als „doctor invincibilis" (unüberwindlicher Gelehrter).

Oder-Neiße-Linie als Westgrenze Polens nach dem 2. Weltkrieg wurde u. a. auch von dem französischen Staatspräsidenten de Gaulle bestätigt. Das → Potsdamer Abkommen hatte die Gebiete östlich der Oder und der Lausitzer Neiße einstweilen polnischer Verwaltung unterstellt. Die endgültige Westverschiebung Polens blieb einem künftigen Friedensvertrag vorbehalten.

OECD, Organization for Economic Cooperation and Development. Diese 1961 aus der → OEEC hervorgegangene Organisation für wirtschaftliche Zusammenarbeit und Entwicklung hat zu Vollmitgliedern außer allen EG-Staaten u. a. Australien, Japan, Kanada, USA und die Schweiz. Ziel der OECD ist insbesondere auch die Förderung des Wirtschaftswachstums in den → Entwicklungsländern.

OEEC, Organization for European Economic Cooperation, der 1948 mit Sitz in Paris gegründete Europäische Wirtschaftsrat zur Durchführung des → Marshall-Plans. Vorstufe der → OECD.

Offenbarungseid eines Schuldners: die → eidesstattliche Versicherung, daß er sein Vermögen vollständig angegeben habe.

Offene Gesellschaft, im Unterschied zu Vorstellungen einer statischen, ständischen oder ideologisch geschlossenen Gesellschaft das Leitbild eines für verschiedene Ideen, Institutionen, Reformen usw. aufgeschlossenen Sozialmodells, das von → Determinismus und utopischen (im Grunde despotischen) Staats- und Gesellschaftsentwürfen nichts wissen will.

Offene Stadt, im Verständnis des Kriegsvölkerrechts (→ Haager Landkriegsordnung) ein Fall unverteidigter (non défendus) Plätze, die weder Widerstand leisten noch von gegnerischen Truppen besetzt sind. Eine O.St. darf von einer Kriegspartei weder angegriffen noch beschossen, wohl aber besetzt und kontrolliert werden.

Offene Tür, Kurzformel für den Grundsatz des → Völkervertragsrechts, daß die Gebiete der vertragsschließenden Staaten den Angehörigen dieser Staaten zu wirtschaftlichen Betätigungen diskriminierungsfrei geöffnet sind.

Offenes Meer, Gegensatz zum → Küstenmeer (→ Freiheit der Meere).

Offenkundigkeit (Notorietät) → Notorische Tatsachen

Offenmarktpolitik, An- und Verkauf von festverzinslichen Wertpapieren als Instrument der → Zentralbank zur Beeinflussung der privaten Bankenliquidität (→ Kreditpolitik).

Öffentliche Abgaben, Oberbegriff für → Steuern, → Gebühren, → Beiträge und → Sonderabgaben. Ö. A. sind Geldleistungen, die → juristische Personen des öffentlichen Rechts kraft ihrer Hoheitsmacht bestimmten Pflichtigen auferlegen.

Öffentliche Ämter sind, außer staatlichen und kommunalen, alle beruflich oder ehrenamtlich wahrgenommenen Funktionen in → Körperschaften, → Anstalten und → Stiftungen des öffentlichen Rechts. Dem weit auszulegenden Begriff unterfallen jedoch nicht rein politische Ämter z. B. in Parlament und Regierung. Jeder Deutsche hat nach seiner Eignung, Befähigung und fachlichen Leistung gleichen Zugang zu jedem öffentlichen Amt. Näheres nach deutschem Verfassungsrecht im → Wörterbuch zum Grundgesetz. (→ Amtsträger → Behörden → Ehrenämter → Öffentliche Personen).

Öffentliche Anstalten → Anstalten des öffentlichen Rechts

Öffentliche Gewalt, die Gesamtheit hoheitlichen Handelns der → Exekutive einschließlich der Regierungsakte. Demgegenüber umfaßt die → Staatsgewalt auch → Legislative und → Judikative.

Öffentliche Hand, im engeren Sinn gleichbedeutend mit → Fiskus.

Öffentliche Kontrolle im demokratischen Rechtsstaat erfolgt auf vielfältige Art, u. a. durch freie Wahlen, parlamentarische Opposition, freie Presse, Gewaltenteilung und unabhängige Richter.

Öffentliche Meinung (Public opinion), die in einer Gesellschaft herrschenden Meinungen zu Vorgängen und Personen des politischen Lebens. Die Bildung der durch viele Faktoren beeinflußbaren, oft mehrdeutigen, idealerweise am Gemeinwohl orientierten und auf Vernunftgründen basierenden Ö. M. wird verfassungsrechtlich insbesondere durch Meinungs-, Presse- und Rundfunkfreiheit gewährleistet.

Öffentliche Ordnung als traditionelles Schutzgut polizeilicher Gefahrenabwehr umfaßt alle ungeschriebenen Regeln, deren Befolgung für ein gedeihliches Zusammenleben in der Gemeinschaft nach den Vorstellungen der Bevölkerungsmehrheit unerläßlich ist. Die Generalklausel der Ö. O. hat aufgrund von zunehmendem Wertepluralismus einerseits und der weitgehenden Durchnormierung einschlägiger Bereiche sehr an Bedeutung verloren.

Öffentliche Personen im staatstheoretischen Sinne: die Inhaber → öffentlicher Ämter. Als Repräsentanten des gemeinen Besten sind sie gehalten, das Allzumenschliche ihrer privaten Person zu überwinden und ihr besseres Ich pflichtgemäß zu verwirklichen.

Öffentliche Sachen, aus Gründen des Gemeinwohls vom Verwaltungsrecht näher bestimmte Gegenstände. Hierzu gehören u. a. Sachen im → Gemeingebrauch und solche im Anstaltsgebrauch (Schuleinrichtungen, Stadttheater usw.).

Öffentliche Schulen, im Unterschied zu → Privatschulen die von → Körperschaften des öffentlichen Rechts getragenen schulischen Anstalten.

Öffentliche Sicherheit zu gewährleisten durch Abwehr von Gefahren oder Beseitigung bereits eingetretener Störungen, ist klassische Aufgabe der → Polizei. Zur Ö. S. gehört insbesondere die Funktionsfähigkeit staatlicher Institutionen sowie die Unversehrtheit von Leben,

Gesundheit, Ehre, Freiheit und Eigentum der Bürger (→ Innere Sicherheit → Landfriedensbruch).

Öffentliche Unternehmen, Wirtschaftsunternehmen, die der → öffentlichen Hand gehören oder an denen sie maßgeblich beteiligt ist.

Öffentliche Verwaltung → Verwaltung → Eingriffsverwaltung → Leistungsverwaltung

Öffentlicher Dienst, Gesamtheit der Funktionen, die von Beamten, Angestellten und Arbeitern in Bund, Ländern, Gemeinden und anderen → juristischen Personen des öffentlichen Rechts wahrgenommen werden. Die Ausübung hoheitsrechtlicher Befugnisse als ständige Aufgabe ist nach deutschem Verfassungsrecht grundsätzlich → Berufsbeamten zu übertragen. Näheres im → Wörterbuch zum Grundgesetz.

Öffentlicher Glaube, der rechtliche Schutz dessen, der gutgläubig auf die Richtigkeit bestimmter öffentlicher Urkunden vertraut, z. B. des Grundbuchs oder eines Erbscheins.

Öffentlicher Haushalt → Budgetrecht → Haushaltsplan → Haushaltsgesetz → Haushaltswirtschaft.

Öffentliches Ärgernis im strafrechtlichen Sinn setzt eine unzüchtige Handlung in der Öffentlichkeit voraus. Geschützt ist das normale Scham- und Sittlichkeitsgefühl der Allgemeinheit.

Öffentliches Interesse, ein in verschiedenen gesetzlichen Zusammenhängen verwendeter unbestimmter Rechtsbegriff, betont den Vorrang allgemeiner Belange gegenüber dem individuellen Interesse des Betroffenen (→ Gemeinwohl → Oberbundesanwalt).

Öffentliches Recht (ius publicum), der dem → Privatrecht gegenüberstehende Teil der Rechtsordnung. Die bis in die römische Antike zurückgehende Unterscheidung beider Rechtskategorien hat heute besondere praktische Bedeutung u. a. für die Bestimmung des → Rechtsweges. Zum Ö. R. im weiteren Sinne gehören namentlich das → Verfassungsrecht, das → Verwaltungsrecht, das → Strafrecht und das → Völkerrecht. Während das Privatrecht die Beziehungen Gleichgeordneter regelt, geht es im Ö. R. vor allem um das Verhältnis von Bürger und staatlicher Hoheitsmacht.

Öffentlichkeit, Zugänglichkeit eines Vorganges für die Allgemeinheit.

Öffentlichkeitsprinzip, der Grundsatz, daß insbesondere Gerichtsverhandlungen und Parlamentsdebatten nicht geheim sein dürfen. Nur in bestimmten Ausnahmefällen (z. B. Jugendgerichtssachen, Gefährdung der öffentlichen Sicherheit) ist der Ausschluß der Öffentlichkeit zulässig.

Öffentlich-rechtliche Anstalt → Anstalt des öffentlichen Rechts

Offizialmaxime, Amtsprinzip. Demgemäß wird z. B. das Strafverfahren grundsätzlich von Amts wegen betrieben (→ Legalitätsprinzip).

Offizialverteidiger, vom Gericht bestellter Pflichtverteidiger im Unterschied zum Wahlverteidiger.

Offiziersjunta → Junta

Offizierskorps, Gesamtheit der militärischen Führungskräfte eines Staates, herkömmlich in vier Rangklassen geschieden (Generale, Stabsoffiziere, Hauptleute und Subalternoffiziere).

Offiziös, halbamtlich vs. offiziell.

Okkupation, völkerrechtlicher Gebietserwerb durch Inbesitznahme eines Teils der Erdoberfläche, der vorher noch kein Staatsgebiet war. Dergleichen wäre heute nur noch in der Antarktis möglich, ist aber durch einschlägiges → Abkommen von 1959 untersagt. Von solcher O. zu unterscheiden ist die kriegerische Besetzung durch ein feindliches Heer (occupatio bellica); sie begründet nur eine vorläufige faktische Herrschaft über fremdes Staatsgebiet.

Ökologie, Wissenschaft von den Wechselwirkungen zwischen den Lebewesen und der sie umgebenden Außenwelt (→ Umweltschutz).

Ökologiebewegung → Alternativbewegung → Greenpeace → Grüne.

Ökonomie, Wirtschaft, Wirtschaftlichkeit (→ Haushaltswirtschaft → Fiscal policy → Volkswirtschaft → Politische Ökonomie).

Ökonomische Klassen → Klassenkampf

Ökonomisches Prinzip, Leitgedanke, mit geringstmöglichem Aufwand den größtmöglichen Ertrag zu erzielen (→ Input-output-Analyse).

Oktoberrevolution, die Ende Oktober 1917 in Petrograd (St. Petersburg) und Moskau ausgebrochene bolschewistische Revolution, die zum Sturz der provisorischen Regierung Kerenskij führte. Ein ‚Rat der Volkskommissare' unter Vorsitz → Lenins ergriff die Macht. In dem neuen Staat wurde das parlamentarische Element völlig vom Rätesystem verdrängt (→ Bolschewiki → Emigration → Intelligentsia).

Oktroyierte Verfassung, vom → Monarchen einseitig bewilligte, aus der Sicht des Volkes aufgezwungene, da ohne Mitwirkung demokratischer Repräsentanten zustandegekommene Verfassung.

Ökumene im altgriechischen Wortsinn: der von Menschen bewohnte Erdkreis.

Ökumenisch, weltumspannend, allumfassend.

Ökumenische Bewegung, religiöse Erneuerungsbewegung mit dem Ziel, die Einheit der christlichen Kirchen in Lehre und Organisation weltweit wiederherzustellen.

Ökumenisches Konzil → Konzil

OKW-Prozeß, der → Kriegsverbrecherprozeß in Nürnberg gegen Generale des → Oberkommandos der Wehrmacht.

Okzident (Sonnenuntergang), Abendland vs. Morgenland (→ Abendländische Staatenwelt).

Oligarchie, Herrschaft weniger Personen in einem größeren Verband. Nach Robert → Michels gilt besonders für politische Massenorganisationen das „eherne Gesetz der Oligarchie" (→ Herrschaftsformen).

Oligopol, im Unterschied zum → Monopol die wirtschaftliche Macht weniger Anbieter gegenüber einer Vielzahl kleiner Nachfrager.

Olmützer Punktation, eine 1850 getroffene preußisch-österreichische Absprache, die im letzten Augenblick den zwischen beiden Staaten drohenden Krieg durch Konzessionen Preußens verhinderte (→ Deutscher Bund).

Olymp, Gebirgsmassiv im Osten Thessaliens, Wohnsitz der Götter nach altgriechischer Mythologie.

Olympier, Metapher für einen Menschen von erhabener Gelassenheit.

Ombudsmann (Treuhänder), eine in Schweden seit Anfang des 19. Jahrhunderts bestehende Institution, die von anderen Staaten mehr oder weniger modifiziert übernommen wurde. Der O. ist eine Art Sonderbeauftragter des Parlaments, der durch seine Autorität den appellierenden Bürger vor Übergriffen oder Unterlassungen der öffentlichen Gewalt schützen soll (→ Wehrbeauftragter).

OPEC, Organization of Petroleum Exporting Countries. Der 1960 von Irak, Iran, Kuwait, Saudi-Arabien und Venezuela mit Sitz in Wien gegründeten Organisation traten weitere Erdöl exportierende Länder als Vollmitglieder bei.

Open shop (Offener Betrieb), Arbeitsmöglichkeit ohne Gewerkschaftszwang im Gegensatz zum → Closed shop.

Opfergrenze → Aufopferungsansprüche

Opinion leader, Meinungsführer aufgrund besonderer politischer Informiertheit, Reputation oder publizistischer Möglichkeiten (→ Öffentliche Meinung).

Opportunismus, prinzipienlose Haltung, sich den jeweiligen (politischen) Gegebenheiten so anzupassen, wie es dem eigenen Vorteil am günstigsten erscheint (→ Konformismus).

Opportunitätsprinzip (Zweckmäßigkeitsgrundsatz), gesetzliche Ausnahme vom strafverfahrensrechtlichen → Legalitätsprinzip. Im Geltungsbereich des O. kann die Staatsanwaltschaft z. B. von der Strafverfolgung absehen bei Bagatelldelikten mangels öffentlichen Interesses oder bei leichteren Staatsschutzdelikten wegen Entgegenstehens überwiegender öffentlicher Interessen.

Opposition, Gesamtheit der politischen, insbesondere parlamentarischen Kräfte, die sich einer Regierung entgegenstellen. Vorhandensein und Entfaltungsmöglichkeiten einer O. sind wesentliches Strukturelement der → freiheitlichen demokratischen Grundordnung. Näheres nach deutschem Verfassungsrecht im → Wörterbuch zum Grundgesetz.

Optimaten (Die Besten), Gruppierung im Senat der spätrömischen Republik, die den politischen Vorrang des Adels besonders entschieden vertrat (→ Nobilität).

Optimismus im staatstheoretischen Sinn: besonders die von der → Aufklärung bis zum → Marxismus reichende Lehre, wonach vollkommene Herrschaftsfreiheit die Menschen aller politischen, sozialen und moralischen Übel enthebt (→ Liberalismus → Hobbes).

Option, im Völkerrecht des Staatsgebietswechsels die Befugnis der betroffenen Personen, sich für die Beibehaltung ihrer bisherigen Staatsangehörigkeit zu entscheiden. Einschlägige vertragliche Optionsklauseln erstarkten seit dem 18. Jahrhundert zu internationalem Gewohnheitsrecht. Freilich war, wer die neue Staatsangehörigkeit nicht annehmen wollte, regelmäßig zur Auswanderung verpflichtet.

Ora et labora → Arbeit

Orbis terrarum, der bewohnte Erdkreis im Verständnis der römischen Antike (→ Ökumene).

Ordal → Gottesurteil

Orden → Deutscher Orden (Deutschritterorden, Kreuzritterorden)

Orden und Ehrenzeichen als Anerkennung für besondere Verdienste in Krieg und Frieden gehen, auch in ihren Rangabstufungen, auf das Vorbild der weltlichen Ritterorden zurück. Die 1802 gestiftete französische Ehrenlegion wirkte international als neues Modell für die Einteilung in Klassen. Einzelne Staaten (z. B. die Schweiz) und einzelne Persönlichkeiten lehnen Ordensverleihungen grundsätzlich ab.

Ordensinstitute kanonischen Rechts: → Kloster → Jesuitenorden

Ordentliche Gerichtsbarkeit, traditionelle Bezeichnung für die Gerichtsbarkeit in Zivil- und Strafsachen. Daneben bestehen in neuerer Zeit, jeweils mit einer höchstrichterlichen Instanz, mehrstufige Fachgerichtsbarkeiten für die Gebiete des Verwaltungs-, Finanz-, Arbeits- und Sozialrechts (→ Oberste Gerichtshöfe des Bundes).

Ordentlicher Rechtsweg, der → Rechtsweg zur ordentlichen Gerichtsbarkeit. Hier führt der Instanzenzug über Amtsgerichte, Landgerichte, Oberlandesgerichte, Oberstes Landesgericht (in Bayern) zum → Bundesgerichtshof.

Ordinarius, nach → kanonischem Recht der Inhaber kirchlicher Jurisdiktion, z. B. ein → Bischof. Im wissenschaftlichen Hochschulbereich Deutschlands, Österreichs und der Schweiz traditionelle Bezeichnung für den ordentlichen → Professor, der auf einen Lehrstuhl (Lehrkanzel) berufen wurde. Diesem höchsten akademischen Rang entspricht an angelsächsischen Universitäten der ‚full professor' und in Frankreich der ‚professeur titulaire de chaire'.

Ordnung → Öffentliche Ordnung → Rechtsordnung → Verfassungsmäßige Ordnung

Ordnungspolitik im ökonomischen Bereich soll insbesondere für gesetzliche Rahmendaten der → Marktwirtschaft sorgen (→ Ordoliberalismus).

Ordnungsruf, disziplinarisches Mittel des Parlamentspräsidenten zur Aufrechterhaltung guter Ordnung, wenn diese von Abgeordneten durch „unparlamentarische" Worte oder Taten gestört wird.

Ordnungswidrigkeiten sind Gesetzesübertretungen geringeren Gewichts, die nach allgemeiner Auffassung nicht als strafwürdig im kriminellen Sinne gelten. Sie können als Verwaltungsunrecht mit → Bußgeld geahndet werden (→ Gebührenpflichtige Verwarnung).

Ordo (Ordnung, Stand) → Orden

Ordoliberalismus → Neoliberalismus

Ordre naturel, die naturgegebene Ordnung menschlichen Verhaltens. Nach → anarchistischer Auffassung ist die der Natur des Menschen entspringende Sozialordnung gut, weil der Mensch ursprünglich gut ist und nur durch die künstliche Zwangsordnung des Staates schlecht gemacht wird (→ Naturzustand).

Ordre public, öffentliche Ordnung im Sinne der Vorbehaltsklausel des deutschen internationalen Privatrechts. Danach ist die kraft Verweisung vorgesehene Anwendung einer ausländischen Rechtsnorm im Einzelfall ausgeschlossen, wenn das Ergebnis mit wesentlichen Grundsätzen des deutschen Rechts, insbesondere mit der Grundrechtsordnung unvereinbar wäre.

Organ (organon: Werkzeug, Mittel), in der Staatsorganisation eine Person oder ein Gremium, das hoheitlichen Willen bildet, richterlich prüft oder vollzieht.

Organe der Staatsgewalt → Staatsorgane → Verfassungsorgane

Organisationen → Internationale Organisationen → Supranationales Recht → Zwischenstaatliche Einrichtungen

Organisationsgewalt als Recht der Exekutive, Behörden zu schaffen und mit Kompetenzen zu betrauen, steht im → Bundesstaat um der Länder willen unter dem Vorbehalt des Gesetzes. Näheres nach deutschem Verfassungsrecht im → Wörterbuch zum Grundgesetz.

Organisationsklauseln in Tarifverträgen, die Arbeitgeber verpflichten, nur gewerkschaftlich organisierte Arbeitnehmer zu beschäftigen, verstoßen gegen die grundgesetzliche → Koalitionsfreiheit (→ Closed shop).

Organisierte Aufständische → Innerer Notstand

Organisierte Interessen → Interessenverbände

Organisierte Kriminalität, die von Mitgliedern einschlägiger Vereinigungen geschäftsmäßig betrieben wird, schädigt nicht nur die unmittelbar Betroffenen, sondern auch Volkswirtschaft und Volksgesundheit. Solche Aktivitäten sind u. a. Rauschgift-, Waffen- und Mädchenhandel, Falschgelddelikte, illegales Glücksspiel und Zuhälterei.

Organismustheorie, eine Betrachtungsweise, wonach der Staat ein lebendiger Organismus, gleichsam ein ‚Übermensch' ist. Diese romantische Vorstellung des Staates als eines organischen überindividuellen Subjekts (scheinbar unterstützt von Bildern wie Staatswillen, Staatsglieder, Staatsoberhaupt usw.) wird u. a. den mannigfachen Konflikten im Staatsvolk nicht gerecht.

Organschaft als wirtschaftsrechtlicher Begriff setzt voraus, daß ein rechtlich selbständiges Unternehmen einem anderen Unternehmen finanziell, wirtschaftlich und organisatorisch derart eingegliedert ist, daß ersteres keinen eigenen Willen mehr hat.

Organsouveränität betrifft die verfassungspolitische Frage, ob ein bestimmtes Staatsorgan namentlich im Falle des → Staatsnotstandes über souveräne (diktatorische) Befugnisse verfügen soll. Eine derartige O. wurde dem → Reichspräsidenten der WRV angesichts seiner Kompetenzenfülle zuerkannt. „Souverän ist, wer über den Ausnahmezustand entscheidet" (Carl → Schmitt). Das → Grundgesetz hat das Modell der WRV aus geschichtsbewußter Vorsicht verworfen.

Organstreitigkeiten im staatsrechtlichen Sinne betreffen den Umfang der Rechte und Pflichten eines obersten Bundesorgans oder anderer gleichgestellter Beteiligter. Zur Entscheidung darüber ist das → Bundesverfassungsgericht zuständig. Näheres nach deutschem Verfassungsrecht im → Wörterbuch zum Grundgesetz.

Organtreue, die ungeschriebene Verfassungspflicht der Staatsorgane zu wechselseitiger Rücksicht und Loyalität um des staatlichen Ganzen willen (→ Bundestreue).

Orient (Sonnenaufgang), das Morgenland gegenüber dem → Okzident (→ Nahost).

Orientalische Frage, Bezeichnung für die aus dem Machtverfall des → osmanischen Reiches vor allem im 19. Jahrhundert entstandenen Streitigkeiten, besonders geprägt durch nationalistische Erhebungen der Balkanvölker und die Intervention auswärtiger Mächte (u. a. Großbritannien, Österreich und Rußland).

Orientalischer Staat → Altorientalischer Staat → Autokratie → Abendländische Staatenwelt

Ortega y Gasset, José (1883–1955), spanischer Philosoph und Publizist. Forderte ein neues Europa auf der Grundlage individueller Existenz, kritisierte die Tendenzen zunehmender Vermassung in der westlichen Welt. Von seinen Schriften hat „La rebelión de las masas" (Der Aufstand der Massen) besondere Wirkung erzielt (→ Massen).

Orthodox, rechtgläubig vs. heterodox (andersgläubig) und häretisch (ketzerisch). Der ursprünglich kirchlich-religiöse Begriff wurde z. T. vom politischen Sprachgebrauch übernommen.

Ortsgemeinde → Gemeinden → Kommunale Selbstverwaltung

Ortskrankenkasse, Allgemeine (AOK), Träger der Krankenversicherung für Arbeitnehmer im Rahmen der → Sozialversicherung.

Ortsstatut, aufgrund der gemeindlichen → Autonomie erlassenes Satzungsrecht (Ortsgesetz).

Orwell, George (1903–1950), englischer Schriftsteller. In seinem Roman „Nineteen Eighty-Four" („1984") entwirft er das Bild eines totalitären Staates mit dem allgegenwärtigen „Großen Bruder" an der Spitze des Herrschaftsapparates. Dieser überwacht und lenkt das Leben der Menschen bis in die intimsten Bereiche mit dem Ziel der Vernichtung allen individuellen Bewußtseins (→ Futurologie).

Osmanisches Reich, das von Sultan Osman I. (1288–1326) in Kleinasien begründete, von seinen Nachfolgern rasch ausgedehnte türkische Imperium, das bis nach dem 1. Weltkrieg bestand. Auf dem Höhepunkt seiner Machtentfaltung in der Epoche, die der Vernichtung des oströmischen Reiches mit der Eroberung Konstantinopels (1453) folgte, umfaßte das O. R. weite Gebiete in Europa (den ganzen Balkan und den größten Teil Ungarns), in Asien (Arabien, Mesopotamien, Syrien und die Kaukasusländer) sowie in Afrika (Ägypten und die halbabhängigen nördlichen Küstenländer bis nach Marokko). Im Zuge der Auflösung des O. R. wurde das Sultanat 1922 abgeschafft (→ Balkanisierung → Dismembration → Großwesir → Kalifen → Jungtürken → Mandatsgebiete → Mufti → Nahost → Orientalische Frage).

Osnabrücker Frieden → Instrumentum Pacis Osnabrucense → Westfälischer Frieden

Ostblock, zur Zeit des → Kalten Krieges entstandene Bezeichnung für die unter der Vorherrschaft Moskaus stehenden Staaten besonders in Europa (Sowjetblock). Die Führungsrolle der UdSSR beruhte nach der Breschnew-Doktrin auf einer „begrenzten Souveränität der sozialistischen Länder" (→ Eiserner Vorhang → Hegemonie).

Ostdeutschland, ein politischer Begriff mit wechselnder geographischer Bedeutung. Bis 1945 verstand man unter O. die östlichen deutschen Reichsteile (Brandenburg, Ostpreußen, Pommern, Posen, Schlesien, Westpreußen). Später galten als O. die durch → Oder-Neiße-Linie und die östliche Reichsgrenze von 1937 umschlossenen Gebiete. Nach der → Deutschen Einheit wird die Bezeichnung O. auch für das Gebiet der früheren → DDR gebraucht (→ Deutsche Ostgebiete).

Ostelbier, ein Schmähwort des 19. Jahrhunderts für die deutschen Großgrundbesitzer östlich der Elbe (→ Junkertum).

Österreich-Ungarn → Habsburger Donaumonarchie → Irredenta → Kronländer → k. u. k. → Nachfolgestaaten

Ostfranken, das ostfränkische Reich (Deutschland) gegenüber dem westfränkischen (Frankreich), wie im Vertrag von Verdun (843) festgelegt (→ Franken).

Ostindische Kompanie, eine Art korporativer Herrschaft über indisches Gebiet (→ Handelskompanien).

Ostkolonisation, die neuzeitliche, nicht mit → Kolonialismus zu verwechselnde politische, kulturelle und religiöse Ausbreitung der Deutschen östlich der mittelalterlichen Reichsgrenzen, gefördert u. a. von → Katharina d. Gr. (→ Ius theutonicum → Deutscher Orden).

Ostpolitik, die auf Entspannung und Ausgleich mit dem → Ostblock zielende Außenpolitik der BRD, nachhaltig eingeleitet von Bundeskanzler Brandt (1969–1974).

Ostpreußen, alte deutsche Provinz mit Haupt- und Universitätsstadt Königsberg (→ Kant). Durch das → Potsdamer Abkommen wurde O., vorbehaltlich einer friedensvertraglichen Regelung, teils sowjetischer, teils polnischer Verwaltung unterstellt.

Ostrakismos (Scherbengericht), im antiken Griechenland eine demokratische Sondermaßnahme, abweichend vom Grundsatz der Gesetzmäßigkeit belastender Hoheitsakte. Durch den O., eine Art von Volksabstimmung, konnten allzu einflußreiche Bürger auf Zeit in die Verbannung geschickt werden.

Oströmisches Reich, das Byzantinische Reich mit der Hauptstadt Konstantinopel (→ Konstantin d. Gr.). Vom Weströmischen Reich 395 n. Chr. endgültig getrennt; 1453 untergegangen infolge der → osmanischen Eroberung (→ Corpus Iuris Civilis → Justinian).

Ost-West-Konflikt, die nach dem 2. Weltkrieg wirksam gewordene politisch-ideologische Konfrontation zwischen dem → Ostblock und den Staaten der westlichen Welt (→ Bipolarität → Eiserner Vorhang → Freie Welt → Heißer Draht → Kalter Krieg → NATO).

Otto I., der Große, (912–973), römischer Kaiser und deutscher König; Erneuerer des karolingischen Kaisertums (→ Kaiser).

Overkill, die atomare Kapazität, die das zur Vernichtung des Feindes erforderliche Maß übersteigt (→ Atomares Patt).

P

Pacem in terris (Friede auf Erden), → Enzyklika von 1963 zu Abrüstung, Menschenrechten und internationaler Friedensordnung.

Pacta sunt servanda (Verträge sind einzuhalten), ein schon in der römischen Antike formulierter allgemeiner Rechtsgrundsatz (→ Clausula rebus sic stantibus → Heiligkeit der Verträge).

Pactum subjektionis (Unterwerfungsvertrag), eine Theorie → Pufendorfs zur Begründung hoheitlicher Herrschaft über das Volk.

Pactum unionis, Vereinigungsvertrag im Sinne klassischer Naturrechtslehre. Erst durch ihn formiert sich das Volk aus einer handlungsunfähigen Vielheit von Menschen zu einer politischen Einheit als Ursprung der Staatsgewalt.

Pädagogische Hochschulen → Hochschulen

Pairs (Gleiche), im französischen → Ancien Régime ein Ehrentitel für weltliche und geistliche Hochadelige. Ursprünglich waren P. lehensgerichtliche Beisitzer nach dem Prinzip, daß nur Standesgleiche zum Richten berufen sind (→ Peers).

Pairsgericht → Iudicium parium

Pairskammer, im nachnapoleonischen Frankreich (1814–1848) die 1. Kammer, deren Mitglieder vom König ernannt wurden (→ Herrenhaus → House of Lords).

Pairsschub, gleichzeitige Berufung einer Anzahl neuer Mitglieder des Oberhauses. Damit konnte die britische Krone früher Mehrheitsverhältnisse ändern, um so die Annahme einer Gesetzesvorlage zu sichern (→ Peers).

Pakt (pactum), Übereinkunft → Abkommen → Allianz → Bündnis → Völkerrechtlicher Vertrag.

Paladin (palatinus), ‚zum Palast gehörig', treuer Gefolgsmann.

Palästina → Nahost-Konflikt

Palästinenser → Intifada → PLO

Palastrevolution, interner Aufstand von Höflingen, Militärs oder Beamten gegen den obersten Machthaber.

Palaver, eine zur Zeit des → Kolonialismus entstandene Bezeichnung für Verhandlungen portugiesischer Geschäftsleute mit eingeborenen Afrikanern.

Pamphlet, streitbare Schmähschrift, besonders nach deutschem und französischem Sprachgebrauch.

Panafrikanismus → OAU

Panamerikanismus → OAS

Panarabische Bewegung → Arabische Liga

Panaschieren (‚bunt mischen') bezeichnet ein Verfahren, das dem Wähler erlaubt, mehrere Stimmen auf Wahlbewerber verschiedener Parteien zu verteilen. Durch P. solchermaßen die Listen der Parteien zu modifizieren, ist in der BRD nur bei Kommunalwahlen zulässig (→ Kumulation).

Pandekten (‚Alles enthaltend'), die im → Corpus Iuris Civilis zusammengefaßten Auszüge aus Schriften klassischer Autoren des → Römischen Rechts. Sie haben aufgrund der → Rezeption die Entwicklung vor allem des deutschen Privatrechts nachhaltig beeinflußt (→ Digesten → Institutionen → Justinian).

Panel (Ausschuß), im demoskopischen Sprachgebrauch eine repräsentative Personengruppe hinsichtlich bestimmter Fragestellungen.

Paneuropa-Bewegung → Coudenhove-Kalergi

Pangermanismus, alldeutsche Tendenzen auf deutsch-völkischer Grundlage. Einschlägige politische Gruppierungen forderten seit dem ausgehenden 19. Jahrhundert u. a. eine „Zusammenfassung aller Deutschen auf der Erde" und eine aktive Kolonialpolitik. Eine Sonderform des P. trat in der → Habsburger Donaumonarchie hervor.

Panslawismus, ursprünglich Bezeichnung für die Gemeinschaft slawischer Sprachen, später übertragen auf die Idee der Einigung aller slawischen Völker. Diesem politischen P. widerstrebten insbesondere Polen, Ukrainer und Kroaten aus Furcht vor einem verkappten Panrussismus.

Panta rhei (‚Alles fließt'), eine → Heraklit zugeschriebene Formel, wonach immerwährender Wechsel zum Wesen der Welt gehört.

Pantheismus, Inbegriff religiöser Lehren, die das Göttliche unpersönlich auffassen, indem sie Gott mit Natur, Welt und All ineinssetzen. Für → Schopenhauer ist der P. die „vornehme Form des Atheismus".

Panem et circenses, Brot und Zirkusspiele, verlangte nach einem Wort Juvenals (ca. 60–140 n. Chr.) das römische Volk der Kaiserzeit in erster Linie vom Staat.

Papst (Papa), Bischof von Rom und Oberhaupt der → Katholischen Kirche; Inhaber der universalen höchsten Gewalt, die Gesetzgebung, Rechtsprechung und Vollziehung umfaßt (→ Heiliger Stuhl → Kaisertum und Papsttum → Investiturstreit → Konkordate → Dictatus Papae → Konklave → Inthronisation → Kathedra → Motuproprio → Kurie → Kardinal → Konzil → Nuntius → Kirchenstaat → Vatikan).

Päpstlicher Legat → Delegat → Legat

Papstwahl: Wahlberechtigt sind nur → Kardinäle (Altersgrenze: das 80. Lebensjahr). Wählbar ist jedes vernunftbegabte männliche Glied der Kirche, theoretisch also auch ein Nichtkleriker (Laie); tatsächlich wurde seit dem 14. Jahrhundert stets nur ein Kardinal gewählt. Wahlabsprachen oder Wahlkapitulationen sind unzulässig. Die in geheimer Abstimmung vorzunehmende P. erfordert Zweidrittelmehrheit plus einer Stimme (→ Konklave).

Paradigma (‚Beispiel'), ein in der politischen Theorie nicht einheitlich gebrauchter Begriff, oft im Sinne von Grundannahme oder Erklärungsmodell. Man spricht auch von ‚Paradigmenwechsel' und ‚Kampf der Paradigmen'.

Parafisci, Sammelbezeichnung für die vom eigentlichen Staatshaushalt verschiedenen öffentlichen Haushalte u. a. der → Gemeinden und der → Sozialversicherungsträger.

Paramilitärische Verbände, außerhalb der staatlichen Streitkräfte stehende bewaffnete Organisationen, z. B. die → SA im → Dritten Reich.

Paraphierung, im diplomatischen Verkehr das Abzeichnen eines ausgehandelten Vertragsentwurfs durch die federführenden Unterhändler, die ihren abgekürzten Namenszug (die Paraphe) unter jede Textseite setzen. Die P. geht der förmlichen Unterzeichnung voraus.

Pareto, Vilfredo (1848–1923), italienischer Sozialwissenschaftler, der den gesellschaftlichen Prozeß als nie endenden Kampf deutet, bei dem es um die Vorherrschaft als → Elite geht. Die Individuen sieht P. in erster Linie von Affekten, ihr soziales Handeln folglich von irrationalen Antrieben bestimmt, das sich durch Ideologien scheinbar rationalisiert.

Paria, Angehöriger einer niedrigen indischen → Kaste. In der Soziologie (z. B. bei Max → Weber) auch Bezeichnung für benachteiligte Gruppen, die auf minderbewertete Tätigkeiten verwiesen sind.

Pariser Bluthochzeit → Bartholomäusnacht

‚Paris ist eine Messe wert', dies soll der hugenottische König Heinrich IV. (Henri le Grand) bei seinem Übertritt zum Katholizismus 1593 gesagt haben (→ Edikt von Nantes).

Pariser Kommune (Commune de Paris), das sozialistische Revolutionsregime von 1871, hervorgegangen aus dem Widerstand gegen den deutsch-französischen Vorfrieden und gegen die monarchiefreundliche Nationalversammlung. Die Aufständischen wurden nach verlustreichen Kämpfen von den Regierungstruppen niedergeworfen.

Pariser Verträge (Deutschlandvertrag), die 1954 in Paris unterzeichneten Abkommen, Grundlage der Beendigung des alliierten → Besatzungsregimes.

Parität, je nach Zusammenhang die politische, rechtliche, kulturelle usw. Gleichstellung einzelner Gruppen oder das amtliche Austauschverhältnis von Währungen (→ Abwertung).

Paritätische Mitbestimmung, eine Form wirtschaftlicher → Mitbestimmung, bei der im Aufsichtsrat von Unternehmen die Arbeitnehmer- und Anteilseignerseite gleich stark vertreten ist.

Parkinson'sches Gesetz, die von dem englischen Historiker Cyril N. Parkinson (geb. 1909) witzig dargelegte Regel, wonach jeder Bürokratie die Tendenz zu personeller Selbstaufblähung innewohnt.

Parlament im modernen Sinne ist die gesetzgebende, regierungskontrollierende, volksvertretende Körperschaft nach dem Vorbild des britischen Parliament, dessen Anfänge bis ins Mittelalter zurückreichen. Demgegenüber war das vorrevolutionäre französische P. (parlement) hauptsächlich eine Art Berufungsgericht. Der Typus des demokratischen P. entwickelte sich in den deutschen Staaten erst seit der 1. Hälfte des 19. Jahrhunderts. Der Bundestag des → Deutschen Bundes war nur ein Gesandtenkongreß (→ Frankfurter Nationalversammlung → Reichstag → Bundestag → Abstimmungen → Honoratiorenparlament → House of Commons).

Parlamentäre, Unterhändler zwischen kriegführenden Mächten; sie sind nach näherer Bestimmung des → Völkerrechts besonders geschützt (→ Haager Landkriegsordnung).

Parlamentarier → Bundestagsabgeordnete → Immunität

Parlamentarische Anfragen → Interpellation → Opposition → Fragerecht

Parlamentarische Demokratie, eine Form repräsentativer Volksherrschaft: die Regierung hängt ab vom Vertrauen des → Parlaments; der Regierungschef ist nicht zugleich Staatsoberhaupt (→ Parlamentarisches Regierungssystem).

Parlamentarische Kontrolle, Gesamtheit der verfassungsmäßigen Kompetenzen der → Legislative gegenüber der → Exekutive, wobei die → Opposition eine wichtige Rolle spielt (→ Budgetrecht → Mißtrauensvotum → Enquête-Recht).

Parlamentarische Kontrollkommission, ein zur Überwachung der → Nachrichtendienste gesetzlich vorgesehenes Gremium, dessen Mitglieder vom → Bundestag gewählt werden.

Parlamentarische Monarchie, eine durch verfassungsmäßige Rechte der Volksvertretung beschränkte → Monarchie.

Parlamentarische Republik, repräsentativ-demokratischer Staatstyp, an dessen Spitze nicht ein nach dynastischen Regeln auf Lebenszeit berufener Monarch steht, sondern ein auf Zeit gewählter Präsident.

Parlamentarische Staatssekretäre sind bestimmten → Bundesministern beigegeben mit der Aufgabe, diese besonders gegenüber dem Parlament und seinen Ausschüssen weisungsgebunden zu vertreten. Näheres nach deutschem Recht im → Wörterbuch zum Grundgesetz.

Parlamentarische Verantwortlichkeit → Ministerverantwortlichkeit.

Parlamentarischer Rat, das aus gewählten Vertretern der Landtage gebildete Beratungs- und Beschlußgremium bei der Schaffung des → Grundgesetzes. Näheres im → Wörterbuch zum Grundgesetz.

Parlamentarisches Fragerecht → Fragerecht

Parlamentarisches Regierungssystem ist im Unterschied zur → Präsidialdemokratie vor allem dadurch gekennzeichnet, daß die Regierung vom Vertrauen des → Parlaments abhängt, durch ein → Mißtrauensvotum folglich gestürzt werden kann. In gewisser Durchbrechung des → Gewaltenteilungsprinzips können die Regierungsmitglieder zugleich Parlamentsmitglieder sein; der Regierungschef ist typischerweise politischer Führer der stärksten Fraktion. Näheres nach deutschem Verfassungsrecht im → Wörterbuch zum Grundgesetz.

Parlamentarismus im engeren Sinn bezeichnet die rechtlichen Regeln und politischen Geschehensabläufe namentlich des → Parlamentarischen Regierungssystems. Da hier die Fraktionen der Regierungsparteien die Politik des Kabinetts parlamentarisch zu stützen haben, obliegt die Kontrolle der Regierung in erster Linie der → Opposition.

Parlamentarismuskritik, an sich so alt wie die modernen Parlamente, wurde in neuerer Zeit mit Stoßrichtung gegen die → repräsentative Demokratie besonders von Vertretern des → Marxismus geübt (→ Abberufbarkeit → Imperatives Mandat).

Parlamentsauflösung → Bundestagsauflösung → Neuwahlen

Parlamentsausschüsse → Bundestagsausschüsse

Parlamentsbeauftragter → Ombudsmann → Wehrbeauftragter

Parlamentsfraktionen als parteipolitisch gleichgerichtete, mit eigenen Rechten ausgestattete ständige Gliederungen der Volksvertretung sind notwendige Einrichtungen der freiheitlichen Demokratie. Sie haben u. a. die Aufgabe, den parlamentarischen Arbeitsablauf technisch zu erleichtern und bis zu einem gewissen Grade auch inhaltlich zu steuern. Näheres nach deutschem Verfassungs- und Geschäftsordnungsrecht im → Wörterbuch zum Grundgesetz.

Parlamentssitze → Hare/Niemeyersches Verfahren → Zählwert

Parlamentssouveränität im Sinne einer ‚Souveränität' der Volksvertretung auch gegenüber fundamentalen Verfassungsprinzipien hat das → Grundgesetz ausdrücklich abgelehnt (→ Ewigkeitsklausel).

Parnaß, Gebirge in Griechenland, mythischer Sitz des Lichtgotts und Musenführers Apoll.

Parteiausschluß oder Parteiaustritt oder Parteiwechsel eines → Bundestagsabgeordneten lassen seinen Status als Mandatsträger unberührt. Vereinbarungen oder Blankoverzichte zur Mandatsniederlegung sind rechtsunwirksam (→ Freies Mandat).

Parteien im politischen Prozeß freiheitlicher Demokratien sind mehr oder weniger fest organisierte Gruppen mit dem Ziel, sich bei Parlamentswahlen durchzusetzen und so auf die Gestaltung des Gemeinwesens Einfluß zu gewinnen. Die im 19. Jahrhundert entstandenen modernen P. waren u. a. weltanschaulich (liberal, konservativ, sozialistisch, konfessionell usw.) oder nach Gruppeninteressen (bürgerlich, arbeiterfreundlich usw.) ausgerichtet. Das → Grundgesetz hat erstmals verfassungstextlich anerkannt, daß die Parteien bei der politischen Willensbildung des Volkes mitwirken. Dieses Mitwirkungsrecht gilt jedoch nur für den vorparlamentarischen Raum, da die parlamentarische Willensbildung vom Prinzip des → freien Mandats beherrscht wird. Näheres nach deutschem Verfassungsrecht im → Wörterbuch zum Grundgesetz.

Parteienstaatliche Demokratie, eine Art Gegenbegriff zur repräsentativen → Honoratiorendemokratie. Der P. D. entspricht die bedenkliche Tendenz, den Willen der jeweiligen Parteienmehrheit in Parlament und Regierung mit dem Volks- und Staatswillen zu identifizieren.

Parteiensysteme → Einparteiensystem → Zweiparteiensystem → Mehrparteiensystem

Parteifinanzierung im demokratischen Staat muß bestimmten Geboten entsprechen, damit insbesondere die Rechte der Bürger auf gleiche Teilhabe an der politischen Willensbildung, das Parteienrecht auf Chancengleichheit und das Prinzip der Staatsfreiheit der Parteien gewahrt bleiben. Näheres nach deutschem Verfassungsrecht im → Wörterbuch zum Grundgesetz.

Parteifreiheit, Voraussetzung des → Mehrparteiensystems, bedeutet in erster Linie, daß die Gründung von Parteien frei ist. Näheres nach deutschem Verfassungsrecht im → Wörterbuch zum Grundgesetz.

Parteimaschine (party machine), herkömmliche US-amerikanische Bezeichnung für die gesamte Maschinerie parteipolitischer Aktivitäten einschließlich Wahlkampf, Spendenkollekten, Patronagereizen usw.

Parteipatronage, Begünstigung von Parteifreunden oder von politisch nahestehenden Personen bei der Besetzung → öffentlicher Ämter. Nach deutschem Verfassungsrecht ist P. unzulässig. Näheres im → Wörterbuch zum Grundgesetz.

Parteiprivileg, ein Vorrecht politischer → Parteien nach deutschem Verfassungsrecht. Im Unterschied zu sonstigen Vereinigungen dürfen Parteien im Falle verfassungswidriger Aktivität nicht von der Exekutive verboten werden, vielmehr ist die Verbotsentscheidung dem → Bundesverfassungsgericht vorbehalten. Näheres im → Wörterbuch zum Grundgesetz.

Parteiprogramm, Prinzipien und Fernziele einer → Partei im Unterschied zu kurzfristigen Aussagen wie → Wahlplattform oder Regierungsprogramm.

Parteispenden größeren Umfangs, bei denen die Möglichkeit politischer Einflußnahme naheliegt, müssen nach deutschem Recht offengelegt werden (→ Parteifinanzierung).

Parteitypen → Honoratiorenpartei → Interessenpartei → Klassenpartei → Volkspartei → Plattformpartei → Weltanschauungspartei → Programmpartei

Parteiverbot → Extremistische Parteien → Parteiprivileg

Parteiverdrossenheit, ein gewisses Unmutssyndrom der Staatsbürger angesichts bedenklicher Entwicklungen der → parteienstaatlichen Demokratie. Ursache der P. ist u. a. das Übermaß außerparlamentarischer Einwirkungsversuche der → Parteien auf sämtliche Bereiche des öffentlichen Lebens einschließlich Wissenschaft und Justiz (→ Ämterpatronage).

Parteiwechsel → Parteiausschluß

Partikularismus, im → Bundesstaat eine übersteigerte Form des → Föderalismus, sofern Gliedstaaten ihre Sonderinteressen zu Lasten des Gesamtstaates verfolgen.

Partisanen, ursprünglich gleichbedeutend mit Parteigänger. Heute Bezeichnung für verdeckte Widerstandskämpfer gegen eine Besatzungsmacht. Während des 2. Weltkriegs kämpften P. gegen die Deutschen u. a. in Frankreich (→ Maquis) und auf dem Balkan (→ Freischärler → Guerilla).

Partizipation, Beteiligung der jeweils Betroffenen an Entscheidungen in Staat und Gesellschaft (→ Demokratisierung).

Partnerschaftsabkommen zwischen Gemeinden verschiedener Staaten sind kommunale Fühlungnahmen ohne völkerrechtliche Relevanz.

Pascal, Blaise (1623–1662), französischer Philosoph. Der Mensch ist für P. ein aus Größe und Nichtigkeit gemischtes Wesen, das in der Rückbesinnung auf sich selbst zum „unbegreiflichen Ungeheuer" wird.

Pascha, im → osmanischen Reich seit dem 15. Jahrhundert die höchste Adelsstufe für Beamte und Offiziere.

Pasquill, Schmähschrift, Spottgedicht, Flugschrift.

Paß, Legitimationspapier im internationalen Reiseverkehr (zugleich inländischer Personalausweis), der dem Inhaber konsularischen Schutz verbürgt.

Passieren einer Gesetzesvorlage: im parlamentarischen Sprachgebrauch ihr Durchgang von der Einbringung bei einer gesetzgebenden Körperschaft bis zur Verabschiedung.

Passiver Widerstand in politischen oder sozialen Spannungslagen vollzieht sich ohne aktive, insbesondere gewaltsame Maßnahmen. Der Druck auf die gegnerische Macht wird still ausgeübt, z. B. durch ‚Steuerstreik' oder ‚Dienst nach Vorschrift' (→ Gewaltloser Widerstand).

Passives Wahlrecht → Wählbarkeit

Patentrecht → Gewerblicher Rechtsschutz → Bundespatentgericht

Pater patriae, ‚Vater des Vaterlandes', Ehrentitel der altrömischen Kaiser.

Paterfamilias, das männliche Familienoberhaupt nach altrömischem Recht. Seiner absoluten väterlichen Gewalt (patria potestas) unterstanden die freien (Ehefrau und Kinder), halbfreien und unfreien Hausgenossen. Mißbräuche seiner Gewalt, die sogar zum Töten berechtigte (ius vitae necisque) hatte der P. nicht vor einem irdischen Richter, sondern nur vor den Göttern zu verantworten.

Paternalismus, Führungsstil in Wirtschaft und Gesellschaft mit besonderer Betonung quasiväterlicher Fürsorge oder Bevormundung.

Patria potestas → Paterfamilias

Patriarch, ‚Erzvater', Ehrenbezeichnung vor allem des Bischofs von Rom (Abendländischer Patriarch).

Patriarchaltheorie, eine Art familienrechtlicher Ableitung des Staates, wonach dieser geschichtlich aus dem Zusammenschluß von Familienverbänden entstanden ist. Die Vorstellung einer auf Familien basierenden Föderation findet sich u. a. im antiken Staatsdenken Griechenlands und Roms.

Patriarchat (Vaterherrschaft) als Staatstheorie sieht den Herrscher als Vater und die Untertanen als Kinder, die ihm Gehorsam schulden (→ Matriarchat).

Patrimonialtheorie des Staates betrachtet den → Monarchen als Eigentümer des Staatsgebietes und der gebietsansässigen Leute. Um gedankliche Konflikte mit deren Eigentum zu vermeiden, wird die Herrschaft des Königs als Obereigentum aufgefaßt.

Patrimonium, ursprünglich das väterliche Erbgut nach römischem Recht. Als P. Petri später das Gebiet des → Kirchenstaates. Seit dem Mittelalter auch das Rittergut eines → Grundherrn, womit die niedere Gerichtsbarkeit (Patrimonialgerichtsbarkeit) über die → Hintersassen verbunden war.

Patriotismus, im Unterschied zum → Nationalismus eine friedliche, idealistisch gestimmte, opferbereite, den heimatlichen Werten verbundene Vaterlandsliebe.

Patrizier, ursprünglich die politisch bevorrechtigten Adeligen des altrömischen Staates im Gegensatz zu den Plebejern. Seit dem Mittelalter galten als P. insbesondere die ratsfähigen städtischen Oberschichten. Im übertragenen Sinne später auch Bezeichnung für Mitglieder alter, angesehener Familien (→ Aristokratie → Nobilität).

Patron (patronus), Schutzherr eines Klienten und Verteidiger vor Gericht im alten Rom.

Patronage → Parteipatronage → Nepotismus

Patronageparteien, programmschwache politische → Parteien, die sich ihren Anhängern durch Postenvergabe erkenntlich zeigen, wie es z. B. bei den von Max Weber untersuchten US-amerikanischen Parteien üblich war.

Patt → Atomares Patt

Paulskirche, Kurzbezeichnung für die Paulskirchenverfassung (→ Frankfurter Reichsverfassung) oder die → Frankfurter Nationalversammlung.

Pauperismus, frühere Bezeichnung für Massenverarmung, namentlich der ‚arbeitenden Klassen' im → Kapitalismus.

Pax Dei, ‚Gottesfrieden', eine von der mittelalterlichen Kirche getragene, vom Kaiser aufgenommene Idee, die den Landfriedensgesetzen zugrunde lag (→ Ewiger Landfrieden).

Pax Romana, „Römischer Friede“ im Sinne der Reichsidee des Kaisers Augustus (Pax Augusta), gegründet auf die Überlegenheit der Ordnungsmacht Rom. Eine Art Wiedergeburt der P.R. spiegelt die britische Weltreichspolitik besonders in der 1. Hälfte des 19. Jahrhunderts (Pax Britannica).

Pazifikation, ‚Befriedung‘, vor allem auch die konfessionelle Beruhigung aufgrund → landesherrlicher Zusicherung der Glaubensfreiheit.

Pazifismus, Gesamtheit der radikal-friedensfreundlichen Bewegungen, die besonders im zwischenstaatlichen Bereich jede Form der Anwendung oder Androhung von Gewalt entschieden ablehnen (→ Frieden → Gewaltloser Widerstand → Kriegsdienstverweigerung → Alternativbewegung → Haager Friedenskonferenzen → Gerechter Krieg).

PDS → SED

Peace Corps, ‚Friedenskorps‘, eine von US-Präsident J.F. Kennedy (1917–1963) ins Leben gerufene Vereinigung freiwilliger Helfer in → Entwicklungsländern.

Peaceful Change, ‚Friedliche Veränderung‘ des Status quo im internationalen Bereich als Aufgabe diplomatischer Kriegsverhütung (→ Friedliche Streitbeilegung).

Peers, Mitglieder des britischen Hochadels (→ Nobility). Die Peerswürde ist traditionell erblich, in neuerer Zeit kann sie auch auf Lebenszeit verliehen werden (→ House of Lords → Lords → Pairs).

Peinliche Halsgerichtsordnung → Constitutio Criminalis Carolina.

Pentagon, das fünfeckige Hauptgebäude des US-Verteidigungsministeriums; zugleich Kurzformel für die von dort ausgehende Politik.

Pentarchie, ‚Fünfherrschaft‘, Bezeichnung der im 18. und 19. Jahrhundert für den europäischen Frieden ausschlaggebenden fünf Großmächte (England, Frankreich, Österreich, Preußen und Rußland).

Perestroika, ‚Umbau', nannte sich ein Reformansatz in der Spätphase der Sowjetunion (→ Glastnost).

Perikles, athenischer Staatsmann (ca. 500–429 v. Chr.). Unter seiner Regierung nahmen Politik, Handel und Gewerbe, desgleichen Wissenschaft, Literatur und Kunst einen ungeahnten Aufschwung. Das perikleische Zeitalter gilt als die Glanzzeit Athens.

Periöken, ‚Umwohnende', antike Bürger minderen Rechts, vor allem im Umland Spartas.

Peripatetiker, die Schüler und Nachfolger des → Aristoteles, der in einer Wandelhalle (peripatos) hin- und hergehend lehrte.

Peripetie, eigentlich der Schicksals- und Handlungsumschwung in einem dramatischen Werk; sinngemäß ein entscheidender Wendepunkt der großen Politik.

Permeabilität, Durchlässigkeit im Gegensatz zur → Impermeabilität.

Permissivität, die Tendenz in Politik und Gesellschaft, auf verbindliche Werte, Normen und Sanktionen bzw. auf deren Durchsetzung mehr und mehr zu verzichten, so daß schließlich alles toleriert wird.

Person → Natürliche Person → Juristische Personen

Persona grata, genehme Person, besonders im diplomatischen Verkehr (→ Agrément).

Persona non grata, unerwünschter diplomatischer Vertreter (→ Abberufung).

Personalisierte Verhältniswahl, das für die Wahl zum → Bundestag geltende Verfahren: eine Kombination von → Verhältniswahl und → Mehrheitswahl (Persönlichkeitswahl). Hierbei werden die im Wahlkreis direkt gewonnenen Mandate auf die → Landeslisten-Mandate angerechnet; die Verteilung der Parlamentssitze bestimmt sich im wesentlichen nach Grundsätzen der Verhältniswahl (→ Zweitstimme → Überhangmandate).

Personalitätsprinzip, Geltungsanspruch der → Staatsgewalt (z. B. bei der Besteuerung) grundsätzlich nur für die eigenen Staatsangehörigen. Demgegenüber knüpft das für den modernen Staat kennzeichnende Territorialitätsprinzip primär an den Aufenthalt von Personen im Staatsgebiet an.

Personalkörperschaften, Gegenbegriff zu den → Gebietskörperschaften.

Personalrat, im Unterschied zum → Betriebsrat die Personalvertretung im Bereich des → öffentlichen Dienstes.

Personalsteuern → Personensteuern

Personalunion, in der neueren Geschichte vor allem die Verbindung zweier unabhängiger Staaten durch die Person eines Monarchen, der aus dynastischen Gründen Oberhaupt beider Staaten ist. Typisches Beispiel: England-Hannover (1714–1837).

Personenbezogene Daten → Datenschutz

Personenkult im Sinne eines selbstherrlichen Führungsstils und übersteigerten Verehrungsbedürfnisses wurde namentlich → Stalin von seinen Nachfolgern vorgeworfen.

Personensteuern (Subjektsteuern) berücksichtigen, im Gegensatz zu → Objektsteuern, die unterschiedliche persönliche Leistungsfähigkeit des Pflichtigen, so daß je nach Familienstand, Alter, Krankheit usw. die Steuerschuld variiert. Typische P. ist die → Einkommensteuer.

Personenverbandsstaat, geschichtliche Vorstufe des modernen → Territorialstaates. Im P. beruht die hoheitliche Herrschaft nicht auf gebietlicher, sondern auf personaler Anknüpfung, z. B. durch Geschlechterverbände oder → Lehensordnung.

Persönliche Ehre → Ehre

Persönliche Freiheit → Freiheit der Person → Immunität

Persönliches Regiment → Wilhelm II.

Persönlichkeit, die menschliche Individualität in der Einmaligkeit ihres Seins und Strebens. Der allgemeine Begriff der P. hat seine geistesgeschichtlichen Grundlagen besonders in den Selbstverwirklichungsidealen von → Humanismus, → Aufklärung und Weimarer Klassik.

Persönlichkeitsentfaltung → Freie Entfaltung der Persönlichkeit

Persönlichkeitsrecht → Allgemeines Persönlichkeitsrecht

Persönlichkeitsschutz → Datenschutz → Informationelle Selbstbestimmung

Persönlichkeitswahl → Mehrheitswahl → Personalisierte Verhältniswahl

Persönlichkeitswert → Ehre

Pessimismus, eine dem → Optimismus entgegengesetzte Anschauung des Menschen und der Welt, wie sie besonders den Lehren von → Hobbes und → Schopenhauer zugrunde liegt.

Peterspfennig, ursprünglich eine freiwillige, im späteren Mittelalter obligatorische Sonderabgabe, die von europäischen Ländern in Anerkennung der päpstlichen Oberhoheit an die römische Kurie entrichtet wurde.

Petition, Ersuchen, Beschwerde: vor allem im Staat-Bürger-Verhältnis.

Petition of Rights, die vom britischen → Unterhaus vorgebrachte, 1628 durch den Monarchen als legitim anerkannte Bitte, die in der → Magna Charta zugesicherten Rechte zu achten. Die P. wurde zum Ausgangspunkt der → Bill of Rights und des → Habeas-Corpus-Act.

Petitionsausschuß, der vom → Grundgesetz vorgeschriebene → Bundestagsausschuß, dem die Behandlung von Eingaben aufgrund des → Petitionsrechts obliegt.

Petitionsrecht, das jedermann zustehende → Grundrecht, sich einzeln oder in Gemeinschaft mit anderen schriftlich mit Bitten oder Beschwerden an die zuständigen Stellen und an die Volksvertretung zu wenden. Näheres nach deutschem Verfassungsrecht im → Wörterbuch zum Grundgesetz.

Petrusamt (Cathedra Petri) → Kathedra

„Pfaffenfürsten", s. Z. nicht abschätzig gemeinte Bezeichnung geistlicher → Lehensträger; sie hatten in der → Heerschildordnung nach dem König den höchsten Rang.

Pfahlbürger hießen im Mittelalter jene Stadtbürger oder Adeligen mit Stadtbürgerrecht, die außerhalb der Stadtmauern wohnten.

Pfalz (palatium), in der römischen Antike die Kaiserresidenz des Augustus und seiner Nachfolger; seit den → Karolingern der repräsentative (örtlich wechselnde) Sitz der deutschen → Könige.

Pfalzgraf (comes palatii), ursprünglich eine Art Referent am königlichen Hofgericht der → Merowinger. Später aufgewertet zum Anwalt des Königs; vereinzelt erstarkt zum politischen Gegengewicht der Herzogsgewalt wie z. B. der P. bei Rhein mit Sitz in Heidelberg (→ Kurfürsten).

Pfarrei → Kirchengemeinde

Pfarrer → Geistliche

Pfennig → Gemeiner Pfennig

Pflichten → Grundpflichten → Ehrenämter

Pflichtenkonflikt → Kollision

Pflichtmitgliedschaft → Zwangszusammenschlüsse

Pflichtverteidiger → Offizialverteidiger

Pforte, im → osmanischen Reich der Palast des → Großwesirs, auch Bezeichnung für die Regierung (Hohe P.).

Pfründe (praebenda), das Darzureichende: früher ein mit Vermögen und dessen Erträgen ausgestattetes Kirchenamt.

Phäaken, Bewohner eines utopischen Schlaraffeneilands in der homerischen Dichtung. Bei dem sorglos und glücklich lebenden Seefahrervolk fand der schiffbrüchige Odysseus freundliche Aufnahme.

Phallokratie, Herrschaft des Phallus: polemische Bezeichnung für den vom → Feminismus vermuteten Vorrang des männlichen Geschlechts in Recht, Gesellschaft und Kultur.

Pharao (‚großes Haus'), Ehrentitel der altägyptischen Könige.

Philhellenen hießen ursprünglich die Freunde der klassischen altgriechischen Kultur. Während des Unabhängigkeitskriegs der Griechen gegen die Türken im frühen 19. Jahrhundert wurde der Philhellenismus zu einem geistig-politischen Kampfbegriff in der westlichen Welt.

Philippika, Straf- und Kampfrede, abgeleitet von der Rede des Demosthenes (384–322 v. Chr.) gegen König Philipp von Mazedonien.

Philister, engstirniger, spießiger Mensch; der Typus ist nicht auf den Kreis der → Kleinbürger beschränkt.

Philosoph (‚Freund der Weisheit'), seit der griechischen Antike, zuerst bei → Heraklit, Bezeichnung für den denkenden Menschen, der die Natur der Dinge erforscht, die Erkenntnis der Wahrheit sucht, nach dem letzten Sinn des Daseins fragt.

Philosoph von Sanssouci, vom Autor gewählter Titel für die erste Werksausgabe → Friedrichs II. („Œuvres du Philosophe de Sanssouci", 1752).

Philosophie (‚Weisheitsliebe'), das vornehmste Geschäft des geistigen Menschen (→ Philosoph). Als akademische Disziplin umfaßt P. viele Teilbereiche, u. a. Logik, Erkenntnistheorie, Ästhetik, → Ethik, → Metaphysik und → Politik.

Physiokraten, wirtschaftswissenschaftliche Schule des 18. Jahrhunderts, vor allem in Frankreich. Vorläufer des ökonomischen → Liberalismus (→ Laissez faire...).

Physiologie des Staates (Staatsphysik), eine → Naturlehre des Staates, die bei Autoren des 19. Jahrhunderts (K. v. Rotteck, C. Frantz, K. S. Zachariae) besonders den realen Staatsbildungsprozeß zum Gegenstand hat.

Physische Gewalt → Befehl und Zwang → Gewaltmonopol

Piccolomini, Enea Silvio (1405–1464), klassischer Vertreter der Renaissance u. a. als Humanist, Jurist, Dichter, Diplomat, Staatslehrer, Theologe und schließlich als Papst (Pius II.). Mit → Cusanus befreundet.

Pilgerväter („Pilgrim Fathers'), die ersten angelsächsischen Einwanderer nach Nordamerika, die noch an Bord des Schiffes ‚Mayflower' sich durch eine Art → Gesellschaftsvertrag gegenseitig verpflichteten, ein hoheitliches Gemeinwesen zu gründen.

Pippinische Schenkung, Anerkenntnis einer gewissen päpstlichen Territorialherrschaft in Mittelitalien (754) durch den Frankenkönig Pippin III.; Grundlage des späteren → Kirchenstaats.

Piraterie, Seeräuberei auf → offenem Meer, besonders durch Plünderung und Freiheitsberaubung. Ein völkerrechtliches Delikt wie die früher von ‚Freibeutern' aufgrund königlicher Freibriefe ausgeübte Kaperei.

Placet (‚es gefällt'), traditionelle Zustimmungsformel bei → Konzilien, seit dem Mittelalter auch bei staatlicher Genehmigung kirchlicher Erlasse.

Plädoyer, im Strafverfahren der zusammenfassende Schlußvortrag von Ankläger und Verteidiger.

Plagiat, geistiger Diebstahl an urheberrechtlich geschützten Werken der Literatur, Musik oder bildenden Kunst.

Planung, ein Erfordernis zukunftsorientierten staatlichen Handelns durch gedankliche Vorwegnahme möglicher Entwicklungen mittels systematischer Entwürfe von Zielen, Fristen und Potential. Elemente der P. finden sich u. a. bei der Bestimmung der dem → Bundeskanzler vorbehaltenen → Richtlinien der Politik, bei der Aufstellung des → Haushaltsplans, bei der konjunkturgerechten → Haushaltswirtschaft und der mehrjährigen → Finanzplanung.

Planwirtschaft (Zentralverwaltungswirtschaft, Kommandowirtschaft), im Gegensatz zur → Marktwirtschaft ein System, wo alle ökonomischen Vorgänge nach einem Gesamtplan von zentralen Stellen gelenkt werden (→ Bewirtschaftung → Dirigismus → Kollektivismus).

Platon, griechischer Philosoph (427–347 v. Chr.), bis zur Gegenwart fortwirkend vor allem durch seine Ideenlehre und Staatsphilosophie. Der Rangordnung der Tugenden entspricht bei P. die Rangordnung der Stände aufgrund der natürlichen Ungleichheit der Menschen. Danach erfordert der ideale Staat eine begabungs- und leistungsbestimmte Gesellschaftsschichtung in Form einer dreistufigen Hierarchie der Politiker, Soldaten und Erwerbstätigen. Staatsmacht und Weisheit werden zusammengedacht: die Philosophen müssen Herrscher oder die Herrscher Philosophen werden. Zum radikalen platonischen Staatsentwurf gehört auch eine hoheitlich verordnete Güter-, Weiber- und Kindergemeinschaft mit zentral gelenkter Fortpflanzung und Erziehung (→ Kardinaltugenden).

Plattformpartei, eine politische → Partei ohne ausgeprägtes Grundsatzprogramm, die mit kurzfristigen, auf Wählerwirksamkeit angelegten Aktionsplänen hervortritt (→ Parteitypen).

Plazet → Placet

Plebejer, ursprünglich die Angehörigen des altrömischen Volkes, die nicht zu den adeligen → Patriziern zählten. Später beschränkt auf das stadtrömische Proletariat.

Plebiszit, Volksabstimmung als Einrichtung → direkter Demokratie, insbesondere die Entscheidung über Sachfragen der Verfassung- und Gesetzgebung (Referendum).

Plebiszitäre Demokratie, ein Gegenmodell zur parlamentarisch-repräsentativen Demokratie. Beispiele: die Versammlungsdemokratie altgriechischer Stadtstaaten und Schweizer Kantone (→ Landsgemeinde).

Plebs (‚Menge'), ursprünglich die Gesamtheit der → Plebejer. Nach deren sozialer Differenzierung u. a. in Nobiles und Ritter galt als P. nur noch die unterste, besitzlose Schicht.

Pleins Pouvoirs (‚volle Macht'), französischer Terminus für die generelle Ermächtigung der Regierung zum Erlaß gesetzesvertretender Verordnungen anstelle von Parlamentsgesetzen (→ Ermächtigungsgesetz).

Plenitudo potestatis (‚Fülle der Macht'), ursprünglich ein theologisch-juristischer Begriff für die souveräne Gewalt des → Papstes; später übertragen auf den → absoluten Monarchen.

Plenum, Vollversammlung des Parlaments im Unterschied zu Sitzungen seiner Ausschüsse.

PLO, Palestine Liberation Organization, Palästinensische Befreiungsfront, gegründet 1964 mit Unterstützung der arabischen Staaten (→ Intifada → Nahost-Konflikt).

Pluralismus im verfassungsrechtlichen Sinne bedeutet die grundsätzliche Anerkennung einer Vielzahl verschiedener, z. T. einander widersprechender Weltanschauungen, religiöser Bekenntnisse, wissenschaftlicher Lehren, Meinungsäußerungen, Kunstrichtungen, gesellschaftlicher Vereinigungen, politischer Parteien usw. (→ Freiheitsgrundrechte → Konsens).

Pluralistische Gesellschaft, ein freiheitliches Gegenmodell zur Einheitsgesellschaft im totalitären Staat, der jede individuelle Entfaltung unterdrückt.

Pluralwahlsystem widerspricht dem demokratischen Grundsatz der Gleichheit des Stimmgewichts. Beim P. verfügen bestimmte Wählergruppen (z. B. entsprechend ihren Steuerleistungen) über mehr Stimmen als andere (→ Dreiklassenwahlrecht).

Plutokratie (‚Herrschaft der Reichen'), nach altgriechischer Staatslehre eine Entartungsform der → Aristokratie.

Pöbel, je nach Kontext eine Bezeichnung für arme Massen (Proletariat) oder rohe Menschenhaufen (→ Mob → Plebs).

Pogrom (‚Verwüstung'), gewalttätiger Ausbruch von Judenhaß, ist schon in der vorchristlichen Antike mehrfach bezeugt (→ Antisemitismus → Konzentrationslager → Kristallnacht).

Polarisierung, Verschärfung politischer und anderer Gegensätze (→ Bipolarität).

Polis (‚Stadt'), altgriechische Bezeichnung für politische Gemeinde, Stadtstaat und deren Bürger. Bei → Aristoteles und → Platon ist die P. das Substrat ihrer Staatstheorie. Die klassische Zeit der auf Autonomie und Autarkie bedachten P. endete im 4. Jahrhundert v. Chr. mit der Entstehung hellenistischer Großmächte (→ Metöken).

Politbüro, Kurzbezeichnung für das oberste politische Führungsorgan in den Staaten des → Ostblocks.

Politeia (‚Staatsverfassung'), Politie, nach → Aristoteles eine der drei guten, am Gemeinwohl orientierten Staatsformen: außer der P. (wo alle im Interesse aller herrschen) sind dies Monarchie und Aristokratie. P. ist zudem der Titel von → Platons Werk über den idealen Staat.

Politik (‚Staatskunst'), geistesgeschichtlich bis in die Neuzeit ein Bereich der praktischen → Philosophie, seit der Renaissance zunehmend verengt auf Erwerb und Gebrauch hoheitlicher Macht. In der rechtsstaatlichen Demokratie ist P. die Gesamtheit aller verfassungsmäßigen, auf die Gestaltung des Gemeinwesens bezogenen Handlungen der Bürger und ihrer Repräsentanten in Parlament und Regierung (→ Außenpolitik → Innenpolitik → Gemeinwohl → Ehrgeiz → Freund-Feind-Formel → Idealpolitik → Realpolitik → Machtpolitik → Fürstenspiegel → Staatsräson).

Politiker (politikós), Staatsmann im altgriechischen Wortsinn. Heute bezeichnet man als P. vor allem die Mitglieder eines Parlaments oder eines Regierungskabinetts (→ Berufspolitiker).

Politikwissenschaft, eine in neuerer Zeit besonders an US-amerikanischen Hochschulen gepflegte Disziplin systematisch-theoretischer Durchdringung aller Bereiche der → Politik (Political Science, Politische Wissenschaft, Politologie).

Politisch Verfolgte → Asylrecht

Politische Anschauungen einer Person dürfen ihr nach deutschem Verfassungsrecht nicht zum Nachteil oder Vorteil gereichen. Näheres über dieses Diskriminierungsverbot im → Wörterbuch zum Grundgesetz.

Politische Apathie als nachhaltige Gleichgültigkeit gegenüber den Prozessen und Verfassungsprinzipien des öffentlichen Lebens kann eine freiheitliche Demokratie nicht minder gefährden als systemfeindlicher Aktionismus.

Politische Beamte, bestimmte → Berufsbeamte, die bei ihrer Tätigkeit in fortdauernder Übereinstimmung mit den politischen Ansichten und Zielen der Regierung stehen müssen; andernfalls können sie nach deutschem Recht jederzeit ohne Angaben von Gründen in den einstweiligen Ruhestand versetzt werden.

Politische Bildung des ‚mündigen Bürgers', Existenzbedingung einer funktionsfähigen Demokratie, dient der Aneignung aller politikrelevanten Kenntnisse auf wissenschaftlich gesicherter Grundlage.

Politische Delikte sind, im Unterschied zu ‚privaten' Verbrechen und Vergehen, vor allem Straftaten, die sich gegen den Bestand oder die Sicherheit des Staates oder oberster Staatsorgane richten (→ Hochverrat → Landesverrat → Attentat).

Politische Führung → Innere Führung

Politische Gefangene → Amnesty International

Politische Justiz, ein mehrdeutiger Begriff. Einerseits z. B. gleichbedeutend mit legitimer strafrechtlicher Verfolgung → politischer Delikte. In einem pejorativen Sinne ist P. J. besonders der Mißbrauch kriminalrechtlicher Verfahren zur Ausschaltung politischer, weltanschaulicher oder persönlicher Gegner eines Regimes.

Politische Klasse, die im jeweiligen Sozialsystem herrschende, von → Mosca so genannte → Elite. Nach heutigem Sprachgebrauch auch Synonym für → Politiker schlechthin, die freilich keine einheitliche → Klasse bilden.

Politische Klausel, in neueren → Konkordaten die Bestimmung, daß der → Heilige Stuhl einen Diözesanbischof erst beruft, nachdem die beteiligte Staatsregierung ihr politisches Placet zur Person gegeben hat.

Politische Kommissare, ideologisch geschulte Parteifunktionäre als „Beigeordnete" sowjetischer Truppenkommandeure (→ Kommissarbefehl).

Politische Korruption, der Mißbrauch öffentlicher Macht zu nichtöffentlichem Nutzen (→ Korruption).

Politische Kultur bestimmt sich nach Art und Grad praktizierter Grundsätze und Überzeugungen bei Staatsbürgern und Staatsorganen im Rahmen des Rechts.

Politische Ökonomie, frühere Bezeichnung für → Nationalökonomie. Vom → Marxismus begrifflich mit neuem Akzent wiederaufgenommen und der bürgerlichen ‚unpolitischen' Volkswirtschaftslehre entgegengesetzt.

Politische Parteien → Parteien

Politische Polizei dient der Abwehr von staats- und verfassungsfeindlichen Bestrebungen (→ Geheimdienst → Nachrichtendienst → Geheime Staatspolizei → Staatsicherheitsdienst).

Politische Romantik, ein widersprüchlich gebrauchter Begriff: In Deutschland gilt P. R. als Ideologie der Restauration, in Frankreich als revolutionäres Prinzip. Eine romantische Staatstheorie vertritt namentlich Adam → Müller.

Politische Straftaten → Politische Delikte

Politische Theologie, Titel einer Schrift über die Souveränität von Carl → Schmitt, der alle prägnanten Begriffe der modernen Staatslehre für säkularisierte theologische Fachausdrücke hält.

Politische Treuepflicht → Grundpflichten → Loyalität → Verfassungstreue

Politische Utopien → Absterben des Staates → „Reich der Freiheit" → Campanella → Morus („Utopia") → Platon

Politische Verträge, → völkerrechtliche Verträge, welche die politischen Beziehungen des Bundes regeln; sie bedürfen der Zustimmung oder Mitwirkung der gesetzgebenden Körperschaften. Näheres nach deutschem Verfassungsrecht im → Wörterbuch zum Grundgesetz.

Politische Willensbildung → Demokratie → Parteien → Öffentliche Meinung → Staatswillensbildung

Politische Wissenschaft → Politikwissenschaft

Politischer Agent ist typischerweise, wer für den Geheimdienst einer fremden Macht insgeheim eine Tätigkeit gegen den betroffenen Staat ausübt, die auf Mitteilung von Tatsachen oder Erkenntnissen gerichtet ist (Spionage).

Politischer Katholizismus → Zentrumspartei

Politischer Streik, eine nach deutschem Recht unzulässige Kampfmaßnahme, mit der nicht der Gegner im Arbeitskampf, sondern oberste Staatsorgane unter Druck gesetzt werden sollen.

Politisches → Politik

Politisches Gleichgewicht → Gleichgewichtspolitik → Gewaltenteilung

Politisches Mandat → Mandat

Politisches Recht, die Befugnis des Einzelnen, an der staatlichen Willensbildung unmittelbar (durch Volksentscheid oder als Parlamentsmitglied) oder mittelbar (durch Wahlen zum Parlament) teilzunehmen (→ Verfassungsrecht).

Politisches System, der Gesamtzusammenhang staatstypischer Verfassungsprinzipien und Institutionen in Gesetzgebung, Vollziehung und Rechtsprechung.

Politisches Testament, Resümee der Regierungsmaximen eines Herrschers zum Gebrauch der Nachfolger, wie sie z. B. → Friedrich d. Gr. und → Lenin verfaßt haben.

Politisierung, Ausdehnung des Geltungsanspruchs der → Politik auf eigentlich unpolitische Bereiche in Privatsphäre, Gesellschaft und Kultur. Je nach Herrschaftssystem kann sich P. durch Maßnahmen von oben oder Mehrheitsentscheidungen von unten vollziehen (→ Demokratisierung).

‚Politismus' (‚Etatismus'), Gesamtheit der politischen Theorien, die im Unterschied zum → Anarchismus eine staatliche Herrschaftsordnung prinzipiell bejahen.

Politruk, Kurzbezeichnung für → Politische Kommissare.

Polizei, ursprünglich gleichbedeutend mit innerer Staatsverwaltung überhaupt. In neuerer Zeit bezeichnet P. jene Behörden und Beamten, die insbesondere für öffentliche Gefahrenabwehr, Schutzfunktionen,

Ordnungsverwaltung und Verfolgung strafbarer Handlungen zuständig sind (→ Kriminalpolizei → Bundeskriminalamt → Öffentliche Ordnung → Öffentliche Sicherheit → Eingriffsverwaltung → Gesetzgebungskompetenzen → Zwangsmittel).

Polizeihilfe → Innerer Notstand

„Polizeistaat" als polemische Entgegensetzung zum → Rechtsstaat meint vor allem die Allmacht der Exekutive in der → absoluten Monarchie (→ Obrigkeitsstaat).

Polyarchie, Vielheit von Herrschaftsträgern im Unterschied zur → Monarchie.

Polybios, griechischer Historiker und Staatstheoretiker (ca. 200–120 v. Chr.). Nach seiner Auffassung ist die gemischte Verfassung – bestehend aus Elementen der Monarchie, Aristokratie und Demokratie – das beste Herrschaftssystem.

Polygamie → Monogamie

Polykratie, Vielheit hoheitlicher Körperschaften im Rahmen des Gesamtstaates (Länder, Gemeinden, Gemeindeverbände usw.).

Polytheismus der Werte, eine auf Max → Weber zurückgehende Bezeichnung für die moderne Vielheit konkurrierender bzw. kollidierender Prinzipien, die dem ewigen Widerstreit antiker Götter entspricht.

Polyzentrismus, Vielheit von Machtzentren im nationalen oder internationalen Bereich (→ Bipolarität → Gewaltenteilung → Gleichgewichtspolitik).

Pontifex maximus (‚Höchster Brückenbauer'), Amtsbezeichnung des Oberpriesters in der altrömischen Republik, später mit der Kaiserwürde verknüpft. Seit dem 5. Jahrhundert n. Chr. einer der Titel des → Papstes.

Pontifikalinsignien → Krummstab

Popper, Sir Karl R. (1902–1994), englisch-österreichischer Philosoph. Als Staatstheoretiker u. a. Kritiker → Platons und des → Marxismus (→ Offene Gesellschaft).

Popularen hießen im alten Rom gewisse führende Politiker, die sich im Widerstreit zu ihren Senatskollegen besonders für die Belange des Volkes einsetzten (→ Optimaten).

Popularklage, ein selten gewährter Rechtsbehelf, mit dem jedermann auch ohne eigene Beschwer z. B. die Verfassungswidrigkeit eines Gesetzes rügen kann. Eine P. zum → Bundesverfassungsgericht ist vom Gesetzgeber nicht zugelassen.

Populismus, abwertende Bezeichnung für eine um Volksgunst buhlende, wechselnden Stimmungen in der Bevölkerung folgende, auf Stimmenfang bedachte prinzipienlose Politik.

Populorum progressio (‚Fortschritt der Völker'), → Enzyklika (1967) zum Verhältnis von Industriestaaten und → Entwicklungsländern.

Portefeuille, Geschäftsbereich eines Ministers (Ressort).

Positives Recht, das von zuständigen Staatsorganen gesetzte Recht im Unterschied zu → Gewohnheitsrecht und → Naturrecht.

Positivismus im allgemein-philosophischen Sinne läßt nur die erfahrungswissenschaftlich erkennbaren Gegebenheiten (das ‚Positive') gelten; alles Nichtempirische wie z. B. Theologie und Metaphysik wird abgelehnt. P. als juristische Methode beschränkt die Rechtsgeltung auf die Faktizität der vom Gesetzgeber erlassenen Vorschriften (→ Begriffsjurisprudenz → Freie Rechtsschule → Historische Rechtsschule → Interessenjurisprudenz).

Postgeheimnis als grundrechtliche Garantie gilt, im Unterschied zum → Briefgeheimnis, speziell für die der Post zur Beförderung anvertrauten Sendungen. Der Geheimnisschutz ist auch von der postfremden Exekutive zu beachten. Näheres nach deutschem Verfassungsrecht im → Wörterbuch zum Grundgesetz.

Postglossatoren, als Nachfolger der → Glossatoren grundlegend für die neuzeitliche Rechtswissenschaft in Europa.

Postindustrielle Gesellschaft, Bezeichnung für das der (primären) Agrargesellschaft und der (sekundären) → Industriegesellschaft folgende (tertiäre) Gesellschaftssystem, das in entwickelten Ländern der Gegenwart als sog. Dienstleistungsgesellschaft mehr und mehr hervortritt (→ Nachindustrielle Gesellschaft).

Postregal, das ausschließliche Recht der staatlichen Post, Sendungen mit schriftlichen Mitteilungen zu befördern.

Potentat, leicht abschätzige Bezeichnung für einen Machthaber gleich welcher Art.

Potestas → Plenitudo potestatis → Auctoritas et potestas → Patria potestas

Potsdamer Abkommen, grundlegende Vereinbarung der Siegermächte USA, Sowjetunion und Großbritannien zum Abschluß der Potsdamer Konferenz vom Sommer 1945 über die Behandlung des besiegten Deutschland. Das P. A., dem Frankreich später beitrat, blieb bis zum → Moskauer Vertrag (1990) formell in Kraft. Regelungsgegenstände des P. A. waren insbesondere die → Oder-Neiße-Linie sowie Fragen der → Entnazifizierung, → Entmilitarisierung und → Demontage (→ Deutsche Ostgebiete → Alliierter Kontrollrat → Kriegsverbrecherprozesse).

Pour le mérite (‚Für das Verdienst'), ein auszeichnender → Orden teils militärischer, teils ziviler Natur. Als preußischer Offiziersorden für Tapferkeit vor dem Feind von → Friedrich d. Gr. gestiftet, im 1. Weltkrieg zuletzt verliehen (z. B. an Ernst Jünger). Als Friedensklasse „für Wissenschaften und Künste" eine bis heute fortbestehende Stiftung von Friedrich Wilhelm IV., mit Selbstergänzungsrecht der Ordensgemeinschaft.

Pouvoir constituant, die → verfassunggebende Gewalt des Volkes als Fundament aller demokratischen → Staatsgewalt (→ Konstituante).

Pouvoir constitué, die verfaßte → Staatsgewalt, im → Rechtsstaat gemäßigt durch → Gewaltenteilung und → Grundrechte.

Pouvoir municipal, die gemeindliche Hoheitsgewalt im eigenen Wirkungskreis (→ Gemeindeautonomie → Kommunale Selbstverwaltung).

Pouvoir neutre → Neutrale Gewalt

Pouvoir social, die Macht der gesellschaftlich führenden Schicht, die freilich keinen hoheitlichen Charakter wie die → Staatsgewalt hat (→ Elite → Politische Klasse).

Pouvoirs intermédiaires, Zwischengewalten. In der politischen Theorie vor allem die Forderung nach vermittelnden Mächten zur Überbrückung des abstrakt-hierarchischen Staatsaufbaus. Bis an die Schwelle des 20. Jahrhunderts war diese Mittlerrolle vornehmlich dem → Adel zugedacht (→ Politische Romantik → Intermediäre Gewalten).

Power → Balance of power → „Implied powers"

Präambel, programmatischer Vorspruch zum Haupttext von Verfassungsurkunden und völkerrechtlichen Verträgen. Näheres zur P. der deutschen Staatsverfassung im → Wörterbuch zum Grundgesetz.

Präbende → Pfründe

Prager Fenstersturz, bei dem zwei kaiserliche Statthalter aus den Burgfenstern des Hradschin geworfen wurden (1618), war auf dem Hintergrund konfessioneller Spannungen in Böhmen ein Vorgeplänkel zum → Dreißigjährigen Krieg.

Pragmatisch, an tatsächlichen Gegebenheiten und praktischen Geschäften orientiert.

Pragmatische Geschichtsschreibung will durch tatsachenbezogene Darstellung den politisch Handelnden klug machen. Historiker dieser Richtung waren bereits → Polybios und → Thukydides, in der Neuzeit vor allem → Macchiavelli und → Montesquieu.

Pragmatische Sanktion, Hausgrundgesetz von 1713 der → Habsburger. Es regelte, mit nachträglicher Zustimmung der europäischen Mächte, die dynastische Erbfolge (durch die → Maria Theresia auf den Thron gelangte) und die Unteilbarkeit der habsburgischen Lande.

Präjudizien, frühere Richtersprüche zu gleichartigen Rechtsfällen; sie binden den späteren Richter nach deutschem Recht grundsätzlich nicht. Davon zu unterscheiden ist die faktische Leitlinienfunktion der Entscheidungen höherer und höchster Gerichte für die unteren Instanzen.

Präjudizienrecht → Case Law

Prälat (‚Hervorgehobener'), ursprünglich ein höherer Beamtentitel am spätrömischen Hof. Später Bezeichnung für hohe Amtsträger besonders der → Katholischen Kirche.

Prälatenbank, die ständische Vertretung der geistlichen Fürsten im Reichstag des alten → Deutschen Reiches (→ Geistliche Territorien).

Präliminarfrieden, vorläufiger Friedensschluß, z. B. der P. von Nikolsburg, der den → Deutschen Krieg beendete (→ Friedensvertrag).

Präliminarien, Vorverhandlungen oder vorläufige Vereinbarungen auf diplomatischer Ebene (→ Punktation).

Pranger, bis in die frühe Neuzeit ein Schandpfahl, an den Delinquenten gefesselt und öffentlich bloßgestellt wurden.

Prärogative, Vorrechte des Staatsoberhauptes, namentlich des → konstitutionellen Monarchen.

Präsident (‚Vorsitzender'), auf höchster Ebene die Amtsbezeichnung des Staatsoberhauptes einer Republik (→ Bundespräsident → Reichspräsident).

Präsidentenanklage, in der BRD die Befugnis der gesetzgebenden Körperschaften, den → Bundespräsidenten wegen vorsätzlicher Verletzung der Verfassung oder eines Bundesgesetzes vor das → Bundesverfassungsgericht zu bringen. Näheres nach geltendem Recht im → Wörterbuch zum Grundgesetz (→ Impeachment).

Präsidialdemokratie, im Unterschied zur → parlamentarischen Demokratie ein Regierungssystem, in dem der Staatspräsident zugleich Regierungschef ist und vom Volk gewählt wird, wie z. B. in den USA.

Präsidialdiktatur, die verfassungsmäßige Diktaturgewalt z. B. des Weimarer → Reichspräsidenten, der zur Wiederherstellung der öffentlichen Sicherheit und Ordnung alle nötigen Maßnahmen zu treffen befugt war (→ Notverordnungsrecht).

Präsidialkabinette im Rahmen eines → parlamentarischen Regierungssystems können zur Verfassungswirklichkeit werden, wenn das Parlament politisch zu schwach ist, um die vom Präsidenten berufene Regierung durch Mißtrauensvotum zu stürzen. Dieser Regierungsstil prägte z. B. die Endphase der → Weimarer Republik (Kabinette Brüning, Papen, Schleicher, Hitler).

Präsidialsystem → Präsidialdemokratie

Prätendent, insbesondere ein → Dynast, der Anspruch auf die Krone erhebt (→ Entthronte Herrscher).

Praeter legem, neben dem Gesetz, im Unterschied zu contra legem (gegen das Gesetz).

Prätor, Inhaber eines Richteramtes in der römischen Republik („Minima non curat praetor“: Geringfügigkeiten kümmern den Richter nicht).

Prätorianer, Leibgarde der römischen Kaiser; bei Thronwirren oft einflußreich; von → Konstantin d. Gr. aufgelöst.

Prävention, Vorbeugung gegen künftige Delikte als angenommene Wirkung der Kriminalstrafe (→ Generalprävention → Spezialprävention).

Präventivkrieg im Sinne des Völkerrechts ist ein verbotener → Angriffskrieg. Der P. wird nicht gegen einen unmittelbar bevorstehenden, sondern gegen einen mutmaßlich zukünftigen militärischen Angriff unternommen (→ Krieg).

Präzedenzfall, früherer Fall, der einem späteren in den entscheidungserheblichen Punkten gleicht (→ Präjudizien).

Preispolitik des Staates im Interesse gesamtwirtschaftlicher Ziele kann sich direkter Maßnahmen (Preisfestsetzung, Preiskontrolle) oder indirekter Einwirkungen (Steuererleichterungen, Subventionen) bedienen (→ Globalsteuerung → Magisches Viereck).

Premierminister, Erster Minister: Amtsbezeichnung des Ministerpräsidenten, nach französischem Vorbild besonders in England (Prime minister).

Premierministerprinzip → Kanzlerprinzip

Pressefreiheit, ein Grundrecht, das mit der → Meinungsfreiheit, der → Informationsfreiheit und der → Berichterstattungsfreiheit in engem Zusammenhang steht. Der weite Anwendungsbereich der P. findet seine Schranken in den Vorschriften der → allgemeinen Gesetze, den → Jugendschutzbestimmungen und dem Recht der persönlichen → Ehre. Näheres nach deutschem Verfassungsrecht im → Wörterbuch zum Grundgesetz.

Pressekonzentration durch Zusammenschluß früher selbständiger Presseunternehmen gefährdet die einer → freiheitlichen Demokratie gemäße öffentliche Meinungsvielfalt. Näheres über die Staatsaufgabe der Aufrechterhaltung einer freien Presse im → Wörterbuch zum Grundgesetz.

Pressure groups (‚Druckgruppen'), US-amerikanische Bezeichnung für bestimmte → Interessenverbände (→ Lobbyismus).

Prestige, das von Sachautorität oder Amtskompetenzen zu unterscheidende besondere Ansehen einzelner Personen und Institutionen, so z. B. des → House of Lords.

Preuß, Hugo (1860–1925), deutscher Rechtswissenschaftler und Politiker. Verfaßte im Auftrag von Friedrich → Ebert den Entwurf der → Weimarer Reichsverfassung. Erster Innenminister der → Weimarer Republik. Rücktritt aus Protest gegen den → Versailler Vertrag.

Preußen, als Staatswesen vom → Großen Kurfürst begründet, durch den → Wiener Kongreß als Großmacht wiederhergestellt. Nationale Einigung im → kleindeutschen Sinn unter preußischer Führung. Hegemonialstaat des → Kaiserreichs. Größter Gliedstaat der → Weimarer Republik. Wie die anderen Länder im → Dritten Reich gleichgeschaltet. Formell aufgelöst durch Verfügung des → Alliierten Kontrollrats (→ Mark Brandenburg → Friedrich d. Gr. → Märzrevolution → Olmützer Punktation → Dreiklassenwahlrecht → Bismarck → Deutscher Krieg → Kulturkampf).

„Preußenschlag“, die staatsstreichartige Absetzung der preußischen Regierung unter gleichzeitiger Ernennung des Reichskanzlers zum Reichskommissar für Preußen durch → Notverordnung des Reichspräsidenten → Hindenburg auf Betreiben des Reichskanzlers v. Papen (20. 7. 1932).

Preußisches Abgeordentenhaus → Dreiklassenwahlrecht

Preußisches Allgemeines Landrecht, umfassende, z. T. von Gedanken der → Aufklärung beeinflußte, 1794 in Kraft gesetzte Kodifikation, die im wesentlichen durch das → Bürgerliche Gesetzbuch abgelöst wurde.

Priester (‚presbyteros‘), nach altgriechischem Wortsinn der Ältere, Würdigere. Religionsgeschichtlich ein sakraler Mittler zwischen der Gottheit und dem kultischen Kollektiv. In der → Katholischen Kirche ein geweihter Amtsträger unterhalb des Bischofsrangs (→ Klerus).

Priesterherrschaft → Hierokratie

Prima-facie-Beweis, im Zivilprozeß eine Erleichterung der → Beweislast durch Rückschluß aus der allgemeinen Lebenserfahrung auf bestimmte Geschehensabläufe (Beweis des ersten Anscheins).

Primares → Vorwahlen

Primas (‚der Erste'), in der → Katholischen Kirche oft nur ein Ehrentitel bestimmter → Bischöfe (→ Fürstprimas).

Primat, Vorrang; nach katholischem → Kirchenrecht die oberste, letztverbindliche Lehrgewalt des Bischofs von Rom (→ Papst).

Primat der Außenpolitik bedeutet zumeist, daß außenpolitische Fragen den innenpolitischen vorgehen kraft des Drucks äußerer Lagen.

Primat des Bundesrechts → Bundesrecht

Primat des Rechts gegenüber der politischen Macht ist Wesenselement freiheitlicher → Rechtsstaatlichkeit.

Primat des Verfassungsrechts → Vorrang der Verfassung

Primat des Völkerrechts, eine Doktrin zum Vorrang des (internationalen) Völkerrechts gegenüber dem (nationalen) Staatsrecht. Danach gibt es eine übergreifende Normenordnung völkerrechtlicher Natur, kraft deren widersprechende innerstaatliche Rechtsvorschriften nichtig sind.

Prime minister → Premierminister

Primitive → Naturvölker

Primogenitur, Erstgeburtsrecht: die alleinige Erbfolge des Erstgeborenen zwecks Erhaltung von Vermögen und Hausmacht besonders bei regierenden Adelsgeschlechtern (→ Dynastie → Majorat).

Primus inter pares, der Erste unter Gleichen, z. B. der Vorsitzende eines Regierungskollegiums, das nach dem → Kabinettsprinzip gebildet ist.

Princeps → Fürst

Princeps legibus solutus, der Fürst ist von Gesetzesbindungen frei: eine für den monarchischen → Absolutismus bezeichnende Sentenz.

Prinz, Titel des nichtregierenden Angehörigen eines (noch oder nicht mehr) regierenden Fürstenhauses; als Thronfolger eines Königs Kronprinz, im übrigen Erbprinz genannt.

Prinz von Geblüt (Prince du sang), historische Bezeichnung eines Angehörigen des französischen Königshauses (→ Geblütsrecht).

Prinzgemahl (Prince consort), Gemahl einer regierenden Königin.

Prinzregent, ein Prinz als Stellvertreter des geschäftsunfähigen Königs, z. B. Luitpold von Bayern für seinen geisteskranken Neffen Ludwig II.

Prinzessinnensteuer, eine in → Preußen bis zur Mitte des 19. Jahrhunderts herkömmliche Abgabe zur Finanzierung der Aussteuer von Prinzessinnen.

Prinzipat, in der römischen Geschichte die erste Epoche der Kaiserzeit ab Augustus (31 v. Chr.–284 n. Chr.); dem P. folgte das absolute Dominat bis zum Untergang des weströmischen Reichs (→ Libertas).

Prior tempore potior iure (‚Zeitlich früher, rechtlich stärker'), römische Maxime, die der deutschen Regel entspricht: Wer zuerst kommt, mahlt zuerst.

Priorität, das zeitbezogene oder rangmäßige Vorrecht (→ Primat).

Prise (‚Ergreifen'), ein im Kriege aufgebrachtes feindliches Schiff bzw. dessen Ladung. Dieses Seebeuterecht unterliegt der Überprüfung durch ein Prisengericht (→ Blockade → Piraterie).

Privat (‚privatus'), persönlich, nichtöffentlich.

Privataudienz, persönlicher Empfang im Unterschied zu einer allgemeinen → Audienz.

Privatautonomie, der insbesondere für das → Bürgerliche Gesetzbuch geltende Grundsatz, daß es dem Einzelnen freisteht, seine Lebensverhältnisse selbst zu regeln. Rechtsinstrumente der P. sind vor allem die Vertrags-, Eigentums- und Testierfreiheit.

Privatdozent, ein habilitierter Gelehrter mit Lehrbefugnis, aber (noch) ohne Professoren-Planstelle an einer wissenschaftlichen Hochschule (→ Hochschullehrer).

Privateigentum, das Privatleuten und juristischen Personen des Privatrechts zustehende Eigentum im Unterschied zum Eigentum der öffentlichen Hand. Das P. ist durch die → Eigentumsgarantie grundrechtlich geschützt (→ Kapitalismus → Privatautonomie).

Privatisierung, als Gegenbegriff zur → Sozialisierung insbesondere die Überführung von Staatsvermögen in Privateigentum (→ Treuhandanstalt).

Privatklage (Privatanklage), eine strafverfahrensrechtliche Ausnahme von der grundsätzlich geltenden → Offizialmaxime. P. ist die Verfolgung bestimmter Straftaten (z. B. Beleidigung, Körperverletzung, Hausfriedensbruch, Sachbeschädigung) durch den Verletzten selbst statt durch die Staatsanwaltschaft (→ Opportunitätsprinzip).

„Privatpolizei“, eine wenig glückliche Bezeichnung, zumal die gemeinten privaten Schutzeinrichtungen (z. B. Wachunternehmen, Leibwächter, Bürgerwehren) keinerlei hoheitliche Befugnisse haben.

Privatrecht, der vom → Öffentlichen Recht zu unterscheidende Bereich der Gesamtrechtsordnung. Wesensmerkmal des P. ist die Gleichordnung der Beteiligten und der Grundsatz der → Privatautonomie. Zum P. gehören insbesondere das → Bürgerliche Recht sowie das Arbeits-, Handels- und Gesellschaftsrecht.

Privatschulen, „Freie Schulen“: alle nicht von Staat, Gemeinden und anderen juristischen Personen des öffentlichen Rechts betriebenen Schulen.

Privatschulfreiheit, die grundrechtliche Gewährleistung der Befugnis zur Errichtung von → Privatschulen.

Privatsphäre, der engere persönliche Lebensbereich, ist durch → Grundrechte besonders geschützt (→ Intimsphäre → Allgemeines Persönlichkeitsrecht → Briefgeheimnis → Fernmeldegeheimnis → Postgeheimnis → Unverletzlichkeit der Wohnung).

Privilegien, Vorrechte zugunsten bestimmter Personen, Stände oder Körperschaften. Solche Sonderrechte, die bis ins 19. Jahrhundert herkömmlich und mannigfach verbreitet waren, widersprechen dem → rechtsstaatlichen Gleichheitsprinzip (→ Allgemeiner Gleichheitssatz → Besondere Gleichheitssätze).

Privilegierungsverbote, juristisches Gegenstück zu den → Diskriminierungsverboten.

Privilegium de non appellando, Vorrecht der Appellationsfreiheit, wie es den → Kurfürsten bereits durch die → Goldene Bulle, anderen Landesherren später vom Kaiser gewährt war. Das P. bewirkte, daß gegen Entscheidungen der betreffenden Territorialgerichte keine Berufung an das Reichskammergericht oder den Reichshofrat gegeben war.

Prodekan, Stellvertreter eines → Dekans.

Produktionsmittel → Sozialisierung

Professor, in der römischen Antike ein öffentlicher Lehrer u. a. der Rhetorik. Seit der Neuzeit akademischer Titel und Amtsbezeichnung eines Universitätslehrers (→ Ordinarius → Doctor → Hochschullehrer → Lehrstuhl → Fakultät).

Prognosen des Gesetzgebers unterliegen nur einer begrenzten verfassungsgerichtlichen Nachprüfung. Näheres nach deutschem Verfassungsrecht im → Wörterbuch zum Grundgesetz.

Programmpartei, im Unterschied zur → Plattformpartei eine politische → Partei, die bestimmte Werte und Prinzipien zu verwirklichen sucht (→ Parteitypen).

Programmsätze in einer Staatsverfassung sind zu unterscheiden von unmittelbar geltendem Verfassungsrecht. Als bloße P. wurden z. B. die Grundrechte der WRV aufgefaßt.

Progreß → Fortschritt

Progression → Steuerprogression

Progressisten, frühere Bezeichnung für besonders Fortschrittsgläubige.

Progressive → ‚Fortschrittliche' Parteien → Linke

Prohibition (Verbot), namentlich das gesetzliche Verbot von Herstellung und Verkauf alkoholischer Getränke, wie z. B. in den USA (1917–1933) auf dem Hintergrund einer entsprechenden ‚Bewegung'.

Prohibitivabgaben sind z. B. überhöhte Schutzzölle, die den Import bestimmter Waren verhindern oder erheblich erschweren sollen.

Proklamation, feierliche Ausrufung (z. B. die deutsche Kaiserproklamation von Versailles 1871) oder förmliche Kundgabe von Besatzungsrecht (z. B. die P. en des → Alliierten Kontrollrats).

Proletarier, in der altrömischen Volksgliederung die unterste, vermögenslose Schicht, die dem Staat nur durch Zeugung von Nachkommenschaft (‚proles') dienen konnte. Bei → Marx und → Engels bilden die P. die Klasse der ausgebeuteten Lohnarbeiter, die ihre Arbeitskraft als Ware verkaufen müssen (→ Diktatur des Proletariats → Kommunistisches Manifest → Klassenkampf → Lumpenproletariat).

Proliferation, Gegenstück zur → Non-Proliferation im Sinne einer Nichtverbreitung von Kernwaffen (→ Atomwaffensperr-Vertrag).

Promotion, die Verleihung des → Doctor-Grades.

Promulgation, förmliche Verkündung (→ Konzil).

Pronuntius, päpstlicher Gesandter im Range eines → Botschafters, jedoch ohne den Ehrenvorrang eines → Doyen, wie er im Empfangsstaat dem → Nuntius zukommt.

Proportionalwahl → Verhältniswahl

Proporzdemokratie → Konkordanzdemokratie

Proporzsystem, die Vergabe von Ämtern und anderen öffentlichen Positionen an Vertreter bestimmter parteipolitischer, konfessioneller, regionaler usw. Gruppen entsprechend ihrem zahlenmäßigen Stärkeverhältnis. Bei nichtpolitischen Beamtenstellen ist die Anwendung des P. nach deutschem Verfassungsrecht unzulässig (→ Leistungsprinzip).

Propst, das rangerste Mitglied eines → Domkapitels.

Proskription (‚Bekanntmachung'), Ächtung politischer Gegner besonders unter der Diktatur Sullas (83–79 v. Chr.). Die durch P. ohne Beschwerdemöglichkeit Geächteten hatten Leben und Eigentum verwirkt.

Protagoras, griechischer Philosoph (480–410 v. Chr.). „Der Mensch ist das Maß aller Dinge" war das Kernstück seiner Lehre (Homo-mensura-Satz). Danach ist alles so relativ, wie es dem Einzelnen erscheint. Auch in Moral und Recht gibt es keine allgemeingültige Wahrheit, nicht einmal für denselben Menschen zu verschiedener Zeit.

Protektionismus, im Gegensatz zum Prinzip des → Freihandels eine Außenhandelspolitik des Schutzes der inländischen Wirtschaft u. a. durch → Prohibitivabgaben und mengenmäßige Einfuhrbeschränkungen (→ GATT).

Protektor, Beschützer, Schirmherr: z. B. Napoleon I. als P. des → Rheinbunds.

Protektorat, Schutzgebiet unter fremder Herrschaft. Der aus dem → Kolonialismus stammende Begriff wurde vom NS-Staat in modifizierter Form auf Böhmen und Mähren als P. des Deutschen Reiches angewandt (→ Münchner Abkommen).

Protest, innenpolitisch ein öffentlicher Widerspruch gegen staatliche Maßnahmen oder Unterlassungen. Als Mittel der Diplomatie ist der P. ein förmlicher Einspruch gegen völkerrechtswidrige Akte oder Ansprüche eines anderen Staates (→ Notifikation).

Protestanten im konfessionellen Sinne: die Mitglieder einer der in der → Reformation gründenden evangelischen Glaubensgemeinschaften (→ Evangelische Kirche in Deutschland → Wormser Edikt).

Protestbewegungen politischer Art waren in neuerer Zeit z. B. die → Alternativbewegung, die → Anti-Atomkraft-Bewegung, die → Außerparlamentarische Opposition und die → Bürgerrechtsbewegung.

Protokoll im zwischenstaatlichen Verkehr kann zweierlei bedeuten. Entweder die Gesamtheit diplomatischer Regeln der → Courtoisie, für deren Beachtung die Protokollchefs der → Auswärtigen Ämter zu sorgen haben. Oder die einvernehmliche Niederschrift von Verhandlungsergebnissen zu einem → völkerrechtlichen Vertrag.

Protonotar, im ausgehenden Mittelalter der Vorsteher einer landesherrlichen Kanzlei, später Kanzler genannt. Bis heute ist P. ein päpstlicher Ehrentitel für Kleriker außerhalb der römischen → Kurie.

Proudhon, Pierre-Joseph (1809–1865), französischer → Frühsozialist und Anarchist. Er prägte das Schlagwort „La propriété c'est le vol": Eigentum ist Diebstahl (→ Anarchismus → Bakunin).

Provinz (‚provincia'), in der römischen Antike zunächst das Sachressort eines Amtsträgers, später ein räumlicher Herrschaftsbereich außerhalb Italiens. In neuerer Zeit bezeichnet P. einen größeren Verwaltungsbezirk mit gewissen Selbstverwaltungsrechten (→ Oberpräsident).

Provisorium → Modus vivendi

Prozeß, rechtlich geordnetes Verfahren mit dem Ziel einer gerichtlichen Entscheidung (→ Gerichte).

Prozeßarten unterscheiden sich je nach einschlägiger Gerichtsbarkeit und Verfahrensordnung (Zivil-, Straf-, Verwaltungs-, Finanz-, Arbeits- und Sozialgerichtsbarkeit).

Prozeßgrundsätze (Prozeßmaximen) gelten nicht einheitlich für alle Prozeßarten, so z. B. die → Inquisitionsmaxime.

Prozeßkostenhilfe (Armenrecht), die einer bedürftigen Partei zustehende finanzielle Unterstützung durch den Staat, wenn die beabsichtigte Rechtsverfolgung oder -verteidigung hinreichend erfolgversprechend und nicht mutwillig erscheint.

Prügelstrafe, die Verabreichung von Ruten-, Stock- oder Peitschenhieben, war bis weit ins 19. Jahrhundert eine auch in europäischen Staaten übliche kriminalrechtliche Sanktion (→ Züchtigungsrecht).

Psychologische Kriegführung sucht den Gegner mit nichtmilitärischen, insbesondere publizistischen Mitteln planmäßig zu schwächen (→ Kalter Krieg).

Pufendorf, Samuel (1632–1694), deutscher Rechtswissenschaftler und Historiker, der mit seiner Naturrechtslehre u. a. → Locke und → Rousseau beeinflußt hat. Da für P. der Staat auf einem Vereinigungs- und Herrschaftsvertrag beruht, sind die Unterworfenen bei Vertragsbruch des Herrschers zum Widerstand befugt.

Pufferstaat (état tampon), ein kleinerer Staat zwischen zwei größeren, einander feindseligen Staaten. Der P. soll durch seine Lage kriegerischen Übergriffen entgegenwirken.

Puissance (power, potenza), Macht im Sinne von Staat nach altem diplomatischen Sprachgebrauch.

Punktation, unverbindliche Fixierung der Hauptpunkte eines demnächst abzuschließenden → völkerrechtlichen Vertrags (→ Olmützer Punktation → Präliminarien).

Putsch (‚Stoß'), das vom → Staatsstreich zu unterscheidende Unternehmen einer politischen oder militärischen Clique, durch Überrumpelung der verfassungsmäßigen Regierung die Macht an sich zu reißen (→ Hitlerputsch → Militärputsch).

Pütter, Johann Stephan (1725–1807), einer der „größten Kenner und Förderer des Reichsstaatsrechts", so daß „demjenigen, welcher ihn nicht als Lehrer gehabt hatte, die höhere Weihe des Rechtsgelehrten und Staatsmannes zu fehlen schien" (Robert von → Mohl).

Q

Quadragesimo anno, → Enzyklika (1931) zur sozialen Gerechtigkeit (→ Gerechter Lohn).

Quai d'Orsay, Sitz des französischen Außenministeriums; auch Kurzformel für die von dort ausgehende Politik.

Quäker (‚Quakers'), anglo-amerikanische, im 17. Jahrhundert gegründete religiöse Gemeinschaft (‚Society of Friends'), die u. a. den Kriegsdienst ablehnt, für die Sklavenbefreiung gekämpft hat und 1947 den Friedensnobelpreis erhielt.

Qualifikation → Hergebrachte Grundsätze des Berufsbeamtentums

Qualifizierte Mehrheiten gelten für Entscheidungen von besonderem Gewicht. So bedürfen z. B. Verfassungsänderungen einer Zweidrittel-Mehrheit in → Bundestag und → Bundesrat. Näheres nach deutschem Verfassungsrecht im → Wörterbuch zum Grundgesetz (→ Mehrheiten).

‚Quarantäne', von der umfassenden → Blockade zu unterscheidendes Ausfuhrverbot bestimmter Waffen an einen anderen Staat.

Quasimonarch, Bezeichnung für einen Staatspräsidenten mit machtvollen Kompetenzen gegenüber Parlament und Regierung, (wie z. B. den → Reichspräsidenten der Weimarer Republik).

Quellensteuern, finanztechnischer Terminus für Steuern, bei denen der Betrag an der „Quelle" durch Abzug einbehalten wird, wie z. B. bei der → Lohnsteuer und der Kapitalertragssteuer.

Querulanten verfechten in exzessiver Form vermeintliche Ansprüche und appellieren verbohrt gegen angebliche Fehlentscheidungen. Mit ihrer unbelehrbaren, mitunter manischen Rechthaberei belasten sie insbesondere die Arbeit der Justiz (→ Kohlhaas).

Quidquid est in territorio, est de territorio, klassische Formel für das → Territorialitätsprinzip: Wer oder was immer sich innerhalb der Grenzen eines staatlichen Gebietes befindet, unterliegt ohne weiteres der jeweiligen → Gebietshoheit.

Quirinal, Residenz der italienischen Könige und Staatspräsidenten. Auch eine Kurzbezeichnung für die Staatsmacht gegenüber dem → Heiligen Stuhl.

Quis custodiet custodem? Wer überwacht den Wächter, wer kontrolliert den Kontrolleur? Das Problem stellt sich vor allem bei höchstinstanzlicher Entscheidung nach der maßgebenden Norm.

Quisling, Vidkun (1887–1945), norwegischer Ministerpräsident während der deutschen Okkupation. Nach Kriegsende als ‚Verräter' und ‚Kollaborateur' hingerichtet (→ Kollaboration).

Quod principi placuit, legis habet vigorem: Was dem Fürsten gefällt, hat Gesetzeskraft. Eine für den → Absolutismus bezeichnende Doktrin.

Quorum (‚derer'), gesetzliche Bestimmung der Anzahl von Stimmberechtigten eines Gremiums, die zur Beschlußfähigkeit erforderlich ist.

Quotenregelung, ein rechtlich und politisch umstrittenes Verfahren, das in wichtigen Gremien oder Führungsfunktionen einen Mindestanteil bisher unterrepräsentierter Gruppen herbeiführen soll. Anknüpfungspunkte der Q. sind u. a. Geschlecht, Abstammung, Rasse, Herkunft und Religion.

R

Rabbi (‚Meister'), Ehrentitel jüdischer Schriftgelehrter.

Radbruch, Gustav (1878–1949), Rechtswissenschaftler und Politiker (Reichsjustizminister 1921 u. 1923). Vertrat in Theorie und Praxis eine Weiterentwicklung der von → Liszt begründeten modernen Strafzwecklehre.

Rädelsführer ist, wer z. B. bei einem → Aufruhr, einem → Komplott oder bei einer für verfassungswidrig erklärten → Partei eine führende Rolle spielt.

Radikal (radix = Wurzel), mit Stumpf und Stiel, kompromißlos, extrem.

Radikalenerlaß, ein 1972 gefaßter gemeinsamer Beschluß der Ministerpräsidenten und des Bundeskanzlers über die Verfassungstreue der Beamten. Der R. formulierte einheitliche Richtlinien vor allem mit dem Ziel, die Mitglieder rechts- und linksextremer Parteien vom öffentlichen Dienst fernzuhalten.

Radikalismus, Sammelbezeichnung für politische Richtungen kompromißlos-fanatischer Art im Widerspruch zu den Werten einer → freiheitlichen Demokratie. Vielfach gilt R. als Synonym für → Extremismus, sei es von ‚links' oder von ‚rechts'. Typisches Merkmal der verschiedenen Spielarten des R. ist ein Hang zur Gewalt als Mittel der Politik (→ Babeuf → Robespierre → Hitler → Stalin → Kommunismus → Faschismus → Fundamentalismus).

RAF, ‚Rote-Armee-Fraktion', Selbstbezeichnung einer linksradikalen terroristischen Vereinigung, die seit den 70er Jahren mit Methoden der (Stadt-)→Guerilla versuchte, durch Mordanschläge, Überfälle, Geiselnahmen, Waffendiebstähle usw. das politisch-soziale System der BRD umzustoßen.

Ragione di stato, die → Staatsräson im Sinne → Machiavellis.

Rahmengesetzgebung, eine Form der Bundesgesetzgebung, die Raum lassen muß für nähere Ausfüllung durch den Landesgesetzgeber. Näheres nach deutschem Verfassungsrecht im → Wörterbuch zum Grundgesetz.

Rahmentarifvertrag → Manteltarifvertrag

Rangordnung → Diplomatische Rangordnung → Doyen

Rangordnung der Rechtsnormen → Normenhierarchie

Rapallo-Vertrag, deutsch-sowjetisches Abkommen von 1922 über die Aufnahme diplomatischer Beziehungen und den wechselseitigen Verzicht auf finanzielle Forderungen. Mit dem Abschluß des R. gelang es dem Reich, seine außenpolitische Isolierung nach dem ersten Weltkrieg zu durchbrechen.

Rasse ist eines der Merkmale, derentwegen niemand – so bestimmt es das → Grundgesetz – benachteiligt oder bevorzugt werden darf (→ Besondere Gleichheitssätze).

Rassenfrage, Gesamtheit der politisch-sozialen Probleme, die aus dem Zusammenleben verschiedener Rassen bzw. ethnischer Gruppen im selben Staat entstehen. Die R. verschärfte sich in der Neuzeit besonders durch den → Kolonialismus und den Import schwarzer Sklaven nach Amerika (→ Antisemitismus → Apartheid → Ghetto → Negerfrage → Ku-Klux-Klan → Minderheitenschutz).

Rassengesetze → Nürnberger Gesetze

Rassenschande → Nürnberger Gesetze

Rassentrennung → Apartheid → Negerfrage

Rassenwahn → Rassismus

Rassisch Verfolgte → Wiedereinbürgerung → Wiedergutmachung

Rassismus, Inbegriff politischer Einstellungen und Bestrebungen, andere Rassen bzw. ethnische Gruppen als minderwertig zu diskriminieren (→ Rassenfrage → Moralische Aufrüstung → Judenverfolgung → Konzentrationslager).

Rastatter Kongreß (1797–1799), Friedensverhandlungen zwischen dem alten Deutschen Reich und Frankreich mit dem Ergebnis der Abtretung des linken Rheinufers gegen Entschädigung der deutschen Fürsten aus der → Säkularisation.

Rasterfahndung, → Fahndung mittels elektronischer Datenverarbeitung (→ Datenschutz).

Rat → Geheimer Rat → Geheimrat → Hofrat → Ministerrat → Staatsrat → Regierungsrat → Betriebsrat → Personalrat

Rätedemokratie, eine Sonderform → direkter Demokratie auf der Grundlage von Betriebs- und Verwaltungseinheiten, deren durch Vollversammlung gewählte Vertreter an Aufträge der Basis gebunden sind. Das Modell der R. kennt weder freie → Repräsentation noch rechtsstaatliche → Gewaltenteilung (→ Imperatives Mandat → Abberufbarkeit → Arbeiter- und Soldatenräte → Oktoberrevolution → Sowjet).

‚Rathausparteien', nur auf kommunaler Ebene tätige Wählervereinigungen im Unterschied zu politischen → Parteien.

Rathenau, Walther (1867–1922), Wirtschaftsmagnat, Politiker und Schriftsteller. Reichsaußenminister, der den → Rapallovertrag schloß. Als → Erfüllungspolitiker erbittert bekämpft, wurde R. das Opfer eines Attentats von ‚rechts'.

Ratifikation, die von der Unterzeichnung eines → völkerrechtlichen Vertrags zu unterscheidende förmliche Mitteilung an den Abkommenspartner, daß der Vertrag innerstaatlich in Kraft gesetzt ist. Hierzu kann nach nationalem Verfassungsrecht die Zustimmung der gesetzgebenden Körperschaften erforderlich sein (→ Politische Verträge).

Ratifikationsgesetz, im politischen Sprachgebrauch gleichbedeutend mit dem Zustimmungsgesetz zu einem völkerrechtlichen Vertrag.

Ratio legis, Sinn und Zweck eines Gesetzes.

Ratio status → Staatsräson

Rational, vernunftgemäß im Gegensatz zu gefühlsmäßig (irrational).

Rationalismus, allgemein eine jeglicher → Metaphysik und Tradition entgegengesetzte Denkweise, die nur menschliche Vernunft und Erkenntniskraft gelten läßt. Rationalistisch sind z. B. die Lehren der → Aufklärung, des → historischen Materialismus und des → Positivismus. Für eine entsprechende Staatstheorie beruht das politische Gemeinwesen auf vernunftgeleiteter Vereinbarung der Bürger (→ Gesellschaftsvertrag).

Rationierung → Bewirtschaftung

Ratsfähige → Patrizier

Ratsherren, namentlich die Mitglieder des Rats der spätmittelalterlichen Stadt. In größeren Städten wurden die R. von den → Patriziern (maiores) gewählt, in kleineren vom territorialen Stadtherren bestimmt.

Ratsschreiber → Stadtschreiber

Ratsverfassung → Gemeindeverfassungsrecht

Raubrittertum, Wegelagerei verarmter Ritter besonders zu Lasten reicher städtischer Kaufleute. Das R. entstand infolge sozialer Umbrüche seit dem späten Mittelalter; es wurde u. a. durch → Landfrieden bekämpft.

Raumnahme (Landnahme), eine faktische Voraussetzung für die Entstehung neuer Staaten und Staatstypen seit der Antike.

Raumordnung unterscheidet sich von der städtebaulichen Planung durch die überörtliche Strukturierung eines Gebiets, wobei vielfältige Fachplanungen zu koordinieren sind.

Razzia, kriegerischer ‚Beutezug' bei den Beduinen; im übrigen Bezeichnung für polizeiliche Suchaktion nach verdächtigen Personen.

Reaktion als eine von → Konservativismus zu unterscheidende politische Einstellung richtet sich gegen jede noch so sinnvolle Reform überlieferter Institutionen.

Reaktionär war nach → Marx die Haltung der → Kleinbürger im Gegensatz zur weltverändernden Rolle der → Bourgeoisie.

Realakte des Staates sind – im Unterschied zu Rechtsnormen, Gerichtsentscheidungen und Verwaltungsakten – insbesondere die Vollstreckungsmaßnahmen zur faktischen Umsetzung hoheitlicher Anordnungen.

Reale Verbandsperson, ein staatstheoretischer Begriff, der den hoheitlichen Verband als Rechtssubjekt mit realem (nicht bloß fiktivem) überindividuellen Willen auffaßt (→ Organismustheorie → Gierke).

Realeinkommen → Nominaleinkommen

Realien des Staates sind teils natürliche Gegebenheiten wie Volk, Raum, Klima und Bodenschätze, teils kulturelle Bedingungen wie Religion, Geschichte, Wissenschaft, Kunst, Technik und Ökonomie.

Realinjurie, Beleidigung mittels Tätlichkeit im Unterschied zur Ehrverletzung durch Worte (Verbalinjurie).

Realpolitik, ursprünglich ein Gegenbegriff zur ideenbezogenen Politik der Liberalen nach der → Märzrevolution. Später auch Bezeichnung für die politische Kunst des Möglichen im Sinne → Bismarcks. Heute gilt als R. ein Handeln, das sich an Menschen, Dingen und Verhältnissen orientiert, wie sie wirklich sind, nicht dagegen an Ideologien, Illusionen und Utopien (→ ‚Idealpolitik' → Interessenpolitik).

Realsteuern → Objektsteuern

Realunion, eine monarchische Staatenverbindung mit Identität des Herrschers, die, im Unterschied zur → Personalunion, vertraglich begründet wurde, wie z. B. die Union Österreich-Ungarn (1867–1918).

Rebellenstaaten, historische Bezeichnung der zum Ausscheiden aus der amerikanischen Union entschlossenen Südstaaten (1860/61), deren Insurrektion zum → Sezessionskrieg führte.

Rebellion, nachhaltiger → Aufruhr gegen ein politisches System (→ Aufstand → Meuterei).

Rebus sic stantibus → Clausula rebus sic stantibus

Recall, vorzeitige Abwahl von Volksvertretern (→ Abberufbarkeit).

Rechnungshof → Bundesrechnungshof

Rechnungslegung, ein Instrument parlamentarischer Regierungskontrolle. Näheres nach deutschem Verfassungsrecht im → Wörterbuch zum Grundgesetz.

Rechnungsprüfung, eine Aufgabe des → Bundesrechnungshofs.

Recht im objektiven Sinne ist die Gesamtheit aller geschriebenen oder ungeschriebenen Normen, die das Verhalten von → Personen verbindlich regeln. Das objektive Recht bildet die Grundlage subjektiver Rechte, d. h. einklagbarer individueller Befugnisse (→ Verfassungsrecht → Grundrechte → Öffentliches Recht → Privatrecht → Gesetz → Gewohnheitsrecht → Positives Recht → Naturrecht → Ius → Lex → Codex Iustinianus → Kirchenrecht → Römisches Recht → Gemeines Recht → Macht und Recht → Normenhierarchie).

Recht am eigenen Bild ist Teil des → allgemeinen Persönlichkeitsrechts. Näheres nach deutschem Verfassungsrecht im → Wörterbuch zum Grundgesetz.

Recht am gesprochenen Wort genießt grundrechtlichen Schutz (z. B. gegen heimliche Tonbandaufnahmen), ähnlich wie das → Recht am eigenen Bild.

Recht auf Arbeit → Soziale Grundrechte

Recht auf Bildung → Ausbildungsstätte

Recht auf Gehör → Rechtliches Gehör

Recht auf Heimat → Heimatrecht

Recht auf Kleidung → Soziale Grundrechte

Recht auf körperliche Unversehrtheit, ein Abwehrrecht des Einzelnen gegen die öffentliche Gewalt; überdies Verpflichtungsgrund zu einschlägigen staatlichen Schutzvorkehrungen. Näheres nach deutschem Verfassungsrecht im → Wörterbuch zum Grundgesetz.

Recht auf Leben, eine grundrechtliche Verbürgung vor dem besonderen Hintergrund lebensvernichtender Maßnahmen im → Dritten Reich. Näheres nach deutschem Verfassungsrecht im → Wörterbuch zum Grundgesetz.

Recht auf würdigen Tod wird in der westlichen Welt teils gefordert (z. B. von der englischen ‚Voluntarian Euthanasia Society'), teils wurde es vom Gesetzgeber schon normiert (‚Death with Dignity' in einzelnen Staaten der USA).

Recht der persönlichen Ehre → Ehre

Recht des Stärkeren → Machttheorien → Naturrecht

‚Rechte', politisches Gegenstück zur → ‚Linken' (→ ‚Rechts').

Rechte anderer beschränken die → allgemeine Handlungsfreiheit. Näheres nach deutschem Verfassungsrecht im → Wörterbuch zum Grundgesetz.

Rechtfertigung des Staates → Staatsrechtfertigung

Rechtfertigungsgründe, besondere Umstände, die z. B. im Strafrecht die Rechtswidrigkeit einer an sich verbotenen Handlung ausschließen. Hierzu zählen u. a. Notwehr, Notstand und Einwilligung des Verletzten.

Rechtliches Gehör steht vor Gericht jedermann zu. Dieses justizielle Grundrecht gewährleistet den Verfahrensbeteiligten, daß sie sich vor Erlaß eines Urteils zum entscheidungserheblichen Sachverhalt äußern können. Näheres nach deutschem Verfassungsrecht im → Wörterbuch zum Grundgesetz.

Rechtlosigkeit, die Unfähigkeit, Träger von Rechten zu sein. R. war in früheren Epochen das Schicksal z. B. von → Sklaven, → Unfreien, Geächteten und Fremden (→ Friedlosigkeit → Fremdenrecht).

Rechtmäßigkeit der Verwaltung → Gesetzmäßigkeit der Exekutive

‚Rechts', im politischen Sprachgebrauch alles, was weder als ‚links' gilt noch zur → Mitte zählt.

Rechtsangleichung im Sinne einer Harmonisierung des nationalen Rechts der Mitgliedstaaten ist eine Aufgabe der → Europäischen Union (→ Harmonisierungsrichtlinien).

Rechtsanwalt, ein freiberuflich tätiger → Volljurist, der als berufener Vertreter und Berater in allen Rechtsangelegenheiten zugleich Organ der Rechtspflege ist (→ Fürsprecher → Fachanwalt → Notar).

Rechtsanwendung, das juristische Verfahren, einen konkreten Sachverhalt am Maßstab einer abstrakten Rechtsnorm zu beurteilen (→ Auslegung von Rechtsnormen).

Rechtsbegriff des Staates, eine von der Vielheit seiner realen Erscheinungen abstrahierende Sicht. Für die juristische Betrachtung ist der Staat ein → Rechtssubjekt. Die Mannigfaltigkeit der Glieder verbindet sich zur Einheit des Ganzen in der übergreifenden → juristischen Person.

Rechtsbehelf, gesetzlich eröffnete Anfechtungsmöglichkeit gegen eine Gerichts- oder Verwaltungsentscheidung, z. B. durch Beschwerde, Widerspruch, Einspruch, Gegenvorstellung und Dienstaufsichtsbeschwerde (→ Rechtsmittel → Petitionsrecht → Verfassungsbeschwerde).

Rechtsbeistand (Rechtskonsulent), eine Person, die, ohne → Rechtsanwalt zu sein, mit Erlaubnis der Justizverwaltung fremde Rechtsangelegenheiten geschäftsmäßig besorgt.

Rechtsbeugung, vorsätzlich falsche → Rechtsanwendung insbesondere durch einen Richter zugunsten oder zum Nachteil einer Partei.

Rechtsblindheit, subjektives Nichterkennen des strafbaren Unrechts einer Handlung. R. schützt nicht vor Strafe, wenn der Verbotsirrtum vorwerfbar ist.

Rechtsbücher, Bezeichnung insbesondere für private Kodifikationen des geltenden Rechts im Mittelalter (→ Sachsenspiegel → Schwabenspiegel).

Rechtsdogmatik, die wissenschaftliche Erforschung und Darstellung des geltenden Rechts (im Unterschied zu Arbeitsgebieten wie z. B. Rechtspolitik, Rechtsgeschichte und Rechtsphilosophie).

Rechtseinheit im Sinne einheitlicher Rechtsprechung zu wahren, ist die besondere Aufgabe des → Gemeinsamen Senats der obersten Gerichtshöfe des Bundes.

Rechtsetzung → Gesetzgebung → Rechtsverordnung → Satzung → Ortsstatut

Rechtsextremismus, im Unterschied zum → Linksextremismus ein → Extremismus (→ Radikalismus) von → ‚rechts' (→ Faschismus → Nationalsozialismus).

Rechtsfähigkeit ist die allen natürlichen und juristischen → Personen zukommende Fähigkeit, Träger von Rechten und Pflichten zu sein. Von der R. zu unterscheiden sind insbesondere Geschäftsfähigkeit und Deliktsfähigkeit.

Rechtsfindung, das Erkennen (Kognition) der für die → Rechtsanwendung im Einzelfall maßgebenden → Rechtsnormen.

Rechtsfortbildung im Rahmen richterlicher Bindung an Gesetz und Recht ist eine besondere Aufgabe der → obersten Gerichtshöfe des Bundes (→ Verfassungsentwicklung).

Rechtsfrage, das eigentlich juristische Problem (quaestio iuris) im Unterschied zur Tatfrage (Sachverhaltsfeststellung) bei der → Rechtsanwendung.

Rechtsfrieden zu gewährleisten im Sinne eines friedlichen Zusammenlebens unter Ausschluß von → Fehde und anderen Formen privater Gewalt ist eine ständige Staatsaufgabe gerade auch der freiheitlichen Demokratie.

Rechtsgefühl, ein durch Wissen und Welterfahrung fundiertes Empfinden für faires Verhalten im Einzelfall.

Rechtsgeltung als legales In-Kraft-Sein einer → Rechtsnorm ist zu unterscheiden von deren → Legitimität oder Effektivität.

Rechtsgeschichte, ein Spezialgebiet der Rechts- und Geschichtswissenschaft, befaßt sich mit der Erforschung vergangener Rechtssysteme, z. B. mit den Prinzipien und Institutionen des römischen und mittelalterlichen Rechts.

Rechtsgesetz → Maßnahmegesetz

Rechtsgleichheit → Gleichheit vor dem Gesetz

Rechtsgrundsatz, ein allgemeines Prinzip, das in verschiedenen Gesetzesbestimmungen seinen Niederschlag gefunden hat oder das sich aus dem Geist einer Rechtsordnung ergibt.

Rechtsgut, ein von der Rechtsordnung besonders geschütztes Interesse des Einzelnen oder der Allgemeinheit (→ Grundrechte → Strafrecht).

Rechtshängigkeit, der Status einer Streitsache nach Klageerhebung im Zivilprozeß.

Rechtshegelianer → Linkshegelianer

Rechtshilfe, Beistand, der Gerichten von anderen Gerichten oder von Verwaltungsbehörden zu leisten ist. Näheres nach deutschem Verfassungsrecht im → Wörterbuch zum Grundgesetz.

Rechtsinstitut → Institutsgarantien

Rechtsirrtum → Rechtsblindheit

Rechtskraft, die von der → Gesetzeskraft zu unterscheidende grundsätzliche Endgültigkeit (Unanfechtbarkeit und Maßgeblichkeit) einer Gerichtsentscheidung (res judicata).

Rechtslehre → Rechtsdogmatik → Rechtswissenschaft

Rechtsmedizin (Forensische Medizin) befaßt sich mit der medizinisch-naturwissenschaftlichen Beurteilung gerichtsentscheidungserheblicher Fragen.

Rechtsmißbrauch, die aus besonderen Gründen (z. B. wegen Verstoß gegen Treu und Glauben) unzulässige Ausübung eines formell bestehenden Rechts (→ Schikaneverbot).

Rechtsmittel, ein frist- und formgebundener → Rechtsbehelf, der es ermöglicht, eine ungünstige Gerichtsentscheidung zur Überprüfung vor die höhere Instanz zu bringen. Als R. sind → Berufung, → Beschwerde und → Revision gegeben (→ Beschwer).

Rechtsnachfolge (Sukzession), der Übergang einzelner oder aller Rechte einer → Person auf eine andere, sei es durch Gesetz oder Rechtsgeschäft (→ Staatensukzession).

Rechtsnormen sind abstrakt-generelle Anordnungen hoheitlicher Art, die prinzipiell eine unbestimmte Anzahl von Fällen verbindlich regeln. Als Rechtsquellen kommen vor allem → Verfassung, → Gesetz, → Rechtsverordnung, → Satzung und → Gewohnheitsrecht in Betracht (→ Normenhierarchie → Rechtsanwendung → Akzeptanz).

Rechtsordnung, die Gesamtheit der Normen des → Öffentlichen und des → Privatrechts.

‚Rechtsparteien' → ‚Rechts'

Rechtspflege umfaßt außer der → Rechtsprechung insbesondere auch Funktionen der → Staatsanwaltschaft, der → Rechtsanwaltschaft und der freiwilligen Gerichtsbarkeit.

Rechtspfleger, ein gehobener Justizbeamter mit selbständigen Aufgaben; gegen seine Entscheidungen kann an den → Richter appelliert werden.

Rechtsphilosophie fragt vornehmlich, im Unterschied zur → Rechtsdogmatik, nach Wesen, Ursprung und Geltungsgrund des Rechts überhaupt. Dabei sind insbesondere naturrechtliche, positivistische, historische, sprachanalytische und wissenschaftstheoretische Ansätze relevant (→ Historische Rechtsschule → Naturrecht → Positivismus).

Rechtspolitik, Gesamtheit der politischen Anstrengungen zur Reform einzelner Rechtsnormen oder ganzer Normenkomplexe auf nationaler, internationaler und supranationaler Ebene.

Rechtspositivismus → Positivismus

Rechtsprechende Gewalt, im → gewaltenteiligen Rechtsstaat neben der gesetzgebenden und der vollziehenden die Dritte Gewalt, deren Ausübung den → Richtern anvertraut ist. Näheres nach deutschem Verfassungsrecht im → Wörterbuch zum Grundgesetz.

Rechtsprechung, die richterliche, ausschließlich an Gesetz und Recht orientierte Entscheidung konkreter Fälle. R. ist neben → Legislative und → Exekutive eine der drei Grundfunktionen der → Staatsgewalt. Näheres nach deutschem Verfassungsrecht im → Wörterbuch zum Grundgesetz.

Rechtsprechungsstaat → Justizstaat

Rechtsquellen → Rechtsnormen

Rechtsradikalismus, ein → Radikalismus von ‚rechts' (→ Rechtsextremismus).

Rechtsreferendar, Rechtskundiger, der nach dem Studium der Rechtswissenschaft die erste juristische Staatsprüfung bestanden hat (→ Assessor → Befähigung zum Richteramt).

Rechtssatz → Rechtsnorm

Rechtsschein, der Anschein eines Rechtes, das in Wahrheit nicht besteht (→ Guter Glaube → Öffentlicher Glaube).

Rechtsschöpfung → Rechtsfortbildung → Richterrecht → Freie Rechtsschule

Rechtsschutz → Richterlicher Rechtsschutz → Vorläufiger Rechtsschutz → Gewerblicher Rechtsschutz

Rechtsschutzbedürfnis, das berechtigte Interesse an → richterlichem Rechtsschutz, ist allgemeine Prozeßvoraussetzung, deren Fehlen z. B. eine Klage unzulässig macht.

Rechtsschutzgarantie → Rechtsweggarantie

Rechtssicherheit, eine Bedingung des → Rechtsfriedens, ist wesentlicher Bestandteil des → Rechtsstaatsprinzips. R. kann mit der – ebenfalls rechtsstaatlichen – Forderung nach materieller Gerechtigkeit in Konflikt geraten. Näheres nach deutschem Verfassungsrecht im → Wörterbuch zum Grundgesetz (→ Einzelfallgerechtigkeit → Rechtskraft → Vertrauensschutz).

Rechtssoziologie, eine Forschungsrichtung, die sich mit den gesellschaftlichen Voraussetzungen, Institutionen und Auswirkungen rechtlicher Ordnungen befaßt.

Rechtsspiegel, schriftliche Aufzeichnung überlieferten Gewohnheitsrechts im Mittelalter (→ Sachsenspiegel).

Rechtssprache vermittelt den Gehalt der → Rechtsnormen, deren Text interpretationsfähig ist. Die in langer Tradition ausgebildete R. kann als Fachsprache vom allgemeinen Sprachgebrauch erheblich abweichen (→ Auslegung von Rechtsnormen).

Rechtssprichwörter, alte Rechtsregeln in volkstümlicher Fassung (z. B. „Wer zuerst kommt, mahlt zuerst" → Prior tempore potior iure).

Rechtsstaat, verfassungsgeschichtlich das liberale Gegenmodell zur → absolutistischen Monarchie, staatsphilosophisch fundiert vor allem von → Locke, → Montesquieu und → Kant. R. wurde in der Verfassungsbewegung des 19. Jahrhunderts zum politischen Kampfbegriff für Freiheitsrechte des Individuums gegenüber fürstlicher Staatsräson (→ Konstitutionalismus → Liberaler Rechtsstaat → Machtstaat → Balance of Power).

Rechtsstaatsprinzip, ein grundlegendes Staatsstrukturelement der → Bundesrepublik Deutschland. Hierzu gehören namentlich der allgemeine → Primat des Rechts, die → Gewaltenteilung, die → Gesetzmäßigkeit der Exekutive, der → richterliche Rechtsschutz gegen die → öffentliche Gewalt und die → richterliche Unabhängigkeit. Diese formellen Prinzipien stehen im Dienste einer substantiellen Rechtsstaatlichkeit, wie sie vor allem in den → Grundrechten der → Menschenwürde, der → Freiheit und der → Gleichheit zum Ausdruck kommt. Näheres nach deutschem Verfassungsrecht im → Wörterbuch zum Grundgesetz.

Rechtssubjekte, d. h. potentielle Träger von Rechten und Pflichten, sind alle → natürlichen und → juristischen Personen. Von den R. des innerstaatlichen → Privat- und → Öffentlichen Rechts sind die → Völkerrechtssubjekte zu unterscheiden (→ Rechtsfähigkeit).

Rechtssymbole versinnbildlichten in der Frühzeit bestimmte rechtliche Gegebenheiten, so z. B. Handschlag (Vertragsschluß), Marktkreuz (Marktfreiheit), Stab (Macht), gebrochener Stab (Todesurteil).

Rechtstheologie, eine Art Staatsmetaphysik, die zur Begründung weltlicher Rechtsordnungen auf göttliche Gebote zurückgreift (→ Politische Theologie).

Rechtstheorie, im Unterschied zur Rechtspraxis das eher philosophische Begreifen und Begründen der Existenz, Geltung und Wirksamkeit des Rechts (→ Historische Rechtsschule → Freie Rechtsschule → Begriffsjurisprudenz → Interessenjurisprudenz → Positivismus → Reine Rechtslehre).

Rechtsvergleichung, ein juristisches Verfahren, um die Gemeinsamkeiten und Verschiedenheiten insbesondere nationaler Rechtsordnungen der Gegenwart festzustellen und deren Gründe zu erforschen.

Rechtsverordnungen sind mit Ermächtigung des Parlaments von der Regierung erlassene → Rechtsnormen im Range unter dem förmlichen → Gesetz. Näheres nach deutschem Verfassungsrecht im → Wörterbuch zum Grundgesetz.

Rechtsvorschrift → Rechtsnorm

Rechtsweg, der gesetzlich normierte Zugang zu → richterlichem Rechtsschutz. Der R. führt insbesondere zur → Ordentlichen, → Verwaltungs-, → Finanz-, → Arbeits- und → Sozialgerichtsbarkeit (→ Erschöpfung des Rechtswegs → Instanzenzug).

Rechtswegestaat, wie → Rechtsprechungsstaat ein leicht polemisches Schlagwort für die starke Stellung der Dritten Gewalt im Staat des Grundgesetzes.

Rechtsweggarantie, eine Art prozessualer Krönung des → Rechtsstaatsprinzips. Die grundrechtliche R. eröffnet jedermann den Weg zu einem unabhängigen → Gericht, wenn er sich durch Akte der → öffentlichen Gewalt in seinen Rechten verletzt fühlt. Näheres nach deutschem Verfassungsrecht im → Wörterbuch zum Grundgesetz.

Rechtswidrigkeit liegt vor, wenn ein Tun oder Unterlassen dem geltenden Recht widerspricht. Die R. führt, falls kein → Rechtfertigungsgrund gegeben ist, insbesondere zu zivil- und strafrechtlichen Konsequenzen.

Rechtswissenschaft als abendländische Kulturerscheinung gründet in der altrömischen Jurisprudenz. „Ius est ars boni et aequi": Rechtsfindung ist die Kunst des Guten und Gerechten. Die moderne R. im kontinentaleuropäischen und anglo-amerikanischen Rechtskreis umfaßt eine Pluralität von Schulen, Einzelgängern, Erkenntnisansätzen, Wert- und Gedankenwelten (→ Rechtsdogmatik → Rechtsgeschichte → Rechtsphilosophie → Rechtstheorie → Rechtssoziologie → Corpus Iuris Civilis).

Reconquista (‚Rückeroberung'), zusammenfassende Bezeichnung der Kämpfe um die Befreiung der iberischen Halbinsel (Spanien, Portugal usw.) von der islamischen Herrschaft (8. bis 11. Jahrhundert).

Redaktionsgeheimnis schützt als Teil der → Pressefreiheit das Vertrauensverhältnis zwischen privaten Informanten und Presseorganen. Näheres nach deutschem Verfassungsrecht im → Wörterbuch zum Grundgesetz.

Redefreiheit → Meinungsfreiheit

Rederecht → Anhörung

Referendar (referendarius), ursprünglich ein Höfling mit dem Recht des Vortrags beim Herrscher (→ Rechtsreferendar).

Referendum, Volksabstimmung, politische Sachentscheidung unmittelbar durch das Volk (→ Plebiszit → Verfassungsgebung).

Referent, im Ministerium der Leiter eines speziellen Arbeitsgebiets (Referats) bzw. der persönliche R. des Ministers.

Referentenentwurf eines Gesetzes bildet meist die fachliche Grundlage einer Kabinettsvorlage bei der → Gesetzesinitiative der Regierung.

Reform, die Umgestaltung größerer Teile der Rechtsordnung (Strafrechtsreform, Steuerreform usw.) im Rahmen der Staatsverfassung (→ Novelle → Rechtspolitik → Evolution).

Reformatio in peius (‚Umgestaltung ins Schlimmere'), die ‚Verböserung' einer durch → Rechtsmittel angefochtenen Entscheidung; verfahrensrechtlich nur unter besonderen Voraussetzungen zulässig.

Reformation, im kirchengeschichtlichen Sinne die auf → Luther zurückgehende religiöse Erneuerungsbewegung, die zur Spaltung der abendländischen Christenheit führte (→ Protestanten → Dreißigjähriger Krieg → Gegenreformation).

Refugiés (‚Flüchtlinge'), historisch insbesondere die nach Aufhebung des → Edikts von Nantes ausgewanderten → Hugenotten (→ Flüchtlinge).

Regalien (iura regalia), königliche Hoheitsrechte. Dazu gehörten in Deutschland ursprünglich vor allem oberste Gerichtsbarkeit und Verfügung über Herzogtümer und Grafschaften. Die nutzbaren niederen R. (z. B. Steuer-, Zoll-, Münz-, Markt-, Berg-, Forst- und Jagd-R.), im Mittelalter Grundlage der Reichsfinanzen, gingen später meistens auf die → Landesherren über (→ Hoheiten → Majestätsrechte).

Regent, allgemein der Inhaber oberster Regierungsgewalt, namentlich ein → Monarch. Im engeren Sinn der Stellvertreter eines z. B. aus Alters- oder Gesundheitsgründen regierungsunfähigen Herrschers (→ Prinzregent).

Regiebetrieb, wirtschaftliches Unternehmen einer → juristischen Person des öffentlichen Rechts, das von deren Organen geleitet wird.

Regierung, im → gewaltenteiligen Verfassungsstaat die Spitze der → Exekutive, wozu außer dem → Kabinett auch das → Staatsoberhaupt zählt (→ Bundespräsident → Bundesregierung → Landesregierung → Staatsfunktionen).

Regierungsakte sind staatsleitende Maßnahmen politischer Gestaltung im Unterschied zu → Verwaltungsakten (→ Gerichtsfreie Hoheitsakte).

Regierungsbildung → Kabinettsbildung

Regierungserklärungen sind in der Regel entweder Darlegungen des Arbeitsprogramms nach einer → Regierungsbildung oder Stellungnahmen der Regierung zu besonders aktuellen Fragen der Politik. R. werden in der → parlamentarischen Demokratie vom Regierungschef vor dem Parlament abgegeben, meist gefolgt von einer Generaldebatte.

Regierungsformen → Staatsformen → Regierungssysteme

Regierungskoalition → Koalitionsregierung

Regierungskrise → Minderheitsregierung → Mißtrauensvotum → Kanzlersturz

Regierungsmaximen → Politisches Testament

Regierungspartei, im → parlamentarischen Regierungssystem eine → Partei, die an der amtierenden → Regierung beteiligt ist (→ Regierungskoalition → Opposition).

Regierungspräsident, Amtsbezeichnung des Leiters der allgemeinen Verwaltung der Mittelstufe in → Bundesländern mit dreistufigem Verwaltungsaufbau.

Regierungsprogramm, Gesamtheit der politischen Arbeitspläne einer → Regierung (→ Parteiprogramm).

Regierungsrat, die Kantonsregierung innerhalb der → Eidgenossenschaft; in Deutschland Amtsbezeichnung eines höheren Verwaltungsbeamten.

Regierungssitz → Hauptstadt

Regierungssprecher, ein Amtsträger mit der Aufgabe, die Öffentlichkeit über Ziele und Ergebnisse der Regierungstätigkeit zu informieren.

Regierungssturz → Kanzlersturz → Präsidialkabinette

Regierungssysteme → Parlamentarisches Regierungssystem → Präsidialdemokratie

Regierungstypen der → Autokratie (im Gegensatz zur konstitutionellen Demokratie) lassen sich annäherungsweise klassifizieren nach → absolutistischen, → autoritären, → diktatorischen, → cäsaristischen, → despotischen und → totalitären Erscheinungsformen.

Regierungsvorlage, ein dem Parlament zugeleiteter Gesetzesentwurf des Kabinetts (→ Gesetzesinitiative).

Regime, ursprünglich gleichbedeutend mit Herrschafts- und Lebensordnung, später auch pejorativ (→ Ancien Régime).

Régime personel → Bonapartismus

Region (regio), Stadtbezirk im alten Rom, Landstrich.

Regionalismus, politische Betonung der geschichtlich-kulturellen Eigenart von Landesteilen im Gegensatz zum Zentralismus (z. B. in Frankreich, Italien und Spanien).

Regnum, Königsherrschaft, Königreich.

Regnum Francorum → Franken

Regnum Teutonicum (Deutsches Reich) bzw. Regnum Teutonicorum (Reich der Deutschen) tauchen als geschichtliche Begriffe erstmals im 11. Jahrhundert auf (→ Deutsches Reich).

Reich, Herrschaftsbereich, ursprünglich vor allem eines → Kaisers oder → Königs (→ Römisches Reich → Heiliges Römisches Reich Deutscher Nation → Kaiserreich → Weimarer Republik → Drittes Reich → Empire).

‚Reich der Freiheit‘, die kommunistische Gesellschaft nach → Absterben des Staates in → Marxscher Vision: Durch den „Sprung aus dem Reich der Notwendigkeit“ wird es möglich, „heute dies, morgen jenes zu tun, morgens zu jagen, nachmittags zu fischen, abends Viehzucht zu treiben, nach dem Essen zu kritisieren, wie ich gerade Lust habe, ohne je Jäger, Fischer, Hirt oder Kritiker zu werden“.

Reich Gottes → Civitas Dei

Reichsabschied, im alten → Deutschen Reich die Zusammenfassung der Beschlüsse eines Reichstags (bis 1654).

Reichsacht, eine vom König bzw. Kaiser des alten Reichs verhängte → Acht.

Reichsadel im engeren historischen Sinne bezeichnet die hochadeligen Geschlechter, aus denen einst die deutschen → Herzöge gewählt wurden.

Reichsämter → Erzämter

Reichsdeputation, Reichstagsausschuß im alten → Deutschen Reich.

Reichsdeputationshauptschluß, ein durch kaiserliches Ratifikationsdekret von 1803 zum Reichsgesetz gewordener Beschluß des alten Reichstags auf Vorschlag der letzten → Reichsdeputation. Gegenstand des R. war vor allem die Entschädigung der weltlichen Fürsten, die von der Abtretung des linken Rheinufers an Frankreich betroffen waren. Im Ergebnis kam es zur Aufhebung fast aller → geistlichen Territorien, zur → Mediatisierung der meisten Reichsstädte und zur → Säkularisation des Kirchengutes (→ Rastatter Kongreß → Luneviller Frieden → Grundgesetz).

Reichserzkanzler → Erzämter

Reichsexekution betraf im alten → Deutschen Reich insbesondere die Maßnahmen zur Durchführung des → Ewigen Landfriedens.

Reichsfarben: schwarz-weiß-rot im → Kaiserreich; schwarz-rot-gold in der → Weimarer Republik.

Reichsfinanzhof, kurz vor Ende des → Kaiserreichs gegründeter, mit dem → Reichsgericht statusgleicher oberster Gerichtshof für das Gebiet des Finanz- und Steuerrechts; Vorläufer des → Bundesfinanzhofs.

Reichsfinanzverwaltung → Erzberger

Reichsfreiherr, ein im alten → Deutschen Reich vom Kaiser zum → Freiherrn Erhobener (im Unterschied zu einem Angehörigen des landesherrlichen → Briefadels).

‚Reichsführer SS und Chef der deutschen Polizei', seit 1936 Titel von H. Himmler (1900–1945), eines der mächtigsten Funktionäre des → Nationalsozialismus (→ SS → Gestapo → Konzentrationslager).

Reichsfürst → Fürst → Herzog

Reichsgericht, das im → Kaiserreich errichtete, bis zum Ende des → Dritten Reiches tätige oberste deutsche Gericht (→ Reichsfinanzhof → Reichskammergericht → Reichshofrat).

Reichsgraf, ein → Graf, dessen Titel vom → Kaiser verliehen war.

Reichsgrundgesetze → Goldene Bulle → Ewiger Landfriede → Augsburger Religionsfriede → Westfälischer Friede → Reichsdeputationshauptschluß

Reichshofrat, im alten → Deutschen Reich ein oberstes kaiserliches Gericht mit Sitz in Wien, zuständig u. a. für → Lehenssachen und Anklagen gegen → Reichsunmittelbare.

Reichsidee, im → Römischen Reich der Antike das den Weltherrschaftsanspruch tragende Bewußtsein, zur Zivilisierung und Befriedung des Erdkreises berufen zu sein (→ Pax Romana). Im → Römischen Reich deutscher Nation der Gedanke des universalen Kaisertums entsprechend einer idealisierten Vorstellung des untergegangenen Imperium Romanum. Auch nach dem Aufkommen der → Landeshoheit hatte sich der ‚Reichspatriotismus' vereinzelt bis zum Ende des alten → Deutschen Reiches erhalten.

Reichskammergericht, die neben → Immerwährendem Reichstag und → Reichshofrat herausragende Institution des alten → Deutschen Reiches. Das R. (1495–1806), zuletzt mit Sitz in Wetzlar, judizierte als oberste Berufungsinstanz über den territorialen und reichsstädtischen Gerichten. Im übrigen war es zuständig u. a. für Fälle der → Reichsacht und der Verletzung des → Landfriedens sowie für Zivilklagen gegen → Reichsunmittelbare und bei Streitigkeiten zwischen → Reichsständen (→ Privilegium de non appellando).

Reichskanzler, im alten → Deutschen Reich der → Reichserzkanzler; im → Kaiserreich Träger einer Doppelfunktion: Preußischer Bevollmächtigter im Bundesrat und dessen Vorsitzender sowie (einziger) Reichsminister des Kaisers; in der → Weimarer Republik der vom → Reichspräsidenten ernannte Regierungschef; nach → Hitlers Machtergreifung wurde das Amt des R. vom Führerprinzip überlagert.

Reichskommissar → ‚Preußenschlag'

Reichskonkordat, das → Konkordat mit dem → Dritten Reich; es blieb mit bestimmten Einschränkungen auch unter dem → Grundgesetz in Kraft.

‚Reichskristallnacht' → ‚Kristallnacht'

Reichsmark → Mark

Reichspräsident, das vom Volk direkt gewählte Staatsoberhaupt der → Weimarer Republik, dessen verfassungsrechtliche Stellung, im Unterschied zu derjenigen des → Bundespräsidenten, außerordentlich machtvoll war. So vermochte der R. das Parlament ohne weiteres aufzulösen, die Reichsregierung zu bilden und deren gesamte Politik mitzubestimmen. Zudem hatte er in Krieg und Frieden den Oberbefehl über die Streitkräfte. Diese und etliche andere machthaltige Kompetenzen des R. wurden gleichsam überhöht durch seine sog. Diktaturgewalt, deren tatbestandliche Voraussetzungen einer richterlichen Nachprüfung ebensowenig unterlagen wie die Diktaturmaßnahmen selbst

(→ ‚Ersatzkaiser' → Quasimonarch → Ausnahmezustand → Notverordnungsrecht).

Reichspublizistik, Bezeichnung der Wissenschaft vom Staatsrecht des alten → Deutschen Reiches. Als ihr Begründer gilt Dominicus Arumaeus (1579–1637); ein herausragender späterer Reichspublizist ist → Pütter.

Reichsrat, die → Länderkammer in der → Weimarer Republik.

Reichsrecht im Deutschen Reich seit 1871 ging Landesrecht vor (→ Bundesrecht).

Reichsreformen im alten → Deutschen Reich waren z. B. die Aufhebung des → Fehderechts durch den → Ewigen Landfrieden, die Gründung des → Reichskammergerichts und die Einführung einer allgemeinen Reichssteuer (→ Gemeiner Pfennig).

Reichsregierung, im → Kaiserreich der → Reichskanzler in seiner Eigenschaft als oberster, nur dem Kaiser unterstellter Chef der Reichsexekutive; im → Deutschen Reich 1919–1945 das Reichskabinett unter dem Vorsitz des Reichskanzlers, der die Richtlinien der Politik bestimmte.

Reichsritterschaft, der reichsunmittelbare niedere Adel im Süden und Westen des alten → Deutschen Reichs. Die in Ritterbünden und -kreisen zusammengeschlossene R. gelangte zu beschränkter → Landeshoheit ohne volle → Reichsstandschaft; sie wurde durch die → Rheinbundakte → mediatisiert.

Reichsstädte, im Unterschied zu den Landstädten, die einem → Landesherrn unterstanden, die reichsunmittelbaren Städte im alten → Deutschen Reich (→ Freistadt → Reichsdeputationshauptschluß).

Reichsstände, bestimmte Verfassungsorgane mit eigenen Rechten und Pflichten neben dem → Kaiser des alten → Deutschen Reichs. Zu den R. gehörten vor allem die → Kurfürsten, sodann die → Fürsten, → Herren und → Reichsstädte (→ Landstände → Dritter Stand → Libertät → Corpus Catholicorum → Corpus Evangelicorum).

Reichsstatthalter, ständige Vertreter der Reichsregierung in den Ländern zwecks deren → Gleichschaltung während der Zeit des → Dritten Reiches.

Reichstag, ein wichtiges Verfassungsorgan des → Deutschen Reiches bis zur → Machtergreifung des → Nationalsozialismus. Im alten Deutschen Reich war der R. die Repräsentation der → Reichsstände, an deren Zustimmung der → Kaiser/König zunehmend gebunden war. Als Volksvertretung wandelte sich der R. im → Kaiserreich zum Gesetzgebungsorgan. Unter der → Weimarer Reichsverfassung wurde der R. überdies zum parlamentarischen Kontrollorgan der → Reichsregierung, freilich ohne politische Durchsetzungskraft. Während des → Dritten Reiches verfiel der R. zur Attrappe einer ‚Führerdemokratie' (→ Immerwährender Reichstag).

Reichstagsbrand, die von → Hitler den Kommunisten angelastete Zerstörung des Berliner Reichstagsgebäudes (27. 2. 33). Der R. wurde zum Anlaß einer → Notverordnung des → Reichspräsidenten, welche die wichtigsten → Grundrechte der Verfassung suspendierte. Damit war die freiheitliche Demokratie ‚legal' beseitigt. Fortan konnten willkürlich u. a. Personen verhaftet, Wohnungen durchsucht, Eigentum entzogen, Presseorgane verboten, Vereinigungen aufgelöst und Versammlungen unterdrückt werden.

Reichsunmittelbarkeit, Status der Personen und Gebiete, die im alten → Deutschen Reich nicht einem → Landesherrn, sondern allein dem → Kaiser und Reich unterstanden (→ Reichsstände → Reichsstädte → Reichsritterschaft).

Reichsverfassung, in neuerer Zeit je nach Zusammenhang die Verfassung des → Kaiserreichs oder der → Weimarer Republik; erstere enthielt keinen Grundrechtsteil (→ Weimarer Reichsverfassung → Reichsgrundgesetze → Frankfurter Reichsverfassung/Paulskirche).

Reichsverweser, im alten → Deutschen Reich der Stellvertreter eines verhinderten Monarchen oder der Treuhänder königlicher Gewalt während einer Thronerledigung (Reichsvikar).

Reichswehr, die im → Versailler Vertrag zahlenmäßig und militärtechnisch beschränkten Streitkräfte des Deutschen Reiches 1919–1935 (→ Abrüstung).

Reine Rechtslehre, eine im gleichnamigen Werk von Hans → Kelsen entwickelte Rechtstheorie, die ihren eigengesetzlichen Gegenstand von aller politischen Ideologie und allen naturwissenschaftlichen Elementen zu reinigen unternimmt.

Reisediplomatie, Bezeichnung für eine neuere diplomatische Praxis, die Lösung internationaler politischer, militärischer, finanzrechtlicher usw. Probleme nicht durch im Ausland residierende → Diplomaten des Entsendestaats zu versuchen, sondern durch ad hoc anreisende Regierungsmitglieder und Fachbeamte.

Rekruten → Konskription

Rektor magnificus, traditionelle Bezeichnung des auf Zeit gewählten Repräsentanten an der Spitze einer → Universität (→ Fakultät).

Relative Mehrheit → Mehrheiten

Relative Staatstheorien im Rahmen der Staatszwecklehre suchen vor allem die physischen und psychologischen Grenzen hoheitlicher Wirksamkeit zu bestimmen. So können z. B. Kunst, Wissenschaft, Religiosität und ethische Gesinnung vom Staat, dem allein äußere Mittel zur Verfügung stehen, nicht unmittelbar hervorgebracht werden.

Relativismus bedeutet im politisch-philosophischen Bereich vor allem die Ablehnung absoluter Wahrheiten, deren Besitz einzelne Weltanschauungen, Ideologien, Moralen usw. für sich beanspruchen (→ Multikulturalität → Naturrecht).

Relegation, in der Antike die Ausweisung von Nichtbürgern aus Rom, später auch eine schonende Form der Verbannung ohne Ehr- und Vermögensverlust. Nach früherem akademischen Disziplinarrecht war R. die schärfste Sanktion: Ausschluß eines Studenten vom Studium überhaupt.

Religion → Glaube → Alternativbewegung → Heilige Allianz

Religionsdelikte, Straftaten gegen die Freiheit des religiösen Bekenntnisses, z. B. durch öffentliche Beschimpfung einer Religion oder grobe Störung der Religionsausübung.

Religionsedikte, frühere staatsrechtliche Regelungen der Stellung religiöser Vereinigungen (→ Edikt von Nantes).

Religionsfreiheit, ein Oberbegriff, der insbesondere die grundrechtlichen Garantien der → Glaubensfreiheit, der → Bekenntnisfreiheit und der → religiösen Vereinigungsfreiheit umfaßt. Gegenstück zur R. ist die Pflicht des Staates zu religiöser Neutralität. Näheres nach deutschem Verfassungsrecht im → Wörterbuch zum Grundgesetz.

Religionsfriede → Augsburger Religionsfriede

Religionsgemeinschaft, ein in neueren Landesverfassungen verwendeter Begriff, der etwa dem der → Religionsgesellschaft entspricht.

Religionsgesellschaften, ein vom GG aus den Kirchenartikeln der WRV übernommener, zur Zeit der → Aufklärung entstandener Sammelbegriff, der sowohl die großen Kirchen als auch kleinere religiöse Vereinigungen umfaßt. Näheres nach deutschem Verfassungsrecht im → Wörterbuch zum Grundgesetz.

Religionskriege, militärische Auseinandersetzungen, die durch religiös-konfessionelle Spannungen zumindest mitbedingt sind (→ Dreißigjähriger Krieg → Hugenottenkriege → Heilige Kriege).

Religionsunterricht in öffentlichen Schulen, ausgenommen in bekenntnisfreien, ist ordentliches Lehrfach. Näheres nach deutschem Verfassungsrecht im → Wörterbuch zum Grundgesetz.

Religiöse Anschauungen und Bekenntnisse dürfen nicht dazu führen, Personen zu benachteiligen oder zu bevorzugen, z. B. bei der Zulassung zu öffentlichen Ämtern. Näheres nach deutschem Verfassungsrecht im → Wörterbuch zum Grundgesetz.

Religiöse Eidesformen können nach deutschem Verfassungsrecht nicht erzwungen werden (→ Eidesformel → Eidesverweigerung).

Religiöse Neutralität → Religionsfreiheit

Religiöse Vereinigungsfreiheit, eine spezielle Grundrechtsgewährleistung neben der allgemeinen → Vereinigungsfreiheit. Näheres nach deutschem Verfassungsrecht im → Wörterbuch zum Grundgesetz.

Religiöses Bekenntnis → Bekenntnisfreiheit

Remonstration → Gegenvorstellung

Renaissance (,Wiedergeburt'), im engeren historischen Sinne die Wiederbelebung klassisch-antiken Ideenguts und Lebensstils um die Wende von → Mittelalter zur → Neuzeit. Sozialgeschichtlich führte die R. zur Lockerung des → Feudalsystems im Zeichen zunehmenden bürgerlichen Selbstbewußtseins neben → Adel und → Klerus. Ausgangsland der R. war Oberitalien mit seiner entwickelten Stadtkultur; vom → Humanismus empfing die R. das geistige Fundament (→ Individualismus → Piccolomini).

Renegat (,Verleugner'), zur Zeit der → Türkenkriege Bezeichnung für einen zum Islam Übergetretenen; im kommunistischen Sprachgebrauch ein Abweichler von der Parteilinie.

Renovatio imperii Romani (Erneuerung des Römischen Reiches), eine mit → Karl d. Gr. aufkommende, sich im mittelalterlichen Staatsdenken verfestigende Vorstellung von der Wiederbelebung altrömischer Kaiserwürde, übertragen auf das deutsche Königtum (→ Reichsidee).

Rentenversicherung, als → Sozialversicherung eine gesetzliche Pflichtversicherung vor allem für unselbständig Beschäftigte. Die primär durch Beiträge der Versicherten und Arbeitgeber finanzierte Rente wird fällig insbesondere bei Invalidität oder Erreichen bestimmter Altersgrenzen. Ihre Höhe bemißt sich grundsätzlich nach Arbeitsverdienst und Dauer der Versicherungsmitgliedschaft (→ Generationenvertrag).

Renunziation, Thronverzicht (→ Abdankung).

Reparationen, Leistungen eines besiegten Staates an die Siegermacht zur Wiedergutmachung von Kriegsschäden (→ Demontage → Kontributionen → Londoner Schuldenabkommen → Versailler Vertrag).

Repatriierung, Wiedereinbürgerung von Emigranten im früheren Heimatstaat bzw. die Rückführung von → Kriegsgefangenen und → Flüchtlingen ins Vaterland (→ Emigration).

Repgow, Eike von (ca. 1180–1233), Verfasser des → Sachsenspiegels.

Repräsentantenhaus (House of Representatives), in den USA neben dem → Senat die Abgeordnetenkammer des → Congress (→ House of Commons → Impeachment).

Repräsentation als politische Idee und staatsrechtliches Institut unterscheidet sich von bloßer Stellvertretung insbesondere dadurch, daß der Repräsentant seine Entscheidungen frei vom Willen der Repräsentierten zu treffen vermag (→ Locke → Freies Mandat).

Repräsentativbefragung → Meinungsforschung → Mikrozensus

Repräsentative Demokratie, eine Verfassung der Volksherrschaft in Form der → Repräsentation (→ Freies Mandat → Mittelbare Demokratie → Identitäre Demokratie → Rätedemokratie → Plebiszitäre Demokratie → Direkte Demokratie → Bürgerinitiativen → Parlamentarismuskritik).

Repräsentatives Mandat → Freies Mandat

Repräsentativsystem → Repräsentative Demokratie

Repressalie, im Unterschied zur → Retorsion eine an sich völkerrechtswidrige Maßnahme, die im Einzelfall durch das → Gegenseitigkeitsprinzip gerechtfertigt wird. Mit der R. erwidert ein Staat den rechtswidrigen Akt eines anderen. Unter Beachtung des → Verhältnismäßigkeitsgrundsatzes sind als R. erlaubt z. B. das Einfrieren von Guthaben, die Nichterfüllung von Verträgen oder der → Boykott. Besondere Regeln gelten für die Reaktion auf völkerrechtswidriges Handeln im Kriege.

Repressiv, unterdrückend, hindernd.

Repressive Straftheorie, im Unterschied zur → Prävention eine Auffassung des Strafzwecks als Sühne für begangenes Kriminalunrecht.

Reprivatisierung, Rückführung von öffentlichem oder sozialisiertem Vermögen in Privateigentum.

Reptilienfonds, auf → Bismarck zurückgehende Bezeichnung für Geheimfonds der Regierung namentlich zur Beeinflussung der öffentlichen Meinung.

Republican Party → Democratic Party

Republik (res publica), nach heutigem staatsrechtlichen Sprachgebrauch ein Gegenbegriff zur → Monarchie. Wesensmerkmal der republikanischen Verfassung ist vor allem das zeitlich begrenzte Amt des Staatsoberhaupts, legitimiert unmittelbar oder mittelbar durch den demokratischen Souverän. Näheres nach deutschem Verfassungsrecht im → Wörterbuch zum Grundgesetz (→ Freistaat → Kant → Parlamentarische Republik → Präsident).

Republikanische Parteien entstanden teils im Kampf gegen die → Monarchie (z. B. in Frankreich und Italien), teils in Gegnerschaft zur Sklaverei (→ Republican Party).

Repudiation → Staatsbankrott

Requisitionen, Dienst- und Naturalleistungen, die nach → Kriegsrecht eine Besatzungsmacht im besetzten Gebiet zur Deckung ihrer Bedürfnisse einfordern kann (→ Kontributionen → Reparationen).

Rerum novarum, → Enzyklika von 1891 zur Arbeiterfrage.

Res judicata → Rechtskraft

Reservatio mentalis → Mentalreservation

Reservatrechte, im alten → Deutschen Reich die dem Kaiser allein vorbehaltenen Befugnisse (z. B. Gewährung von Privilegien und Standeserhöhungen); im → Kaiserreich bestimmte Sonderrechte, die sich vor allem die süddeutschen Staaten bei ihrem Beitritt zum Reich vorbehalten hatten.

‚Reservegewalt', nach britischer Verfassungstradition eine königliche Prärogative für den Fall des → Staatsnotstandes.

Resident → Ministerresident

Residenz, historisch der Sitz eines geistlichen oder weltlichen → Fürsten.

Residenzpflicht, die Rechtspflicht eines Amtsträgers, sich am Amtssitz dauernd aufzuhalten.

Resignation, Amtsverzicht (→ Renunziation).

Résistance (Widerstand), Bezeichnung der französischen Widerstandsbewegung gegen die deutsche Okkupation im 2. Weltkrieg (→ Maquis → Franc-Tireur).

Reskript (rescriptum), Verfügung des römischen Kaisers, später auch des Papstes zur Regelung eines Einzelfalls.

Resolution, Beschluß politischer Natur (→ Entschließung).

Resozialisierung des Straftäters gilt nach moderner Auffassung als wesentlicher Zweck des Strafens (→ Liszt → Maßregeln der Besserung und Sicherung).

Ressort → Portefeuille

Ressortminister, → Minister mit eigenem Geschäfts- und Entscheidungsbereich im Unterschied zu einem Kabinettsmitglied ohne Portefeuille.

Ressortprinzip, neben → Kanzlerprinzip und → Kabinettsprinzip ein Modell der Regierungsorganisation. Danach bleibt jedem Ressortminister eine Sphäre wesentlicher Eigenständigkeit gegenüber Regierungschef und Kabinettskollegium gewährleistet. Näheres nach deutschem Verfassungsrecht im → Wörterbuch zum Grundgesetz.

Restauration (Wiederaufrichtung), im politischen Sinne die Tendenz zur Wiederherstellung eines früheren Zustandes. Als Epochenbezeichnung vor allem die Zeit nach der → Französischen Revolution und der Abdankung → Napoleons I. (→ Heilige Allianz → Karlsbader Beschlüsse).

Restitution, im → Völkerrecht die Wiedergutmachung begangenen Unrechts durch Wiederherstellung des früheren Zustandes (Naturalrestitution) oder, falls dies nicht möglich ist, durch Leistung von Schadensersatz.

Restriktive Auslegung, einschränkende Interpretation eines Rechtsbegriffs (→ Auslegung).

Retorsion (Rückwendung), die Vergeltung eines völkerrechtswidrigen oder bloß unfreundlichen Aktes durch rechtmäßige Maßnahmen des betroffenen Staates, z. B. durch → Abbruch der diplomatischen Beziehungen (→ Repressalie → Acte peu amical).

Retorsionszölle, Kampfzölle eines Staates als Druckmittel gegen die außenhandelspolitische Diskriminierung seiner eigenen Exporte.

‚Rettungsschuß' → ‚Finaler Rettungsschuß'

Revanche pour Sadova, Rache für Königgrätz, d. h. für die diplomatische Niederlage Frankreichs im → Deutschen Krieg (1866). Das Schlagwort kennzeichnet auch den späteren französisch-deutschen Gegensatz.

Revanchismus, Tendenz einer auf Rache gerichteten Außenpolitik, vor allem nach militärischen Niederlagen (wie z. B. in nationalistischen Kreisen Frankreichs nach 1871, Deutschlands nach 1918).

Reverendissimus (Hochwürdigster), seit dem Mittelalter ein Ehrenname insbesondere von → Kardinälen.

Revirement, Umbesetzung diplomatischer Posten.

Revision, im Unterschied zur → Berufung ein → Rechtsmittel, das die Überprüfung der angefochtenen Entscheidung nur in rechtlicher, nicht in tatsächlicher Hinsicht eröffnet.

Revisionismus, allgemein die auf Änderung bestehender → Verfassungen oder → völkerrechtlicher Verträge gerichtete politische Tendenz. Spezielle Bezeichnung für die von → Lenin verworfene Richtung der internationalen → Arbeiterbewegung, grundlegende Thesen des → Marxismus im Lichte neuer Tatsachen zu überprüfen.

Revolte, im Unterschied zur → Revolution die Auflehnung unzufriedener kleinerer Gruppen gegen ein Regierungssystem (→ Aufstand → Rebellion).

Revolution (Umwälzung), im politischen Sinn die von → Evolution und → Reform zu unterscheidende fundamentale, meist gewaltsame Umgestaltung der Verfassungs- und Gesellschaftsordnung eines Staates bzw. der nachhaltige Versuch hierzu durch eine auf Umsturz gerichtete Bewegung (→ Französische Revolution → Oktoberrevolution → Glorious Revolution → Julirevolution → Februarrevolution → Märzrevolution → Industrielle Revolution → Kulturrevolution → Konterrevolution).

Revolutionsregime → Anerkennung als Staat

Revolutionstribunal, historisch das vom Wohlfahrtsausschuß der → Französischen Revolution installierte ‚Gericht' als Organ → jakobinischer Schreckensherrschaft (→ Guillotine).

Rex → König → Fürst → Interregnum

Rezeption (Aufnahme), in der kontinentaleuropäischen Geschichte vor allem die Übernahme des → Römischen Privatrechts seit dem 15. Jahrhundert. Auch nach Inkrafttreten des → BGB wirkt die R. durch zahlreiche kodifizierte Rechtsprinzipien fort (→ Humanismus → Corpus Iuris Civilis → Pandekten → Glossatoren → Postglossatoren).

Reziprozitätsklausel, völkerrechtliche Vertragsbestimmung, wodurch sich die Partner gegenseitig gleiche Behandlung zusichern (→ Gegenseitigkeitsprinzip).

Rheinbund (Confédération du Rhin), Zusammenschluß von ursprünglich 16 süd- und westdeutschen Fürsten, die sich in der Rheinbundakte vom → Deutschen Reich lossagten, unter dem Protektorat → Napoleons I. (1806–1813). Außer Rangerhöhungen erlangten viele Mitglieder des R. auch territoriale Gewinne zu Lasten mediatisierter → Reichsstände. Der R. zerfiel nach der → Völkerschlacht von Leipzig (→ Fürstprimas).

Rheinland-Pfalz, ein → Land der → Bundesrepublik Deutschland.

Richelieu, Armand-Jean du Plessis, Herzog von R. (1585–1642), französischer Kardinal und leitender Staatsmann. Gründer der Académie française. Führte die Vorverhandlungen zum → Westfälischen Frieden.

Richter sind im → Rechtsstaat unabhängige Amtsträger, denen die → rechtsprechende Gewalt anvertraut ist. Näheres nach deutschem Verfassungsrecht im → Wörterbuch zum Grundgesetz (→ Befähigung zum Richteramt → Objektivität → Gesetzlicher Richter → Lord-Chancellor).

Richterliche Unabhängigkeit, grundlegendes Kriterium des → Rechtsstaats, hat eine sachliche und persönliche Seite: Sachliche Unabhängigkeit bedeutet, daß der Richter – anders als der Beamte – weisungsfrei entscheidet. Persönliche Unabhängigkeit verbürgt vor allem die Unabsetzbarkeit und Unversetzbarkeit des Richters. Näheres nach deutschem Verfassungsrecht im → Wörterbuch zum Grundgesetz.

Richterlicher Haftbefehl → Freiheitsentziehung

Richterlicher Rechtsschutz → Rechtsweggarantie → Gesetzlicher Richter → Rechtliches Gehör → Justizielle Grundrechte → Rechtsstaat.

Richterliches Prüfungsrecht, die Befugnis des → Richters, die Vereinbarkeit einer entscheidungserheblichen → Rechtsnorm mit höherrangigem Recht zu überprüfen (→ Normenkontrolle). Näheres nach deutschem Verfassungsrecht im → Wörterbuch zum Grundgesetz.

Richtermonopol → Habeas-Corpus-Garantien

Richterrecht → Rechtsfortbildung → Freie Rechtsschule → Präjudizien → Case Law

Richterspruch → Rechtskraft

Richterstaat → Rechtswegestaat → Rechtsprechungsstaat

Richterwahl, die der Ernennung durch das Staatsoberhaupt vorausgehende Wahl der → Bundesrichter und → Bundesverfassungsrichter. Die R. ist bestimmten parlamentarischen bzw. föderalen Wahlgremien anvertraut. Näheres nach deutschem Verfassungsrecht im → Wörterbuch zum Grundgesetz.

Richtlinien der Ministerien sind für Behörden (nicht für Gerichte) bindende Verwaltungsvorschriften zur Durchführung von Gesetzen und Verordnungen, so z. B. die Einkommensteuer-Richtlinien des → Bundesfinanzministers.

Richtlinien der EU binden in erster Linie die Mitgliedstaaten der → EU (→ Europarecht).

Richtlinien der Politik innerhalb der → Bundesregierung zu bestimmen, ist das Vorrecht des → Bundeskanzlers, der kraft des → Kanzlerprinzips nicht lediglich ein → Primus inter pares ist. Näheres nach deutschem Verfassungsrecht im → Wörterbuch zum Grundgesetz.

Richtungsgewerkschaft → Einheitsgewerkschaft

Right of privacy, Recht auf Wahrung der Privatsphäre, ein Schutzgut des → Allgemeinen Persönlichkeitsrechts.

Rigorismus, die ethische Lehre → Kants, daß beim Handeln die Pflicht der Neigung vorzugehen hat.

Rigorosum, der mündliche Teil des Doktorexamens (→ Doctor → Promotion).

Risorgimento (Wiederaufstieg), Bezeichnung der vom → Liberalismus geprägten italienischen Einigungsbewegung, besonders in der Zeit vor der → Märzrevolution.

Ritter, in der römischen Republik ein Stand der Reiter (ordo equestra) mit bestimmten Zugangskriterien wie vor allem freie Geburt und Mindestvermögen. Der deutsche R. ist seit dem frühen Mittelalter ein Adelskrieger zu Pferde.

Ritterbürtige Leute → Heerschildordnung → Doctor

Rittergut, im alten → Deutschen Reich eine → Gutsherrschaft mit Eigenwirtschaft und erbuntertänigen Bauern, die dem ritterbürtigen Besitzer vom → Landesherrn übertragen war (→ Patrimonium).

Ritterorden → Deutscher Orden

Ritterschaft → Reichsritterschaft

Rittertum als gesellschaftlicher Stand entwickelte in seiner Blütezeit eigene sittliche Standards und Erziehungsideale, so insbesondere das Leitbild des wohlunterrichteten Weltmanns mit den Tugenden der Gerechtigkeit, Tapferkeit, Treue und Selbstbeherrschung. Hinzu traten die christlichen Schutzpflichten gegenüber Armen und Schwachen. Ritterliche Ideale haben auch das → Bürgertum geprägt (→ Gentleman).

Robespierre, Maximilien de (1758–1794), französischer Advokat und Revolutionär. Zunächst Vertreter des → Dritten Standes in den → Generalständen, später führend im → Jakobinerclub und → Wohlfahrtsausschuß. Verantwortlich für die Schreckensherrschaft, deren Verschärfung er selbst zum Opfer fiel (→ Französische Revolution → Radikalismus → Guillotine).

‚Röhmputsch', ein von → Hitler so genannter, historisch nicht nachweisbarer Putschplan des Stabschefs der → SA Ernst Röhm, der sich nach der → Machtergreifung im Gegensatz zum → Führer und zur → Reichswehr gebracht hatte. Hitler ließ Röhm, weitere SA-Führer und zahlreiche andere mißliebige Personen (u. a. den früheren Reichskanzler K. v. Schleicher) durch die → SS umbringen (30. 6. 1934) und die

Mordaktion wenige Tage später durch Reichsgesetz als ‚Staatsnotwehr' legalisieren.

Roi → Le roi est mort, vive le roi

Roi soleil (Sonnenkönig), Beiname → Ludwigs XIV.

Rom → Oströmisches Reich → Weströmisches Reich

Romantik als geistig-politische Tendenz wurzelt in einer vergangenheitsbezogenen, voraufklärerischen Gedankenwelt und richtet sich insbesondere gegen → Rationalismus, → Individualismus und → Liberalismus (→ Burke → Adam Müller → Mittelalter).

Romanum Imperium → Heiliges Römisches Reich Deutscher Nation

Römische Frage → Lateranverträge

Römische Kurie → Kurie

Römische Verträge, die 1957 in Rom unterzeichneten Gründungsabkommen der → Europäischen Wirtschaftsgemeinschaft und der → Europäischen Atomgemeinschaft (→ Europäische Gemeinschaften → Europäische Union).

Römischer König (Rex Romanorum), im alten → Deutschen Reich ein Titel des → Königs vor der Kaiserkrönung, später des gewählten Nachfolgers eines noch amtierenden → Kaisers.

Römisches Recht → Corpus Iuris Civilis → Rezeption

Römisches Reich, in der Antike der mit dem Erdkreis gleichgesetzte Herrschaftsbereich → Roms; seit Augustus, dem ersten römischen Kaiser, monarchisch verfaßt (→ Prinzipat → Heiliges Römisches Reich Deutscher Nation → Reichsidee).

Römisch-Katholische Kirche → Katholische Kirche

Roosevelt, Franklin Delano (1882–1945), US-Präsident von 1933 bis 1945 (→ Atlantik-Charta → Brain Trust → Jalta-Konferenz → New Deal → Vier Freiheiten).

Röpke, Wilhelm (1899–1966), deutscher Wirtschaftswissenschaftler (→ Dritter Weg).

Rota Romana, Gerichtshof der → Kurie, oberste Berufungsinstanz unter dem → Papst.

Rotationsprinzip im Sinne eines Austauschs von Mandatsträgern durch Nachrücker vor Ablauf der Wahlperiode verstößt gegen die Verfassungsnorm des → freien Mandats (→ Abberufbarkeit).

Rotchina, das kommunistische China als ostasiatische Hegemonialmacht des → Marxismus (→ Kulturrevolution → Mao Tse tung).

Rote Armee, Kurzbezeichnung der früheren sowjetischen Streitkräfte (‚Rote Arbeiter- und Bauernarmee').

‚Rote-Armee-Fraktion' → RAF

Rotes Kreuz → Internationales Rotes Kreuz → Genfer Konventionen → Neutralitätszeichen

Rotteck, Karl von (1775–1840), deutscher Staatswissenschaftler und Politiker, Vorkämpfer für → Konstitutionalismus und → Liberalismus (→ Physiologie des Staates).

Rousseau, Jean-Jacques (1712–1778), französisch-schweizerischer Staats- und Gesellschaftstheoretiker; Aufklärer und romantischer Kulturkritiker („Zurück zur Natur!"); philosophischer Wegbereiter der → Französischen Revolution. Nachhaltige intellektuelle Wirkung bis in die Gegenwart (→ Contrat social → Identitäre Demokratie → Urzustand).

Royalisten, Anhänger des Königtums, insbesondere der Stuarts in England und der Bourbonen in Frankreich (→ Monarchisten).

Rückkoppelung → Feedback

Rücktritt, ein Endigungsgrund für die Ämter des → Bundeskanzlers und der → Bundesminister. Näheres nach deutschem Verfassungsrecht im → Wörterbuch zum Grundgesetz.

Rückwirkungsverbote für belastende Gesetze sind teils ausdrücklich normiert (→ Nulla poena sine lege), teils folgen sie aus dem rechtsstaatlichen Prinzip des Vertrauensschutzes. Näheres nach deutschem Verfassungsrecht im → Wörterbuch zum Grundgesetz.

Rudolf I. von Habsburg (1218–1291), deutscher König und römischer Kaiser; Stammvater der Habsburger und Begründer ihrer Hausmacht (→ Habsburger → Interregnum).

‚Rumpfparlament', historisch das stark geschrumpfte Plenum der → Frankfurter Nationalversammlung; sie war im Zuge ihres Scheiterns nach Stuttgart übergesiedelt und wurde schließlich von der württembergischen Regierung aufgelöst.

Runder Tisch (‚Round table'), Symbol der Gleichrangigkeit, insbesondere bei internationalen Konferenzen.

Rundfunkfreiheit, ein aus der → Berichterstattungsfreiheit entwickeltes umfassendes Freiheitsgrundrecht des Hörfunks und Fernsehens. Näheres nach deutschem Verfassungsrecht im → Wörterbuch zum Grundgesetz.

Rüstow, Alexander (1885–1963), deutscher Gesellschafts- und Wirtschaftswissenschaftler (→ Dritter Weg).

Rüstungskontrolle → Abrüstung → Atomwaffensperr-Vertrag

Rütlischwur → Eidgenossenschaft

S

SA (Sturmabteilung), ein → paramilitärischer, nach dem → Hitlerputsch zeitweilig verbotener Verband der → NSDAP; vor der → Machtergreifung zur Terrorisierung politischer Gegner eingesetzt (→ Röhmputsch).

Saarland, seit 1957 ein → Land der → Bundesrepublik Deutschland aufgrund des deutsch-französischen Saarvertrags und der vorangegangenen Volksabstimmung, die den europäischen Status des S. im Rahmen der → WEU abgelehnt hatte.

Sabotage zu politischen Zwecken begeht insbesondere, wer sich im Auftrag fremder Mächte für Bestrebungen gegen den Bestand oder die Sicherheit des Staates einsetzt, indem er z. B. eine Anlage, die der Landesverteidigung oder dem Schutz der Zivilbevölkerung dient, vorsätzlich zerstört, beschädigt oder beseitigt.

Sacco di Roma, Plünderung und Verwüstung Roms (1527/28) durch führer- und soldlos gewordene kaiserliche Truppen im Krieg zwischen Karl V. und Franz I. von Frankreich; der Papst rettete sich mit knapper Not aus dem Vatikan in die Engelsburg.

Sachsen, ein → Land der → Bundesrepublik Deutschland (→ Freistaat).

Sachsen-Anhalt, ein → Land der → Bundesrepublik Deutschland.

Sachsen-Coburg-Gotha → Großbritannien

Sachsenspiegel, hochbedeutsames mittelalterliches → Rechtsbuch, eine Sammlung überlieferten ungeschriebenen Land- und Lehensrechts. Der z. T. auch im osteuropäischen Ausland zu gesetzesgleichem Ansehen gelangte S., ein Werk → Eike von Repgows, wurde u. a. zum Vorbild des → Schwabenspiegels (→ Heerschildordnung).

Sachsteuern → Objektsteuern

Sachverständige → Beweis

Sachverständigenrat zur Begutachtung der gesamtwirtschaftlichen Entwicklung (die ‚fünf Weisen'); ein seit 1964 tätiges, vom → Bundespräsidenten auf Vorschlag der → Bundesregierung berufenes Gremium unabhängiger Wirtschaftsexperten.

Sachzusammenhang → ‚Implied powers'

Sacra Rota Romana → Rota Romana

Sacrum Romanum Imperium → Heiliges Römisches Reich Deutscher Nation

Sadova → Revanche pour Sadova → Deutscher Krieg

Saint-Simon, Claude Henri de Rouvroy, Graf von (1760–1825), frühsozialistischer französischer Gesellschaftstheoretiker, der sich mit den Ausbeutungserscheinungen der entstehenden Industrialisierung auseinandersetzte. Der mit seinem Namen verbundene spätere Saint-Simonismus forderte u. a. Sozialisierung der Produktionsmittel und Abschaffung des Erbrechts.

Sakralkönigtum, vor allem die sakral begründete Herrschaft der → Karolinger (→ Gottesgnadentum).

Sakralrecht → Ius divinum

Säkular, weltlich, zeitgeistig, hundertjährig.

Säkularisation, eine rechtsgeschichtliche Erscheinungsform der → Säkularisierung, bezogen vor allem auf das Vermögen der → Kirchen. Nach einschlägigen Vorgängen in fränkischer Zeit und nach der → Reformation kam es, fundiert durch eine aufgeklärte Naturrechtsphilosophie, zur einschneidendsten S. beim Zusammenbruch des alten → Deutschen Reiches. Durch den → Reichsdeputationshauptschluß, der zur Einziehung des Vermögens von 4 Erzbistümern, 18 Bistümern und 300 Abteien pp. führte, wurden zugleich fast alle → geistlichen Territorialherrschaften beseitigt.

Säkularisierung, geistesgeschichtlich die Verweltlichung und Verwissenschaftlichung von früher religiös-metaphysisch verankerten Lebensbereichen in Staat, Gesellschaft und Kultur (→ Aufklärung → Politische Theologie).

Salier, ein Herrschergeschlecht seit → merowingischer Zeit, ursprünglich an der Mosel und Saar.

Salomo, König von Israel (ca. 970–930 v. Chr.), Vorbild eines weisen Herrschers nach altorientalischer Überlieferung.

Salomonisches Urteil, lebenskluge Entscheidung, anknüpfend an den alttestamentarischen Richterspruch → Salomos beim Streit zweier Mütter um ein Kind (1 Könige, 3,16 ff.).

SALT, Strategic Arms Limitation Talks: die 1969 begonnene Folge amerikanisch-sowjetischer Gespräche über Begrenzung und Abbau strategischer, insbesondere → atomarer Waffensysteme.

Salus publica suprema lex esto, das → Gemeinwohl sei oberstes Gesetz. Im Sinne dieser auf → Cicero zurückgehenden Herrschaftsmaxime bestimmt z. B. die Bayerische Verfassung, daß der Bayerische Staat dem Gemeinwohl dient (Art. 3).

Salvatorische Klausel, Vorbehalt bestimmter Rechte eines Partners internationaler → Abkommen.

Samtgemeinde, Zwischenstufe zwischen → Gemeinde und → Kreis (→ Gemeindeverbände).

Samtherrschaft → Condominium

Sanktionen, innerstaatlich vor allem die Rechtsfolgen von → Straftaten. Im → Völkerrecht besonders die militärischen und nichtmilitärischen Zwangsmaßnahmen der → UNO gegen Friedensbedrohung und Friedensbruch (→ Aggression → Permissivität → Pragmatische Sanktion).

Sansculotten (Sans-culottes), Männer ohne – aristokratische – Kniehosen. Seit der → Französischen Revolution abwertende Bezeichnung für egalitäre Republikaner.

Sartre, Jean-Paul (1905–1980), französischer Existenzphilosoph, Schriftsteller und politischer Agitator, dessen zunächst kritische Auseinandersetzung mit dem → Marxismus schließlich zum Versuch einer Rechtfertigung führt (→ Heidegger).

Satelliten (satellites), Trabanten nach dem lateinischen Wortsinn. Im politischen Sprachgebrauch sind S. großmachtabhängige Staaten (→ Ostblock).

‚Satisfaktionen', die lehensrechtlichen bzw. territorialen Zugeständnisse an Schweden und Frankreich zu Lasten des → Deutschen Reiches im → Westfälischen Frieden.

Satrap, Kronvasall oder Provinzstatthalter des antiken Perserkönigs.

Satzung, eine Form der Rechtsetzung insbesondere durch → Körperschaften, Anstalten und Stiftungen des öffentlichen Rechts (→ Autonomie → Gesetz → Rechtsnormen).

‚Säuberung', in totalitären Regimen gebräuchliche Methode der Entfernung politisch mißliebiger Personen aus ihren Stellungen, sei es durch Entlassung, Inhaftierung oder Mord.

Savigny, Friedrich Carl von (1779–1861), deutscher Rechtswissenschaftler; Begründer der → Historischen Rechtsschule.

Sbirren (‚Häscher'), abfällige Bezeichnung für Spitzel der politischen Polizei vor allem in der Zeit des → Risorgimento.

Schadensersatz → Entschädigung → Restitution

Schafott (‚Gerüst'), Richtstätte für Enthauptungen (→ Guillotine).

Schah (‚Herrscher'), Ehrenname insbesondere altpersischer Adeliger und indischer Mogule.

Schahinschah, Herrscher der Herrscher: Titel des früheren Kaisers von Persien.

Scham- und Sittlichkeitsgefühl → Öffentliches Ärgernis

Scharfrichter, zur Vollstreckung der Todesstrafe amtlich bestellter Henker.

Scharia (‚deutlicher Weg'), das auf Mohammed (ca. 570–632) zurückgehende, religiöses und weltliches Recht umfassende Gesetz des Islam.

Schattenkabinett, eine dem Zweiparteiensystem gemäße, in England traditionelle Liste kabinettsfähiger Mitglieder der Opposition für den Fall eines Regierungswechsels.

Schattenwirtschaft, die im Bruttosozialprodukt einer → Marktwirtschaft nicht erfaßte, z. B. durch Schwarzarbeit verborgene Wertschöpfung.

Schatzanweisungen, meist kurzfristige, durch Schatzscheine über Banken aufgenommene Staatskredite.

Schatzkanzler, Chancellor of the Exchequer: seit dem Mittelalter überliefertes britisches Amt; inzwischen Bezeichnung des für die Finanzen zuständigen Kabinettsmitglieds.

Schauprozesse, spektakuläre Pseudogerichtsverfahren besonders in kommunistischen und faschistischen Herrschaftssystemen. Die S. zielen auf Kaltstellung politischer Gegner und Einschüchterung noch schwankender Massen (→ Gehirnwäsche → Säuberung → Reichstagsbrand).

Scheidung, nach deutschem Recht die Auflösung einer gescheiterten Ehe durch rechtskräftiges Gerichtsurteil. Mit der S. entfallen insbesondere die Ehewirkungen des Erb- und Pflichtteilsrechts, wohingegen Namens- und Unterhaltsansprüche fortbestehen können.

Scheinlegalität → Machtergreifung

Scheler, Max (1874–1928), deutscher Philosoph. Gegen → Kants formalen Ansatz entwickelte S. eine materiale Wertethik, rangmäßig gestuft nach Werten des Angenehmen, des Edlen, des Schönen, des Rechten, der Wahrheit und des Heiligen.

Schenk → Hofämter

Schenk von Stauffenberg, Claus Graf (1907–1944), Generalstabsoffizier; im → Widerstand gegen den → Nationalsozialismus. Nach einem von ihm persönlich ausgeführten mißglückten Attentat auf → Hitler wurde S. standgerichtlich zum Tode verurteilt und sofort hingerichtet (20. 7. 1944).

Schenkungen → Konstantinische Schenkung → Pippinische Schenkung

Schenkungssteuer → Erbschaftssteuer

Scherbengericht → Ostrakismos

Schicht, gesellschaftliche Großgruppe mit gemeinsamen Merkmalen wie insbesondere Beruf, Einkommen, Denkungsart und Lebensform (→ Klassen).

Schiedsgerichtsbarkeit im zwischenstaatlichen Bereich ist – neben diplomatischen Maßnahmen und Anrufung internationaler Gerichte – eine traditionelle Einrichtung → friedlicher Streitbeilegung (→ Internationale Gerichtsbarkeit → Internationale Schiedsgerichtsbarkeit).

Schiedsgerichtshof → Haager Schiedshof

Schiedsmann, eine nicht zur Schiedsgerichtsbarkeit gehörende, in einzelnen → Bundesländern ehrenamtlich fungierende Person, die namentlich beim Sühneversuch im Verfahren der → Privatklage tätig wird.

Schiffahrtsvertrag → Freundschaftsvertrag

Schikaneverbot, Unzulässigkeit einer Rechtsausübung, die nur den Zweck hat, einem anderen zu schaden (→ Rechtsmißbrauch).

Schiller, Friedrich von (1759–1805), Dichter und Geschichtsschreiber. Schöpferischer Gedankenaustausch mit → Goethe. Gegen den → Absolutismus dramatischer Verfechter der Freiheitsidee.

Schisma (‚Spaltung'), kirchengeschichtlich vor allem die endgültige Trennung der Ostkirche von der → Katholischen Kirche (1054). Im Unterschied zur → Reformation kann trotz des S. die Einheit im Glauben erhalten bleiben.

Schleswig-Holstein, ein → Land der → Bundesrepublik Deutschland.

Schlichtung, arbeitsrechtliches Verfahren zur Verhinderung oder Beilegung von → Arbeitskämpfen. Das von → Gewerkschaften und → Arbeitgeberverbänden paritätisch beschickte Gremium verhandelt unter Vorsitz eines beiderseits genehmen neutralen Schlichters.

Schlieffenplan, ein außenpolitisch nicht abgesichertes militärisches Konzept des preußischen Generalfeldmarschalls Alfred Graf von Schlieffen (1833–1913) für den Fall eines Zweifrontenkriegs gegen Frankreich und Rußland. Nach dem S. sollten die deutschen Streitkräfte durch das neutrale Belgien auf Nordfrankreich vorstoßen, was England auf den Plan rufen mußte.

Schlußakte → Akte → KSZE

Schlußprotokoll, abschließendes → Protokoll diplomatischer Verhandlungsergebnisse; ein S. gehört zum auslegungsrelevanten Kontext des einschlägigen → Abkommens.

Schmid, Carlo (1896–1979), Rechtswissenschaftler und Politiker. Als Mitglied des → Parlamentarischen Rates hatte S. maßgeblichen Anteil an der Schaffung des → Grundgesetzes.

Schmitt, Carl (1888–1985), Rechtswissenschaftler und Staatstheoretiker. Autor glänzend geschriebener, ebenso wirkungsvoller wie umstrittener Thesen und Sentenzen. Veröffentlichungen u. a. über politische Romantik; Diktatur; Lage des heutigen Parlamentarismus; Verfassungslehre; Begriff des Politischen; Legalität und Legitimität; Staat, Bewegung, Volk; Wandlung des Kriegsbegriffs; Macht und Zugang zum Machthaber (→Dezisionismus → Freund-Feind-Formel → Organsouveränität → Politische Theologie).

Schmoller, Gustav von (1838–1917), Nationalökonom und → Kathedersozialist.

Schöffen, heute ehrenamtliche Laienrichter, die namentlich in Schöffengericht, Strafkammer, Schwurgericht und Jugendkammer mitwirken (→ Geschworene).

Schöffenbarfreie → Heerschildordnung

Schöffenspruch → Oberhof

Schopenhauer, Arthur (1788–1860), Philosoph. In seiner Metaphysik des → Pessimismus ist der Urwille als vernunftloses Drangprinzip die Ursache allen Leids, von dem in dieser ‚schlechtesten aller Welten' nur die Abtötung des Willens zum Leben endgültig erlöst. Fundament der Moral ist für S. das Mitleid des Menschen mit dem Leid von Mensch und Tier. Die monarchische Regierungsform sei dem Menschen die natürliche, ‚fast so, wie sie es den Bienen und Ameisen, den reisenden Kranichen, den wandernden Elefanten, den zu Raubzügen vereinigten Wölfen ... ist, welche alle einen an die Spitze ihrer Unternehmung stellen' (→ Irrationalismus → Nietzsche).

Schranken der Grundrechte → Grundrechtsbeschränkungen → Immanente Grundrechtsschranken

Schreckensherrschaft, historisch vor allem das blutige Regime (‚La Terreur') während der → Französischen Revolution (→ Jakobinerclub → Revolutionstribunal → Robespierre).

Schuld → Kollektivschuld

Schuldprinzip → Nulla poena sine culpa

Schule und Kirche, ein von geschichtlichen Wandlungen geprägtes Verhältnis. Im → Mittelalter trug die Kirche das Schulwesen fast allein (Dom-, Stifts-, Kloster- und Pfarrschulen). Seine Verstaatlichung vollzog sich im Zeichen von → Absolutismus und → Aufklärung. Dem von der → Restauration wiederbelebten kirchlichen Einfluß auf die Schule trat der → Liberalismus entgegen. Aus dem → Kulturkampf ergab sich die staatliche Aufsicht über das gesamte Schulwesen, später verfassungsrechtlich festgeschrieben in der → WRV. Die einschlägigen Bestimmungen hat das → Grundgesetz im wesentlichen übernommen.

Schulen → Öffentliche Schulen → Privatschulen

Schulhoheit → Kulturhoheit → Elternrecht

Schultheiß (‚der die Schulden einfordert'), im frühen Mittelalter ein Hilfsbeamter des Richters. Später u. a. Bezeichnung für Gemeindevorsteher, z. T. mit Aufgaben der → Niedergerichtsbarkeit.

Schumpeter, Joseph Alois (1883–1950), österreichischer Sozial- und Wirtschaftswissenschaftler. Tiefe Skepsis gegenüber Mensch, Gesellschaft, Staat. „Demokratie bedeutet Herrschaft durch Lüge", hat er mehrfach vermerkt.

Schußwaffengebrauch → ‚Finaler Rettungsschuß' → Recht auf Leben → Zwangsmittel der Polizei

Schutz → Diplomatischer Schutz

Schutzbrief, die schriftliche Zusicherung → freien Geleits.

Schutz- und Trutzbündnisse, die von → Bismarck am Ende des → Deutschen Krieges mit den süddeutschen Staaten (Baden, Bayern, Hessen-Darmstadt, Württemberg) abgeschlossenen, zunächst geheimen Abkommen. Darin verpflichteten sich die Vertragspartner für den Kriegsfall zur gegenseitigen militärischen Unterstützung und zur Übertragung des Oberbefehls an den König von Preußen.

Schutzgebiete, amtliche Bezeichnung der → Kolonien des deutschen → Kaiserreichs.

Schutzhaft hieß die nach dem → Reichstagsbrand aufgrund der → Notverordnung „zum Schutz von Volk und Staat" praktizierte vorbeugende Festnahme regimefeindlicher Personen.

Schutzmacht, je nach Zusammenhang entweder ein Staat als Gebietsherr über ein → Protektorat oder ein Staat, der im Auftrag eines anderen dessen diplomatisch-konsularischen Interessen wahrnimmt (→ Abbruch diplomatischer Beziehungen).

Schutzpflichten → Rittertum

Schutzstaffel → SS

Schutzzölle, eine dem Prinzip des → Freihandels widersprechende, den Schutz der inländischen Wirtschaft vor ausländischer Konkurrenz bezweckende Erhebung von → Zöllen (→ GATT).

Schwabenspiegel, spätere Bezeichnung der im 13. Jahrhundert entstandenen süddeutschen Rezeption des → Sachsenspiegels. Nicht ganz widerspruchsfrei verarbeitet der S. zugleich alemannisches, kanonisches und römisches Recht (→ Rechtsbücher).

Schwangerschaftsabbruch → Ethische Indikation → Eugenische Indikation → Soziale Indikation

Schwärmertum, im politischen Sinn z. B. jene → Utopien, die in der staatlichen Gemeinschaft ein Urübel sehen, das durch Rückkehr in den herrschaftsfreien Naturzustand überwunden werden müsse (→ Anarchismus → Goldenes Zeitalter).

Schwarz-rot-gold, die Farben der → Bundesrepublik Deutschland. Vorher die Reichsfarben der → Weimarer Republik. Ursprünglich die Farben der → Märzrevolution.

Schweigende Mehrheit, im politischen Sprachgebrauch eine mutmaßliche Meinungsmehrheit des Wahlvolks als polemische Entgegensetzung zur öffentlichen, von Minderheiten veröffentlichten Meinung.

Schweigerecht → Meinungsfreiheit → Zeugnisverweigerungsrecht

Schweiz → Eidgenossenschaft → Neutralitätserklärung

Schweizergarde, aus Schweizer Söldnern bestehende Truppe, seit Jahrhunderten im Dienste des Papstes (Guardia Svizzera Pontificia).

Schwellenland, ein → Entwicklungsland auf der Vorstufe zum → Industriestaat.

Schwellenmächte → Atommächte

Schwertadel, ursprünglich die Gesamtheit der → Ritter, später auch Bezeichnung für den militärischen → Briefadel.

Schwören → Eid → Eidesverweigerung → Geschworene

Schwurgericht, für Kapitalverbrechen zuständige Große Strafkammer, die in der Hauptverhandlung mit drei Berufsrichtern und zwei → Schöffen besetzt ist.

SD, Sicherheitsdienst; ursprünglich ein Nachrichtendienst der → NSDAP, später mit der → Gestapo zusammengelegt und an der → Endlösung der Judenfrage beteiligt.

SDI → Weltraumwaffen

SEATO, South-East Asia Treaty Organization. Der 1954 in Manila gegründete Südostasien-Pakt zur Abwehr des Kommunismus wurde 1975 aufgelöst.

Secret Service, der → Geheimdienst Großbritanniens.

Secretary of State, Amtsbezeichnung des Außenministers der USA.

SED, Sozialistische Einheitspartei Deutschlands: die 1946 gegründete, marxistisch-leninistisch ausgerichtete Staatspartei der → DDR; seit 1990 als Partei des Demokratischen Sozialismus (PDS) fortgeführt (→ Blockparteien).

Sedisvakanz (‚freier Stuhl'), Erledigung vor allem des päpstlichen oder eines Bischofsstuhls.

Seebeuterecht → Prise

Seeblockade → Blockade

Seefahrt → Freiheit der Meere → Handelsflotte

Seeräuberei → Piraterie

Seerecht → Hohe See → Küstenmeer → ‚Billige Flaggen'

Seelenmassage → Moral suasion

Seelsorge, die geistliche Betreuung von Menschen, unterfällt dem grundrechtlichen Schutzbereich der → Religionsfreiheit (→ Krankenhausseelsorge).

Segregation (‚Absonderung'), im engeren Sinn die Rassentrennung zwischen weißer und farbiger Bevölkerung (→ Apartheid → Negerfrage).

Seigneur, französische Bezeichnung für → Lehensherr oder → Grundherr (→ Monseigneur).

Sejm („Reichstag"), das Parlament der Republik Polen.

Sekten, religiöse Sondergemeinden, die sich, stets mit ausgeprägtem Sendungsbewußtsein, von Lehre und Kultus größerer Religionsgemeinschaften abgesetzt haben.

Sektierer, im sowjet-kommunistischen Sprachgebrauch gleichbedeutend mit Abweichlern von der Linie der Moskauer Parteiführung; als S. galten auch die Anhänger des → Maoismus.

Sektionschef, Abteilungsleiter in österreichischen Ministerien, vergleichbar dem deutschen Ministerialdirektor.

Sekundogenitur, im Unterschied zur reinen → Primogenitur der Vorbehalt bestimmter Rechte des Zweitgeborenen.

Selbstauflösung steht dem deutschen Bundesparlament nicht zu (→ Bundestagsauflösung).

Selbstbestimmungsrecht des Menschen → Menschenwürde → Freiheitsgrundrechte → Datenschutz → Informationelle Selbstbestimmung

Selbstbestimmungsrecht der Völker, ein neueres Institut des → Völkerrechts, das geistesgeschichtlich im Gedanken individueller Selbstbestimmung und im Nationalbewußtsein wurzelt. Ersten positivrechtlichen Ausdruck fand das S. in der → UNO-Satzung als „principle of self-determination" bzw. als „droit des peuples à disposer d'eux-mêmes". Angesichts der potentiellen Sprengkraft des S. bestimmt die Prinzipienerklärung der UNO-Generalversammlung von 1970, daß die territoriale Unversehrtheit und politische Einheit souveräner Staaten vom S. nicht angetastet werden darf. Eine gewaltsame Durchsetzung des Völkern oder Volksgruppen zustehenden S. ist daher nur in einer Notwehrsituation gerechtfertigt.

Selbstbindung des Staates bedeutet im → Rechtsstaat den Primat des Rechts vor der politischen Macht.

Selbstentfremdung des Menschen: ein von → Marx beklagtes Elend, das er revolutionär überwinden will, damit endlich der Sprung ins → ‚Reich der Freiheit' gelingt.

Selbstgenügsamkeit → Autarkie

Selbstherrscher → Autokratie

Selbsthilfe → Fehde → Rechtsfrieden

Selbstjustiz → Lynchjustiz

Selbstmord, besser: Selbsttötung, Freitod, Suizid. Eine extreme Form individueller → Selbstbestimmung durch mehr oder weniger gewaltsame Beendigung des eigenen Lebens. Je nach Kulturkreis, Religion und Motiven wird der S. ethisch verurteilt, toleriert oder gebilligt (→ Harakiri).

Selbstorganisation, ein Recht oberster Verfassungsorgane. Typisches Beispiel der S. ist die – historisch gegen die Krone errungene – Parlamentsautonomie (→ Autonome Rechte).

Selbstregierung des Volkes, eine Auffassung der → Demokratie im Sinne einer Identität von Regierenden und Regierten, wobei u. a. von gesellschaftlichen und ökonomischen Gegensätzen abstrahiert wird (→ Identitäre Demokratie).

Selbstversammlungsrecht des Parlaments → Selbstorganisation

Selbstverteidigung → Verteidigungsfall → Gerechter Krieg

Selbstverwaltung → Kommunale Selbstverwaltung → Akademische Selbstverwaltung

Senat (‚Rat der Alten'), im römischen Staat der Königszeit ein Beirat von → Patriziern (z. Z. der Republik durch würdige → Plebejer ergänzt), dessen Beschlüsse für die Exekutive verbindlich waren. Im → Congress of the United States die Kammer der Bundesstaaten neben dem → Repräsentantenhaus. In deutschen Stadtstaaten (Hamburg, Bremen,

Berlin) gleichbedeutend mit Landesregierung. An oberen und obersten deutschen Gerichten das erkennende Richterkollegium.

Senatssystem → Länderkammer

Seneca, Lucius Annaeus (gest. 65 n. Chr.), Philosoph der → Stoa.

Senior (‚der Ältere'), bei den Franken der Herr eines → Vasallen, später gebietsweise auch Bezeichnung für → Grundherr oder Bürgermeister.

Seniority Rule, Maßgeblichkeit des Dienstalters bei Stellenbesetzungen in Staatsdienst, Parlamentsausschüssen usw. (→ Anciennitätsprinzip).

Separatfrieden, Sonderfrieden zwischen einzelnen Kriegsparteien (→ Friedensvertrag).

Separation, Abtrennung eines Gebietsteils vom Staatsgebiet.

Separatismus, Tendenzen der → Separation zwecks Erlangung territorialer Autonomie oder des Anschlusses an einen anderen Staat.

Septennat (‚sieben Jahre'), im → Kaiserreich die von → Bismarck durchgesetzte, wegen Beschneidung des → Budgetrechts umstrittene siebenjährige Laufzeit des Militäretats.

Serenissimus (‚heiterster Herr'), ursprünglich Beiname des Göttervaters Jupiter, später auf die römischen Kaiser übertragen. Seit dem Spätmittelalter eine Titulierung (‚Durchlaucht') erst der → Kurfürsten, dann aller regierenden → Fürsten.

Serenissimus Augustus → Kaiser

Servitut (‚Dienstbarkeit'), im Völkerrecht die vertragliche Beschränkung der Gebietshoheit eines Staates zugunsten eines anderen, z. B. durch Gestattung des Durchzugs oder der Stationierung fremder Truppen.

Servus servorum Dei, Knecht der Knechte Gottes: traditioneller, zum Vorrecht erstarkter Demutstitel des → Papstes.

Sezession (‚Abspaltung'), Ausscheiden von Gebietsteilen aus dem bisherigen Staatsverband entsprechend dem Mehrheitswillen des betroffenen Volksteils.

Sezessionskrieg, der beiderseits verlustreiche amerikanische Bürgerkrieg zwischen den Südstaaten und dem Rest der Union, beendet durch Kapitulation der → Rebellenstaaten (1861–1865).

Sheriff (‚Bezirksgraf'), im alten England ein königlicher Amtsträger, z. T. mit richterlichen Funktionen. In den USA der gewählte Polizeichef eines Verwaltungsbezirks.

Sicheres Geleit → Freies Geleit

Sicherheit → Innere Sicherheit → Öffentliche Sicherheit → Internationale Sicherheit → Landesverrat → Rechtssicherheit → Kollektive Sicherheitssysteme

Sicherheit und Ordnung → Öffentliche Sicherheit → Öffentliche Ordnung

Sicherheitsdienst → SD

Sicherheitspolitik, Gesamtheit der Handlungen und Unterlassungen zur Gewährleistung der äußeren und inneren Sicherheit im nationalen und internationalen Bereich (→ Sicherheit).

Sicherheitsrat → UNO-Sicherheitsrat

Sicherheitsverträge → Politische Verträge

Sicherung → Maßregeln der Besserung und Sicherung

Sicherungsverwahrung → Justizvollzugsanstalt

Sichtvermerk, amtlicher Eintrag in einem → Paß, daß ein Staat die Einreise, Durchreise oder den Aufenthalt gestattet (Visum).

Sieben Weise, Philosophen und Staatsmänner des antiken Griechenlands vor → Perikles, denen bestimmte Maximen zugeschrieben werden (→ ‚Jedem das Seine').

Siebenjähriger Krieg um die Rückgewinnung Schlesiens, das → Preußen von Österreich streitig gemacht wurde (1756–1763). Der schließlich siegreiche → Friedrich II., der außerdem Rußland, Frankreich, Schweden, Sachsen und die meisten deutschen Reichsstädte gegen sich hatte, festigte Preußen als europäische Großmacht.

Siegel → Hoheitszeichen

Siegelbewahrer → Lordsiegelbewahrer

Siegermacht → Reparationen

Sieyès, Emmanuel Joseph, Graf (1748–1836), Geistlicher, Politiker und Schriftsteller. Mitglied der → Generalstände sowie des Konvents und Direktoriums der → Französischen Revolution. Einflußreicher Theoretiker des → Dritten Standes und des liberalen Prinzips.

Signatarmächte, Staaten, die ein → Abkommen unterzeichnet haben (→ Multilateraler Vertrag).

Simonie, der kirchenrechtlich verbotene Erwerb geistlicher Ämter gegen Geld; im weiteren Sinn auch die Verleihung geistlicher Ämter durch eine weltliche Macht (→ Investiturstreit).

Sine ira et studio (‚ohne Haß und Gunst'), seit der römischen Antike (Tacitus) ein Leitsatz strenger Objektivität für Historiker und Richter.

Sinekure (‚ohne Sorge'), ursprünglich eine → Pfründe ohne Amtspflichten; im übertragenen Sinn ein Salär ohne nennenswerte Arbeitslast.

Sintflut, nach biblischer Überlieferung die urzeitliche, alles Leben vernichtende, nur Noah mit seiner Arche verschonende große Flut. „Après nous le déluge" („Nach uns die Sintflut") soll Madame Pompadour (1721–1764), die Mätresse Ludwigs XV., nach der Niederlage des Königs bei Roßbach (1757) ausgerufen haben.

Sippe, die germanische Großfamilie als Rechts-, Friedens- und Schutzgemeinschaft. Diese Funktionen der S. wurden seit dem Mittelalter durch staatliche und kirchliche Institutionen abgelöst (→ Blutrache).

Sippenehre → Fehde

Sippenhaft, von totalitären Regimen angewandte Sanktionen gegen unbeteiligte Familienangehörige eines flüchtigen Verfolgten.

Sire, Kurzform von → Seigneur: ursprünglich Anrede hoher französischer Lehensträger, später dem König vorbehalten.

Sistierung, polizeiliche Verhaftung einer verdächtigen Person zur Feststellung der Personalien.

Sitten → Gute Sitten

Sittengesetz, eine Schranke des Grundrechts auf → freie Entfaltung der Persönlichkeit. Freilich ist es in der heutigen pluralistischen Gesellschaft schwierig, die Geltung sittlicher Normen als Ausdruck eines herrschenden moralischen Bewußtseins festzustellen. Näheres nach deutschem Verfassungsrecht im → Wörterbuch zum Grundgesetz.

Sittenlehre → Ethik

Sittenwidrigkeit, Verstoß gegen die → guten Sitten.

Sitzblockade, Form der → Demonstration, die eine öffentliche Straße für andere Verkehrsteilnehmer de facto sperrt. Die S. kann als nichtfriedliche, folglich unzulässige Ausübung des Grundrechts der → Versammlungsfreiheit gewertet werden.

Sitzungen des → Bundestags sind grundsätzlich öffentlich. Näheres nach deutschem Verfassungsrecht im → Wörterbuch zum Grundgesetz.

Sitzungsberichte → Wahrheitsgetreue Sitzungsberichte

Sitzungsperiode → Legislaturperiode

Sitzverteilung → d'Hondtsches Verfahren

Sklaven, im Eigentum eines Herrn stehende Unfreie. Viele Kulturkreise kennen in unterschiedlicher Form die Sklaverei, die z. B. den alten Römern als naturgegeben galt. Endgültige Abschaffung dieser Einrichtung erst 1865 in den USA (→ Freigelassene → Leibeigenschaft → Negerfrage → Loskauf → Rechtlosigkeit → Arbeit).

Sklavenmoral → Herrenmoral

Smend, Rudolf (1882–1975), deutscher Rechtswissenschaftler und Staatstheoretiker, der u. a. eine → Integrationslehre vorgelegt hat.

Smith, Adam (1723–1790), schottischer Wirtschaftswissenschaftler und Sozialphilosoph; ein Hauptwerk handelt über den Reichtum der Nationen (→ ‚Finger Gottes' → Freihandel).

Snob, englisches Wort wohl lateinischen Ursprungs (sine nobilitate, ohne Adel): ein Vornehmtuer, der durch sein Gebaren sich einer höheren Gesellschaftsschicht anzuähneln sucht.

Social engineering, Inbegriff sozialer Techniken zur Beilegung oder Milderung gesellschaftlicher Konflikte.

‚Socialpolitik' → Kathedersozialismus

Societas Jesu → Jesuitenorden

Societas leonina → Leoninischer Vertrag

Sokrates (470–399 v. Chr.), ein Urvater abendländischer Philosophie. Wegen angeblicher Gottlosigkeit zum Tode verurteilt, nahm S. den Giftbecher; die mögliche Flucht lehnte der Gefangene aus Gesetzestreue ab. Ironisches Fragen ist Methode der sokratischen Philosophie, die nur von seinen Schülern, → Platon vor allem, überliefert ist.

Soldat (‚soldato'), seit dem 17. Jahrhundert Bezeichnung des gegen Sold angeworbenen Kriegers; später allgemein für Angehörige der Streitkräfte (→ Arbeiter- und Soldatenräte → Kriegsdienstverweigerung → Wehrpflicht → Militär).

Soldateska, kriegerisches Gesindel ohne soldatische Zucht.

Söldner → Landsknechte

Solidarität, Gemeinsinn, Zusammengehörigkeitsgefühl, Füreinander-Eintreten. S. im Sinne der → Katholischen Soziallehre folgt dem Leitsatz „Einer für alle, alle für einen".

Solipsismus (‚Nur das eigene Selbst'), erkenntnistheoretisch die dem → Anarchismus verwandte Vorstellung, derzufolge allein das Ich mit seinen Gedanken die Wirklichkeit bestimmt, so daß eine objektive Welt außerhalb des Subjektiven nicht existiert. Der praktische S. radikalisiert sich schließlich zum moralischen Egoismus (→ Stirner).

Solitär (‚solitarius'), einsam lebend, nicht herdenhaft.

Sollen (vs. Sein), die religiöse, ethische oder juristische Forderung einer überindividuellen Instanz (Gott, Gewissen, Rechtsordnung, Tradition, Standesehre usw.).

Solon (ca. 640–560 v. Chr.), athenischer Gesetzgeber und Dichter. Einer der → Sieben Weisen.

Sonderabgaben, spezielle → öffentliche Abgaben, die weder → Steuern noch → Gebühren noch → Beiträge sind. Näheres nach deutschem Verfassungsrecht im → Wörterbuch zum Grundgesetz.

Sondergerichte → Ausnahmegerichte → Gerichte für besondere Sachgebiete

Sonderopfer → Aufopferungsansprüche → Enteignung

Sonderorganisationen nach der → UNO-Satzung sind u. a. vorgesehen für die Gebiete der Wirtschaft, des Sozialwesens, der Kultur, der Erziehung und der Gesundheit. So bestehen z. B. der Weltpostverein, die → UNESCO, die → FAO, die → ILO und das → GATT.

Sonderrechte → Privilegien

Sondervotum, abweichende Meinung (→ Dissenting opinion) eines Richters an einem obersten Gericht. Näheres nach deutschem Recht im → Wörterbuch zum Grundgesetz.

Sonnenkönig → Roi soleil

Sonntage sind als Tage der Arbeitsruhe und seelischer Erhebung besonders geschützt. Näheres nach deutschem Verfassungsrecht im → Wörterbuch zum Grundgesetz.

Sophisten (‚Weltweise'), historisch vor allem die von → Platon kritisierten berufsmäßigen Staats- und Naturrechtsphilosophen wie z. B. → Protagoras und Gorgias (→ Machttheorien).

Sorbonne, im 12. Jahrhundert gegründete Pariser Universität, benannt nach dem Domherrn Robert v. Sorbon. Die S. war im → Ancien Régime zunächst das theologische und kirchenrechtliche, später überhaupt das geistige Zentrum Frankreichs.

Souverän (‚superanus'), überlegen, herrschend.

Souveräne Gleichheit → Staatengleichheit

Souveränität, im staats- und völkerrechtlichen Verständnis die von keiner anderen Macht abgeleitete Hoheitsgewalt nach innen und außen (→ Bodin → Dekalog → Hobbes → Organsouveränität → Interdependenz → Nichtsouveräner Staat → Europäische Union).

Souveränitätsrechte gemäß der → Rheinbundakte sind: Gesetzgebung, obere Gerichtsbarkeit, Oberpolizei, → Konskription und Recht der Auflagen (→ Majestätsrechte).

Souveränitätsvertrag → Moskauer Vertrag

Sowjet (‚Rat'), ursprünglich der revolutionäre → Arbeiter- und Soldatenrat in Rußland („Alle Macht den Sowjets!"); nach → Lenin die politische Form der → Diktatur des Proletariats. Später als Oberster S. Bezeichnung des – faktisch vom → Politbüro abhängigen – ‚Parlaments' der → Sowjetunion (→ Rätedemokratie → Oktoberrevolution).

Sowjetblock → Ostblock

Sowjetkommunismus → Kommunismus → Marxismus → Leninismus → Politische Kommissare → Rote Armee → Sektierer

Sowjetunion, Union der Sozialistischen Sowjetrepubliken (UdSSR), flächengrößter Staat der Erde mit über 100 Völkern und Volksgruppen. In der letzten Verfassung (1977) wurde die → KPdSU nicht mehr als ‚Avantgarde des Proletariats', sondern als ‚Partei des gesamten Volkes' bezeichnet. Die S. existierte von 1922 bis Ende 1991 (→ Einparteiensystem → Nationalitätenpolitik → Glasnost → Perestroika).

Sozialabgaben, Beiträge zur → Sozialversicherung.

Sozialadäquates Verhalten kann ein Rechtfertigungsgrund sein: es erfüllt zwar die Merkmale eines strafrechtlichen Tatbestandes, verfällt aber aufgrund allgemeiner gesellschaftlicher Anerkennung keinem kriminellen Unwerturteil.

Sozialarbeit, berufsmäßige Tätigkeit in Fortentwicklung der früheren öffentlichen Fürsorge und Wohlfahrtspflege.

Sozialbindung des Eigentums bedeutet, daß → Privateigentum verpflichtet: sein Gebrauch soll zugleich dem Wohl der Allgemeinheit dienen. Näheres nach deutschem Verfassungsrecht im → Wörterbuch zum Grundgesetz.

Sozialdarwinismus → Darwinismus

Sozialdemokratische Partei Deutschlands → SPD → Godesberger Programm

Soziale Bewegungen → Arbeiterbewegung → Bürgerrechtsbewegung → Frauenbewegung

Soziale Frage, im engeren Sinne die aus der → industriellen Revolution entstandene wirtschaftliche und gesellschaftliche Problematik (→ Neue soziale Frage).

Soziale Gewalten → Intermediäre Gewalten

Soziale Grundrechte wie z. B. Recht auf Arbeit, Recht auf Wohnung, Recht auf Gesundheit oder Recht auf Bildung in der Verfassung festzuschreiben, ist eine gutgemeinte politische Forderung, die indessen um der Würde und Wirksamkeit wahrer Grundrechte willen keine Unterstützung verdient. S. G. würden dem vom → Sozialstaat umhegten Bürger effektiv nichts bringen, wohl aber die normative Kraft der Grundrechte insgesamt schwächen. Im Unterschied zu klassischen Grundrechten, denen der Staat jederzeit ohne weiteres entsprechen kann, würde die Aufnahme von S. G. zu einer Relativierung des Grundrechtsschutzes führen, da die Verwirklichung solcher Ansprüche von den jeweils verfügbaren öffentlichen Mitteln abhängt. Näheres zur Problematik im → Wörterbuch zum Grundgesetz.

Soziale Indikation, besondere Gründe wirtschaftlicher Art, die ausnahmsweise einen Schwangerschaftsabbruch rechtfertigen können.

Soziale Marktwirtschaft, ein in der → Bundesrepublik Deutschland praktiziertes Wirtschaftsmodell, das die → Marktwirtschaft für breite Schichten sozialverträglich machen soll (→ Dritter Weg).

Soziale Sicherheit, zentrales Ziel der Sozialpolitik. Es soll auch denen, die zu individueller Daseinsvorsorge außerstande sind, eine menschenwürdige Existenz zuteil werden. „Freiheit von Not" gehört u. a. zum Programm der → Atlantik-Charta und der allgemeinen → Menschenrechtserklärung.

Sozialenzykliken → Rerum novarum → Pacem in terris → Mater et Magistra → Populorum progressio

Sozialer Rechtsstaat, ein Staat, der – wie z. B. die → Bundesrepublik Deutschland – zugleich als → Rechtsstaat und → Sozialstaat verfaßt ist.

Soziales Königtum ist nach der Staatstheorie → Lorenz von Steins' eine innenpolitische Hauptaufgabe der Monarchie, um die sozial Schwachen in das Gemeinwesen zu integrieren.

Sozialeudämonismus, ein → Eudämonismus, der den Vorrang sozialen Nutzens gegenüber individuellen Glücksstrebens betont.

Sozialgerichtsbarkeit, die rechtsprechende Gewalt auf dem Gebiet des → Sozialrechts (→ Bundessozialgericht).

Sozialhilfe, neuerer Begriff für die früher als öffentliche Fürsorge bezeichnete Staatstätigkeit; sie war bereits vor Einführung des → Sozialstaatsprinzips von großer praktischer Bedeutung. S. umfaßt verschiedene Formen insbesondere materiellen Beistands zur Behebung individueller Notlagen. Näheres nach deutschem Staatsrecht im → Wörterbuch zum Grundgesetz.

Sozialimperialismus, eine politische Richtung im England des 19. Jahrhunderts. Sie fordert eine soziale Hebung vor allem der Arbeiter, ehe man von diesen verlange, sich für den → Imperialismus einzusetzen.

Sozialisierung, die Vergesellschaftung von Grund und Boden, Naturschätzen und Produktionsmitteln. Ihre Überführung in Gemeineigentum oder andere Formen der Gemeinwirtschaft ist nach deutschem Verfassungsrecht nur zulässig durch ein Gesetz, das Art und Ausmaß der Entschädigung regelt. Näheres über S. im → Wörterbuch zum Grundgesetz.

Sozialismus, im 19. Jahrhundert aufgekommene politische Bewegung mit unterschiedlichen ideologischen und organisatorischen Ausprägungen zwischen → Kommunismus und Sozialdemokratismus. Gemeinsames Grundanliegen des S. ist die Überwindung des → Kapitalismus zur Herbeiführung einer humaneren, auf mehr sozialer Gerechtigkeit beruhenden Gesellschaft (→ Frühsozialisten → Kathedersozialismus → Industrielle Revolution → Kollektivismus → Babeuf → Proudhon → Saint-Simon → Marx → Engels → Lassalle → Fabian Society → Neue Linke).

Sozialistengesetz, das von → Bismarck erreichte Ausnahmegesetz gegen „gemeingefährliche Bestrebungen der Sozialdemokratie", in Kraft von 1878–1890. Als politische Maßnahme ein Fehlschlag, verbot das S. insbesondere alle sozialdemokratischen, sozialistischen und kommunistischen Versammlungen, Vereine und Druckschriften.

Sozialistische Reichspartei → Extremistische Parteien

Soziallehre → Katholische Soziallehre

Sozialleistungen, unentgeltliche Darreichungen von Geld oder geldwerten Gütern durch die öffentliche Hand an bedürftige Personen (→ Soziale Sicherheit → Sozialhilfe).

Sozialpartner, die Parteien eines → Tarifvertrags.

Sozialpflichtigkeit → Sozialbindung des Eigentums

Sozialpolitik mit Geldern des staatlichen Sozialhaushalts umfaßt u. a. Zuschüsse zur → Sozialversicherung, Unterstützung von → politisch Verfolgten und → Flüchtlingen sowie Subventionen an förderungsbedürftige Gruppen (→ Soziale Sicherheit → Sozialhilfe → Gesellschaftspolitik).

Sozialprodukt im nationalökonomischen Sinn bezeichnet die wirtschaftliche Gesamtleistung eines Landes, d. h. den Geldwert aller Güter und Dienstleistungen, die von Inländern in einem bestimmten Zeitraum produziert wurden (Inländerprodukt).

Sozialrecht umfaßt namentlich folgende Gebiete: Sozialversicherungsrecht, Sozialhilferecht, Recht der Kriegsopferversorgung und Arbeitsförderung; im weiteren Sinn auch die Materien z. B. des Familienlastenausgleichs, der Jugendhilfe und der Ausbildungsförderung.

Hauptgegenstand des S. ist die soziale Sicherheit (→ Sozialgerichtsbarkeit).

Sozialstaatsprinzip, ein grundlegendes Strukturelement des Staates der → Bundesrepublik Deutschland. Zwar beschränkt sich das Grundgesetz auf eine bloß adjektivische Erwähnung („sozialer Bundesstaat' bzw. ‚sozialer Rechtsstaat'), doch ändert dies nichts an den einschlägigen Verfassungspflichten, deren Erfüllung von Legislative und Exekutive stets sehr ernst genommen wurde. Näheres über die Grenzen der Sozialstaatlichkeit nach deutschem Verfassungsrecht im → Wörterbuch zum Grundgesetz.

Sozialstatus → Leistungsgesellschaft → Prestige → Schicht

Sozialversicherung, gesetzliche Pflichtversicherung kollektiver Selbsthilfe insbesondere von Arbeitnehmern. Als Kranken-, Unfall-, Arbeitslosen- und Rentenversicherung schützt die S. gegen die entsprechenden Risiken einschließlich Invalidität, Alter und Tod. Die Versicherungsleistungen beruhen u. a. auf Beiträgen der Leistungsempfänger (→ Generationenvertrag → Ortskrankenkasse → Parafisci).

Sozialwissenschaft erforscht gegenwärtige und vergangene Strukturen von → Gesellschaften. Zur S. gehören insbesondere die Disziplinen der Soziologie, Politologie, Anthropologie und Ethnologie. Hinzu kommen Teilgebiete der Psychologie, Geschichte und Nationalökonomie.

Spann, Othmar (1878–1950), österreichischer Wirtschaftswissenschaftler und Sozialphilosoph. Vertreter einer ständestaatlichen (berufsständischen) Reform der Gesellschaft (→ Politische Romantik).

Spannungsfall, eine Vorstufe des → Verteidigungsfalls. Im S. wird u. a. die Anwendung von Notstandsrecht zulässig. Näheres nach deutschem Verfassungsrecht im → Wörterbuch zum Grundgesetz.

Sparta, von Dorern gegründeter, militärisch ausgerichteter altgriechischer Staat. Seit der Gründung des Attischen Seebunds (478 v. Chr.) in Dualismus zu Athen. Die Verfassung von S. diente u. a. → Platon und → Polybios als Modell (→ Periöken).

Spartacus, überragender Führer im römischen Sklavenaufstand (73–71 v. Chr.). Nach S. nahm Karl Liebknecht den Decknamen ‚Spartakus' an.

Spartakusbund, radikalsozialistische Gruppe um Karl Liebknecht (1871–1919) und Rosa Luxemburg (1871–1919). In der → Novemberrevolution forderte der S. eine → Rätedemokratie.

SPD, Sozialdemokratische Partei Deutschlands. Unter diesem Namen 1890 gegründet. Hervorgegangen aus dem Allgemeinen Deutschen Arbeiterverein (gegr. 1863), der Sozialdemokratischen Arbeiterpartei (gegr. 1869) und deren Zusammenschluß zur Sozialistischen Arbeiterpartei Deutschlands (1875). Nach dem Zusammenbruch des → Nationalsozialismus wiedergegründet, stellte die SPD die Bundeskanzler Willy Brandt (1969–1974) und Helmut Schmidt (1974–1982).

Speaker (‚Sprecher'), der vom → Unterhaus gewählte Leiter der Parlamentssitzungen; ferner auch der Vorsitzende des → Repräsentantenhauses der USA.

Spectabilität (‚Wohlansehnlichkeit'), traditionelle Anrede eines akademischen → Dekans.

Spencer, Herbert (1820–1903), englischer Sozialphilosoph. S. verurteilte jede staatliche → Sozialpolitik, forderte ein völliges → Laissez faire in Wirtschaft und Gesellschaft, prägte die Formel vom ‚survival of the fittest' (Überleben des Tüchtigsten).

Spenden → Parteispenden

Spengler, Oswald (1880–1936), geschichts- und kulturphilosophischer Schriftsteller. In seinem Hauptwerk „Der Untergang des Abendlandes" betrachtet er die sich ablösenden Kulturen der Weltgeschichte als Großorganismen mit einer Lebensdauer von ca. 1000 Jahren. Demnach hat das Abendland bereits die Phase seines zwangsläufigen Verfalls erreicht. Trotz (oder vielleicht wegen) des weitgehenden wissenschaftlichen Dilettantismus hatte das Buch in breiten intellektuellen Kreisen nachhaltigen Erfolg.

Sperrklauseln im Wahlgesetz sollen Splitterparteien ausschalten und regierungsfähige Parlamentsmehrheiten ermöglichen. Näheres zu ihrer verfassungsrechtlichen Zulässigkeit im → Wörterbuch zum Grundgesetz.

Sperrminorität, im → Kaiserreich die verfassungsrechtliche Absicherung der süddeutschen Staaten zur Wahrung der → Bundesstaatlichkeit.

Spezialprävention, eine kriminologische Theorie, wonach die strafrechtliche Sanktion den Verurteilten von weiteren Straftaten abhalten, ihn bessern und die Allgemeinheit vor ihm schützen soll (→ Generalprävention).

Spiegel → Fürstenspiegel → Sachsenspiegel → Schwabenspiegel

Spießbürger, ursprünglich ein nicht berittener ärmerer Bürger, der nur mit einem Spieß bewaffnet zu Felde zog. Heute pejorativ ein Mensch von beschränktem Horizont (→ Kleinbürger).

Spießrutenlaufen, eine im Zuge der → Aufklärung abgeschaffte militärische Disziplinarstrafe: der Verurteilte mußte mit entblößtem Oberkörper mehrfach durch eine enge Gasse von bis zu 300 Mann laufen, die mit Weidenruten auf ihn einschlugen, was nicht selten den Tod zur Folge hatte.

Spinoza, Benedictus de (1632–1677), niederländischer Philosoph, der in seinem theologisch-politischen Traktat „das Recht der Natur so weit erstreckt wie ihre Macht", weshalb auch „das Recht jedes Individuums so weit reicht wie seine Macht". Im übrigen hält S. die Demokratie für eine Herrschaftsform, die dem Naturzustand der Menschen noch am nächsten kommt.

Spionage, Ausforschen von politisch, insbesondere militärpolitisch bedeutsamen Verhältnissen, Vorgängen und Plänen im Auftrag einer fremden Macht (→ Geheimdienst → Militärischer Abschirmdienst → Politischer Agent → Landesverrat).

Spiritualien → Investiturstreit

Splendid isolation (Glänzende Absonderung), Formel für die englische Außenpolitik, die sich im Bewußtsein ihrer Stärke seit Lord Palmerston (1785–1865) bis Anfang des 20. Jahrhunderts von Bündnissen fernhielt (→ Isolationismus → Entente cordiale).

Splitterparteien → Sperrklauseln → Mehrheitswahl

Spoils system, Beutepraxis siegreicher Parteien bei der Vergabe wichtiger Staatsämter an Parteifreunde; zuerst in den USA hervorgetreten (→ Patronage).

Spontandemonstrationen, öffentliche Aufzüge ohne Beachtung versammlungsgesetzlicher Vorschriften, genießen ebenfalls den Grundrechtsschutz der → Demonstrationsfreiheit.

Sporteln, ehedem Gebühren für Amtshandlungen, die den beteiligten Amtsträgern zuflossen; sie wurden seit der → Aufklärung durch feste Bezüge ersetzt.

Sprache, z. B. die Muttersprache völkischer Minderheiten, darf nicht zur Benachteiligung durch die öffentliche Gewalt führen. Näheres nach deutschem Verfassungsrecht im → Wörterbuch zum Grundgesetz.

Sprachenstreit, historisch vor allem der Streit um die Amtssprachen in den Ländern der → Habsburger Donaumonarchie.

Sprachregelung, verbindliche Formulierungsempfehlung besonders bei außenpolitischen Stellungnahmen.

Spruchkammer → Entnazifizierung

SS (Schutzstaffel), aus der ‚Stabswache' zum Personenschutz → Hitlers hervorgegangener, machtvoller paramilitärischer Verband der → NSDAP mit enger Verbindung zu → Gestapo und → SD. Bei den → Kriegsverbrecherprozessen wurde die SS zur verbrecherischen Organisation erklärt (→ Reichsführer SS → Röhmputsch → Lebensborn → Konzentrationslager).

Staat im heutigen Sinne ist, ebenso wie das Wort ‚Staat' (stato, état, status, state, estado), eine eigentümliche Hervorbringung der → Neuzeit. Erst im Laufe des 18. Jahrhunderts hat sich die einschlägige Entwicklung konsolidiert (→ Staatsbegriff → Staatsentstehung → Staatsformen → Staatstheorien → Staatszwecke → Staatsfunktionen → Staatsorgane → Staatsrechtfertigung → Staatslehre → Staatsrecht).

Staat und Gesellschaft stehen sich als grundsätzlich verschiedene Funktionsfelder gegenüber, wenngleich der frühere schroffe Gegensatz von monarchischer Staatsgewalt und bürgerlicher Gesellschaft durch geschichtlichen Wandel überholt ist. Dadurch wurde jedoch die Unterscheidung beider Bezirke weder theoretisch noch praktisch gegenstandslos. Denn nach wie vor wird das – heute mit der Gesellschaft deckungsgleiche – Volk regiert; dessen Mitglieder freilich haben einklagbare Grundrechte gegenüber dem rechtsstaatlich-demokratisch verfaßten Staat.

Staat und Kirche → Staatskirchenrecht → Schule und Kirche

Staatenbund (Konföderation), im Unterschied zum → Bundesstaat eine auf völkerrechtlicher Vereinbarung beruhende dauernde Verbindung unabhängiger Staaten zum Schutz nach außen und zur Friedenswahrung im Inneren. Den Bundeszwecken dient eine ständige Organisation, doch hat der S. keine eigene Staatsgewalt. Die Souveränität liegt nicht beim Bund, sondern bei den Gliedern. Ein S. war z. B. der → Deutsche Bund (1815–1866).

Staatengemeinschaft → Europäische Union

Staatengleichheit, ein Prinzip bereits des klassischen Völkerrechts, ist in der → UNO-Satzung festgeschrieben: „Die Organisation beruht auf dem Grundsatz der souveränen Gleichheit aller ihrer Mitglieder."

Staatenimmunität, die völkerrechtliche Frage der Befreiung eines fremden Staates von deutscher Gerichtsbarkeit. Näheres hierüber im → Wörterbuch zum Grundgesetz.

Staatenlosigkeit, das unerwünschte Fehlen einer → Staatsangehörigkeit, kann u. a. eintreten durch → Ausbürgerung, antragsgemäße Entlassung aus der Staatsangehörigkeit, Eheschließung und Gebietswechsel (→ Doppelstaater).

Staatennachfolge, das Einrücken eines Staates in die völkerrechtliche Position eines anderen Staates, z. B. durch Gebietsabtretung. Eine derartige Rechtsnachfolge (Staatensukzession) liegt nicht vor, wenn zwischen beiden Staaten rechtliche Identität besteht. Dies war z. B. im Verhältnis Deutsches Reich/Bundesrepublik Deutschland der Fall.

Staatenpraxis, einheitliche internationale Übung, zugleich eine (nicht alleinige) Voraussetzung der Bildung von → Völkergewohnheitsrecht. Zur S. gehören alle von → Völkerrechtssubjekten im zwischenstaatlichen Verkehr gesetzten Akte. Davon zu unterscheiden ist die → Courtoisie.

Staatenstaat, eine historische Staatenverbindung, die z. B. im Verhältnis des → osmanischen Reiches zu seinen Vasallenstaaten in Geltung war. Beim S. herrscht ein ‚Oberstaat' über tributpflichtige, nichtsouveräne, nach innen selbständige ‚Unterstaaten' (Suzeränität).

Staatensukzession → Staatennachfolge

Staatenverbindung, ein Begriff, der auf völkerrechtlicher Ebene nach traditionellem Verständnis nicht sämtliche internationalen Beziehungen einschließlich der → Bündnisse und → Handelsverträge umfaßt, vielmehr nur dauernde zwischenstaatliche Vereinigungen besonderer politischer Natur. Als S. gelten, abgesehen vom → Bundesstaat, insbesondere der → Staatenbund, → der Staatenstaat, das → Protektorat, die → Personalunion und die → Realunion.

Staatenverbund → Europäische Union

Staatliche Einheit → Einheit und Freiheit Deutschlands

Staatsakte (Hoheitsakte) sind insbesondere → Rechtsetzungsakte, → Regierungsakte, → Verwaltungsakte und Entscheidungen der → rechtsprechenden Gewalt.

Staatsangehörigkeit, die mit Rechten und Pflichten verbundene Zugehörigkeit einer Person zu einem bestimmten Staatsvolk. Für den Erwerb der S. gilt in Deutschland und anderen kontinentaleuropäischen Staaten grundsätzlich das Abstammungsprinzip (Recht des Blutes, ius sanguinis). Demgemäß erwirbt z. B. ein eheliches Kind die deutsche Staatsangehörigkeit, wenn ein Elternteil Deutscher ist. Den Gegensatz hierzu bildet das besonders in Einwanderungsländern angewandte Territorialitätsprinzip (Recht des Bodens, ius soli), wonach die Geburt im Staatsgebiet Erwerbsgrund der S. ist (→ Doppelstaater → Staatenlosigkeit → Deutsche → Ausbürgerung → Einbürgerung).

Staatsanwalt, ein Amtsträger innerhalb der → Staatsanwaltschaft mit Befähigung zum Richteramt, aber ohne → richterliche Unabhängigkeit (→ Jurist → Generalstaatsanwalt).

Staatsanwaltschaft, die zur Strafverfolgung und Anklagevertretung vor Gericht zuständige, nach französischem Vorbild (Procureur de la République), geschaffene Justizbehörde, die bei hinreichendem Verdacht grundsätzlich von Amts wegen einschreiten muß. Hilfsorgan der S. ist die → Polizei (→ Legalitätsprinzip → Rechtspflege → Bundesanwaltschaft).

Staatsapparat, die Gesamtheit personeller, sächlicher und organisatorischer Mittel zur zweckrationalen Erledigung der Staatsaufgaben (→ Öffentliche Ämter).

Staatsaufgaben werden – im Unterschied zu den verfassungsrechtlich festgelegten → Staatszielbestimmungen – nach Art und Maß im Rahmen der Verfassungsordnung vor allem vom → Gesetzgeber definiert. Im deutschen – Bundesstaat liegt diese Kompetenz meistens beim Bund, während die administrative Durchführung größtenteils den → Ländern zusteht (→ Gemeinschaftsaufgaben).

Staatsaufsicht, die staatliche Kontrolle der Aufgabenerledigung durch kommunale Körperschaften. Die S. ist im Bereich der Selbstverwaltung auf Rechtsaufsicht begrenzt (→ Kommunale Selbstverwaltung → Gemeindeautonomie).

Staatsausgaben, die zur Finanzierung der Staatstätigkeit aus dem öffentlichen Haushalt abfließenden Mittel (→ Budgetrecht → Haushaltswirtschaft).

Staatsbanken besonderer Art sind die → Notenbanken und → Landeszentralbanken.

Staatsbankrott, der finanzielle Zusammenbruch eines Staates in Form offener (Repudiation) oder verdeckter Zahlungsunfähigkeit/Zahlungseinstellung, wogegen die in- und ausländischen Gläubiger machtlos sind.

Staatsbeamte → Beamte

Staatsbegräbnis, besonders ehrenvolle Beerdigung eines Toten, der sich um den Staat verdient gemacht hat.

Staatsbegriff, die Bestimmung der Kriterien, die ein politisches Gebilde erfüllen muß, um in der Völkergemeinschaft als Staat zu gelten. Die Zuerkennung der Staatsqualität hat bedeutsame rechtliche und politische Wirkungen. So können z. B. nur ‚Staaten' Mitglieder der → UNO werden. Aus praktischen Gründen empfiehlt sich ein möglichst abstrakter, wertneutraler, universaler Begriff unter Verzicht auf moralisch-normative Maßstäbe, also eine Definition, die sowohl freiheitliche Republiken als auch totalitäre Regime umfaßt. Für diese international-pragmatische Begriffsbestimmung ist die von → Jellinek entwickelte Drei-Elemente-Lehre nach wie vor nützlich. Danach erfordert die Staatsqualität einer politischen Macht dreierlei: ein → Staatsgebiet, ein → Staatsvolk und eine → Staatsgewalt (→ Historischer Staatsbegriff → Juristischer Staatsbegriff → Konkreter Staatsbegriff → Anerkennung als Staat).

Staatsbesuch, der bestimmten protokollarischen Regeln folgende Empfang insbesondere eines ausländischen → Staatsoberhaupts im Inland.

Staatsbewußtsein der Bürger gehört zu den gesellschaftlichen Vorbedingungen staatlicher Existenz.

Staatsbildungsprozeß → Physiologie des Staates

Staatsbürger, → Staatsangehörige im Vollbesitz → staatsbürgerlicher Rechte (→ Bürger).

Staatsbürger in Uniform, ein soldatisches Leitbild der freiheitlichen Demokratie (→ Innere Führung).

Staatsbürgerliche Rechte, die Teilhaberechte der → Staatsangehörigen an der → Staatswillensbildung und an der Ausübung von → Staatsfunktionen (→ Bürgerliche Ehrenrechte).

Staatsdienst, vor allem der → öffentliche Dienst in Bund und Ländern.

Staatsdoktrin → Doktrin

Staatsentstehung betrifft die von der → Staatsrechtfertigung zu unterscheidende Frage, wie und unter welchen Voraussetzungen in der Geschichte Staaten oder staatsähnliche Gebilde aufgekommen sind. Hierauf gibt es verschiedene Antworten entsprechend z. B. der → Gesellschaftsvertragstheorie, der → Patriarchaltheorie, der → Patrimonialtheorie und den → Machttheorien (→ Physiologie des Staates → Staatsgründung).

Staatsethik als Disziplin der Staatsphilosophie fragt nach der moralischen Berechtigung der jeweiligen staatlichen Normen und Aktivitäten.

Staatsexamen → Staatsprüfung

Staatsfiskus → Fiskus

Staatsflagge → Bundesfarben → Handelsflagge

Staatsformen, seit der griechischen Antike ein Hauptthema des Nachdenkens über den Staat (→ Polis). So unterscheidet → Aristoteles, jeweils in positiver oder negativer Ausprägung, die Herrschaft eines Einzelnen (→ Monarchie oder → Tyrannis), die Herrschaft der Wenigen (→ Aristokratie oder → Oligarchie) und die Herrschaft des Volkes (→ Demokratie oder → Ochlokratie). Demgegenüber lassen sich nach → Macchiavelli alle Herrschaftssysteme auf zwei Formen reduzieren, die entweder → Republiken oder → Fürstentümer sind (→ Absolute Monarchie → Konstitutionelle Monarchie → Parlamentarische Monarchie → Lehensmonarchie → Ständische Monarchie → Diktatur → Autokratie → Repräsentative Demokratie).

Staatsfremde → Ausländer → Fremdenrecht

Staatsfunktionen dienen der Erfüllung von Staatsaufgaben im weitesten Sinn. Dabei unterscheidet man im modernen Verfassungsstaat vor allem zwischen den Kategorien der → Gesetzgebung, der → Exekutive und der → Rechtsprechung. Die Ausübung der Gesetzgebungsfunktion hat in der Gegenwart durch unaufhörliche Normenproduktion zu einer Lage geführt, die einer Informations- und Geltungskrise des öffentlichen und privaten Rechts bedenklich nahekommt. Diese Überfunktion des Gesetzgebers gefährdet gleichermaßen die Würde des Gesetzes und die Rechtssicherheit der Bürger, hängt andererseits aber zusammen mit dem unersättlichen Normenhunger einer hochkomplexen Gesellschaft. Die Staatsfunktion der Exekutive umfaßt Regierung und Verwaltung. Regierung ist im Rahmen der Verfassung die leitende und einheitsstiftende Bestimmung der konkreten Staatspolitik. Hierzu gehören die entscheidenden Akte der → auswärtigen Gewalt und inneren Staatsführung, desgleichen die grundlegenden Interaktionen zwischen Parlament und Kabinett. Die Funktion der Verwaltung erschöpft sich auch im → Rechtsstaat nicht im gesetzestreuen Vollzug von Normen, vielmehr verfügt die Administration über einen Ermessensbereich aktiver Gestaltung besonders bei der → Daseinsvorsorge. Die den → Richtern anvertraute Staatsfunktion der Rechtsprechung unterscheidet sich grundlegend von der Aufgabe der Legislative: diese handelt rechtsetzend durch Schaffung abstrakt-genereller Normen, während jene die Rechtsnormen anwendet durch konkret-individuelle Entscheidungen. Im Unterschied zur Rechtsanwendung durch Verwaltungsbehörden entscheidet der unabhängige Richter in fremder Angelegenheit, während der Verwaltungsakt gleichsam in eigener Sache von weisungsgebundenen Beamten erlassen wird.

Staatsgebiet als Element des → Staatsbegriffs ist grundlegend für die Entwicklung neuzeitlicher Hoheitsmacht zum → institutionellen Flächenstaat. Mag es auch → Völkerrechtssubjekte ohne Territorium geben, so sind doch die heutigen Staaten ausnahmslos Territorialstaaten. Hingegen war die Zuordnung eines Teils der Erdoberfläche zu einem bestimmten Herrschaftsverband dem Altertum und Mittelalter fremd. Das vom → Völkerrecht näher abgegrenzte S. bildet die Grundlage der Gebietshoheit, d.h. der Herrschaft des Staates über alle Personen und Sachen in seinem Territorium unter Ausschluß fremdstaatlicher Hoheitsakte im → Inland (→ Lufthoheit → Abtretung von Staatsgebiet → Abweisung → Impermeabilität → Annexion → Okkupation → Nomadenstämme).

Staatsgefährdung → Innerer Notstand → Hochverrat → Landesverrat → Sabotage

Staatsgeheimnisse → Landesverrat

Staatsgerichtsbarkeit, nach älterem Sprachgebrauch gleichbedeutend mit Rechtsprechung in Verfassungsstreitigkeiten, z.B. zwischen Bund und Ländern. Das → Grundgesetz hat eine weitergehende → Verfassungsgerichtsbarkeit konstituiert.

Staatsgewalt, die gebiets- und volksbezogene Hoheitsgewalt als zentrales Element des → Staatsbegriffs. Diese oberste Herrschaftsmacht (suprema potestas) umfaßt insbesondere die Befugnis, das Verhalten von Menschen im Staatsgebiet rechtlich zu regeln und die staatlichen Gebote notfalls mit physischem Zwang durchzusetzen. Zwar erschöpft sich in hoheitlicher Herrschaft nicht das Potential moderner Staatsmacht, doch erfordert die Garantie von Frieden, Recht und Sicherheit im Staatsgebiet die Vereinigung aller Gewalt in hoheitlicher Hand. Eine so ungeheure, nach geschichtlicher Erfahrung zur Vermeidung von Bürgerkrieg, Einzelterror und unerlaubter Eigenmacht notwendige Machtakkumulation wird indessen im freiheitlichen Verfassungsstaat durch → Gewaltenteilung und → Grundrechtgarantien gebändigt (→ Hoheitliche Gewalt → Hobbes → Locke → Gewaltmonopol → Pouvoir constitué).

Staatsgrenzen → Enklave → Küstenmeer → Festlandsockel

Staatsgrundgesetz → Grundgesetz → Lex fundamentalis → Grundgesetz der BRD → Verfassung

Staatsgründung im historisch-sozialen Sinn ist zunächst ein außerrechtlicher faktischer Vorgang, der schließlich die Voraussetzungen des → Staatsbegriffs erfüllt (→ Staatsentstehung).

Staatshaftung (Amtshaftung) betrifft die Ausgleichspflicht für Schädigungen durch amtspflichtwidrige Handhabung der öffentlichen Gewalt. Nach deutschem Verfassungsrecht haftet letztlich der Staat, wenn jemand in Ausübung eines ihm anvertrauten öffentlichen Amtes die ihm einem Dritten gegenüber obliegende Amtspflicht verletzt. Näheres im → Wörterbuch zum Grundgesetz.

Staatshandelsländer, Bezeichnung für Länder mit staatlichem Außenhandelsmonopol entsprechend z. B. der Praxis im früheren → Ostblock.

Staatshaushalt → Budgetrecht → Haushaltsplan → Haushaltsgesetz

Staatshoheit → Hoheitliche Gewalt → Hoheitszeichen

Staatsideal → Idealstaaten

Staatsinterventionismus → Interventionismus

Staatskanzler, historische Amtsbezeichnung des Leiters der österreichischen Haus-, Hof- und Staatskanzlei (1742–1849), der vor allem als Außenminister in Erscheinung trat.

Staatskapitalismus, im Unterschied zum privaten → Kapitalismus ein politisches System, in dem der Staat gleichsam als Treuhänder des Volkes der Eigentümer aller wichtigen Produktionsmittel ist, über die er → planwirtschaftlich disponiert (→ Kommunismus → Kollektivismus).

Staatskasse, Gesamtheit der bei Behörden und Gerichten bestehenden Zahlstellen; auch Symbol der öffentlichen Finanzkraft (→ Staatsschatz → Juliusturm → Staatsvermögen).

Staatskirche, eine → Kirche, die besondere staatliche → Privilegien genießt oder gar als einzige im Staatsgebiet zugelassen ist (→ Neutralität).

Staatskirchenrecht, Gesamtheit insbesondere der verfassungs- und vertragsrechtlichen Normen, die das Verhältnis des Staates zu den → Kirchen regeln (→ Kirchenverträge → Konkordate → Religionsfreiheit).

Staatskommissar, ein Regierungsbeauftragter zur ausnahmsweisen Wahrnehmung von Kompetenzen eines im Normalfall zuständigen Staats- oder Selbstverwaltungsorgans (→ Bundeszwang → „Preußenschlag“).

Staatskredite → Schatzanweisungen → Staatsschulden

Staatskrise, die von einer Regierungs- oder Wirtschaftskrise zu unterscheidende Krise der Verfassungsordnung eines Staatsvolkes (→ Staatsnotstand).

Staatskunst, die Gesamtheit der Klugheitsregeln und Erfahrungssätze, die bei der Erfüllung von Staatsfunktionen zu beachten sind.

Staatslegitimation → Staatsrechtfertigung

Staatslehre → Allgemeine Staatslehre

Staatsleistungen, je nach Zusammenhang entweder die Darreichungen der öffentlichen Hand gemäß dem → Sozialstaatsprinzip oder die (oft historisch-gewohnheitsrechtlich begründeten) Finanzzuwendungen des Staates an die → Kirchen.

Staatsleitung → Regierung → Staatsfunktionen

Staatsmann, nach früherem Sprachgebrauch jeder, der sich in Praxis oder Wissenschaft mit Staatsdingen befaßte. Heute Bezeichnung für einen Politiker von herausragendem Rang.

Staatsmaschine, ein auf → Hobbes zurückgehendes Bild für den → Staatsapparat als kompliziert-seelenlosen Mechanismus.

Staatsmetaphysik → Metaphysische Staatstheorien → Rechtstheologie

Staatsminister, Amtsbezeichnung teils von Ministern der → Bundesländer, teils von → parlamentarischen Staatssekretären beim Bund.

Staatsmonopolistischer Kapitalismus → Stamokap

Staatsnatur → Natur des Staates → Naturlehren des Staates

Staatsnotrecht (ius eminens), die althergebrachte Berechtigung des Staates, im → Staatsnotstand die erforderlichen Notmaßnahmen auch ohne Gesetzesgrundlage zu treffen.

Staatsnotstand, eine durch äußere oder innere Ursachen schlagartig oder schleichend eingetretene Krise der Verfassungsordnung. Der → Ausnahmezustand kann insbesondere auf Kriegsereignissen, sozialen Unruhen und Naturkatastrophen beruhen. Für Fälle des S. gelten in Deutschland die Sonderbestimmungen der → Notstandsverfassung (→ Gemeinsamer Ausschuß → Innerer Notstand → Verteidigungsfall).

‚Staatsnotwehr' → ‚Röhmputsch'

Staatsoberhaupt, die Person an der Spitze des Staates. Je nach → Staatsform insbesondere ein → Monarch oder ein auf Zeit gewählter Präsident (→ Chef de l'Etat → Republik → Regierung → Bundespräsident).

Staatsorgane, Einzelpersonen oder Personengesamtheiten, denen die Erfüllung der → Staatsfunktionen obliegt. Nach dem → Grundgesetz wird die → Staatsgewalt durch besondere Organe der → Gesetzgebung, der → vollziehenden Gewalt und der → Rechtsprechung ausgeübt. Zu diesem Zweck sind durch Verfassung, Gesetz, Rechtsverordnung und Organisationsakt bestimmte S. mit bestimmten Kompetenzen errichtet.

Staatsorganisation im Ganzen ist Gegenstand verfassungsgesetzlicher Grundentscheidungen. S. ist z. B. Deutschland als → Bundesstaat konstituiert, wobei die Aufgaben und Befugnisse von Gesamtstaat und Gliedstaaten → föderalistisch abgegrenzt sind (→ Kommunale Selbstverwaltung).

Staatspartei, im Gegensatz zum freiheitlich-demokratischen → Mehrparteiensystem eine den politischen Prozeß allein bestimmende Einheitspartei, wie z. B. die → SED und die → KPdSU.

Staatsphilosophie, Gesamtheit der philosophischen Lehren vom Staat, insbesondere von seiner Entstehung, Form, Aufgabe und Legitimität (→ Platon → Aristoteles → Polybios → Cicero → Augustinus → Luther → Hobbes → Locke → Montesquieu → Kant → Marx → Carl Schmitt → Popper).

Staatsphysik → Physiologie des Staates

Staatspolizei → Politische Polizei

Staatspräsident, Titel des Oberhauptes einer → Republik (→ Staatsoberhaupt).

Staatsprüfung, im Unterschied zum Hochschulexamen eine von staatlichen Gremien abgenommene Prüfung besonders für den höheren Staatsdienst.

Staatsqualität → Staatsbegriff

Staatsräson (ratio status), ein auf → Machiavelli zurückgehendes Prinzip der ‚Staatsvernunft' im Sinne pragmatischer Maximen der Sicherung des Gemeinwesens und des Machterhalts, notfalls ohne Rücksicht auf Moral und Recht (→ Ragione di Stato → Realpolitik → Doppelmoral).

Staatsrat, in einzelnen Ländern wie z. B. in Frankreich (Conseil d'État) ein oberstes Verwaltungsgericht, zugleich Gutachterinstanz für Gesetzesvorhaben (→ Rat).

Staatsrecht, ein in der römischen Antike wurzelnder Zweig der Jurisprudenz, seit dem 17. Jahrhundert in Deutschland als → Ius publicum zunehmend gepflegt. Nachdem später die Gesamtrechtsordnung in die Hauptkategorien des → Privatrechts und → Öffentlichen Rechts unterteilt wurde, galt als Staatsrecht im weiteren Sinn namentlich auch das → Völkerrecht und → Kirchenrecht. Nach heutigem Verständnis ist S.

im engeren Sinn nicht nur, aber doch primär das → Verfassungsrecht eines Staates (→ Allgemeines Staatsrecht).

Staatsrechtfertigung betrifft die Legitimation der Herrschaftsordnung des politischen Verbandes. Nach → Aristoteles bedarf der Mensch als gesellschaftliches Wesen (zoon politikon) der hoheitlich verfaßten, rechtlich ausgeformten Gemeinschaft, weil er nur in ihr seine sittliche Persönlichkeit voll zu entfalten vermag. Der einzelne als Mängelwesen und folglich seine Verwiesenheit auf Gemeinschaft rechtfertigen den Staat auch bei → Thomas von Aquin und → Pufendorf. Andererseits gelangen, trotz ähnlicher Ausgangspunkte, → Marx und → Lenin zur Forderung einer nichtstaatlichen, nachstaatlichen Gemeinschaftsordnung ohne hoheitliche Gewalt (→ Staatsentstehung → Metaphysische Staatstheorien → Anarchismus).

Staatsreligion ist namentlich der Islam in zahlreichen → nahöstlichen Ländern.

Staatsromane, literarisch-fiktionale Darstellungen von Staatsformen und Staatsfunktionen, oft mit einem (idealen) Herrscher als Held (→ Fürstenspiegel).

Staatsschatz, Finanzreserven des Staates (→ Juliusturm → Schatzkanzler).

Staatsschulden insbesondere zur Deckung von Haushaltsdefiziten sind u. a. kurzfristige Schatzwechsel, mittelfristige Kassenobligationen und langfristige Anleihen.

Staatsschutz → Verfassungsschutz

Staatsschutzdelikte → Politische Delikte → Opportunitätsprinzip

Staatsseele, eine Kollektivseele nach dem Ebenbild der Individualseele neben dem → Staatswillen, wie es die → Organismustheorie sieht.

Staatssekretäre, oberste Fachbeamte der Ministerien (→ Parlamentarische Staatssekretäre → Politische Beamte).

Staatsservitut → Servitut

Staatssicherheitsdienst (SSD, Stasi), die nach sowjetischem Vorbild eingerichtete → politische Polizei der → DDR. Ihr oblag insbesondere die Überwachung der Bevölkerung sowie Spionage und Gegenspionage, was mit einem Heer hauptamtlicher und sog. inoffizieller Mitarbeiter betrieben wurde (→ Sicherheitsdienst).

Staatssouveränität, im Unterschied zur Fürsten- und Volkssouveränität die souveräne Gleichheit der Staaten auf der Ebene des → Völkerrechts (→ Souveränität → Staatengleichheit).

Staatssozialismus, Sammelbegriff für bestimmte Lehren des 19. Jahrhunderts, durch Reformmaßnahmen im Sinne eines ‚Sozialismus von oben' die → soziale Frage zu lösen (→ Kathedersozialismus → Soziales Königtum).

Staatssoziologie, die staatsbezogene Untersuchung der gesellschaftlichen Faktoren u. a. von Herrschaft, Macht und Legitimität.

Staatssterben → Absterben des Staates

Staatsstreich (coup d'État), im Unterschied zur → Revolution und zum → Putsch ein ‚von oben' unternommener Umsturz der verfassungsmäßigen Regierungsstruktur im Staat (→ Napoleon I. → ‚Preußenschlag').

Staatssymbole → Flagge → Nationalflagge → Nationalhymne → Bundesfarben

Staatstheorien suchen seit alters das Wesen des Staates zu bestimmen, was im Gang der politischen Ideengeschichte zu den unterschiedlichsten Deutungen führte. So hat man z. B. den Staat als Organismus im großen analog zum Menschen als Organismus im kleinen sich vorgestellt (→ Gierke). Ganz anders eine Sicht des Staates als reine Rechtserscheinung; danach wird die staatliche Gemeinschaft konstituiert durch eine „normative, das gegenseitige Verhalten einer Vielheit von Menschen regelnde Ordnung" (→ Kelsen). Eine geisteswissenschaftlich ausgerichtete Theorie wiederum fragt nach der „Vergemeinschaftung der individuellen Willen zur Wirkungseinheit eines Gemeinwillens" und erblickt das Wesen des Staates in der dauernden Integration „geistiger Lebensvorgänge" (→ Smend). Diese und etliche andere

Theorien erfassen Aspekte des Gesamtphänomens, das in seiner komplexen Vielgestaltigkeit je nach Blickwinkel die verschiedensten Züge zeigt (→ Organismustheorie → Metaphysische Staatstheorien → Relative Staatstheorie → Reine Rechtslehre → Integrationslehre).

Staatstypen innerhalb der historischen und gegenwärtigen Vielgestaltigkeit von Herrschaftsformen werden erkennbar durch vergleichende Bestimmung wichtiger gemeinsamer Merkmale unter Vernachlässigung relativ nebensächlicher Besonderheiten (→ Staatsformen → Rechtsstaat → Repräsentative Demokratie → Rätedemokratie → Nationalstaat).

Staatsumwälzung, gewaltsame Veränderung des Regierungssystems, der Staatsform oder der gesamten Verfassungsordnung (→ Revolution → Staatsstreich → Putsch).

Staatsuntergang im völkerrechtlichen Sinn folgt weder aus einer gelungenen → Revolution noch aus einem geglückten → Staatsstreich noch aus einer → Debellation. Vielmehr geht ein souveräner Staat nur unter (sieht man vom Aussterben der Bevölkerung und vom Versinken eines Inselstaates ab) durch → Fusion mit anderen Staaten, durch → Dismembration und durch → Annexion.

Staatsunternehmen → öffentliche Unternehmen → Regiebetrieb

Staatsutopien → Idealstaaten → Platon → Campanella → Morus

Staatsverbrechen → Hochverrat → Landesverrat → Attentat

Staatsverfassung → Verfassung → Grundgesetz

Staatsvergottung → Metaphysische Staatstheorien

Staatsverträge, innerhalb eines → Bundesstaates die unter Mitwirkung des Parlaments geschlossenen Vereinbarungen eines Landes (oder mehrerer Länder) mit dem Bund oder der Länder untereinander. Im zwischenstaatlichen Verkehr Bezeichnung für → völkerrechtliche Verträge (→ Clausula rebus sic stantibus → Pacta sunt servanda).

Staatsverwaltung, die Erledigung administrativer Aufgaben unmittelbar durch staatliche Behörden oder mittelbar durch → juristische Personen des öffentlichen Rechts (→ Vollziehende Gewalt → Gesetzmäßigkeit der Exekutive).

Staatsvolk, die Gesamtheit der → Staatsangehörigen als wesentliches Element des → Staatsbegriffs. Vom klar abgrenzbaren S. zu unterscheiden ist der juristisch unscharfe und politisch brisante Begriff der → Nation (→ Nationalstaatsprinzip). Das S. ist der demokratische Souverän, von dem nach dem GG alle → Staatsgewalt ausgeht.

Staatswappen → Staatssymbole

Staatswillensbildung als Entscheidungsprozeß der zuständigen → Staatsorgane vollzieht sich namentlich im Bereich von Parlament und Regierung nicht ohne eine gewisse → Rückkoppelung an die repräsentierte Gesellschaft (→ Politische Willensbildung → Parteienstaatliche Demokratie → Öffentliche Meinung → Kontrolle der Regierung → Intra-Organkontrollen).

Staatswirtschaft, eine andere Bezeichnung für → Finanzwirtschaft als Erkenntnisobjekt der Finanzwissenschaft.

Staatswissenschaft, ein auf V. L. v. Seckendorff (1626–1692) zurückgehender Terminus; sein Hauptwerk „Teutscher Fürstenstaat" handelt von der „hohen Wissenschaft vom Staat". Der ursprünglich weite Begriff der S. umfaßte u. a. die inzwischen verselbständigten Disziplinen der → allgemeinen Staatslehre, des → öffentlichen Rechts und der → Verwaltungslehre. Im heutigen, ökonomisch verengten Sinn bedeutet S. vor allem Volkswirtschaftslehre und Finanzwissenschaft.

Staatszielbestimmungen sind Verfassungsdirektiven, die – wie z. B. das → Sozialstaatsprinzip des GG – namentlich den Gesetzgeber auf ein bestimmtes Programm verpflichten. Als verbindliche Richtlinien staatlichen Handelns sind sie auch bei der → Rechtsanwendung zu beachten.

Staatszwecke als Legitimationsgründe hoheitlicher Herrschaft wurden in der Geschichte sehr unterschiedlich definiert. Einige Beispiele mögen dies verdeutlichen. Nach → Aristoteles soll das Gemeinwesen die Tugend und das Glück der Menschen befördern, es soll Gerechtigkeit und vollkommenes Leben gewährleisten. Auch für → Cicero ist die Gerechtigkeit eine vorrangige Staatsaufgabe. Dagegen setzt → Hobbes andere Akzente: Da die Menschen sich im staatsfreien Zustand wie reißende Wölfe gegenüberstehen, hat der Staat zuvörderst für Frieden, Ordnung und Sicherheit im Zusammenleben zu sorgen. → Fichte hinwiederum weist dem Staat → insbesondere sozialpolitische Aufgaben zu: er soll unangemessene Vermögensverteilung korrigieren dürfen, um jeden Leistungsfähigen „in sein Eigentum erst einzusetzen". Eine auf → Hegel zurückgehende Staatszwecklehre erklärt optimale Machtgewinnung zum höchsten Ziel. Dieser Machtmetaphysik tritt die von → Kant begründete Philosophie des Rechts entgegen. Sie verpflichtet den Staat zur Schaffung von Institutionen, die unverbrüchlich garantieren, daß Recht vor Gewalt geht. Im Innern soll der freiheitliche Rechtsstaat den Machtstaat ablösen wie nach außen eine Art Weltverfassungsstaat die internationale Anarchie. Einen gänzlich anderen Staatszweck betont die Wohlfahrtstheorie, mit masseneudämonistischen Zügen auf Kosten individueller Freiheit. Problematisch, weil Tugendliebe leicht in Tugendterror umschlagen kann, sind auch gewisse ethische Theorien des Staatszwecks. Danach soll der Staat die Sittlichkeit verwirklichen, wenn er nicht gar, wie bei Hegel, als die „Wirklichkeit der sittlichen Idee" gedacht wird (→ Staatsrechtfertigung).

Stab → Insignien → Krisenstab

Stabilitätspolitik → Geldentwertung → Magisches Viereck

Stabilitätszuschlag dient der zeitweiligen Stillegung von Kaufkraft zur Bekämpfung des Preisanstiegs (durch einen Zuschlag zur → Einkommensteuer und → Körperschaftssteuer). Näheres nach deutschem Verfassungsrecht im → Wörterbuch zum Grundgesetz.

Stadt, eine größere Gemeinde, der → Stadtrecht verliehen wurde. Die Ursprünge der Stadtkultur liegen in Asien (→ Freistadt → Hansestädte → Offene Stadt → Polis).

Stadtadel → Patrizier

Stadtguerilla, im Untergrund operierende Gruppen, die ihre militanten bzw. terroristischen Ziele unter dem Schutz großstädtischer Anonymität verfolgen (→ Guerilla).

Stadtherr, im Mittelalter ein weltlicher → Großer oder → Bischof, dem über eine Stadt die Gerichtsbarkeit sowie das Markt-, Münz- und Zollrecht zustand (→ Landesherr).

Stadtkreis → Kreis

Stadtluft macht frei, eine mittelalterliche Rechtsregel, wonach → Unfreie frei wurden nach einer bestimmten Zeit des unangefochtenen Aufenthalts in der Stadt.

Stadtmauern → Pfahlbürger

Stadtrat → Gemeinderat → Beigeordnete → Patrizier

Stadtrecht, im Mittelalter das vom lehensrechtlichen Reichsrecht zu unterscheidende Sonderrecht einer Stadt, beruhend auf Gewohnheit, Privileg oder Satzung. Heute ist S. lediglich das Recht einer Gemeinde, sich Stadt zu nennen.

Stadtrechtsfamilien, nach einem gemeinsamen Vorbild (z. B. Lübeck oder Magdeburg) entstandene → Stadtrechte (→ Oberhof).

Stadtrepubliken, im Mittelalter politisch autonome, keinem → Stadtherrn unterstehende Großgemeinden wie z. B. Genua, Pisa und Venedig.

Stadtschreiber (Ratsschreiber), historisch ein zunächst schriftkundiger, später rechtskundiger Leiter der städtischen Kanzlei. Dem S. oblag vielfach auch die Aufzeichnung von → Stadtrechten.

Stadtstaaten, → Staaten, deren Gebiet durch die Grenzen einer Stadt bestimmt wird, wie z. B. die antike → Polis oder die heutigen Hansestädte Bremen und Hamburg.

Städtebaupolitik umfaßt so vielgestaltige Tätigkeitsfelder wie z. B. Bauleitplanung, Wohnungspolitik, Straßenbau und Standortpolitik einerseits sowie Stadtsanierung, Verkehrsberuhigung und Baudenkmalpflege andererseits.

Städtekollegium, die ständische Vertretung der Reichs- und Bischofsstädte im → Reichstag des alten → Deutschen Reiches.

Stahl, Friedrich Julius (1802–1861), Rechtsphilosoph und Politiker. Als Staatstheoretiker christlich-konservativer Prägung stand er insbesondere gegen → Rationalismus und → Liberalismus. Den Staat führte er auf göttlichen Ursprung zurück (→ Gottesgnadentum → Metaphysische Staatstheorien).

Stalin, eigentlich J. W. Dschugaschwili (1879–1953), sowjetischer Parteiführer und Revolutionär. Seit 1929 Alleinherrscher in der Sowjetunion. Gewaltsame Kollektivierung der Landwirtschaft. Brutale Säuberungsaktionen (1935–1939) führten zur Vernichtung aller mutmaßlichen Gegner vor allem in Partei, Armee und Staatsapparat (→ Jalta-Konferenz → Marx → Kulaken → Moskauer Prozesse → Kollektivierung → Personenkult).

Stalin-Hitler-Pakt → Hitler-Stalin-Pakt

Stalinismus, Gesamtheit der ideologischen, regierungstechnischen und außenpolitischen Elemente der Gewaltherrschaft → Stalins (→ Marxismus-Leninismus).

Stamm, eine durch gleiche Abstammung, Sprache und Bräuche geprägte, aus Sippenverbänden und Gefolgschaften bestehende, zu hoheitlichem Herrschaftsverband entwicklungsfähige Frühform von Siedlungsgemeinschaften (→ Tribalismus).

Stammesherzogtümer der → Franken, Bayern, Lothringer, Sachsen und Schwaben bildeten eine Art Vorstufe des alten → Deutschen Reiches (→ Herzog → Reichsadel → Reichsfürst).

Stamokap, Staatsmonopolistischer Kapitalismus, eine auf → Lenin zurückgehende, später u. a. von der → DDR aufgegriffene Bezeichnung für die Spätphase des → Kapitalismus (→ Staatskapitalismus).

Stand, historisch-politisch eine in sich geschlossene gesellschaftliche Gruppe, gekennzeichnet vor allem durch gleiche Herkunft, Bildung, Lebensform und hoheitliche Teilhabe. Zu den älteren Ständen zählen namentlich der → Adel, die → Geistlichkeit und das → Bürgertum (→ Dritter Stand → Berufsstände → Landstände → Reichsstände → Immediatstände → Klassen → Schicht).

Standeserhöhungen → Reservatrechte

Standesgerichtsbarkeit → Ehrengerichte

Standesherren, die vor ihrer → Mediatisierung reichsunmittelbaren → Fürsten und → Grafen (→ Ebenbürtigkeit).

Ständestaat, die seit dem späten Mittelalter bis zum 17. Jahrhundert in Deutschland und anderen Ländern vorherrschende Staatsform. Der ständischen Monarchie, die das → Feudalsystem ablöste, fehlte noch die einheitliche → Staatsgewalt, wie sie mit dem → Absolutismus entstand. Im S. verfügte der → Landesherr nur über bestimmte Befugnisse; die Stände (Adel, Geistlichkeit, Städte) waren aus eigenem Recht an der Ausübung hoheitlicher Gewalt beteiligt. Dem historischen S. nur bedingt vergleichbar sind praktische und theoretische Modelle in neuerer Zeit, das parlamentarische System durch berufsständisch gegliederte Machtträger zu ersetzen (→ Reichsstände → Landstände → Moderner Staat → Gesetzgebende Gewalt → Obrigkeit → Othmar Spann).

Standgericht, ein im Kriegszustand nach Standrecht entscheidendes Sondergericht, dessen Urteile (z. B. standrechtliche Erschießung) sofort vollstreckbar sind (→ Ausnahmegerichte).

Ständiger Internationaler Gerichtshof, der von 1920 bis 1946 existente, vom → Völkerbund errichtete Gerichtshof; Vorläufer des → Internationalen Gerichtshofs.

Ständiger Schiedsgerichtshof → Haager Schiedshof

Ständische Monarchie → Ständestaat

Standrecht → Standgericht

Stasi → Staatssicherheitsdienst

State Department → Auswärtiges Amt

Statistische Erhebungen → Datenschutz

Statthalter, ständiger Vertreter des Staatschefs in einem bestimmten Gebiet, so z. B. der S. des deutschen Kaisers im Reichsland Elsaß-Lothringen (1879–1918).

Status, Stand, Rechtsstellung, Rang (→ Leistungsgesellschaft).

Status activus, Inbegriff der dem → Staatsbürger zustehenden politischen Mitwirkungsrechte.

Status civilis, im naturrechtlichen Verständnis der Staat bzw. die staatsgebundene Stellung des einzelnen.

Status civitatis, das altrömische Bürgerrecht.

Status libertatis, die bürgerliche Freiheit nach altrömischem Recht, die insbesondere den → Sklaven versagt war.

Status naturalis, der Naturzustand im Gegensatz zum → Status civilis.

Status negativus, Gesamtheit der Freiheitsrechte gegenüber dem Staat (→ Grundrechte).

Status positivus, die dem Einzelnen zustehenden sozialrechtlichen Leistungsansprüche.

Status quo, der jetzige Zustand (→ Peaceful change).

Status quo ante, die frühere Lage vor einer bestimmten Veränderung.

Statut → Satzung → Besatzungsstatut → Ortsstatut

Statute Law → Common Law

Statutum in favorem principum, Reichsgesetz von 1232 zu Gunsten der weltlichen und geistlichen → Fürsten, die hier erstmals als → Landesherren (domini terrae) bezeichnet werden (→ Confoederatio cum principibus ecclesiasticis).

Staufer, nach der Stammburg Hohenstaufen benanntes schwäbisches Herrschergeschlecht; es stellte die deutschen Könige und Kaiser von 1138 bis 1254 (→ Friedrich I., Barbarossa).

Stauffenberg → Schenk von Stauffenberg

Stäupen, mittelalterliche Prügelstrafe, die an der Staupsäule vollstreckt wurde (→ Pranger).

Steckbrief, die u. a. in Fahndungsblättern abgedruckte Aufforderung an alle Behörden, einen mit → Haftbefehl gesuchten, im S. nach Person und Tat näher beschriebenen Delinquenten festzunehmen.

Stehendes Heer → Miles perpetuus → Miliz

Stein, Karl, Reichsfreiherr vom und zum (1757–1831), preußischer Jurist und Reformpolitiker. Fortwirkende Bedeutung u. a. durch die von ihm durchgesetzte → Bauernbefreiung und die → Selbstverwaltung der Städte.

Stein, Lorenz von (1815–1890), Rechts- und Staatswissenschaftler. Gegen kommunistische Lehren der Vergesellschaftung des Kapitals, woraus für ihn nur neue Versklavung erwächst, fordert S. ein → soziales Königtum über den Klassen zur Lösung der → sozialen Frage (→ Staatssozialismus).

Stellvertreterkrieg, Bezeichnung für militärische Auseinandersetzung zwischen → Satelliten oder großmachtunterstützten kleineren Mächten.

Sterbehilfe als lebensverkürzender Beistand kann nach deutschem Recht strafbar sein (Tötung auf Verlangen); ausnahmsweise bleibt S. straflos, wenn dem Sterbenden ein qualvoller Tod erspart werden soll (→ Euthanasie).

Steuer(n), die finanzwirtschaftlich wichtigste Kategorie → öffentlicher Abgaben. Rechtlich sind S. einmalige oder laufende Geldleistungen, die nicht eine Gegenleistung für eine besondere Leistung darstellen und die von einem öffentlich-rechtlichen Gemeinwesen zur Erzielung von Einkünften allen auferlegt werden, bei denen der Tatbestand zutrifft, an den das Gesetz die Leistungspflicht knüpft. Soweit die Besteuerung im Staat der → Industriegesellschaft als Mittel der Sozialgestaltung und Wirtschaftsintervention eingesetzt wird, tritt der herkömmliche Steuerzweck, zur Erfüllung der allgemeinen Staatsaufgaben Einkünfte zu erzielen, oft völlig in den Hintergrund (→ Gesellschaftspolitik → Interventionismus).

Steueraufkommensverteilung → Ertragshoheit

Steuerbelastung → Steuergerechtigkeit → Steuermoral → Steuerwiderstand

Steuerberater, nach näherer gesetzlicher Regelung berufene Berater und Vertreter in allen Steuerangelegenheiten einschließlich Steuerstrafsachen.

Steuerbewilligungsrecht bezweckte zur Zeit des → Ständestaats und des → Konstitutionalismus, die Ausgabelust des Monarchen zu zähmen. Demgegenüber neigen die Parlamente des → Sozialstaats zu übergroßer Ausgabefreudigkeit, was zu finanzverfassungsrechtlichen Kontrollbefugnissen der Regierung geführt hat (→ Landstände → Budgetrecht).

Steuereingriffe, sind im → Rechtsstaat an strenge Voraussetzungen gebunden. Insbesondere unterliegen sie dem → Vorbehalt des Gesetzes und dem Grundsatz der → Gesetzmäßigkeit der Steuerverwaltung.

Steuererfindungsrecht

Näheres nach deutschem Verfassungsrecht im → Wörterbuch zum Grundgesetz.

Steuererfindungsrecht, das (bestrittene) Recht des Gesetzgebers, im Rahmen der Steuergesetzgebungshoheit neue, von der Verfassung nicht benannte Steuern einzuführen.

Steuerertragshoheit, im → Bundesstaat die Zuordnung des nationalen Steueraufkommens namentlich im Verhältnis von Gliedstaaten und Gesamtstaat. Näheres nach deutschem Verfassungsrecht im → Wörterbuch zum Grundgesetz.

Steuerflucht, das Ausweichen vor der inländischen Steuerlast durch Verlagerung z. B. von Wohnsitz oder Kapital in steuergünstigeres Ausland.

Steuergeheimnis, im Unterschied zu bestimmten grundrechtlich geschützten Geheimbereichen bezeichnet S. die durch einfaches Gesetz statuierte Amtspflicht zur Geheimhaltung aller im Zuge des Besteuerungsverfahrens bekanntgewordenen Verhältnisse einer Person. Das S. ist ein notwendiges Gegengewicht zu den umfassenden Offenlegungspflichten im modernen Steuerstaat.

Steuergerechtigkeit betrifft – über das im → Rechtsstaat selbstverständliche Gebot gleicher Rechtsanwendung hinaus – die substantielle Frage, ob der Gesetzgeber durch unmittelbaren Rückgriff auf die Idee der → Gerechtigkeit praktikable Maßstäbe für eine ‚gerechte' Zumessung der Steuerlast, insbesondere für die Gestaltung des progressiven Einkommensteuertarifs gewinnen kann. Hier ist größte Skepsis geboten. Was Gerechtigkeit ist, scheint diesseits des Abstrakten und Formalen keine Philosophie zwingend feststellen zu können. Näheres zur Problematik im → Wörterbuch zum Grundgesetz.

Steuergerichtsbarkeit → Finanzgerichtsbarkeit

Steuergesetze → Steuereingriffe

Steuergesetzgebungskompetenzen sind im → Bundesstaat zwischen Gliedstaaten und Gesamtstaat aufgeteilt. Näheres nach deutschem Verfassungsgerecht im → Wörterbuch zum Grundgesetz.

Steuergewalt, die abgabenwirksame Seite der einheitlichen → Staatsgewalt. Im → Rechtsstaat ist diese eingriffsintensive Macht gebändigt namentlich durch den → Vorrang der Verfassung, den → Vorbehalt des Gesetzes, die → Gesetzmäßigkeit der Verwaltung und die → Rechtsweggarantie.

Steuerhoheit → Steuergewalt → Steuerertragshoheit → Steuergesetzgebungskompetenzen

Steuermoral, ein anderes Wort für Steuerehrlichkeit, die, ähnlich wie die → Steuerflucht, in besonderer Weise mit dem Grad der Steuerbelastung korrespondiert.

Steuerpacht, die Einziehung von Steuern nicht durch obrigkeitliche Organe, sondern durch private Unternehmer gegen Entrichtung eines Pachtzinses, so z. B. im absolutistischen Frankreich.

Steuerpolitik, die besteuerungsrelevanten Maßnahmen der → Finanzpolitik.

Steuerrecht, eine vom Verwaltungsrecht herkommende, zunehmend verselbständigte Teildisziplin des → Öffentlichen Rechts (→ Finanzrecht).

Steuerschwache Länder → Finanzausgleich

Steuerstaat wurde der → moderne Staat insofern, als er seine umfassenden inneren und äußeren Aktivitäten im wesentlichen durch → Steuern finanziert.

Steuerstrafrecht, ein Spezialgebiet des → Strafrechts, bezogen auf die Ahndung krimineller Zuwiderhandlungen gegen Steuergesetze (z. B. Steuerhinterziehung, Steuerhehlerei, gewerbsmäßiger Schmuggel).

Steuerverfassung, Gesamtheit der Verfassungsnormen über → Steuergesetzgebung → Steuerverwaltung → Finanzgerichtsbarkeit → Steuerertragshoheit und → Finanzausgleich.

Steuerverwaltung (Finanzverwaltung) ist im → Bundesstaat von der Verfassung auf Bund und Länder verteilt (→ Finanzbehörden → Steuereingriffe).

Steuerwiderstand, Inbegriff legaler und illegaler Verhaltensweisen gegen das Steuerzahlen, das seit eh und je mit Unlustgefühlen verbunden war. Hinzu kommt angesichts extrem hoher Steuerquoten heutiger Staaten die Empfindung der Betroffenen, daß die Steuerlast vom Gesetzgeber mehr oder weniger willkürlich festgesetzt wird (→ Steuerflucht → Steuermoral → Steuergerechtigkeit).

Stichentscheid, die ausschlaggebende Stimme bei Stimmengleichheit in Entscheidungsgremien, z. B. die Stimme des Regierungschefs, wenn nach dem → Kabinettsprinzip entschieden wird.

Stichwahl, die auf ergebnislose Wahlgänge folgende entscheidende Wahl (z. B. eines Staatspräsidenten), die nach verschiedenen Modellen rechtlich ausgestaltet sein kann (→ Ballotage).

Stifte, seit dem → Mittelalter mit großem Grundbesitz begabte, z. T. zur → Reichsunmittelbarkeit aufgestiegene körperschaftsähnliche Vereinigungen von Geistlichen insbesondere eines → Domkapitels oder → Klosters.

Stiftung des öffentlichen Rechts, eine zur Erfüllung bestimmter Verwaltungsaufgaben mit Vermögen ausgestattete → juristische Person des öffentlichen Rechts (z. B. die Stiftung Preußischer Kulturbesitz).

Stimmen → Mehrheiten

Stimmgewicht → Pluralwahlsystem

Stimmkreis → Wahlkreis

Stimmrecht, im demokratischen Sinn die Befugnis von Staatsbürgern, an → Abstimmungen teilzunehmen (→ Plebiszit).

Stirner, Max, eigentlich Kaspar Schmidt (1806–1856), Philosoph eines extremen Individualismus nach dem Motto: „Mir geht nichts über Mich." Von → Marx und → Engels scharf kritisiert (→ Anarchismus → Solipsismus).

Stoa (‚Säulenhalle'), um 300 v. Chr. von Zenon begründete griechisch-römische Philosophenschule, die in ihrer jüngeren Ausprägung durch → Epiktet, → Seneca und → Marc Aurel auf die politische Ethik der Neuzeit eingewirkt hat. Stoische → Kardinaltugenden sind Menschlichkeit, Selbstbeherrschung, Gerechtigkeit und Tapferkeit. Der wahre Staat soll weltumfassend sein mit Gleichheit aller vor dem göttlichen Gesetz.

Stockschläge (Rutenhiebe) → Prügelstrafe → Spießrutenlaufen → Züchtigungsrecht

Strafanzeigen können von jedermann erstattet werden. Bei zureichendem Tatverdacht sind auch anonyme S. zu beachten (→ Legalitätsprinzip).

Strafarten → Todesstrafe → Leibesstrafen → Freiheitsstrafe

Strafbare Handlungen → Straftaten

Strafbefehl, schriftliche strafrichterliche Verfügung, die ohne Hauptverhandlung auf Antrag der Staatsanwaltschaft bestimmte gesetzliche Sanktionen (keine Freiheitsstrafe) festsetzen kann.

Strafen als Sanktionen für kriminelles Unrecht dürfen im → Rechtsstaat nur durch → Richter aufgrund → fairen Verfahrens auferlegt werden (→ Nulla poena sine lege → Nulla poena sine culpa).

Strafexpedition, besonders zur Zeit des → Kolonialismus eine Vergeltungsaktion als Antwort auf Unbotmäßigkeiten oder Ausschreitungen der Eingeborenen (→ Expedition).

Strafgerichtsbarkeit, die → rechtsprechende Gewalt in Strafsachen (→ Ordentliche Gerichtsbarkeit → Schöffen → Schwurgericht → Bundesgerichtshof).

Strafgesetze unterliegen strengen → rechtsstaatlichen Bestimmtheitsgeboten sowie absoluten Rückwirkungs- und Analogieverboten (→ Nulla poena sine lege). Auch muß die gesetzliche Strafdrohung in einem angemessenen Verhältnis zur Schwere der Tat und zum Verschulden des Täters stehen (→ Nulla poena sine culpa).

Strafmilderungsgründe → Mildernde Umstände

Strafprozeß, das gerichtliche Verfahren zur Durchsetzung des gesetzlichen Strafanspruchs. Der S. steht in besonderem Maße unter den Geboten des → Rechtsstaatsprinzips. Schon im vorgerichtlichen Stadium sind von der → Staatsanwaltschaft auch die den Betroffenen entlastenden Umstände zu berücksichtigen. Näheres nach deutschem Verfassungsrecht im → Wörterbuch zum Grundgesetz (→ In dubio pro reo → Offizialmaxime → Privatklage → Hauptverhandlung → Beweis).

Strafrecht, Inbegriff der hauptsächlich im Strafgesetzbuch kodifizierten, von Rechtsprechung und Wissenschaft in rechtsstaatlichem Geist auszulegenden Rechtsnormen. Näheres nach deutschem Verfassungsrecht im → Wörterbuch zum Grundgesetz.

Straftaten, die in Verbrechen und Vergehen eingeteilten Handlungen, die rechtswidrig und schuldhaft einen gesetzlichen Straftatbestand erfüllen (→ Strafgesetze).

Straftheorien, grundlegende Vorstellungen über Rechtfertigung und Zweck staatlichen Strafens. Nach der absoluten S. soll die Strafe das kriminelle Unrecht vergelten bzw. sühnen. Demgegenüber sehen die relativen S. den legitimierenden Strafzweck in der Verhütung künftiger Kriminalität (→ Generalprävention → Spezialprävention → Repressive Straftheorie → Resozialisierung → Liszt → Radbruch).

Strafverfolgung → Legalitätsprinzip → Immunität → Auslieferung

Strafvollzug als begrenzte oder unbegrenzte Freiheitsentziehung aufgrund richterlicher Entscheidung rechtfertigt behördliche Grundrechtsbeschränkungen zu Lasten des Häftlings nur in dem vom Vollzugszweck gedeckten, durch Gesetz bestimmten Rahmen. Näheres nach deutschem Verfassungsrecht im → Wörterbuch zum Grundgesetz.

Straßenblockade → Sitzblockade

Stratege (‚Feldherr'), gewählter Militärbefehlshaber im alten Griechenland, bisweilen auch leitender Politiker des gesamten Stadtstaates wie z. B. → Perikles in Athen.

Strategie, Feldherrnkunst im großen vs. Taktik als Kriegskunst im kleinen.

Strategische Waffen, mit nuklearen Sprengköpfen ausgestattete Angriffswaffen von großer Reichweite bzw. Abwehrsysteme gegen S. W. anderer Staaten (→ Atommächte).

Streik, als Mittel des Arbeitskampfes die planmäßig durchgeführte, typischerweise von den Gewerkschaften organisierte Arbeitseinstellung einer größeren Gruppe von Arbeitnehmern. Näheres nach deutschem Verfassungsrecht im → Wörterbuch zum Grundgesetz (→ Koalitionsfreiheit → Aussperrung → Politischer Streik → Wilder Streik).

Streitbare Demokratie, auch wehrhafte oder abwehrbereite Demokratie genannt: ein von der Rechtsprechung verwendeter Gegenbegriff zur liberalen Wehrlosigkeit der → Weimarer Reichsverfassung. Verfassungsfeinde sollen nicht mehr wie damals unter Berufung auf grundrechtliche Freiheiten die freiheitliche Verfassungsordnung untergraben dürfen. Näheres nach geltendem Verfassungsrecht im → Wörterbuch zum Grundgesetz.

Streitbeilegung → Friedliche Streitbeilegung → Gute Dienste → Haager Konventionen

Streitkräfte → Armee → Bundeswehr → Befehls- und Kommandogewalt → Verteidigungsausschuß

Strenges Recht → Ius strictum

Stresemann, Gustav (1878–1929), nationalliberaler Politiker. Reichskanzler (1923) und Reichsaußenminister (1923–29). Friedensnobelpreisträger (1926). Seine Verständigungspolitik führte u. a. zum → Locarno-Pakt.

Strukturelle Gewalt, ein u. a. in der → Friedensforschung verwendeter Begriff. Danach ist S. G. die in sozialen oder internationalen Systemen wirksame indirekte, nichtpersonale Gewalt, wie z. B. im Verhältnis der → Industriestaaten zu den → Entwicklungsländern.

Strukturpolitik soll, im Unterschied zur gesamtwirtschaftlich ausgerichteten Politik (→ Globalsteuerung), einzelne Wirtschaftsbereiche positiv beeinflussen, z. B. durch Förderung strukturschwacher Regionen.

Studentenbewegung → APO → Neue Linke

Studierfreiheit → Numerus clausus

Stufenbau der Rechtsordnung → Normenhierarchie

Subjektiv öffentliche Rechte: individuelle, gerichtlich einklagbare Ansprüche gegen den Staat oder andere Träger hoheitlicher Macht. Die → Grundrechte sind s. ö. R. mit Verfassungsrang.

Subjektsteuern → Personensteuern

Subkulturen im engeren Sinn richten sich gegen bestimmte Elemente des Kulturganzen. Sie können namentlich aus → Protestbewegungen oder aus jugendspezifischem Widerstand entstehen (→ Hippies).

Subsidiaritätsprinzip, ein Grundsatz der Soziallehre und Staatstheorie. Nach dem S. soll ein übergeordnetes Gemeinwesen nur solche Aufgaben hilfsweise übernehmen, die untergeordnete kleinere Gemeinschaften nicht selbst erfüllen können (→ Föderalismus → Selbstverwaltung → Katholische Soziallehre → Europäische Union).

Subsidien, vertragliche Hilfsgelder im zwischenstaatlichen Verhältnis.

Subventionen, öffentliche Finanzhilfen an private Unternehmen oder ganze Wirtschaftszweige besonders zu sozial-, wirtschafts- oder kulturpolitischen Zwecken. Formen der S. sind vor allem unentgeltliche Zuschüsse, zinsgünstige Kredite, Steuervergünstigungen und Bürgschaften.

Subversion, umstürzlerische Tätigkeit (→ Revolte).

Süddeutsche Staaten → Rheinbund → Kaiserreich

Sudentenland, als Reichsgau S. aufgrund des → Münchner Abkommens errichtet.

Süd-Nord-Gegensatz → Nord-Süd-Konflikt

Südtirol → Irredenta

Suffragetten (von suffragium = Wahlrecht), Ende des 19. Jahrhunderts entstandene Bezeichnung der englischen Frauenrechtlerinnen (→ Frauenbewegung → Frauenwahlrecht).

Sühne (‚Versöhnung'), im älteren deutschen Recht die Beilegung einer → Fehde durch Buße und Schadensersatz (→ Straftheorien).

Sujet mixte → Doppelstaater

Sukzession → Rechtsnachfolge

Sukzessionsstaaten → Nachfolgestaaten

Sultan (‚Machthaber'), seit dem 14. Jahrhundert Titel der türkischen Herrscher (→ Osmanisches Reich → Großwesir → Kalifen → Mufti).

Summum ius, summa iniuria: höchstes Recht wird höchstes Unrecht; eine auf → Cicero zurückgehende Maxime, die heute z. B. für bestimmte Spielarten des → Positivismus gilt.

Sünden → Hauptsünden

Superintendent, nach der → Reformation ein vom → Landesherrn mit der Beaufsichtigung der Geistlichen eines Bezirk betrauter Pfarrer (→ Generalsuperintendent).

Superior, geistlicher Oberer nach → kanonischem Recht.

Superioritas territorialis, juristischer Begriff für die ‚Landesobrigkeit', der die ‚Untertänigkeit' der Gebietsansässigen entsprach (→ Landeshoheit → Landesherr).

Supermächte, im politischen Sprachgebrauch der Zeit des → Ost-West-Konflikts die → USA und die → UdSSR (→ Großmächte → Entspannungspolitik).

Supranationale Organisationen, überstaatliche Einrichtungen; eine neuartige Sonderform von → Internationalen Organisationen mit dem Hauptbeispiel der → Europäischen Gemeinschaften. Von den herkömmlichen zwischenstaatlichen Verbänden unterscheiden sich S. O. vor allem aufgrund ihres unmittelbaren Durchgriffs auf den inneren Bereich der Mitgliedsstaaten und der größeren Eigenständigkeit ihrer Organe gegenüber den nationalen Regierungen (→ Europäische Union).

Supranationales Recht → Europäisches Gemeinschaftsrecht

Suprema potestas → Staatsgewalt

Supremat, der → Primat des → Papstes.

Suprematie, historisch insbesondere die Oberherrschaft des → Landesherrn über die → Landeskirche.

Supreme Court, Name des höchsten Gerichtshofes vor allem in den USA.

Supreme Court of Appeal → House of Lords

„Survival of the fittest“ → Darwinismus

Suspensives Veto, im Unterschied zum absoluten → Veto ein Widerspruch mit nur bedingter Hemmungswirkung gegenüber dem Akte eines Organs, durch dessen Wiederholung das Veto hinfällig wird.

„Suum cuique“ → „Jedem das Seine“

Suzeränität, Oberherrschaft (→ Staatenstaat).

Sykophanten, gewerbsmäßige Denunzianten im antiken Griechenland.

Symbole → Staatssymbole

Syndikalismus, eine gegen Ende des 19. Jahrhunderts besonders in Frankreich aufgekommene revolutionäre Richtung der → Arbeiterbewegung. Der S. wollte unter Ablehnung der → repräsentativen Demokratie seine sozialistischen Ziele vor allem durch → direkte Aktionen und → politische Streiks verwirklichen.

Syndikat, je nach Zusammenhang eine Gewerkschaft (besonders in Frankreich) oder Sonderform eines → Kartells.

Syndikus, ständiger Rechtsberater von Verbänden, Großunternehmen usw.

System → Begriffsjurisprudenz

„Systemparteien“, in der → Weimarer Republik ein rechtsradikales Schimpfwort für Parteien, die das System der → repräsentativen Demokratie vertraten.

T

Tacitus, Cornelius (ca. 55–120), römischer Geschichtsschreiber mit Erfahrung in leitender Staatspraxis. Psychologische Deutung der handelnden Herrscher. Monographie über die alten Germanen (‚De origine et situ Germanorum').

Tadelsanträge dienen der parlamentarischen Mißbilligung bestimmter Verhaltensweisen der Regierung. Näheres nach deutschem Verfassungsrecht im → Wörterbuch zum Grundgesetz.

Tag → Bundestag → Landtag → Reichstag

Tagegelder für die Teilnahme an Parlamentssitzungen waren früher die einzige Vergütung der Abgeordnetentätigkeit (→ Diäten → Berufspolitiker).

Taille, eine vor der → Französischen Revolution erhobene Einkommensteuer unter Befreiung von Adel und Klerus.

Taktik, im Unterschied zur → Strategie die Truppenführung im Gefecht.

Taktische Waffen, Gegenbegriff zu den → strategischen Waffen.

Talar, auf die Tunika der altrömischen Senatoren zurückgehendes mantelartiges Obergewand mit weiten Ärmeln und z. T. samtbesetztem Kragen; bis heute Amtstracht von Richtern, Universitätsprofessoren und Geistlichen.

Talion (,Wiedervergeltung'), das Gegenseitigkeitsprinzip, wonach Gleiches mit Gleichem zu erwidern ist. Dem entspricht der altjüdische Grundsatz „Aug' um Auge, Zahn um Zahn", der freilich nicht nach individueller Schuld differenziert (→ Goldene Regel).

Talleyrand, Charles Maurice de (1754–1838), französischer Bischof und Staatsmann. Mitglied der → Generalstände. Vom Papst in den → Bann getan. Außenminister → Napoleons, der ihn aus politischen Gründen entließ. Als Außenminister Ludwigs XVIII. festigte T. Frankreichs Position neben den Siegermächten auf dem → Wiener Kongreß. Danach wieder entlassen; zuletzt Botschafter in London.

Tarifautonomie, die rechtliche Freiheit der → Sozialpartner, die Tarife (Entgelte und sonstige Bedingungen für Arbeitsleistungen) selbst zu bestimmen. Die Ausübung der T., (verfassungsrechtlich durch die → Koalitionsfreiheit geschützt) schafft staatlich anerkanntes Recht.

Tarifvertrag → Friedenspflicht → Manteltarifvertrag → Schlichtung

Tarifvertragsparteien können Gewerkschaften, Arbeitgeberverbände und einzelne Arbeitgeber sein.

Tarnorganisationen, die in versteckter Weise verfassungswidrige Ziele verfolgen, genießen nicht das → Parteiprivileg.

Tatbestand, je nach Zusammenhang entweder die Gesamtheit gesetzlich bestimmter Voraussetzungen einer Rechtsfolge (z. B. einer strafbaren Handlung) oder die zusammenfassende Darstellung des Sach- und Streitstandes in einem Gerichtsurteil.

Tatbestandsbestimmtheit → Strafgesetze → Steuereingriffe

Tatfrage, die Sachverhaltsfeststellung im Unterschied zur → Rechtsfrage.

Tatsachen → Notorische Tatsachen → Beweis

Tatsachenmitteilungen fallen in den Schutzbereich der → Meinungsfreiheit, wobei insbesondere die Presse verpflichtet ist, Nachrichten auf ihren Wahrheitsgehalt zu überprüfen.

Tatverdacht → Legalitätsprinzip

Technischer Fortschritt → Fortschritt

Technokratie → Expertokratie

Technologie → Industrielle Revolution

Technologietransfer, je nach Zusammenhang eine Form der → Entwicklungshilfe oder der → Strukturpolitik.

Teheran-Konferenz der ‚Großen Drei' der Anti-Hitler-Koalition in der iranischen Hauptstadt Ende 1943. Die T. war, vor der → Jalta-Konferenz, grundlegend für die Abstimmung der militärischen Operationen der → Alliierten und ihrer politischen Nachkriegsziele.

Teilhaberechte, die von sog. → sozialen Grundrechten zu unterscheidenden Mitwirkungsansprüche der Staatsangehörigen an der Vorformung des politischen Willens. Näheres nach deutschem Verfassungsrecht im → Wörterbuch zum Grundgesetz.

Teilvolk im Unterschied zum Gesamtvolk eines Staates kann demokratische Legitimationsquelle sein, z. B. bei → Direktmandaten des Bundestags oder bei der Wahl von Volksvertretungen in Ländern, Kreisen und Gemeinden.

Telefon → Fernmeldegeheimnis

Telefonüberwachung → Abhörkontrolle

Telegraphengeheimnis → Fernmeldegeheimnis

Telekom, Bezeichnung eines Teilunternehmens der Bundespost (neben Postdienst und Postbank).

Teleologische Interpretation, die → Auslegung von Rechtsnormen nach ihrem Zweck (telos).

Temporalia, weltliche Herrschaftsrechte im Gegensatz zum geistlichen Amt (→ Investiturstreit).

Tendenzbetriebe, Sammelbezeichnung für Betriebe, die überwiegend politisch, konfessionell, wissenschaftlich, künstlerisch usw. ausgerichtet sind oder die Zwecken der Berichterstattung und Meinungsäußerung dienen. T. genießen sog. Tendenzschutz durch Freistellung von Vorschriften der → Betriebsverfassung und des Arbeitsrechts.

Tenor, im Unterschied zu den Gründen die Urteilsformel, die z. B. im Strafprozeß den Schuld- und Strafausspruch enthält.

Terminus technicus, feststehender Begriff z. B. in Diplomatie und Recht.

Terreur (‚Schrecken'), die Schreckensherrschaft während der → Französischen Revolution (→ Robespierre).

Territoriale Integrität → Integrität

Territorialgewässer → Küstenmeer → Dreimeilenzone

Territorialherr → Landesherr

Territorialherzogtum → Herzog

Territorialhoheit → Ius territoriale → Gebietshoheit → Integrität → Impermeabilität

Territorialitätsprinzip, im Gegensatz zum → Personalitäts- und → Nationalitätsprinzip die Anknüpfung hoheitlicher Herrschaft besonders an die Gebietsansässigkeit (→ Quidquid est in territorio, est de territorio).

Territorialstaat, der auf Gebietsherrschaft gründende moderne Staat im Unterschied zum → Personenverbandsstaat (→ Staatsbegriff → Institutioneller Flächenstaat).

Territorialstände → Landstände

Territorium (‚Gebiet') bezeichnete in nachrömischer Zeit zunächst die → Grundherrschaft, später das ‚Land' gegenüber dem alten → Deutschen Reich (→ Landeshoheit).

Territorium clausum, geschlossenes Staatsgebiet (ohne Exklaven und Enklaven), ein politisches Ziel der neuzeitlichen → Landesherren. Die meisten deutschen territoria waren freilich vor dem 19. Jahrhundert „non clausa".

Terror (‚Schrecken'), die menschen- und völkerrechtswidrige Anwendung von Gewalt zur Durchsetzung politischer Ziele durch Herrschende oder oppositionelle Gruppen. T. „von oben" wurde im 20. Jahrhundert vor allem ausgeübt durch die Regime des → Kommunismus, des → Faschismus und des → Nationalsozialismus, aber auch durch fortgesetzte Luftangriffe der → Alliierten auf die deutsche Zivilbevölkerung während des 2. Weltkriegs (→ Terreur → Konzentrationslager → Holocaust → Kulaken → Moskauer Prozesse).

Terrorismus, organisierte Gewaltverbrechen seitens kleiner extremistischer Gruppen, die insbesondere durch Attentate, Geiselnahmen und Sprengstoffanschläge ihre radikalpolitischen Ziele verfolgen (→ Action directe → IRA → RAF → Stadtguerilla).

Terroristische Vereinigungen, ein neuerer kriminalrechtlicher Begriff. Bei Freiheitsstrafe verboten ist die Gründung von, die Beteiligung an und die Werbung für T. V. (→ Kronzeuge).

Testament → Politisches Testament

Testierfreiheit, die Befugnis einer Person zu Verfügungen von Todes wegen, ist ein Anwendungsfall der grundgesetzlichen → Erbrechtsgarantie.

Teststoppabkommen → Atomteststopp-Vertrag

Teutonen (Teutoni), germanischer Volksstamm, der 102 v. Chr. bei dem Versuch, in das Römische Reich einzudringen, von Marius vernichtend geschlagen wurde (→ Regnum Teutonicum → Ius theutonicum).

Theokratie (‚Gottesherrschaft'), im weiteren Sinn alle Herrschaftsformen, deren oberste Repräsentanten als göttlich oder als Vollstrecker göttlichen Willens gelten oder deren weltliche Gewalt ausschließlich religiös gerechtfertigt wird (→ Hierokratie → Gottesstaat → Gottesgnadentum → Heiligkeit des Monarchen → Metaphysische Staatstheorien).

Theologische Fakultäten besitzen einen Doppelstatus als Einrichtungen wissenschaftlicher Forschung einerseits und als Ausbildungsstätten für Geistliche andererseits. Näheres nach deutschem Verfassungsrecht im → Wörterbuch zum Grundgesetz.

Thing, bei den alten → Franken die Volksversammlung, z. T. auch Gerichtstagung der Freien und wehrhaften Männer. Die Teilnahme am T., der zu bestimmten Zeiten an der Thingstätte stattfand, war gleichermaßen Recht und Pflicht.

Thomas Morus → Morus

Thomas von Aquin, der ‚Aquinat' (1225–1274), italienischer Theologe, Philosoph und Kirchenlehrer. Als Staatstheoretiker hält T. v. A., von → Aristoteles ausgehend, die Herrschaft eines Königs für die beste und die Tyrannis für die übelste; von den Formen einer ungerechten Regierung erscheint ihm die Demokratie als die relativ erträglichste (→ Bellum iustum → Lex aeterna → Staatsrechtfertigung).

Thomasius, Christian (1655–1728), deutscher Rechtswissenschaftler und Aufklärer. Focht u. a. für Glaubens- und Gewissensfreiheit, kämpfte gegen Hexenprozesse und Folter. Grundlegend seine Naturrechtslehre (‚Fundamenta Iuris Naturae et Gentium', 1705) mit der Trennung hoheitlich erzwingbarer Rechtsnormen von den Geboten der Religion und Moral.

Thron → Insignien → Inthronisation

Thron und Altar („le trône et l'autel'), auf die → Enzyklopädisten zurückgehendes, von der → Restauration übernommenes politisches Schlagwort gegen Aufklärertum und Demokratie; in gewandelter Bedeutung eine liberale Parole gegen den deutschen → Obrigkeitsstaat.

Thronerledigung → Reichsverweser

Thronfolge → Abdankung → Dynastie

Thronprätendent, eine Person, die den Thron für sich beansprucht (→ Entthronte Herrscher).

Thronverzicht → Abdankung

Thukydides (ca. 460–400 v. Chr.), griechischer Geschichtsschreiber, zuvor → Stratege. Für T. wird der Gang der Geschichte nicht durch die Götter bestimmt, sondern durch menschliches Machtstreben und Zufallseffekte (→ Pragmatische Geschichtsschreibung).

Tiara → Krone

Tiers état → Dritter Stand

Tierschutz, insbesondere das deutsche Tierschutzgesetz, beruht auf dem Gedanken der sittlichen Mitverantwortung des Menschen für die seiner Obhut anheimgegebenen Lebewesen.

„Tierstaaten", größere Tiergemeinschaften mit instinktgebundenem arbeitsteiligen Zusammenwirken wie z. B. Bienen, Ameisen und Termiten.

Tilsiter Frieden, ein 1807 über die gemeinsame Herrschaft in Europa ausgehandelter Vertrag zwischen → Napoleon I. und Zar Alexander I., wobei letzterer den Fortbestand → Preußens durchsetzen konnte, wenngleich unter außerordentlichen territorialen Einbußen. Erst durch die Befreiungskriege und den → Wiener Kongreß gewann Preußen seinen Großmachtstatus wieder zurück.

Timokratie („Herrschaft nach Vermögen'), altgriechische Differenzierung politischer Teilhaberechte je nach Vermögen und Steuerleistung (→ Dreiklassenwahlrecht → Plutokratie).

Titel, im engeren Sinne ein aristokratischer oder akademischer Rang (→ Adel → Herzog → Fürst → Graf → Freiherr → Professor → Doctor).

Tito, eigentlich Josip Broz (1892–1980), kommunistischer Politiker. Während des 2. Weltkriegs Partisanenführer gegen die deutsche Besatzung im ehem. Jugoslawien. Zuletzt diktatorischer Staatspräsident auf Lebenszeit.

Titoismus, der von → Tito im Konflikt mit → Stalin verfolgte, auch für andere Völker beanspruchte eigene Weg zur sozialistischen Gesellschaft (→ Blockfreiheit).

Titularbischof, im Unterschied zum → Bischof an der Spitze einer → Diözese ein protokollarisch gleichrangiger, auf ein erloschenes Bistum geweihter Bischof ohne Jurisdiktion (→ Konzil).

Titularerzbischof → Nuntius

Titularherzog → Herzog

Titularreichsfürst, nach dem → Westfälischen Frieden ein → Reichsfürst ohne reichsunmittelbares Territorium.

Tocqueville, Alexis de (1805–1859), Jurist und Staatstheoretiker, kurze Zeit Außenminister. T. studierte und reflektierte, besonders unter dem Freiheitsaspekt, die Demokratie in Amerika als Modell künftiger Massengesellschaften. Im französischen Absolutismus mit seinen nivellierenden Wirkungen sah er den Wegbereiter der revolutionären Gleichheit.

Tod → Recht auf würdigen Tod

Todesschuß → „Finaler Rettungsschuß"

Todesstrafen dürfen nach deutschem Verfassungsrecht weder verhängt noch vollstreckt noch vom Gesetzgeber wieder eingeführt werden. Die Abschaffung der Todesstrafe, die bereits in der → Paulskirchenverfassung vorgesehen war, steht vor dem Hintergrund eines schrankenlosen Mißbrauchs der Strafgewalt im → Dritten Reich. Näheres zum Todesstrafenverbot im → Wörterbuch zum Grundgesetz.

Toleranz (‚Duldung'), unter den Bedingungen einer → Staatskirche das ‚Ertragen' abweichender religiöser Anschauungen und Gemeinschaften. Im übrigen verlangt das Prinzip der T. als Ausdruck eines modernen Relativismus, verschiedenartige politische und ethische Überzeugungen gelten zu lassen, da niemand im Besitz absoluter Wahrheiten ist (→ Pluralismus → Intoleranz).

Toleranzedikt → Edikt von Nantes → Bartholomäusnacht

Toleranzpatente erließ Kaiser Joseph II. zugunsten der Protestanten (1781) und der Juden (1782).

Tolstoi, Leo, Graf (1828–1910), russischer Schriftsteller. Nach seiner ‚Bekehrung' trat T. mit fundamental-religiösen Begründungen als Staats- und Gesellschaftskritiker hervor. Er forderte die Abschaffung jeder staatlichen, kirchlichen und sozialen Zwangsordnung im Vertrauen auf die Gutartigkeit der menschlichen Natur (→ Anarchismus → Gewaltloser Widerstand).

Tonbandaufnahmen → Allgemeines Persönlichkeitsrecht → Recht am gesprochenen Wort → Fernmeldegeheimnis → Abhörkontrolle

Tönnies, Ferdinand (1855–1936), deutscher Sozialwissenschaftler. Grundlegende Unterscheidung der sozialen Verbände in die gegensätzlichen Kategorien von Gemeinschaft und Gesellschaft. Der im Irrationalen gründenden innigen ‚Gemeinschaft' (Familie, Freundschaft usw.) steht in Politik und Wirtschaft die von selbstsüchtigem Zweck-Mittel-Denken beherrschte ‚Gesellschaft' gegenüber. Historisch sieht T. das Zeitalter der Gemeinschaft überholt durch die moderne Gesellschaft.

Tories, im Gegensatz zu den Whigs die Anhänger der königstreuen englischen Partei; Anfang des 19. Jahrhunderts aufgegangen in der Konservativen Partei.

Totaler Krieg, ein von → Goebbels seit 1943 (nach der Kriegswende gegen Deutschland) propagandistisch eingesetzter Begriff. Der das ganze Volk erfassende T. K. richtet sich, im Unterschied zum ‚klassischen' Kräftemessen der Streitkräfte, auf die gänzliche Vernichtung des Feindes einschließlich der Zivilbevölkerung, wobei der eigene totale Untergang in Kauf genommen wird.

Totaler Staat → Totalitärer Staat

Totalitärer Staat, ein von Ideologien des → Totalitarismus beherrschter Staat, der ohne → Gewaltenteilung und → Grundrechte alle persönlichen und gesellschaftlichen Lebensbereiche durchdringt. Hauptbeispiele aus der jüngsten Geschichte sind die Herrschaftssysteme des → Faschismus, → Kommunismus und → Nationalsozialismus (→ Einparteiensystem → Gewaltenkonzentration).

Totalitarismus, ein politisches Herrschaftsprinzip, das alle Gebiete des individuellen, kulturellen, sozialen und ökonomischen Lebens dem absoluten, quasireligiösen Geltungsanspruch einer → Ideologie unterwirft. Praktisch verkörpert sich der vorgebliche Gemeinwille in der Despotie einer → Staatspartei (→ SED → KPdSU → NSDAP → Blockparteien → Marxismus-Leninismus → Orwell).

Tote Hand (‚manus mortua'), herkömmlicherweise eine → juristische Person, vor allem die → Kirche, deren Vermögen nicht der Weitervererbung unterliegt.

Totenbestattung → Feuerbestattung

Totschlag, eine vorsätzliche Tötung, die nicht → Mord ist.

Tötung auf Verlangen → Sterbehilfe

Toynbee, Arnold (1889–1975), englischer Historiker und Kulturphilosoph. Der Gang der Weltgeschichte, insbesondere Entfaltung und Niedergang von Hochkulturen, ist nach T. frei von → deterministischer Notwendigkeit (→ Spengler).

Trade Unions, die aus der britischen → Arbeiterbewegung hervorgegangenen → Gewerkschaften (→ Closed shop).

Tradition (,traditio'), Überlieferung von Einsichten, Wissen, Erfahrungen und Fertigkeiten früherer Zeiten. T. steht in einem Spannungsverhältnis zu → Fortschritt und → Reform.

Traditionalismus im staats- und rechtstheoretischen Sinn bildet den Gegensatz zum → Rationalismus. Das Richtige und Weise folgt für ein traditionalistisches Denken nicht aus diskursiven Erwägungen, sondern aus den Lehren der geschichtlichen Überlieferung (→ Burke → Historische Rechtsschule).

Traditionelle Macht im Unterschied z. B. zur revolutionären ist ein politischer Faktor, dessen Wirksamkeit auf alter Gewohnheit und herkömmlichem Brauche beruht (→ Erbmonarchie).

Transferleistungen, unentgeltliche Zahlungen insbesondere des → Sozialstaates an private Empfänger und Einrichtungen der → Sozialversicherung.

Transformation, die Umwandlung von → Völkervertragsrecht in nationales Recht durch → Ratifikationsgesetz.

Translatio imperii (,Übertragung der Weltherrschaft'), in der abendländischen Geschichte die Übertragung des römischen Kaisertums durch den Papst auf → Karl d. Gr. (→ Kaiser → Römisches Reich → Deutsches Reich → Heiliges Römisches Reich Deutscher Nation).

Transnationale Beziehungen → Außenpolitik → Internationale Beziehungen

Transplantation, die medizinische Überpflanzung von Gewebe und Organen an menschlichen Körpern. Die T. namentlich von Organen Verstorbener unterliegt besonderen ethischen und rechtlichen Kriterien, über die noch kein allgemeiner Konsens besteht.

Trendanalysen → Futurologie

Trennung der Gewalten → Gewaltenteilung

Trennung von Staat und Kirche → Staat und Kirche → Neutralität

Treu und Glauben, ein auch für die Durchführung → völkerrechtlicher Verträge geltender Grundsatz. Danach ist es z. B. unzulässig, sich mit eigenem früheren Verhalten in Widerspruch zu setzen oder bei Wegfall der Geschäftsgrundlage auf unmodifizierter Vertragserfüllung zu bestehen.

Treubruch → Felonie

Treuepflichten → Verfassungstreue → Bundestreue → Organtreue → Hergebrachte Grundsätze → Lehen

Treuhandanstalt zur Privatisierung des volkseigenen Vermögens der früheren → DDR. Die auf dem Treuhandgesetz 1990 beruhende Anstalt des öffentlichen Rechts soll ihre Aufgaben insbesondere durch Veräußerung wettbewerbsfähiger Unternehmen und durch Liquidation sonstiger Betriebe unter Beachtung der Grundsätze → sozialer Marktwirtschaft erfüllen.

Treuhandgebiete → Mandatsgebiete

Treuhandsystem der UNO, eine satzungsmäßige Aufgabe, die sich im wesentlichen erledigt hat, nachdem die früheren → Treuhandgebiete fast alle unabhängige Staaten geworden sind (→ Dekolonisierung).

Tribalismus, in den neuen Staaten Afrikas eine partikularistische Politik, die bestimmte ethnische Gruppen zu Lasten anderer privilegiert (‚tribe' = Stamm).

Tribun → Volkstribun

Tribunal, im alten Rom erhöhter Feldherrnsitz, der Hochsitz des Magistrats oder Richterstuhl (→ Militärtribunal → Revolutionstribunal).

Tribut (‚tributum'), ursprünglich eine persönliche Sonderabgabe zur Kriegsfinanzierung der römischen Republik; später auch Bezeichnung für Leistungen besiegter Völker an die Siegermacht.

Tributpflicht → Staatenstaat

Tridentinum, das Konzil von Trient (1545–1563): mit seinen Dekreten begann die innere Erneuerung der → Katholischen Kirche nach der Erschütterung durch die → Reformation.

Triumpf, im alten Rom der vom Senat bewilligte Siegeszug eines erfolgreichen Feldherrn (mit Heer, Beute und Gefangenen) vom Marsfeld auf das Kapitol.

Trojanisches Pferd, ein mythisches Gerät der Kriegslist. Bei der Belagerung Trojas verbargen sich griechische Kämpfer im T. P., das die Trojaner als vermeintliches Weihegeschenk in ihre Stadt zogen, was zu deren Eroberung führte (→ Kassandra).

Trotzkij, eigentlich Leo Bronstein (1879–1940), sowjetischer Politiker, führend an der → Oktoberrevolution beteiligt. Organisator und Oberbefehlshaber der → Roten Armee. Geriet mit → Stalin in Konflikt, was zum Verlust seiner Partei- und Staatsämter führte. T. wurde in der Emigration ermordet, wahrscheinlich im Auftrag des sowjetischen Geheimdienstes.

Trotzkismus, eine von → Trotzkij entwickelte revolutionäre Ideologie und Strategie zur dauerhaften Sicherung der kommunistischen Gesellschaft auf der Grundlage des → Marxismus. Die hier geforderte weltweite permanente Revolution widersprach der Doktrin → Stalins, zunächst den ‚Aufbau des Sozialismus in einem Lande' zu vollenden.

Truchseß, eine Art königlicher Küchenmeister (→ Hofämter → Erzämter).

Trutzbündnisse → Schutz- und Trutzbündnisse

Trutzwaffen, Angriffswaffen im Unterschied zu Schutzwehren.

Tugend → Kardinaltugenden → Virtù

Türkei → Osmanisches Reich

Türkenkriege, Sammelbezeichnung für die jahrhundertelangen Abwehrkämpfe christlicher Staaten gegen die nach Europa vordringenden Türken. Diese hatten mit der Eroberung Konstantinopels (1453) dem → oströmischen Reich den Todesstoß versetzt und standen 1529 vor Wien.

Typen des Staates → Staatstypen

Typus → Idealtypus

Tyrann (‚tyrannos'), unbeschränkter Gewaltherrscher in der griechischen Antike.

Tyrannei der Mehrheit, eine Form der → Demokratie ohne → rechtsstaatliche Freiheitsgarantien und → Minderheitenschutz.

Tyrannenmord als äußerstes Mittel des → Widerstandsrechts wurde insbesondere von den → Monarchomachen vertreten.

Tyrannis, nach → Aristoteles eine Entartungsform der → Monarchie. Während der wahre König gesetzestreu im Sinne des gemeinen Besten herrscht, mißbraucht der Tyrann seine Alleinherrschaft willkürlich zum eigenen Nutzen (→ Staatsformen → Monokratie).

U

Übel anzudrohen für Fälle von Zuwiderhandlungen, ist eine althergebrachte Technik hoheitlicher Herrschaft. Zu dieser Methode von → Befehl und Zwang gesellt sich im Staat der → Industriegesellschaft zunehmend das gesetzliche Versprechen von Vorteilen als Mittel der Sozialgestaltung und Wirtschaftslenkung (→ Incentives).

Überbau, nach marxistischem Verständnis die geistig-kulturellen und politisch-rechtlichen Institutionen in zwingender Wechselbeziehung mit den materiellen Grundlagen der Gesellschaft (→ Materialistische Geschichtsauffassung).

Überbevölkerung → Lebensqualität

Überflußgesellschaft (,affluent society'), auf den amerikanischen Wirtschaftswissenschaftler J. K. Galbraith (geb. 1908) zurückgehender Begriff für eine hochentwickelte → Industriegesellschaft, in der zur Auslastung der Produktionskapazitäten bei fehlendem Bedarf dauernd neue Bedürfnisse künstlich erzeugt werden müssen.

Übergangsbestimmungen → Rechtsvorschriften zur Überleitung in eine neue Gesetzeslage (→ Novelle → Reform).

Übergangsgesellschaft, eine bereits von der → Aufklärung artikulierte Vorstellung des Fortschritts der Gegenwart zur besseren Zukunft hin. Für → Marx war Ü. das nachkapitalistische Stadium vor dem endgültigen Sprung ins → ,Reich der Freiheit'.

Überhangmandate, bei der → personalisierten Verhältniswahl jene → Direktmandate, die eine Partei über die Sitze hinaus erreicht, die ihr nach der Zahl der → Zweitstimmen gebühren.

Überleitungsvertrag → Besatzungsrecht

Übermacht → Gleichgewichtspolitik

Übermaßverbot, eine aus dem → Rechtsstaatsprinzip folgende Vorschrift für hoheitliches Handeln überhaupt. Danach hat z. B. der Gesetzgeber bei zulässigen → Grundrechtsbeschränkungen stets das weniger belastende Mittel, den milderen Eingriff zu wählen.

Übermensch → Nietzsche → Herrenmoral

Überpositives Recht, Inbegriff der verbindlichen Prinzipien, die nach einer bestimmten Lehre jedem geschriebenen Recht, selbst dem Akt der → Verfassungsgebung, vorausliegen (→ Naturrecht).

Überraschungsentscheidungen in Gerichtsverfahren widersprechen regelmäßig dem Grundsatz des → rechtlichen Gehörs.

Überregionale Staatsaufgaben → Gemeinschaftsaufgaben

Überstaatliche Organisationen → Supranationale Organisationen

Überstaatliches Recht → Supranationales Recht

Übertragung von Hoheitsrechten → Hoheitsrechtsübertragung → Zwischenstaatliche Einrichtungen

Überwachungsmaßnahmen → Abhörkontrolle

‚Überwachungsstaat' mit ‚gläsernen Bürgern' – eine schlimme Vision. Daß sie nicht Wirklichkeit wird, ist ständige Herausforderung für einen rechtsstaatlichen → Datenschutz (→ Orwell).

Ubiquität → Allgegenwart

UdSSR → Sowjetunion → Hammer und Sichel → Politbüro → Ostblock

Ukas (‚Anordnung'), ursprünglich ein Erlaß des → Zaren; später auch Direktive des Präsidiums eines obersten → Sowjet.

Ulpian(us), römischer Jurist (um 200 n. Chr.), von dessen Werk erhebliche Teile in die → Digesten aufgenommen wurden. U. entwickelte die heute noch gelegentlich herangezogene Interessentheorie zur Abgrenzung von → Öffentlichem und → Privatrecht.

Ultima ratio regum (‚letztes Mittel der Könige'), Inschrift auf den französischen Kanonen zur Zeit → Richelieus; seither eine Metapher für Krieg.

Ultimatum, im diplomatischen Verkehr insbesondere das letzte Ersuchen eines Staates an einen anderen, bestimmte Forderungen binnen bestimmter Frist zu erfüllen, widrigenfalls Gewalt angewendet werde. Ein U. ging z. B. dem Beginn des 1. und 2. Weltkriegs voraus. Nach heutigem → Völkerrecht ist ein U. mit Gewaltandrohung verboten, außer im Verteidigungsfall und bei UNO-Sanktionen (→ Gewaltverbot).

Ultra (‚jenseits'), Anhänger des politischen → Extremismus.

Ultra posse nemo obligatur (‚Über sein Können hinaus wird niemand verpflichtet'), ein Grundsatz des → Römischen Rechts, der u. a. noch im gegenwärtigen Völkerrecht gilt. Demgemäß hat ein Staat nur im Rahmen der ihm zur Verfügung stehenden Mittel für eine Verpflichtung einzustehen.

Ultramontan (‚ultra montes'), jenseits der Berge, d. h. der Alpen.

Ultramontanismus bezeichnete seit dem 18. Jahrhundert politische Richtungen, die für einen Vorrang der römischen Kirche gegenüber dem Staat eintraten. Während des → Kulturkampfes wurde U. zum polemischen Schlagwort gegen den Katholizismus, den man reichs-, vaterlands- und freiheitsfeindlicher Bestrebungen verdächtigte.

Umerziehung (reeducation) des deutschen Volkes war ein Programmpunkt der → Entnazifizierung.

Umfrageforschung → Meinungsforschung

Umsatzsteuer (Mehrwertsteuer), eine wirtschaftlich vom Verbraucher zu tragende → Steuer. Die U. knüpft insbesondere an Lieferungen und sonstige Leistungen an, die ein Unternehmer im Inland gegen Entgelt im Rahmen seines Unternehmens ausführt.

Umsturz → Revolution → Staatsstreich

Umwälzung → Staatsumwälzung

Umwelt als Lebensraum des Menschen umfaßt sowohl die natürliche U. (Luft, Wasser, Boden, Klima usw.) als auch die bebaute U. (Siedlungskerne, Stadtlandschaften, Kulturdenkmäler usw.). Eine U. haben auch Tiere und Pflanzen (→ Milieu).

Umweltpolitik, Gesamtheit der auf den → Umweltschutz bezogenen Maßnahmen des Staates und anderer → juristischer Personen des öffentlichen Rechts.

Umweltschutz (environmental protection) dient der Erhaltung und Verbesserung der → Umwelt des Menschen, soll aber auch Tiere und Pflanzen vor nachteiligen Einwirkungen schützen. Die Mittel des U. sind u. a. biologischer, ökologischer und technischer Art. → Staatszielbestimmungen zum U. enthalten die Verfassungen einzelner deutscher Länder. Auf Bundesebene gibt es ein Ministerium für Umwelt, Naturschutz und Reaktorsicherheit (→ Naturschutz → Ökologie → Immissionen → Club of Rome → Lebensqualität → Futurologie).

Umwertung aller Werte → Nietzsche

Umzüge → Demonstrationsfreiheit

UN → UNO

Una sancta (‚eine Heilige Kirche'), Kurzformel für die neueren katholischen Bemühungen, die Glaubensspaltung zu überwinden (→ Reformation → Ökumenische Bewegung).

Unabhängigkeit des Abgeordneten → Freies Mandat

Unabhängigkeit des Richters → Richterliche Unabhängigkeit

Unabhängigkeit des Staates → Souveränität → Souveräne Gleichheit

Unabhängigkeitsbewegungen zielen insbesondere auf nationale Selbstbestimmung (Befreiung von fremdstaatlicher Herrschaft) oder auf → Sezession (→ Befreiungsbewegungen → Dekolonisierung → Selbstbestimmungsrecht der Völker).

Unabhängigkeitserklärung von 1776: Durch sie sagten sich die 13 englischen Kolonien in Nordamerika vom Mutterlande los und erklärten sich zu unabhängigen Staaten (→ Jefferson → Nationalfeiertag).

Unabhängigkeitskriege, militärische Auseinandersetzungen zur Erlangung oder Erhaltung der staatlichen Unabhängigkeit (→ Freiheitskriege).

Unantastbarkeitsgarantien → Ewigkeitsklausel

Unbenannte Bundeskompetenzen → „Implied powers"

Unberührbare → Paria

Unbestimmte Rechtsbegriffe bedürfen bei der → Rechtsanwendung näherer Konkretisierung. Beispiele: → Öffentliches Interesse → Gemeinwohl → Öffentliche Sicherheit.

Unconditional surrender, bedingungslose Kapitulation des → Dritten Reiches, war das in der Erklärung von Casablanca 1943 formulierte Kriegsziel der → Alliierten.

UNCTAD, United Nations Conference on Trade and Development, UNO-Konferenz für Handel und Entwicklung. Eine ständige Einrichtung weltweiter Entwicklungspolitik (→ Entwicklungsländer → Nord-Süd-Konflikt).

‚Underground‘ (Untergrund), Sammelbezeichnung für neuere politische und künstlerische Protestbewegungen, gerichtet u. a. gegen das → Establishment und die → Leistungsgesellschaft.

Undurchdringlichkeit → Impermeabilität

Uneheliche Kinder haben nach deutschem Verfassungsrecht einen Anspruch, daß ihnen die Gesetzgebung die gleichen Bedingungen für ihre leibliche und seelische Entwicklung und ihre Stellung in der Gesellschaft schafft wie den ehelichen Kindern.

Unehrlichkeit, der frühere, erst im 19. Jahrhundert beseitigte mindere Rechtsstatus sog. unehrlicher Gewerbe. Hierzu zählten außer → fahrenden Leuten u. a. Abdecker, Henker und Totengräber.

Unerlaubte Handlung → Delikt

UNESCO, United Nations Educational, Scientific and Cultural Organization: eine Sonderorganisation der → UNO zur Förderung der Zusammenarbeit auf den Gebieten der Schulbildung, Wissenschaft und Kultur.

Unfehlbarkeit (Infallibilität), Irrtumslosigkeit der → Katholischen Kirche in religiösen Fragen. Ursprünglich wurde die U. angenommen für gesamtkirchliche → Konzile, später auf das Haupt der Gesamtkirche, den → Papst konzentriert.

Unfehlbarkeitsdogma des Vatikanischen Konzils 1870: danach ist der → Papst unfehlbar, wenn er ex cathedra in Glaubens- oder ethischen Fragen entscheidet, was erstmals 1950 geschah (→ Kulturkampf).

Unfreie, bei den → Germanen der niedrigste, u. a. aus verknechteten Fremden zusammengesetzte Stand, der z. B. am → Thing nicht teilnehmen durfte (→ Rechtlosigkeit → Hörige → Leibeigene → Sklaven → Stadtluft macht frei).

Unfreundlicher Akt → Acte peu amical

Ungeschriebene Verfassung, das Fehlen einer einheitlichen Urkunde, die den gesamten Verfassungstext enthält. In diesem Sinne hat Großbritannien keine geschriebene Verfassung, doch gibt es dort altehrwürdige Verfassungsdokumente für wichtige Teilbereiche (→ Magna Charta → Petition of Rights → Habeas Corpus Act → Bill of Rights → Act of Settlement).

Ungeschriebenes Verfassungsrecht bei einer geschriebenen Verfassung wie z. B. dem → Grundgesetz sind jene die Verfassungsvorschriften innerlich verbindenden allgemeinen Grundsätze und Leitideen, von denen der Verfassungsgeber ausgegangen ist. Eine Leitidee dieser Art ist insbesondere das → Rechtsstaatsprinzip.

‚Ungesellige Geselligkeit' des Menschen, ein Begriff → Kants für das stets prekäre Miteinandersein, das → Heidegger durch ‚Gleichgültigkeit' und ‚Einander-nichts-Angehen' bestimmt sieht.

Ungleichheit, Wesensmerkmal der ständisch gegliederten Gesellschaft, widerspricht der Gleichheit aller im demokratischen Verfassungsstaat (→ Allgemeiner Gleichheitssatz → Diskriminierungsverbote).

Unglücksfälle → Innerer Notstand

UNICEF, United Nations International Children's Emergency Fund: das 1965 mit dem Friedensnobelpreis ausgezeichnete UNO-Hilfwerk für notleidende Kinder.

UNIDO, United Nations Industrial Development Organization: die UNO-Sonderorganisation für industrielle Entwicklung.

Uniformität → Harmonisierungsrichtlinien

Union (‚Vereinigung') → Personalunion → Realunion → Sowjetunion → Trade Unions → CDU → Montanunion → Europäische Union

Unionsbürgerschaft einzuführen, ist eines der Ziele der → Europäischen Union nach dem → Maastrichter Vertrag.

Unitarisierung, im modernen → Bundesstaat die Tendenz zur Vereinheitlichung durch Zunahme der gesamtstaatlichen Gewalt auf Kosten eigener Gestaltungsmöglichkeiten der Gliedstaaten in Gesetzgebung, Vollziehung und Rechtsprechung. Eine Erscheinungsform der U. ist auch die Selbstkoordinierung von Bund und Ländern (→ Föderalismus).

United Nations, Vereinte Nationen (→ UNO).

United States, Vereinigte Staaten (→ USA).

Universales Völkerrecht, das für alle Staaten geltende → Völkerrecht im Unterschied zum partikularen oder regionalen Recht.

Universalgeschichte → Weltgeschichte

Universalismus, eine gegen → Individualismus und → Kollektivismus gerichtete ganzheitlich-organische Theorie des Staates (→ Adam Müller → Othmar Spann).

Universalmächte → Kaisertum und Papsttum

Universalprinzip, gesetzliche Anknüpfung der staatlichen Strafgewalt ohne Rücksicht auf die Staatsangehörigkeit des Delinquenten und den Begehungsort des Delikts (Weltrechtsgrundsatz).

Universalsukzession, Gesamtrechtsnachfolge (→ Staatensukzession).

Universelle Erklärung der Menschenrechte → Menschenrechtserklärung

Universitas → Hanse

Universität (Universitas, Gesamtheit), seit dem hohen Mittelalter in Bologna, Paris, Oxford, Prag, Heidelberg usw. Inbegriff einer universalen Vereinigung der wissenschaftlich Lehrenden und Lernenden, später der Wissenschaften überhaupt. Heute auch Bezeichnung für wissenschaftliche Hochschule. Anerkannte Wissenschaften waren ursprünglich nur Theologie, Jurisprudenz und Medizin. Zu diesen höheren Fakultäten führte der Abschluß an einer Artistenfakultät (→ Freie Künste → Hochschulen → Fakultät).

Universitätslehrer → Hochschullehrer → Professor → Ordinarius

Unmittelbare Demokratie → Direkte Demokratie

Unmittelbare Wahl → Direkte Wahl

Unmittelbarer Zwang → Zwangsmittel

Unmittelbarkeit → Wahlrechtsgrundsätze

UNO, United Nations Organization, Vereinte Nationen: Die 1945 von den → Alliierten ins Leben gerufene Weltorganisation zur Aufrechterhaltung des internationalen Friedens und zur Förderung einer umfassenden Zusammenarbeit. Die 52 Gründungsmitglieder waren bestimmungsgemäß nur Mächte, die Deutschland den Krieg erklärt hatten (→ Feindstaatenklausel). Nach dem Stand 1994 gehören der UNO 184 Staaten an (→ Friedenssicherung → Nichteinmischung → Selbstbestimmungsrecht der Völker → Sanktionen → Internationaler Gerichtshof).

UNO-Charta, die Satzung der Vereinten Nationen als globaler → Staatenverbindung. Danach soll die UNO den Weltfrieden und die internationale Sicherheit wahren; freundschaftliche Beziehungen zwischen den Nationen entwickeln; internationale Zusammenarbeit herbeiführen, um Probleme wirtschaftlicher, sozialer, kultureller und humanitärer Art zu lösen und die Achtung vor den Menschenrechten und Grundfreiheiten zu fördern; ein Mittelpunkt sein, wo die Bemühungen der Nationen zur Verwirklichung dieser gemeinsamen Ziele aufeinander abgestimmt werden. Diese Ziele sollen erreicht werden u. a. durch → souveräne Gleichheit der Mitgliedstaaten, → friedliche Streitbeilegung, → Gewaltverbot in den internationalen Beziehungen und → Nichteinmischung in die inneren Angelegenheiten eines Staates (→ Menschenrechtserklärung → Nord-Süd-Konflikt → Treuhandsystem).

UNO-Generalversammlung, das allgemeine Organ, in dem alle UNO-Mitglieder vertreten sind. Dabei hat jeder Staat eine Stimme, wie es dem Grundsatz souveräner Gleichheit entspricht. Außer der

Befugnis zu Empfehlungen in allen von der UNO-Charta erfaßten Fragen hat die Generalversammlung ein Entscheidungsrecht z. B. bei Aufnahme oder Ausschluß von Staaten sowie bei der personellen Zusammensetzung anderer UNO-Organe.

UNO-Satzung → UNO-Charta

UNO-Sicherheitsrat, im Unterschied zur egalitären Generalversammlung zeigt sich hier eine Art internationaler Hierarchie. Im Sicherheitsrat (SR) sind nur 15 Mitgliedstaaten vertreten. Dabei kommt den 5 ständigen Großmacht-Mitgliedern (USA, Frankreich, Großbritannien, China und ehem. UdSSR) ein vorrangiger Status zu, da jedes dieser Mitglieder einen SR-Beschluß durch sein Vetorecht verhindern kann. Zur Durchführung von SR-Beschlüssen einschließlich militärischer Sanktionen sind die UNO-Mitgliedstaaten kraft UNO-Charta verpflichtet.

UNO-Sonderorganisationen → FAO → GATT → Hochkommissar → ILO → IWF → UNCTAD → UNESCO → UNIDO → WHO

Unparlamentarisches Verhalten → Ordnungsruf

Unparteilichkeit → Hergebrachte Grundsätze

Unpolitische Geschäftsregierung, im Unterschied zu den Formen der Mehrheitsregierung, Koalitionsregierung, Allparteienregierung und Minderheitsregierung eine aus Fachbeamten gebildete Übergangsregierung ohne Rückhalt im Parlament.

Unrechtsstaat, idealtypischer Gegensatz zum → Rechtsstaat (→ Totalitärer Staat).

Unschuld → Jury

Unschuldsvermutung → In dubio pro reo → Untersuchungsgefangene

‚Unsichtbare Hand‘ → ‚Finger Gottes‘

Unteilbarkeit der Staatsgewalt, eine historische Lehre, gerichtet insbesondere gegen ständische Freiheit, grundherrliche Macht und gemeindliche Autonomie (→ Gewaltenteilung → Hobbes → Locke → Montesquieu → Kant).

Unterbau, bei hoheitlichen und anderen Organisationen die Basis unter dem Mittelbau (→ Mittelbehörden → Überbau).

Unterbringung einer Person gegen ihren Willen → Freiheitsentziehung.

Unterentwickelte Länder → Entwicklungsländer

Untergang von Staaten → Staatsuntergang

Untergrundorganisationen bekämpfen insgeheim die eigene Regierung oder fremde Mächte im eigenen Land (→ Underground → Stadtguerilla → Fememord → Terrorismus).

Unterhaus → House of Commons

Unterkönige („subreguli"), in der Spätantike die Exponenten einer Regionalisierung der Reichsgewalt; bei den → Franken auch Bezeichnung für → Hausmeier.

Unternehmen → Öffentliche Unternehmen

Unternehmenskonzentration → Fusionskontrolle → Neoliberalismus

Unternehmer im Rechtssinne ist, wer eine gewerbliche oder berufliche Tätigkeit selbständig ausübt (→ Umsatzsteuer).

Unternehmerfreiheit als Recht zu freier Gründung und Führung von Unternehmen ist nach deutschem Verfassungsrecht durch die → Berufsfreiheit und die → allgemeine Handlungsfreiheit geschützt. Näheres im → Wörterbuch zum Grundgesetz.

Unternehmerverbände → Arbeitgeberverbände

Unterrichtungsfreiheit → Informationsfreiheit

Unterschriftenquorum → Wahlvorschlagsrecht → Quorum

Unterstaat → Staatenstaat

Untersuchungsausschüsse des Parlaments, eine Ausprägung des überkommenen Enquête-Rechts, sind vor allem eine Plattform der → Opposition. Auf Antrag eines Viertels seiner Mitglieder ist der → Bundestag verpflichtet, einen Untersuchungsausschuß einzusetzen, der in öffentlicher Verhandlung die erforderlichen Beweise erhebt. Das parlamentarische Untersuchungsrecht erstreckt sich, über die Kontrolle der Exekutive hinaus, auf alle Vorgänge von hinreichendem öffentlichen Belang. Näheres nach deutschem Verfassungsrecht im → Wörterbuch zum Grundgesetz.

Untersuchungsgefangene genießen, wie im übrigen jeder noch nicht rechtskräftig Verurteilte, die dem → Rechtsstaatsprinzip gemäße Unschuldsvermutung. Die Untersuchungshaft muß, in Anordnung und Vollzug, dem → Verhältnismäßigkeitsgrundsatz genügen (→ Haftprüfung → Freies Geleit).

Untersuchungsgrundsatz → Inquisitionsmaxime → Beweis

Untertan (‚subditus'), ursprünglich ein → Hintersasse; später Bezeichnung des vorrechtsstaatlichen Bürgers unter den Bedingungen von → Landesherrschaft und → Absolutismus.

Untertanengeist, heute das Gegenteil von Zivilcourage.

Untertänigkeit, der Rechtsstatus eines → Untertans (→ Erbuntertänigkeit).

Unterwanderung, schleichendes Bewirken unerwünschter Veränderungen, z. B. durch Eindringen fremder Volksgruppen in die einheimische Bevölkerung oder durch getarnte Eroberung von Einflußpositionen in Staat und Gesellschaft.

Unterwerfungserklärung der streitbeteiligten Staaten, sei es generell oder ad hoc, ist Voraussetzung der Jurisdiktion internationaler Gerichte. Dies gilt auch für den → Internationalen Gerichtshof in Den Haag; UNO-Mitgliedschaft allein begründet noch nicht dessen Rechtsprechungskompetenz.

Unterwerfungsvertrag → Herrschaftsvertrag

Unterzeichnung → Gegenzeichnung → Paraphierung

Unvereinbarkeit von Ämtern → Inkompatibilität

Unverletzlichkeit der Grenzen → Integrität

Unverletzlichkeit der Person → Recht auf körperliche Unversehrtheit → Freiheit der Person

Unverletzlichkeit der Wohnung, grundrechtliche Garantie zum Schutz eines Kernbereichs der → Privatsphäre. Näheres nach deutschem Verfassungsrecht im → Wörterbuch zum Grundgesetz.

Unverletzlichkeit des Abgeordneten → Immunität

Unverletzlichkeit des Diplomaten → Exterritorialität

Unverletzlichkeit des Monarchen als Unangreifbarkeit des Herrscheramtes und Schutz des Staatsoberhauptes vor politischen Kontroversen war ein Leitgedanke noch des → Konstitutionalismus (→ Monarchisches Prinzip → Gottesgnadentum).

Unverletzlichkeit des Postgeheimnisses → Postgeheimnis

Unversehrtheit → Recht auf körperliche Unversehrtheit

Unwiderstehlichkeit der Staatsgewalt, ein theoretisches Merkmal unabgeleiteter hoheitlicher Herrschaft; ihr kann nach → Jellinek „niemand … entfliehen, es sei denn, daß er sich in eine Wüste oder in die Nähe der Pole flüchte“. Hiervon zu unterscheiden ist die rechtliche und faktische Durchschlagskraft der Staatsgewalt, die im Verfassungsstaat insbesondere durch → Grundrechte beschränkt ist.

Unzulässige Rechtsausübung → Schikaneverbot

Unzumutbarkeit → Clausula rebus sic stantibus → Verhältnismäßigkeitsgrundsatz

Unzurechnungsfähigkeit, ein strafrechtlicher Schuldausschließungsgrund. Eine Tatschuld ist z. B. nicht gegeben, wenn der Täter die Straftat in krankhafter seelischer Störung oder tiefgreifender Bewußtseinsstörung begangen hat und wenn er daher unfähig war, das Unerlaubte der Tat einzusehen oder nach dieser Einsicht zu handeln (→ Schuldprinzip).

Urabstimmung, vor dem Streikbeschluß einer → Gewerkschaft die geheime Abstimmung der betroffenen Gewerkschaftsmitglieder, ob gestreikt werden soll (→ Streik).

Uradel, je nach Zusammenhang die altrömischen → Patrizier, der Adel im Reich der → Franken oder ein vor 1350 belegter deutscher → Adel (→ Briefadel → Geburtsadel → Hochadel).

Urbanisierung als Verstädterung ehemals ländlicher Bevölkerungsteile gehört zu den Merkmalen der → Industriegesellschaft.

Urfehde (‚Ende der Fehde'), das eine → Fehde abschließende, beiderseitige feierliche Versprechen, fürderhin Frieden zu halten (→ Sühne).

Urgesellschaft, nach marxistischer Auffassung die uranfängliche, z. T. als urkommunistisch bezeichnete Sozialordnung ohne Privateigentum, Ausbeutung, Arbeitsteilung, Entfremdung usw. (→ Historischer Materialismus).

Urheberrecht, die auf dem geistigen Eigentum beruhende ausschließliche Verfügungsgewalt des Werkschöpfers. Geschützt sind insbesondere Werke der Literatur, der Wissenschaft, der bildenden Kunst und der Musik (→ Berner Konvention → Immaterialgüterrechte → Plagiat).

‚Urhorde' → Horden

Urkantone, die drei Gründungskantone der → Eidgenossenschaft.

Urkunden → Beweis

Urnenwahl → Briefwahl

‚Urrechte' wurden die in den süddeutschen Verfassungen des → Vormärz enthaltenen Staatsbürgerrechte von zeitgenössischen Autoren genannt. Indessen waren diese frühkonstitutionellen Freiheitsrechte – z. B. Gewissensfreiheit, Berufsfreiheit, Auswanderungsfreiheit, Recht auf den gesetzlichen Richter, Schutz des Eigentums – durch Gesetz jederzeit beschränkbar.

Ursprünglichkeit der Herrschermacht, unabgeleitet von einem höherrangigen → Rechtssubjekt, gehört zu den Wesensmerkmalen der → Staatsgewalt.

Urteil, eine an bestimmte Verfahrensformen gebundene, schriftlich abzufassende Gerichtsentscheidung, die u. a. aus → Tenor, Tatbestand und Entscheidungsgründen besteht (→ Beschluß).

Urvertrag, das nach naturrechtlicher Lehre den → Staat konstituierende Übereinkommen, auch → Gesellschaftsvertrag genannt.

Urwahl, die Wahl von Wahlmännern, denen die Wahl der Abgeordneten vorbehalten ist. Dieses Verfahren wurde z. B. bei der Wahl zur → Frankfurter Nationalversammlung (1848) in den meisten deutschen Staaten angewandt.

Urzustand, die von → Rousseau als friedlich und glücklich idealisierten Verhältnisse der Frühe im Gegensatz zum → Naturzustand, wie er der Staatstheorie von → Hobbes zugrunde liegt.

USA, United States of America, Vereinigte Staaten von Amerika (→ Unabhängigkeitserklärung → Sezessionskrieg → Isolationismus → New Deal → Supermächte).

US-Supreme Court → ‚Judical self-restraint'

US-Verfassung → Amendment

Usurpation, illegale oder illegitime Aneignung einer hoheitlichen Machtposition (→ Legitimität).

Utilitarismus, eine Lehre, die ‚Nützlichkeit' als individuelles, soziales und politisch-moralisches Lebensprinzip vertritt. Danach kommt es allein auf die nützlichen oder schädlichen Folgen einer Handlung an, Gesinnung und Motive bleiben außer Betracht (→ J. St. Mill → J. Bentham → ‚Finger Gottes' → Erfolgsethik).

Utopie (‚Nirgendort'), Entwurf einer Gesellschaftsordnung und Staatsverfassung jenseits von Raum und Zeit (→ Politische Utopien → Staatsutopien → Staatsromane → Schwärmertum).

V

Valmy, ein Ort zwischen Verdun und Reims. Die erfolglose Kanonade von Valmy (1792), die → Goethe als Beginn einer neuen Geschichtsepoche erlebte, führte zum Rückzug der preußisch-österreichischen Truppen vor der französischen Revolutionsarmee.

Vandalismus, Bezeichnung für sinnlose Zerstörung; Wortprägung eines Mitglieds des französischen Nationalkonvents, gemünzt auf die → Jakobiner.

Vasall (‚Knecht'), der in einem besonderen Treueverhältnis zum Lehensherrn stehende Lehensmann (→ Kronvasall → Lehen → Loyalität → Senior).

Vasallenstaat → Staatenstaat

Vater, Urbild der Autorität nicht nur für das kleine Kind. Götter und Könige werden von den Menschen der Frühe als Vaterersatz gefürchtet und geliebt (→ Pater patriae → Patriarch → Patriarchaltheorie → Patriarchat).

Vaterländischer Krieg → Großer Vaterländischer Krieg

Väterliche Gewalt → Patria potestas

Vaterrecht, im Unterschied zum → Mutterrecht die Vorherrschaft des Mannes in Familie, Gesellschaft und Staat.

Vatikan (‚Monte Vaticano'), Kerngebiet des → Vatikanstaates; seit dem 14. Jahrhundert Residenz des → Papstes; auch Kurzbezeichnung für die päpstliche Politik und ihre leitenden Organe (→ Kurie).

Vatikanische Konzilien, die im Vatikan zusammengetretenen ökumenischen → Konzilien: Vaticanum I (1869/70) und Vaticanum II (1962–65).

Vatikanstaat (‚Stato della Città del Vaticano'), der vom → Heiligen Stuhl zu unterscheidende, auf den → Lateranverträgen beruhende, souveräne päpstliche Staat in Rom. Zum Staatsgebiet gehören u. a. der apostolische Palast, die Peterskirche und die vatikanischen Gärten (→ Kirchenstaat → Schweizer Garde).

Venia legendi (‚Erlaubnis zu lesen'), die Lehrbefugnis an wissenschaftlichen Hochschulen. Sie wird nach deutscher Tradition aufgrund eines besonderen Qualifikationsverfahrens (Habilitation) verliehen und ist grundsätzlich Voraussetzung für die Berufung auf einen → Lehrstuhl.

Verabschiedung eines Gesetzes: die Beschlußfassung des Parlaments nach der letzten → Lesung (→ Gesetzesbeschluß → Gesetzgebungsverfahren).

Veränderung → Fortschritt

Veranlagungssteuern, im Unterschied zu Abzugssteuern (→ Quellensteuern) jene Steuern, die in einem besonderen Verfahren durch Steuerbescheid festgesetzt werden, wie z. B. die → Einkommensteuer.

Verantwortlichkeit → Ministerverantwortlichkeit → Parlamentarisches Regierungssystem

Verantwortungsethik, im Gegensatz zur → Gesinnungsethik eine Lehre, wonach nicht die Motive des Tuns, vielmehr die Handlungsresultate und ihre Folgen für die moralische Bewertung entscheidend sind.

Verbalinjurie, Beleidigung durch Worte (→ Realinjurie).

Verbalnote, eine nichtsignierte diplomatische → Note.

Verbände organisieren in der → pluralistischen Gesellschaft gleichgerichtete Sonderinteressen materieller und immaterieller Art (→ Vereinigungsfreiheit → Koalitionsfreiheit → Interessenverbände → Gewerkschaften → Arbeitgeberverbände → Intermediäre Gewalten → Reale Verbandsperson).

Verbändestaat, politisches Schlagwort angesichts der als übermächtig kritisierten großen Verbände, die in ständigem Kontakt mit der Regierung staatliche Entscheidungen so weit programmierten, daß dem Parlament kaum mehr als die förmliche Sanktionierung verbleibe.

Verbandsgemeinde → Gemeindeverbände

Verbandsperson → Gierke

Verbandsstaat → Personenverbandsstaat

Verbannung, Sanktion mit befristetem oder unbefristetem Aufenthaltsverbot in einem bestimmten Hoheitsgebiet (→ Bann → Exil → Relegation).

‚Verböserung' → Reformatio in peius

Verbot des Angriffskriegs, ein Verfassungsprinzip des deutschen → Grundgesetzes im Einklang mit dem völkerrechtlichen Verbot der → Aggression.

Verbotsirrtum, im Unterschied zum Tatbestandsirrtum (Tatsachenirrtum) das fehlende kriminelle Unrechtsbewußtsein des Täters. Nur wenn der V. unvermeidbar war, bleibt der Täter straflos.

Verbraucherpolitik sucht insbesondere durch Verbraucherschutz und -information die Stellung privater Haushalte gegenüber den Anbietern von Gütern und Dienstleistungen zu stärken.

Verbrauchssteuern belasten meist indirekt den Verbrauch bestimmter Güter, wie z. B. Bier, Schaumwein, Tabak, Tee, Mineralöl (→ Mineralölsteuer).

Verbrechen im Unterschied zum weniger schwer wiegenden Vergehen ist nach deutschem Strafrecht eine Tat, die mindestens mit einer Freiheitsstrafe von einem Jahr bedroht ist.

Verbrechen gegen die Menschlichkeit, ein völkerrechtlicher Straftatbestand, der zulasten deutscher Staatsorgane in den → Nürnberger Prozessen angewandt wurde (→ Menschlichkeit).

Verbund → Integration → Europäische Union

Verdacht → Staatsanwaltschaft

Verdienstadel → Briefadel

Verdienstorden → Orden und Ehrenzeichen

Verdikt (‚vere dictum'), Wahrspruch, Entscheidung, Urteil.

Verdun-Vertrag → Ostfranken

Verdunkelungsgefahr im strafverfahrensrechtlichen Sinne ist der dringende Verdacht, der Beschuldigte werde z. B. Beweismittel vernichten oder auf Zeugen in unlauterer Weise einwirken, so daß die Ermittlung der Wahrheit erschwert wird. V. ist ein Haftgrund für die Anordnung von Untersuchungshaft (→ Haftbefehl → Untersuchungsgefangene).

Vereidigung → Eid → Eidesverweigerung

Vereine → Vereinigungsfreiheit

Vereinigte Staaten von Amerika → USA

Vereinigte Staaten von Europa → Coudenhove-Kalergi → Europäische Union

Vereinigung Deutschlands → Einigungsvertrag → Einheit und Freiheit Deutschlands → Moskauer Vertrag

Vereinigungsfreiheit, das Grundrecht, Vereine und Gesellschaften zu bilden. Die V. ist allen → Deutschen und → inländischen juristischen Personen gewährleistet. Besonders geregelt ist die V. für politische Parteien (→ Parteifreiheit), für Koalitionen (→ Koalitionsfreiheit) und für Religionsgesellschaften (→ Religiöse Vereinigungsfreiheit). Näheres nach deutschem Verfassungsrecht im → Wörterbuch zum Grundgesetz.

Vereinigungsvertrag → Pactum unionis

Vereinsverbote gemäß grundgesetzlicher Ermächtigung kann die Exekutive insbesondere verfügen, wenn sich Vereinigungen gegen die verfassungsmäßige Ordnung richten. Einen Sonderstatus genießen politische Parteien (→ Parteiprivileg).

Vereinte Nationen → UNO

Vereintes Europa, ein grundgesetzlich erklärtes Ziel deutscher Politik; seiner Verwirklichung dient die → Europäische Union.

Verfahren → Faires Verfahren → Rechtliches Gehör → Rechtskraft

Verfassung im engeren modernen Sinn ist das urkundlich fixierte Verfassungsgesetz, das außer grundlegenden Vorschriften über hoheitliche Machtverteilung und Staatsorganisation vor allem auch → Grundrechte für den Einzelnen enthält. Die Verfassung als Inbegriff politisch-rechtlicher Grundentscheidungen entspringt der → verfassungsgebenden Gewalt. Einmal hervorgebracht, entfaltet das Verfassungsgesetz seine integrierende, ordnungsstiftende, machtmäßigende und freiheitssichernde Wirkung durch konkretisierende Anwendung (→ Vorrang der Verfassung → Ungeschriebene Verfassung → Gemischte Verfassung → Konstitution → Landständische Verfassung).

Verfassungsänderung als textliche Anpassung des Verfassungsgesetzes an neue Lagen ist, um der Verfassungsstabilität willen, an erschwerte Voraussetzungen geknüpft. Bestimmte Verfassungsprinzipien sind einer Änderung schlechthin entzogen (→ Unantastbarkeitsgarantien). Näheres nach deutschem Verfassungsrecht im → Wörterbuch zum Grundgesetz.

Verfassungsaufträge betreffen teils → Staatszielbestimmungen, teils Direktiven für die Gesetzgebung. Näheres über die → Gesetzgebungsaufträge im → Wörterbuch zum Grundgesetz.

Verfassungsauslegung ist die methodische Ermittlung des rechtlichen Gehalts der anzuwendenden Verfassungsvorschrift. Für diese oft schwierige Aufgabe gelten bestimmte Grundsätze, die sich in der allgemeinen Jurisprudenz seit langem als Kunstregeln der Interpretation bewährt haben. Dabei erfordert der Höchstrang des Verfassungsrechts mitsamt den ‚politischen' Implikationen einschlägiger Entscheidungen ein Optimum an Urteilskraft und Augenmaß. Dies um so mehr, als die Verfassung oft Begriffe verwendet, die sehr abstrakt, lapidar, mehrdeutig und daher konkretisierungsbedürftig sind. Näheres zu diesen Fragen im → Wörterbuch zum Grundgesetz.

Verfassungsautonomie der Gliedstaaten im → Bundesstaat: → Homogenität → Eigenstaatlichkeit der Länder.

Verfassungsbeschwerde, grundsätzlich erst zulässig nach Erschöpfung des → Rechtswegs, dient dem effektiven Grundrechtsschutz des unmittelbar Betroffenen. Die angegriffene Grundrechtsverletzung kann in Akten der → Gesetzgebung, der → Exekutive oder der → Rechtsprechung liegen. Näheres über die V. im → Wörterbuch zum Grundgesetz.

Verfassungsbewegung → Konstitutionalismus → Hambacher Fest → Rechtsstaat

Verfassungsbruch, im Unterschied zur → Verfassungsdurchbrechung die illegale, gleichsam revolutionäre, durch politisch-juristische Handlungen oder Unterlassungen bewirkte Negation einer Verfassung im ganzen. Eine derartige Verfassungsvernichtung wurde z. B. durch das → Ermächtigungsgesetz herbeigeführt.

Verfassungsdurchbrechung, im Unterschied zur → Verfassungsänderung die nichtausdrückliche, jedoch die qualifizierten Erfordernisse einer punktuellen Verfassungsrevision erfüllende Gesetzgebung, wie sie unter der → Weimarer Reichsverfassung zulässigerweise praktiziert wurde.

Verfassungseid, der Amtseid (insbesondere des → Bundespräsidenten, des → Bundeskanzlers, der → Bundesminister und der → Bundesrichter), das → Grundgesetz zu wahren und zu verteidigen.

Verfassungsentwicklung, stiller Verfassungswandel ohne Änderung des Verfassungstextes, namentlich durch richterliche Fortbildung des Verfassungsrechts.

Verfassungsergänzung → Verfassungsänderung → Amendment

Verfassungsfeindschaft als aktive Verfassungsgegnerschaft wird insbesondere durch → Verfassungsschutz, → Vereinsverbote, → Parteiverbote und strafrechtliche Sanktionen bekämpft (→ Streitbare Demokratie).

Verfassungsgebende Gewalt (pouvoir constituant) ist die Grundlage aller von der → Verfassung konstituierten → Staatsgewalt. Während im Geiste der → Monarchie die ursprüngliche Gewalt (potestas constituens) nicht von irdischen Trägern, sondern von Gott ausging (→ Gottesgnadentum), wurzelt nach demokratischem Verständnis die V. G. im → Staatsvolk.

Verfassungsgebende Versammlung (Konstituante), die durch allgemeine und gleiche Wahl berufene Repräsentanz des Volkes zum Zwecke der → Verfassungsgebung (→ Weimarer Nationalversammlung → Frankfurter Nationalversammlung).

Verfassungsgebung, die Hervorbringung einer → Verfassung durch Repräsentanten des Volkes als des Trägers der → verfassungsgebenden Gewalt. Dabei kann eine verfassungsgebende Versammlung den Verfassungstext ausarbeiten und beschließen oder lediglich einen Textentwurf vorlegen, der vom Volk gebilligt werden muß (→ Referendum). Auch andere Formen der V. sind demokratisch legitim, wie am Beispiel der Bundesverfassung der → USA und der → Eidgenossenschaft deutlich wird. Näheres zu diesen Fragen im → Wörterbuch zum Grundgesetz.

Verfassungsgerichtsbarkeit, die Entscheidung verfassungsrechtlicher Streitigkeiten durch ein oberstes allgemeines Gericht (→ US-Supreme Court) oder durch einen speziellen Verfassungsgerichtshof (→ Bundesverfassungsgericht).

Verfassungsgeschichte, die Erforschung und Darstellung früherer → Verfassungen des In- und Auslandes.

Verfassungsgesetz → Verfassung

Verfassungsgewohnheitsrecht kann unter der Geltung einer geschriebenen Verfassung nur ausnahmsweise entstehen (→ Gewohnheitsrecht). Näheres hierüber im → Wörterbuch zum Grundgesetz.

Verfassungsgrundsätze, die prägenden Prinzipien einer → Verfassung. Nach deutschem Verfassungsrecht sind dies namentlich die von der → Ewigkeitsklausel geschützten Grundsätze.

Verfassungshomogenität → Homogenität → Eigenstaatlichkeit der Länder

Verfassungskonforme Auslegung, ein für die → Normenkontrolle geltendes Gebot. Näheres hierüber im → Wörterbuch zum Grundgesetz.

Verfassungskonvent, in der Entstehungsgeschichte des → Grundgesetzes das nach Herrenchiemsee einberufene Sachverständigengremium zur Vorbereitung eines Verfassungsentwurfs für den → Parlamentarischen Rat.

Verfassungslehre, die von der Dogmatik des positiven Verfassungsrechts zu unterscheidende allgemeine Theorie der Staatsverfassung. Die V. zieht namentlich auch die politischen, geistesgeschichtlichen, moralischen, wirtschaftlichen und sozialen Bedingungen einer → Verfassung in Betracht (→ Integrationslehre → Dezisionismus).

Verfassungsmäßige Ordnung, ein grundgesetzlicher Begriff, der in unterschiedlichen Zusammenhängen einen verschiedenen Inhalt hat. Näheres hierüber im → Wörterbuch zum Grundgesetz.

Verfassungsmäßigkeit der Staatsgewalt → Vorrang der Verfassung

Verfassungsorgane, ein herausgehobener Kreis von → Staatsorganen, deren Status und Kompetenzbereich in der → Verfassung fixiert ist. Näheres hierüber im → Wörterbuch zum Grundgesetz.

Verfassungsorganstreitigkeiten → Organstreitigkeiten

Verfassungsorgantreue, die wechselseitige Pflicht von → Verfassungsorganen, bei der Ausübung ihrer Kompetenzen aufeinander Rücksicht zu nehmen (→ Organtreue).

Verfassungspolitik betrifft insbesondere die auf → Verfassungsänderung gerichtete → Politik.

Verfassungsprozeßrecht unterscheidet sich in wesentlichen Punkten vom sonstigen Gerichtsverfahrensrecht. Näheres hierüber im → Wörterbuch zum Grundgesetz.

Verfassungsrecht, die Kernmaterie des → Staatsrechts, umfaßt nicht nur die ausdrücklichen Bestimmungen der → Verfassung, sondern auch die ungeschriebenen Grundsätze und Leitideen, auf denen der Verfassungstext beruht (→ Vorgang der Verfassung → Normenhierarchie → Ungeschriebenes Verfassungsrecht → Verfassungsauslegung).

Verfassungsreferendum, Volksabstimmung über Verfassungsvorlagen (→ Referendum → Plebiszit → Verfassungsgebung).

Verfassungsreform, eine auf Verbesserung angelegte Novellierung größerer Teile der → Verfassung im Wege der → Verfassungsänderung (→ Reform).

Verfassungsrevision → Verfassungsänderung

Verfassungsrichter, Mitglieder eines Spruchkörpers der → Verfassungsgerichtsbarkeit (→ Bundesrichter).

Verfassungsschutz bezieht sich vor allem auf den Schutz der → freiheitlichen demokratischen Grundordnung, des Bestandes und der Sicherheit des Bundes oder eines Landes. Der staatsrechtlich-institutionelle V. (→ Unantastbarkeitsgarantien → Verfassungsgerichtsbarkeit) wird verwaltungsrechtlich-administrativ ergänzt durch die Tätigkeit der Ämter für Verfassungsschutz. Diesen obliegt die Information der Regierung über verfassungsfeindliche Bestrebungen (→ Verfassungsfeindschaft).

Verfassungsstaat, ein neuzeitlicher → Staatstyp, ausgewiesen durch eine machtmäßigende, gewaltenteilende, freiheitsverbürgende → Verfassung (→ Rechtsstaat → Macht und Recht).

Verfassungsstörung → Gesetzgebungsnotstand

Verfassungsstreitigkeiten, Gesamtheit der vom → Bundesverfassungsgericht zu entscheidenden Kontroversen über verfassungsfundierte Rechte und Pflichten. (Beispiele: → Organstreitigkeiten → Normenkontrolle → Verfassungsbeschwerde).

Verfassungstextänderung → Verfassungsänderung → Amendment

Verfassungstheorie → Verfassungslehre

Verfassungstreue beschränkt die wissenschaftliche Lehrfreiheit und gehört im übrigen zu den → hergebrachten Grundsätzen des Berufsbeamtentums. Näheres nach deutschem Verfassungsrecht im → Wörterbuch zum Grundgesetz.

Verfassungsurkunde → Verfassung

Verfassungsvernichtung → Verfassungsbruch

Verfassungsversammlung → Verfassungsgebung

Verfassungsvorbehalt → Grundrechtsbeschränkungen

Verfassungsvorrang → Vorrang der Verfassung

Verfassungswandel → Verfassungsentwicklung

Verfassungswidrigkeit eines Gesetzes bewirkt dessen Nichtigkeit (→ Vorrang der Verfassung → Normenkontrolle).

Verfassungswirklichkeit als polemischer Topos stellt die Verfassungspraxis von Staatsorganen und Parteien dem Geist der Verfassung gegenüber.

Verfolgte → Asylrecht

Verfolgung → Strafverfolgung

Verfügung → Verwaltungsakt

Vergangenheit → Tradition

Vergehen, strafrechtliche Delikte von geringerem Gewicht als → Verbrechen.

Vergeltung → Straftheorien → Retorsion

Vergesellschaftung → Sozialisierung

Vergleich → Friedliche Streitbeilegung

Vergnügungssteuern (Lustbarkeitssteuern) werden aufgrund landesgesetzlicher Ermächtigung von den Gemeinden erhoben. Als ‚Vergnügungen' gelten Veranstaltungen und Darbietungen, die ergötzen, unterhalten, zerstreuen oder entspannen sollen.

Verhaftung → Haft → Freiheitsentziehung → Immunität

Verhältnismäßigkeitsgrundsatz, ein im → Rechtsstaatsprinzip enthaltenes Gebot, das für alle Eingriffe der → Staatsgewalt in Freiheit und Eigentum gilt. Näheres nach deutschem Verfassungsrecht im → Wörterbuch zum Grundgesetz. Der V. ist überdies ein Prinzip des Völkerrechts (→ Luftkriegsrecht).

Verhältniswahl, ein für die → repräsentative Demokratie zulässiges → Wahlsystem im Unterschied zur → Mehrheitswahl. Bei der V. (Proportionalwahl) wird jede an der Wahl teilnehmende politische Partei im Verhältnis ihres Wahlerfolgs bei der parlamentarischen Sitzverteilung berücksichtigt (→ Personalisierte Verhältniswahl → Listenwahl → Höchstzahlverfahren → Koalitionsregierung → Sperrklauseln).

Verhandlungen → Öffentlichkeitsprinzip

Verhandlungsgrundsatz, im Unterschied zur → Inquisitionsmaxime ein namentlich für den Zivilprozeß geltendes Prinzip. Danach obliegt es den streitenden Parteien, die ihnen günstigen Tatsachen und Beweismittel herbeizuschaffen, auf deren Grundlage das Gerichtsurteil ergeht.

Verhandlungsrunden → GATT

Verhörmethoden → Recht auf körperliche Unversehrtheit → Folter

Verkehrspolitik, ein spezieller Bereich der allgemeinen → Wirtschaftspolitik, bezogen auf Struktur und Ablauf des Straßen-, Schienen-, Wasser- und Luftverkehrs.

Verkehrssitte, die vom → Gewohnheitsrecht zu unterscheidende, für die Vertragsauslegung nach → Treu und Glauben bedeutsame ständige Übung im Rechtsverkehr.

Verkehrssteuern, Oberbegriff für Steuern, die insbesondere an Rechtsgeschäfte, Wirtschafts- oder Verkehrsvorgänge anknüpfen, wie z. B. die → Umsatzsteuer.

Verkündung mittels allgemeiner Bekanntgabe von Rechtsnormen ist Voraussetzung ihrer Existenz. Deutsches Bundesrecht wird verkündet durch Veröffentlichung im → Bundesgesetzblatt nach vorheriger → Ausfertigung (→ Inkrafttreten von Rechtsnormen).

Vermittlung durch Drittstaaten ist eine diplomatische Technik zur Lösung zwischenstaatlicher Konflikte (→ Friedliche Streitbeilegung).

Vermittlungsausschuß, ein gemeinsames Gremium von → Bundestag und → Bundesrat zur Beratung umstrittener → Gesetzesvorlagen im Zuge des → Gesetzgebungsverfahrens. Näheres nach deutschem Verfassungsrecht im → Wörterbuch zum Grundgesetz.

Vermögensabgaben, einmalige Steuern vom Vermögen, namentlich beim → Lastenausgleich nach dem 2. Weltkrieg.

Vermögenspolitik, Inbegriff sozialpolitischer Maßnahmen zur Förderung der Vermögensbildung in breiten Schichten oder zur Umverteilung vorhandener Vermögen. Instrumente der V. sind u. a. → Steuern, → Transferleistungen und Sparprämien.

Vermögenssteuer, laufend wiederkehrende Abgabe auf das Vermögen von natürlichen Personen, Körperschaften, Personenvereinigungen und Vermögensmassen (→ Steuereingriffe).

Vermögenswerte Rechte → Enteignung

Vernehmung, im Strafverfahren die mündliche Befragung von Beschuldigten, Zeugen und Sachverständigen (→ Verhörmethoden).

Vernichtungslager → Konzentrationslager

Vernunftmetaphysik, die z. B. von → Hegel angenommene Vernunftorientiertheit der Menschheitsgeschichte als stufenweise Entfaltung des ‚Weltgeistes'. Als V. gilt auch der auf den Einzelmenschen bezogene Vernunftglauben der → Aufklärung (→ Rousseau).

Vernunftrecht, die neuzeitlich-säkulare Ausprägung des → Naturrechts. Lehren des V. bilden die geistige Basis insbesondere der ‚natürlichen unabdingbaren Menschenrechte' (→ Déclaration des Droits de l'Homme et du Citoyen).

Vernunftstaat, ein staatstheoretischer Begriff → Fichtes. Danach besteht eine absolute Gewissenspflicht, sich mit anderen im V. zu vereinigen. Wer sich dieser Pflicht entziehe, verletze die Rechte anderer und sei „wie eine wilde Naturmacht zu bändigen".

Verordnungen → Rechtsverordnungen → Europäisches Gemeinschaftsrecht

Verrat → Landesverrat → Hochverrat → Felonie → Fünfte Kolonne

Verrechtlichung politischer und administrativer Handlungsfelder durch ein Übermaß von Rechtsetzung und richterlicher Kontrolle wird am Staat der Gegenwart oft kritisiert (→ Gesetzgebungsstaat → Richterstaat → Deregulierung).

Versailler Spiegelsaal → Kaiserreich

Versailler Vertrag, der 1919 in Versailles zwischen dem → Deutschen Reich und den → Alliierten nach Beendigung des 1. Weltkriegs abgeschlossene → Friedensvertrag. Für das besiegte Deutschland waren die Bedingungen des V. V. äußerst hart (u. a. Abtretung ganz Elsaß-Lothringens sowie großer Teile Westpreußens und Posens; Verlust aller Kolonien; hohe Reparationen; Besetzung bzw. Entmilitarisierung des Rheinlandes; Verbot von Luftstreitkräften; Beschränkung von Heer und Marine; Verbot der Vereinigung Deutschlands mit Österreich). In der deutschen Innenpolitik wirkte sich der V. V. verhängnisvoll aus (→ Erfüllungspolitiker → Rathenau → Machtergreifung → Hitler).

Versammlungsdemokratie → Plebiszitäre Demokratie

Versammlungsfreiheit, das allen → Deutschen garantierte → Grundrecht, sich friedlich und ohne Waffen zu versammeln. Für einschlägige Zusammenkünfte unter freiem Himmel (→ Demonstrationsfreiheit → Sitzblockade) kann dieses Freiheitsrecht durch Gesetz oder aufgrund eines Gesetzes beschränkt werden. Näheres nach deutschem Verfassungsrecht im → Wörterbuch zum Grundgesetz.

Versammlungsregierung, ein Regierungstyp, der nach seinem französischen Vorbild (→ Robespierre) zu → Diktatur und → Terror neigt.

Verschleppte → Displaced Persons

Verschollenheit, eine Bedingung der Todeserklärung, setzt voraus, daß der Aufenthalt eines Menschen während längerer Zeit unbekannt ist.

Verschulden → Schuldprinzip

Verschuldenshaftung → Gefährdungshaftung

Verschwörung → Komplott

Versicherung → Eidesstattliche Versicherung

Versorgungsbetriebe → Daseinsvorsorge → Leistungsverwaltung

‚Verspätete Nation', eine Wortprägung Helmuth Plessners (1892–1985). Sie besagt, daß sich der nationale Gedanke in der deutschen Geschichte vergleichsweise spät geltend gemacht hat.

Verstaatlichung → Nationalisierung

Verstädterung → Urbanisierung

Verständigung → Kompromiß → Modus vivendi

Verständigungsfrieden → Friedensvertrag

Vertagung und Wiedereinberufung des Parlaments gehört zu seinen → autonomen Rechten.

Verteidiger, im deutschen Strafprozeß ein unabhängiges Organ der Rechtspflege mit der Aufgabe, dem Beschuldigten beizustehen. Als V. kann ein zugelassener Rechtsanwalt oder ein Hochschullehrer der Rechtswissenschaft gewählt werden.

‚Verteidiger des Glaubens' → Krone Englands

Verteidigung im militärischen Sinne umfaßt alle Einrichtungen und Maßnahmen, die zur Abwehr eines Angriffs auf das Staatsgebiet erforderlich sind.

Verteidigungsausschuß des → Bundestages ist, wie der → Petitionsausschuß und der auswärtige Ausschuß, ein obligatorisches, d. h. von Verfassung wegen zu bildendes Gremium. Dem V. obliegt insbesondere die parlamentarische Kontrolle der Streitkräfte. Näheres zu seinen Rechten im → Wörterbuch zum Grundgesetz.

Verteidigungsfall, eine Erscheinungsform des → Staatsnotstandes, für den die → Notstandsverfassung vorgesehen ist. Der förmlich festzustellende V. liegt vor, wenn das Bundesgebiet mit Waffengewalt angegriffen wird oder wenn ein solcher Angriff unmittelbar droht. Näheres nach deutschem Verfassungsrecht im → Wörterbuch zum Grundgesetz.

Verteidigungsgemeinschaft → Europäische Verteidigungsgemeinschaft

Verteidigungskrieg → Aggression

Verteidigungsminister → Bundesverteidigungsminister

Verteilung der Staatsmacht → Gewaltenteilung

Verteilung des Steueraufkommens → Steuerertragshoheit

Verteilungspolitik, Gesamtheit der hoheitlichen Maßnahmen zur Umverteilung des Volkseinkommens und -vermögens (→ Vermögenspolitik → Sozialprodukt).

Vertikale Gewaltenteilung, im Unterschied zur klassischen → Gewaltenteilung die für den → Bundesstaat charakteristische Machtverteilung zwischen Bund und Ländern.

Vertikaler Finanzausgleich → Finanzausgleich

Verträge → Staatsverträge → Abkommen

Vertragsfreiheit → Allgemeine Handlungsfreiheit → Privatautonomie → Abschlußzwang

Vertragsgesetz → Ratifikationsgesetz

Vertragsstaaten → Signatarmächte

Vertragsstrafe → Konventionalstrafe

Vertragstheorien begründen, im Gegensatz zum → Gottesgnadentum, die hoheitliche Herrschaft über Menschen mit einer (gedachten) Vereinbarung zwischen Herrscher und Beherrschten (→ Staatsrechtfertigung → Herrschaftsvertrag).

Vertragsvölkerrecht → Völkerrechtliche Verträge

Vertrauensbildende Maßnahmen → KSZE

Vertrauensfrage, im → parlamentarischen Regierungssystem das ausdrückliche Ersuchen des Regierungschefs, das Parlament möge ihm durch → Beschlußfassung das Vertrauen aussprechen (→ Kanzlersturz → Minderheitsregierung → Bundestagsauflösung → Neuwahlen → Gesetzgebungsnotstand).

Vertrauensschutz, ein Element des → Rechtsstaatsprinzips, das der rückwirkenden gesetzlichen Verschlechterung von Rechtspositionen des Bürgers enge Grenzen setzt (→ Rückwirkungsverbot → Rechtssicherheit).

Vertrauensvotum, im Gegensatz zum → Mißtrauensvotum die ausdrückliche Bejahung der → Vertrauensfrage durch das Parlament.

Vertraulichkeit des Wortes ist durch das → allgemeine Persönlichkeitsrecht geschützt, insbesondere gegen unbefugte Tonbandaufnahmen (→ Recht am gesprochenen Wort).

Vertreibung, die menschenrechtswidrige, gewaltsame Entfernung bestimmter Bevölkerungsgruppen aus ihren angestammten Lebensräumen (→ Flüchtlinge).

Vertreibungsverbot → Heimatrecht

Verwahrlosung → Fürsorgeerziehung

Verwaltung, im Blick auf die rechtsstaatliche → Gewaltenteilung jenes hoheitliche Handlungsfeld, das weder → Gesetzgebung noch → Rechtsprechung ist (→ Exekutive → Ausführung der Gesetze → Gesetzmäßigkeit der Exekutive → Kommunale Selbstverwaltung → Leistungsverwaltung → Juristische Peronen des öffentlichen Rechts → Staatsfunktionen).

Verwaltungsabkommen, Vereinbarungen zwischen Stellen der Exekutive des Bundes und der Länder. Für V. gilt der → Vorrang des Gesetzes.

Verwaltungsakte, einseitige hoheitliche Maßnahmen zur Regelung eines Einzelfalles. V. haben bestimmte rechtsstaatliche Verfahrensgrundsätze zu beachten. Näheres nach deutschem Verfassungsrecht im → Wörterbuch zum Grundgesetz.

Verwaltungsbehörden → Bundesverwaltung → Landesverwaltung, → Gemeindeautonomie

Verwaltungselite wird in Frankreich planmäßig herangebildet, und zwar auf der → École Nationale d'Administration (ENA). Diese nimmt – mit Aussicht auf frühe Spitzenfunktionen nach erfolgreichem Studiengang – nur ausgewählte Bewerber auf, die bereits einen qualifizierten Abschluß in Rechts-, Wirtschafts- oder politischer Wissenschaft besitzen (→ Elite).

Verwaltungsermessen → Ermessen

Verwaltungsgebühren → Gebühren

Verwaltungsgerichtsbarkeit, ausgeübt durch Verwaltungsgerichte, Oberverwaltungsgerichte und das → Bundesverwaltungsgericht, dient der richterlichen Kontrolle des Verwaltungshandelns (→ Rechtsweggarantie → Bundesfinanzhof → Bundesozialgericht).

Verwaltungslehre, die Wissenschaft von der Verwaltung des Staates sowie der Körperschaften, Anstalten und Stiftungen des öffentlichen Rechts. Über empirische Untersuchungen hinaus bemüht sich die V. um Erkenntnisse, wie die öffentliche Administration sein soll.

Verwaltungsmonopol, im Unterschied zum → Finanzmonopol der hoheitliche Vorbehalt für bestimmte öffentliche Funktionen z. B. der bewaffneten Macht, der Post oder des Rundfunks (→ Monopol).

Verwaltungsprozeß, das Verfahren vor den Instanzen der → Verwaltungsgerichtsbarkeit.

Verwaltungsrecht, Gesamtheit der Gesetze und Rechtsprinzipien, die für das Handeln der → Eingriffsverwaltung und der → Leistungsverwaltung maßgebend sind.

Verwaltungsrechtsweg → Verwaltungsgerichtsbarkeit

‚Verwaltungsstaat', eine neuere Wortprägung im Blick auf die außerordentliche Zunahme administrativer Tätigkeit im → Sozialstaat (→ Leistungsverwaltung).

Verwaltungsstrafen, im Unterschied zu Kriminalstrafen die hoheitlichen Sanktionen bei → Ordnungswidrigkeiten.

Verwaltungsunrecht (Polizeiunrecht) → Ordnungswidrigkeiten

Verwaltungsverfahren, das an rechtsstaatliche Grundsätze gebundene, der richterlichen Kontrolle unterliegende → Verfahren, gerichtet auf Erlaß eines → Verwaltungsaktes oder auf Abschluß eines öffentlich-rechtlichen Vertrags.

Verwaltungsverordnungen (Verwaltungsvorschriften), im Unterschied zu → Rechtsverordnungen allgemeine verwaltungsinterne Weisungen ohne den Rang von → Rechtsquellen (→ Richtlinien → Erlaß).

Verwaltungswissenschaft, die von der Verwaltungsrechtswissenschaft zu unterscheidende → Verwaltungslehre.

Verwarnung → gebührenpflichtige Verwarnung

Verweisungen des Gesetzgebers auf Tatbestände in anderen Rechtsnormen müssen, dies gebietet das Prinzip der → Rechtssicherheit, hinreichend bestimmt sein.

Verwerfungsmonopol, die dem → Bundesverfassungsgericht vorbehaltene Nichtigerklärung eines entscheidungserheblichen Gesetzes im Verfahren der → konkreten Normenkontrolle.

Verwirkung → Grundrechtsverwirkung

Verzicht → Abdankung

Veto (‚ich verbiete'), der bedingte oder unbedingte, die Wirksamkeit eines Organaktes hemmende Einspruch eines Teilorgans. So kann z. B. im → UNO-Sicherheitsrat jedes der fünf ständigen Mitglieder einen Beschluß durch sein Vetorecht verhindern (→ Suspensives Veto → Einstimmigkeitsprinzip → Liberum veto).

Vetternwirtschaft → Patronage

Vichy-Regime, die nach ihrem Hauptort V. benannte Regierung, die während des 2. Weltkriegs unter Marschall Pétain im zunächst unbesetzten Teil Frankreichs amtierte (État Français) und mit der deutschen Besatzungsmacht zusammenarbeitete (→ Kollaboration → Résistance).

Vicomte (‚vicecomes'), ursprünglich der Stellvertreter des → Grafen, später ein Adelstitel im Range zwischen → Freiherrn und Graf.

Vielparteiensystem, Erscheinungsform des → Mehrparteiensystems im Gegensatz zum → Einparteiensystem.

Vielvölkerstaat, ein Staatstyp wie z. B. die → Habsburger Donaumonarchie. Der Idee des V. widerspricht das → Nationalstaatsprinzip.

Vielweiberei → Polygamie

Vier Freiheiten, die von → Roosevelt 1941 als Grundlage einer künftigen Friedensordnung proklamierten Freiheiten der Meinungsäußerung und der Religion sowie der Freiheit von (materieller) Not und (Kriegs-)Angst.

Viermächte-Verantwortung der Siegermächte des 2. Weltkriegs in bezug auf Deutschland und Berlin als Ganzes. Sie endete mit der Wiederherstellung voller deutscher Souveränität durch den → Moskauer Vertrag.

Vierte Republik, der französische Staat der Nachkriegsepoche (1946–1958). Vorangegangen waren die 1. Republik (1792–1804), die 2. Republik (1848–1852) und die 3. Republik (1870–1940). Seit 1958 besteht die 5. Republik.

‚Vierte Welt' bezeichnet – im Unterschied zu den Industriestaaten der Ersten und Zweiten Welt sowie zu den besser gestellten Ländern der → Dritten Welt – jene → Entwicklungsländer, denen die materiellen und sonstigen Faktoren fehlen, um aus eigener Kraft ihr Elend zu überwinden.

Vierter Stand, nach einer Einteilung des 19. Jahrhunderts die vom → Dritten Stand nicht erfaßten lohnabhängigen Klassen.

Vierzehn Punkte, die Anfang 1918 von US-Präsident W. Wilson verkündeten, später erweiterten Grundsätze für eine Nachkriegsordnung. Die deutscherseits begrüßten Prinzipien fanden im → Versailler Vertrag nur einen begrenzten Niederschlag.

Vikar (vicarius), Stellvertreter eines weltlichen oder geistlichen Amtsträgers (→ Generalvikar → Reichsverweser).

Virginia → Bill of Rights of Virginia

Virilstimme (votum virile), im → Reichstag des alten → Deutschen Reiches die fürstliche Einzelstimme im Unterschied zu der für einen Stand einheitlich abzugebenden Stimme (Kuriatstimme).

‚Virtù' (virtus), nach → Machiavelli ein Tugendideal, das der politischen Machtausübung vorgegeben ist. In der V. vereinigen sich Klugheit und Willensstärke mit altrömischem Gemeinsinn und persönlicher Tüchtigkeit.

Vis maior → Höhere Gewalt

Visitation (‚visitatio'), Recht und Pflicht vorgesetzter Geistlicher zum regelmäßigen Besuch ihres Amtsbezirks. Hingegen haben katholische → Bischöfe in bestimmten Abständen die römische → Kurie persönlich aufzusuchen (‚visitatio ad limina Apostolorum').

Visum → Sichtvermerk

Vize, stellvertretend (→ Vikar).

Vizekanzler, der vom → Bundeskanzler zu seinem Stellvertreter ernannte → Bundesminister. Näheres nach deutschem Verfassungsrecht im → Wörterbuch zum Grundgesetz.

Vizekönig, historischer Titel gewisser → Statthalter, Provinzgouverneure oder kolonialer Machthaber.

Vizekonsul → Konsul

Vogelfrei → Friedlosigkeit

Vogt, im Mittelalter ein vom König bestellter Schirmherr und Sachwalter, insbesondere für Bistümer und Abteien.

Volk → Staatsvolk → Nation → Ethnien → Plebs

Völkerbund im Sinne → Kants: die „Vernunftidee einer friedlichen durchgängigen Gemeinschaft der Völker auf Erden". Historisch-politisch die Bezeichnung (League of Nations; Société des Nations) der von 1920–1946 mit Sitz in Genf tätigen Staatenverbindung zur Sicherung des Weltfriedens und zur Förderung der internationalen wirtschaftlichen und kulturellen Zusammenarbeit. Nichtmitglieder bzw. wieder ausgeschiedene Mitglieder des V. waren u. a. die USA, Japan, Deutschland und Rußland. Der nicht sonderlich erfolgreiche V. ist eine Art Vorläufer der → UNO.

Völkerfrieden → Nobelpreis → Verbot des Angriffskrieges

Völkergewohnheitsrecht, das universell oder partikulär entstandene → Gewohnheitsrecht auf dem Gebiet des → Völkerrechts (→ Staatenpraxis → Haager Landkriegsordnung).

Völkermord (Genozid), neuerer Begriff zur internationalen Ächtung der organisierten Vernichtung großer Menschengruppen. Akte solcher Barbarei hat besonders das 20. Jahrhundert in erschreckendem Maße hervorgebracht (→ Bartholomäusnacht → Hitler → Stalin).

Völkerrecht (Internationales Recht; Law of Nations; Droit des gens; ius gentium): Gesamtheit der Rechtsnormen, die das zwischenstaatliche Zusammenleben regeln. Quellen des V. sind vor allem das → Völkergewohnheitsrecht, das → Völkervertragsrecht und die international anerkannten nationalen Rechtsgrundsätze (→ Klassisches Völkerrecht → Kriegsrecht → Universales Völkerrecht → Humanitäres Völkerrecht → Gewaltverbot → Primat des Völkerrechts).

Völkerrecht und Staatsrecht stehen in einem Verhältnis, das die unterschiedlichsten theoretischen Deutungen erfahren hat. So gibt es neben der Auffassung vom → Primat des Völkerrechts u. a. auch die umgekehrte Doktrin eines Vorrangs des nationalen Rechts (→ Transformation).

Völkerrechtliche Delikte, Verstöße gegen völkerrechtliche Gebote oder Verbote durch → Völkerrechtssubjekte. Angesichts einer (noch) nicht vorhandenen weltumspannenden, überstaatlichen Sanktionsgewalt können V. D. nur ausnahmsweise durch Kriminalstrafen geahndet weren. Als ‚Sühne' für V. D. kommen vor allem → Wiedergutmachung des Schadens und Satisfaktion durch formelle Entschuldigung in Betracht (→ Repressalie → Friedliche Streitbeilegung → Gute Dienste → Internationaler Gerichtshof).

Völkerrechtliche Verträge, internationale Übereinkommen zwischen → Völkerrechtssubjekten. Für den Vertragsschluß sehen viele Staatsverfassungen die Mitwirkung der parlamentarischen Körperschaften vor. Als ‚law making treaties' werden V. V. zu Quellen objektiven Rechts (→ Abkommen → Politische Verträge → Paraphierung → Ratifikation → Transformation → Pacta sunt servanda → Clausula rebus sic stantibus).

Völkerrechtsfähigkeit, die den → Völkerrechtssubjekten vorbehaltene Fähigkeit, Träger völkerrechtlicher Pflichten und Rechte zu sein.

Völkerrechtsfreundlichkeit, ein dem deutschen → Grundgesetz zuerkanntes Merkmal, das in etlichen Verfassungsbestimmungen zum Ausdruck kommt. Näheres hierüber im → Wörterbuch zum Grundgesetz.

Völkerrechtsgemeinschaft, die Gesamtheit der → Völkerrechtssubjekte.

Völkerrechtssubjekte sind in erster Linie die → Staaten. Kraft Tradition werden als V. anerkannt der → Heilige Stuhl und der souveräne → Malteser-Ritterorden. Im übrigen gibt es V. mit beschränkter → Völkerrechtsfähigkeit, so z. B. die von Staaten geschaffenen → Internationalen Organisationen und die Gliedstaaten von → Bundesstaaten.

Völkerrechtswissenschaft, vertreten durch die Lehren anerkannter Autoren, ist innerstaatlich bedeutsam im Verfahren der → Normenverifikation.

Völkerschlacht bei Leipzig führte im Herbst 1813 zur entscheidenden Niederlage → Napoleons durch Streitkräfte → Preußens und seiner (russischen, österreichischen, englischen und schwedischen) Verbündeten (→ Freiheitskriege → Rheinbund).

Völkersitte → Courtoisie

Völkerverständigung darf durch die Ausübung der → Vereinigungsfreiheit nicht beeinträchtigt werden. Vereinigungen, deren Zwecke oder Tätigkeit sich gegen den Gedanken der V. richten, sind nach deutschem Verfassungsrecht verboten.

Völkervertragsrecht → Völkerrechtliche Verträge

Völkerwanderung, historisch vor allem die Züge germanischer Stämme nach Süd- und Westeuropa im 4. bis 6. Jahrhundert, was zum Untergang des → Weströmischen Reiches führte (→ Franken). Bevölkerungsbewegungen ähnlicher Art, ausgelöst u. a. durch militärische Bedrohung, Bevölkerungsdruck, Klimaverschlechterung oder Aussicht auf bessere Lebensbedingungen, haben sich seit frühesten Zeiten wiederholt ereignet.

Völkisch, ursprünglich gleichbedeutend mit ‚national' im Sinne der Pflege kultureller Eigenarten des Volkes. Später ein Begriff rechtsradikaler Gruppen mit antisemitischem Akzent.

Volksabstimmung, die Entscheidung der demokratischen Aktivbürgerschaft über ihr vorzulegende Sachfragen, soweit die → Verfassung dies zuläßt (→ Referendum → Plebiszit).

Volksbefragung, Volksbegehren, Volksentscheid sind Formen plebiszitärer Gesetzgebung. Dergleichen ist nach dem → Grundgesetz nur für die Neugliederung des Bundesgebietes vorgesehen.

Volksdemokratie, ein Begriff der sowjetischen Staatstheorie zur Kennzeichnung von Herrschaftssystemen auf der Grundlage marxistisch-leninistischer Ideologie. Sprachlich ist V. ein Pleonasmus, da → Demokratie bereits Volksherrschaft bedeutet.

Volksdeutsche, die den deutschen Staatsangehörigen gleichgestellten, außerhalb der Grenzen des → Deutschen Reiches von 1937 ansässigen Menschen deutscher Volkszugehörigkeit (→ Deutsche).

Volkseigenes Vermögen → Treuhandanstalt

Volksentscheid → Volksbefragung

Volkserhebung, bewaffneter Widerstand der Bevölkerung eines besetzten Landes gegen die Besatzungsmacht. Der aufständische Volksteil erlangt unter Umständen → Kombattanten-Status (→ Haager Landkriegsordnung).

Volksfront, Koalition der Kommunisten mit gemäßigten Sozialisten und bürgerlichen Linksparteien. Die aus ideologischen Gründen ursprünglich abgelehnte V. wurde als taktische Maßnahme gegen den → Faschismus vor dem 2. Weltkrieg in Frankreich und Spanien praktiziert (→ Blockparteien).

Volksgeist → Historische Rechtsschule

Volksgemeinschaft → Faschismus

Volksgericht → Thing

'Volksgerichtshof', ein → Ausnahmegericht, das nach den Prinzipien des → Grundgesetzes verfassungswidrig wäre. Der unter Ausschaltung des → Reichsgerichts in erster und letzter Instanz fungierende, überwiegend mit Laien besetzte V. des → Nationalsozialismus diente einer rechtsstaatswidrigen Verfolgung und Vernichtung von Gegnern des Regimes.

Volksgesundheit → Gesundheitspolitik

Volksgruppen → Minderheitenschutz

Volksherrschaft → Demokratie

Volkshochschulen sind im Unterschied zu wissenschaftlichen → Hochschulen öffentliche Einrichtungen der Erwachsenenbildung durch Abendkurse und Wochenendveranstaltungen.

Volksinitiative → Volksbefragung...

Volkskammer, die Volksvertretung der früheren → DDR.

Volkskirchen, im Unterschied zu → Freikirchen die auf das ganze Volk bezogenen christlichen → Kirchen, in die ein Mensch gleichsam hineingeboren wird.

Volkskommissare → Oktoberrevolution

Volkspartei, eine auf Wähler und Mitglieder in allen Bevölkerungsgruppen ausgerichtete politische → Partei im Unterschied etwa zu → Honoratiorenpartei, → Interessenpartei, → Klassenpartei, → Plattformpartei, → Programmpartei und → Weltanschauungspartei.

Volksrechte, historisch insbesondere die nach dem 5. Jahrhundert entstandenen, auf Beteiligung des Volkes an Gesetzgebung und Rechtsprechung beruhenden, zumeist in vulgärlateinischer Sprache abgefaßten Rechtsaufzeichnungen germanischer Stämme (Leges Germanorum).

Volksrepublik, offizieller Namensbestandteil der meisten → Volksdemokratien.

Volksschule, seit dem 19. Jahrhundert in Deutschland die öffentliche, unentgeltliche Pflichtschule (Elementarschule, Grundschule) für alle schulpflichtigen Kinder. Auf dieser Primarschule bauen Schulen des Sekundarbereichs auf (z. B. Realschule und Gymnasium).

Volkssouveränität, im Unterschied zur (internationalen) → Staatssouveränität die (nationale) Grundlage aller demokratischen → Staatsgewalt (→ Demokratie → Verfassungsgebende Gewalt → Manegold von Lauterbach → Locke → Rousseau).

Volksstaat, ein Gegenbegriff zum → Obrigkeitsstaat.

Volksstamm, größere Menschengruppe, geeint durch gemeinsames historisch-kulturelles Bewußtsein (→ Ethnien → Franken).

‚Volkssturm' hieß das auf Befehl → Hitlers gegen Ende des 2. Weltkriegs zur Verteidigung des Reichsgebiets zusammengestellte letzte Aufgebot aller (kaum ausgebildeten, schlecht bewaffneten) nicht zum Militärdienst eingezogenen Männer.

Volkstribun (tribunus plebis), im alten Rom ein zum Schutz der → Plebejer gegen patrizische Übergriffe von der → Plebs gewählter Amtsträger mit besonderen Befugnissen, u. a. mit Vetorecht gegen Staatsbeschlüsse.

Volksverhetzung als Straftatbestand dient dem Schutz des öffentlichen Friedens und der Menschenwürde anderer. V. begeht, wer zum Haß gegen Teile der Bevölkerung aufstachelt oder zu Gewalt- oder Willkürmaßnahmen gegen sie auffordert oder sie beschimpft, böswillig verächtlich macht oder verleumdet.

Volksversammlung, Zusammenkunft aller stimmberechtigten Bürger eines Gemeinwesens (→ Thing → Direkte Demokratie).

Volksvertretung, die insbesondere zur Gesetzgebung und Regierungskontrolle gewählte Repräsentanz des Staatsvolkes (→ Parlament → Repräsentative Demokratie).

Volkswahl, die Wahl von Staatsorganen unmittelbar durch das Volk im Unterschied zur Wahl durch demokratisch legitimierte Gremien (wie z. B. die Wahl des → Bundespräsidenten, des → Bundeskanzlers und der → Bundesrichter).

Volkswille → Parteienstaatliche Demokratie

Volkswirtschaft (Nationalökonomie), die Gesamtheit der im Staatsgebiet wirtschaftenden Betriebe und Haushalte (→ Politische Ökonomie → Marktwirtschaft → Planwirtschaft → Soziale Marktwirtschaft).

Volkszählungen im Sinne einer Ermittlung von Größe und Zusammensetzung der Bevölkerung eines Staates gab es im Altertum schon bei den Ägyptern, Chinesen und Juden. Die moderne Datenerhebung hat den grundrechtlichen Schutz der → informationellen Selbstbestimmung zu beachten. Näheres nach deutschem Verfassungsrecht im → Wörterbuch zum Grundgesetz.

Volkszugehörigkeit → Volksdeutsche

Vollalimentation wird dem zum → Berufspolitiker gewordenen modernen Parlamentarier gewährt (→ Diäten).

Vollbauern, in der spätmittelalterlichen Dorfverfassung die vornehmeren, schöffenfähigen Bauern im Unterschied zu bloßen Häuslern, Kätnern und Tagelöhnern.

Vollbeschäftigung in einer → Volkswirtschaft ist gegeben, wenn sich Angebot und Nachfrage am Arbeitsmarkt decken, wobei eine bloß saisonale Arbeitslosigkeit außer Betracht bleibt (→ Magisches Viereck).

Volljurist, nach traditionellem Verständnis in Deutschland ein Jurist, der die → Befähigung zum Richteramt erworben hat (→ Rechtsanwalt).

Vollversammlung → Plenum → UNO-Generalversammlung

Vollziehende Gewalt → Staatsverwaltung → Staatsfunktionen → Öffentliche Gewalt → Gesetzmäßigkeit der Exekutive

Volonté générale, der allgemeine Wille eines politischen Gemeinwesens. Dieser begrifflich auf → Rousseau zurückgehende Gemeinwille wird z. B. in der absoluten → Monarchie anders gebildet als in der → repräsentativen Demokratie.

Volonté des tous, die Einzelwillen der Individuen, die in der → volonté générale aufgehen.

Voltaire, eigentlich: François Marie Arouet (1694–1778), französischer Schriftsteller und Philosoph. Folgte der Einladung → Friedrich d. Gr. nach Potsdam (1750–53). Durch seine Werke und sonstigen Wirksamkeiten wurde V. zu einer europäischen Instanz der → Aufklärung.

Vorbehalt des Gesetzes, ein rechtsstaatliches Prinzip, das der → Legislative die Entscheidung der grundlegenden Fragen im Staat-Bürger-Verhältnis vorbehält. Demgemäß darf die → Exekutive nicht nach ihrem Ermessen, sondern nur aufgrund einer gesetzlichen Ermächtigung in die Rechts- und Freiheitssphäre von Personen eingreifen. Näheres nach deutschem Verfassungsrecht im → Wörterbuch zum Grundgesetz.

Vorderer Orient → Nahost

Vorfrieden → Präliminarfrieden

Vorführung, im → Strafprozeß das zwangsweise bewirkte Erscheinen einer mitwirkungspflichtigen Person vor Gericht.

Vorherrschaft → Hegemonie

Vorkonstitutionelle Gesetze im Unterschied zu nachkonstitutionellen sind Gesetze aus der Zeit vor Inkrafttreten des → Grundgesetzes. Die Abgrenzung ist bedeutsam für das → richterliche Prüfungsrecht.

Vorlagen → Gesetzesvorlagen

Vorlageverfahren, die Einholung der Entscheidung des → Bundesverfassungsgerichts bei der → konkreten Normenkontrolle.

Vorläufige Festnahme → Freiheitsentziehung

Vormacht, in einer → Staatenverbindung oder → Allianz der Staat, dem kraft seines überlegenen Potentials die Führungsrolle zukommt (→ Hegemonie).

Vormärz, die Epoche zwischen → Wiener Kongreß und → Märzrevolution (→ Restauration).

Vornehmheit als Merkmal einer maßgebenden Minderheit wird nach Zeit und Raum verschieden bestimmt. V. ist nicht gleichbedeutend mit Macht, Reichtum, Leistung usw. Als unvornehm galt z. B. im alten Rom eine erwerbswirtschaftliche Tätigkeit, deren sich folglich der Senatorenstand zu enthalten hatte. Zeichen der V. nach → Nietzsche: „Nie daran denken, unsere Pflichten zu Pflichten für jedermann herabzusetzen."

Vorparlament, das hauptsächlich aus Abgeordneten der Landtage gebildete Gremium, das die Wahlen zur → Frankfurter Nationalversammlung ausschrieb.

Vorrang des Gesetzes im Rahmen der Verfassungsmäßigkeit der Legislative ist ein Gebot des → Rechtsstaatsprinzips. Demgemäß kann das Parlamentsgesetz weder durch Rechtsverordnungen noch durch Richtersprüche noch durch Verwaltungsakte durchbrochen werden. Näheres nach deutschem Verfassungsrecht im → Wörterbuch zum Grundgesetz.

Vorrang der Verfassung gegenüber allen gesetzgeberischen, administrativen und richterlichen Akten der → Staatsgewalt ist grundlegendes Strukturelement des → Rechtsstaatsprinzips. Näheres nach deutschem Verfassungsrecht im → Wörterbuch zum Grundgesetz.

Vorrechte → Prärogative → Privilegien → Adel

Vorsokratiker, nach einer auf Kierkegaard (1813–1855) zurückgehenden Bezeichnung die griechischen Philosphen vor → Sokrates (→ Heraklit → Demokrit).

Vorstaatlichkeit der Grundrechte, der insbesondere von → Locke entwickelte Gedanke angeborener und unveräußerlicher Menschenrechte (→ Vertragstheorien → Bill of Rights of Virginia → Menschenrechte).

Vorwahlen (‚primaries'), in den → USA ein Verfahren innerparteilicher Nominierung von Wahlbewerbern, gedacht zur Stärkung des Wählereinflusses gegenüber der → Parteimaschine (→ Caucus).

Vorzensur → Zensurverbot

Votum → Mißtrauensvotum → Sondervotum

Vulgarrecht, die vom klassischen → römischen Recht abweichende Rechtsordnung im germanisch beeinflußten → weströmischen Reich.

W

Wachstumsgrenzen → Lebensqualität

Wachstumspolitik → Globalsteuerung → Magisches Viereck

Wachstumsvorsorge, eine Aufgabe des → Sozialstaates.

Waffen → Strategische Waffen → ABC-Waffen

Waffenexport → Rüstungskontrolle

Waffenstillstand, die vom → Friedensvertrag zu unterscheidende Beendigung der Kampfhandlungen (→ Kapitulation).

Waffenverbot, insbesondere das grundsätzliche Verbot von Schußwaffen in der Hand des Bürgers, gehört weithin zur herkömmlichen Staatspraxis; das W. dient nicht zuletzt der inneren Souveränität des Staates (→ Gewaltmonopol).

Wahl(en) und → Abstimmungen sind in der → Demokratie die Formen der Ausübung von → Staatsgewalt unmittelbar durch das Volk. → Volkswahlen legitimieren das → repräsentative Herrschaftssystem. Näheres nach deutschem Verfassungsrecht im → Wörterbuch zum Grundgesetz.

Wählbarkeit, die von der Rechtsordnung zuerkannte Fähigkeit, direkt ins → Parlament oder indirekt in oberste Staatsämter (z. B. → Bundespräsident, → Bundeskanzler) gewählt zu werden (Passives Wahlrecht).

Wahlbeamte, die aufgrund einer Wahl zumeist auf Zeit berufenen Amtsträger, besonders in der → kommunalen Selbstverwaltung (→ Beigeordneter).

Wahlberechtigung, die Befugnis der → Staatsbürger zur aktiven Teilnahme insbesondere an der Parlamentswahl. Die W. kann vom Gesetzgeber an ein Mindestalter oder einen Mindestaufenthalt im Staatsgebiet geknüpft werden (→ Klassenwahlrecht).

Wahlbeteiligung als Ausübung der Wahlberechtigung unterliegt in der freiheitlichen Demokratie großen, von vielen Faktoren abhängigen Schwankungen. In einem Staat wie der BRD pflegt die W. bei Landtags- und Kommunalwahlen stets niedriger zu sein als bei Bundestagswahlen.

Wahlbewerber kann nach dem Allgemeinheitsgrundsatz jede Person mit passivem Wahlrecht sein (→ Wählbarkeit). Die Kandidatenaufstellung, die eigentlich den aktiv → Wahlberechtigten zusteht, liegt aus organisatorischen Gründen hauptsächlich in der Hand politischer Parteien (→ Parteienstaatliche Demokratie).

Wahlbündnis, die von → Koalition und Listenverbindung zu unterscheidende Absprache politischer Parteien zur wechselseitigen Förderung ihrer → Wahlbewerber in verschiedenen → Wahlkreisen. Ein W. kann insbesondere bei der → Mehrheitswahl zweckmäßig sein.

Wahlchancengleichheit → Chancengleichheit → Wahlrechtsgrundsätze

Wahldelikte, strafgesetzliche Tatbestände zum Schutz korrekter Wahlen. Strafbar sind z. B. Wahlfälschung, Wählerbestechung, Wahlbehinderung und Verletzung des Wahlgeheimnisses.

Wählergemeinschaft → Wählervereinigung

Wählerinitiative, Wahlkampfhilfe durch parteifreie Wahlberechtigte, die öffentlich für eine bestimmte Partei eintreten.

Wählerpartei, Bezeichnung für einen Parteityp, der stärker an Wahlerfolgen interessiert ist als an Mitgliederwerbung und straffer Organisation (→ Honoratiorenpartei).

Wählerstimme → Zählwert

Wählervereinigung, eine nicht als politische → Partei organisierte, ad hoc gebildete Gruppierung von → Wahlberechtigten zwecks Aufstellung und Unterstützung von → Wahlbewerbern insbesondere bei Kommunalwahlen (→ ‚Rathausparteien').

Wählerwille → Koalitionsregierung

Wahlforschung, die methodische Erkundung der Bestimmungsgründe des Wählerverhaltens sowie der rechtlichen, gesellschaftlichen und historischen Grundlagen demokratischer Wahlen.

Wahlfreiheit → Wahlrechtsgrundsätze

Wahlgeheimnis → Wahlrechtsgrundsätze

Wahlgleichheit → Wahlrechtsgrundsätze → Chancengleichheit

Wahlkampf, die vor → Volkswahlen sich kämpferisch steigernde Werbeanstrengung von → Parteien und → Wahlbewerbern um die Stimmen der → Wahlberechtigten.

Wahlkampfkostenerstattung aus staatlichen Mitteln: ein verfassungsrechtliches Problem der → Parteifinanzierung.

Wahlkampfurlaub gewährleistet das → Grundgesetz jedem, der sich um einen Sitz im → Bundestag bewirbt.

Wahlkapitulationen, früher die verbindlichen Zusagen eines Wahlbewerbers gegenüber den Wählern für den Fall seiner Wahl. W. gab es z.B. bei der → Papstwahl besonders vom 15. bis Anfang des 18. Jahrhunderts. Im alten → Deutschen Reich waren W. des zu wählenden → Kaisers gegenüber den → Kurfürsten verfassungsrechtlich fixiert (‚capitulatio caesarea').

Wahlkönigtum, eine Form der → Monarchie, oftmals begrenzt durch → Geblütsrecht und → Designation. Das ursprünglich auf Volkswahl beruhende W. wurde regelmäßig bald von den ‚Großen' bestimmt. Im Unterschied zum deutschen W. entwickelte sich in England und Frankreich schon früh die → Erbmonarchie.

Wahlkonsul → Honorarkonsul

Wahlkreis (Stimmkreis), ein zur Durchführung der → Volkswahl abgegrenzter Teil des → Staatsgebietes. Über die angemessene Wahlkreiseinteilung wacht in der BRD eine ständige, vom → Bundespräsidenten berufene Wahlkreiskommission, der u. a. ein Richter des → Bundesverwaltungsgerichts und der Präsident des Statistischen Bundesamtes angehören.

Wahlkreisabgeordnete, im Wahlkreis direkt gewählte Parlamentsmitglieder im Unterschied zu Inhabern eines Listenmandates (→ Personalisierte Verhältniswahl → Direktmandate → Überhangmandate → Landeslisten).

Wahlmännersystem, die Zwischenschaltung von durch → Urwahl bestimmten oder demokratisch mittelbar legitimierten Elektoren bei der Wahl von Volksvertretern oder bei der Berufung von Staatsorganen. Letzteres wird, mit unterschiedlich zusammengesetzten Wahlorganen, z. B. bei der Wahl des → Bundespräsidenten, des → Bundeskanzlers, der → Bundesverfassungsrichter und der → Bundesrichter praktiziert.

Wahlmonarchie → Wahlkönigtum

Wahlperiode → Legislaturperiode

Wahlpflicht der → Wahlberechtigten ist in demokratischen Verfassungsstaaten nur ausnahmsweise vorgeschrieben. Zur → Wahlfreiheit gehört, wie zu jedem Freiheitsrecht, auch die negative Befugnis, auf die Ausübung zu verzichten.

Wahlplattform (Wahlprogramm), im Unterschied zum → Parteiprogramm das im → Wahlkampf herausgestellte Arbeitsprogramm einer Partei für die nächste → Legislaturperiode.

Wahlprognose, umfragegestützte Vorhersage des wahrscheinlichen Wahlausgangs im Unterschied zur → Hochrechnung (→ Meinungsforschung).

Wahlprüfung, ein besonderes Verfahren zur Gewährleistung der richtigen Zusammensetzung des Parlaments. Näheres nach deutschem Verfassungsrecht im → Wörterbuch zum Grundgesetz.

Wahlrecht, Gesamtheit der Rechtsnormen, die insbesondere die → Wahlberechtigung und → Wählbarkeit regeln.

Wahlrechtsgrundsätze, die Verfassungsprinzipien einer legitimen Wahl auf der Ebene von Bund, Ländern, Kreisen und Gemeinden. In der BRD müssen diese → Wahlen allgemein, unmittelbar, frei, gleich und geheim sein. Näheres über diese Kriterien nach deutschem Verfassungsrecht im → Wörterbuch zum Grundgesetz.

Wahlsystem, die gesetzliche Struktur der Verwirklichung → repräsentativer Demokratie. Das W. wird – abgesehen von Wahlrechtsmodellen wie z. B. allgemein vs. beschränkt, unmittelbar vs. mittelbar, geheim vs. öffentlich – insbesondere durch die unterschiedlichen Prinzipien der → Mehrheitswahl oder der → Verhältniswahl bestimmt. Der Gesetzgeber der BRD hat sich für die → personalisierte Verhältniswahl entschieden. Näheres hierüber im → Wörterbuch zum Grundgesetz.

Wahlverhalten → Wahlforschung

Wahlverteidiger, im Strafprozeß der vom Beschuldigten gewählte → Rechtsanwalt im Unterschied zum → Offizialverteidiger.

Wahlvorschläge (Kandidatenaufstellung) → Wahlbewerber → Unterschriftenquorum

Wahlwerbung soll → Wahlberechtigte zur Stimmabgabe für eine bestimmte Partei bewegen (→ Wahlkampf).

Wahrheitsgehalt → Tatsachenmitteilungen

Wahrheitsgetreue Berichte über öffentliche Sitzungen des → Bundestages und der → Bundestagsausschüsse bleiben von jeder Verantwortung frei. Näheres hierüber im → Wörterbuch zum Grundgesetz.

Wahrheitspflicht, ein Gebot des Gerichtsverfahrensrechts. Danach sind z. B. die Parteien im Zivilprozeß zur vollständigen und wahrheitsgemäßen Erklärung über die tatsächlichen Umstände verpflichtet.

Währung, ursprünglich die Gewährleistung des Gewichts und Feingehalts der Münzen durch die Obrigkeit.

Währungsbank → Bundesbank → Notenbank

Währungsfonds → Internationaler Währungsfonds

Währungshoheit, das Recht eines → Staates, insbesondere die gesetzlichen Zahlungsmittel zu bestimmen.

Währungsparität, der Gegenwert der inländischen Währung in einer ausländischen Währung oder in Gold.

Währungspolitik → Stabilitätspolitik → Bretton-Woods-System

Währungsreform, umfassende Neuordnung eines durch Inflation funktionsunfähig gewordenen Geldsystems, wie z. B. in Deutschland 1923 und 1948 nach den beiden Weltkriegen.

Währungssicherung, eine besondere Aufgabe der → Bundesbank.

Währungsunion, nach dem Maastrichter Vertrag eines der Ziele der → Europäischen Union.

Wallenstein, Albrecht E. W. (1583–1634), Herzog von Friedland und Mecklenburg, kaiserlicher Feldherr mit selbstfinanzierter Armee im → Dreißigjährigen Krieg. Auf Betreiben der → Kurfürsten vorübergehend entlassen; wiederberufen mit unumschränkten Oberbefehl über das kaiserliche Heer; schließlich wegen Hochverrats abgesetzt; von kaisertreuen Offizieren ermordert. Was W. im Sinne hatte (Reichsfriedensziele? Toleranzideen? Sturz des Hauses Habsburg? Griff nach der böhmischen Krone?), ist bis heute umstritten.

Wall Street, Sitz der New Yorker Börse. Auch Metapher für eine politisch einflußreiche amerikanische Hochfinanz.

Wanderungsbewegung → Migration

Wannseekonferenz, Anfang 1942 am Großen Wannsee in Berlin. Dabei ging es unter Vorsitz des SS-Führers Heydrich um die → Endlösung der Judenfrage. Beteiligt an der W. waren u. a. Vertreter der Reichskanzlei, des Auswärtigen Amtes, des Justiz- und Innenministeriums, der → Gestapo und der → NSDAP.

Wappen → Hoheitszeichen → Staatssymbole

Warenverkehr → Freihandel → GATT → Europäische Union

Warnstreiks sollen bei einem schwelenden Konflikt zwischen den → Tarifvertragsparteien die gewerkschaftliche Entschlossenheit und Arbeitnehmerbereitschaft zum → Streik demonstrieren.

Warschauer Pakt, das 1955 in Warschau unter Führung der → Sowjetunion abgeschlossene Militärbündnis der → Ostblockstaaten angesichts der → NATO. Der W. P. wurde 1991 aufgelöst (→ NATO-Doppelbeschluß → MBFR).

Wartburgfest, Zusammenkunft von rund 500 deutschen Burschenschaftlern im Herbst 1817 auf der thüringischen Wartburg zum Gedenken an die → Völkerschlacht bei Leipzig und die → Reformation. Bei der tumultuösen Feier wurden u. a. fürstenfeindliche Reden gehalten und reaktionäre Bücher verbrannt. Das W. gehört zum politischen Hintergrund der → Karlsbader Beschlüsse.

Washington, George (1732–1799), Oberbefehlshaber der amerikanischen Kolonien im Unabhängigkeitskrieg gegen die Engländer. Erster Präsident der → USA.

Watergate-Affäre, der politische Skandal um den republikanischen US-Präsidenten R. Nixon (1913–1994). Ausgelöst wurde die W.-A. durch einen (vom „Komitee für die Wiederwahl des Präsidenten" veranlaßten) Einbruch in das Washingtoner Hauptquartier (‚Watergate Apartments') des demokratischen Gegenkandidaten im Wahlkampf 1972. Einem Amtsenthebungsverfahren (→ Impeachment) kam Nixon durch Rücktritt zuvor; von seinem Amtsnachfolger wurde er begnadigt.

Waterloo, ein zur Metapher gewordener Ort unweit von Brüssel. Hier wurde → Napoleon I. in der letzten Schlacht der → Freiheitskriege vernichtend geschlagen (1815).

Weber, Max (1864–1920), Rechts-, Wirtschafts- und Gesellschaftswissenschaftler. Als Soziologe vertrat W. eine Position strenger → Wertfreiheit gegenüber weltanschaulich-ethischen Gesichtspunkten (→ Herrschaft → Polytheismus der Werte → Idealtypus).

Wechselkurs → Abwertung → Bretton-Woods-System

Wechselwähler, im Unterschied zu Stammwählern jene → Wahlberechtigten, die ihre Stimme von Wahl zu Wahl verschiedenen Parteien vorbehalten.

Wehrbeauftragter, eine Institution zum Schutz der → Grundrechte des Soldaten, zugleich Hilfsorgan des → Bundestages bei der parlamentarischen Kontrolle der Streitkräfte. Näheres nach deutschem Verfassungsrecht im → Wörterbuch zum Grundgesetz.

Wehrdienst → Wehrpflicht → Kriegsdienstverweigerung

Wehrdienstgerichtsbarkeit wird in der BRD ausgeübt durch Truppendienstgerichte und die Wehrdienstsenate des → Bundesverwaltungsgerichts.

Wehrdienstverweigerung → Kriegsdienstverweigerung → Ersatzdienst

Wehrgerechtigkeit, eine Erscheinungsform des Verfassungsgebots der staatsbügerlichen Pflichtengleichheit. Das Prinzip der W. hat der Gesetzgeber insbesondere auch bei der Anerkennung von Wehrpflichtigen als Kriegsdienstverweigerer aus Gewissensgründen zu beachten.

Wehrhafte Demokratie → Streitbare Demokratie

Wehrhoheit, die militärische Seite der → Staatsgewalt. Die W. liegt in der BRD beim Bund.

Wehrmacht, offizielle Bezeichnung der Streitkräfte im → Dritten Reich (→ Oberkommando der Wehrmacht).

Wehrpflicht, die Schuldigkeit, dem Staat als Soldat zu dienen, obliegt nach herkömmlicher Vorstellung allen militärdiensttauglichen männlichen Bürgern. Indessen kann der Gesetzgeber frei entscheiden, ob der Verfassungsauftrag zur → Landesverteidigung durch eine Armee von Wehrpflichtigen oder von Freiwilligen erfüllt werden soll. Näheres nach deutschem Staatsrecht im → Wörterbuch zum Grundgesetz.

Wehrsteuer, Bezeichnung einer schweizerischen → Einkommensteuer, die zur Finanzierung allgemeiner Staatsausgaben erhoben wird.

Wehrstrafgerichte kann der Bund für die → Streitkräfte einrichten. Näheres nach deutschem Verfassungsrecht im → Wörterbuch zum Grundgesetz.

Wehrverfassung, die rechtliche Grundordnung der → Wehrhoheit, ihrer Organe und Funktionen (→ Bundeswehr → Befehls- und Kommandogewalt → Landesverteidigung → Verbot des Angriffskriegs → Wehrgerechtigkeit → Bundesverteidigungsminister → Verteidigungsausschuß → Verteidigungsfall → Spannungsfall → Innerer Notstand → Kriegsdienstverweigerung).

Weibergemeinschaft → Platon

Weihbischof, im Unterschied zum → Titularbischof und -Koadjutor eine Art Stellvertreter des Diözesanbischofs für bestimmte geistliche Aufgabengebiete (→ Bischof).

Weihe, religiöse Handlung, durch die ein Mensch oder eine Sache der Gottheit anheimgegeben wird.

Weihegrade → Klerus

Weimarer Nationalversammlung, die → verfassungsgebende Versammlung der → Weimarer Republik. Die nach der → Novemberrevolution gewählte W. N. war Anfang 1919 sicherheitshalber in Weimar zusammengetreten wegen linksradikaler Unruhen in Berlin. Sie löste sich 1920 auf, nachdem sie die → Weimarer Reichsverfassung verabschiedet und dem → Versailler Vertrag unter außenpolitischem Druck zugestimmt hatte.

Weimarer Reichsverfassung, die Verfassung des → Deutschen Reiches in der Epoche der → Weimarer Republik. Die WRV hatte das Reich als einen demokratisch-parlamentarischen Rechtsstaat westlicher Tradition konstituiert. Doch von Anfang an stand das Verfassungsleben unter dem Druck schwerer politischer, sozialer und wirtschaftlicher Spannungen. Nachdem → Hitler Anfang 1933 vom → Reichspräsidenten zum Regierungschef berufen worden war, versank der Verfassungsstaat im totalitären Strudel des → Dritten Reiches. Näheres hierüber im → Wörterbuch zum Grundgesetz.

Weimarer Republik, das → Deutsche Reich 1919–1933 in den Grenzen des → Versailler Vertrags, staatsrechtlich strukturiert durch die → Weimarer Reichsverfassung (→ Präsidialdiktatur → Präsidialkabinette).

Weinbau → Agrarpolitik

Weisheit, eine der → Kardinaltugenden nach → Platon.

Weißbuch, in der deutschen Staatstradition eine regierungsamtliche Dokumentensammlung zur öffentlichen Rechtfertigung namentlich der Außenpolitik. In anderen Ländern heißen solche Zusammenstellungen, je nach der Farbe des Umschlags, z. B. Blaubuch (England), Gelbbuch (Frankreich) oder Rotbuch (USA).

Weiße Armee, im Gegensatz zur → Roten Armee die Bezeichnung der gegenrevolutionären Streitkräfte während des russischen Bürgerkriegs (1917–1921).

Weiße Rose, in der → Widerstandsbewegung gegen den → Nationalsozialismus der Name einer Münchner Universitätsgruppe, deren führende Mitglieder (Prof. Huber, Geschwister Scholl) hingerichtet wurden.

Weißes Haus, der traditionell weiß verputzte Amtssitz des US-Präsidenten in Washington. Auch Metapher für die von dort ausgehende Politik (→ Heißer Draht).

Weistum, im Mittelalter die besonders auf gerichtliche Anfrage von einem Rechtskundigen erteilte Auskunft über geltendes → Gewohnheitsrecht.

Weisungsfreiheit → Richterliche Unabhängigkeit → Freies Mandat

Weiterbildung → Volkshochschulen

Welcker, Carl Theodor (1790–1869), deutscher Rechtswissenschaftler und liberaler Politiker. Mitglied der → Frankfurter Nationalversammlung. Den → Rechtsstaat definierte W. als „Staat der Vernunft".

Welfen, ein ursprünglich fränkisches, später in verschiedene, u. a. burgundische und italienische Linien verzweigtes hochadeliges Geschlecht. Die W. waren Hauptgegenspieler der → Staufer. Mit der hannoverschen Linie gelangten die W. Anfang des 18. Jahrhunderts auf den britischen Thron (→ Guelfen).

Welfenfonds, das von → Bismarck 1868 beschlagnahmte Vermögen des entthronten Hauses Hannover. Der W. wurde zum → Reptilienfonds, aus dem u. a. im Zuge der → Kaiserreichsgründung Zahlungen an König Ludwig II. von Bayern geleistet wurden.

Welt (orbis terrae), der Erdkreis im Horizont der Antike (→ Ökumene → Neue Welt).

Weltalter, nach altgriechischem Mythos insbesondere das Goldene, Silberne und Eherne Zeitalter am Beginn der Menschheitsgeschichte.

Weltanschauungsfreiheit, die grundrechtlich gesicherte Unverletzlichkeit des weltanschaulichen Bekenntnisses. Danach soll jeder seine Überzeugung vom Wesen der Welt ohne obrigkeitlichen Zwang entwikkeln und äußern können. Näheres nach deutschem Verfassungsrecht im → Wörterbuch zum Grundgesetz.

Weltanschauungsgemeinschaften als Vereinigungen, die sich die gemeinschaftliche Pflege einer → Weltanschauung zur Aufgabe gemacht haben, sind nach deutschem Verfassungsrecht den → Religionsgesellschaften gleichgestellt.

Weltanschauungsneutralität des Staates ist, wie seine Neutralität im religiösen Bereich, ein Gebot des deutschen Verfassungsrechts (→ Neutralität).

Weltanschauungspartei, eine Art Gegentypus zur → Volkspartei.

Weltbank (International Bank for Reconstruction and Development), die 1945, nach der Konferenz von → Bretton-Woods, mit Sitz in Washington gegründete Bank. Sie hat vor allem die Aufgabe, langfristige Kredite an Regierungen oder Privatunternehmen (mit Regierungsbürgschaft) für Vorhaben von besonderer volkswirtschaftlicher Dringlichkeit zu vergeben.

Weltbürgertum → Kosmopolitismus

Weltchronik (‚cronica mundi'), eine namentlich im → Mittelalter gepflegte, von der Bibel ausgehende Darstellung geschichtlicher Grunddaten seit Erschaffung der Welt.

Weltenrichter → Jüngstes Gericht

Welternährungsorganisation → FAO

‚**Weltföderation**‘ mit einer ‚Weltregierung‘: die Vision eines → Bundesstaates von globaler Hoheitsgewalt. Indessen widerspricht die vertikale → Gewaltenteilung des → Föderalismus dem Bauprinzip der → UNO als einer Weltorganisation, die auf der → souveränen Gleichheit ihrer Mitglieder und dem absoluten → Vetorecht der ständigen Mitglieder des → Sicherheitsrates beruht (→ ‚Weltstaat‘).

Weltfrieden → Frieden → UNO → UNO-Charta → Internationale Sicherheit

Weltgeist → Hegel

Weltgericht → Jüngstes Gericht

Weltgeschichte (Universalgeschichte), eine über die Geschichte einzelner Völker, Epochen und Kulturen hinausgehende Erforschung und Deutung der gesamten Menschheitshistorie.

Weltgesundheitsorganisation, World Health Organization (WHO), eine Sonderorganisation der UNO (→ Gesundheit).

Welthandel → GATT → UNCTAD → Handelsfreiheit → Handelsverträge

Welthandelsorganisation (WTO) soll das → GATT ablösen, sobald die 1994 von mehr als hundert Staaten unterzeichneten Verträge ratifiziert sind.

Weltherrschaft → Kaisertum und Papsttum → Translatio imperii → Ost-West-Konflikt → Imperialismus

Welthungerhilfe, ein 1962 mit Sitz in Bonn gegründetes nationales Komitee der → FAO.

‚**Weltinnenpolitik**‘, ein neuerer Ansatz zur Deutung der gesamten internationalen Politik bzw. der nationalen Außenpolitiken. Einstweilen wird der Begriff den politischen Tatsachen nicht gerecht, da die Menschheit von einem → ‚Weltstaat‘ noch weit entfernt ist.

Weltkirchenrat, ein 1948 mit Sitz in Genf gegründeter Zusammenschluß von mehreren hundert protestantischen, anglikanischen, altkatholischen und orthodoxen Kirchen. Zwischen dem W. und der → Katholischen Kirche gibt es ständige Arbeitskontakte.

Weltklerus, nach katholischem Kirchenrecht die Gesamtheit des Diözesanklerus im Unterschied zu den Geistlichen der → Ordensinstitute (→ Klerus → Diözese).

Weltkriege, bewaffnete Auseinandersetzungen zwischen den Großmächten der Erde, insbesondere der Erste Weltkrieg (1914–1918) und der Zweite Weltkrieg (1939–1945). Vor allem der letzte W. führte mit modernen Massenvernichtungswaffen und dem Einsatz von Millionenheeren zu geschichtlich präzedenzlosen Verwüstungen, Unmenschlichkeiten und Nachkriegsproblemen (→ Alliierte → Versailler Vertrag → Nationalsozialismus → Stalinismus → Hitler-Stalin-Pakt → Achsenmächte → Jalta-Konferenz → Totaler Krieg → Unconditional surrender → Alliierter Kontrollrat).

Weltmächte, Staaten mit internationaler, weltweit wirksamer Führungskraft aufgrund ihrer politischen, militärischen, wirtschaftlichen und ideologischen Überlegenheit. Aus dem Kreis der früheren W. (Großbritannien, Frankreich, Deutschland, Rußland, USA, Japan) stiegen nach dem 2. Weltkrieg sogenannte → Supermächte auf (→ Großmächte).

Weltmarkt → Nord-Süd-Konflikt

Weltordnung als Ausdruck einer alles durchwaltenden Weltvernunft erscheint bereits im römischen Rechtsdenken, besonders bei → Cicero und → Marc Aurel. Theologisch entfaltet wurde der Gedanke einer W. vor allem durch → Augustinus und → Thomas von Aquin.

Weltpostverein (Union Postale Universelle), eine Sonderorganisation der → UNO. Der W. ging hervor aus dem 1878 in Paris geschlossenen Vertrag zur globalen Regelung der zwischenstaatlichen Postbeziehungen.

Welträtsel, die unlösbaren letzten Fragen der Existenz (→ Ignoramus et ignorabimus).

Weltraum, der jenseits nationaler → Lufthoheit und der Erdatmosphäre liegende Raum einschließlich des interplanetarischen Bereichs.

‚Weltraumnahme', eine zeitgenössische Fortführung des Gedankens der ‚Landnahme' in der Entwicklung der Staatenwelt von der Antike bis zur Neuzeit.

Weltraumrecht, ein noch junges, entwicklungsbedürftiges, punktuell durch → völkerrechtliche Verträge geordnetes Rechtsgebiet. In gewisser Analogie zum Prinzip der → Freiheit der Meere gibt es nach verbreiteter Überzeugung eine Freiheit des → Weltraumes, der keiner einzelstaatlichen Aneignung oder Hoheitsgewalt unterliegt (→ Atomtest-Stoppvertrag).

Weltraumwaffen, insbesondere ein Raketen-Abwehrsystem im Weltraum, dienen nach einer nicht unumstrittenen US-amerikanischen „Strategic Defense Initiative" (SDI) der Abwehr atomarer Satelliten- und Raketenangriffswaffen des Gegners.

Weltrechtsgrundsatz → Universalprinzip

‚Weltregierung' → ‚Weltföderation'

Weltreichsidee, Gedanke und Anspruch einer Herrschaft über die ganze → Welt. Formen einer W. finden sich schon bei den Herrschern der Babylonier, Assyrer und Perser. Sodann ausgeprägter bei Alexander dem Großen (356–323 v. Chr.) sowie im altrömischen und mittelalterlichen → Kaisertum.

Weltreligionen, die großen, auf weltweite Verbreitung ausgerichteten Religionen wie insbesondere das Christentum, der Islam und der Buddhismus.

Weltrevolution, die proletarische Revolution, die zum Sieg des Sozialismus in allen Ländern führen soll (→ Diktatur des Proletariats → Marxismus-Leninismus → ‚Reich der Freiheit' → Koexistenz).

Weltseele, die von → Weltgeist und → Volksgeist zu unterscheidende, aus sich selbst existierende, alles Irdische bewegende Lebenskraft, die seit → Platon ein Topos abendländischen Denkens ist.

Weltsprache, international vorherrschende Sprache der Kultur, des Handels und der Diplomatie. W. waren ursprünglich das Babylonische, danach das Aramäische, später das Griechische, schließlich im Abendland das Latein. Es folgte das Französische, abgelöst vom Englischen in neuester Zeit.

‚Weltstaat', die nicht erst in der Gegenwart entstandene Idee einer Hoheitsmacht mit universaler, alle → Staaten der Erde integrierender, friedensstiftender Gewalt. Das Modell eines W. erscheint bereits in der → Weltreichsidee. Realpolitisch bleibt die ‚civitas maxima' des W. mitsamt der Überwindung nationaler Souveränitäten vorläufig nur eine schöne Utopie (→ ‚Weltföderation' → ‚Weltinnenpolitik').

Weltuntergang, das Ende der von Gott geschaffenen Welt nach christlicher Glaubensvorstellung (→ Jüngstes Gericht).

Welturheberrechtsabkommen → Copyright

Weltvernunft → Weltordnung

Weltwährungsfonds → Internationaler Währungsfonds

Weltwirtschaft, der auf die → Freihandelslehre von → Adam Smith zurückgehende, die Vorteile internationaler Arbeitsteilung nutzende, nach dem 2. Weltkrieg zunehmend verflochtene Austausch von Gütern, Dienstleistungen und Kapital (→ Welthandel).

Weltwirtschaftsgipfel, eine von dem französischen Staatspräsidenten V. Giscard d'Estaing in den 70er Jahren initiierte, seither alljährlich durchgeführte Zusammenkunft von Spitzenrepräsentanten der weltweit wichtigsten Industrienationen (Deutschland, Frankreich, Großbritannien, Italien, Japan, Kanada, USA).

Weltwirtschaftskrise, namentlich die über normale Konjunkturzyklen hinausgehende, durch den Zusammenbruch einer Nachkriegshochkonjunktur bedingte, von gewaltigen Kursstürzen an der New Yorker Börse eingeleitete Erschütterung der Weltwirtschaft seit Herbst 1929 (→ New Deal → Hitler).

Weltwirtschaftsordnung, der rechtliche Rahmen weltumspannender internationaler Wirtschaftsbeziehungen (→ Neue Weltwirtschaftsordnung).

Weltwunder, in der Antike sieben künstlerisch-technische Werke, deren Vollkommenheit das Staunen der Welt erregte. Diese W. waren: der Artemistempel von Ephesos; die Hängenden Gärten der Semiramis; der Koloß von Rhodos; die Mauern von Babylon; der Zeus von Olympia; die Pyramiden von Gizeh; das Grabmal des Maussollos von Halikarnaß.

Wergeld, im alten deutschen Recht das Bußgeld des Täters, der einen Mann erschlagen hatte (Wer = Mann). Die Höhe des von der → Sippe zu beanspruchenden W. hing ab vom Stand des Opfers.

Werte → Grundwerte → Ehrfurcht

Wertepluralismus → Pluralismus → Öffentliche Ordnung

Wertethik → Scheler → Verantwortungsethik

Wertewandel, ein geschichtlicher Prozeß, der verhaltenssteuernde ethische Leitbilder (Wertsysteme) grundlegend verändert (→ Ethik).

Wertfreiheit, die insbesondere von → Max Weber vertretene Werturteilsfreiheit der Sozialwissenschaft. Solche W. wird von der marxistischen Wissenschaftstheorie als scheinobjektive bürgerliche Ideologie abgelehnt.

‚Wertordnung' bzw. ‚wertentscheidende Grundsatznormen' sind nicht unumstrittene Topoi richterlicher Verfassungsinterpretation.

Werturteilsfreiheit → Wertfreiheit

Wesensgehaltsgarantie, eine verfassungsgesetzliche Schranke der → Grundrechtsbeschränkungen. Die W. bestimmt, daß in keinem Falle ein → Grundrecht in seinem Wesensgehalt angetastet werden darf. Damit soll der → Vorrang der Verfassung und ihre normative Kernsubstanz gesichert werden. Näheres nach deutschem Verfassungsrecht im → Wörterbuch zum Grundgesetz.

Wesentlichkeitstheorie, ein Leitsatz der deutschen Verfassungsrechtsprechung. Danach unterliegen belastende Maßnahmen der Staatsgewalt, die als ‚wesentlich' zu beurteilen sind (z. B. weil sie die Verwirklichung von → Grundrechten berühren), dem → Vorbehalt des Gesetzes. Derartige Eingriffe dürfen also nicht dem → Ermessen der → Exekutive überlassen bleiben.

Wesir (‚Richter'), ursprünglich Titel hoher islamischer Würdenträger, später Bezeichnung von Spitzenbeamten des → Osmanischen Reichs (→ Großwesir).

Westalliierte, eine im → Kalten Krieg aufgekommene Bezeichnung für die Westmächte Frankreich, Großbritannien und die USA im Gegensatz zur Sowjetunion (→ Alliierte).

Westeuropäische Union (WEU), das 1954 nach dem Scheitern der → Europäischen Verteidigungsgemeinschaft um neue Mitglieder erweiterte Bündnis der Staaten des → Brüsseler Vertrages. Die WEU mit Generalsekretariat in London kooperiert eng mit der → NATO (→ Kollektive Sicherheitssysteme).

Westfälischer Friede von 1648 beendete den → Dreißigjährigen Krieg. Der in Osnabrück und Münster geschlossene W. F. war zugleich → völkerrechtlicher Vertrag und → Grundgesetz des alten → Deutschen Reiches (→ Instrumentum Pacis Osnabrucense → Reichsgrundgesetze → ‚Satisfaktionen' → Landeshoheit → Libertät).

Westmächte → Westalliierte

Weströmisches Reich, die westliche Hälfte des → Römischen Reiches. Dessen Auseinanderfallen in zwei Teile setzte schon nach der Regierungszeit → Konstantins d. Gr. ein. Nach dem Tod von Theodosius

d. Gr. (395 n. Chr.) wurde die Trennung in Westrom und Ostrom definitiv (→ Oströmisches Reich → Völkerwanderung → Vulgarrecht).

Westwall, eine an der Westgrenze des → Deutschen Reiches auf Befehl → Hitlers Ende der 30er Jahre erbaute, von Aachen bis zur Schweizer Grenze durchgehende Befestigungsanlage. Der W. wurde von den → Alliierten nach dem 2. Weltkrieg geschleift.

Wettbewerbsfreiheit → Gewerbefreiheit → Marktwirtschaft → Kapitalismus

Wettbewerbsprinzip → ‚List der Vernunft'

Wettbewerbsrecht → Gewerblicher Rechtsschutz

Wettrüsten → Rüstungskontrolle

WEU → Westeuropäische Union

Whigs, in England alter Name einer später dem → Liberalismus zugeneigten Partei (→ Tories).

Whipper → Einpeitscher

Whitehall, eine Hauptstraße des Londoner Regierungsviertels. In England auch Metapher für Ministerialbürokratie (→ Downing Street).

WHO → Weltgesundheitsorganisation

Widerstandsbewegung, nachhaltige Auflehnung von Gruppen gegen ein Herrschaftssystem, dessen Legitimität bestritten wird (→ Gewaltloser Widerstand → Rebellion → Volkserhebung → Untergrundorganisationen → Kreisauer Kreis → Weiße Rose → Schenk von Stauffenberg).

Widerstandsrecht (ius resistentiae), eine Frage der politischen Philosophie und Jurisprudenz, seit Menschen über Menschen herrschen. Als W. gilt insbesondere die Berechtigung des Einzelnen oder von Gruppen, der Obrigkeit den Gehorsam zu verweigern oder sich aktiv gegen sie aufzulehnen, wenn die Herrschenden ihre Macht mißbrauchen und fundamentale Rechte der Gewaltunterworfenen verletzen. Während die naturrechtliche Lehre das W. aus Vernunft, Gewissen und ‚ewigem Gesetz' ableitet, gründet nach demokratischer Theorie das W. in der Volkssouveränität. Das vom → Positivismus strikt abgelehnte W. galt den geistigen Vätern der → Französischen Revolution als → Menschenrecht. Näheres zum W. nach deutschem Verfassungsrecht im → Wörterbuch zum Grundgesetz.

Wiederaufnahme des Verfahrens nach → Rechtskraft der Entscheidung ist aus Gründen der → Rechtssicherheit nur ausnahmsweise unter bestimmten gesetzlichen Voraussetzungen zulässig.

Wiedereinbürgerung von Personen, denen die frühere deutsche Staatsangehörigkeit vom NS-Regime aus politischen, rassischen oder religiösen Gründen entzogen wurde, hat das → Grundgesetz als Rechtsanspruch der Betroffenen normiert.

Wiedereinsetzung in den vorigen Stand, eine gerichtliche Entscheidung zur Beseitigung von Rechtsnachteilen bei schuldlos versäumten prozessualen Fristen und Terminen.

Wiedergutmachung, ein Begriff des internationalen Deliktrechts (→ Restitution), ferner auch des Ausgleichs von Personen- und Sachschäden aufgrund nationalsozialistischer Verfolgungsmaßnahmen.

Wiedervereinigung als Aufgabe, Deutschlands Einheit und Freiheit in Selbstbestimmung zu vollenden, war nach der früheren Präambel des → Grundgesetzes ein Verfassungsangebot für die Staatsorgane der BRD (→ Vereinigung Deutschlands).

Wiener Diplomatenkonvention → Wiener Übereinkommen

Wiener Kongreß, die nach dem Sturz → Napoleons I. in Wien abgehaltene (Herbst 1814 bis Frühsommer 1815), von → Metternich geleitete Versammlung führender Herrscher und Staatsmänner mit dem Ziel einer politischen Neuordnung Europas. Resultat des W. K. war u. a. die Nichtwiederherstellung des alten → Deutschen Reiches; die Gründung des → Deutschen Bundes; die territoriale Vergrößerung der meisten deutschen Mittelstaaten. Vorherrschend beim W. K. waren

Gedanken der → Restauration vorrevolutionärer Strukturen, des europäischen → Machtgleichgewichts sowie der Mißbilligung liberaler und nationaler Regungen (→ Bundesakte → Vormärz → Talleyrand → Legitimisten → Preußen).

Wiener Rechtsschule → Hans Kelsen

Wiener Règlement, die vom → Wiener Kongreß festgelegte, zuvor oft strittige Rangordnung innerhalb des → diplomatischen Korps. Demgemäß gab es folgende Rangklassen: 1. Botschafter (Ambassadeurs) nebst päpstlichen Nuntien, 2. Gesandte (Envoyés) nebst päpstlichen Internuntien, 3. Ministerresidenten (Ministres résidents), 4. Geschäftsträger (Chargés d'affaires). Innerhalb der Rangklasse galt das → Anciennitätsprinzip (→ Wiener Übereinkommen).

Wiener Übereinkommen über diplomatische Beziehungen von 1961 (Wiener Diplomatenkonvention). Eine Art Kodifikation allgemein geltenden Gesandtschaftsrechts. Danach werden z. B. die Missionschefs, im Unterschied zum → Wiener Règlement, nur noch in drei Klassen eingeteilt: 1. Botschafter und Nuntien, 2. Gesandte, Minister und Internuntien, 3. Geschäftsträger.

Wilde → Naturvölker

Wilder Streik, ein nicht von der → Gewerkschaft geführter, daher unzulässiger → Streik.

Wilhelm I. → Kaiserreich

Wilhelm II. (1859–1941), seit 1888 Deutscher Kaiser und König von Preußen. Konflikt mit → Bismarck, dessen Rücktritt er bewirkte (1890). Unstete, von großsprecherischen Reden begleitete Politik seines persönlichen Regiments. Rücktritt als Deutscher Kaiser nach Ausbruch der → Novemberrevolution.

Wilhelm von Ockham → Ockham

Wilhelmstraße in Berlin: Sitz der Reichskanzlei und des Auswärtigen Amtes seit dem → Kaiserreich. Auch Kurzformel für die damalige deutsche Außenpolitik.

Wilhelmstraßenprozeß, ein besonderer Komplex der → Nürnberger Prozesse.

Wille → Höchste Gewalt

Wille zur Macht → Ehrgeiz

Willensbildung → Volkssouveränität → Demokratie → Wahlen → Abstimmungen → Mehrheiten → Staatswillensbildung → Innerparteiliche Demokratie

Willenserklärung → Konkludente Handlung

Willensfreiheit → Liberum arbitrium → Determinismus

Willkürherrschaft → Despotie

Willkürverbot, ein Prinzip des → allgemeinen Gleichheitssatzes. Danach ist es auch dem Gesetzgeber untersagt, wesentlich Gleiches ungleich und wesentlich Ungleiches gleich zu behandeln. Näheres nach deutschem Verfassungsrecht im → Wörterbuch zum Grundgesetz.

Wilson, Thomas Woodrow (1856–1924), amerikanischer Jurist und Politiker; 1913–1921 Präsident der USA (→ Vierzehn Punkte).

Windsor → Großbritannien

Wirklicher Geheimer Rat → Geheimrat

Wirklichkeit → Verfassungswirklichkeit

Wirtschaft, im ökonomischen Sinne das System menschlicher Bedürfnisse und der Formen ihrer Befriedigung (→ Politische Ökonomie → Marktwirtschaft → Soziale Marktwirtschaft → Planwirtschaft → Wettbewerbsfreiheit → Gesamtwirtschaftliches Gleichgewicht → Haushaltswirtschaft).

Wirtschaftsabkommen → Handelsverträge

Wirtschaftsbedingungen → Koalitionsfreiheit

Wirtschaftsdemokratie, eine sozialistische Forderung nach → Demokratisierung der → Gesellschaft auch im Bereich der Privatwirtschaft.

Wirtschaftseinheit als erstrebte Einheitlichkeit der Lebensverhältnisse im gesamten Staatsgebiet gehört zu den → unitarischen Tendenzen des heutigen → Bundesstaats.

Wirtschaftselite, die Spitzenleute großer Unternehmen und Verbände, die führende Schicht des ökonomischen Bereichs. In eine andere Sphäre verweisen Begriffe wie → Muße und → Vornehmheit.

Wirtschaftsethik, Gesamtheit der moralischen Maßstäbe für das Wirtschaften von Individuen, Unternehmen, Verbänden, Volkswirtschaften und internationalen Organisationen. Gegenüber ökonomischen Sachzwängen und Gewinnmaximierung betont die W. Werte wie Menschenwürde, persönliche Freiheit, soziale Gerechtigkeit, Fairness und Umweltschutz (→ Ethik).

Wirtschaftsförderung gehört zu den → Gemeinschaftsaufgaben nach deutschem Verfassungsrecht.

Wirtschaftsform (Wirtschaftssystem) → Marktwirtschaft → Planwirtschaft

Wirtschaftsfreiheit → Freihandel → GATT → Gewerbefreiheit → Vertragsfreiheit → Liberalismus

Wirtschaftsgemeinschaften → Europäische Gemeinschaften → Europäische Union

Wirtschaftskrieg → Blockade → Embargo → Kontinentalsperre → Zollkrieg

Wirtschaftskriminalität, Sammelbezeichnung für Straftaten, die wirtschaftsintern oder von außen zum Nachteil einzelner Wirtschaftseinheiten oder der Gesamtwirtschaft begangen werden. Tatbestände der W. sind u. a. Untreue, Unterschlagung, Kreditbetrug, Subventionserschleichung, Steuerhinterziehung, Konkurs- und Börsendelikte.

Wirtschaftslenkung → Interventionismus

Wirtschaftsordnung, das an den gegensätzlichen Modellen von → Marktwirtschaft und → Planwirtschaft mehr oder minder orientierte, vom Staat geschützte System einer → Volkswirtschaft.

Wirtschaftspolitik, ein Teil der → Innenpolitik, bezogen auf die Förderung der → Volkswirtschaft (→ Globalsteuerung → Magisches Viereck → Dritter Weg → Keynesianismus → Außenhandelspolitik).

Wirtschaftsspionage, das strafbare Auskundschaften fremder Betriebsgeheimnisse (→ Wirtschaftskriminalität).

‚Wirtschaftsstaat' im modernen Verständnis ist nicht etwa ein unternehmerisch wirtschaftendes Gemeinwesen, vielmehr ein Staat, der sich in ständiger Verantwortung für die → Volkswirtschaft sieht, ohne deren Gedeihen die Aufgaben des → Sozialstaats nicht erfüllt werden können.

Wirtschaftsstruktur → Strukturpolitik

Wirtschaftssystem → Wirtschaftsform → Wirtschaftsordnung

Wirtschaftsunion → Europäische Union

Wirtschaftsverfassung, Gesamtheit der für das Wirtschaftsleben maßgebenden Grundsätze und Zielbestimmungen der → Verfassung. Näheres nach deutschem Verfassungsrecht im → Wörterbuch zum Grundgesetz.

Wirtschaftswachstum → Sozialstaat → Magisches Viereck → Club of Rome → Wachstumsgrenzen

‚Wirtschaftswunder', populäre Bezeichnung für den weltweit bestaunten Wiederaufstieg der bundesdeutschen Wirtschaft nach dem totalen Zusammenbruch im 2. Weltkrieg (→ Marshall-Plan → Währungsreform → Soziale Marktwirtschaft).

Wissenschaft → Hochschulen → Hochschullehrer → Hochschulselbstverwaltung → Professor → Ordinarius → Lehrstuhl → Fakultät → Universität

Wissenschaftsfreiheit als → Grundrecht schützt die eigengesetzlichen geistigen Prozesse des Auffindens von Erkenntnissen nebst ihrer Interpretation und Veröffentlichung. Als objektive Verfassungsentscheidung verpflichtet die W. den Staat, schirmend und fördernd die Idee freier Wissenschaft verwirklichen zu helfen, wozu auch der Schutz der akademischen Selbstverwaltung gehört. Näheres nach deutschem Verfassungsrecht im → Wörterbuch zum Grundgesetz.

Wissenschaftslehre, eine auf → Fichte zurückgehende Bezeichnung philosophischer Reflexion über die Grundlagen der Einzelwissenschaften. Diese ‚Wissenschaft vom Wissen' hat sich zur modernen Wissenschaftstheorie weiterentwickelt.

Wissenschaftspolitik → Hochschulpolitik

Wissenschaftsrat, ein auf Bund-Länder-Abkommen von 1957 beruhendes einflußreiches Sachverständigengremium mit beratender Funktion in Fragen der deutschen Wissenschaftspolitik.

Wittelsbacher, deutsches Fürstengeschlecht, seit 1180 belehnt mit dem Herzogtum Bayern (Kurfürstentum seit Anfang des 17. Jahrhunderts). Die W. stellten zwei Kaiser im alten → Deutschen Reich; von 1806–1918 waren sie Könige von Bayern.

Wohl der Allgemeinheit → Gemeinwohl

Wohlerworbene Rechte, Gesamtheit rechtmäßig erworbener, insbesondere vermögenswerter subjektiver Rechte. Nach naturrechtlicher Lehre hatte der Monarch bzw. der Staat die W. R. des Bürgers zu respektieren (→ Eigentumsgarantie → Enteignung).

Wohlfahrt als öffentliche Angelegenheit bedeutet, je nach Zusammenhang, insbesondere → Sozialhilfe oder → Gemeinwohl (→ Salus publica).

Wohlfahrtsausschuß (Comité du Salut Public), die eigentliche Exekutive zur Zeit der Schreckensherrschaft in Frankreich (→ Terreur → Jakobinerclub → Revolutionstribunal).

Wohlfahrtspflege → Freie Wohlfahrtspflege → Sozialarbeit

Wohlfahrtsstaat, ein vom freiheitlichen → Sozialstaat des → Grundgesetzes zu unterscheidendes Staatsmodell, das letztlich totalitäre, individualitätsfeindliche und rechtsstaatswidrige Wirkungen hat.

Wohlstandsgesellschaft, Bezeichnung für die von Massenarmut freie → Industriegesellschaft mit Durchschnittseinkommen deutlich über dem → Existenzminimum (→ Überflußgesellschaft).

Wohlwollende Intervention → Gute Dienste

‚Wohlwollende Neutralität', die nach geltendem → Völkerrecht nicht mehr zulässige Begünstigung einer kriegführenden Macht durch einen neutralen Staat (→ Neutralität).

Wohnung → Unverletzlichkeit der Wohnung → Hausfriede

Wohnungspolitik, ein Teilbereich der → Sozialpolitik.

Wolfsschanze, → Hitlers Hauptquartier im 2. Weltkrieg; Ort des mißglückten Attentats am 20. Juli 1933 (→ Schenk von Stauffenberg).

World Health Organization → Weltgesundheitsorganisation

Wormser Edikt Kaiser Karls V. von 1521, gerichtet gegen → Luthers Lehre, nachdem er sich geweigert hatte, auf dem → Reichstag seine Thesen zu widerrufen. Die evangelischen → Reichsstände protestierten gegen die Durchführung des W. E. (daher der Name ‚Protestanten').

Wörterbuch zum Grundgesetz von Rudolf Weber-Fas (1993. Klett-Cotta).

WRV → Weimarer Reichsverfassung

WTO → Welthandelsorganisation

Würde → Menschenwürde → Recht auf würdigen Tod

Würden → Akademische Grade

Württemberg → Baden-Württemberg

X

Xenokratie, Fremdherrschaft

Xenophilie, Vorliebe für Fremde und Fremdartiges, insbesondere für Ausländer.

Xenophobie, Furcht, Abneigung oder gar Haß gegenüber Angehörigen fremder Gruppen, Rassen und Nationen.

Xenophon (ca. 430–354 v. Chr.), von → Sokrates beeinflußter griechischer Geschichtsschreiber. Am Modell des spartanischen Staates kritisierte er die zügellos gewordene athenische Demokratie (→ Fürstenspiegel → Sparta).

Y

Yom-Kippur-Krieg, der am Versöhnungsfest 1973 begonnene Krieg: einer von mehreren im israelisch-arabischen Konflikt (→ Nahost-Konflikt).

Young-Plan, der nach dem amerikanischen Finanzexperten O. Young benannte, 1930 im Anschluß an den → Dawes-Plan beschlossene, von der extremen Rechten bekämpfte Zahlungsmodus zur endgültigen Regelung der deutschen Reparationsverpflichtungen (→ Reparationen).

Z

Zählkandidat, ein Wahlbewerber ohne Aussicht auf Erfolg. Der von einer Partei nominierte Z. dient hauptsächlich dazu, die zahlenmäßige Anhängerschaft einer politischen Richtung festzustellen (z. B. bei der Wahl des → Bundespräsidenten).

Zahlungsbilanz, die wertmäßige Gegenüberstellung sämtlicher auslandsbezogenen Transaktionen (Warenhandel, Dienstleistungen, Kapitalverkehr usw.) einer → Volkswirtschaft in einem bestimmten Zeitraum (→ Magisches Viereck → Internationaler Währungsfonds).

Zahlungsmittel als gesetzliche zu bestimmen und auszugeben ist der → Bundesbank vorbehalten (→ Notenbank).

Zahlungsunfähigkeit → Staatsbankrott

Zählwert und Erfolgswert jeder Wählerstimme müssen bei der Zuteilung von Parlamentssitzen gleiches Gewicht haben. Dies gebietet das Prinzip der Wahlrechtsgleichheit (→ Wahlrechtsgrundsätze → Sperrklauseln).

Zar, russischer Herrscher- und Kaisertitel; im 16. Jahrhundert angenommen durch den Großfürsten von Moskau unter Anknüpfung an → byzantinische Tradition. Z. ist eine slawische Entsprechung zu Caesar, wie das deutsche Lehnwort → Kaiser.

Zehn Gebote → Dekalog

Zehner-Club, im Rahmen des → Internationalen Währungsfonds ein Gremium der Notenbankchefs von zehn → Industriestaaten.

Zehnt, eine Art Vorläufer der modernen → Kirchensteuer. Der aus der Bibel abgeleitete, seit → karolingischer Zeit durch weltliches Gebot gestützte Anspruch der Kirche auf ein Zehntel der jährlichen Erträge des Kirchenvolks (ursprünglich in Naturalien, später auch in Geld).

Zeitalter → Mittelalter → Neuzeit → Weltalter

Zeitgeist, vordergründig die jeweilige intellektuelle Mode einer Zeit; in einem höheren Sinn der → Weltgeist einzelner Geschichtsepochen.

Zeitung → Pressefreiheit

Zeloten, ursprünglich die romfeindlichen jüdischen Parteigänger der Antike; später allgemein für Fanatiker im konfessionellen oder politischen Bereich.

Zenon → Stoa

Zensoren („Schätzer'), im alten Rom hohe Amtsträger u. a. mit der Aufgabe, die Steuerlisten, Musterungen, Senatskandidaturen, Staatsfinanzen und Gesittungen (cura morum) zu kontrollieren.

Zensurverbot, eine verfassungsrechtliche Vorkehrung zum Schutze der → Meinungsfreiheit, der → Pressefreiheit, der → Rundfunkfreiheit und der → Filmfreiheit. Das gegen hoheitliche Beeinträchtigung der geschützten Äußerungen gerichtete Z. ist sachlich beschränkt auf die sog. Vorzensur, untersagt also insbesondere ein behördliches Vorprüfungsverfahren. Näheres nach deutschem Verfassungsrecht im → Wörterbuch zum Grundgesetz.

Zensus (census), die Steuereinschätzung durch den altrömischen → Zensor.

Zensuswahlrecht, ein der demokratischen Gleichheit widersprechendes, nach Vermögen, Einkommen oder Steuerleistung gestaffeltes Wahlrecht (→ Dreiklassenwahlrecht → Timokratie).

Zentgraf, Richter an einem mittelalterlichen Grafschaftsgericht (Zentgericht).

Zentralbank → Notenbank → Bundesbank → Landeszentralbanken

Zentralgewalt, frühere Bezeichnung für die gesamtstaatliche Hoheitsgewalt im → Bundesstaat.

Zentralisation, staatsorganisatorisches Gegenmodell zur → Dezentralisation.

Zentralismus, eine dem → Föderalismus und → Feudalismus entgegengesetzte politische Tendenz (→ Einheitsstaat).

Zentralkomitee (ZK), erweiterter Vorstand in kommunistischen Parteien des → Ostblocks. Vom ZK wurde das → Politbüro gewählt.

Zentralrat der Juden in Deutschland, jüdische Dachorganisation in Form einer → Körperschaft des öffentlichen Rechts.

Zentralverwaltungswirtschaft → Planwirtschaft

Zentrum, die in der Mitte des Parlaments sitzende politische Gruppierung (→ ‚Linke' → ‚Rechte').

Zentrumspartei, als Deutsche Zentrumspartei 1870 gegründet; ursprünglich Partei des politischen Katholizismus; → Bismarcks Hauptgegner im → Kulturkampf; starke Stellung im Reichstag des → Kaiserreichs; während der → Weimarer Republik bis 1932 an allen Reichsregierungen beteiligt, u. a. mit den Reichskanzlern Fehrenbach, Wirth, Marx und Brüning; Selbstauflösung zu Beginn des → Dritten Reiches; erfolglose Neugründung nach dem 2. Weltkrieg.

Zepter (‚Stab'), ein Herrschaftssymbol seit ältester Zeit (→ Insignien).

Zeremoniell, Gesamtheit förmlicher Gebräuche und Höflichkeitsregeln im diplomatischen Verkehr (→ Courtoisie → Protokoll).

Zession → Abtretung von Staatsgebiet

Zeugen → Beweis

Zeugeneid → Eid → Eidesverweigerung

Zeugnisverweigerungsrecht der → Bundestagsabgeordneten schützt das Vertrauensverhältnis zwischen Volksvertretern und Staatsbürgern. Näheres nach deutschem Verfassungsrecht im → Wörterbuch zum Grundgesetz.

Zeus, in der griechischen Antike der oberste unter den olympischen Göttern. Zugleich ist Z. auch Hüter des Rechts, der Freiheit und des Staates (→ Olymp).

‚Zinsknechtschaft' zu ‚brechen' versprach das Parteiprogramm der → NSDAP vor der → Machtergreifung. Gemeint war die Abschaffung der die kleinen Gewerbetreibenden belastenden Kreditbedingungen der Großbanken.

Zinspolitik im Sinne einer gezielten Beeinflussung der Zinsstruktur auf den nationalen Finanzmärkten gehört zu den Aufgaben der → Notenbank.

Zinsverbot, ein auf die Bibel gestütztes, für Juden nicht verbindliches, bis zum hohen → Mittelalter den Christen auferlegtes kanonisches Verbot.

Zionismus, die seit Ende des 19. Jahrhunderts wirksame Bewegung mit dem politischen Ziel, den weltweit verstreut lebenden Juden das ursprüngliche Heimatland mit dem Mittelpunkt Zion (Jerusalem) wieder zurückzugewinnen. Der Z. verwirklichte sich in der Gründung des Staates Israel (→ Nahost-Konflikt).

Zirkularnote, eine diplomatische → Note, mit der mehrere Staaten gleichlautend unterrichtet werden.

Zitadelle (civitadella), kleinere Festung innerhalb einer klassischen Festungsanlage.

Zitierbefugnis, das Recht des → Bundestages und der → Bundestagsausschüsse, die Anwesenheit jedes Mitglieds der → Bundesregierung zu verlangen (→ Interpellation → Fragerecht).

Zitiergebot, eine Vorkehrung des Grundgesetzes zum Schutz der Grundrechtsordnung. Soweit → Grundrechtsbeschränkungen zulässig sind, muß das einschränkende Gesetz nicht nur allgemein gelten, sondern auch das betroffene → Grundrecht unter Angabe des Artikels nennen.

Zivilcourage, Mut des → Bürgers insbesondere gegenüber Organen der → Staatsgewalt (→ Untertanengeist).

Zivildienst → Ersatzdienst

Ziviler Bevölkerungsschutz im Rahmen der → Landesverteidigung kann nach deutschem Verfassungsrecht gesetzliche Einschränkungen der → Freizügigkeit und der → Unverletzlichkeit der Wohnung rechtfertigen.

Ziviler Objektschutz → Innerer Notstand → Verteidigungsfall

Ziviler Ungehorsam (Civil disobedience), ein auf → Gandhi zurückgehender Begriff. Heute oft mißverstanden als begrenzter Regelverstoß bzw. gezielte Rechtsverletzung als Mittel öffentlichen Protests (→ Passiver Widerstand → Sitzblockade).

Zivilgerichtsbarkeit, im Unterschied zur → Strafgerichtsbarkeit die Instanzen der → ordentlichen Gerichtsbarkeit, die vornehmlich über Fragen des → Privatrechts entscheiden.

Zivilisation, dem Begriff der Kultur in neuerer Zeit oft polemisch entgegengesetzt. Ursprünglich war Z. (wie weitgehend heute noch im französischen und englischen Sprachbereich) gleichbedeutend mit Kultur als dem Inbegriff edler Gesittung, geistigen Niveaus, verfeinerter Lebensform sowie eines entwickelten Staats- und Gesellschaftslebens im Unterschied zum Status der → Naturvölker.

Zivilkabinett, im → Preußen des 19. Jahrhunderts neben dem Militärkabinett ein Teil des Kabinettsministeriums. Es bestand aus engsten Beratern des Königs und koordinierte die Zusammenarbeit mit den Ressortministern.

Zivilkammer, aus drei Richtern bestehender Spruchkörper am → Landgericht (→ Kammer → Zivilgerichtsbarkeit).

Zivilliste, im Unterschied zur → Apanage die Gesamtheit der einem → konstitutionellen Monarchen nebst seiner Familie und seinem Hof bewilligten wiederkehrenden Bezüge aus der Staatskasse.

Zivilprozeß, das Verfahren der streitigen → Zivilgerichtsbarkeit (→ Prozeß → Beweis).

Zivilrecht (ius civile), das unter Bürgern und anderen Gleichgeordneten geltende → Privatrecht.

Zivilstand, ein staatstheoretischer Gegenbegriff zum → Naturzustand.

Zivilverteidigung → Ziviler Bevölkerungsschutz

ZK → Zentralkomitee

Zola, Émile E. C. A. (1840–1902), französischer Schriftsteller mit kritischem Engagement vor allem gegenüber Militär, Kirche und Großgrundbesitz (→ Dreyfuß-Affäre).

Zölibat, die Ehelosigkeit als kirchenrechtliche Standespflicht namentlich der römisch-katholischen Geistlichen.

Zölibatsklauseln im weltlichen Dienstrecht, wie sie noch in neuerer Zeit z. B. bei Lehrerinnen üblich waren, verstoßen gegen das von der deutschen Verfassung gewährleistete Grundrecht der Eheschließungsfreiheit.

Zoll, eine → öffentliche Abgabe, die von der Warenbewegung über Gebietsgrenzen erhoben wird (→ Grenzzölle).

Zollabkommen, ein Regelungsgegenstand herkömmlicher → Handelsverträge (→ GATT → Welthandelsorganisation).

Zollausschluß → Freihafen

Zollhoheit, ein zur → Gebietshoheit gehörendes Recht der → Staatsgewalt, Zölle zu erheben.

Zollkrieg, eine Form des → Wirtschaftskriegs, ausgetragen durch Kampfzölle gegenüber bestimmten Staaten.

Zollparlament, die Volksvertretung der Vertragsstaaten des → Deutschen Zollvereins zur Zeit des → Norddeutschen Bundes.

Zollpolitik → Freihandel → Schutzzölle → GATT

Zollunion, Zusammenschluß mehrerer Zollhoheitsträger zu einem Wirtschaftsgebiet ohne Binnenzölle mit einheitlichem Außenzoll gegenüber Drittstaaten (→ Europäische Union).

Zollverein → Deutscher Zollverein

Zollvertrag → Zollabkommen → Meistbegünstigungsklausel

Zollverwaltung, ein Zweig der → Finanzverwaltung neben der → Steuerverwaltung.

Zonen → Besatzungsregime

Zonengrenzen der → Westmächte in Deutschland wurden 1948 aufgehoben; die Grenze zwischen diesem Gebiet und der sowjetischen Besatzungszone blieb bestehen und wurde von der → DDR als ‚Staatsgrenze West' bezeichnet (→ Eiserner Vorhang).

Zoon politikon (‚Politisches Lebewesen'), ein auf Zusammenleben im Staat angewiesenes Geschöpf. Dies ist nach → Aristoteles der Mensch kraft seiner Natur (→ Staatsrechtfertigung → Geselligkeitstrieb).

Zuchthausstrafe, mit Arbeitspflicht verbundene, als entehrend geltende, 1969 in Deutschland abgeschaffte Form der → Freiheitsstrafe.

Züchtigungsrecht, herkömmliche Befugnis von Eltern und Lehrern im Rahmen ihres Erziehungsauftrags (→ Prügelstrafe).

Zuchtmittel nach Jugendstrafrecht sind z. B. Verwarnung, Entschuldigung bei Verletzten, Arbeitsauflagen und Pflicht zur Schadenswiedergutmachung. Z. sollen dem jugendlichen Delinquenten klarmachen, daß er für begangenes Unrecht einzustehen hat.

Zugang zum Machthaber, bedeutende Einflußposition vor allem in einem monokratischen Herrschaftssystem. Wer das Ohr des Machthabers hat, kontrolliert wichtigste Entscheidungen an den offiziell Verantwortlichen vorbei. Ein historisches Beispiel ist die Nebenregierung der Kabinettsräte des preußischen Königs in nachfriderizianischer Zeit.

Zukunftsforschung → Futurologie

Zulassungserfordernisse als Beschränkungen der Berufsaufnahme sind verfassungsrechtlich nur unter besonderen Voraussetzungen hinnehmbar (→ Berufsfreiheit → Bedürfnisprüfung).

Zumutbarkeit, ein Kriterium des → Verhältnismäßigkeitsgrundsatzes.

Zünfte, seit dem Mittelalter bestehende, im 19. Jahrhundert durch die → Gewerbefreiheit abgeschaffte körperschaftliche Zusammenschlüsse von Handwerkern. Zunftzwang, Nachwuchspatronage und Ausschaltung von Konkurrenz hatten zu wachsender Kritik geführt (→ Innungen → Gilden).

Zusammenarbeit → Kollaboration → Koexistenz → UNO-Charta

Zusammenleben der Völker → Frieden → Verbot des Angriffskriegs

Zusammenschluß von Staaten → Integration

Zusatzprotokoll → Protokoll → Hitler-Stalin-Pakt

Zustandekommen von Gesetzen im Rahmen des → Gesetzgebungsverfahrens differiert verfassungsrechtlich bei → Einspruchsgesetzen und → Zustimmungsgesetzen.

Zuständigkeitsbestimmungen → Kompetenzenordnung → Gewaltenteilung

Zustimmung der gesetzgebenden Körperschaften → Völkerrechtliche Verträge → Politische Verträge → Ratifikation

Zustimmungsgesetze unterscheiden sich von → Einspruchsgesetzen durch das endgültige → Vetorecht des → Bundesrats. Näheres nach deutschem Verfassungsrecht im → Wörterbuch zum Grundgesetz.

Zutrittsrecht im Parlament haben die Mitglieder des → Bundesrats und der → Bundesregierung. Deren Anspruch auf → Anhörung ist ein Gegenstück der parlamentarischen → Zitierbefugnis.

Zwang → Befehl und Zwang → Herrschaft → Zwangsmittel

Zwangsabgaben → Öffentliche Abgaben

Zwangsanleihen, eine Art rückzahlbarer → öffentlicher Abgaben, sind in der deutschen → Finanzverfassung nicht vorgesehen.

Zwangsarbeit, wie sie im → Dritten Reich und in kommunistischen Staaten üblich war, ist nach deutschem Verfassungsrecht grundsätzlich verboten. Näheres hierüber im → Wörterbuch zum Grundgesetz.

Zwangsausbürgerung verbietet das → Grundgesetz (→ Ausbürgerung → Wiedereinbürgerung).

Zwangsbeiträge aufgrund einer Zwangsmitgliedschaft namentlich in berufsständischen → Körperschaften des öffentlichen Rechts verstoßen nach deutscher Verfassungsrechtsprechung nicht gegen die Grundrechte der negativen → Vereinigungsfreiheit und der → allgemeinen Handlungsfreiheit. Jedoch müssen sich solche Zwangsverbände streng auf die ihnen vom Staat übertragenen Selbstverwaltungsaufgaben beschränken.

Zwangsgeld → Beugemittel → Zwangsmittel

Zwangshaft → Beugemittel

Zwangsmaßnahmen der UNO → Sanktionen

Zwangsmitgliedschaft → Zwangsbeiträge

Zwangsmittel der Polizei bei der Abwehr von Gefahren für die → öffentliche Sicherheit und Ordnung sind insbesondere Festsetzung von Zwangsgeld und Anwendung unmittelbaren Zwangs. Dieser wird ausgeübt durch einfache körperliche Gewalt (z. B. Zurückdrängen einer Menschenmenge), durch Hilfsmittel der physischen Kraft (z. B. Wasserwerfer) und äußerstenfalls durch Schußwaffengebrauch. Bei der Wahl und Handhabung der Z. ist stets der → Verhältnismäßigkeitsgrundsatz zu beachten.

Zwangsordnung des Staates, ein fundamentales Übel in der Sicht des → Anarchismus (→ Ordre naturel).

Zwangs- und Bannrechte waren Bestandteile der → Grundherrschaft. Demgemäß konnte z. B. der Grundherr die Verpflichteten zwingen, nur in seiner Mühle zu mahlen oder in seiner Kelter zu keltern.

Zwangsvollstreckung z. B. in der → Zivilgerichtsbarkeit dient der Realisierung dessen, was durch richterliche Entscheidung für Recht erkannt wurde.

Zwangszusammenschlüsse zu privatrechtlichen Vereinen und Gesellschaften verletzen das Grundrecht der negativen → Vereinigungsfreiheit. Anders zu beurteilen ist die gesetzlich erzwungene Mitgliedschaft in bestimmten → Körperschaften und Anstalten des öffentlichen Rechts (→ Zwangsbeiträge).

Zwanzigster Juli 1944, Tag des mißglückten Attentats auf → Hitler (→ Widerstandsbewegung → Schenk von Stauffenberg → Wolfsschanze).

Zweck des Staates → Staatszwecke → Staatsrechtfertigung

Zweckmäßigkeit → Ermessen → Opportunitätsprinzip

Zweckrationalität, kluges Abwägen von Zielen, Mitteln und Nebeneffekten im Rahmen der → Erfolgsethik.

Zwecksteuern dienen primär der Wirtschaftsintervention und der Sozialgestaltung (→ Steuern → Interventionismus).

Zweckverbände, zur Erfüllung bestimmter Verwaltungsaufgaben von → Gemeinden und → Gemeindeverbänden geschaffene Zusammenschlüsse.

Zweidrittel-Mehrheit, qualifizierte Mehrheit, die insbesondere für eine → Verfassungsänderung erforderlich ist (→ Mehrheiten).

Zwei-Gewalten-Lehre → Zwei-Schwerter-Theorie

Zwei-Kaiser-Proklamation, gemeinsame deutsch-österreichische Erklärung von 1916; sie verhieß dem polnischen Volk einen souveränen Staat mit erblicher konstitutioneller Monarchie.

Zwei-Kammer-System, Zweiteilung des → Parlaments. Die erste Kammer ist typischerweise nach dem Modell des britischen → Oberhauses oder des amerikanischen → Senats zusammengesetzt, während die zweite Kammer, wie das → Unterhaus, aus demokratischen Repräsentanten des Gesamtvolkes besteht. In einer eigenen verfassungsgeschichtlichen Tradition steht der deutsche → Bundesrat (→ Länderkammer).

Zweikampf (Duell), ein verabredeter, ritualisierter, meist der Satisfaktion nach Ehrenhändeln dienender Kampf zweier Personen mit tödlichen Waffen. Demgegenüber hatte der Z. im vorneuzeitlichen Prozeß die Funktion eines → Gottesurteils.

Zwei-Parteien-System, innerhalb eines Mehrparteiensystems das Vorherrschen zweier → Parteien, wie z. B. in Großbritannien und den USA. Rechtliche Grundlage des Z. ist das Prinzip der → Mehrheitswahl (→ Parteiensystem → Schattenkabinett).

Zwei-plus-Vier-Vertrag → Moskauer Vertrag

Zwei-Reiche-Lehre, eine mit der Zweiteilung des → Augustinus nicht übereinstimmende Unterscheidung → Luthers. Dieser grenzt die weltliche Macht des Kaisers (‚Gottes Reich zur Linken') ab von der Königsherrschaft Christi (‚Gottes Reich zur Rechten').

Zwei-Schwerter-Theorie, die auf das Neue Testament gestützte mittelalterliche Auffassung vom Ursprung, Wesen und Vorrang der Gewalten (Schwerter) des geistlichen und weltlichen Bereichs. Dabei gab es zwischen Papst und Kaiser einen grundlegenden Dissens. Nach päpstlicher Lehre hatte Gott dem Petrus beide Schwerter gegeben: das weltliche leihe der Papst dem Kaiser, das geistliche behalte er zurück. Dagegen beanspruchte der Kaiser die Unmittelbarkeit und Selbständigkeit der ihm zustehenden weltlichen Gewalt (→ Kaisertum und Papsttum).

Zweiter Weltkrieg → Weltkriege

Zweites Deutsches Reich → Deutsches Reich → Kaiserreich → Weimarer Republik

Zweites Vatikanisches Konzil → Vatikanische Konzilien → Gaudium et spes

Zweitgeburtsrecht → Sekundogenitur

Zweitstimme, die entscheidende Stimme für die Zuteilung von Parlamentssitzen im deutschen → Bundestag (→ Wahlsystem → Personalisierte Verhältniswahl → Landeslisten → Überhangmandate).

Zwischengewalten → Pouvoirs intermédiaires → Intermediäre Gewalten

Zwischenlehensherr, im alten → Deutschen Reich ein Lehensherr, der zwischen → Kaiser und → Vasall stand (→ Lehen → Feudalsystem).

Zwischenstaatliche Einrichtungen → Internationale Organisationen

Zwischenstaatliche Integration → Supranationale Organisationen → Europäische Integration → Europäische Union

Zwischenstaatliche Streitigkeiten → Gewaltverbot → Friedliche Streitbeilegung → Internationale Schiedsgerichtsbarkeit → Internationale Gerichtsbarkeit → Abbruch der diplomatischen Beziehungen

Zwischenstaatliches Recht → Völkerrecht

Zwölftafelgesetz (Leges duodecim tabularum), das älteste, um 450 v. Chr. entstandene, bis in die Zeit des → Prinzipats fortgeltende Gesetzeswerk des → Römischen Rechts.

Soziologie, Ethnologie, Politik in den suhrkamp taschenbüchern

Beck, Ulrich: Politik in der Risikogesellschaft. Essays und Analysen. Mit Beiträgen von Oskar Lafontaine, Claus Offe, Joschka Fischer, Erhard Eppler u.a. st 1831
– Das ganz normale Chaos der Liebe. st 1725
Bude, Heinz: Das Altern einer Generation. Die Jahrgänge 1938-1948. st 2707
Duerr, Hans Peter: Intimität. Der Mythos vom Zivilisationsprozeß. Band II. Mit zahlreichen Abbildungen. st 2335
– Nacktheit und Scham. Der Mythos vom Zivilisationsprozeß. Band I. st 2285
– Obszönität und Gewalt. Der Mythos vom Zivilisationsprozeß. Band III. st 2451
Elias, Norbert: Mozart. Zur Soziologie eines Genies. Herausgegeben von Michael Schröter. st 2198
Elias, Norbert / John L. Scotson: Etablierte und Außenseiter. Aus dem Englischen von Michael Schröter. st 1882
Ellwein, Thomas / Joachim Jens Jesse: Der überforderte Staat. st 2646
Enzensberger, Hans Magnus: Politik und Verbrechen. Neun Beiträge. st 442
Eribon, Didier: Michel Foucault. Eine Biographie. Aus dem Französischen von Hans-Horst Henschen. st 2226
Fanon, Frantz: Die Verdammten dieser Erde. Vorwort von Jean-Paul Sartre. Deutsch von Traugott König. st 668
Foucault, Michel: Überwachen und Strafen. Die Geburt des Gefängnisses. Aus dem Französischen von Walter Seitter. st 2271
Fremde in der Stadt. Zehn Essays über Kultur und Differenz. st 2699
Grimm, Dieter: Staatsaufgaben. st 2630
Hesse, Hermann: Politik des Gewissens. Die politischen Schriften. 1. Band: 1914-1932. 2. Band: 1933-1962. Vorwort von Robert Jungk. Herausgegeben von Volker Michels. st 656
Ignatieff, Michael: Reisen in den neuen Nationalismus. Aus dem Englischen von Werner Schmitz. Mit Abbildungen. st 2639
Kiessler, Richard / Frank Elbe: Der diplomatische Weg zur deutschen Einheit. Mit einem Vorwort von Hans-Dietrich Genscher. st 2629
Kracauer, Siegfried: Die Angestellten. Aus dem neuesten Deutschland. Mit einer Rezension von Walter Benjamin. st 13
Kraus, Karl: Sittlichkeit und Kriminalität. st 1311
Mayer, Hans: Außenseiter. st 736
Mayer, Hans: Der Turm von Babel. Erinnerung an eine Deutsche Demokratische Republik. st 2174

258/1/7.97

Soziologie, Ethnologie, Politik in den suhrkamp taschenbüchern

Moser, Tilmann: Politik und seelischer Untergrund. Aufsätze und Vorträge. Erstausgabe. st 2258

Oz, Amos: Bericht zur Lage des Staates Israel. st 2192

Puhl, Widmar: Dichter für die Freiheit. Von der subversiven Kraft der Literatur in Osteuropa. st 2173

Schiffauer, Werner: Die Gewalt der Ehre. Erklärungen zu einem deutsch-türkischen Sexualkonflikt. st 894

Sennett, Richard: Fleisch und Stein. Der Körper und die Stadt in der westlichen Zivilisation. Aus dem Amerikanischen von Linda Meisner. Großformat mit Abbildungen. st 2669

Tertilt, Hermann: Turkish Power Boys. Ethnographie einer Jugendbande. st 2501

Wesel, Uwe: Juristische Weltkunde. Eine Einführung in das Recht. st 2265

258/2/7.97

Geschichte
in den suhrkamp taschenbüchern

Donghi, Tulio Halperin: Geschichte Lateinamerikas von der Unabhängigkeit bis zur Gegenwart. Aus dem Spanischen von Elke Wehr. st 2327

Enzensberger, Hans Magnus: Der kurze Sommer der Anarchie. Buenaventura Durrutis Leben und Tod. Roman. st 395

Eribon, Didier: Michel Foucault. Eine Biographie. Aus dem Französischen von Hans-Horst Henschen. st 2226

Foucault, Michel: Überwachen und Strafen. Die Geburt des Gefängnisses. Aus dem Französischen von Walter Seitter. st 2271

Gernet, Jacques: Die chinesische Welt. Die Geschichte Chinas von den Anfängen bis zur Jetztzeit. Aus dem Französischen von Regine Kappeler. st 1505

Oz, Amos: Bericht zur Lage des Staates Israel. st 2192

Stierlin, Helm: Adolf Hitler. Familienperspektiven. st 2361

Weimer, Wolfram: Geschichte des Geldes. Eine Chronik mit Texten und farbigen Bildern. st 2307

75 Jahre Universität Frankfurt. Von Helmut Coing, Lothar Gall, Jürgen Habermas, Notker Hammerstein, Hubert Markl, Wolfgang J. Mommsen. st 2150

263/1/11.95